電　影　館　63

遠流出版公司

Non-fiction Film: A Critical History

ⓒ 1992 by Richard Meran Barsam

Chinese edition copyright ⓒ 1996 by Yuan-Liou Publishing Co., Ltd.

電影館 63

紀錄與真實——世界非劇情片批評史
(Non-fiction Film: A Critical
History)

著者／Richard M. Barsam

譯者／王亞維

編輯 焦雄屏、黃建業、張昌彥
委員 詹宏志・陳雨航

內頁完稿／郭倖惠

封面設計／唐壽南

責任編輯／趙曼如

發行人／王榮文
出版・發行／遠流出版事業股份有限公司
台北市汀州路三段184號7樓之5
郵撥／0189456-1
電話／(02)23651212
傳真／(02)23657979
香港發行／遠流(香港)出版公司
香港北角英皇道310號雲華大廈四樓505室
電話／25089048　傳真／25033258
香港售價／港幣167元

著作權顧問／蕭雄淋律師
法律顧問／王秀哲律師・董安丹律師

電腦排版／天翼電腦排版印刷股份有限公司

1996年5月16日　初版一刷
2000年9月30日　初版二刷
行政院新聞局局版台業字第1295號

售價／新台幣500元
缺頁或破損的書請寄回更換
版權所有・翻印必究
Printed in Taiwan
ISBN 957-32-2861-0

YL*ib* 遠流博識網
http://www.ylib.com
E-mail:ylib@ylib.com

出版緣起

看電影可以有多種方式。

但也一直要等到今日,這句話在台灣才顯得有意義。

一方面,比較寬鬆的文化管制局面加上錄影機之類的技術條件,使台灣能夠看到的電影大大地增加了,我們因而接觸到不同創作概念的諸種電影。

另一方面,其他學科知識對電影的解釋介入,使我們慢慢學會用各種不同眼光來觀察電影的各個層面。

再一方面,台灣本身的電影創作也起了重大的實踐突破,我們似乎有機會發展一組從台灣經驗出發的電影觀點。

在這些變化當中,台灣已經開始試著複雜地來「看」電影,包括電影之內(如形式、內容),電影之間(如技術、歷史),電影之外(如市場、政治)。

我們開始討論(雖然其他國家可能早就討論了,但我們有意識地談却不算久),電影是藝術(前衛的與反動的),電影是文化(原創的與庸劣的),電影是工業(技術的與經濟的),電影是商業(發財的與賠錢的),電影是政治(控制的與革命的)……。

鏡頭看著世界,我們看著鏡頭,結果就構成了一個新的「觀看世界」。

正是因為電影本身的豐富面向,使它自己從觀看者成為被觀看、被研究的對象，當它被研究、被思索的時候，「文字」的機會就來了，電影的書就出現了。

《電影館》叢書的編輯出版，就是想加速台灣對電影本質的探討與思索。我們希望通過多元的電影書籍出版，使看電影的多種方法具體呈現。

我們不打算成為某一種電影理論的服膺者或推廣者。我們希望能同時注意各種電影理論、電影現象、電影作品，和電影歷史，我們的目標是促成更多的對話或辯論，無意得到立即的統一結論。

就像電影作品在電影館裡呈現千彩萬色的多方面貌那樣，我們希望思索電影的《電影館》也是一樣。

王榮文

紀錄與眞實

世界非劇情片批評史

Non-fiction Film: A Critical History

Richard M. Barsam ◎ 著 ／ 王 亞 維 ◎ 譯

譯　序

　　和許多翻譯電影書籍的前輩一樣，翻譯這本書的動機也是爲了解決中文參考書籍的問題。

　　譯者近年來在大學裏教授非劇情片研究課程，自己也從事紀錄片拍攝的工作，一直深深感覺到手邊沒有一本詳實的中文書籍向學生引介有關這個片型的歷史與理論；同時在和同業討論製作的概念與美學時，也常因爲沒有可供佐證的系統性資料而往往眾說紛紜，莫衷一是。尤其十多年以來國內非劇情片（錄影帶）的製作數量驚人，但也似乎由於製作者能接觸到的經典作品與中文資料太少，因此大部分作品的拍攝手法、切入角度與呈現方式都僅能在一個局促的空間中打轉，缺乏活潑的創意。所以如果市面上能有一本廣泛探討非劇情片的歷史、美學及片文分析的中文譯本出現，相信對有興趣研究的朋友及拍製人員都可以有一些幫助。基於以上的想法，英語世界的非劇情片書籍中，李察‧默倫‧巴森（Richard Meran Barsam）所寫的《紀錄與眞實──世界非劇情片批評史》(Nonfiction Film──A Critical History) 似乎是一本最值得向國內讀者譯介的書籍。

　　本書原文的大題目「非劇情片」也許對國內讀者是一個比較新的名詞，因爲很多年來，不管是國內或國外的觀眾對於劇情片之外（不含實驗電影及動畫）的片型總是籠統地稱爲「紀錄片」（Documentary）。但是「紀錄片」嚴格來說應該專指三〇年代英國的約翰‧葛里遜（John Grierson）發展社會學紀錄片影響下的產物，而劇情片之外的範圍應該是十分廣大的，所以六〇年代美國直接電影的健將梅索兄弟（Albert & David Maysles）提出「非劇情片」一詞來涵蓋這個片型時，顯然劃出了比較寬闊的光譜。因此，一九七三年本書第一次出版時，作者李察‧默倫‧巴森便承襲了這樣的想法，以非劇情片的視野審視了二〇年代以降英美兩國爲主的影片發展；而一九九四年巴森更增訂與擴大了原書的規模，加強了非劇情片在時空上的縱深與橫寬，爲我們細細地引介與分析了百年來世界各國在紀錄片、紀實電影、民族學誌電影、戰時宣傳片、探險電影、直接電影與眞實電影等不同類型的發展。巴森的目光時而巨觀，時而微視，在批評、剖析各種片型的理論與美學時，旁徵博引地做出多面向的檢視，而在大的時代氛圍上，他也鉅細靡遺地描繪出政治與社會背景上種種生動的細節。在他博學與細膩的觀照下，相信國內的讀者可以隨之慢慢地進入這片紀錄與眞實之間的豐饒之地。

可惜的是，這本書雖然盡量涵蓋全球性的非劇情片發展，但是仍然偏重在歐美等地，遠東地區的資料非常稀少，中國部分常不足一頁，台灣更是隻字未提。作者也坦承一方面是語言障礙，但更重要的是可信靠的數據、片目、資料付諸闕如，研究素材缺乏下，東方的部分僅聊備一格。從電影史的角度來看，這場百年的盛會，我們似乎是缺席了，不過在這本以西方白種人觀點爲主的非劇情片批評史中，我們似乎不必爲自己的缺席而抱憾，如何建立一套有自己思想、美學及立場的史觀去解讀自己在這場百年盛會中的定位，似乎才是比較重要的。這樣的任務自然有待海峽兩岸的研究者來完成，而影片工作者的責任似乎更形重大，因爲沒有舉足輕重的作品，在下個世紀的非劇情片歷史中我們也只能敬陪末座。

本書得以譯成首先應感謝焦雄屏老師，因爲她的居間引介及遠流趙曼如小姐的信任使本書得以順利譯成。我也應當感謝我的妻子麗嘉、好友玉蘭、怡汝及學生琇文，因爲他們在譯稿校對及修正上的貢獻大大地減少了錯誤的可能性。最後我應當謝謝我的哥哥大維，是他介紹給我第一本紀錄片的書，並引我走上研究與製作紀錄片的路子，我由衷感激。

本書原文旁徵博引，又廣及世界各地之資料，譯文疏漏之處在所難免，若蒙讀者指正錯誤，使本書再版時能更臻完美，當是美事一件。

前　言

　　一九七三年這本書的第一版上市後廣受歡迎，我因此受到鼓舞，所以準備再版時，便擴充了原書在歷史、地理以及理論上的範圍。儘管我討論這段非劇情類影片主要的期間大致從一八九五年一直到一九八五年，而內容也包括了電影史前史以及一些目前最新的發展，但我還是得特別強調有兩個基本的考量限制了我的研究：非劇情片包括了紀錄片（documentary）、紀實電影（factual　film）、特定的民族學誌電影、探險電影、戰時宣傳片、眞實電影（cinéma vérité）、直接電影（direct cinema）以及有關藝術的電影；但它並不包括實驗電影、抽象電影或動畫片。

　　此外，雖然我從一些不同理論系統的抽象思維中學到許多有關電影的知識，但我篤信的還是一種更簡單而有趣的方式：那就是「熱情地進入」，也就是在觀看電影的行爲本身中，在驅使你一遍又一遍看片的樂趣中，以及在電影教育與學習之中來得到整體知識。透過我數十年來看非劇情片的不斷探索，以及細心審視相同領域學者所做的最精闢的評論來進一步精煉我的觀感，我希望能對非劇情片有一個更清楚的了解：非劇情片是什麼？它做些什麼？是如何做的？而它爲何對我們的影響如此有力？❶

　　如果我在描述非劇情片的整體發展時忽略了某些在影史上重要的導演或影片，那是因爲我在追溯一個類型（genre）的發展，或在探索一種電影風格（cinematic style）時，通常引述的僅會是最有貢獻的人或影片。此外，比較不同的是，在第一版中我把非劇情片的主要關注放在美國及英國。在新版中，我也同時加入了歐洲、亞洲及其他新興國家中非劇情片的發展。

---

❶　此段引自我的朋友Gerald Mast所著之Film/Cinema/Movie : A Theory of Experience (New York: Harper & Row, 1977) 的前言。

第一篇　非劇情片的奠基時期　(1820—1933)

第一章
現實的感知與紀錄

從記憶到動作

當一八九五年十二月二十八日奧古斯特及路易·盧米埃(Auguste and Louis Lumière)兄弟倆在巴黎卡布辛大道(Boulevard des Capucines)上一間名爲大咖啡館(Gr 及 Café)中的印度廳(Salon Indien)裏放映他們的第一部電影，觀眾看到的是他們日常生活所熟悉的景象：《火車進站》(The Arrival of a Train at La Ciotat/L'arrivée d'un train à la Ciotat)——一列火車向他們迎面而來，影像如此巨大，如此逼眞，以至於有些觀眾以爲火車就要開出銀幕，其他的人則驚慌地退到房間的後面。這種恐懼是有理由的，因爲就在兩個月前，一八九五年十月二十二日，一樁鐵路意外事件喚醒廣大市民對於工業發展所伴隨的危險，產生警惕，這個意外發生在蒙帕那斯火車站，一列火車失控，從車站的正面衝出，蒸汽引擎及煤水車從車身斷裂飛落到旁邊的廣場，整列客車因而停下，絲毫未損，只有一個在街上兜售報紙的婦人被砸死❶。六個月後，俄國作家高爾基(Maxim Gorky)在莫斯科看到盧米埃兄弟的一些影片寫了下面這段話：

> 昨夜我身處幻影的王國……(那看了叫人害怕)，但只不過是幻影在動，沒有別的……突然喀搭一聲，銀幕上所有東西都消失，而後一列火車出現，向你疾駛而來，小心！看來它會衝入你身處的黑暗中，把你壓得血肉模糊，屍骨不存，然後也把這棟擠滿了美人、醇酒、音樂與邪惡的大廳壓個粉碎，可是，這也只不過是一列幻影罷了❷。

---

❶ Charles Simond [Adolphe van Cleemputte, *pseud.*], *La Vie Parisienne au XIXè Siècle: Tome III, 1870-1900* (Paris: Librairie Plon, 1901).

· 《火車進站》
（1895, 法國, 盧米埃兄弟）。

戴‧沃梵(Dai Vaughan)指出，這些影片最引人的特質是「觀眾與其說是為會動的影像而震驚(儘管那是發明家長久奮鬥而來的)，不如說他們所驚異的是這些活動影像如此自然而不做作，這是過去劇院辦不到的。」❸

　　鐵路這個工業革命最偉大的象徵，早已是文學、攝影、版畫和繪畫熟悉的體材。而噴著蒸汽、呼嘯而過的火車按史蒂芬‧列文(Steven Z. Levine)的說法，已成為「現代生活的模範形象」❹。羅拔‧羅森布朗(Robert Rosenblum)寫道：

　　當一八四三年法國第一條重要的火車幹道(巴黎─奧連斯)通車以來，杜米埃(Honoré Daumier)便被這個十九世紀中葉生活的新風貌所吸引，對當代許多作家與畫家而言，從透納(Joseph Turner)、莫內(Claude Monet)到狄更斯(Charles Dickens)和托爾斯泰(Leo Tolstoy)，鐵路可以代表力量、旅行或命運的浪漫象徵，也可以是反映都市擴張後擁擠喧嘩的一般事實❺。

　　畫家杜米埃以十幅描寫聖‧拉札爾車站(Gare St. Lazare)內外的作品，刻劃了火車旅行的社會及心理的面相。莫內則捕捉了繁忙的車站裏火車在進出轉運站時的瞬間力量與動態。列文察覺到電影家盧米埃及畫家莫內都同樣藉著空間的重整，刻劃出「人生經驗的綿綿不息」，但他們對空間現實的處理是大不相同的；莫內並沒有去和攝影機重現現實的標準競爭，相反的，他畫出時令變遷時，光線與氣氛上產生的多樣變化。而盧米埃有關火車及車站的影片則不僅是時空片段或交通運輸的電影紀錄，更是對工業力量強烈節奏的一種見證，而此種工業力量使得火車和電影的出現成真。因此，儘管盧米埃電

❷　引自陳立 (Jay Leyda), *Kino: A History of the Russian and Soviet Film*, 3rd ed. (Princeton: Princeton University Press, 1983), 407-08. 高爾基的評論其實暗示了他對這項新發明的重要性並不肯定，而他也感覺電影在這個音樂廳中的表現張揚了邪惡。不過他對電影未來發展的想法則相當有遠見。

❸　Dai Vaughan, "Let there be Lumière," *Sight and Sound* 50.2 (Spring 1981):127.

❹　"Monet, Lumière, and Cinematic Time," *Journal of Aesthetics and Art Criticism* 36.4 (Summer 1978): 441-47.

❺　Robert Rosenblum and H. W. Janson, *19th-Century Art* (New York: Abrams, 1984), 254. 鐵路也是一些十九世紀攝影家像亞歷山大‧加德納(Alex及er Gardner)、安德魯‧羅索(Andrew Russell)、詹姆士‧馬德(James Mudd)以及一些早期非劇情片中常見的題材。

影首映時的觀眾已經對片子的主題及所採用的圖像寫實主義十分熟悉，但他們仍被盧米埃再現人類活動與外在環境的「動感」所震懾❻。如同史蒂芬・尼爾(Steven Neale)所強調的：「電影雖然是現實的幻象，但它更是『活動』(movement)的奇觀，很多時候似乎甚至超越了現實本身……。」❼所以觀眾當然感到驚嚇或恐懼，因為電影不只肯定了鐵路那種可以穿越歐洲大陸和觸動我們感知的力量。它更告別了舊有的「觀看」方式，而新的方式於焉開始。

電影，誕生於一八九五年，注定是代表二十世紀的藝術形式。當盧米埃兄弟給予法國觀眾一種嶄新經驗的時候，正是傳統的或流傳已久的藝術形式受到各種實驗性視覺藝術及表演藝術挑戰的年代，例如，一八九五年法國繪畫以保羅・塞尚(Paul Cézanne)的回顧展最為矚目，這次展覽和塞尚五十六歲時完成的作品「穿紅背心的男孩」同樣毀譽摻半。前一年，音樂家德布西(Claude Debussy)作的「牧神的午後」(Prelude to the Afternoon of a Faun)的前奏曲也因據稱沒有固定的形式廣受樂壇非議，塞尚在美術界也受到同樣的指控。一八九五年十四歲的畢卡索(Pablo Picasso)在法國畫壇初露頭角，在戲劇界著名的女演員莎拉・柏哈德(Sarah Bernhardt)仍繼續她悲劇女演員的傑出舞台生涯，在艾德蒙・羅斯坦(Edmond Rost及)為她寫的新戲《羅伊坦公主》(La Princesse Lointaine)中擔綱。在一八九五年十二月間嚮往歌劇的觀眾則有兩種選擇，一是作曲家紀羅(Ernest Guiraud)的遺作「弗列弟岡地」(Frédégonde)由聖桑(Camille Saint-Saëns)完成後，於十二月十四日首演，一是威爾第(Giuseppe Verdi)一八五一年的舊作《弄臣》(Rigoletto)在十二月二十七日再度上演❽。威爾第在八十歲時參加了他的《法斯塔夫》(Falstaff)在Opéra Comique的演出，而二十九歲的薩提(Erik Satie)則寫出了《Messe des Pauvres》，雖然這部小歌劇已在巴黎的cafés-concerts 演出許多次，但在演出《Le Baron Tsigane》（約翰・史特勞斯Johann Strauss一八八五年的《吉卜賽伯爵》Die Zigunerbaron的法譯)仍引起小小的騷動❾。在文學方面，十九世紀中葉浪漫

❻ 愛迪生早期最受歡迎的一些影片都與歌頌當時的火車有關：見Raymond Fielding, *The American Newsreel: 1911-1967* (Norman: University of Oklahoma Press, 1972), 25.

❼ *Cinema and Technology: Image, Sound, Colour* (Bloomington: Indiana University Press, 1985), 50.

❽ Charles Dupêchez, *Histoire de l'Opéra de Paris: Un Siècle au Palais Garnier 1875-1980*(Paris: Librairie Académique Perrin, 1984).

主義過渡到福樓拜(Gustave Flaubert)的寫實主義，而其後斯湯達爾(Stend-hal)、喬治桑(Georges Sand)、雨果(Victor Hugo)、巴爾扎克(Honoré de Balzac)等人的寫實風格將之發揚光大。小說創作中，在左拉(Émile Zola)的領導下，寫實主義並進一步成爲自然主義。在詩的創作方面，波特萊爾(Charles Baudelaire)、瑪拉美(Stephane Mallarmé)、魏爾侖(Paul Verlaine)以及韓波(Arthur Rimbaud)更是對二十世紀文學的表現方式有深刻的影響。

　　到一八九四年，莫內已經完成了一組以羅恩(Rouen)大教堂爲題材的畫作，在這些作品中，莫內將光線分解爲顏色的組合分子，一如稜鏡的作用，呈現出光線躍動與流逝的效果。莫內將光線折射而分解開，盧米埃兄弟則捕捉了光線。盧米埃兄弟發明的電影攝影機(cinématographe)，同時解決了拍攝及放映的難題，而這項技巧也使他們超越了同時期也致力於發明電影技術的德國、法國、英國及美國。這項成就在視覺藝術史上乃一偉大的轉捩點，更進一步提高了人類重現動態(represent movement)的可能性，以往繪畫與攝影僅能保存動態(movement)的視覺記憶，它們如同視覺上的過去式，單一而靜態的影像，是過去時空中某一刻的回憶。電影也記錄記憶，但它提供了視覺上的現在式，使動態現實的本身宛然再現❿。電影的動態影像，記錄時間的片段同時使空間運動起來。它不只確認了人類視覺的過程，更改變了觀眾與銀幕上世界的心理關係⓫。

　　盧米埃兄弟電影首映的成功，可以視爲西方世界在重現現實的長期創新與實驗中的一個階段。盧米埃兄弟並不是獨立完成電影的發明，他們對於非劇情片的初期貢獻其實是奠基於很多其他的理論家、科學家、藝術家、藝人以及企業家的努力之上。上述這些人的試驗、發明與成就可以大致分爲五個互有重疊的領域：視覺暫留、靜態攝影、動作的連拍攝影、電影攝影以及十九世紀的法國藝術。這五個領域共同揭示了法國在十九世紀末那種深具創造

❾　Florian Bruyas, *Histoire de l'Opérette en France 1855-1965* (Lyons: Emmanuel Vitte, 1974).
❿　照片做爲一種過去記憶的想法也延伸至當今一些作者的論述，包括了Susan Sontag, *On Photography*(New York: Farrar, 1977); John Berger, "Ways of Remembering," *Camerawork* 10 (July 1978); 及Roland Barthes, *Camera Lucida: Reflections on Photography* (New York: Hill, 1981). 亦參見史蒂芬‧尼爾前面的論述。
⓫　見Neale, 7-9; and Gerald Mast, *Film/ Cinema/ Movie: A Theory of Experience* (New York: Harper, 1977), esp. chaps. 1-3.

力的環境，而這種環境鼓舞當時的藝術家，使他們能自由自在地發明觀看世界的新方式。事實上，不論就科技或美學的觀點來看，二十世紀最震撼人心的藝術形式——第一部非劇情片——誕生在當時的法國是完全無可避免的。

視覺暫留作用：理論與技術

除了新藝綜合體寬銀幕電影(Cinerama)之外，今天的藝術家大概不會以放映火車呼嘯進站的幻象來愚弄觀眾，但在十八世紀初期，探索**視覺暫留**(persistence of vision)❶❷現象的理論者與發明家卻不是單單為了科學上的知識，另一個理由是他們意識到同時愚弄和娛樂觀眾有其價值❶❸。電影發明於十九世紀的法國，實際上是集數個世紀對於人類感知現實方式的實驗與研究成果。在電影誕生之前的年代(有些史學家稱之為電影史前史)，許多科學家和思想家提出了感知現實的理論，而有些甚至製造了一些玩具及機器來印證他們的理論❶❹。在一八二○年代已有人從事早期的視覺暫留研究，包括湯瑪斯·楊(Thomas Young)、查爾斯·威斯頓(Charles Wheastone)、彼得·馬克·羅根(Peter Mark Rôget)、威廉·喬治·侯納(William George Horner)、法拉第(Michael Faraday)、英國的約翰·何蕭爵士(Sir. John Herschel)、奧地利的

---

❶❷ 視覺暫留作用是一種眼睛的錯覺，它利用從眼睛接受刺激到大腦解讀訊息之間的時間差，這是電影得以呈現的原因。不過近年來有關這個現象的傳統解釋受到了挑戰，相關的簡要討論請參閱Neale, 29-31. 亦參見Joseph Anderson and Barbara Fisher, "The Myth of Persistence of Vision," *Journal of the University Film Association* 30.4 (Fall 1978): 3-8;及*Journal of the University Film Association* on "Cinevideo and Psychology" 32.1-2 (Winter and Spring 1980).

❶❸ 在《電影簡史》(A Short History of the Movies)一書中，傑拉·馬斯特(Gerald Mast)寫道：

在高達(Jean-Luc Godard)的《槍兵》(Les Carabiniers)中——高達以一些電影史的片段來組合他的影片——一個鄉下男孩觀看平生第一部電影，那是部跟盧米埃兄弟一樣攝影角度拍攝火車進站的影片，男孩後退並做閃躲狀，就如同當年在咖啡館看電影首映的觀眾一樣。

❶❹ 見C. W. Ceram描述電影史前史的*Archaeology of the Cinema* (London: Thames and Hudson, 1965), 9-73；及Georges Sadoul, *Histoire générale du cinéma*, 6 vols. (Paris: Denoël, 1948-75), esp. vol.1.

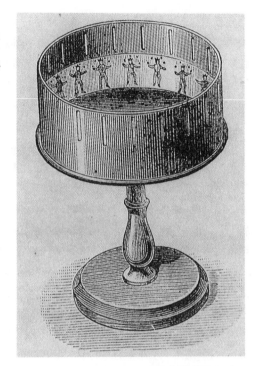

· 「活動視盤」(zootrope)：這是
一個可旋轉的半圓筒狀視覺
暫留的玩具，先放入畫有圖形
的長條紙，當圓筒開始旋轉
時，觀者透過筒上一個個小
縫向內觀看，那麼在忽明忽
暗的瞬間將會創造出一種動
態畫面的光學幻覺。

賽門·李特·馮·史丹佛(Simon Ritter von Stampfer)以及比利時的約瑟夫·
普拉圖(Joseph A. F. Plateau)。緊接著問世的則是一連串幾乎可以瞞過眼睛的
科學或娛樂性裝置。一八二五年約翰·安東·巴黎博士(Dr. John Ayrton Paris)
發明了幻盤(Thaumatrope)，他在一八二七年又發表了新的實驗結果；一八
二八年法拉第製作出一種視覺玩具法拉第輪(Faraday's Wheel)，一八二九年
約瑟夫·普拉圖也構想出走馬燈旋盤(Phenakistiscope)，並發現每秒十六格畫
面可以產生連續動作的幻覺，史丹佛也發展出類似的視覺測速器(Strobos-
cope)；在一八三四年，侯納發明了活動視盤(Zootrope)之後，尤契提斯
(Baron Franz von Uchatius)以轉速玩具的實驗，結合其投影的想法，在一八
五三年創造了旋轉放映機(Projecting Phenakistiscope) ❶ 。在另一個層次上，還

❶ 其餘包括Dubosq的Bioscope或Stéréofantascope, Anshutz的 Tachyscope, Reynaud的Prax-
inoscope, DuMont的Omniscope, Sellers的 Kinematoscope, Beal的Choreutoscope及Cook
和Bonnelli的 Photobioscope; 見Neale, 31-32.

第一章 現實的感知與紀錄 二七

有各式各樣視覺實驗廣受一般大眾的喜愛，包括了：雙面景片(Diorama)、活動畫景(Panorama)以及幻影劇(Phantasmagoria)等❶。不過這些發明的科學性雖比不上前面提過的視覺暫留裝置，但不論在構想與製作上都是脫胎於劇場的概念，它們都是以壯觀的幻覺來刺激觀眾的眼睛，對逼真的視覺重現與感知的科技發展上在科學與技術上貢獻有限。

到了一八九五年，巴黎的羣眾其實已經對以盧米埃兄弟為首的光影奇觀十分熟透。影戲——當時被稱為中國皮影戲(ombres chinoises)——已在巴黎成功地演出了好幾年。同一類的娛樂節目，像在蒙馬特區黑貓歌廳(Le Chat Noir)演出的"Sainte Geneviève" (1894)以及「獅身人面像」(Le Sphinx, 1896)就一度以運用色彩、透視及裝飾等技巧上的創新，為後來電影的風行鋪路。葛列文蠟像館(Musée Grevin)也曾以栩栩如生的蠟像畫配合可長時投射光影的機器來吸引大批人潮。這些活用視覺暫留原理的玩具、機器以及運用機械裝置的劇場演出令觀者樂趣無窮。做為電影的前身，這些演出局限於使用畫出來的圖形來描繪現實，儘管引人入勝且娛樂性十足，畫面不免流於粗糙。正如傑德・馬斯特(Gerald Mast)體認到對細節更寫實的描寫方式有其必要後，有感而發地說：「在活動影像(電影)出現前，逼真的影像(照片)必須先出現。」❷因此，往電影邁進的下一步便是攝影的發明。

靜態攝影

當一批科學家正醉心於視覺暫留作用理論以及技巧的研究時，另一批科學家也正同時致力於攝影——一種將光學影像顯影在感光平面上的步驟，其中包括了拍攝、顯影及定影等技術。攝影在字面上及技術上而言，都可稱為光線的靜態表現或重現，或可以說用光來寫作(photography的原意即為光的再現)。而要求尋找的乃是一種將光和影捕捉後，能把跟肉眼所見一樣的影像永久保存的方法。但在尋求的過程中，將照相機視為藝術工具的意願不高(譬如說：藝術家隨心所欲地創作照片)，它們被形容的字眼為「化學與光學、自然與人為、記憶和視覺等組合」(Neal 10)，以產生一種影像，在某種程度而言可為眼見的世界——體積、質量、容量、深度——提供紀錄。法國小說家

❶ Neale, 23-24.
❷ Mast, 4th ed., 11.

左拉(提倡文學寫實主義的先鋒)經過十五年的業餘照相經驗,在一九〇一年寫道:「依我看,任何事物若沒有拍下照片就不能算是真的看過。」❶ 亞倫‧崔許坦伯格(Alan Trachtenberg)寫道:

> 攝影可說是一種透過圖像**創造意義**的過程。到了一八九〇年代,整個社會已被這種文化過程滲透,成為唯我獨尊的「現實的仲裁者」,而照片也確實迫使觀者去思索這種可替代現實的產物教育他們從黑白之中讀出生活的跡象(signs),使人能看到更多的事物。眼見為憑的觀念崛起,從查勘到測量、景觀、藝術,親眼目睹在現代文化上的運用被賦予高度價值。它所具有的強烈度和迫切性甚於過往,看到變成等於知道——或希望知道❶。

　　攝影,無論在技術或美學上,亞里斯多德(Aristotle)早有先見之明地述及暗箱(camera obscura)原理的理論;在第九世紀,阿拉伯數學家阿爾哈真(Ibn al-Haytham)對攝影的光學原理則有更詳盡的描述;而到十五世紀初期,佛羅倫斯的建築大師及雕塑家布魯內萊斯基(Filippo Brunelleschi)就曾把他自己想像為攝影機,進而發明了直線透視法,在十五世紀末期,達文西(Leonardo da Vinci)為暗箱畫出第一幅圖,讓暗箱的觀念有了具象的形式❶。其他準確複製現實的嘗試,出現在十八世紀末葉,分別是:**剪影**(silhouette)、**人像描摹**(physionotrace)以及**描圖明箱**(camera lucida)等三種描圖用具。

　　緊接上述這些初步的設計之後,英國的維吉伍德(Thomas Wedgwood)及法國的尼葉普斯(Joseph Nicéphore Nièpce)有了更卓越的發展,而尼葉普斯更創造出了世界第一張影像。之後,法國的達蓋爾(Louis-Jacques Mandé Daguerre)發明了銀板照相法(Daguerrotype),而照達氏的說法「這種物理和化學的過程使大自然有能力去複製它自己」。英國的約翰‧何蕭爵士完成了由尼葉普斯及達蓋爾開創的程序,成功地改良了固定影像於相紙上的「海波」(hypo,定影液硫化硫酸鈉)。而被後世尊稱為現代攝影之父的何蕭爵士,也在一八

❶　左拉的話引自Susan Sontag, *On Photography* (New York: Farrar, 1977), 87.

❶　"Photography/ Cinematography," *Before Hollywood* (New York: American Federation of Arts, 1986), 74-75.

❶　見Peter Galassi, *Before Photography: Painting and the Invention of Photography* (New York: Museum of Modern Art, 1981), 12.

三九年英國皇家學會的演講，首次使用了**攝影**(photography)這個字眼**㉑**。

其後的發展大多是以何蕭爵士發明爲本的技術改良，一八五一年亞契 (Frederick Scott Archer) 了解到用玻璃板的底片比紙張底片更能持久，因此發明了珂羅定(collodin)，一種可以塗在玻璃板上的感光塗料，這個方法在一八七〇年代以前一直是當時的標準攝影過程。但在一八七六及一八八一年之間，梅達克斯(Richard Leach Maddox)和班奈特(Charles Harper Bennett)改善了顯影塗料過程，他們用一種比較乾燥且可以塗在紙上的感光塗料取代了塗在玻璃板上的珂羅定。一八八七年，漢尼寶・古文(Hannibal Goodwin)把他的「賽璐珞膠質卷筒軟片」的構想賣給了喬治・伊士曼(George Eastman)。伊士曼就此展開了「美國底片」(American Film)的大規模生產，那是塗滿膠質感光乳劑的紙張。而一八八九年，伊士曼又發展出取代紙質底片的透明膠質軟片(film)。隨著乾式感光乳劑技術的發明，底片曝光時間從十五分鐘銳減到千分之一秒，這使得瞬間的動作得以在發生時自動且同時地被記錄下來。比芒・紐侯(Beaumont Newhall)寫道：「感光乳劑更臻完美不僅可以征服、分解及組成動作，同時更帶動了攝影過程的科學探索以及底片材料的標準化。」**㉒**

十九世紀在光學原理和靜態攝影方面的實驗，先是成功固定和複製圖像，繼而可以拍攝下來，後來甚至可以把瞬間的動作擬真模寫下來。但攝影仍只是靜態，對於想看生活照片動起來的科學家、藝術家及一般大眾而言，靜態攝影在這點上顯然還是不足的**㉓**。

動作的連拍攝影

在一八七五年到一九〇〇年之間，照相技術發展迅速，沖印材料及攝影在觀念上經歷了現代化、簡易化及標準化的過程，雖然動作拍攝的掌握只是其中一項，但它確是電影攝影出現前最重要的階段。下一個階段中傑森(Jules César Janssen)、麥布里奇(Eadweard Muybridge)及馬黑(Étienne-Jules Marey)

㉑ 他的另一項成就是首度使用正片(positive)與負片(negative)的字眼去描述完成一幅照片畫面的製作過程中兩個主要的階段。

㉒ *The History of Photography*, rev. ed. (New York: Museum of Modern Art, 1982), 91. 亦見 John Szarkowski, *Photography Until Now* (New York: Museum of Modern Art, 1989).

㉓ 美國靜態攝影發展中技術的角色可見Reese V. Jenkins, *Images and Enterprise* (Baltimore: Johns Hopkins Press, 1975).

這三位先驅就與記錄連續動作的攝影程序之發展息息相關❷。這些發展一如促進照片攝影的各項發展，也發生在短短幾年之間。

　　一八七四年，法國天文學家傑森發明了左輪攝影槍(revolver photographi-que)，這是一種定時的圓桶狀攝影槍，以迴轉像輪槍可轉彈匣一樣的底片盤，在間距極短的時間中間隔轉動，自動在底片上造成不同間隔的曝光。一八七七年，英國攝影家麥布里奇在美國加州成功完成了首次連拍動作的攝影實驗❷，他用一組線控而排列有序的照相機羣(開始時十二架，後來變成二十四架)，完成一組記錄馬匹奔跑中的連拍照片。並在一八八〇年五月四日在舊金山以一種早期的幻燈機「魔術燈籠」(magic lantern)以及他自己發明的放大的旋盤(Zoopraxisope)，把這些照片連續投射出來，造成活動的影像。就此，紀錄片學者艾瑞克・巴諾(Erik Barnouw)曾說：「麥布里奇已經預先點出紀錄片重要的一個面向：一種使我們對周遭世界眼界大開的能力，因爲平常我們對周遭世界總是視而不見的。」❷

　　儘管麥布里奇的實驗是一個突破，但施行起來的確很不方便。在同一時期，從事同類研究的法國生理學家馬黑(1830-1904)也在一八八二年發展了另一種連拍槍型攝影機，成功拍了一組運動中的連拍照片，當時他是使用可攜帶型的單管攝影槍(fusil photographique)，並可連拍十二張照片❷。麥布里奇和馬黑後來曾在巴黎一起合作，但兩人似乎對於把他們的發明應用在各自的科學研究上較有興趣，因此不再製作或放映可以活動的畫面。馬黑的發明解決了麥布里奇必須運用一組排列整齊的照相機羣才能連拍的問題，但馬黑的發明最多只能連拍四十個畫面，不過三到四秒長。這個困境一直要到一八八九年，喬治・伊士曼推出賽璐珞膠質捲筒軟片(celluloid roll film)後才獲解

---

❷　見Barnouw, 4, for Georges Demeny利用馬黑連拍攝影的技術教導盲人讀唇語。

❷　麥布里奇的經驗，見Robert Bartlett Haas, *Muybridge: Man in Motion* (Berkeley: University of California Press, 1976), esp. pp.45-49 and 109-16; K. MacDonnell, *Eadweard Muybridge: The Man Who Invented the Moving Picture* (Boston: Little, Brown, 1972)及A. V. Mozley et al., *Eadweard Muybridge: The Stanford Years, 1872-1882* (Stanford: University Art Department, 1972).

❷　*Documentary: A History of the Non-Fiction Film* (New York: Oxford University Press, 1974), 3.

❷　美國寫實主義畫家Thomas Eakins也曾試驗連續攝影，根據Newhall(121)的說法，Eakins和麥布里奇的助手也曾製作和馬黑相同的攝影機。

· 動作研究(麥布里奇, 1881, 美國)

決,從此可以連拍上千張的畫面而不只四十張。亞倫・崔許坦伯格寫道:

> 電影在照片攝影的陰影下發展,故總是不乾不脆地常跟照片的對比扯在
> 一起。的確,幾乎每部電影開場的第一個鏡頭總像一張照片,然後,魔
> 術似地使畫面活起來,這種做法公開宣示了靜態攝影與電影其實是共
> 生的,它確認照片是埋藏在電影中不可或缺的元素。(78)

因此,當發明電影的技術出現後,剩下來的工作便有待把所有元素統合,
再推進一步,先是造就電影攝影,再來便是完成電影的製作和放映了。

❷ 見A. R. Fulton, "The Machine." *The American Film Industry*, ed. Tino Balio. (Madison: University of Wisconsin Press, 1976), 19-32. *A Technological History of Motion Pictures and Television*, ed, Raymond Fielding (Berkeley: University of California Press, 1967). 根據David A. Cook, *A History of Narrative Film* (New York: Norton, 1981), 「敘事電影的發展過程中,技術上的發明必然會促進美學上的進展」。

電影攝影

在所有的藝術當中，電影恐怕是其中最仰賴技術的一種，但電影的發明卻是藝術家與科學家企圖去重塑現實的時候自然而然獲得的結果❷。不過，要問誰是第一個發明與引介電影的人，那是另一個課題。約翰‧費爾(John L. Fell)指出宣稱自己是發明電影的人包括：德國的史卡蘭達諾斯基兄弟(Max & Emil Sklandanowsky)、英國的奧古斯汀王子(Louis Aimé Augustin Le Prince)、羅拔‧保羅(Robert W. Paul)、伯特‧艾克瑞斯(Birt Acres)及威廉‧福萊-格林(William Friese-Green)；法國的馬黑、愛米爾‧雷諾(Émile Reynaud)以及盧米埃兄弟；美國的麥布里奇、愛迪生(Thomas A. Edison)和其助手助手迪克生(W. K. L. Dickson)，還有列森兄弟(Grey & Leroy Latham)❷。但史蒂芬‧尼爾也曾指出：

> 上述發展出來的機械——像是法國人的電影攝影，德國人發明的生物視鏡(Bioscope)，英國人發明的動畫投影機(Aninatograph)或美國人發明的早期電影放映機(Vitascope)——其實都脫胎自名為"Kinetograph"的活動影像拍攝器，以及一種窺視型放影機(Kinetoscope)，而上述兩種機器都是由美國愛迪生實驗室的迪克生所發明的。(41)

第一部由迪克生發明的電影攝影機其實是許多前輩像麥布里奇、湯瑪士‧艾金斯(Thomas Eakins)及馬黑等人奠基的原理及技術的巧妙綜合體❸。眾所周知的愛迪生對賽璐珞膠質軟片技術改良所產生的興趣，乃是第一部真正的活動影像攝影機Kinetograph發明的關鍵，但愛迪生對電影的真正關切其

❷ *Film Before Griffith*, ed. John L. Fell (Berkeley: University of California Press, 1983), 9. 承認史卡蘭達諾斯基兄弟比盧米埃兄弟早一個月在柏林放映電影，喬治‧普列特(George C. Pratt)雖同意喬治‧薩都(Georges Sadoul)的說法，但卻下了這樣的結論：「以影響的程度而言，盧米埃兄弟的地位不容挑戰」。參見"Firsting the Firsts," *"Image" on the Art and Evolution of the Film*, ed. Marshall Deutelbaum (New York : Dover, 1979), 20.

❸ 見Gordon Hendricks, *The Edison Motion Picture Myth* (Berkeley: University of California Press, 1961); *Thomas Eakins: His Photographic Works* (Philadelphia; Pennsylvania Academy of the Fine Arts, 1969); W. K. L. Dickson and Antonia Dickson, *History of the Kinetograph, Kinetoscope, and Kinetophotograph* (New York: Albert Bunn, 1895; reprinted, New York: Arno Press, 1970). 關於迪克生在這個發展中的角色可見Cook, 5-7.

實並不在它美學上的可能性，反而更關切它是否能爲他在一八七七年發明的留聲機(phonograph)上做爲一種視覺附件。商業目的是愛迪生的首要考量，正如他之前的麥布里奇及馬黑僅看到電影的實用功能(動作分析)而忽略了美學上的可能性。在愛迪生之前，已有人在科學發展所容許的範疇下，對現實的感知做出分析研究，並發明了機器設備來記錄視覺上的現實。到了愛迪生，他更進一步想同時記錄視覺及聽覺上的現實，正如大衛‧庫克(David A. Cook)所說的：「愛迪生發明的電影攝影機最主要是被當成聲音的配件，動機並不是爲了電影本身。」(5)了解愛迪生同時是位企業家，並不致削弱他做爲發明家的成就和重要性，因爲他當時的態度幫我們深刻了解，人類在十九世紀末尋求複製現實在各個階段的進化過程。

由迪克生爲愛迪生實驗室發展出來的早期電影攝影技術，其先天上的限制也主宰了拍攝出來的影片，當時影片是由Kinetoscope拍攝的，那是一種固定而無法移動的早期電影攝影機，被放置在一個稱爲「黑瑪麗」(Black Maria)的攝影棚內，全靠自然光源拍攝，觀眾則透過一種愛迪生發明的「西洋鏡」(Kinetoscope)來觀看電影❸。所以早期的影片多半是很短而未經剪接的表演(通常是喜劇)，不久愛迪生公司開始製作一些來自眞實生活的片段，用Kinetoscope 拍的第一部短片是《佛列德‧奧特的噴嚏》(Fred Ott's Sneeze, 1891)，另外還拍了《狂歡女郎跳舞》(The Gaiety Girls Dancing)、《高地之舞》(Highl and Dance)，而其後的影片光從片名就可以知道乃是標榜逼眞而具動感的內容，如：《打樁》(Pile Driving, 1897)、《曲線溜冰》(Serpentine Dance, 1894)、《華盛頓海軍造船廠》(Washington Navy Yard, 1897)、《日俄前哨戰》(Skirmish Between Russian and Japanese Advance Guards, 1904)。雖則愛迪生對於電影的紀錄片潛力或者還有些許興趣，但他之所以爲天才乃在於他了解電影的娛樂潛力，以及將娛樂的價值融入劇情片之中。

不過，電影要進一步發展，仍有兩個難題須先解決：第一個就是定點固定在攝影棚中的攝影機必須能夠隨意移動，其次就是關在Kinetoscope 裏的膠卷也必須被釋放出來。儘管一種早期幻燈片的放映活動「魔術燈籠秀」(magic-lantern shows)已經存在了數百年之久，但解決電影放映的問題還是困難重

❸ Gordon Hendricks, "The History of the Kinetoscope," *The American Film Industry*, ed. Tino Balio (Madison: University of Wisconsin Press, 1976), 33-45.

重。難題在於必須有一種機器可以發出足夠的強光將影像清楚地投射出來，不但能以順暢平穩速度捲動，還可使影片通過光源時不致拉斷或燒掉，而且在轉動影片時，尚需有間歇性的功能以產生連續動作的幻覺。這些難題其實愛迪生與迪克生並沒有解決，扭轉乾坤的是盧米埃兄弟（見第二章），而與這項科技發展同樣重要的則是法國十九世紀藝術中所出現的寫實主義美學。

十九世紀藝術中寫實主義的脈動

　　非劇情片的誕生或甚至是電影的誕生其實都跟十九世紀藝術中對現實多采多姿的再現密不可分，而盧米埃兄弟的作品就是針對客觀的萬物世界尋求一種「貼近現實」的藝術宣言❸。富列茲‧諾瓦特尼（Fritz Novotny）曾對十九世紀藝術中寫實主義多樣化的表現方式盛行的原因做出解釋：

> 　　導致這種轉變不在藝術本身，其原因已是耳熟能詳：社會結構的急劇改變；影響全世界歷史的法國大革命，導致歐洲宗教及非宗教勢力的動搖；繼而民主社會和新形式個人主義的開始。影響所及，藝術家與社會的關係發生了根本的改變，社會不只是藝術家的贊助者，也是他身處的環境。這種新情勢關係到與過去一切一刀兩斷，也給予藝術和藝術家一種全新的自由，其重要性部分是顯而易見的；這新的轉變爲世界打開了一個新的視野。(2)

　　正如諾瓦特尼所指出的，寫實主義以及「其取之不盡的實物描繪」(5)爲非劇情片的啓蒙在定位上提供脈絡。與其他藝術史上的轉捩點不同的是，寫實主義的探索並非由宗教或意識型態激起的，反而是出自於對意識型態的全盤否定，它源自於認定爲肉眼所見的現象，而非宇宙性的信念。十九世紀法國在藝術與攝影的發展，重新喚起藝術亙古的命題：藝術究竟要呈現美或是眞？要呈現理想化的或是現實的？眾所周知的假設是說繪畫創造了理想化的境界，而攝影則記錄了眞實本身，但實際上發生的卻與此種假設南轅北轍，攝影在商業上的成功並廣爲大眾及批評家接受的事實，導致了攝影及繪畫之

❸ Fritz Novotny, *Painting and Sculpture in Europe, 1780 to 1880* (Baltimore: Penguin, 1960), 1.

間的競爭，有些畫家像是德拉克洛瓦（Eugène Delacroix）、竇加（Edgar Degas）、庫貝（Gustave Courbet）、艾金斯運用照片來使他們的繪畫更加生活化，而一些攝影家像是格雷（Gustave Le Gray）、雷蘭德（Oscar Gustave Rejlander）、羅賓遜（Henry Peach Robinson）、柯麥隆（Julia Margaret Cameron）使用了像是柔焦鏡、修片技術、舞台佈景及服裝與繪畫一較長短。史蒂芬・列文提出這兩種藝術其實「在形式上的意圖是相同的，而彼此都希望與對方相似」❸。儘管此種類型上的轉換並沒有發生，但兩者的交流至少導致了一個結果：它幫人們更瞭解攝影與繪畫是兩種截然不同的陳述方式，各自有其潛力與限制，以及各自在藝術上的「原創性」。

在繪畫的領域中，上述新的呈現方式包括：德拉克洛瓦及傑利柯（Théodore Géricault）代表的新浪漫主義，庫貝及米萊（Jean-François Millet）的社會寫實主義，杜米埃代表的社會與心理寫實主義，馬奈（Édouard Manet）、莫內、雷諾瓦（Pierre-Auguste Renoir）、竇加及畢莎羅（Camille Pissaro）的印象主義和秀拉（Georges Seurat）、梵谷（Vincent Van Gogh）、羅特列克（Henri de Toulouse-Lautrec）、高更（Paul Gauguin）的後印象主義，還有導向二十世紀現代主義的先鋒，包括塞尙、馬蒂斯（Henri Matisse）、魯奧（Georges Rouault）、布拉克（Georges Braque）以及畢卡索等人的作品。而隨著這些趨勢的發展，攝影家運用技巧使作品達成一些與同期繪畫同樣的圖像和教化目的。因此納達爾（Nadar）、卡杰（Étienne Carjat）、亞當－沙樂門（Anthony Adam-Salomon）及沙樂尼（Napoleon Sarony）等人的作品中更將肖像攝影作品與油畫的距離拉至最近。同時，不僅在繪畫與攝影的領域，文學以及舞台世界的作者都在平凡的日常生活中找尋題材致力描寫親眼所見的現實，而不再將之理想化。

在各類藝術形式的重大轉變中，主要乃是視覺藝術中的寫實主義脈動爲日趨廣大的中產階級觀眾記錄了人事時地及社交生活等具體現實，也爲第一部電影提供了啓示作用。就在盧米埃兄弟製作電影之前的一段時期（1850－1890），法國繪畫、素描和諷刺漫畫不但捕捉到人物以及事件的表象，甚至已掌握了心理深度，並在觀眾心中建立了熟悉的題材以及形式的規範，像馬奈及梅生尼爾（Jean-Louis-Ernest Meissonier）等畫家爲一八四八年的革命以及

---

❸ "Monet, Lumière, and Cinematic Time,"*Journal of Aesthetics and Art Criticism* 36.4 (Summer 1978): 441-47.

一八七一年巴黎淪陷時戰鬥與死亡等殘酷現實提供了近距離的觀察❸❹，康斯坦汀‧蓋斯(Constantin Guys)則記錄了戰場上的活動以及社會上的休閒景緻❸❺。繪畫直接地見證生活，而電影不久亦將效法，盧米埃兄弟雖未拍攝過革命或戰爭，但他確曾就承平時期的軍事活動做過精采的紀錄。

在注重具體現實的畫家羣中，有米萊、布荷東(Jules Breton)和博納爾(Rosa Bonheur)，但確信「城市與鄉下生活中日復一日的事件才是藝術上真實的主要資源」的人，則首推庫貝，也由於他們對日常生活例行活動的忠貞不移，因此其後盧米埃兄弟所拍出的影片當然不僅具備文獻上的價值，更有美學上的真實。另外一種基於道德觀念上的寫實主義，在杜米埃的作品中可略見一斑，他的作品描述巴黎生活的忙碌與喧囂：包括街景、火車、法庭以及其許多貧窮人的生活面，另外那種以科學方法記錄表達日常生活的寫實作品，也影響了盧米埃兄弟。羅森布朗形容的那位當時在巴黎進修的美國寫實主義畫家與攝影家艾金斯，與一位製片家並無兩樣，在他筆下，艾金斯這位畫家「堅持將解剖學、光線、數學和透視學等嚴謹的研究加入繪畫藝術中，同時他跟同期很多藝術家一樣堅信，照片是一種能提供客觀真相的媒介，可用做輔助畫家對具體世界嘔心瀝血的重現。」另外像凱利布(Gustave Caillebotte)在街頭記錄勞工生活的作品，也可能給予盧米埃兄弟另一種影響，因盧氏兄弟跟凱利布一樣曾為勞動力工作的尊嚴做紀錄。竇加跟凱利布一樣描繪在深度空間內的活動(竇加在巴黎劇院，凱利布則在巴黎街頭)，雖則在早期電影中深度空間的電影幻覺不可能出現，但取鏡巧妙的街景卻可能做到。而莫內描寫天主教堂外觀(以及火車站)光影變化的畫作或許也吸引了盧米埃兄弟，盧氏兄弟也曾同樣捕捉過這種稍縱即逝的現象。俄國作家高爾基就曾詩意地以「光影的王國」(kingdom of shadows)來描寫他一八九六年在俄國初見盧氏兄弟影片時的感受❸❻。

在馬奈一八七三年的作品「鐵路」(The Railroad)以及一八八一～八二年的作品「瘋狂牧羊人酒吧」(The Bar at the Folies-Bergère)中，都可發現「兩

❸❹　Robert Rosenblum and H. W. Janson, *19th-Century Art* (New York: Abrams, 1984), 219.

❸❺　在美國，曾拍攝內戰的殘忍的有Mathew Brady及其助手Alex er Gardner, Timothy H. O'Sullivan及George N. Barnard.

❸❻　引自陳立的*Kino: A History of the Russian and Soviet Film*, 3rd ed. (Princeton: Princeton University Press, 1983), 407.

個世界罕有的結合，那就是繪畫裏的世界以及觀眾的世界交溶一起」（羅森布朗 355），這種融合在電影中達到一種更爲複雜的境界。也因爲電影的活動影像，使其觀眾之間的關係不斷改變，同時影像也是黑白的，所以更加抽象。馬奈畫作「鐵路」的空間上及敍事結構上十分複雜，在畫面左邊前景中，我們的視線落在母親的凝視，但在右邊前景中，我們隨畫面中一個女孩的視線望去，透過分隔前景與背景的鐵門，跟她一起看著火車在煙霧瀰漫中駛出車站。在盧米埃的《火車進站》中，並沒有馬奈作品那樣在空間與敍事結構上的刻意營造，我們猶如來等火車的人，跟攝影機一起站在月台上目睹火車進站、減速停下。在馬奈作品中火車非直接有關的事件，只是圖畫中的一部分，但在盧氏兄弟的影片中，直接相關的事件就是全部內容。我們不知道盧米埃兄弟是否明瞭在十九世紀法國藝術中，鐵路是重要的圖繪題材。但儘管在題材上重複，盧米埃兄弟仍有其新意，他們使用電影攝影技術並非爲了要重複杜米埃的道德角度或馬奈的印象派視野，而是遵從科學的角度去留存時間的片段，在景框中納入了所有的細節，提供了一個眞實而不容置疑的現實紀錄。

　　在劇情、聲音以及顏色等技術被引進電影之前，早期電影工作者的欲望是記錄平凡生活中的現實。因此盧氏兄弟將攝影機瞄準他們並稱之爲**實況電影**(actualités)或紀錄面貌的製作，是最自然和合適不過的了。這些平凡的題材包括了船離開碼頭，在工作中的鐵匠，正在玩樂的家人或軍隊行進。電影在盧米埃兄弟的實驗室中誕生，這件事不論對電影本身，對人類感知的歷史以及對工業與科技的進化而言，都令人興奮不已，但它也不過是印證了艾瑞克・阿爾巴克(Erich Auerbach)所說的「十九世紀的法國藝術從古典學術紀律的桎梏中解放出來，成爲自由的嘗試與大膽的寫實主義」的一個徵兆罷了**❸**。

❸　Mimesis: *The Representation of Reality in Western Literature* (New York: Anchor, 1957), 489.

第二章

最初的電影

最初的電影

　　在寫實主義刺激下誕生的第一批電影是被稱爲「實況電影」(actualities)的眞人實事短片，其內容正如雷蒙・費汀(Raymond Fielding)所言，乃是「非刻意安排的一般性活動」❶。也因爲受到商業競爭及觀眾熱烈反應的刺激，電影攝製與放映的發明爭先恐後地同步出現，所以最初期電影的題材也十分類似。在一八八九至一八九六的七年間發生的事可看出電影技術發展的速度，另一方面也可看出電影題材的廣度。

　　一八八九年福萊-格林拍攝了數部有關一些穿著體面的倫敦市民越過海德公園走向教堂的影片。一八九四年，愛迪生與迪克生則開始用電影爲一些名人做紀錄，像是壯漢山多(Sandow the Strong Man)、水牛比爾(Buffalo Bill)、安妮・奧克莉(Annie Oakley)、軟骨特技白索弟(Bertholdi the Contortionist)、舞者羅絲・聖丹尼斯(Roth St. Denis)，或其他老套題材，如：黑種女人爲孩子洗澡和農婦餵雞等。而一八九五年三月二十二日盧米埃兄弟所展示的第一批片子也是同樣平凡無奇的題材。一八九五年五月二十日紐約的列森兄弟在迪克生的協助下使用一種相當粗糙的放映機(Eidoloscope)放映了世界上第一部收費電影，而它要比盧米埃一八九五年十二月二十八日的首映或湯瑪士・亞美(Thomas Armat)的一八九五年九月或羅拔・保羅的一八九六年二月二十八日等首映都要早❷。這次放映並不成功，但在一八九六年四月二

---

❶　The American Newsreel: 1911-1967 (Norman: University of Oklahoma Press, 1972), 4. 在此得特別感謝費汀卓越的研究。

❷　Fielding, 11. 應特別指出的是，這是觀眾第一次**付費**去看電影，盧米埃兄弟雖然**早在一**

· 奧古斯特 · 盧米埃(1862-1954)與路易 · 盧米埃(1864-1948)。

十三日湯瑪士·亞美及愛迪生在紐約市的柯士特與拜爾音樂廳(Koster &Bial's Music Hall) 終於以Vitascope成功地在付費的美國觀眾面前展示了第一部電影❸。

　　當時這些影片的題材狹窄只因受限於工作者的膽識與想像力。一八九五年六月十日盧米埃兄弟製作了第一部新聞片：內容是法國攝影學會在里昂的會議，這雖算不得什麼驚人的大消息，但仍可稱得上是全球首部新聞片。緊接著同年六月二十日，英國電影先驅伯特·艾克瑞斯拍出了第一批具有國際性意義的新聞片：由德皇威廉二世主持的基爾運河通航典禮。在一八九六年五月盧米埃兄弟旗下的攝影師法蘭西斯·塔布利爾(Francis Doublier)也在莫斯科拍攝了沙皇尼古拉二世的加冕典禮，同時盧米埃旗下的其他攝影師如費力克斯·梅斯吉許(Félix Mesguich)也周遊列國尋找難得一見的題材❹。一八

八九五年三月二十二日就已首度放映電影，但要到一八九五年十二月二十八日他們的電影觀眾才開始**付錢**。

❸ 早期美國觀眾的研究見Garth Jowett, "The First Motion Picture Audiences,", *Film Before Griffith*, ed. John L. Fell (Berkeley: University of California Press, 1983), 196-206.

❹ 見Francis Doublier, "Reminiscences of an Early Motion Picture Operator," *"Image"* on

九六年六月三日，另一位英國電影先驅羅拔‧保羅與艾克瑞斯合作拍攝了在葉森高原的德比大賽馬盛況。其後，許多重要的新聞片陸續被拍攝下來，並為二十世紀的新聞片類型提供了基本的樣式，包括了皇室的訪問活動、運動、天災人禍以及公開的儀式像是重要元首的就職與葬禮。

在邁入二十世紀之前，美國主要電影製片廠像是愛迪生公司、傳記電影公司（Biograph）及維塔電影公司（Vitagraph）對一般性事件及難得一見的事件都會拍攝。雷蒙‧費汀就曾指出愛迪生乃是一九○○年之前最多產的新聞片工作者：

> 　一想到愛迪生早期發明的攝影機如此巨大笨重便會覺得這件事很了不起，但對愛迪生的產品評估後會發現他的題材完全合乎下列三個條件：1.仔細的事前製作計畫；2.在拍攝前有足夠的時間去安裝與準備笨重的攝影機；3.攝影機的位置在拍攝整個過程時是固定不動的。(16)

當時這些美國公司所拍的影片題材包括：當時馳名的火車、阿拉斯加淘金熱、紐約街景、一八九七年美國總統威廉‧麥金利（William Mckinley）就職以及一些名人的側寫，如紐約市警局局長羅斯福（Theodore Roosevelt）、基奇納將軍（General Sir Herbert Kitchner）、美國政治家威廉‧杰寧‧布里恩（William Jennings Bryan）和一八九八年在梵諦崗拍攝的教宗李奧八世❺。當時不論是實況或是經過安排的運動影片都相當受歡迎，而在一八九四年六月，愛迪生製作了一系列廣受歡迎的拳擊賽影片❻。

這些由福萊-格林、愛迪生、迪克生、伯特‧艾克瑞斯、塔布利爾、梅斯吉許、羅拔‧保羅、傳記電影公司及維塔電影公司等攝製的實況和新聞片提供了生動而價值不凡的紀錄。如果進一步考慮到當時笨重龐大的攝影機在運送上的困難和只能使用一次的有限底片，便會覺得他們的成就彌足珍貴。由於立意創新或因急於爭取觀眾，儘管這些影片為零碎的片段，卻也不損其成

---

the Art and Evolution of the Film, ed. Marshall Deutelbaum (New York: Dover, 1979), 23.

❺ 費汀指出，愛迪生在一八九六年到一九○○年至少就有兩百五十部新聞片的版權，但同時期不論是傳記電影公司或維塔電影公司卻連一部也沒有：「我們並不清楚，這樣的缺失究竟可能表示他們輕忽原創著作權的保護及自己產品的價值，或是僅對侵權行為不以為意。」(27-28)

❻ 見Fielding, 9-16.

就。比較之下，盧米埃兄弟在一八九四年到一八九七年之間的成就便更加傑出，原因不外是使得他們公司業務蒸蒸日上的高效率、自發性的世界觀和作品的平易近人。

盧米埃兄弟

盧米埃兄弟作品的價值乃是深深紮根於十九世紀科學與藝術的發展上❼。在他們的努力下，實驗階段的末期(像麥布里奇、愛迪生、迪克生和其他人的實驗與發明)才得以與電影語言進化的開始(始自法國的梅里葉Georges Méliès以電影呈現幻覺，而費雅德Louis Feuillade則結合了盧米埃的寫實主義及梅里葉的夢幻❽。而在美國則有艾德溫‧波特Edwin S. Porter、葛里菲斯D. W. Griffith等人的努力)銜接起來，就如亨利‧朗瓦(Henri Langlois)所寫的「感謝盧米埃兄弟……電影在日常生活的環境中誕生。」❾。

儘管如此，對於盧米埃兄弟作品是否真的那麼重要，電影史家仍眾說紛紜，李察‧羅德(Richard Roud)就說：「不管有多少異議，剛好相反，盧米埃兄弟是影片工作者，同時也是藝術家。」❿而紀錄片史家艾瑞克‧巴諾則稱他們兄弟為「先知」(prophet)。但是像艾倫‧威廉斯(Alan Williams)則做了以下結論：「把他們當做天才企業家恐怕比較有趣，而在歷史上也會是比較可親的人物，不要把他們當做什麼次要的『神祇』或『先知』。」⓫實際上言，他們可說以上皆是：是預言二十世紀藝術形式的十九世紀先知，是記錄實況的第一批影片的創造者，也是高明的生意人，他們卓越的企業組織在十年之

---

❼ 安德烈‧巴贊在他的《電影是什麼》(*What Is Cinéma?*)一書中說：「電影實際上毫不虧欠科學精神」(出自第二章〈完整電影的神話〉)(Berkeley: University of California Press, 1967), 17.

❽ 高達在《中國女人》(La Chinoise)開玩笑，說盧米埃的片子現在看起來比梅里葉的「紀錄片」還神奇。

❾ "French Cinema: Origins," *Cinema: A Critical Dictionary*, ed. Richard Roud, vol. 1 (New York: Viking, 1980), 394.

❿ "Introduction," *Rediscovering French Film*, ed. Mary Lea Bandy (New York: Museum of Modern Art, 1983), 17.

⓫ "The Lumière Organization and 'Documentary Realism,'" *Film Before Griffith*, ed. John L. Fell (Berkeley: University of California Press, 1983), 159.

· 電影攝影機(cinématographe)：
這個由路易·盧米埃發明的機器
實際上是集合了攝影機、沖印
機與放映機三種功能於一身，
它的動力來自手搖發條，因此
可以隨意攜帶到各處。

內使電影成為一種世界性的現象。盧米埃兄弟最主要的成就在兩大方面：其
一是對電影技術在發展上的貢獻；其二是他們所製作的影片。

盧米埃兄弟對電影技術的貢獻

　　盧米埃兄弟誕生於一個在當時攝影史上已相當有名的家庭(他們的姓氏
Lumière法文原意便是「光」的意思)❶❷。父親安東尼·盧米埃(Antoine Lumière)
也是個攝影家，但更重要的是，他在法國里昂創辦的攝影器材工廠乃是歐洲
最大的一家，在全世界僅次於美國的伊士曼工廠❶❸。後來盧米埃兄弟接管了
這家工廠，到了一八九五年，雇用的工作人員已達三百人左右❶❹。

---

❶❷　尚有一名小弟叫做Edouard Lumière。

❶❸　Barnouw, 7.

❶❹　Georges Sadoul, "Louis Lumière: The Last Interview," *Rediscovering French Film*, ed. Mary
Lea Bandy (New York: Museum of Modern Art, 1983), 39. 討論盧米埃的英文研究不
多，見Sadoul, Louis Lumière (Paris: Seghers, 1964) and Jacques Deslandes's *Histoire
Comparée Du Cinéma*, 5 vols. (Tournai, Belg.: Casterman, 1966).

一八九四年，路易・盧米埃開始試驗愛迪生的早期電影攝影機及觀片器材，因為愛迪生發明的器材缺乏影片放映的功能，因此路易做必要的改良，最後，他發明了電影攝影機(cinématographe)。這是一種手搖動力式可攜帶到任何地方的電影機，他發明的機器實際上集三種機械功能於一身：攝影機、沖印機及放映機，且僅重十六磅，只是愛迪生裝置在「黑瑪麗」片廠中那部攝影機重量的百分之一。路易・盧米埃發明了這個機器，他以自己和哥哥的名義替新發明的技術取得專利，同時命名為cinématographe(從希臘文而來，意思是「動作紀錄器」)。這個名字的簡稱cinéma(電影)也決定了電影本身的藝術形式。而盧米埃以充沛的精力參與了所有過程：

> 我不僅拍這些影片，在巴黎大咖啡館放映的第一卷影片也是我沖印出來的，在一個搪瓷鐵桶中先顯影，後沖片，再定影，最後正片也是這麼印出的，然後以陽光射在白牆上當光源放映❶。

　　除此之外，路易・盧米埃也做了其他重要的貢獻：他將影片的寬度定為35釐米，同時也將默片放映速度定為每秒十六格(很久以後才發展出來的有聲電影則是每秒跑二十四格)❶。一八九五年，在美國的湯瑪士・亞美獨力發現盧米埃兄弟已經發現的影片暫歇性運動原理，再發展出片環(Loop, 美國環或列森環)，並賣給了愛迪生，愛迪生則依此發明了他的觀片器(Vitascope)，大衛・庫克就寫道：

> 愛迪生發明的觀片器及盧米埃兄弟發明的電影攝影機，已臻至電影史前史的巔峯，所有與電影拍攝及放映相關的技術性原理都已發現，並加以整合運用在當時存在的機器中，除了極明顯的新功能(像感光聲軌)之外，當時的基本功能大致與目前的機器相去無幾。相反的是，電影做為一種藝術形式的歷史由這些事件揭開序幕，因為即使我們對機器的了解已相當成熟，但對使用方面的知識卻顯得相當落後。事實上，由愛迪生及盧米埃製作出來的那類紀錄片日後成為二十世紀之前的電影主流，因為還沒有人想到攝影機也許可以用來說故事——例如去**創造**一種故事

❶ "Louis Lumière: The Last Interview," 40.

❶ 放映默片的速度不定，見Kevin Brownlow, "Silent Film: What Was the Right Speed?" *Sight and Sound* 49.3 (Summer 1980): 164-67.

性的現實，而非只**記錄**一些在鏡頭前發生的眞實或經過安排的事件。(12 -13)

盧米埃兄弟拍攝的影片

一八九五年三月二十二日，盧米埃兄弟受到法國的國家工業策進會 (Société d'encouragement à l'Industrie Nationale)邀請，放映了他們的第一部影片《從盧米埃工廠下班的工人》(La sortie des ouvriers de l'usine Lumière/ Workers Leaving the Lumière Factory)，許多人認爲這次活動可視爲世界上首度成功的電影放映❶。一八九五年六月十日，他們在法國攝影學會(Sociétés Photographiques de France)在里昂附近Neuville-Saint-Vasst召開的會議中放映了八部短片，在那次活動中，他們拍攝了與會代表抵達議會大廳的情形，並在兩天之後把影片放映出來，爲他們的發明掀起的騷動再錦上添花。更多招待觀眾的放映活動分別在六月十二日、七月十一日及十一月十日於布魯塞爾，及十一月十六日在巴黎的索本區(Sorbonne)舉行。在一八九五年十二月二十八日他們開始以影片來營利——在巴黎市卡布辛大道大咖啡館的地下室印度廳，盧米埃兄弟第一次向付費觀眾做公開電影放映❶。第一批觀眾可能看到的影片從以下的節目單可見一斑：《從盧米埃工廠下班的工人》、《快車抵達里昂車站》(Arrivée d'un train en gare Villefranche-sur-Saône/Arrival of Express at Lyone)、《嬰兒進餐》(Le repas de bebé/The Baby's Meal)、《倒塌的牆》(Demolition d'un mur/The Falling Wall)、《突列利公園中行船的男孩》(Boys Sailing Boats in the Tuileries Gardens)、《米蘭的洗澡》(The Baths at Milan)、《法國龍騎兵》(French Dragoons)、《崗都拉船會》(Gondola Party)、《灑水記》(L'arroseur aroseé/The Sprinkler Sprinkled)、《跳沙袋競賽》(Sack Race)、《匈牙利軍隊閱兵》(Military Review, Hungary)、《德國騎兵跳躍障礙》(German Hussars Jumping Fences)、《餵食天鵝》(Feeding the Swans)，以及《注水入鍋爐》(Boiler Loading)。

雖然有文字報導過當，觀眾看到投射在銀幕上快速移動的圖畫時，其中一些人內心的反應，對於今天的我們而言，那種獨特又奇異的經驗帶來的震

---

❶ 但觀眾並未付費。

❶ Barnouw, 9.

·《從盧米埃工廠下班的工人》（1895, 盧米埃兄弟）

盪實在無法想像，這種為世界提供前所未見的視野創新發明，這也就是約翰‧葛里遜（John Grierson）所讚歎的「悠然自得的狂喜」（fine careless rapture）[19]。對於身處現在的我們，這些影片則是電影史上的文獻和歷史真實的紀錄。但對早期的觀眾而言，因為不會知道到日後電影史將自此而始，一定有另一種反應：因為認出熟識之物雀躍萬分，但又因為不熟悉的東西而感到好奇或大惑不解，甚至，因為影像的逼近與大小而感到恐懼。最重要的是，他們被能活動的動態影像（movement）迷住了，而一旦他們接受了這樣的動態本質，其後一切就迎刃而解。

這些早期電影都不到三十秒長，都是位置固定的攝影機定點拍攝而成，但儘管有這些限制，每部短片都包含了一個動感的新世界，即使一百年之後，今日的觀眾仍可在這些電影中感受到那股對新奇事件無可避免的震驚。觀看這些電影肯定會被「這個媒體的**潛力**震懾，就是像它剛被發明，等待著被發

[19] "The Course of Realism," *Grierson on Documentary*, ed. Forsyth Hardy (London: Faber, 1966), 199;參見 Michael J. Arlen, "The Air: on the Trail of a 'Fine Careless Rapture,'" *The New Yorker* (10 Mar. 1980): 73-79.

掘一樣。」[20]

雖則對這些電影的傳統評價的確指出其主要目的與趣味全在於呈現動感本身而已，但馬歇爾·戴添波 (Marshall Deutelbaum) 為這些短片辯護道：

> 自其題材所選定的固有過程中擷取結構……這些過程要不是直線發展的連續動作，描述一連串相關事件導向一個固定的結局，便是一系列動作重複的循環性過程，而這種一再重複的動作並無所謂的結局[21]。

馬歇爾更結論性地說，「在其中幾部影片中所看到的，空間上意味深長的運用和動作的整齊劃一，加上純粹結構上的複雜微妙在在指出該重新考慮我們對這些影片藝術成就的評價。」(37)

的確，像《小船出港》(Barque sortant du port/ Boat Leaving the Port) 在固定觀景畫框中更有震撼力，暗喻這種「在流動中的穩定性」(stability within flux) 也正是小說家如普魯斯特 (Marcel Proust)、喬艾思 (James Joyce) 及吳爾芙 (Virginia Woolf) 所推崇的文學寫實主義。畫面的左邊，是一個男人試圖在洶湧的海浪上划船的動作；畫面的右邊，有一個做對比的靜態場景，幾個婦人與小孩望著幾乎要被波浪打翻的小船[22]。另外，第一部盧米埃製作的短片《從盧米埃工廠下班的工人》則流露出另一種結構上的觸覺，在自然的同時也包含了誇張。在這裏，盧米埃兄弟藉用了劇場中開幕與閉幕的效果 (工廠的大門打開又關上) 來框定動作；攝影機面對的是工廠巨大的雙扇大門，它打開，然後成羣男女工人得以從工廠離去，工人們先走向我們，然後分由左右兩邊離開景框，而當一個男人跑回工廠後，大門隨即關上。即使在這麼簡單的結構中 (也蠻正式的，或許正適合用於盧米埃兄弟的首部作品)，裏面有絕佳的自發性動作，也有一些幽默感以及紀錄片的寫實主義精神。這些工人的衣着超出一般人對工人衣著的想像，是相當正式的；這也提醒了我們這不是間髒兮兮的工廠，它是間生產光學儀器與設備的工廠。人們離開工作場所重回自己的生活時，是走得比平常快，在此電影也可能透露了一些工作倫理上

[20]　Dai Vaughan, "Let There Be Lumière," *Sight and Sound* 50.2 (Spring 1981): 126.

[21]　Marshall Deutelbaum, "Structural Patterning in the Lumière Films," *Wide Angle* 3.1 (1979): 30-31. 見許多影片傑出的嚴謹分析。

[22]　這部影片的分析見 Dai Vaughan, "Let There Be Lumière," *Sight and Sound* 50.2 (Spring 1981): 126-27.

的訊息給我們❷。

　　在其他早期的短片中，簡單直接的《火車進站》今天已不太可能再嚇倒任何人，但《灑水記》則為電影的經典喜劇傳統開了先河。其他幾部影片則以異國風土民情為題拍出獨特的活動影像。而《餵食天鵝》則因為在空間感的深度勝過其他影片而聞名，片子描述在畫面的中景一個男人靠著欄杆俯身餵食在背景湖上的天鵝，當一列單軌電車從鏡頭與男人之間的前景穿過時，我們才意會到前景的存在。

　　盧米埃滿足大眾對活動影片的快速需求，正是盧米埃公司成功的所在。路易·盧米埃回憶第一年他們大概製作了五十部短片，每部大約一分鐘長，那是當時一卷底片最長的長度❷。到了一八九六年二月，盧米埃製作的電影已經在倫敦的帝國戲院（Empire Theatre）上映，到了四月，在巴黎已有四家戲院每天上映他們的影片，到了五月及六月，紐約的三家戲院：濟茲聯合廣場（Keith's Union Square）、伊甸美術館（Eden Musée）以及在麥迪遜廣場的音樂廳柯士特與拜爾音樂廳也上映了盧米埃短片❷。費力克斯·梅斯吉許是盧米埃公司所屬的放映師，他負責六月十八日在柯士特與拜爾音樂廳的放映，根據他的報導，影片受到觀眾熱烈的喜愛，以致於片子放完後他從放映室被帶到舞台上與觀眾見面，此時樂隊奏起「馬賽曲」，之後，更有人請他吃飯。其後數天，不時有記者到他的住處訪問，並取得更多有關電影機（cinémato-graph）的資料。高爾基對盧米埃兄弟在莫斯科放映的第一批影片評論時說道，那灰暗而又不相干的世界的描繪使他深受困擾且沮喪不已：

　　　昨夜我身處幻影王國，非身歷其境你無法知道有多奇怪，它是個沒

❷　雷蒙·費汀對這部片子片名的翻譯暗示工人將去吃飯，見 The American Newsreel: 1911-1967 (Norman: University of Oklahoma Press, 1972), 4.

❷　盧米埃自己曾解釋影片的長度說：「這些影片全都十七公尺長，而大概花一分鐘便可放映完畢。片長十七公尺似乎是彎怪異的，不過它正是拍攝當時攝影機所能裝載的底片容量。」（詳見 "Louis Lumière : The Last Interview" 一文），艾瑞克·巴諾也寫道「在本世紀初一卷影片僅一至兩分鐘長，不過五年之後它的長度有五到十分鐘了。」(21)

❷　艾倫說，一九八六年五月盧米埃兄弟的影片已在濟茲聯合廣場劇院放映；而他們早期在紐約現代藝術美術館定期放映的影片片頭字幕也提到伊甸美術館（Eden Musée）是另一個放映盧氏影片的地方；在 Tours de Manivelle (Paris: Editions Bernard Grasset, 1933) 一書中，費力克斯·梅斯吉許談到六月十八日他也曾在柯士特與拜爾音樂廳做首次放映。

有聲音也沒有顏色的世界，在那裏的所有東西——泥土、樹木、行人、水以及空氣都浸泡在單調的灰色裏，灰色的陽光穿過灰色的天空，灰色的臉上有灰色的眼睛，樹上的葉子也是灰白的。這不是生活本身，而是它的影子，不是動態的本身，而是它無聲的幽靈㉖。

　　如此悲觀的感觸並沒有阻礙盧米埃公司向全世界推介他們的影片㉗，「不論觀眾是貧富尊卑，都給予他們一種前所未有的看世界的感覺。」(Barnouw 13)㉘。例如一八九七年三月，紐約布洛克特歡樂宮戲院(Proctor's Pleasure Palace)的節目，國內及國外的題材都包羅萬有，觀眾必然滿意，包括：《嬰兒學步第一課》(The Baby's First Lesson in Walking)、《從巴黎到波爾多的電力車比賽》(The Electrical Carriage Race from Paris to Bordeaux)、《崗都拉船即景》(A Gondola Scene in Venice)、《奧地利槍騎兵衝鋒》(The Charge of Austrian Lancers)、《中央公園對面的五十九街》(Fifty Ninth Street, Opposite Central Park)、《倫敦，南肯辛頓區街景》(A Scene Near South Kensington, London)、《法國馬賽的魚市》(The Fish Market at Marseilles, France)、《德國龍騎兵跨欄》(German Dragoon Leaping the Hurdles)、《法國里昂的一場雪仗》(A Snow Battle at Lyon, France)、《在倫敦街頭扮黑人跳舞的藝人》(Negro Minstrels Dancing in the London Streets)、《法國里昂盧米埃工廠員工的跳沙袋競賽》(A Sack Race Between Employees of Lumière & Sons Factory, Lyon)、《義大利米蘭，女神沐浴雕像》(The Bath of Minerva, at Milan, Italy)㉙。

　　在一八九七年底，雖然盧米埃兄弟已在全世界成功放映超過七百五十部這類短片，並獲利甚豐，但他們卻退出了影片製作業，停止影片的巡迴放映，轉而致力於電影攝影機的製造與行銷，同時也推銷他們已整理編目的短片。剛開始他們的片目有三百五十八部，到了一九○○年的影片目錄(Catalogue Général des Vues Positives)包括盧米埃及其他人的作品已達一千兩百九十九

㉖　Jay Leyda, *Kino: A History of the Russian and Soviet Film*, 3rd ed. (Princeton: Princeton University Press, 1983), 407.
㉗　見Barnouw, 11-30; 及 Leyda, *Kino*, 405-06, 曾列出盧米埃、百代(Pathé)and Alexander Drankov在俄國拍的早期非劇情片。
㉘　關於盧米埃影片於維多利亞女王跟前映演之事，見Ceram, *Archaeology of the Cinema*, fig.228.
㉙　Barnouw, 13.

部，這些題材五花八門的影片後來均聞名於全世界，如《小船出港》、《伐木工人》(Scieurs de bois/Wood Cutters)、《黑人兒童的洗澡區》(Baignade de négrillons/Bathing Spot of Negro Children)；喜劇性的題材則有《繪畫評審團》(Jury de peinture/Painting Jury)；也有法國一些隨興紀錄，如《Carmaux：焦炭烤爐》(Carmaux: défournage due coke/Carmaux: Coke Oven) 及《里昂：大主教碼頭》(Lyons: quai de l'archeveque/Lyons: Archbishop's Quay)。還有許多與軍事場面相關的影片，這也是廣受攝影家格雷及畫家戴泰爾(Jean Baptiste Édouard Detaille)和梅生尼爾喜愛的題材❸。盧米埃兄弟的作者身分是顯而易見的，而電影的主題輕易被其他電影工作者採用則「說明了現代大量生產的幾個傳統條件……，還指出了能討好感動廣大觀眾的是什麼。」❸

盧米埃兄弟與愛迪生

一八八九與一八九七年之間，世界上許多商場上的冒險家競相在電影器材發展、製片及娛樂觀眾等方面搶得先機，他們製作的非劇情片所涵蓋的範圍之大，不僅顯示出當時影片工作者為了提供觀眾任何動態事物影片所投入的精力與巧思，也預先為後來美國從一九二〇年代開始風行的新聞片類型(newsreel genre)提供一種嘗試。並不是所有參與這場競賽的人都很幸運，最常引用的例子便是盧米埃公司的成功及維塔公司(Vitascope company)相對的失敗。盧米埃特出的世界性成功可歸因於下列幾個因素：他們所製作的影片新奇有趣，同時帶給觀眾歡愉，他們工業組織卓越，行銷策略及整體商情判斷精確。根據艾倫的說法，他們了解「雜耍式娛樂對早期電影運作的決定性影響。」❸根據威廉斯的說法，愛迪生的維塔公司「比較起來便顯得粗糙

❸ 亞倫‧威廉斯暗示影片的片名也受到法國攝影傳統的影響，而這方面奧古斯特‧盧米埃是高手，他提議將影片分為三個大類「1.工作與相關活動(如《拆除一面牆》(Tearing Down a Wall)、《園丁澆水》(Watering a Gardener)，甚至是《餵食嬰兒》(Feeding the Baby)；2.儀式/典禮(包括無數的軍事及官方活動，但也包括了《跳沙袋競賽》及其他「快樂工人」影片，還有有關國會議員下船的早期影片)；3.旅遊活動，最常強調的是人工運輸(《崗都拉船會》、《火車進站》等)，也有些曇花一現的組合，如描寫家庭活動之類的影片，也許可以有看成是典禮的一個附屬項目。」(155)

❸ Neil Harris, "A Subversive Form," *Before Hollywood* (New York: American Federation of Arts, 1986), 46.

❸ "Vitascope/ Cinematographe: Initial Patterns of American Film Industrial Practice," *Film*

而無系統。」(159)

　　愛迪生公司在製造電影攝影機(Kinetograph)方面，並沒有能保證一個可靠出貨進度，就算這個笨重的機器可按時出貨，因為當時美國許多城市的電流系統並不統一，也經常延誤了這項新產品的推出。盧米埃公司的電影攝影放映機(cinématographe)先是在里昂的工廠製造，而到了一八九六年，則在他們的工程師裘爾斯・卡本特(Jules Carpentier)的工作室製造❸，cinématographe完全是手搖式，與電力的供應毫不相干，除了容易取得和可靠之外，cinématographe的便於攜帶和多功能的特性較之於愛迪生廠牌的Kinetoscope更形成功。盧米埃製造的cinématographe集攝影機/放映機/沖印機三機一體，僅約十六磅重，讓操作者實際上可以帶往世界各地拍攝活生生的活動，同時

・愛迪生(1847-1931)

　　　Before Griffith, ed. John Fell (Berkeley: University of California Press, 1983), 144. 亞倫的論文有關這些以及其他盧米埃兄弟在世界各地，特別是在美國大獲歡迎的資料對我幫助甚多。

❸　"Louis Lumière: The Last Interview," 40.

在幾個小時之內就可以將底片沖印好並放映出來❸❹。但愛迪生所製造的Kinetoscope則是個笨重且需電力驅動的裝置，安置在愛迪生著名的紐澤西黑瑪麗戶外攝影棚中，拍攝的影片主要是些觀眾會在其他雜耍舞台上看到的表演片段。

盧米埃與愛迪生出品的電影在長度上大致相等（從十五秒到九十秒長），大都由題材決定影片的實際長度，當有活動開始時，固定的攝影機被啓動去記錄，動作結束，攝影機也隨即停止，沒有剪接這回事。因此，兩人製作的影片另一個共同點是題材非常廣泛。光是在一八九四年，愛迪生公司就已拍出一百二十部窺鏡式短片（Kinetoscope），而題材與盧米埃的選擇迥異，它們包括：世紀重量級拳擊賽（Corbett-Courtney heavyweight Fight）、水牛比爾西部秀（Buffalo Bill's Wild West Show）、女劍擊師、街頭藝人、特技及其他在雜耍舞台上常見的演出❸❺。但諷刺的是，兩個法國人似乎比愛迪生更了解美式雜耍表演帶給電影在娛樂及利潤上的潛力。因爲盧米埃兄弟在展示他們影片時得到廣泛的世界性經驗，他們深知如何取悅觀眾。儘管如此，愛迪生的美籍放映師諾曼‧雷夫（Norman Raff）以及法蘭克‧高蒙（Frank Gammon）才是第一個將舞台雜耍成功地與電影結合起來的人。

約四年不到的時間，盧米埃兄弟不但建立了非劇情片的傳統，同時也深深地影響了全世界的娛樂方式❸❻。盧米埃企業不僅在設備製造上和產品使用便利上效率極高；同時發行和放映系統效率也極佳。盧米埃兄弟其後決定停止製片工作，全力投入研發及製造上，據艾瑞克‧巴諾所說，那是路易‧盧米埃「最擅長」的領域：

他們放棄了一個可再維持十年不墜的電影工業經營模式：那是個由

❸❹ Francis Doublier, "Reminiscences of an Early Motion-Picture Operator," "*Image*" *on the Art and Evolution of the Film*, ed. Marshall Deutelbaum (New York: Dover Publications, 1979), 23.

❸❺ Gordon Hendricks, "The Kinetoscope: Fall Motion Picture Production," *Film Before Griffith*, ed. John L. Fell (Berkeley: University of California Press, 1983), 13-21.

❸❻ 早期加拿大、匈牙利及澳洲的影片製作及發行見Peter Morris, "Images of Canada"; István Nemeskurty, "In the Beginning, 1896-1911"; Eric Reade, "Australian Silent Films, 1904-1907: The Features Begin." 這些報告見 *Film Before Griffith*, ed. John L. Fell (Berkeley: University of California Press, 1983); 這些文集包括其他論早期電影的文章。

·窺視型放影機(Kinetoscope)：
愛迪生與迪克生共同發明的，
可以讓個別的觀衆透過觀景窗
(圖上標示O的位置)看到半分
鐘長的影片。

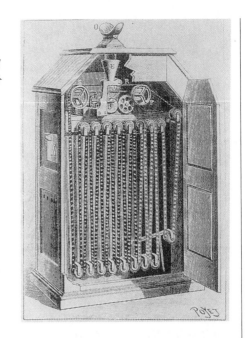

放映機、影片及放映師三者組合起來，可以放映完整一幕(act)舞台雜耍
的事業。(Allen 152)

　　cinématographe的放映師也如cinématographe本身一樣可身兼數職：他
同時是影片創作者、發行者、展示者以及放映者。相對的，新的美國電影工
業在製作及映演的型態尙未穩定，而維塔電影公司也深爲一些組織上的問題
所困擾：包括cinématographe一個人就可以做到的工作，他們卻需要幾個人
來做；對市場供需根本上的誤解，以及對獲利的短視等，都使問題更加複雜
(Allen 152)。

盧米埃兄弟對非劇情片的整體貢獻

　　盧米埃兄弟對電影在製作及放映技術上的貢獻甚鉅，但他們對現實的感
知和記錄，對非劇情片的歷史而言，其重要性比前者更有過之而無不及。對
兄弟倆而言，藝術並不是一種現實的模擬，而是對「眞人實事」(actual people
doing actual things)的直接未經修飾的紀錄，這裏要強調的是現實紀錄，不過
正如我們所知的，他們拍攝的鏡頭忠於題材中內蘊的本質及結構。盧米埃兄

弟的實況電影自然沒有企圖達到約翰·葛里遜及三〇年代英國紀錄片的成就：運用實事紀錄或刻意地重演去迎合特定的教育、政治與社會目的(見第三、四章)。盧米埃電影本質上的成功以及難能可貴的地方正在於戴·沃梵所說的「對(真實)渾然天成的駕馭(harnessing of spontaneity)」(127)。以此,他們利用觀眾看到熟悉事物的活動畫面時產生的驚訝讚歎,確保了這個寫實主義傳統的成功與延續,他們對(影像)語言的卓越掌握也影響了幾個攝影家的作品：亞傑(Jean-Eugène-Auguste Atget,1857-1927)、拉堤古(Jacques-Henri Lartigue, 1896-1987),及威廉·洛(William Rau, 1855-1920)。觀眾不只是透過視覺暫留的裝置來觀看一個平面上動作的側面：

> 電影至少使得物像可以由小漸大向觀眾**逼進**。盧米埃選擇這個迎面而來的角度是為了將整列火車都拍進畫面中(若是從側面拍攝便不足以達到效果),由此盧米埃在不知不覺中已加入一種其他模擬動作所缺乏的元素,那就是動感(dynamism)❸ 。

　　盧米埃兄弟洞悉公司組織與資金的限制,以及創造對新產品需求的迫切,同時為進一步加強新奇發明的吸引力,他們在放映電影的時候一起投射彩色幻燈片,此外,他們也對著觀眾拍攝,然後隔天再放給同一群觀眾看❸。盧米埃不只在電影製作及出口上為法國建立了將近十年的優越地位,同時為這種娛樂定下了模式,這個模式是以各種短片集合而成的成套節目,內容則以紀錄片為主,這種模式持續數年並影響了日後新聞片的發展❸ 。

盧米埃兄弟之後的紀實電影

　　一八九四至一八九七年的幾年是盧米埃兄弟成就中最重要的時期,之後在他們抉擇下,兄弟倆停止製作影片,但他們的影響力仍然強大,他們卓越的成就則鼓舞了大批模仿者競相分割市場大餅。而在全世界電影工作者的工作中,盧米埃式的傳奇普遍可見：像瑞典的普羅米歐(Alexandre Promio)及

---

❸ Kevin Brownlow, *The Parade's Gone By* (Berkeley: University of California Press, 1968), 2.

❸ Williams, 157-58.

❸ Barnouw, 19.

佛羅曼(Ernest Florman)，丹麥的艾菲爾特(Peter Elfelt)，西班牙的吉拉伯(Fructuoso Gelabert)，菲律賓、中國及西班牙一帶的雷摩斯(Antonio Ramos)，英國的梅斯吉許，還有印度的哈瓦德加(Harischandra Sakharam Bhatvadekar)及艾索福里(Abdullaly Esoofally)❹。

　　幾年之後，非劇情片的題材及形式開始有了改變，名為實況影片(actualités)、紀錄片(documentaries)、實事論談(topicals)、教育影片(educa-tionals)、趣味電影(interest film)、探險電影(expedition film)、旅遊電影(travel film)及風景短片(travelogue)等，在題材上涵蓋一個相當寬闊的範圍❹。當題材的範圍擴大時，影片的長度也隨之增加，在二十世紀的最初幾年，影片從一分鐘變成兩分鐘，而最後增加到五分鐘甚至十分鐘❹。盧米埃兄弟的電影著重於記錄法國中產階級生活，自然討好廣大的觀眾；不過他們在歐洲的後繼者則記錄了皇室、總統及軍事題材，增加了國際性。這些影片工作者因此獲得官方高層的資助，而後者更因之得到絕佳的宣傳，這些題材包括了沙皇訪問巴黎、阿拉斯加淘金熱、萊特(Wright)兄弟一九〇八年在法國的首次飛行；體育事件像是漢利賽艇(Henley Rogatta)、軍事檢閱；災難題材像是一九〇六年舊金山大地震和火災；還有典禮性題材像是維多利亞女王一八九七年即位六十週年紀念、一九〇一年女王的葬禮，英國首相格雷斯頓(Gladstone)一八九八年的葬禮以及一九一三年英國女性主義烈士艾默麗戴維遜(Emily Davison)的葬禮。

　　觀眾和影片工作者都明瞭「動」乃是電影的本質，他們也深知，如同布朗羅(Kevin Brownlow)所寫的「『動』的本身並不神奇，神奇的是這個『動』是如何被運用的」(2)。盧米埃兄弟為表現動而強調「動」，但隨著觀眾對此種媒體中劇場潛力的期待與日俱增，他們對這種新奇的事物也逐漸生厭。在英國，最熱門的題材還是在於一些皇室活動、國家節慶、戰爭、運動以及災難上面。根據雷契‧勞(Rachel Low)的說法，「他們對上述短片的態度仍顯示出一種知性的欠缺，他們並不在意銀幕上到底是真實的、重新安排或甚至只是

❹　Barnouw, 19-21.亦見Jay Leyda, *Dianying/ Electric Shadows: An Account of Films and the Film Audience in China* (Cambridge: MIT Press, 1972). 盧米埃兄弟或許已預見了導致一次世界大戰之前非劇情片普遍衰退的重要因素。

❹　Barnouw, 19.

❹　Barnouw, 25.

實事的引喻。」❸在美國，「動」與「刺激」之感同時被電影運用，並且從平常到怪異的題材都有，包括三部在柯尼島(Coney Island)遊樂場拍攝的影片：《打靶遊戲》(Shooting the Chutes, 1896)——眾多遊樂場紀遊影片中的一部，《以電擊斃大象》(Electrocuting an Elephant, 1903)——處決一隻殺人大象的紀錄，還有入夜後的柯尼島以及平淡無奇的電影紀錄，如《賓州哈里斯堡的市場》(Market Square, Harrisburg, Pa., 1897)和《火車站即景》(Railway Station Scene, 1897)。此外還有做假的戰爭短片，像是在紐約拍攝的《馬尼拉灣戰役》(The Battle of Manila Bay)、《在摩洛堡上升起星條旗》(Rasing Old Glory Over Morro Castle, 1899)；自然災害之類的影片《搜尋百老匯、加斯頓斷垣殘瓦中的死者》(Searching Ruins on Broadway, Galveston, for Dead Bodies, 1900)、《碼頭災情》(Scenes of the Wreckage from the Waterfront, 1900)等最早的災難影片，還有記錄四層高磚造建築倒塌的《大倒塌》(A Mighty Tumble, 1901)，以及航空郵件紀錄的開始《首次由飛機遞送的郵件》(First Mail Delivery by Aeroplane, 1911)❹。

　　一九〇〇年的巴黎世界博覽會中極為成功的旅遊電影後來在美國也大受歡迎。當時有兩部片子曾在博覽會場中放映，但有趣的是，寫實的影片四周卻是幻覺式的佈景(illusionist setting)：第一部片子是山森(Raoul Grimsoin-Sanson)製作的《Cinéorama》，它帶給觀眾由一種高空熱氣球的角度去觀看大地的感受，另一部片子是盧米埃兄弟攝製的《Maréorama》——這是部模擬在艦橋上觀景的影片❺。在一九〇二及一九〇四年之間，美國的威廉·基福(William J. Keef)發展出一種新型娛樂，他讓觀眾坐沒有側牆的觀光火車上，然後放映真正在火車上拍攝的風景，甚至車廂也會震動，如真在鐵軌上行駛一般，他以這樣的幻覺來加強真實感。基福將這個發明賣給喬治·海爾(George C. Hale)，海爾則在一九〇四年的聖路易萬國博覽會中推出「歡樂火車」(Pleasure Railway)。

　　「歡樂火車」帶給觀眾一種形同真正乘車的幻覺：由車廂看出去，放映

❸　*The History of the British Film, 1906-1914* (London: British Film Institute and British Film Academy, 1948), 147; 見Low, chap. 4, 討論戰前英國紀實電影。

❹　見*Before Hollywood*, 89-136. 對這些電影有詳細的介紹。

❺　Raymond Fielding, "Hale's Tours: Ultrarealism in the Pre-1910 Motion Picture," *Film Before Griffith*, ed. John L. Fell (Berkeley: University of California Press, 1983). 118-19.

與真正景物大小一致的電影畫面，同時車廂顫動，音效伴隨而來；無庸說，歡樂火車必然在美國大獲成功。此外，在美國電影工業的建立過程中，它也扮演了重要的角色❹。從一九〇五年開始，這項娛樂被命名為「海爾之旅」，被大量設置在美國及加拿大一些城市及夏日遊樂場中，「海爾之旅」使用的影片來自美國與歐洲，並且每週更換，它帶給觀眾世界各地鐵路旅行的幻覺。當時甚至有些戲院裝潢成火車站的樣子，而帶位人員則穿得更像個火車查票員。雖然影片是黑白的，但製造出來的幻覺無疑十分令人信服，尤其是「因為鐵軌的畫面甚至由車頭前緣的底下滑過」❹。儘管如此，由於在同一期間能取得的影片數量相當有限，大城市裏的觀眾馬上就失去新鮮感，而在美國鄉下，可以吸引觀眾注意力的娛樂較少，因此仍持續吸引了人潮，而這類旅行景色活動畫面也不斷將世界各地風光介紹到美國鄉下❹。「海爾之旅」的娛樂方式在一九一二年終於結束，它並沒有成為一種國際性的娛樂事業，費汀結論道：

> 海爾當時模擬現實的大膽嘗試對今天的我們來說似乎是荒謬的，但他那不起眼的「秀」對於早期電影的影響卻不容低估，他不僅引進並使得早期的放映式電影大受歡迎，他還搭起在簡陋的窺鏡式電影與雜耍演出之間的橋樑，使得真正電影院的前身在一九〇五年到一九一〇年之間如雨後春筍般分佈全美(129)。

美國東岸許多城市的雜耍戲院及五分錢戲院(nickelodeons)的觀眾增加後，穩定電影短片的片源供應需求不斷上升。隨之也導致非劇情短片整個在品質上、活力上及吸引力上失勢❹。從另一方面來看，這樣則是順勢助長了

---

❹ Fielding, 122.

❹ Fielding, 123.

❹ 對一九一〇年代曼哈頓電影發行及其觀眾的重要研究見Robert C. Allen, "Motion Picture Exhibition in Manhattan, 1906-1912: Beyond the Nickelodeon," *Film Before Griffith*, ed. John L. Fell (Berkeley: University of California Press, 1983). 162-75. 大城市之外美國電影發行及觀眾的深入研究見Edward Lowry, "Edwin J. Hadley: Traveling Film Exhibitor," *Film Before Griffith*, ed. John L. Fell (Berkeley: University of California Press, 1983), 131-43.

❹ 見Robert C. Allen, "Motion Picture Exhibition in Manhattan, 1906-1912: Beyond the Nickelodeon," 162-75; 及 Garth S. Jowett, "The First Film Audiences," 196-206, *Film*

劇情性敍事電影的快速崛起，因爲觀眾厭倦了公式化的旅行電影後，經過安排與全然做假爲特色的電影便開始吸引觀眾，這些作品包括梅里葉非常受歡迎的實景重現影片 (actualité reconstituée) 以及各種做假的電影，從使用模型拍攝的災難，乃至於在紐澤西拍攝的外國戰爭場面❺⓿。尼爾‧哈里斯 (Neil Harris) 評論道：「當觀眾看到最初期的電影，目睹許多前所未見的事物，場面就不一定需要怎麼樣的考究了」(47)。儘管非劇情片在整套節目的演出中佔的分量愈來愈少，但一次世界大戰又燃起了觀眾對有關戰爭的劇情片與非劇情片的新興趣。

非劇情片與戰爭 (1898-1918)

一次世界大戰之前的情形

隨著一八九八年二月十五日美國軍艦「緬因號」的沉沒，後續的古巴危機以及一八九八年的美西戰爭 (Spanish-American War)，電影工作者第一次有機會去記錄眞正的戰鬥行爲及爲戰爭宣傳出力。儘管這類影片有些戰爭鏡頭是眞實的，但也像當時一些報紙的報導一樣，當中蠻多是捏造的❺❶。戰爭影片與滑稽短片及非戰爭短片一起放映，是常見的一套節目，這類戰爭影片跟報紙上的戰爭新聞一樣，廣受大眾歡迎，查爾斯‧慕舍爾 (Charles Musser) 寫下當時很多雜耍劇場的情形：

> 適時的「戰爭影片」數週、甚至幾個月不停地放映下去，在許多場合中成了標準的節目項目，這種需求的急遽增加使得像美國維塔電影公司這樣的放映機構有機會成爲大規模的秀場節目供應者❺❷。

這些早期的戰爭影片不僅首次使觀眾感受到觀看戰鬥活動畫面的刺激，同時也喚起了輿論與支持戰事的情緒，亦即，早期的戰爭影片也等於幫助了

Before Griffith, ed. John L. Fell (Berkeley: University of California Press, 1983).

❺⓿ 見Barnouw, 25-26.

❺❶ 見Fielding, *The American Newsreel*: 1911-1967, 31.

❺❷ 見 "The American Vitagraph, 1897-1901: Survival and Success in a Competitive Industry," *Film Beofre Griffith*, ed. John L. Fell (Berkeley: University of California Press, 1983), 32.

赫斯特（William Randolph Hearst）的紐約《新聞報》（*Journal*）及普立茲（Joseph Pulitzer）的紐約《世界報》（*World*）去利用、扭曲以及誇大新聞。這些影片反映了電影同時存在的劇情與非劇情傾向：「那是記錄真實事件的堅持（雖只從一定角度），而透過剪接與重複曝光，這些電影也反映了要以電影來達成艱巨任務的願望，依此並可將目標用（cause）戲劇化手法表現出來。」❸一八九八年七月，亞伯特‧史密斯（Albert E. Smith）及史都華‧布萊克頓（Stuart J. Blackton）拍攝到羅斯福帶領騎兵在古巴攻打聖瓊山（San Juan Hill）的真實畫面，根據費汀的說法，他們拍攝的影片與一般文字報導恰恰相反，因為「史密斯及布萊克頓拍攝的羅斯福攻擊行動並不是戲劇式的橫掃千軍至山頂，而是一個耗時極長、緩慢並缺乏戲劇性的交戰」(31)。而返回美國之後，他們將這次真實的紀錄與演出的鏡頭合併，結果因為觀眾毫不懷疑而大受歡迎❹。根據史密斯當時的記載：

> 騎兵部隊停止行進，射擊，緩慢前進，在緊密草叢中步步為營而非進攻，這就是所謂的「攻擊」，沒什麼光彩或歡呼……布萊克頓和我返回紐約之後才理解到我們曾參與了這場聖瓊山大捷，許多歷史學者加諸此場戰鬥好萊塢式的誇張感，但實則，非凡的勇氣主要表現在敵暗我明中行軍的折磨❺。

布萊克頓與史密斯是第一批感受到戰地攝影師此後一直要面對的難解習題，通常在實際戰鬥中拍攝的影片以及在宣傳旗手事後如何利用它們之間有彎大的落差，而許多影片放映者也通力合作為戰爭出力，當時一個熱心的倫敦戲院老闆在放映波爾戰爭（Boer War）及中國義和團之亂兩部影片時，甚至發射空包彈加強影片的效果❻。

這類影片的成功為英國及美國的拍攝者在拍攝美西戰爭以及波爾戰爭實況時建立了一種模式：有些人遠赴戰鬥現場記錄實況，另一些人卻待在國內假造戰爭場景來拍攝。在這些早期的拍攝者之中，擔任愛迪生助手達十七年的迪克生是比較在乎真正事實的一個，波爾戰爭剛爆發時，他就離開美國前

---

❸ Strebel, "Primitive Propaganda," 47.

❹ Barnouw, 24.

❺ Smith，引自Fielding, 31-32; 亦見32n.

❻ Strebel, "Primitive Propaganda," 45.

往南非，並隨著軍隊開拔去拍攝戰爭場面❺❼。費汀曾寫過「他的馬車上滿載著攝影器材、飲食用具、寢具，他的形象正像四十年前拍攝美國內戰的攝影家布雷迪(Mathew Brady)一樣，布氏當時也是把整個暗房設備帶在車上。」(34)但當時仍有許多假造的戰爭影片幾可亂真❺❽，愛迪生便是此中高手，他的波爾戰爭全在紐澤西的橘山(Orange Mountains)拍成❺❾。根據史崔勃爾(Elizabeth Grottle Strebel)的說法是，英國人拍攝的波爾戰爭「對維多利亞英國的宣揚遠超過南非，而全片充斥著英國帝國主義的各種象徵與神話符碼，所以英國人攝製的這類影片不論當做事實或宣傳來看都很了不起。」❻⓿。

由於各交戰國均對拍片表示充分合作的態度，因此早期電影工作者也拍攝(或假造)了一八九八至一九〇〇年在中國發生的義和團之亂、一九〇四至一九〇五年的日俄戰爭、一九一〇至一九一一年的墨西哥革命❻❶，以及發生於一九一二至一九一三年的巴爾幹半島戰役。潔西卡‧波什薇克(Jessica Borthwick)也許是電影史上第一個有一席之地的女性電影工作者。她在一九一三年接受了短暫的訓練之後，便帶著攝影機在巴爾幹半島上待了一年，足跡遍及各市鎮、監獄、醫院以及戰場❻❷。一九一七年的俄國蘇維埃革命並沒有受到俄國影片工作者的注意，倒是美國的電影工作者唐納‧湯普森(Donald C. Thompson)拍了一些實況，後來他把這些片段編入《血染俄羅斯》(Blood-Stained Russia, 1917)這部影片中❻❸。雖然俄國紀錄片先驅維多夫(Dziga Vertov)一九一八年已開始拍片，但要到一九二二年維多夫首創「真理電影」(Kinopravda)之後，蘇聯非劇情片的偉大時代才隨之到來。

---

❺❼ 見他的日記Biograph in Battle (1901).

❺❽ 史密斯與布萊克頓(曾拍過早期的戰爭影片《Tearing Down the Spanish Flag》)曾提及他們如何在紐約的攝影棚假造Santiago Bay戰役，而拍成《Fighting with Our Boys in Cuba》一片，見Fielding, 32-33.

❺❾ Strebel, "Primitive Propaganda," 45. 關於不同的意見，見Fielding, 33.中Arthur的論述。

❻⓿ Elizabeth Grottle Strebel, "Primitive Propaganda: The Boer War Films," *Sight and Sound* 46.1 (Winter 1976-77): 45; 及 "Imperialist Iconography of Anglo-Boer War Film Footage," *Film Beofre Griffith*, ed. John Fell (Berkeley: University of California Press, 1983), 264-71.

❻❶ 見Fielding, 110-15.

❻❷ Kevin Brownlow, *The War, The West, and the Wilderness* (New York: Knopf, 1979), 4-5.

❻❸ 見Leyda, 92-93;Fielding, 125-26.

一次世界大戰 (1914～1918)

　　布朗羅曾寫道：「在一次世界大戰期間，電影臻至成熟。」**64**因為這場戰爭巨大與廣泛的程度前所未見，因此當一九一四年戰事爆發時，不論對盟國(英、法、美、比)或敵對的德國而言，影片在資訊與宣傳上都等同於武器**65**。而不論交戰國或中立國，在國內及海外策動輿論成為所有國家的重要工作，戰爭因而取代了遊覽景色(travel)，成為非劇情片的新焦點，「有段期間電影人跟英國上下一樣只想到戰爭」(Low 146)。儘管條件惡劣，加上許多軍事或民間機構的刻意阻攔，使得一切拍攝幾乎變得不可能，這些無聲的新聞片及實況紀錄影片還是大量製作出來，因官方的攝影師是唯一例外，他們不但可以在戰地出入，並可免除在戰地或後方的檢查。此外，在這種狀況下，可以協助攝影師克服某些困難的是一種被稱為De Proszynski Aeroscope的攝影機，它重量輕、有長焦鏡頭、動力自足，並且手持輕便而不需三腳架**66**。早期電影攝影師拍攝的戰爭場面中，做假十分普遍，然而，費汀也曾說過：「真正的實況紀錄儘管品質與內容粗陋不文，但是它們總會被一再放映。」(118)除此之外，這類影片所涵蓋的內容較特殊化而不具普遍性，傑克‧史貝爾斯(Jack Spears)就指出歐洲人拍攝的片子在歐洲反應較好，而美國片則在美國反應較佳**67**。

英國及盟軍的影片

　　英國自一九一四年八月下旬參戰後就已經了解到影片對戰局可以有重要

64　*The War, The West, and The Wilderness*, 4.

65　這節提到的片名及資料皆出自Isenberg; Brownlow; Craig W. Campbell,*Reel America and World War I* (Jefferson, N. C.: McFarland, 1985), esp. pp.224-39; Jack Spears, "World War I on the Screen," *Films in Review* (May 1966): 274-92 及 (June-July 1966): 347-65; Rachel Low, *The History of the British Film: 1914-1918* (London: British Film Institure and British Film Academy, 1948); and *The National Film Archive Catalogue, Part I, Silent News Films 1895-1933* and *The National Film Archive Catalogue, Part II, Silent Non-Fiction Films 1895-1934*(London: British Film Institure, 1965).

66　見Fileding, 121, 其中描述了這種新式攝影機。

67　"World War I on the Screen," *Films in Review* (May 1966), 292; *Films in Review* (June-July 1966), 347-65續刊。

的貢獻。事實上，影片早已在招募兵員上表現不凡，但英國在戰爭影片製作上的目標及優先次序遲遲沒有建立。直到體會出德國宣傳片的成功之後，「影片才被認為是英國官方重要的宣傳媒介，而隨著戰局的進行，這種體認與日俱增」❻❽。英國官方的宣傳組織隨即秘密設立起來，「戰爭宣傳局」(War Propaganda Bureau)在威靈頓宮(Wellington House)設立總部，一九一四到一九一六年一直在上述地點運作。正如一般所預期，英國出品的宣傳影片與其他國家製作的同類影片並沒有什麼不同，它們大多包含了捏造的戰爭畫面或排練後重新演出的場面，根據桑德斯(M. L. Sanders)與菲立普‧泰勒(Philip M. Taylor)的說法：

在那個人們普遍相信攝影機不會撒謊的年代，利用照片或影片來達到宣傳的目的可提供另一種真實的幻覺。而電影蒙太奇技巧的運用雖仍處於褓褓期，但電影本身，無論是照片還是活動的影片，都僅能描述攝影師要它去描述的，因此，英國出品的戰爭宣傳片呈現出來的影像，事實上是已經過精心安排的，儘管那些影片中總有幾個非常逼真的士兵在前線受傷的鏡頭，其實它們通常是安排好的鏡頭，以便顯示出勝利歡呼背後必然伴隨著苦難的代價。士兵的傷口總是剛剛包紮好的，關於盟國軍隊死亡的畫面極少出現，而德軍死亡的畫面則出現得很多，至於慶祝勝利或軍事行動時就僅有盟國軍隊的畫面。就攝影上所呈現的影像而言，外普瑞斯(Ypres)的泥濘狀況相當之真實。同時在畫面中有向一長列微笑的士兵提出「哪裏有悲觀的人？」這樣的問題，因此主題也被象徵化了。要描寫一種高昂士氣的企圖十分明顯，質言之，就是要說服後方的百姓，大英帝國與盟邦的努力是值得尊敬的，同時也為前線製造出一種視覺效果。(155)

因為宣傳影片未必一定受到商業戲院老闆的歡迎，因此載著放映機的卡車便帶著這些影片直接在戶外放映給大眾觀看(第四章將詳述)，一九一七年俄國革命成功之後，蘇聯也採用這種方法來做宣傳，結果大獲成功。

英國戰爭宣傳局建立之後，隨即，政府資助影片攝製有長足的增長，在

---

❻❽　此處的宣傳資料出自M. L. Sanders and Philip M. Taylor, *British Propaganda During the First World War, 1914-18* (London: Macmillan, 1982).

一九一五年十月，英國陸軍部與英國電影工業的代表達成了一項重要的協議，這項協議不僅解決了發行及放映等重大歧見，同時也爲政府與私人企業在國家發生危機時攜手合作鋪路。他們共同決議應該攝製兩大類戰爭電影：一種是立即向公眾展示的影片，另一種則主要是爲歷史性紀錄而拍的影片。而英國的電影攝影師赴前線拍攝回來影片，不必由攝影師自行剪接，相同的鏡頭常常以不同組合重複使用。英國電影工業界應該負責供應器材與技術，而英國陸軍部則應負責提供資金以及交通運輸，而所有的底片、拷貝及版權都應是政府的財產，影片也應僅限在大英帝國內放映，敏感的地區像埃及與印度則不予考慮。

這項協議達成後，一部英國戰時宣傳片《英倫已備戰》(Britain Prepared)開始製作，並於一九一五年十二月二十九日上映。而在一次世界大戰期間，這部影片在英國電影發展中居轉捩點的地位。《英倫已備戰》是部描述英國在盟國之間對戰局致力貢獻的編輯影片(compilation Film)，但諷刺的是，這個英國首部官方製作的影片，工作者卻是美國籍的查爾斯‧奧本(Charles Urban)。根據桑德斯與泰勒對這部影片的描寫是這樣的：

> 以一種相當直接的態度呈現英國武裝部隊在戰時的活動，而重點則表現在軍需品工廠中平民努力生產的場景上。這部片子也示範了挖戰壕與壕溝作戰等基礎軍事訓練，以及通訊、食物供應等不同的支援勤務。在維可(Vickers)軍需品工廠工作的場景則記錄了婦女對戰局的貢獻。當然，其間最驚人的場景仍屬英國皇家海軍，做爲大英帝國的守護者，海軍使影片攝製出令人印象深刻的畫面，如驅逐艦爲戰艦護航、潛艇發射魚雷、巨砲發射使用等戲劇性場面。在當時，英國艦隊甚至尚未在海上與敵國交戰，但這部動人的作品卻已爲英國海軍塑造了海上霸權的表象。(151–52)

根據布朗羅的說法，《英倫已備戰》「如果稱不上獨一無二，在宣傳影片史上也是部非比尋常的作品」，因爲在表現整個國家在工業及軍事上備戰的努力，這部影片有其絕對的忠實❻❾。奧本在紐約放映過本片，他甚至也到華盛頓放映這部影片給威爾遜(Woodrow Wilson)總統、各國大使及國會議員觀

---

❻❾ *The War, The West, and The Wilderness*, 47.

看，他意圖爭取美國人對英國的支持，甚至增加美國參戰的機會。但美國並未立即改變態度，她一直保持中立，直至一九一七年四月。

奧本理解到對美國的觀眾而言，他那種英國的愛國主義或許太過強烈，因之他也嘗試其他的辦法，在凡德比爾(William K. Vanderbilt)及摩根(J. P. Morgan)兩人在資金上的大力支援下，奧本以《英倫已備戰》及《索美之戰》(The Battle of Somme)的部分片段製作了一系列影片，它主要的三個部分是《傑利柯的大艦隊》(Jellicoe's Grand Fleet)、《基奇納的大陸軍》(Kitchener's Grand Army)及《索美之戰》，而這一系列影片也經常與其他兩部片子《軍需品工人》(The Munitions Makers)及《齊柏林飛船的毀滅》(The Destruction of a Zeppelin)一起放映⑩。這些影片吸引了廣大的觀眾，也創造了龐大的利潤，因此摩根與凡德比爾堅持部分收益應捐給戰爭救濟組織，布朗羅引證下列這四部影片彷彿在向英國羣眾訴說「一種對現代戰爭複雜面的全然理解及在戰壕裏的高昂情緒、死亡與泥濘所形成的畫面」(157-58)，這四部影片是《索美之戰》(1916)、《聖昆丁》(St. Quentin, 1916)、《安可之役》(The Battle of Ancre, 1917)及《坦克前進》(Advance of the Tanks, 1917) ⑪；從電影的專業角度看來，上述影片仍在初始的階段，它們帶給觀眾的震撼與其說是經過安排與設計的，不如說是因為素材本身的力量罷。

一九一五年底，這些時事議題影片工作者組成了英國陸軍部議題委員會(War Office Topical Committee)，一九一七年九月委員會購入傑普影片公司(Jeapes's Topical Film)而開始固定出品以一卷為單位的影片，而且每卷影片的片頭也都打上「陸軍部議題委員會贊助的新聞片」的字樣。一九一六年十二月，時任英國陸軍部部長的大衛‧洛依德‧喬治(David Lloyd George)成為首相，他上任之後隨即重組政府各部門。原來在威靈頓宮轄下的戰事宣傳活動

---

⑩ 雖然布朗羅列了《軍需品工人》，但 The National Film Archive Catalogue, Part II, Silent Non-Fiction Films 1895-1934(London, 1960) 中卻未列，而代之以由軍需部製作的無片名的影片 "Women's Munitions Work" (1917)。同樣的，布朗羅列了《齊柏森飛船的毀滅》，而 The National Film Archive Catalogue, Part I, Silent News Films 1895-1933 (London, 1965) 則未列，代之以兩部《Zeppelin Destroyed》，皆由 Topical Budget 製作，一部製於一九一六年九月四日，另一部則為一九一七年三月二十六日。

⑪ 布朗羅指出《索美之戰》(1916)深深地震驚了英國的觀眾，因為他們當時對現代戰爭所知有限，不過美國觀眾倒沒有受到什麼感動；參見 The War, The West and The Wilderness。

部門被他新設的資訊部（Department of Information）取代。同時下面也設有新聞及電影處。之後，一九一八年二月由比佛布魯克爵士（Lord Beaverbrook）出任資訊部長。

　　儘管大戰之前，電影在英國已受到大眾的喜愛，但要到一九一四年以後，電影才從一種新奇的事物變成英國社會中一種被承認的現象，而戰爭影片在其間扮演了重要的角色，桑德斯與泰勒寫道：

> 　　銀幕上影像的衝突其實使盟國軍隊的英勇表現及德軍製造的戰爭恐懼變得個人化，此種個人化使全體國民凝而爲一。但在這之前，儘管電影有些偶然的成功，威靈頓宮一直把電影當做是大多數國家工人階級的聖經，尤其是在高文盲的地區。其後，英國對這種宣傳片知性的投入顯示它眞正的潛力尚有廣大的部分未經開發，而一直到資訊部成立，電影的主要吸引力才在家庭、盟國及中立國之間充分被利用。(130)

　　早期的英國戰爭電影包括了攝於一九一四年的《身處當時的人》(Men of the Moment)、《突曼德城的毀滅》(Termonde in Ruins)、《倫敦河濱大道戰事系列》(Strand War Series)、《歐洲大戰》(The Great European War)。而以盟軍觀點拍攝的影片則爲一九一五年的《與俄軍同在》(With the Russian Army: Artillery in Action Before Przemysl)，一九一六年的《與前線盟軍同在》(At the Front with the Allies)、《在法國某處》(Somewhere in France)，一九一七年的《一次世界大戰即景》(Scenes of the First World War)、《與德軍交火》(On the Firing Line with the Germans)、《戰火中的奧地利》(Austria at War)、《U-35戰船的作戰日記》(The Log of the U-35)，還有一部以德軍潰敗場面來鼓舞士氣的影片《阿拉斯戰役中撤退的德軍》(Retreat of the Germans at Battle of Arras)。雖則大部分盟軍宣傳片均由英國拍攝，也有出自法國與義大利的第一次大戰非劇情片，法國出品的電影包括一九一六年的《與法國並肩作戰》(Fighting with France)、《戰火中的盟軍》(The Allies on the Firing Line)、《爲法國而戰》(Fighting for France)，一九一七年的《戰爭的眞相》(War as it Really Is)、《法國的海軍》(The Sailors of France)，以及一九一八年的《法國如何照顧傷兵》(How France Cares for Her Wounded Soldiers)；至於義大利攝製的影片則包括一九一七年的《義大利戰線》(On Italy's Firing Line)及《義大利前線》(The Italian Battlefront)，一九一八年的《義大利官方版戰爭

狀況》(Official Italian War Pictures) 及《義大利戰火前線》(Italy's Flaming Front)。

　　社會大眾對這類報導戰爭實況的需求與日俱增，除了令他們更了解戰局之外，官方在此間提振士氣與提高兵員招募的宣傳也達到了目的。這類英國影片後來亦轉變爲以下幾個類型：一般時事主題影片及較不重要的劇情片、關於中東的影片、皇室檢閱軍隊的影片、有關海軍的影片、特別戰役的影片，以及對於較重大主題一般性或加以詮釋的影片 **⑫**。雷契·勞引證《帝國之子》(Sons of the Empire) 及《我們爲自由而戰的帝國》(Our Empire's Fight for Freedom) 說「這兩部片子在知性上的探討已經極端接近現代的紀錄片了」。(158) 而在當時它們對素材的詮釋完全靠結構上細心的重組以及字幕的運用來達成。其間有一個在新聞電影中有趣的實驗作品是百代公司(Pathé)的《一次世界大戰史》(History of the Great War)，本片在一九一七年開始製作，嘗試以全面的視野來觀照過去三年來發生的事件。此外，資訊部一九一八年出品的著名影片《豹子的斑點》(The Leopard's Spots，或稱《野蠻人就是野蠻人》Once a Hun, Always a Hun) 則將過去數年塑造出來的德軍刻板印象加以定型。

　　其他英國出品的戰爭影片包括赫普渥斯(C. M. Hepworth)的《身處當時的人》、《準備好了？準備好了！》(Ready, Aye Ready, 1915)、《德國的陸軍與海軍》(Germany's Army and Navy, 1914)、《基奇納的新陸軍》(Lord Kitchener's New Army)。喬治·派爾森(George Pearson)的《歐洲大戰》(1914)、《英國的貝其隆》(Bachlone of England)，以及一九一八年出品，特別受歡迎的《我們爲何而戰》(What We Are Fighting For) **⑬**。同時在新聞片中也定期出現後方的生活、軍隊的訓練以及軍隊開入城市中的畫面。上述影片包括像是一九一七年由影畫新聞片公司(Pictorial News)出品的《艾倫比將軍進入耶路撒冷的歷史性時刻》(General Allenby's Historic Entry Into Jerusalem)、《使藍登道夫喪膽的人們》(The Men Ludendorf Fears)、《一九一八年六月，英軍的進攻》(The British Offensive, July 1918)、《里貝蒙毒氣學校》(Ribemont Gas

---

⑫　見Low, *The History of the British Film, 1914-1918*, 155ff.

⑬　以下資料引自Rachel Low, *The History of the British Film, 1914-1918* (London: Allen and Unwin, 1950), pp.148ff. Low經常不列日期。

School)、《與南非軍力同在》(With the South African Forces)、《伍爾維奇兵工廠》(Woolwich Arsenal) **⓸** 。有許多影片是有關中東的，大多由傑普公司、赫利(Frank Hurley)及瓦格斯(A. L. Varges)製作，包括有《巴勒斯坦》(Palestine)、《在巴勒斯坦與澳洲人並肩》(With the Australians in Palestine)、《英軍佔領加薩》(The British Occupation of Gaza)、《一九一八年九月二十三日至二十七日在巴勒斯坦的挺進》(The Advance in Palestine, 23rd-27th September 1918)、《在巴勒斯坦前線和軍隊一起》(With the Forces on the Palestine Front)、《在埃及海岸的第四十四雷蒙分遣艦隊》(The 44th Remount Squadron on the Egyptian Coast)、《一九一七年五月十六日佔領Es Salt》(The Occupation of Es Salt on May 16th, 1917)、《美索不達米亞的軍隊》(With the Forces in Mesopotamia)；而《新十字軍》(The New Crusaders)則被雷契·勞稱道為「一部非常重要的影片」**⓹** 。也有些片子是專門介紹皇室的視察活動，像《英皇在大進攻時視察軍隊》(The King Visits His Armies in the Great Advance)、《英皇視察艦隊》(The King's Visit to the Fleet)及《皇室訪問法國戰地》(The Royal Visit to the Battlefields of France) **⓺** 。在這段期間，也有關

⓸ 雖然雷契·勞列了《里貝蒙毒氣學校》、《與南非軍力同在》及《伍爾維奇兵工廠》，但 *The National Film Archive Catalogue, I* 中未列，其中倒是有題材類似的 Gas Attack Exercises (百代製作, 1916), With Botha in South Africa: Bridge Building by South African Engineers (Gaumont製作, 31 May 1915), The One-Man Strike: 12,000 Woolwich Arsenal Employees Cease Work (百代製作, 3 July 1914) 及 8,000 Men on Strike at Woolwich Arsenal: Scenes in Beresford Square (Topical Budget製作, 6 July 1914).

⓹ 在勞與 *The National Film Archive Catalogue, I* 的名單中仍出現矛盾，勞列了《巴勒斯坦》、《在巴勒斯坦與澳洲人並肩》、《英軍佔領加薩》、《一九一八年九月二十三日至二十七日在巴勒斯坦的挺進》、《在巴勒斯坦前線和軍隊一起》、《一九一七年五月十六日佔領Es Salt》、《美索不達米亞的軍隊》、《新十字軍》；而 *The National Film Archive Catalogue* 有關一次世界大戰時巴勒斯坦的影片只有一部《Freed from Turkish Bondage: Mosque and Picturesque Scenes in Palestine Now Occupied by the British》(Topical Budget製作, 8 Apr. 1918). 而與一九一七年五月十六日有關的片子則無。

⓺ *The National Film Archive Catalogue I* 並未列《英皇在大道攻時視察軍隊》，但有片子名為 Official Film: Recording Historic Incidents in His Majesty's Visit to His Grand Fleet (未列製片, 23 July 1918). 同樣的，未列《皇室訪問法國戰地》，但亦有片子名為 His Majesty at the Front: King George Has Gone to France to Visit the "Contemptible Little Army" (百代製作, c. 1-5 Dec. 1914).

於戰時物資的新聞片及工業影片，如一九一六年帕瑪(Ernest Palmer)攝製的《打擊德軍空襲》(Fighting German Air Raiders)，傳記性影片像是一九一四年攝製的《羅勃爵士的生活》(The Life of Lord Roberts)、《基奇納爵士的生活》(The Life of Lord Kitchener)，還有一九一八年攝製完成的《解救大英帝國的人》(The Man Who Saved the British Empire〔Lloyd George〕)；關於海軍的影片則有《我們的海空力量》(Our Naval Air Power)、《一艘船在海上的航道》(The Way of a Ship on the Sea)及《帝國之盾》(The Empire's Shield)❼。

在一次世界大戰中的英國電影為了克服沒有聲音、黑暗中拍攝以及航空攝影等極端困難的問題，其實已用盡了所有已知的技巧。儘管如此，影片的角色不論在事實的呈現，或是在把第一手的前線戰況帶給後方百姓的義務上，著實令人感動。

德國戰爭電影

在一九一五年德國電影的發行與製作全都在國家控制之下，而一九一七年開始負責製作訓練影片以及新聞片的則是波發圖像與影片局(BUFA-Bild and Filmamt)，因為警覺到美、英、法等國製作出效果顯著的反德宣傳片，並在數量上與日俱增，德國政府才了解到那樣的影片其實也可以對戰局做出巨大的貢獻，當時德國陸軍總司令藍登道夫將軍(General Erich Ludendorff)寫道：

> 戰爭已經證明了電影與攝影做為傳遞資訊與說服他人在工具上的優越性，但很不幸的，我們的敵人已廣泛運用此種工具的優勢，給我們帶來了巨大的災難。在這場戰爭結束之前，電影與攝影在政治與軍事上說服力的重要性仍不會減少，因此，贏得戰爭勝利最最重要的是：不論在何地只要德國的勸服仍然有效，就應製作影片以發揮其最大可能的效力❼。

在藍登道夫將軍的命令下，成立一個稱為烏發(UFA, Universum Film

---

❼ 有關海軍的這三部影片未列入 *The National Film Archive Catalogue, I.* 而《一艘船在海上的航道》可能是在Archive中有同樣未列名的片段(1918)。

❼ 引自 *The War, The West, and The Wilderness*, 85.

Aktiengesellschaft) 的電影組織，它的目的是要將德國電影工業分屬不同領域的各部分合併、強化、組織起來，並將它們合爲一個強而有力的製片機器。儘管一次世界大戰期間的德國戰爭宣傳片缺乏像三〇年代戈培爾(Joseph Goebbels)主導的宣傳片那樣強力而複雜的技巧。但以宣揚國家主義或功效而言，相較於英美等國的製作毫不遜色。其中重要的影片包括一九一五年的《在德軍戰線的後方》(Behind the Fighting of the German Army)、《普森塞之役》(The Battle of Przemsyle)、《華沙的失陷》(The Fall of Warsaw)，一九一六年的《火線上的德國》(Germany on the Firing Line)及一九一七年的《今日德國及其軍力》(Germany and Its Armies of Today)和《德奧前線上》(On the Austro-German Battlefronts)。

一次世界大戰的美國官方影片

在美國參戰之前，商業製片人就以雄心勃勃的規模製作了各式各樣的戰爭電影，其內容僅簡略表列於下，在一九一五年就有《美國軍人》(The American Soldier)、《作戰中的歐洲軍隊》(European Armies in Action)、《在比利時前線上》(On the Belgian Battlefield)、《電影版世界最偉大戰爭的歷史》(History of the World's Greatest War in Motion Pictures)、《歐洲大戰》、《山姆大叔在工作》(Uncle Sam at Work)；而一九一六年則出品了《在法國某處》、《在美國前線野戰醫院工作的年輕人》(The American Ambulance Boys at the Front)、《尙未備戰的美國》(America Unprepared)、《備戰中的美國》(America Preparing)、《山姆大叔的保衛者》(Uncle Sam's Defenders)、《法國忠誠的盟邦》(France's Canine Allies)、《山姆大叔醒了》(Uncle Sam Awake)；而在一九一七年美國參戰後，這些相對是商業製作的影片也在片名上反映了以戰時爲重點的改變，包括一九一七年出品的《保衛星條旗》(Guarding Old Glory)、《美國已準備一戰》(America is Ready)、《英勇的法國或作戰中的盟軍》(Heroic France or the Allies in Action)、《山姆大叔準備得多麼好》(How Uncle Sam Prepares)、《我們的戰鬥部隊》(Our Fighting Force)、《重建美國的商船艦隊》(Rebuilding America's Merchant Marine)、《爲國節約糧食》(Saving the Food of a Nation)、《來這裏》(Over Here)；一九一八年出品的《戰爭聖經》(War Bibles)、《戰爭中我們沉默的朋友》(Our Dumb Friends in War)、《攝影棚外星光何其閃耀》(How Stars Twinkle Away from the

Studios)、《無人之地的小孩》(Kiddies of No Man's Land)、《重建破碎生活》(Rebuilding Broken Lives)，以及一九一九年出品的《勤務中的救世軍》(The Salvation Army on the Job)、《明日女性》(The Girl of Tomorrow)、《法國的美國婦女》(American Women in France)、《返鄉》(Homeward Bound)、《少小離家老大回》(New Faces for Old)和《殘障重建》(Rebuilding Broken Bodies)。

　　同時，在一九一五年美國商船路西田尼亞號(Lusitania)被擊沉之後，美國的中立國地位已岌岌可危；一九一七年美國與德國斷交，同年四月六日向德國宣戰，威爾遜總統隨即宣佈：「這是一場為了維護世界安全與民主的戰爭。」對德宣戰八日後，也即一九一七年四月十四日，威爾遜總統設立了公共新聞委員會(Committee on Public Information)，在喬治‧柯瑞爾(Geroge Creel)主管下，委員會制定出美國戰爭電影的公共政策，管制國內的電影製作以及美國與國外片商的影片買賣❼。緊接著同年七月二十一日，在通訊軍團中成立了一個專拍戰鬥與軍事訓練影片的攝影部門，而經由以下的一些組織上的變化也使美國的戰爭影片發生改變，這些改變包括：軍職攝影人員取代了過去由平民擔任的攝影師，影片的品質提升了，而記錄的重點也從防禦行為轉為戰鬥行動❽。整體而言，一次世界大戰期間美國政府製作的影片「改變了整個國家對此場戰爭的態度，也改變了美國與這場戰爭之間的關係。」❽

　　儘管美國政府早在一九一一年開始製作像是開墾局(Bureau of Reclamation)出品的農業影片及社會服務部(Civil Service)製作的獎勵性影片，但是後

❼　Isenberg, 71ff; 見Richard Dyer MacCann, *The People's Films: A Political History of U.S. Government Motion Pictures* (New York: Hastings, 1973), 120-23; James R. Mock and Cedric Larson, *Words That Won the War: The Story of the Committee on Public Information, 1917-1919* (Princeton: Princeton University Press, 1939); George Creel, *How We Advertised America* (New York: Harper, 1920) and *Complete Report of the Chairman of the Committee on Public Information, 1917-1919* (Washington: Government Printing Office, 1920); and Larry Wayne Ward, "The Motion Picture Goes to War: A Political History of the U.S. Government's Film Effort in the World War, 1914-1918," diss. University of Iowa, 1981.

❽　Fielding, 122.

❽　Michael T. Isenberg, *War On Film: The American Cinema and World War I, 1914-1941* (London: Associated University Presses, 1981), 5.

來由公共新聞委員會及通訊兵團製作的影片才是美國政府第一次投入戰爭影片的製作。費汀寫道：

> 超過六百名軍職攝影人員及技術人員參與了戰場中的靜照攝影及電影攝影，這些前線拍回來的毛片經過收件、檢查及剪接後再分發給各新聞片的製作人員以供戲院放映及新聞單位出版之用；關於軍事用途包括偵察、情報及通訊上如何去運用拍攝的技巧，則完全由通訊兵團獨立作業。(124-25)

公共新聞委員會主要負責把戰爭的消息提供給美國人，同時也把美國的消息提供給外國人，但根據布朗羅的說法，委員會本身「並不認為宣傳影片有任何優勢地位」[82]，除此之外，它的製作業務甚至受到數種因素的阻礙。也因為它所能拿到的拍攝毛片是由前線送到華盛頓，其內容並不能事先計畫，因此「宣傳片的製作完全碰運氣」[83]。更重要的是，因為美國電影界並不希望有競爭，所以它們也沒有獲得電影界的大力支持，最後甚至連發行與上映都成了問題[84]。

公共新聞委員會製作的非劇情片長度從二十分鐘到兩個小時都有，發行區域也同時涵蓋美國國內及國外的外語字幕版。這些影片的共同主題不僅呈現民主生活的方式，並且傳達一種基本的概念，那就是美國在戰爭中是有其力量的，但她絕不是暴力的國家。同時，這些影片也強調一個信念：這場戰爭將會因為平凡的美國公民肯自我犧牲而贏得勝利[85]。他們刻意避開戰鬥的場面以及任何會引起報復意念的東西，取而代之的是他們相當強調後勤支援的活動，像是：訓練、野戰醫院的工作、工會的活動以及造船等，關於這些影片，麥可‧艾森伯格(Michael T. Isenberg)曾寫道：

> 死亡幾乎(在影片中)不曾存在，但致人於死的工具倒是一直都出現；不過這些工具都以一種科學上的神奇及技術上的效率來展示，這使觀眾對美國人的天才心儀，卻不會想到這些工具產生的後果。(71-72)

---

[82] *The War, The West, and The Wilderness*, 112-13.

[83] *The War, The West, and The Wilderness*, 112.

[84] 見Barnouw, 114-15.

[85] *The War, The West. and The Wilderncess*, 131.

・《美國的答案》(1918, 美國, 公共新聞委員會)

　　一九一八年，公共新聞委員會製作的短片包括介紹通訊兵團工作的《戰火中的密語線路》(The Whispering Wires of War) 及《坦克——我們的戰鬥同盟》(Our Fighting Ally——the Tank) 和《我們的艦橋》(Our Bridge of Ships)。但因為短片的製作費昂貴又無法有效介紹給廣大的群眾，公共新聞委員會隨即在一九一八年製作了三部劇情片長度的戰爭影片：《美國的答案》(America's Answer)、《四面旗子下》(Under Four Flags)、《柏欽的十字軍》(Pershing's Crusaders)，而它們都屬於編輯式的電影(第四章會再詳加討論)。這些影片經過廣泛的宣傳及放映，以其強烈的訊息促使民眾團結一致。根據布朗羅的說法，描述美軍在法國的故事《美國的答案》是三部片子裏最成功的一部，而《四面旗子下》強調盟國的角色，片尾則是由紐約劇院的企業家羅薩普菲(S. I. "Roxy" Rothapfel) 設計了一個由真人演出的和平場面來做結束❻。公共新聞委員會也定期製作新聞片，像一九一八年的《盟軍戰爭報導》(The Allied

❻　Isenberg, 73, 說這部片子已遺失，但Brownlow, 570, 則列入National Archives, Washington, D.C.; 亦見 Campbell, 237.

War Review)，上述報導的部分影片曾廣泛地在美國的戲院上映，裏面的內容則是加強盟軍在前線的正面消息以及強化贏得戰爭意志的重要性。最後在一九一八年末戰爭結束之前，公共新聞委員會仍製作了六部短片，它們包括了有關戰鬥中軍人傷亡的《當你的戰士中彈時》(When Your Soldier is Hit) ❽，有關飛機製造的《我們的勝利之翼》(Our Wings of Victory)，有關新兵入伍體能訓練的《戰馬》(Horses of War) 及《使國家安康》(Making the Nation Fit)等片，還有兩部有關軍火的影片《鋼鐵風暴》(The Storm of Steel)和《子彈的洗禮》(The Bath of Bullets)。同年，另一部片子《美國大兵來了》(The Yanks are Coming) 則因描述飛機製造過程的秘密而引發爭議，一九一八年公共新聞委員會另外還出品了《鳥瞰海軍》(Flying with the Marines) 及《我們的艦橋》，到了一九一九年六月，公共新聞委員會的業務就結束了。

在美國國內製作的大部分非劇情戰爭影片，品質參差不齊，但它們在改變美國對一次世界大戰的態度及美國對這場戰爭的關係則提供了一個重要的歷史紀錄。根據艾森伯格的說法，「這些影片並未在歐洲相互競爭的各個強權之間劃出一條安全而不好戰的道路，取而代之的是它們著重在美國國內的備戰及展現美國人如何為盟邦奮鬥上。」(70) 因此，它們呈現的是美國在戰爭中的橫斷面：一方面積極宣揚民主理念及強化公民的獻身，但它們也決不在整個國家的價值下讚揚個人英雄。與其說這些美國影片探觸了孤立主義這類極重要的議題，不如說這些影片提振了士氣，為美國人說明國家參戰的範圍與代價，同時也保存了一個活生生的歷史見證。整體而言，它在精神上的軍事意義大過了內容的深度。

美國商業電影及一次世界大戰

美國商業電影製片人曾嘗試以各種不同的方法去和主導非劇情片製作的美國政府競爭。他們嘗試製作的影片包括像是「半紀錄片」(semidocumentary)的《贏得勝利的婦女》(Women Who Win) 及《從你家鄉來的男孩》(The Boys from Your State)。他們也試著運用色彩(如《我們的無敵海軍》Our Invincible Navy 就是以Prizma彩色加工而成)或是空中攝影(《鳥瞰海軍》)，而描述盟邦的影片則包括了一九一六年《英勇的法國》及一九一七年的《星條旗在法國》

❽ Campbell, 238, 列了《If Your Soldier's Hit》.

(Under the Stars and Stripes in France)。其他影片則遵循此公共新聞委員會的模式，像派拉蒙-布瑞圖像公司(Paramount-Bray Pictograph)就製作了《山姆大叔》(Uncle Sam)新聞片系列。百代公司(Pathé)則強調農業及通訊等主題的影片，如《戰火中的密語線路》(1918)及《戰爭聖經》(1918)。也有讚揚蘇聯對德作戰的影片《德軍在俄國的為害》(The German Curse in Russia)，上述影片的故事描述一名俄國婦女把自己裝成一位俄軍將領，因為英勇作戰獲頒勳章，她同時也創立了婦女大隊。其他有關德國的影片還包括一九一五年艾溫·威格(Edwin F. Weigle)的《戰時的德國》(Germany in Wartime)、《德國人那一邊的戰事》(The German Side of War)，一九一七年的《今日德國及其軍力》，還有一九一八年的《直搗柏林》(Crashing Through to Berlin)。環球電影公司(Universal)僅製作過一部有關美國印地安人參戰的影片。而查斯特影片公司(C. L. Chester Company)製作了大量影片，如《訓練我們的戰鬥技術》(Schooling Our Fighting Mechanics)、《不應有人殘廢》(There Shall be No Cripples)、《美國黑人》(Colored Americans)、《這是場工程師之戰》(It's an Engineer's War)、《找尋並盯牢敵人》(Finding and Fixing the Enemy)、《在華盛頓的戰事推演》(Waging War in Washington)、《在家中真舒適》(All the Comforts at Home)、《管理商船隊》(Masters for the Merchant Marine)、《營炊學院》(The College for Camp Cooks)、《無軌鐵路》(Rail-less Railroads)、《船隊的奇蹟》(The Miracle of the Ships)，還有霍金森公司(W. W. Hodkinson Corporation)出品，涵蓋從徵兵到戰場上每一階段士兵生活的《美國製》(Made in America) ❽❽。

此外，也有另一型態的宣傳片出現，它們遵循著以下的公式「從美國國內不同的少數族裔去招人，把他們和代表不同社會階級的人混在一起，讓大家都穿上制服，使他們在種族上及社會上的歧異因為戰爭而消融」❽❾，代表此類影片的有麥克曼紐(Edward A. MacManus)一九一九年製作的《迷失的大隊》(The Lost Battalion)，這部半紀錄片主要是向一臺曼哈頓中心之外不同社會階層的平凡美國人致敬，但「除了此種混合之外，他們自己說『差勁的鳥

---

❽❽ 戰後放映的一次大戰影片有The Price of Peace (1919)及Hiding in Holland (1919)，後者是和荷蘭王子的度假開了個玩笑。

❽❾ Isenberg, 89.

合之眾』被鍛造成雷電一般，然後被投入戰場與歐洲最具光榮傳統的軍隊作戰」。

　　在一次世界大戰之後，美國製作的非劇情片包括一九三三年的《大趨勢》(The Big Drive)、《這就是美國》(This is America)，一九三四年的《一次世界大戰》(The First World War)、《死亡經銷商》(Dealers in Death, 半紀錄片)、《在那裏》(Over There)，一九三七年的《死亡的行進》(The Dead March)及羅奇蒙(Louis de Rochemont)一九四○年製作的《我們看守的堡壘》(The Ramparts We Watch)，而「時代的前進」(March of Time)則為美國在一次世界大戰中扮演的角色提出了一個歷史性的解釋，包括美國人的孤立主義情愫以及因此而投身二次世界大戰所產生的掙扎。

　　在一次世界大戰結束之前，非劇情片的寫實主義傳統已從拍攝日常生活、戰爭及國外遊景式實況電影報導中建立起來，除此之外，宣傳影片也在美西戰爭時開始，並在一次世界大戰期間大有進展❾。但紀錄片(documentary film)仍待發展，它在一九一七年蘇維埃革命後開始建立，而另一浪漫式探險紀錄片將因佛萊赫堤(Robert Flaherty)的第一部作品而聲名大噪。當一次世界大戰的動亂匆匆而過後，觀眾對記錄他們周遭生活的影片已不再嚮往，二○年代的觀眾有興趣的是對原始地域探索的影片。

❾　巴諾(29-30)說這個時期非劇情片工作者基本的角色被確認為鼓吹者、記者、宣傳旗手、類型畫家、旅行演講者、民族學誌作者、大眾教育者及戰爭報導者。

第三章
探險影片、浪漫主義影片
及西方前衛電影

有關旅遊與探險的紀實電影

　　如同一九○四年「海爾之旅」所放映的影片一樣，有關旅遊及探險的影片是早期非劇情片的一大支柱。布朗羅就曾誇張地說紀實電影乃是「電影中最高貴的一項嘗試」(404)，因為它們最主要的目的單純為相距遙遠而陌生的不同地方彼此交流資訊、知識以及觀念。也因為本世紀初期大多數人除了簡單的國內旅遊外，便一無所知，所以旅遊電影提供了事實以及夢想；就像透過一個值得信靠的窗戶去展望世界(就如盧米埃兄弟所做的)，也像是個開放的視野吸引著想像力馳騁(如梅里葉所做的)。除了它們在資訊上的價值之外，這些影片也有其精神上的層次，因為攝影機展現了它的力量，使人們彼此透過視覺上的熟悉而感覺共濟一堂。早期的旅遊電影在視覺上描寫其他地方的人事景物時極為真實，因此法國人稱他們為documentaires，以別於英國人說的documentary(紀錄片)。保羅・羅沙(Paul Rotha)所說的「自然主義者(浪漫主義者)的傳統」❶，非劇情片正源自這些早期電影，不過這些早期電影的主要目標隨即從實事紀錄轉而為背後出錢的機構推廣貿易或為它們增加收益。

　　一九○八年"travelogue"這個字被柏頓・賀姆斯(Burton Holmes)❷首度確定下來，專指在電影秀中各短片放映之間插入的旅遊幻燈說明，這些幻燈片是賀姆斯演講中的焦點，也是所謂的「一種視覺資訊的旅行指南」(Brown-

---

❶　*Documentary Film* (New York: Hastings House, 1968), 79.

❷　關於賀姆斯更多的資料，見Genoa Caldwell, ed., *The Man Who Photographed the World: Burton Holmes, 1886-1938* (New York: Abrams, 1977); 及Brownlow, 418-20.

low 420)。另外一些早期有關旅遊資訊的影片則以羅斯福爲焦點:羅斯福在他總統任期屆滿後,做了一次非洲狩獵之旅❸,隨同他一起前往的還有影片工作者雪利・克頓(Cherry Kearton),因爲這個機緣,克頓在一九〇九年完成了四部影片:《羅斯福在非洲》(TR in Africa)、《非洲的動物》(African Animals)、《羅斯福在非洲的營地》(TR's Camp in Africa)及《非洲的土著》(Aftican Natives),而這四部片子遂因爲羅斯福的狩獵之旅而聲名大噪。另外一位影片工作者佘立格(William Selig)則因目睹這樣影片的成功,在芝加哥動物園也拍了一部捏造的狩獵影片《非洲狩獵大型動物》(Hunting Big Game in Africa),諷刺的是,早期的觀衆反而比較喜歡佘立格的電影,因爲與克頓的影片相比,佘立格的影片有更多動感在裏面❹。

　　除了克頓之外,其他早期電影的製作先驅也深明大衆對於紀實電影的喜愛,因此他們也在異國製作出逼眞的眞實活動記錄❺。這些早期電影包括費瑞斯・百代(Frères Pathé)一九〇九年拍攝的《在塞爾維亞》(In Seville)、卡內基博物館的阿拉斯加與西伯利亞探險之旅、一九一一年艾茉莉和艾思沃斯・柯布(Emery and Ellsworth Kolb)的大峽谷影片、保羅・雷尼(Paul Rainey)的《非洲狩獵》(African Hunt, 1912)、史諾(H. A. Snow)的《非洲狩獵大型動物》(1923)、馬克雷(Henry MacRae)的《蠻荒之美》(Wild Beauty, 1927),海軍少將拜德(Richard Byrd)在一九三〇年拍的《拜德南極探險》(With Byrd at the South Pole)以及海登博士(Dr. Haddon)及魯道夫・包許(Rudolf Pöch)同年在澳洲以留聲機錄音的有聲影片❻,還有一九二九年艾利思・歐布萊恩(Alice O'Brien)的《深入剛果》(Up the Congo)❼。其他早期旅遊影片工作者還包括李昂・波瑞爾(Léon Poirier)、馬丁與歐撒・強生(Martin and Osa Johnson)、羅威爾・湯瑪斯(Lowell Thomas)、諾爾(J. B. L. Noel)及赫伯特・邦丁

❸　卡爾・貝德可(Karl Baedeker)是一系列詳實而暢銷旅行指南的出版者。布朗羅觀察到的是:對於紀實電影的發展及它的市場影響力最爲巨大的,並不是電影工作者而是美國前總統羅斯福。

❹　Brownlow, 405-06,克頓的電影更多的資料,見The Theodore Roosevelt Association Film Collection (Washington, D. C.: Library of Congress, 1986), 6-7, 126-28, 137, 152.

❺　早期紀實電影工作者更多的資料見Brownlow, chap. 3.

❻　Barnouw, 410.

❼　Brownlow (403) 也提及Wild Heart of Africa, 推測可能是散佚的Walker-Arbuthnot探險的紀錄。

·《南方九十度》(1933, 美國, 赫伯特·邦丁)

(Herbert G. Ponting)。波瑞爾曾製作兩部有關汽車旅行的長片:一九二六年橫跨非洲所拍的《黑色之旅》(La croisière noire/ The Black Cruise)及橫跨亞洲的《黃色之旅》(La croisière jaune /The Yellow Cruise)。馬丁與歐撒·強生則在一九一二年拍出令佛萊赫堤也讚譽的《傑克·倫敦在南海》(Jack London in the South Seas)及《在南太平洋的食人島羣間》(Among the Cannibal Isles of the South Pacific, 1918)、《叢林歷險》(Jungle Adventures, 1921)、《南海獵頭族》(Head Hunters of the South Sea, 1922)、《追獵非洲野生動物》(Trailing African Wild Animals, 1923)及《獅子,萬獸之王》(Simba, The King of Beasts, 1928) ❽。在一九一四及一九一五年,羅威爾·湯瑪斯兩度在阿拉斯加拍片,而他最重要的影片便是把勞倫斯(T. E. Lawrence)介紹給西方世界,像是一九一八年拍的《阿拉伯的勞倫斯》(With Lowrence in Arabia)及《巴勒斯坦的艾倫拜》(With Allenby in Palestine, 1918)。諾爾爲一九二二及一九二四年的登艾弗勒斯峯(Mount Everest)探險拍下照片,並製作了《攀登艾弗

❽ 見George Pratt, "Osa and Martin Johnson: World Travellers in Africa." *Image* 22.2 (June 1979): 21-30.

勒斯峯》(Climbing Mount Everest) 及《壯麗的艾弗勒斯峯》(The Epic of Everest, 1924)。邦丁在一九三三年完成了《南方九十度》(Ninety Degree South)：這是部記錄史考特船長(Captain Robert Falcon Scott)在一九一〇年到一九一二年之間的第二次南極遠征❾。史考特船長一九一一年遠征南極洲的影片先在一九一三年以《史考特船長不朽的故事》(The Undying Story of Captain Scott)的片名發行，而一九二三年以《偉大的白色寂靜》(The Great White Silence)再度上映，最後在一九三三年則以《南方九十度》爲名上映。邦丁剪接有關史考特的舊影片而成爲一九三三年的影片，這是部探險影片的動人典範。雖然後來比較先進的剪接、聲音處理技術及配樂對一九三三年版幫助頗大，但原片優異的攝影則保留了它本來的力量，雖然它還有些老套旅遊電影所慣用的片段，但仍然不失爲一部可親而又有趣的老船員海上見聞。片子的旁白快樂友善，而純屬男性場合的對話又十分幽默，配樂亦可圈可點，如企鵝像是鬧劇演員般奔跑的畫面上，音樂的搭配就深具幻想力。不過這部片子不全都是史考特與他的船「大地之星」的旅遊紀錄，它最後一場記錄了史考特探險隊的痛苦失落感和絕望，因爲他們到達南極時才發現由阿茫森(Roald Amundsen)所帶領的挪威探險隊已經早一個月比他們先行抵達目的地。邦丁描寫了史考特撤退時的悲慘細節，他使用史考特日記中的眞實記載，詳述這個事件以及這個英勇探險隊所有成員最後的死亡。而這個英國探險影片中的戲劇性史詩與後來一九五三年拍的《征服艾弗勒斯峯》(Conquest of Everest)所記錄的事件相比，後者似乎是極稀鬆平常了。

這些先驅者所建立的傳統直接引導了佛萊赫堤，《北方的南努克》(Nanook of the North)即步其後塵而完成，而他們在美國西部、沙漠、森林、叢林及世界各個蠻荒之地所拍攝的影片成爲這類影片中最令人印象深刻的作品。

電影及美國西部

許多紀實電影及劇情片保留了眞實的──甚至在某些例子中重新搬演了美國西部的歷史。而布朗羅更說它們提供了「西部生活的視覺百科全書」。但布朗羅也說某些影片最糟之處是確實扭曲與剝削了西部的生活──「西部的

❾　見Brownlow, 425-33.

歷史充塞著神話，就如同電影史一樣」。儘管如此，這些影片最有價值的地方是提供了「西部歷史獨一無二的一瞥」(Brownlow 223)，同時它們也喚起人們十九世紀美國西部探險攝影諸位大師冷靜而清晰的作品，包括：亞歷山大‧加德納、威廉‧傑克遜(William Henry Jackson)、威京斯(Carleton E. Watkins)、歐蘇利文(Timothy H. O'sullivan)及威廉‧洛。這些影片今天有許多已經遺失了，但當年留存下來的影片清單則可以幫我們了解那時記錄真正美國西部生活的影片所涵蓋的範圍。

隨手拿一份一九一三年的片目清單，紀實電影的目錄如下：有描寫美洲原住民的《納瓦荷族的生活》(Life Among the Navajos)，有表現以灌溉作業及引擎取代馬匹的《挖泥機與農業工具》(Dredges and Farm Implements)，有關於開墾自耕農場的《機會與一百萬畝》(Opportunity and a Million Acres)，呈現多種西部牛仔特技的《蠻荒西部進城了》(The Wild West Comes to Town)，表現曾盛極一時的印地安黑足部落(Blackfoot tribe)在蒙大拿保留區生活的《與黑足一同宿營》(Camping with the Blackfeet)，有關卡萊爾印地安人的《新紅番》(The New Red Man)，描寫西部宿營生活景色的《策馬橫越激流》(Across Swiftcurrent Pass on Horseback)，另外還有一些關於牛仔騎術表演的影片，包括《杜恩與哈特一九一三年的加州牛仔騎術表演》(Duhem and Harter's 1913 California Rodeo)及《牛仔巨星》(A Cowboy Magnate)❿。

除了這些早期的西部紀實電影之外，也有一些結合大量紀實影片畫面的西部劇情片產生，而這些片子不僅重建了西部的歷史，它本身也成為歷史的一種延伸⓫。許多默片時代西部片製片人與導演為求正確描寫生活與風俗習慣，實際上也與真正的牧場工人、牛仔、印地安人及鐵路工人合作。而有些無聲的劇情片則包含了比重不小的紀錄性片段，如：一九二三年詹姆斯‧庫路茲(James Cruze)重現一八四八年景況的《有頂的篷車》(The Covered Wagon)；一九二四年艾文‧維力(Irvin Willat)的《北方三十六》(North of 36)，還有一九三四年的約翰‧福特(John Ford)拍攝的《鐵馬》(The Iron Horse)，後者因片中有逼真的景觀而格外動人。其他還包括一九二四年亭波(Laurence Trimble)與侯特(Harry O. Hoyt)已遺失的電影《日落》(Sundown)

❿　見Brownlow, 243.

⓫　Brownlow 223.

及一九三〇年拉武・華許(Raoul Walsh)場面浩大的有聲電影《大路》(The Big Trail)。這些片子為美國的環境塑造了一種雄偉與壯麗之感,對自然景觀攝影的可能性代表了最初的肯定,而且也肯定了美國人熱衷觀看他們自己的國家。擴大來看,這些早期有關西部的電影建立了或許是美國影史上最持久的故事主線,由此不僅重建了美國夢重要的一面,也同時成為一種可以長期獲利的片型。

關於美國原住民的影片

早在一九一〇年,許多美國獨立製片和一些為美國內政部工作的電影工作者就已拍攝了大量美國原住民的紀錄性影片❷。早期的短片包括一九一二年的《溫內別勾印地安人的生活與風俗》(Life and Customs of the Winnebago Indians)、《初見美洲》(See America First)、《印地安舞蹈及消遣活動》(Indian Dance and Pastimes)。長片則包括了維那梅克(Rodman Wanamaker)一九一五年完成的《美洲印地安人史》(History of the American Indians),布朗羅曾形容本片為一部「有著罕見的企圖……,記錄了年輕印地安人都已遺忘的儀式與習俗」(335),一九一八年約翰・梅普(John E. Maple)完成了《印地安人的生活》(Indian Life),還有一九二〇年克萊爾・艾利斯(Carlyle Ellis)在懷俄明州以阿洛帕侯(Arapaho)印地安人保留區拍攝的公共衛生紀錄片《Nurse Among the Tepees》。在二〇年代還有一些彩色片,包括《偉大神靈的土地》(The Land of the Great Spirt)、《在黑足家園的生活》(Life in the Blackfoot Country)及《紅人的遺產》(Heritage of the Red Man)。一九一七年還有一部有關加州雪曼學校(Sherman Institute)的影片,它描寫這所官辦學校如何改造及同化美洲印地安人,它的片名就是《對紅種人的非印地安化》(De-Indianizing the Red Man),本片讓人想起美國政府非人道對待美洲原住民的政策。早期最具天賦、以拍攝美洲原住民為主的攝影家是艾德華・寇蒂斯(Edward S. Curtis),他拍攝的影片包括一九一四年的《在獵頭族的土地上》(In the Land of the Headhunters)和《在戰鬥獨木舟的土地上》(In the Land of the War Canoes)❸。一九一三年佛萊赫堤已開始以電影攝影機記錄愛斯基摩人的生

---

❷ 見*Native Americans on Film and Video*, ed. Elizabeth Weatherford (New York: Museum of the American Indian, 1981).

活,由於這分執著,最後產生了他一九二二年的鉅作《北方的南努克》❶。而寇蒂斯與佛萊赫堤都對消失中的文化充滿人道的同情(不是科學性的處理),因此他們兩人都遭到同樣的批評,但也正因他們在拍攝人與大自然根本上的抗爭時流露既有的人道主義精神,使得他們的作品與那些僅僅是記錄或剝削類似題材的影片大相逕庭。

美國浪漫主義傳統

美國浪漫主義傳統對早期非劇情片的製作影響深遠,它提供了最早期也是最穩固的傳統風格,在當時大受歡迎。早期非劇情片本質上的浪漫想法經常探索人與周遭世界應有的關係及一廂情願對大自然的理想化。許多影片乃基於對大自然及保育的關注,而使用了大量的自然場景,並以保育的觀念來平衡年復一年益發擴張的工業化與都市化。這類影片的故事通常從情境之中自然浮現,而不是在素材之上強加意義,華特‧迪士尼(Walt Disney)公司在五〇年代出品的大自然電影就犯了這樣的錯誤。

除了大衛‧葛里菲斯早期電影作品(如一九二〇年出品《遙遠東方》Way Down East中的雪景)之外,早期美國電影很少使用自然實景,美國人總以為人工造景比自然實景在拍攝上更加實用,尤其許多好萊塢的製作中,所有的元素,甚至是超自然的力量,在必要時都可加以監控與改變。美國西部片後來才普遍利用邊區遼闊壯麗的平原來當做場景,但在這之前,瑞典電影工作者已開始在劇情片中運用自然實景,之後,紀錄片工作者阿尼‧沙克斯朵夫(Arne Sucksdorff)接續瑞典電影工作者的做法,在他的作品中也呈現了許多前所未見的美麗自然景觀(見第十二章)。

綜觀所得,美國浪漫主義給當時的電影工作者一個探索與歌頌美國西部原野的機會。事實上,當時的美國紀錄片工作者積極獵取自然美景的地區並不祇局限於美國西部,他們足跡遠及非洲和世界各地。而在第一批各類旅遊與探險的影片中,有三個人的表現最為重要,他們分別是佛萊赫堤、馬利安‧

---

❶ 見Brownlow, 338. Teri McLuhan 的 The Shadow Catcher (1974)是部關於寇蒂斯的電影。

❶ Brownlow (406n and 337) 列了兩部比弗萊赫堤早的同題材影片:William V. Mong的 The Way of an Eskimo (1911) 和約翰‧梅普的 Before the White Man Came (1920).

庫柏(Merian C. Cooper)及厄尼斯特‧修德沙克(Ernest Schoedsack)。

佛萊赫堤

長久以來，旅遊類型紀錄片中最爲人所知並最具影響力的導演首推佛萊赫堤。儘管拍攝非劇情片第一人的桂冠已落在盧米埃兄弟的頭上，而約翰‧葛里遜已被尊稱爲紀錄片之父，但佛萊赫堤還是在早期拍攝同類型紀實影片的眾多作者中，獨力創造出一種別具風格的非劇情片類型，有細膩的觀察力及豐富的想像力的他愛編故事，也喜愛爲朋友大聲敍述他的故事，最後，他還把這些故事搬上銀幕。佛萊赫堤的獨特電影風格歸因於兩個原因的結合：堅決的獨立自主以及浪漫的視野。佛氏對人與自然世界有極深的愛，他嚮往原始時代人類的生活技藝，並對現代社會非人性化的科技深感恐懼。佛萊赫堤以探險藝術家自稱，此封號也成爲他的影片藝術及人生的寫照，此種模糊的自我界定使別人對佛萊赫堤有多樣的詮釋，而他的作品也不適用於類型上的歸類，包括像寫實主義片型、民族學誌電影或紀錄片等傳統名詞通通都不適用❶。

佛萊赫堤其實並沒有就他的藝術或人生留下一套正式的哲學思考，但他對自然本質與人類本質的看法，一種轉化現實並不只是確認現實的看法，卻在他作品的主題裏常常可見：大自然的美、舊有的傳統、人與自然的衝突、家族的共度逆境、從煎熬中得來的知識、對過去的嚮往……。以一種西方的人本精神，佛萊赫堤以人性做爲中心主題，對於人的尊嚴盡力歌頌，並把人當成一切事物的標準。在他所有的電影中，總尋求去描寫同樣的主題，就如卡德-馬歇爾(Arthur Calder-Marshall)寫的：「在人生中途的人總與死亡十分靠近，因此他們尊嚴地活著。」(67)

所有佛萊赫堤的影片即便繁多，但都集中在一個理想上的變貌：當人是自由的，生活是簡單的，與自然和諧共存的時候，那麼他便是快樂的。但衝突的存在是無可避免的，而且爲了要更確認人類精神的優越，佛萊赫堤專注於人與自然之間的鬥爭，而不著眼於人與人之間的鬥爭。因此大自然不但是他電影裏的中心母題，也是一種主要的角色，大自然力量以及動物是這個角

---

❶ 見Richard Barsam, *The Vision of Robert Flaherty: The Artist as Myth and Filmmaker* (Bloomington: Indiana University Press, 1988).

· 佛萊赫堤(1884-1951, 攝
於一九四八年佛氏拍攝
《路易斯安那州的故事》
時)。

色的具象,它們與人類共存,但也是人類的敵人。不過,佛萊赫堤對生命世
界心存敬意;在佛氏的所有作品中,人類生存所受的威脅來自天氣與自然界
總多於來自與動物及其他人類的衝突。以後來佛氏所拍的《艾阮島的人》(Man
of Aran)為例,英勇故事的背景正是將岩石之島與島上住民孤立的狂暴海洋,
而這環繞島嶼四周的海洋,一方面是生活中的現實,卻也象徵了島民無可迴
避的宿命。

　　當人無可避免地要與大自然面對應戰時,人便倚靠直覺及由傳統中學習
得來的技藝來生存。佛萊赫堤影片中的男性角色(其中,南努克、摩亞那
Moana、艾阮島上的男人、《土地》The Land中的農夫、《路易斯安那州的故
事》Louisiana Story 中的雷突先生Mr. Latour)都以獵人、鬥士、漁夫的生存技
術成為大自然的主人。透過這些人,他極力讚揚人做為大自然的一部分卻仍
保有自由,同時也揭示了人與自然緊密相連乃是一種本質,人不可能自外於
自然,亦無法擺脫自然。佛萊赫堤的世界便是以這能幹的英雄為中心,並
由他們來主導。他們自然不屬於古典英雄的範疇,也並非受難的象徵,更不
是用來說明人類的處境,而主要是佛萊赫堤對外在世界看法的印證。毫無目

的地受苦，剝奪了他們對自身處境的理解，事實上，他們靠著幸運與生存技術在隨時可能死亡的威脅下求存。在《艾阮島的人》中，從序場開始便陳述了海洋乃無可避免地威脅漁人生命，而佛萊赫堤原本有能耐搬演一場象徵式的死亡，但漁人僅損失了一艘小船以及一些漁網而已❶。佛萊赫堤對人類的信心在艾阮島居民對海洋的抗爭獲勝故事中可以印證，這個信心使他不在影片的故事中暗藏悲劇之音，同時也不在島民對生活的看法中摻入悲情。

佛萊赫堤的影片中，男人倚賴著家庭給予的支持與鼓勵去和大自然搏戰，尤其是牽涉到食物的捕獵方面，家庭給予獵人強烈的理由，而家人給予他的依偎與愛則是男人最大的回報。佛萊赫堤片中的家族，共同生活並共度苦難，而兒童在向傳統學習中長大成人。在佛氏自己的童年中，他所得到的教育與智慧並不得自學校與書本，反而來自家庭的傳統，尤其是父親(而不是母親)那一方面。在佛氏的電影世界中，兒童及青少年都經由某些啓蒙的儀式而進入了家族、社會及它們背後的文化內涵之中，在許多異國文化中，青年人的社會地位取決於是否能通過大自然嚴格的考驗，這也是佛氏所要凸顯的。通過各種各樣儀式化的嚴格考驗(如《摩亞那》Moana 中的刺青場面、《艾阮島的人》中的主顯節時刻、在《路易斯安那州的故事》或《大象男孩》Elephant Boy中對成人世界與現實的感知)，這些片中的男孩都努力去結束他們積習甚久的青少年期，其後不僅邁向了成人期，也更加了解大自然的韻律以及人在其中的位置。

佛萊赫堤對世界的看法不僅在他對人類有一種人本主義的信仰，同時，他對人性邪惡的部分也常視而不見。他服膺盧梭(Jean-Jacques Rousseau)所說的，最原始的及最少開化的人們是最快樂的，他們也是最不會墮落的一羣。而佛萊赫堤也和盧梭一樣相信，我們今天高喊包含藝術與科學在內的所謂「文明」，其實將使人類擁有的善良本質毀損殆盡。但與盧梭不同的是，盧梭終生並未到距離較遠的國家遊歷，佛萊赫堤卻周遊列國，以身體力行來印證他的信仰。事實上，佛萊赫堤的旅行可視做一種逃避，他在異地拍片成功地迴避生命中不愉快的層面，如剝削、腐敗和苦難，他所到之處，比比皆是。拍片

---

❶ 拍片期間，佛萊赫堤非常在乎演員的安全，因而重新演出獵鯊一場戲時，他負起維護演員安全的責任。見Pat Mullen, *Man of Aran* (Cambridge: MIT Press, 1970), 99-118.同樣的敍述問題也出現在維斯康堤(Luchino Visconti) 的《大地震動》(La Terra Trema, 1948) 中。

·《北方的南努克》(1922, 美國, 佛萊赫堤)

的地點，往往在他到達前已經污染，這些地方提供了充分的基本素材讓他實現他的浪漫想法，片子拍成後，這些也可帶給觀眾樂趣⑰。因爲相信人類本性上的善良，佛萊赫堤並沒有描寫人與人之間的相互壓迫；而他拍攝的影片是不曾存在的地方的旅遊日記，但他仍以簡單質樸的故事及影像上的美麗動人令觀眾目眩神馳。

　　儘管佛萊赫堤進行影片拍攝的方式並不全然固定，但他有個預定的模式，首先他會住在拍攝地點，感受當地人的日常生活，之後開始與當地人建立友誼，並贏得他們的信任，最後才開始拍攝。佛萊赫堤希望與當地社會融爲一體，因此他才能拍到符合他期望的眞實生命樣貌，他或者以此拍攝實況或重新安排再拍，這種模式傳遞出他所期望的眞實。佛萊赫堤以這種獨特方式完成了他的第一部作品《北方的南努克》。他並沒有採用電影工業中影片導演與拍攝小組通力合作的方式，反而與拍攝的對象——愛斯基摩人合作無間。他希望愛斯基摩人可以接受並了解他所進行的工作，且成爲這部影片的

⑰　萬里遜觀察到對這個新盧梭主義有正、反兩種態度 (Grierson on Documentary 148).

工作伙伴，他在當地第一次開拍的獵殺海象場面便以這種方式進行，拍攝當時佛萊赫堤與南努克互相討論：

> 「假設我們去拍，」我說：「如果影響到我的拍攝，你知道你和你的人得馬上停止砍殺海象，你那時會不會記得我要的是你們捕獵海象的畫面而不是牠的肉？」
>
> 「是的，是的，aggie（電影）是最重要的，」他向我進一步保證，「除非你指示，沒有人會攪局，也不會有任何魚叉會丟出去，我說的算數。」
>
> 我們握手並同意隔天就開始工作❸。

在這個協議下，佛萊赫堤取得愛斯基摩人的配合，他們也提供技術上的支援，而最重要的，保障了這部影片呈現的會是愛斯基摩人的觀點。無疑的，生活對愛斯基摩人而言仍是為了食物、棲身之所和生存的戰鬥，南努克在影片完成後兩年在一次狩獵途中餓死，但他們願意在危及生存條件的現實基礎上幫這部影片成形，這也暗示了愛斯基摩人很清楚藝術與生活的分別。他們教給佛萊赫堤的是，藝術不只是生活價值的一種表達，更能使人類了解本身之於人生的關係，而且藝術僅是個加工品，是某些時刻的功利紀錄罷了❸。對佛萊赫堤而言，取得愛斯基摩人的合作，藉以勾勒出影片與現實的不同，這些都是使佛萊赫堤成為一個藝術家的重要步驟。

根據電影理論學者克拉考爾（Siegfried Kracauer）的說法，佛萊赫堤自信地認為透過他工作的方式，影片的故事會自然出現：首先，他在一羣與大自然共處的人的生活中去找尋幾個簡單的故事，之後在主角人物四周找尋與他相關的一些懸疑和趣味的戲劇故事。在《北方的南努克》中，佛萊赫堤表現了愛斯基摩人對命運掌握在自己手中的看法非常了解，他們的使命便是以工作來使他們在世上的運氣變得更好，而家人通常也是他們第一個和最重要的幫手。在挑選《艾阮島的人》拍攝對象時足以說明佛萊赫堤這套方法：「我們要找的是一羣最吸引人又很具說服性的演員去扮演一個家庭，而透過他們來訴說我們的故事，這個過程當然十分耗時而又困難重重，以這種方式來找角色通常連試鏡都沒什麼人通過。」（引自Murphy 24）舉例而言，《艾阮島的

---

❸ Flaherty, *My Eskimo Friends*, 126; 亦見 Rotha, ed. Ruby, 32ff.

❸ Edmund Carpenter, *Eskimo* (Toronto: Toronto University Press, 1959).

人》中，飾演虎王的並不是艾阮島當地的人，錄用的原因是佛萊赫堤認為他還算英俊，這些角色並沒有清楚的個別定位，他們被選中的原因是容貌的典型，以及抽象上的功能，片中的人物也僅被稱為男人、女人及小孩❷。

為了要呈現浪漫主義的主題，佛萊赫堤運用了葛里遜所稱的「紀錄片最重要的原則」：

1.必須在拍攝地點才能掌握素材，與之關係密切好能任意擺佈。佛萊赫堤因此埋身於拍攝地點一年或兩年，與想拍的對象一起生活一直到故事自己出現為止。

2.一定要遵循自己對戲劇及描寫的劃分。我們應知道戲劇原來有其他的形式，或說得更精確些，在他的選擇之外，電影還有其他很多形式，但更重要的是要區分描述客觀對象表面價值與更深入探索事物真正現實的方法不同。你拍攝了自然的生活，但以你對細節的相連並置(juxtaposition)也創造出新的詮釋。(Grierson on Documentary 148)

對葛里遜而言，透過這種對細節的相連並置才塑造了現實，也才「詮釋了現實」，而這使得藝術家與那些「僅描寫對象表面價值」的寫實主義影片工作者有所分別，佛萊赫堤以浪漫主義的眼光來處理現實與五、六〇年代對現實採取複雜再現手法的「直接電影」(direct cinema)是不同的，它的原因正是我們前面講的那樣。

佛萊赫堤對現實存在的探究乃在於現實自己的關聯性，而不是現實對佛萊赫堤的關係，因此佛氏的作品經常與人類學有關，而人類學家對已消失生活方式的著迷態度也與佛萊赫堤的影片多所關聯。事實上，與正統的人類學方法相反，佛萊赫堤經常將時光倒轉，他刻意改變拍攝對象的生活、衣著與狩獵方式，企圖重現昔日生活的樣貌。在佛氏的第二部片子《摩亞那》中便以日常生活中一天的寫實紀錄為敘事結構，企圖使觀眾相信影片提供了薩摩亞人(Samoan)生活的真實紀錄。但這部影片的副標題「黃金年代的傳奇」(A Romance of the Golden Age)卻暗示了一個已逝去的繁榮時期，而人不再生活在那個完美的幸福之中，佛萊赫堤也在此表明他企圖把我們帶到一個世

---

❷ 上述乃根據一份佛萊赫堤選角及拍攝風暴場面的記載，見Frances Flaherty, "How Man of Aran Came into Being." *Film News*, 13.3. (1953): 4-6. 亦見 Mullen, 188-99.

上不存在的時空中。但當時就和今天一樣，觀眾或許並不知道佛萊赫堤在素材的解釋上已經做了改變，因為他拍攝的地點遙遠而甚少有白種人涉足，所以觀眾寧可相信這些影像是真實的，他們對這些影像的組成也甚為滿意。儘管如此，這種方式看起來無傷大雅，但它卻暗示了更深層對社會的、心理學的及經濟上的現實一種事不關己的冷漠，這種情形尤其在《摩亞那》中的刺青場面可找到例證。在刺青場面出現之前，字幕告訴我們「每一個波里尼西亞人都必須通過一種儀式以使其贏得『男人』的稱號」，但在片中扮演要角的塔阿維爾(Ta'avale)如果不是佛萊赫堤安排了這件事是絕不會去刺青的(Calder-Marshall 113-14)。塔阿維爾答應忍受這種痛苦是因為獲酬甚豐，另外的原因則正如法蘭西斯·佛萊赫堤(Frances Flaherty)所說的，「並非他的自尊攸關利害，乃是因為這牽涉到所有薩摩亞人的榮譽」(Calder-Marshall 114)。然而許多在這個場面出現的原住民成年人也並沒有刺青，這暗示了在保持薩摩亞文化傳統生生不息上，必然有刺青之外的其他方式。

　　如同威廉·莫菲(William T. Murphy)觀察到的，佛萊赫堤「並不明白一個外表看似簡單而原始的社會，其複雜性與儀式性和現今任何現代文明的需求與焦慮在程度上是一樣的」(12)。佛萊赫堤也不明白拍片的過程對於被拍攝的事物亦有一種不可預見的效果，就如同李維–史陀(Claude Lévi-Strauss)研究巴西的土著後發現，並不是土著堅持付過錢才擺個姿勢供拍照，而是交易約定已經達成，他們事實上迫使拍照的人去拍他們，以便可以得到工資，佛萊赫堤因為他們工作了，因此付錢給南努克及其他愛斯基摩人。終其一生，佛萊赫堤總付錢給他片中出現的人，因此，如艾瑞克·巴諾所觀察到的，這種方式將改變被拍攝的人及發生的事，而佛萊赫堤與土著雙方的觀點同時用在重塑過去上(*Documentary* 36)。事實上，在《北方的南努克》開拍之前，佛萊赫堤已請南努克在拍片的過程中同意導演心目中的真實將會凌駕於生活本來的狀態❹。而的的確確，這部片子在人類本質的表現上是真實的，但在佛萊赫堤拍片時，愛斯基摩人的生活卻不是片子裏呈現的那樣，它既不像戲院

---

❹　*Robert Flaherty: A Guide to References and Resources* (Boston: Hall, 1978)，威廉·莫菲寫道：

　　佛萊赫堤之前曾看過兩個人被刺青的過程，雖然官方並不鼓勵刺青，但其他人則指出刺青的行為相當普遍，佛萊赫堤認為這是項即將消失的薩摩亞文化，因此以影片來保留它。(15)

裏放映的電影那樣都是虛構的故事，也不像民族學誌電影那樣真實可信。如保羅・羅沙寫道：「對於愛斯基摩人的社會風俗像是性生活及婚姻習俗，本片全未提及，所以這部片子真正的人類學價值極其有限。」(39)。

同樣的，在拍《摩亞那》時，薩摩亞人對於時勢所趨──英國殖民政府及基督教傳教士帶來種種改變，在面對這些改變的調整上，他們一直有困難。儘管如此，經過數月在拍攝實驗上的全力投入，佛萊赫堤仍堅持繼續進行原來的計畫，他漠視當代的社會問題，並仍進行拍攝一些已全然消失的生活習慣，此舉廣泛地改變了薩摩亞的生活以配合強加他們身上的故事。除了要薩摩亞人找出一位年輕人去接受刺青(一個幾乎不存在的儀式)以供拍攝之外，佛萊赫堤要求土著們穿著傳統服飾，披著長髮，而不是穿著長久已被西化服飾取代的衣著以及較時髦的頭髮樣式。當時自封薩島(薩摩亞島)之王的德籍商人費力克斯・大衛(Felix David)就曾抱怨這種變革將錯誤地呈現薩摩亞人的社會，但這都沒有冷卻佛萊赫堤對愛斯基摩人及薩摩亞島民簡單儀式的著迷，他可以忽視人類複雜的需求、他們之間互動的關係和生態學上的關係，這使得任何人種或文化甚至是那些被稱為「原住民」的人們都被佛萊赫堤賦予一種特有的樣貌，也因為上述這些原因，所有佛萊赫堤的影片在是否可視為真實紀錄的議題上，總引起爭議。

今天，我們也許可以試著去數落佛萊赫堤已錯失了原本可以留下真實生活不朽紀錄的機會，因為當時他拍的僅是他想像的過去，而不是存在的現狀。而他的浪漫主義，就期望去說故事，像是個作者論的**作者**(auteur)主控一切並在在排除了科學方法上的控制與實證。佛萊赫堤倚重的是他對過去的知識、對現在的直覺及他邊拍邊探索與即興創作的自由。此外，他也明白觀眾並不是永遠樂於接受詳實的現實再現，他們更喜歡在技巧上較優越的劇情片，而非劇情片要吸引觀眾就必須靠重新安排(restaging)的技巧。佛萊赫堤體認到的是，拍片並不是人類學甚至是考古學的一項機能，它是想像力的行為，同時兼具攝影真實及重新安排的電影真實。遇到別人指控他安排場景時，佛萊赫堤僅說：「有時你必須說謊，人常常為了要掌握真實的精神而去扭曲事物的原貌。」(引自Calder-Marshall 97)

以一個電影工作者而言，佛萊赫堤的力量其實在於他敘事的想像力，而不在於表現這個想像力的電影形式，他在本質中確定形式，並以極大的細心與注意力拍攝他的題材，但有時他也忽略題材內與形式相關的元素，而這些元素是與他片中更大的目的相關的。從《北方的南努克》開始，他的拍片方式便是埋首於題材之中，以他銳敏的目光所感受到的做爲基礎，以此來廣泛拍攝各種事情，期望能捕捉到在時空上保留現實意義的畫面。雖然這在發掘一個題材，使它逐漸明朗並揭露它的本質上不失爲一個理想的方法，但這也導致他往後的影片有一種缺乏訴求的感覺，若比較《北方的南努克》及《摩亞那》，很明顯的，因爲佛萊赫堤對愛斯基摩人的文化具備較廣博的知識，產生的作品比較是個超然和客觀的紀錄。《北方的南努克》一片氣勢撼人透露了佛萊赫堤的知識，而《摩亞那》在感覺上較爲平易近人，則反映了他的夢想。

佛萊赫堤這種直覺式的工作方式使得以傳統剪接原理工作的剪接師幾乎無法處理佛萊赫堤拍出來的毛片❷。以《摩亞那》爲例，佛萊赫堤並沒有運用傳統的方法剪接——舉例而言，傳統方法切換鏡頭的目的是因爲後面的鏡頭揭露比前面一個鏡頭更多的東西，同時他也沒有因爲要保有時間與空間的現實感而盡量不去剪接，這些都造成了不少剪接上的錯誤（包括剛開始介紹片中主人翁摩亞那時，他背上已經有刺青）。片中也有許多連接上有問題的鏡頭，還有對不確定人物的混亂跳接及許多未經剪接場景中，動作的長度未盡合理。一直要到一九四〇年，佛萊赫堤開始與海倫‧范‧唐琴(Helen Van Dogen)一起工作才發現電影的形式是經由各方共同合作而達成的。也即電影的形式是由影片的工作者對於這部片子的外在形貌以及內在運動的想像開始，繼之攝影師才將上述想法轉化爲拍攝下來的影片，最後，剪接師再進行剪接，並極盡可能地完成影片工作者的最初構想。不過那時已經是佛萊赫堤的紀錄片生涯晚期，在他直覺式電影工作方式與分工合作方式的整合之間，佛萊赫堤仍感到困難重重。

佛萊赫堤的作品形式有兩個地方使他確屬寫實主義傳統的理論架構，一是因爲佛萊赫堤甚爲仰賴攝影而不是剪接，另外就是他對深焦鏡頭(long-focus lenses)的倚重。此外佛萊赫堤還善用長拍(long take)，以此他不斷地改變構圖去跟拍有趣的事物，同時以深景深配合長拍保持空間與動作的完整性，創造出一種深具潛力的而又有豐富曖昧性意義的畫面。做爲一個自己掌鏡的電影攝影師，佛萊赫堤有一種可以掌握時間與空間現實的直覺（或有人稱

❷ 協助佛萊赫堤剪接《北方的南努克》的是一位毫無影片剪接經驗的技術員查爾士‧格普(Charles Gelb)。

爲「純眞」)之眼，即便在不斷變動的眞實世界中，他的眼光亦能暗示出一個單一且固定觀點下的穩定感。在他的影片中，雖是寫實但同樣也是人性的眞及自然的美，它們大半源自攝影師自己的人道主義及技巧，而不是他對眞實的堅貞。關於佛萊赫堤的攝影部分，布朗羅曾說：

> 《摩亞那》在攝影上特別的豐富……部分的原因是因爲佛萊赫堤使用了「全色影片」(panchromatic film)。這個部分曾同時被描述爲意外及創新。但事實上兩者都不是，全色技巧已被好萊塢的電影攝影師使用多年，它也是查爾斯・奧本所創舊式電影加色法(Kinemacolor process)的主要項目，佛萊赫堤在《摩亞那》計畫之初就已決定以全色影片來拍，或許佛萊赫堤受到查爾斯・史坦・克蘭西(Charles Stearns Clancy)的影響，因爲當佛萊赫堤開拍時，克蘭西的全色影片作品《無頭騎士》(The Headless Horseman)已準備上映。在Prizmacolor公司老闆的請求下，佛萊赫堤帶了一部Prizmacolor廠牌的攝影機，像是所有的加色的過程一樣，這部攝影機還是得依賴全色影片，但實情是，Prizmacolor牌的彩色攝影機當時故障，而佛萊赫堤祇得把全色影片放進他自己的艾克力(Akeley)攝影機去拍，若上述被描述爲佛萊赫堤在做一項嘗試，其實是對他廣博攝影知識的一種否定㉓。

　　視覺上「看」起來像寫實主義，其實並不一定能造就出一部寫實主義影片，直到佛萊赫堤最後十年拍片生涯前，他追求電影的寫實主義主要的障礙仍在於他對剪接與聲音的忽視。在拍《北方的南努克》時，佛萊赫堤與愛斯基摩人依努族(Inuit)一起工作，他學到基本的組織原理，亦即：透過對細節的選擇與安排，影片的風格將由題材之中浮現。但在他的例子裏，理論與實際卻是兩件事，他拍了成千上百呎的影片不僅反映了他對於「取自於自然的故事」的支配，也是他先入爲主觀念下的要求，這個方法的結果使得拍攝下來的毛片及最後剪接好的成品在影片呎數的比例上有顯著差距。第一位與佛萊赫堤一同工作的職業剪接師約翰・高曼(John Goldman)就曾抱怨，導演

㉓　Brownlow, 482. 見Calder-Marshall, 108-09,關於對佛萊赫堤使用全色底片的一些混淆不清的看法在本書的初版已經重複過，亦見Murphy, 13-14及Rotha, *Robert J. Flaherty: A Biography*, ed. Ruby, 62ff.

敏銳的部分僅在於鏡頭的本身，而整部影片的節奏與單一鏡頭在大結構中應處的位置，導演並不在乎❷。高曼說：「他的感覺是爲攝影機而存在的，這種想要**完全透過**攝影機來完成一切的企圖是他影片花費龐大的主要原因，因爲他經常在嘗試實際上**達不到**的事情。」（引自Calder-Marshall 151）至於事先不使用分鏡腳本的好處是這個方法可以使影片工作者不受限地去挖掘題材，同時以他自己的看法去理解這個題材。數十年之後，佛列德利克・懷斯曼（Frederick Wiseman）及亞伯與大衛・梅索兄弟（Albert & David Maysles）提倡「直接電影」曾以此法爲中心❷。但在「直接電影」中的例子是，這樣的技巧如果沒有高明的剪接很少能有動人的結果❷。佛萊赫堤製作電影的力量當然不容置疑，但他不願事前計畫，對拍攝下來的影片偏好組接（assemble）而不是剪接（edit），也不願以一個更寫實的方式來運用聲音，這些都使他當年拍攝的作品在整個非劇情片寫實主義發展的歷程上備受爭議。

庫柏與修德沙克

佛萊赫堤拍的《北方的南努克》中有關人與自然對抗的主題曾對馬利安・庫柏及厄尼斯特・修德沙克有巨大的影響。他們倆同爲探險家及電影工作者，爲了一份冒險信念及熱愛遠地旅行的共同理想，兩人在二〇年代就攜手合作，另一個原因是他們也出於實際考量，明白到加入旅遊電影的市場有其價值❷。他們兩人比較爲人所知是因爲後期曾製作及導演了一些好萊塢電影，包括一九三三年的《金剛》（King Kong）以及幾部約翰・韋恩（John Wayne）主演的電影。但早年的探險經歷中，他們也拍出兩部重要的旅遊電影：《牧草：爲民族生存而戰》（Grass: A Nation's Battle for Life, 1925）及《青稞酒》（Chang, 1927）。

《牧草》雖條理雜亂又相當怪異，但卻十分吸引人。它是有關一羣被遺

---

❷ 見Calder-Marshall, 157-63及Hugh Gray, "Father of the American Documentary," 204 -05.

❷ Stephen Mamber認爲佛萊赫堤影響了直接電影的發展，見他的*Cinema Verite in America: Studies in Uncontrolled Documentary* (Cambridge: MIT Press, 1974), 9-14.

❷ 見Richard Barsam, "American Direct Cinema: The Re-presentation of Reality." *Persistence of Vision* 3-4 (Summer 1986), 131-56.

❷ 見Brownlow, 515-40.

忘的小亞細亞民族貝泰爾族(Bakhtiair)史詩之旅的故事,這個民族爲了牲口常需穿過沙漠及高山去尋找大片牧草。如《北方的南努克》一樣,人們爲生存而奮鬥,但不像佛萊赫堤,他們故事的焦點並不在一個個別的人物,這部無聲長片記錄了這個遊牧民族在地圖上沒有的路徑中行進,他們靠的是不可信賴的激流及冰河上的小徑。表現部落男人受凍雙腳流血的鏡頭比字幕卡上怪異的描述(像是:哇,水很冷!)更爲有力,這令人想起佛萊赫堤對人與自然抗爭的描寫。而影片工作者爲了能拍到更爲戲劇性的畫面也曾要求族人去走一條比較困難的路,這件事也明顯地受到佛萊赫堤的影響。雖然《牧草》一片在紀錄的壯麗及畫面的震撼上,那種雄心勃勃的視野都遠超過《北方的南努克》,但因它還是缺乏人性的關注,所以比較起來,佛萊赫堤的電影仍稱得上是不朽的經典之作❷。

　　庫柏及修德沙克的第二部電影《青稞酒》則有全然不一樣的成就,布朗羅就說這是部「觀眾至上的電影」(529)。雖然它的題材是暹羅,但工作者卻避免強調它的異國風味,不過叢林生活的紀錄卻被高度戲劇化,這使得沉悶、吉卜林文體式的(Kiplingesque)字幕看來完全沒有必要。這部片子是以一種新的Magnascope寬角度技巧拍攝而成的,而放映時也有萊森菲爾(Hugo Risen-feld)爲它做特別的配樂。《青稞酒》在評論及票房上都獲得極大的成功❷。今天,其他浪漫主義傳統的影片早已使他們倆的作品失色,但在當時,他們仍影響了其他兩位電影工作者道格拉斯・勃頓(Douglas Burden)及維力克・佛萊索(Varick Frissell),他們同樣結合虛構的鏡頭與眞實的畫面完成了兩部電影:勃頓以奧吉布瓦族(Ojibway, 北美印第安人的一支)未遭逢白人之前的生活爲題材拍出了《無聲的敵人》(The Silent Enemy, 1930),佛萊索則拍攝描述紐芬蘭的船隊航行及獵捕海豹的史詩《維京人》(The Viking,1931)。

蘇聯自然主義電影傳統

亞歷山大・杜甫仁科

　　亞歷山大・杜甫仁科(Alexander Dovzhenko)的電影如同佛萊赫堤一樣,

❷　見Brownlow, 515-29; 及Merian C. Cooper, *Grass* (New York:Putnam's).
❷　《青稞酒》的新版本經由Bruce Gaston作曲,於一九九〇年放映。

都是以自然及生與死來發展主題，他們都相信人的生命是無法自他周身的自然中分離開來的。與佛萊赫堤相同的是，杜甫仁科是個理想主義者，但他們也有不相同之處，因為杜甫仁科的眼光較遠，雖然他的作品可歸類為佛萊赫堤所創造出來的傳統，但他們都對自然及生命充滿讚頌之情。與純真的佛萊赫堤相較，杜甫仁科以一種寬廣而詩情的格局來看待生命的循環，而他對自然主義電影的影響也遠及喬治‧洛奎爾(Georges Rouquier)的作品《法勒比克》(Farrebique, 1946)。杜甫仁科並沒有譴責現代生活，也沒有以新盧梭主義學派(neo-Rousseauean)主張「簡單的人」(simple man)的觀點去將過去理想化，他更強調的是人有成為一種更高貴生物的潛能，而不僅是遵守現代社會的規範而已。馬可‧卡瑞奈克(Marco Carynnyk)稱他有「創作神話的想像力」(mythopoeic imagination)。杜甫仁科以豐沛的節奏感、統一的視野，一部接一部片子創造了三個相互交織的主題：愛國主義、純真及熱愛大自然❸。如同另一個俄國畫家夏加爾(Marc Chagall)一樣，杜甫仁科以豐富有趣的想像力來肯定他所熱愛的烏克蘭農民生活。

　　一般咸稱杜甫仁科在蘇聯默片時代諸大師中是位詩人，如果說「詩人」意指可以精確地描述他豐富而難以捉摸的藝術而不是不知所云的迴避，那麼這個稱呼是真確的。做為詩人的杜甫仁科善於運用象徵與節奏，對於結構與整體性相當敏感；他對曖昧性(ambiguity)有其品味，而他對超越生與死的循環也具備一份洞見和再現的能力。與其他偉大的蘇聯默片大師們像是艾森斯坦(Sergei M. Eisenstein)、普多夫金(Vsevolod I. Pudovkin)與維多夫相互比較，杜甫仁科並沒有在理論的寫作上創造出一個凝聚的體系，這使他未具備個別的特色。他也沒有創造一個系統的影片，相反的，他的電影儘管複雜，卻是異常直接與清楚。杜甫仁科早期的抱負是做一個藝術家，這在他對於影像的構圖有如畫家般講究可以看得出來，而他抒情式的影片也包含對時空的高度省略性跳接。他的電影與艾森斯坦所創造的紀錄片傳統並未連續一貫，與維多夫預示的直接電影方法也不甚相關，杜甫仁科的電影不論在表達生存的直觀與美麗、生命的延續及死亡的不可避免均有他自己獨到的見解。

　　在他觀察以及記錄蘇聯的探索中，杜甫仁科成功地兼顧了藝術以及宣傳

---

❸　*Alexander Dovzhenko: The Poet as Filmmaker, Selected Writings*, ed. and trans. by Marco Carynnyk (Cambridge: MIT Press, 1973), xxxviii.

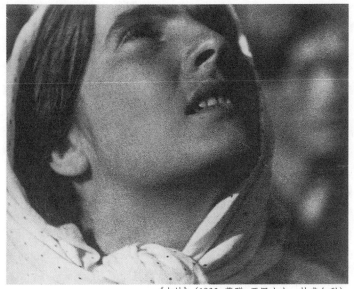

·《大地》(1930, 蘇聯, 亞歷山大·杜甫仁科)

上的需求。因為杜甫仁科的詩化視象是透過象徵主義表現出來的,他影片中表面的題材——《兵工廠》(Arsenal, 1929)中的兵工廠、《伊凡》(Ivan, 1932)中的水壩——都一直代表蘇聯經濟、文化及進步發展的重要時刻。但是杜甫仁科精心經營,並擴充這些主題的象徵,這使他的藝術真正被實現,同時在當時的其他作品中獨樹一格。他的作品慢慢地發展自己的抒情式敍事,象徵也愈發隱晦,在意義上他留心細微的差別,而對探究事物也提供了新的洞察力。做為一個真正的象徵主義者,杜甫仁科熱情地看待每件事,因此他捕捉到每件事在詩的暗示意味,同時又把它們釋放出來。

杜甫仁科的傑作是《大地》(Earth/Zemlya, 1930),這是部從容、有韻律並有戲劇性的影片,表面上是有關蘇聯農場的集體化,但事實上,乃是對生命循環的沉思。在《大地》中,烏克蘭土地上的每日生活活動都成了生命本身的縮影,整部影片的敍事過程也暗示了杜甫仁科的兩面看法:垂死的老人愉快地吃著他最後的蘋果、維塞爾(Vasyl)被殺、年輕人在月光下跳舞、維塞爾母親的生產。而比較大的主題則在影片相關的影像中發展,它們時而靜止(開場時的麥田如海、月光下的情人、在兩隻公牛間站立的農人),時而動感十足(拖拉機的到來、穀物的收割與加工、維塞爾的跳舞、他被殺之後的狀況,上述都以高明的平行蒙太奇來敍述，終在高度的抒情與從容的結論中達到頂點)。

　　儘管《大地》乃是在農事改進的前題下描寫出生與死的眞相，但由於它令人沉痛地接受與理解死亡，片子因此受到誤解。當片子上映時，杜甫仁科甚至被指責爲「失敗主義者」[31]。綜觀杜氏一生以及他的生涯，執政當局總是批判他的智慧及美學遠離黨的路線。事實上，在他晚期的作品中，包括《前線》(Frontier/Aerograd, 1935)、《Schchors》(1939)及《巴柯維納——烏克蘭的土地》(Bucovina-Ukrainian Land, 1940)都是在一種迫害及誤解的氣氛下完成的。他對烏克蘭人民的英雄主義、苦難及悲劇均用情甚深，因此在二次世界大戰期間他所拍的影片，有一種非常特別的表現，包括：《爲我們的蘇維埃烏克蘭而戰》(The Battle for Our Soviet Ukraine, 1943)、《烏克蘭右岸的勝利，並把德國侵略者由蘇維埃烏克蘭邊境驅逐出去》(Victory in Right-Bank Ukraine and the Expulsion of the German Aggressors from the Boundaries of the Ukrainian Soviet Earth, 1945)，以及他讚美亞美尼亞的作品《祖國》(Native Land, 1946)。在戰後，雖然杜甫仁科仍埋首於幾部不同的作品中，他的精力已逐漸被後來的史達林官僚體系消耗殆盡。今天，杜甫仁科仍未被遺忘，因爲他獨立自主的心靈與行事，創造出像詩一樣美的電影《大地》及其他令人心醉的早期作品。

西方的前衛主義

　　二〇年代，歐洲的文化前衛主義運動使得電影、詩歌、散文體小說、音樂、芭蕾、繪畫開展了實驗風格，其中有些例子甚至使原來的藝術發生了變革。在喬艾思、吳爾芙及普魯斯特的意識流小說影響下，傳統的敍事表現方式讓位給記錄即刻重要性、個人意識的深度及循環但又自由流動的時間等本質。在音樂上，浪漫主義大師的音色及抒情風格不再獨領風騷，荀白克(Arnold Schoenberg)的十二平均律、安東·馮·威本(Anton von Webern)、奧本·柏格(Alban Berg)及史特拉汶斯基(Igor Stravinsky)成爲新貴。而畢卡索及布拉

[31]　Jay Leyda, Kino：A History of the Russian and Soviet Film (Princeton: Princeton University Press, 1983), 275.

克等立體主義者的三度空間題材是由幾個不同視點所分割、呈現與再詮釋的，它們全都處在一個淺的平面中或是數個常是透明而又彼此相連的平面裏。

　　以電影這樣的新媒介來做新嘗試在法國特別明顯。法國的藝術家像是杜象 (Marcel Duchamp)、畢卡比亞 (Francis Picabia)、佛南·雷傑 (Fernand Léger)、曼·雷 (Man Ray)、達利 (Salvador Dali) 及尚·考克多 (Jean Cocteau) 都將他們抽象化的理論應用到攝影機上。早在一九一三年一位住在巴黎的俄籍立體派畫家李奧波·沙維奇 (Leopold Survage) 就曾致力於抽象電影「韻律顏色」(Le Rhythme Color) 的製作，但由於一次世界大戰的干擾，這部片子的拍攝被迫放棄❷。一九一五年一位年輕的演員兼劇作家沙夏·吉屈 (Sascha Guitry) 拍了一部有關竇加、莫內、雷諾瓦及羅丹 (Auguste Rodin) 的四十五分鐘影片《我們自己的羣眾》(Our Own Crowd/Ceux de chez nous)，而第一批有關藝術的實驗電影是由德國電影工作者漢斯·瑞克特 (Hans Richter)、華特·魯特曼 (Walter Ruttmann) 及瑞典電影工作者維金·艾格林 (Viking Eggeling) 完成的。瑞克特在一九二一及一九二八年分別推出《韻律二十一》(Rhythmus 21) 及《競賽交響曲》(Racing Symphony/Rennsymphonie)，魯特曼則拍出《光之歌，作品一號》(Light Song, Opus I/Lichtspiel, Opus Ⅰ)，而艾格林在一九二一年完成了《斜線交響曲》(Diagonal Symphony/Symphonie diagonal)。這些實驗之作雖然很認真，卻只曇花一現，也許正如亞瑟·奈特 (Arthur Knight) 說的，這些畫家發現「攝製影片所需甚多，花費龐大而回收甚少」(8)。但電影工作者仍以抽象概念、重複圖樣、影像再現、同時並存的經驗以及每天生活的質感來做實驗，歐洲重要的實驗與抽象影片包括以下的法國電影：何內·克萊 (René Clair) 的《幕間》(Entr'acte, 1924)、柯山諾夫 (Dmitri Kirsanoff) 的《新居》(Menilmontant, 1924)、曼·雷的《Emak Bakia》(1927)、布紐爾 (Luis Buñuel) 的《安達魯之犬》(An Andalusian Dog/Un chien andalou, 1928)、佛南·雷傑與杜德利·墨菲 (Dudley Murphy) 的《機械芭蕾》(Mechanical Ballet/Ballet mécanique, 1925)、曼·雷的《城堡秘辛》(The Mysteries of the Chateau de Dé/ Les mystères du château du Dé, 1929)、尤金·

❷　Arthur Knight, "A Short History of Art Films," *Films on Art*, ed. William McK. Chapman (New York: American Federation of Arts, 1952), 8.

戴士勞 (Eugene Deslaw) 的《電的夜晚》(The Electric Night/La nuit électrique, 1930)、格蘭米倫 (Jean Grémillon) 的《寬敞的城樓》(Au tour au large, 1927) 及尚‧潘利維 (Jean Painlevé) 的《海馬》(Sea Horse/L'hippocampe, 1934)。在德國的部分則包括：維佛萊德‧巴斯 (Wilfried Basse) 的《維登堡廣場市集》(Market in the Wittenbergplatz/Markt am Wittenbergplatz, 1929)、《Abbruch und Aufbau》、《柏林的市集》(Market in Berlin/Markt in Berlin) 和《德國的昨日與今日》(Germany of Yesterday and Today/Deutschland von Gestern und Heute)，還有亞歷山大‧漢米德 (Alexander Hammid) 的《布拉格的城堡》(Prague Castle) ❸。在比利時，三位早期的前衛運動領導人也是電影工作者：亨利‧史托克 (Henri Storck)、戴凱克萊爾 (Charles Dekeukeleire) 及安德烈‧高文 (André Cauvin) (見第六章)。在美國，早期有關藝術的電影包括艾倫‧伊頓 (Allen Eaton) 及莫懷‧帕瑪 (Merwyn W. Palmer) 的《銅像的製作》(The Making of a Bronze Statue, 1922)，佛萊赫堤的《陶器工匠：十九世紀的一段插曲》(The Pottery Maker: An Episode of the 19th Century, 1925)，紐約大都會博物館出品的《博物館的幕後工作》(Behind the Scenes: The Working Side of the Museum, 1928)。而前衛傾向的作品則爲雷夫‧史坦納 (Ralph Steiner) 的《H$_2$O》(1929)。

　　當美國的電影工作者正以對生命的浪漫視野塑造一種電影的傳統，而蘇聯電影工作者也正積極整編電影的動力使它合乎政治的需要時，法國、德國及荷蘭的實驗電影工作者卻在一片不受情感或政治局限的天地中創作。雖然他們偶爾也會拍出一些在結構上老套、陳腐或諷刺強調到不堪入目的不成熟之作，但他們的作品代表了電影製作中實驗探討的重要步驟，而實際上則創造了它自己的傳統。不像美國人或俄國人，歐洲大城市中的電影工作者對於自己人民的力量、自然景觀的壯麗或對大自然田園式或浪漫式的歌頌並不感興趣；相反的，他們審視城市環境中匆忙而失去人性的氣氛。他們對城市的看法似乎有一種共識：它是壓迫的、骯髒的、野蠻的，且幾乎是不適合人居住的；但在同時，它也有其迷人與美麗之處。當別的電影工作者看到的是人與自然的衝突時，這些歐洲電影工作者看到的是自己與街道城市的衝突。如同別人歌頌鄉間一樣，他們深具洞察力地向城市大聲歌唱，歌曲的主題與風

---

❸ Alexander Hammid 或稱 Alexander Hackenschmied.

格也許不同，但讚美的本身並無二致。

　　因為受到維多夫直接電影攝影(direct　cinematography)及韻律蒙太奇(rhythmic montage)的影響(參見第四章)，這些歐洲大陸的前衛電影工作者完成的電影類型一般稱之為**城市交響曲**(city symphony)，早期有關大城市的影片包括裘里斯·詹遜(Julius Jaenzon)的《紐約一九一一》(New York 1911, 1911)、保羅·史川德(Paul Strand)及查爾斯·席勒(Charles Sheeler)的《曼哈塔》(Manhatta, 1921)、莫荷利-納基(Laszlo Moholy-Nagy)的《大都會動力》(Dynamics of a Metropolis, 1922)以及麥可·考夫曼(Mikhail Kaufman)和伊拉雅·柯帕林(Ilya Kopalin)的《莫斯科》(Moscow/ Moskva, 1926)❸。其中，史川德與席勒的《曼哈塔》則以強烈的視覺陳述預示了晚近的美國電影像是史坦納與馮·戴克(Willard Van Dyke)的《城市》(The City, 1939)及法蘭西斯·湯普森(Francis Thompson)的《紐約，紐約》(N.Y., N.Y., 1957)的出現❸。

　　比較後期的城市交響曲呈現對城市生活簡潔而又真實的非劇情片觀點。它們結合了大規模的旋律結構——交響曲，以再現的影像、動機及主題提供了概念的連續與前進之感。這些電影最差的只是生活的一個切面(不過對電影新手來說卻是很好的練習)，但是做的最好的城市交響曲卻像是詩一樣的紀錄——以攝影機的力量捕捉到城市生活的韻律動感以及萬花筒般的生活型態，創造出像詩一樣的紀錄。他們也在機械化及都市化的表面下挖掘出重要的人性主題，以此他們超越了這些影片一成不變的題材。所以這些電影工作者並不會因僅僅把富人及窮人或辦公大樓與工廠擺在一起就感到滿足，他們更要了解為什麼會有貧富之分，以及為什麼城市同時可以是醜陋而又是美麗的。這類電影因此造就了多采多姿的成就，像是史提格·阿姆維斯特(Stig　Almqvist)的《老城》(The Old City/Gamla stan, 1931)、史坦納與馮·戴克的《城市》(1939)、湯普森的《紐約、紐約》(1957)，以及由卓別林(Charles Chaplin)

---

❸　Annette　Michelson說《莫斯科》「似乎影響了魯特曼的兩部電影和維多夫的《持攝影機的人》，見*Kino-Eye: The Writings of Dziga Vertov*, ed. Annette Michelson (Berkeley: University of California Press, 1984), xxiv.

❸　William Alexander說這部片子的發行是New York the Magnificent的戲院老闆堅持的，見*Film on the Left: American Documentary Film from 1931 to 1942* (Princeton: Princeton University Press, 1981), 69; 及Scott Hammen, "Sheeler and Strand's *Manhatta*: A Neglected Masterpiece," *Afterimage* 6.6 (Jan. 1979): 6–7.

拍攝、以紐約地鐵人羣與羊羣交叉剪接做爲影片開場的《摩登時代》(Modern Times, 1939)。

大多數電影新手都不會忽視拍攝他們周遭城市的機會,而藉著重複出現的結構及諷刺性的對比,他們在其中也拓展自己的社會學洞察力。城市生氣蓬勃,但如果它顯露出來的人類狀況不如他在自然中那樣自信,那就是電影工作者要關心的部分。所以,很自然的,法國的亞伯托·卡瓦康蒂(Alberto Cavalcanti)、德國的魯特曼及荷蘭的伊文斯(Joris Ivens)都把他們的鏡頭對準城市,他們同時也希望,透過對城市的記錄與詮釋,他們自己及觀眾都能更了解身處的城市。經由審視每天生活裏散文及詩意的時刻,他們的影片也預示著英國紀錄片運動的到來。

卡瓦康蒂

亞伯托·卡瓦康蒂是一名巴西電影工作者,在二〇年代曾以《海洋發燒》(Sea Fever/En rade, 1927)一片深切影響法國的前衛電影,後來,他更成爲英國紀錄片運動中一股改革的力量❸。一九三四年,爾文·潘諾夫斯基(Erwin Panofsky)曾區分電影與劇場,界定了這兩個重要形式的元素:「空間的動態化,以及相應的,時間的空間化。」❸ 時間與空間在他的《時間獨存》(Nothing But Time/Rien que les heures, 1926)中以相關連的主題出現,這是第一部,也是描寫一日城市生活之類的影片中具有影響力的一部。在片尾字幕有如下兩句話:「我們可以固定空間中的某一時刻,也可以固定時間裏的某一時刻」。攝影機可以一方面記錄時間的流動,一方面能在空間中將它停止。這兩行字也再次加強了這種自相矛盾的眞相。

《時間獨存》共四十五分鐘長,一開始就是早晨的景象:人們醒來,一

❸ 見Edgardo Cozarinsky, "Foreign Filmmakers in France," *Rediscovering French Film*, ed. Mary Lea Bandy (New York: Museum of Modern Art, 1983), 136-40.關於卡瓦康蒂進一步的資料,見Rodriguez Monegal, "Alberto Cavalcanti: His Career," *Nonfiction Film Theory and Criticism*, ed. Richard Barsam (New York: Dutton, 1976), 239-49; Claude Beylie, et al., "Alberto Cavalcanti," *Ecran* 30 (Nov. 1974): 49-59; 及 Wolfgang Klaue, *Alberto Cavalcanti* (Berlin: Staatlichen Filmarchiv der DDR, 1962).

❸ "Style and Medium in the Motion Pictures," *Film Theory and Criticism*, ed. Gerald Mast and Marshall Cohen, 2nd ed. (New York: Oxford University Press, 1979), 246.

個可憐的乞丐老婦在街道上踽踽獨行，一個人正為櫥窗內的模特兒穿衣，到中午的時候，一個超現實主義的鐘報時了，人們停下手邊的勞動開始吃午飯，此時工人們就坐在人行道旁的石頭邊緣解決午飯，而較富裕的白領階級在餐廳裏享用午餐，有些著力甚深的諷刺性的畫面處理(比如人吃東西的鏡頭與牛被宰殺的鏡頭交互剪接)在第一次出現時頗見效果，但這個方法在連續過度運用後便顯得乏味，而一直重複的「食物變垃圾」的循環也做得過度。到了晚上，人們開始將注意力轉移到休閒活動上，我們看到一場高級的撲克牌局、一個街頭算命師、一個老婦人(與第一部分的老婦同一人)站著睡覺(之後，我們將再次看到她在街頭踽踽而行)，另外一組交叉剪接兩對接吻的戀人、食物與羅丹雕塑的鏡頭在諷刺上並不具效果。一個奔跑的報僮與速度永遠更快的報紙頭條對照著，遊樂場中旋轉木馬與燈具在極為刻意的攝影運用下記錄，鏡頭疊映，快動作加速，有時甚至失焦。深夜降臨，帶來了神秘與懸疑：一個女性賣報小販被搶，水手輕薄一名小姐，但一對戀人吱吱作響的親吻以及床的鏡頭則在諷刺意圖上顯露出不必要的沉重。

在片子的結尾，我們得到一種生活會繼續下去的印象。明天，將再次出現工作與遊戲、愛與恨、食物與垃圾。年輕人將繼續享樂，藝術家繼續創作，老人則一樣出現並徘徊街頭，而戀人們也將繼續親吻。有些鏡頭是以對比來互相連接的，有些則透過諷刺，當然，也有些是互不相干的。整體的觀感其實有如馬賽克的拼貼一樣，畫面彼此沒有關係，唯有在與整部片子關聯才具意義。

除了為城市交響曲建立一種可行的方法之外，卡瓦康蒂的影片對電影學生的技巧尤其重要，因為它也許是第一部非劇情片使用「劃」(wipe)來取代「切」(cut)或「溶接」(dissolve)(劃是一種轉接鏡頭的形式，也即從一個鏡頭到另一個鏡頭時有一條直線橫劃過銀幕，當它橫劃時前一鏡頭隨之漸少而後一個鏡頭被介紹出來)。

其他承續萬花筒式城市交響曲傳統的法國影片有馬歇爾‧卡內(Marcel Carné)的《諾金：週日樂園》(Nogent, Sunday's Eldorado/Nogent, eldorado du dimanche, 1929)，這是部有關一處稱為諾金的工人階級週日遊樂區的短片；還有尚‧維果(Jean Vigo, 1905-34)的《美好的主題》(On the Subject of Nice/A propos de Nice, 1930)，這是部類似維多夫風格的短片(維多夫的弟弟鮑里斯‧考夫曼Boris Kaufman是本片攝影師)，它描述上流階層在蔚藍海岸

(Riviera)的豪華休閒勝地。如同卡瓦康蒂及卡內的城市交響曲一樣,尚‧維果為城市生活呈現一種真實的眼界,因為尚‧維果的影片具有銳利的社會批判,這也使他的作品與其他人有別。

對三〇年代法國劇情片中的寫實主義,卡內及尚‧維果都有持續性的貢獻。尚‧維果因為他個人的奉獻以及晚期傑作《操行零分》(Zero for Conduct/ Zéro de conduite, 1933)裏的風格而聲名大噪,卡內則與賈克‧派維(Jacques Prévert)合作出最重要的兩部電影:《日出》(Daybreak/Le jour se lève, 1939)及《天堂的小孩》(The Children of Paradise/Les enfants du paradis, 1945)。有趣的是,建立了法國電影偉大傳統的各個大師——亞伯‧岡斯(Abel Gance)、何內‧克萊、布紐爾、尚‧維果、卡內及尚‧雷諾(Jean Renoir)都與非劇情片有不淺的關係,其中尚‧雷諾常被討論為他們之中最偉大的一個,但他的電影生涯卻是直接從劇情片開始,並不像其他人都經歷了一段從實驗電影或非劇情片的學徒階段。

華特‧魯特曼

卡瓦康蒂的《時間獨存》比華特‧魯特曼的力作《柏林:城市交響曲》(Berlin: The Symphony of a Great City/Berlin: die Symphonie einer Grosstadt, 1927)早出現幾個月,而兩部片子都嘗試以影片來表現城市的生活。卡瓦康蒂片子裏的韻律如果說是打著拍子的話,那麼魯特曼的片子可視為交響樂式的編曲。魯特曼的想法其實是交響樂而不只是插曲,因為他偏好的是以一個統一的主題來處理,而不是以一系列畫面來累積印象。事實上,魯特曼的《柏林:城市交響曲》明顯地受到艾森斯坦較多的影響而不是卡瓦康蒂❸。魯特曼出身於烏發製片廠偉大的傳統之中,他與編劇卡爾‧梅耶(Carl Mayer)及攝影師卡爾‧佛洛德(Karl Freund)合作了《柏林》一片❸。本片以旋轉的影像

❸ 如果將《持攝影機的人》與魯特曼的《柏林:城市交響曲》相比,維多夫嗤之為「荒謬」。因為他認為魯特曼的影片是傳統式的而不是前衛的。不過儘管他不同意,電影學生將可看出魯特曼的作品是一項真正的電影創新,而兩部影片之間也有很多相同之處;參見Vlada Petric, Constructivism in Film: "The Man with the Movie Camera," A Cinematic Analysis (Cambridge: Cambridge University Press, 1987), 79.

❸ 梅耶的名字與取代了德國表現主義的kammerspiel風格(又稱"intimate theatre"或"instinct"film),許多德國默片時代的佳片腳本均出自他手,包括維恩(Robert Wiene)的《卡里加利博士的小屋》(The Cabinet of Dr. Caligari)及穆瑙(F. W. Murnau)的《最

·《柏林：城市交響曲》(1927, 德國, 華特·魯特曼)

以及光學效果強調柏林爲一個機械化且無人性的城市。魯特曼眼中的現實是瘋狂的景象，是旋轉門與摩天輪的混合引喻，是散落的葉子，是快步行進的腳，是自殺。它以呈現柏林市一天的生活爲主(就如卡瓦康蒂以巴黎的一天爲主)，各個插曲則以更大的主題──「樂章」來塑造，而許多事件也依此描寫。比如舉午餐時間這個片段爲例，我們不僅看到工人在吃飯，還有進食中的馬和大象，我們也看到在酒館裏的生意人，在餐廳裏的仕女、一隻獅子、一個嬰兒、一隻駱駝、一個戶外咖啡座、一間正在準備高級宴會的旅館廚房、一隻猴子，還有最後一個大型餐廳的洗碗機和所有這些吃喝的最終產物──垃圾。這個午餐片段以工人及動物的進食開始，而以他們全都休息做爲結束，因此十分完整。而所有這些鏡頭以時間的連續性及貫通的結構來連接，特別

後一笑》(The Last Laugh)。佛洛德則爲許多德國默片時代傑出的影片掌鏡，如穆瑙的《最後一人》(The Last Man, 1942)、佛利茲·朗(Fritz Lang)的《大都會》(Metropolis, 1926)及杜邦(E.A. Dupont)的《綜藝》(Variety, 1925)，他在好萊塢的作品有穆瑙的《日出》(Sunrise, 1927)、魯賓·馬莫連(Rouben Mamoulian)的《化身博士》(Dr. Jekyll and Mr. Hyde, 1932)、陶德·伯朗寧(Tod Browning)的《吸血鬼》(Dracula, 1931)及喬治·庫克(George Cukor)的《茶花女》(Camille, 1935)。

表現出旋律之感。

　　在沒有聲音、音樂或旁白幫助下，《柏林：城市交響曲》純然以視覺影像創造出一種旋律❹。魯特曼似乎更以他曾記錄的各個城市的經驗中，所有可能的面相來呈現這部影片。片子一開始是一列疾馳的火車進入柏林，當火車接近車站時，鏡頭跳到安靜的街道上，節奏現在慢下來了，窗子是關上的，街道空蕩一片，店舖緊閉，幾乎看不到什麼人，只見一個海報工人及一群剛從晚宴中散會的人。這時，鏡頭又跳到火車的調車廠，而節奏亦慢慢開始變快，現在，一天的活動開始，人們走路、騎單車、搭汽車或火車去工作，當群眾逐漸匯集，節奏又加快，各種大門小門似乎因著這樣的活動而開啟，此時，擁擠的火車站是匆忙的時刻，影片的速度甚至更快，人們抵達工作場所開始上工，機械隨不同的製造過程（像牛奶裝瓶和鋼鐵捲形）開始運轉，商店開門，窗子開啟，嬰兒車充斥著街道，小孩子上學，購物開始，垃圾開始清理，而郵差也開始送信。早上過一半時，我們看到有閒階級在公園騎馬，工人階級仍在擦擦洗洗，農夫正整理乾草，而商人前往他們的辦公室。現在的節奏已經相當快了，而影像上各處均有動作，從快步的腳到上升的電梯，而辦公室開門的情形也有如商店。魯特曼尤其對打開百葉窗、遮門以及各種門有很大的興趣。影片對於城市生活的嚴苛批判使得工人及工業製造過程的速度被誇大了，如同卡瓦康蒂的電影一樣，魯特曼的諷刺手法一開始蠻新奇的，但當兩個生意人在電話上大吵，鏡頭跳到兩隻狗在打架又到兩隻猴子在尖叫時，這個手法便嫌老套了。影片的速度及調子也循固定的模式：動作變成瘋狂，匆忙變成歇斯底里而人變成機器或動物，儘管如此，透過它涵蓋的範圍、它的對比、它的轉接及它主題上的統一，對現實觀察再加以強烈而一致的批判，這些都使得魯特曼的城市交響曲超越卡瓦康蒂的作品。

---

❹　根據大衛·庫克的說法，他「剪接這部影片時是根據德國的馬克思主義作曲家艾德蒙·梅索(Edmund Meisel)配樂的節奏來剪，梅氏過去為艾森斯坦《波坦金戰艦》所譜的激昂人心的革命性音樂是令該片在德國被禁的原因之一。」這部影片最初放映時即可能伴隨著音樂的演奏。參見J. Kolaja and A. W. Foster, "Berlin: The Symphony of a Great City as a Theme of Visual Rhythm," *Journal of Aesthetics and Art Criticism* 23.3 (Spring 1965): 353-58.

伊文斯

在荷蘭，伊文斯在非劇情片形式上的實驗雖不像法國的卡瓦康蒂及德國的魯特曼那樣具革命性，但它的感人力量及影響力卻不遑多讓。伊文斯早期的電影作品是一種對地區現象細心而徹底的研究，這也是非劇情片工作者典型的興趣，不過他在三〇及四〇年代晚期作品就有較大的野心，也更有政治性(見第六章)。伊文斯早期在荷蘭拍的電影都是鮮明的每日生活印象短片，包括：《打椿》(1929)、《橋》(The Bridge, 1928)、《軋碎機》(The Breakers, 1929)、《雨》(Rain, 1929)、《菲力普收音機》(Philips-Radio/Industrial Symphony, 1931)、《英雄之歌》(Song of Hero, 1932)等。

《橋》的內容是有關鹿特丹附近的一座鐵路橋的運作細節，也是一部視覺分析之作。這座橋可以升降，當橋面升起，橋下的水路交通便暢行無阻，當它降下時則與河岸的鐵路相連，這個過程並不複雜，但必須以精確及效率來操作，因此才能使橋上及橋下以最大的交通量暢通。伊文斯並沒有以過度的戲劇性來強調此事，僅把它當做這個地區運輸系統的一個重要部分來處理。片子一開始，我們遠遠地看見這座橋樑，接著有幾個鏡頭是有關攝影師和他的器材；為了讓觀眾對這座橋的功能有完全的了解，我們看到一列火車橫過橋樑，之後伊文斯對這座橋在功能上的各種層面展開記錄，這個片段充滿動感，明顯受到艾森斯坦強烈的影響。在橋下，我們看到巨大的引擎、渦輪以及滑輪控制橋面的升降，從橋面上，我們也隨著橋樑頂端的一個工人來檢查橋樑的運作。這部片子的節奏相當輕快，因此片中機器運作的過程比現實中有趣得多，一些有關馬匹、馬車及飛機的鏡頭則為這座橋樑的機械化增添了奇特的對比。

將一種平凡無奇的經驗以簡易而有效的藝術手法加以處理，上述方式，想必令伊文斯十分喜愛，因為在他與曼那斯‧佛蘭肯(Mannus Franken)合作的《雨》就再次運用這種手法。比諸魯特曼交響樂似的《柏林：城市交響曲》，伊文斯的《雨》可以說是部奏鳴曲，副題是「電影詩」(cine poem)的《雨》內容描寫在暴風雨之前、之間、之後的城市生活，是部抒情而表現主義式的電影。大自然善變的特質與人類行為的規律性形成對比，天氣也許改變了，但阿姆斯特丹的生活模式則繼續下去。雨水使水溝漲滿，橫掃過窗戶，但水道上及街上的交通則持續進行著。片子的節奏活潑輕快使高反差的黑白影像以一種悅耳的對位方式呈現出來。有些鏡頭描寫風吹起烏雲形成、人們小跑著打開雨傘並關上窗戶，這些畫面特別令人喚起記憶中下雨的情景。如同題材本身的清新一樣，《雨》是部迷人的小品，無可否認的，這部電影也是個簡單的習作，但這樣的習作也只有伊文斯這樣的大師才能做的出來。

　　這些前衛性的電影實驗在非劇情片發展過程中可看做是個過渡階段，因為很短時間後「紀錄片的方式」(documentary approach)便會取代了原來的前衛電影美學❹。這個實驗的運動在二〇年代末——無聲視覺影像的黃金時代——大放異彩，不過當時有兩個新的因素使它把力量轉移到另一種類型的電影製作上去：其一是有聲時代的到來，這使電影工作者以全新的語言來工作，其次便是世界性的經濟蕭條，這也給予電影工作者新的題材。二〇年代歐洲前衛實驗電影的主要人物——卡瓦康蒂、魯特曼及伊文斯都繼續拍出重要的政治性電影(參見第六章)。卡瓦康蒂加入了約翰・葛里遜的行列，成為英國紀錄片運動的領導人物；魯特曼在希特勒(Adolf Hitler)掌權之後仍留在德國，除了在蓮妮・瑞芬斯坦(Leni Riefenstahl)《意志的勝利》(Triumph of the Will/Triumph des Willens,1935)擔任過諮詢的小角色外，他也拍出《德國坦克》(German Tank/Deutsche Panzer, 1940)之類的納粹宣傳電影❷；伊文斯則繼續為非劇情片創造出新的道路，而在三〇及四〇年代對美國有巨大的影響。

❹　見Barnouw, 80-81.

❷　Barnouw (111)說有報導指出魯特曼於二次大戰期間拍片時去世。

第四章

紀錄片的源起

蘇聯宣傳片傳統的開始

　　在共產蘇聯成立之前，電影在俄國並不是一種受歡迎的藝術形式。儘管在一九一七年俄國革命以前，第一家俄國人自營的電影製片廠已在一九〇八年設立，但俄國的電影工業在規模上一直很小，同時組織上也很零散。當時的電影除了仰賴歐洲及美國進口之外，就是國內自己為興趣不高的大眾所攝製的一些平庸的逃避主義娛樂電影，整個電影工業可說是一蹶不振❶。雖然如此，俄國後來在美學上及政治上的藝術革命卻在這段時期建立了基礎。當時在西歐正是美學上對現實感知劇烈變革的時期，立體主義(cubism)、意識流(stream-of-consciousness)的思潮大行其道，而自一九〇九年開始盛行的未來主義(futurism)影響力則特別巨大❷。基於對機器時代的尊崇，未來主義採用與立體主義有關的方式，以多種面向來同時呈現物體的運動，而這個原理強烈地影響了俄國的建構主義(constructivism)。這個由烏拉迪莫‧塔特林(Vladimir Tatlin)在一九一三年創造的俄國現代藝術運動如未來主義一樣，以一種純粹抽象的結構及雕塑來強調現代科技，大衛‧鮑德威爾(David Bordwell)就曾寫道：「在一九一七年俄國革命之前蒙太奇的概念已清楚地可以感受到，而此種形式主義的理念已預示了一種把素材碎裂後再重組的技巧，

❶ 見Jay Leyda, *Kino: A History of The Russian and Soviet Film*, 3rd ed. (Princeton: Princeton University Press, 1983), Michael J. Stoil, *Balkan Cinema: Evolution after the Revolution* (Ann Arbor, MI: UMI Research Press, 1979) and *Cinema in Revolution: The Heroic Era of he Soviet Film*, ed. Luda and Jean Schnitzer and Marcel Martin (New York: Da Capo, 1973).

❷ "Dziga Vertov: An Introduction," *Film Comment* 8.1 (Spring 1972):38.

未來此種技巧將主導俄國的前衛藝術。」在革命之前，少數可以反映未來主義及建構主義的重要作品全都是電影，它們分別是由烏拉迪莫‧馬雅可夫斯基(Vladimir Mayakovsky)、烏斯沃洛‧梅耶侯德(Vsevolod Meyerhold)及雅哥夫‧普羅塔桑諾夫(Yakoiv Protazanov)製作。不過，建構主義雖然強烈影響過俄國革命前電影的發展，但它太過強調形式主義，革命之後反而由於不適於大眾宣傳目的的需要，因此並沒有受到重視。

　　與當時處於美國式浪漫主義傳統下的非劇情片相較，美式非劇情片在商業因素的影響下成長緩慢。但是，蘇維埃俄國的非劇情片不同，它們基於俄共宣傳政策的主導，全然成為一九一七年革命之後社會與政治事件的產物。而政治與技術的因素也同時影響這些影片製作的類別和數量，其結果就是以紀錄片形式出現的宣傳電影。一九一九年八月，蘇聯電影工業完全被國家化，並由列寧(Vladimir Lenin)的妻子克魯布絲卡雅(Nadezhda Krupskaya)主管，當時國家電影委員會設立了國立電影學校用以訓練導演、演員及技術人員，同時電影學校也製作宣傳與鼓吹共產理念的新聞片"agitki"(或稱為"agit-prop")。這些新聞宣傳片以特別改裝的火車及輪船運送給各地的俄國人民觀看，它們的主要目的是去為廣大群眾提供概括的政治教育，換言之，也即把這些影片當做「社會主義建構中，階級鬥爭戰線上的工具」❸。這些列車還供應書籍、報紙與圖片以使分佈廣大區域的俄國百姓，藉著了解其他人生活的形態而彼此熟悉。對於統合這個領土遼闊而分散的國家而言，宣傳列車無異是極為聰明的嘗試，但新建立起來的電影工業卻因為缺乏設備及製作器材等問題停滯不前，其中最大的困難為缺乏電影底片。儘管列寧對電影一直深具信心，並稱之為「最重要的藝術」，但當時俄國電影界最主要的產品也就只是新聞宣傳片而已，而且這種情形在內戰期間(1918-1921)尤其明顯。

　　俄國宣傳主義傳統在三個導演的作品裏最為清楚，他們是亞歷山大‧杜甫仁科、艾森斯坦及維多夫。維多夫及艾森斯坦的作品在寫實的精神上與盧米埃兄弟的作品相近，目前所能見到的杜甫仁科的作品卻近於佛萊赫堤的浪漫主義傳統❹。三人之中，就紀錄片形式的宣傳電影而言，維多夫應被視為

---

❸　Sergei Eisenstein, *Film Essays and a Lecture*, ed. Jay Leyda (New York: Praeger, 1970), 25.
❹　維多夫與佛萊赫堤的比較，見Seth Feldman, *Dziga Vertov: A Guide to References and Resources* (Boston: Hall, 1979), 32-33.

是最重要的理論家及實行者。

狄嘉‧維多夫

維多夫在他身處的時代是走在時代前面的，但他也因此成爲那個時代的受害者❺。在一九一七至一九二九年之間，蘇聯政府曾大力支持各類藝術的實驗及表現，有大批藝術家從事各類不循常軌的藝術活動，維多夫在當時，不論是在理論上及紀錄片製作上都是最叛逆的一個。當時的理論傾向將藝術表現與社會信仰結合在一起，而諸多傑出的影片工作者像艾森斯坦、庫勒雪夫(Lev Kuleshov)、普多夫金及杜甫仁科相繼出現，維多夫與他們相較毫不遜色。他的一生及工作與布爾什維克革命後十年的政治社會發展關係緊密，正如伍拉達‧派屈克(Vlada Petric)寫道：

> 許多前衛藝術團體都在爲剛剛被解放的工人階級尋求一種表達他們需要與目標的方式，他們因著時代所需而選擇的題材及形式也充滿革新與實驗性……這些(現象)在電影中尤其明顯，因爲電影在當時被認爲在溝通與表現上是最具力量的工具。(1)

維多夫當時以一個理論者及非劇情片導演的身分表現傑出，且受到列寧的支持，不過這些都使他受到同業的嫉妒。他始終堅持非劇情方式(non-fiction mode)爲最重要的方式，並對藝術家個人式的風格持反對態度，這些更使他的同業備覺反感❻。在一九二九年史達林(Joseph Stalin)奪權成功以前，政治上已開始對前衛藝術中的原創性、活力及強烈的表現力進行恐怖的打壓，取而代之的則是平凡無奇的社會主義寫實主義。詩已被散文取代了，但維多夫在他的原創性及大膽創新上全然不肯妥協，終於不再受到當局青睞，最後僅能偶爾擔任些新聞片製作的指導工作受辱以終。

在維氏生前，電影理論家及電影史家對他的成就、影響及走向理解與接受得相當緩慢，鮑德威爾就曾寫道：「相當徹底的，維多夫不是被草草歸結成俄國的盧米埃，就是個消極記錄現實者，不然就被當成有偏執狂的形式主

❺ 見Vlada Petric, *Constructivism in Film: "The Man With the Movie Camera," A Cinematic Analysis* (Cambridge: Cambridge University Press, 1987), viii.*這份研究對了解維多夫的生活及作品有很大的幫助。*

❻ 見Feldman, 9 and 38.

· 維多夫(1896-1954)

義者」(38)。約翰‧葛里遜則覺得維多夫是個充滿狂熱之情的謎樣人物,他實在無法定義:「電影眼(Kino Eye)⋯⋯就像是侍者端上來一盤不起眼的碎肉馬鈴薯泥,期待一個精神異常的廚子是沒什麼特別意義的。」❼保羅‧羅沙肯定維多夫為先知,但對於深究他素材表面的內裏卻顯得無能為力❽。艾瑞克‧巴諾知悉他的天分與原創性而在書裏稱他為「報導者」(reporter)❾。然而有些評論家則全然忽略了維多夫。儘管維氏的作品在某方面的基礎為寫實風格的,但他卻強烈依賴剪接來完成創作。因此安德烈‧巴贊(André Bazin)從未提過他的名字,而克拉考爾僅在談論華特‧魯特曼的《柏林:城市交響曲》(1927)時約略提到他❿。事實上,直到七〇年代,維多夫的作品不論在蘇聯或西方國家都不易取得,而當時艾森斯坦的作品已經處處可見。因此安妮特‧麥克森(Annette Michelson)就說道:「對維多夫的接受有四十年深深的懷疑與敵意,而評論上也幾乎有四十年系統性的忽略。」⓫

❼ Grierson on Documentary, 128;及126-29.

❽ Documentary Film, 90.

❾ Documentary: A History of the Non-Fiction Film, 51-66.

❿ Theory of Film: The Redemption of Physical Reality (New York: Oxford, 1960), 65.

所幸，最近的二十年由於維多夫的《持攝影機的人》(The Man with the Movie Camera)在西方國家普遍可以看到，因此電影史學者及批評家得以再檢視與評價維多夫，並重新爲他在蘇聯電影史中定位。同樣的，維多夫在非劇情片史的定位也再次被討論到。在目前大量的論述中均肯定他的重要貢獻及後續的影響，維氏對電影概念的原創性及聰穎的活力受到稱頌，而他自己作品中包含的電影語言天分和巨大能量也備受讚揚。維多夫對於他下一世代的紀錄片工作者影響卓著，包括約翰‧葛里遜、裘里斯‧伊文斯、工人電影與攝影聯盟(Worker's Film and Photo League)的成員、尙‧胡許(Jean Rouch)及艾格‧摩林(Edgar Morin)等(上述兩人從維多夫首創的「眞理電影」(kino-provada)一詞翻成法文的「眞實電影」(cinéma vérité)，並以此來爲他們的電影技巧命名)，同時五、六〇年代在美國發展出來的直接電影(direct cinema)也受到維氏的影響⓬。

　　狄嘉‧維多夫原名丹尼斯‧考夫曼(Denis Arkadyevich Kaufman)。在三兄弟中最爲年長，而三兄弟其後在電影史中也各自有其地位⓭。他的出生地是拜立斯托克(Bialystok)，該地直至一九一八年才併入俄國，但目前是波蘭的屬地。在維多夫年輕時，他曾研習小提琴、鋼琴與文學，並遍讀英美作家的作品。一九一五年考夫曼家遷到莫斯科，天才兒童丹尼斯除了繼續他音樂上的學習之外，也開始寫詩和科幻小說。一九一六至一七年，維多夫在聖彼得堡的精神神經學院攻讀醫藥及心理學，在那裏他已展現出對人類視覺與聽覺感知的興趣。但是，維多夫也始終維持著他對藝術的興趣，他持續創作論文、小說與詩，同時進行有關聲音的科學實驗，他在詩和藝術上也創新不輟。維多夫在「聽覺實驗室」中曾成功地製作出口語聽覺上的蒙太奇(廣播式紀錄片的前身)，這種實驗乃是受到美國詩人華特‧惠特曼(Walt Whiteman)咒文式的自由體詩、立體未來主義(cubo-futurism)前革命時期、馬雅可夫斯基的斷音

⓫　"Introduction," *Kino-Eye: The Writings of Dziga Vertov*, ed.由安妮特‧麥克森作序(Berkeley: University of California Press, 1984), xix

⓬　關於維多夫的影響，見Pertric, viii.

⓭　鮑里斯‧考夫曼是位享譽極高的電影攝影師，他曾在移民美國之前爲尚‧維果拍了《美好的主題》(1929)、《Taris》(1931)、《操行零分》(1933)及《亞特蘭大號》(L'Atalante, 1933)等片，到美國之後他也爲伊力‧卡山(Elia Kazan)、薛尼‧盧梅(Sidney Lumet)等美國導演拍片。麥可‧考夫曼一開始是擔任維多夫的攝影師，之後在蘇聯及美國兩地製作紀錄片。

詩體(staccato-like verse)和阿波里奈爾(Guillaume Apollinaire)的碎片詩(fragment poem)的影響。維多夫像艾森斯坦與普多夫金一樣,似乎都能同時悠遊於科學與藝術兩個領域,鮑德威爾就曾指出,維多夫作品裏的張力中心其實正在於攝影上科學的精準及剪接上創意可能性之間的拉扯。

在一九一七到一九一九年兩年間,對於剛開始成爲電影工作者並建立自己評論家及藝術家地位的維多夫是相當殘酷的,因爲他拒絕擬眞電影(mimetic cinema)在技巧及過程上的方式。一九一七年,時年二十二歲的維多夫回到莫斯科,他大力反對古典藝術,並倡言藝術必然基於事實,當他開始對電影產生興趣時,他即改名爲狄嘉・維多夫❶,並發展出他的「電影眼」理論,成立「電影眼」(kinoks)組織,同時完成了他的第一篇理論性宣言〈關於解除舞台式電影的武裝〉(About the Disarmament of Theatrical Cinema)。在一九一八年春天,維多夫受麥可・柯索夫(Mikhail Kol'tsov)之邀加入莫斯科電影委員會,同時並擔任柯索夫的祕書,其後則成爲《每週影片》(Film Weekly/Kino-nedelia)的剪接師。《每週影片》是蘇聯早期的新聞片,在一九一八年六月至一九一九年十二月之間共拍了四十三部新聞片。《每週影片》的方法就是透過對政府新任領導官員的影片報導,並揭發蘇維埃的敵人來達到宣揚社會主義的目的,質言之,它就是宣傳片。就如同沙茲・費爾曼(Seth Feldman)所寫的「莫斯科電影委員會實際上就是教育維多夫的電影學校」。而經由協助製作這種新聞片,維多夫開始發展出他自己的「在不知不覺中捕捉生活」(life caught unawares)的電影理論及剪接上的法則❶。當時供應莫斯科電影委員會的影片來自全國各地,維多夫以實驗性的手法將它們剪接後交到「宣傳列車」或「宣傳汽船」上,再分送給在內戰各前線的革命戰士或各村鎮中的平民觀看。有關這些革命電影工作者的工作以及宣傳列車及汽船的運用,維多夫也曾將它們剪成新聞片《紅星》(Red Star, 1920)及《Agit列車》(The Agit-Train,又稱《不流血的軍事前線上》On the Bloodless Military Front, 1921)兩部

---

❶　狄嘉(Dziga)是烏克蘭語,意思是「陀螺」或指「慌張、毛躁而忙亂的人」。這個別號暗示了丹尼斯・考夫曼精力充沛的個性、旋轉滾動的電影技術與未來主義及建構主義的關聯性以及電影工作者的職業;這些精力充沛的活動在維多夫的傑作《持攝影機的人》中熟練地描繪出來。

❶　見Seth Feldman, "Cinema Weekly and Cinema Truth. Dziga Vertov and the Leninist Proportion." *Sight and Sound* 43.1 (Winter 1973-74): 34-38.

影片。

　　維多夫的第一部電影曾部分受到未來主義及至上主義(suprematism)、尚‧艾普斯坦(Jean Epstein)、莫荷利－納基的電影及亞歷山大‧羅謙柯(Alexander Rodchenko)攝影的影響❶❻。但是，建構主義還是他實驗電影風格最重要的基礎。建構主義者認為藝術家等同於工程師，他們最主要的責任便是去「建構」有用的事物，並在建造新社會的過程中扮演積極的角色❶❼。對維多夫而言，機器(machine)是最重要的基礎，電影攝影與收音是複製現實的機械工具，而剪接檯則是安排與塑造現實的另一種工具。維多夫是如此地為技術而醉心，他自己寫道：

　　　我們的藝術視野從工作中的人們啓程，繼續通過機器的詩歌(poetry
　　of machine)，而更趨近完美的電氣人(prefect electrical man)……不斷運
　　作的機器之詩(歌)，萬歲，槓桿、齒輪、鋼翼、運轉的金屬撞擊聲、令
　　人目眩的灼熱電流之詩歌萬歲。(引自Petric 6)

　　除了製作《每週影片》的例行新聞片以及編導其他幾部短片之外，維多夫從各處送來的影片中加以編輯完成三部紀錄長片《革命週年》(The Anniversary of the Revolution/Godovshchina revoliutsii, 1919)、《撒里辛之役》(The Battle of Tsaritsyn/Srazhenie v Tsaritsyne, 1920)及《內戰歷史》(History of the Civil War/Istoriya grazhdenskoi voini, 1921)❶❽。像當時其他蘇聯電影工作者一般，電影底片十分短缺，維多夫的工作常處於困頓之中，也因為迫切需要底片，很多已拍攝的舊新聞片常被刮除表面而重複使用，保存影像資料的價值自然是被犧牲了。儘管在這種不便之下，維多夫的作品仍十分重要，他在宣傳紀錄片格式內以戲劇性手法重構事件的始末，用手工將影片染色，並在影片長度上加以實驗，以一格或兩格畫面來達成一種誘發潛意識的剪接，設計

❶❻　見John Bolt, "Alexander Rodchenko as Photographer", *The Avant-Garde in Russia 1910
　　-1930*, ed. Stephanie Barron and Maurice Tuchman (Los Angeles: Los Angeles Country
　　Museum of Art, 1980), 55; 及Camilla Gray, *The Russian Experiment in Art: 1863-1922*
　　(New York: Abrams, 1962), 271.

❶❼　見Pertic, 1-69,分析維多夫與他那個時代建構主義及前衛運動的關係。

❶❽　見*Kino-Eye: The Writings of Dziga Vertov*, ed. Annette Michelson, trans. Kevin O'Brien
　　(Berkeley: University of California Press, 1984), 330-34中維多夫影片片目。

複雜而煽動性的字幕……這些都使得維多夫的作品顯得意義非凡。

　　但是，在二〇年代維多夫乃是以他的理論著述來影響當時的蘇聯電影。在維多夫到莫斯科工作的幾年之間，他的實驗性做法已經吸引了一羣年輕的攝影師、剪接師及動畫家（包括艾森斯坦），他們組成的團體，維多夫稱之為「電影眼」[19]。一九二三年他們製作了《電影眼：一場革命》(Kinoks: A Revolution)，以此維氏與他的同志們開始發表一系列理論宣言，內容不但在思想上激進，同時也以一種怪異的圖像來呈現，他們藉此來攻擊傳統的劇情片（「我們宣告這些基於羅曼史、劇場和其他同類的過時電影都是『麻瘋病』」）[20]。他們也要求淘汰這些傳統電影手法，應該以觀察、攝影、剪接三者綜合而成的新方法取而代之[21]。這些宣言經常以「三人協會」(troika)的名義發表，這三人就是維多夫自己、他的妻子絲薇洛娃(Elizaveta Svilova)及他的弟弟麥可‧考夫曼[22]。而一切不是維多夫所發明的或認可的都是他批判的對象。他理論的中心也就是對「電影眼」的信仰，他認為通過這種特有的電影觀察方式，才能穿透事件的中心。對於維多夫而言，攝影之眼甚至優於人類的肉眼，不止因為它具備改造現實的技術能力，也因為它不會被人類的本質所局限。因此，它可以被人類利用而最終趨於完美。

　　要簡述維多夫的理論十分困難，因為它是如此具有原創性，充滿能量且複雜難解，伍拉達‧派屈克曾就「電影眼」的本質提出了一些簡短而有用的歸納整理：

　　1.沒有「武裝」的人類之眼（指沒有攝影機協助的眼睛）在「生活裏混亂的視象」中是沒有辦法找到方向的，必須由「電影眼」來協助它。電影眼在人類肉眼及攝影機的客觀之間塑造了一種共生狀態(symbiosis)。

　　2.攝影師並未掌握任何超自然的力量，他不過是個「尋常之人」，但他懂得如何運用機械工具來幫他在「狂風暴雨的生活巨洋」中仍能御風而行。

[19] 艾森斯坦的第一部電影製作經驗便是與電影眼成員一起的，見Petric, 48-49.
[20] "We: Variant of a Manifesto," *Kino-Eye: The Writings of Dziga Vertov*, 7.
[21] 這些論文可見於*Kino-Eye: The Writings of Dziga Vertov*, 7.
[22] 麥可‧考夫曼重修維多夫的作品及其他，見"An Interview with Mikhail Kaufman." *October* 11 (Winter 1979): 54-76.

3.攝影師應避免讓攝影機固定不動去拍攝「生活實況」。他應隨時準備移動機器，就如同「在風暴大洋中迷失的獨木舟」一樣，這樣才可使投射在銀幕的影片實體(film-thing)有較大的動感衝擊。

4.攝影師並不需要「事先寫好的劇本」，他不應依循任何既有對於生活的先驗理念，對於導演的指示他不必全然配合，也毋需遵照編劇所編的來拍。他應對生活有自己的看法，對於未來的電影他也應有自己的視野。

5.「速度」與「機敏」是攝影師在專業上最重要的技巧，他必須「跟上生活事件的步調」，以便這些事件以「電影」在銀幕上呈現時保有真實不偽的韻律。

6.攝影師以攝影機具備的許多電影特有的設計去攻擊現實。並把現實以新的結構重組。這些設計幫攝影師為更美好的世界及更多有知覺能力的人奮鬥。

7.攝影師在拍攝人物時應注意，要在被攝者全然不知的情況下進行，他希望在拍攝時不打擾其他人的工作，正如他自己不希望被其他人打擾一樣。

8.攝影師在決定何時開始拍及拍什麼東西之前，應在各處走動，並觀察各種事物，以便取得多樣的選擇。只有如此他才能「與每日生活的步調一致」。

9.攝影師確信「生活中並無偶然」，因此他應在現實裏相互迥異的事件中抓住一種辯證上的關係。揭露生活中矛盾勢力的本質衝突及生活現象中的因果關係乃是他的職責。

10.同時，攝影師不是要在現實中做個公正不偏私的觀察者，他應積極把自己埋入生活的鬥爭裏，一旦他進入了，他可明白「事事皆有因」，這些即成為他影片中的主要意見。

11.攝影師必須永遠以生活中「前進的部分」為本，他應該支持並擁護對現實的「革命態度」，才能建設「真正的社會主義社會」。

12.上述都是必要的。如果「電影眼」工作小組想在銀幕上呈現「生活原貌」(Life-As-It-Is)的本質，包括影片本身的「生命」——從拍攝到沖印廠，從剪接一直到最後的成品，乃至於在電影院放映給觀衆看等電影創作的過程，上述都是必要的❷❸。

派屈克所總結這「十二條誡律」為——

極端地不妥協、獨斷地認定這個媒介為一種獨特的電影表現以及交流意識型態的手段，它指出電影結構的複雜性以及電影在「生活現實」與「人為現實」的辯證關係……這是一篇在電影史上意義重大的革命文件。(42)

簡言之，維多夫發明了在後來被稱為真實電影及直接電影的兩種紀錄片方式，這兩種方式強調去拍攝「沒有覺察的生活」(life -unawares)，繼之透過剪接給予重新結構，因之創造出一種有自己美學效果的新結構，而此種結構所揭露出來的更勝於生活本身所呈現的❷。

當時的藝術環境鼓勵此種電影上的寫實實驗，因此維多夫在一九二二至一九二五年之間拍了二十三集的報刊式影片系列，並稱之為《真理電影》(Kinopravda)。這個名字源自於《真理報》(pravda)，那是一份由列寧在一九一二年創辦的布爾什維克日報❷。在製作《真理電影》的時候，維多夫運用了許多實驗性的技巧，像是：動畫、特效攝影、顯微攝影、重複曝光、手持攝影，這些技術使得他接下來的作品《未經排練的生活》(Life Unrehearsed/Kinoglaz, 1924)、《蘇維埃，大步前進》(Stride, Soviet/Shagai Soviet! 1926)、《世界的六分之一》(One Sixth of the World/Shestaya chast mira, 1926)及《第十一年》(The Eleventh Year/Odinnadtsati, 1928)等片聲名遠播。一九二六年，維多夫以《世界的六分之一》在巴黎的世界博覽會中獲獎，但是，他不斷攻擊蘇維埃的傳統新聞片及其他非劇情片，也在他與同僚們——主要是艾森斯坦與尼可拉·里伯得夫(Nikolai Lebedev)之間挑起論戰，而此事後來導致在一九二七年他被Sovkino(國家中央電影信用社，該組織創立於一九二四年，掌管蘇聯全境的電影製作資金)解職。也使他原本應「烏克蘭攝影電影組織」(VUFKU)之邀出任基輔片廠的新職被駁回。不過也在此時，在相當傳統與孤

❷ "Dziga Vertov as Theorist," *Cinema Journal* 1 (Fall 1978): 41-42.
❷ 關於維多夫重要性的再評定見 Jeremy Murray-Brown, "False Cinema: Vertov and Early Soviet Film," *The New Criterion* 8.3 (Nov. 1989): 21-33.
❷ 除了八集影片外，全以《真理電影》稱之，其他片名見*Kino-Eye: The Writings of Dziga Vertov*, 331-32.

立的氣氛下，維多夫製作出他最重要的電影作品：《第十一年》、《狂熱：丹巴撒交響曲》(Enthusiasm: Symphony of the Don Basin/ Entuziazm: simphoniia Donbassa 1931) 及他的經典之作《持攝影機的人》(1929)，同時完成了表現上最為激進的「電影眼」理論。

　　《持攝影機的人》是一部有關「生活」(俄國人如何生活) 及「電影」(它如何被拍成的) 的作品，但是在第一次觀看時，這兩者似乎並未區分開來。首先，它看起來似乎像是十分眼熟的「城市交響曲」。像是透過一個勇往直前巡迴各處的電影攝影師所呈現的一個城市如何睡覺、醒來、工作及遊戲的社會橫切面，但是即使僅把它當做一部「城市交響曲」(而不是部革命性的電影實驗作品)，它也輕易地便超越了另一部常用來對比的名作：華特•魯特曼的《柏林：城市交響曲》。這兩部電影都關注當時城市現實的面貌而不是歷史的重建或重現。對於魯特曼而言，表達出真正的柏林這個城市本身就是最實際、最重要的題材；而對維多夫來說，做為一個剪接師，無論是莫斯科、基輔或奧德薩，在以現實為主要表現的考量下都是次要的；魯特曼借助近似交響樂形式，以樂章及主題的概念提出一種中規中矩的影片結構，而維多夫卻以強調攝影師及他的攝影機、攝影師的感受與我們的感受來創造他個人的影片結構；魯特曼視野寬廣地發展出柏林的一種特質，而維多夫的視野則未曾從一個攝影師的個別感受中離開。我們看到攝影師(維多夫的弟弟)在片中拍攝電影，他不斷地移動，攀爬在橋樑、煙囪、高塔、屋頂上，在各種不同的車上，也躺在地上去捕捉交通、火車及行人邁步的低角度畫面，我們還看見剪接師(維多夫的妻子絲薇洛娃)把一條條影片捲成小卷，剪斷毛片，再把它們接起來。

　　這部片子也反映了當時許多前衛藝術受了「建構主義」的影響。《持攝影機的人》乃基於建構主義中「基於事實的藝術」的概念，它也是第一部「自我界定」(self-defined) 的非劇情片，它呼籲注意影片本身，因此在開頭的字幕就表示「(這是)一對可見世界電影溝通的實驗之作，它在沒有默片字卡的分場(一部沒有劇本的電影) 及劇場(一部沒有佈景、演員等的電影) 的助力下完成」。如果說電影的目的是記錄人類的生活，那也就是說，《持攝影機的人》必定是一部原型電影❷。維多夫向我們示範如何框住現實與動態(透過人類的

<hr>

❷　這部電影的早期研究，見Annette Michelson, "The Man with the Movie Camera: From

眼睛或攝影機的眼睛，或是從窗戶或百葉窗）。但為了使我們感覺混淆，他也
向我們示範──透過停格、分割畫面、抽格、慢動作及快動作的電影特效，
攝影機及剪接師可以把現實中的動態轉換成不可預測的東西，他不僅證明了
攝影機有它自我的生命，同時也提醒我們剪接師的存在，剪接師將上、下、
進、出的動態與出生、婚禮、死亡等儀式的拍攝毛片透過畫面的相連並置（jux-
taposition）組接起來。現實也許可以被藝術家、他的攝影機及攝影機的技術技
巧掌控，不過它需在剪接師表現中落實它的意義，而最終，在觀眾的感受中
找到它的定義。尚-安德烈·費奇（Jean-André Fieschi）在談這部電影時說：

> 在文件（證詞證據）與重構（reconstruction）之間包含一個令人吃驚的
> 比賽（來來回回），或更進一步說，一個將紀錄片劇情化的激進**任務**，升
> 高到達一個實際上**位置錯亂**（dislocation）的程度，而觀眾發現自己已經從
> 「原料」（raw material）中被遠遠地抽離出來❷。

　　從結構上來看，總長七十一分鐘的《持攝影機的人》由四個部分組合而
成❷，內容是**由**一個（也是**關於**一個）持著攝影機的人，以一個拍攝影片及觀
看影片行為相關的影像來開始及結束，不像是早期默片演員巴斯特·基頓
（Buster Keaton）演出的默片《攝影師》（The Cameraman, 1928）中，攝影師只
是個對象；維多夫的攝影師是一個建構主義者的理想，他處於其他工作者之
間，用他的工具去幫忙建造一個新的社會。這個想法「在攝影師和他的攝影
機以及工人和他的工具之間，以視覺上相連並置的技法創造出來一種類同
（analogy），而這樣的想法貫穿全片」（派屈克語）。我們在片中看見攝影師及
他的攝影機，同樣看到人們對他們（攝影師及攝影機）的反應，整部作品不但
實行了建構主義者的「揭露計謀」（baring the device），同時也以豐沛而別出
心裁的電影化視覺設計不斷提醒我們，這是一部「反映自我」（self reflexivity）

　　Magician to Epistemologist," *Artforum* 7 (Mar. 1972), 60-72. 開場鏡頭的分析，見Alan
　　Williams, "The Camera-Eye and the Film: Notes on Vertov's 'Formalism.'" *Wide Angle* 3.
　　3 (1980): 12-17.從單格放大的畫面分析，見Petric, *Constructivism in Film*, 249-318.

❷　"Dziga Vertov," *Cinema: A Critical Dictionary*, ed. Richard Roud (New York: Viking,
　　1980), vol. 2, 1024.

❷　這個結構的不同觀點，見Petric, 72ff.; Bertrand Sauzier, "An Interpretation of *The Man
　　With the Movie Camera*," *Studies in Visual Communication* 11.4 (Fall 1985): 34-53; 及Seth
　　Feldman, *Dziga Vertov: A Guide to References and Resources*, 98-110.

的電影。這些「自我指涉」(self-referential)的設計包括：

　　電影被觀衆感知；它投射在銀幕上又同時被另一部攝影機記錄下來（在銀幕中的銀幕）；停格；影片中的小格畫面，如同素材(毛片)中的一部分被剪接師所掌理，電影實際上從剪接檯上經過；而電影海報被電影攝影機記錄，接著放映在銀幕上(像是張幻燈片)。(Petric 84)

　　影片片段被結構性地統合起來，並不經由傳統電影敍事手法，而是透過開始、結束並對於主題(攝影師與攝影機)不斷的指涉而來，同時也透過連續性的事件來強化此一動感節奏強烈而又大步向前的主題。維多夫以瓦解式聯想性蒙太奇(disruptive-associative montage)及對工作中的影片工作者及剪接師不斷的指涉等設計，在不甚相關及對立的影像間製造鬥爭。依此，他建造了一個主題互斥的辯證體。由於透過影片而獲致整體的增大過程，以及聯想建造的過程，觀衆在其中得到意義。同時，透過電影的幻覺，維多夫不斷顚覆觀衆對時間與空間的既有感知，因而提醒觀衆去質疑那樣的感知。派屈克寫道：

　　(該片)對於協助肉眼的技術能力大加讚譽，審視人類感知的本質，並以批判的態度呈現現實，《持攝影機的人》並未把它自己局限在一個特殊的觀點中，更進一步而言，它賦予觀衆一個特權，一個可以從各個可能的角度去觀看生活的電影方法──這也就是「電影眼」方法的終極目標。這個方式不只是另一種觀看生活的方式，更重要的，它提供一個更深刻的、超過傳統觀察現實所能允許的視野。(128)

　　由於這部影片爲當時的代表作品，因此在蘇聯國內及國際媒體上都廣受歡迎，不過也由於影像上太複雜，使它一方面超越時代，同時也脫離了它的時代，也因爲這個理由，它並未廣泛地在蘇聯國內的戲院放映㉙。意識型態上，這部影片既不複雜也不困難，甚至也談不上爭議性。它乃是透過事先預知的相連並置，例如，不同階級的人們，以及當時強調的革命運動物力論

㉙　安妮特‧麥克森寫道：「這部影片的目的正如維多夫明白表達出來的，是爲了蘇聯的工人及農民。這部片子在東方及西方都找不到，代表作者在蘇聯以外的世界中確實沒有地位，在他詭異的文本中，這是個指標。」

(dynamism)主題來全盤審視蘇維埃的生活，但由於它強調自己是「一個電影化溝通的實驗」，因此它對觀眾的要求也很高，儘管它不像過去數年來所鼓吹的批判態度那樣「困難」與「不可接近」，要品鑑《持攝影機的人》需要精密的研究及重複看片，而這種性質較適於電影學者而不是一般觀眾。不過，對於任何觀眾，影片仍保有隨時可親近與趣味的部分，很多觀看生活的方式常常是包羅萬象而又幽默的，電影性的創新也同樣令觀眾覺得有趣可親。

當史達林在政權上崛起時，維多夫在蘇聯的地位便漸漸開始微弱，但他在歐洲的聲望卻日形增長，可以說，他去烏克蘭的VUFKU製片廠工作時，就等同於官方的驅逐。尤其在有聲電影出現之際，電影迫切需要轉型，而當時他自蘇聯主流電影製作中離去，實在是個不幸的損失。事實上，與當時許多認真的電影工作者不同的是，維多夫早年的研究與實驗已使他能充分運用電影這項技術，特別是密不可分的寫實主義組合：「電影眼」加上「廣播耳」(radio-ear)。沙茲・費爾曼從《持攝影機的人》開始製作時就寫下：「維多夫小心翼翼地規劃每一個音符，也許已想著手進行第一部蘇聯的有聲片」(12)。如果想到維多夫早在一九二九年之前就已做過聲音的實驗，並且也對此題目發表多篇著述，《持攝影機的人》沒能以一個視聽對位的方式去創造完成，維多夫的挫折是完全可以想像的。

維多夫在拍他第一部有聲電影《狂熱》確實理解到這種整合。在那部片子中，他將視覺部分及聲音部分當做是「個別而**平等**」的元素。在聲音與畫面之間的張力，維多夫創造出一種視聽拼貼(audiovisual collage)，這使觀眾不斷感受到它們兩者既分離又整合的關係**❸⓿**。對維多夫而言，電影化聲音的目的是使觀者透過重複的主題聲音意識到人類的耳朵。除此之外，維氏也想利用這些紀錄機器的能力及機動性去組織生活中混亂的視覺與聽覺，進而完成一個具意義的整體，並藉著這兩種手段，加強觀眾的社會意識及政治意識。雖然維多夫的下一部作品《列寧三歌曲》(Three Songs about Lenin/Tri pesni o Lenine, 1934)獲致國際性的成功，但也加深他與同時代的電影工作者(主要是與艾森斯坦)之間既存的政治與美學上的敵對。在這點上，維多夫的藝術在

---

❸⓿ 見Lucy Fischer, "Enthusiasm: From Kino-Eye to Radio-Eye" and "Restoring *Enthusiasm*: Excerpts from an Interview with Peter Kubelka," *Film Quarterly* 31. 2 (Winter 1977-78): 25-34＋.

後來被遺忘，而幾近死亡，而艾森斯坦則一直是處於領導地位。派屈克寫道：

> 艾森斯坦與維多夫對電影採行不同的方式毫不令人訝異：艾森斯坦
> 從劇場踏入電影生涯，而維多夫一開始進入這個領域就在電影上進行實
> 驗。他們倆對電影在美學價值與社會功能上的對立態度也多方反映了二
> ○年代蘇維埃革命藝術在觀念上及意識型態上不一致的性格。(48)

基本上，他們兩人對非劇情片的「本體論眞實性」(ontological authenticity)意見相左，因爲「本體論眞實性」觀念的延伸就是要觀眾在電影上接受一種眞實，就像它是眞正在世界某處發生的事件一樣[31]。艾森斯坦的劇場背景使他確信攝影機並無同時可記錄現實又揭露現實本質的能力，因此重新設計與安排走位是可以接受的，但維多夫不以爲然，他堅信電影性的蒙太奇是最重要的。他們對電影製作上的看法也不相同：包括使用平常人去取代職業演員的做法、蒙太奇的理念以及聲音所扮演的角色等等。在政治上，兩人均反對由國家來控制藝術，但實際上，艾森斯坦屈從了黨意而妥協了自己在藝術上的完整性；相反的，維多夫勇敢地拒絕了妥協。不過，政治上的打壓、藝術界的嫉妒以及對眞僞美學的不同意見都使他們倆在電影及理論上的爭論益發尖銳。可是，儘管想法不同，對蘇維埃及世界的電影發展而言，兩人的貢獻都十分重要。尤其諷刺的是，「蘇維埃寫實主義」(Soviet realism) 的意義對今天的許多觀眾而言，維多夫《持攝影機的人》一片中的渾然天成較諸艾森斯坦在《波坦金戰艦》(Battleship Potemkin) 或《十月》(October) 中高明計算出來的效果更勝一籌。

艾斯・沙伯與編輯電影

編輯電影(compilation film)的開始幾乎與新聞片同時，它乃是在剪接檯上剪下其他影片中的鏡頭再編輯而成，也可說是非劇情片中一個次類型。有些人爲了個人目的來剪接或處理新聞片，常會因爲金錢上的報酬而扭曲了其他人拍攝的東西，因此編輯電影在這個意義上是利用了電影的商業目的[32]。

---

[31] 見Petric, 48-60, 概述了這個爭論。

[32] Jay Leyda, *Films Beget Films: A Study of the Compilation Film* (New York: Hill, 1971), 13. 保羅・羅沙在*Documentary Film*中認可了compilation film這個詞，而陳立則指出，這是個不適當的名詞。

但在具原創性並有自己視野的藝術家手中,編輯電影在歷史及美學上的實證性卻有它自己的意義。

　　第一位體認到編輯電影可做為一種信靠史實用途的人是波蘭的理論家波斯洛‧馬塔朱斯基(Boleslaw Matuszewski)。一八九七年,他在盧米埃兄弟推出電影之後的兩年便宣稱電影將會是一種新的歷史資料❸。在一次世界大戰期間,編輯電影在敵對國家的雙方都因為成了宣傳工具而蓬勃發展,但要到二〇年代透過蘇俄的維多夫及艾斯‧沙伯(Esther Shub)認真的努力才確立其地位。維多夫的第三部電影《革命週年》(1919)就是一部從《每週影片》的素材中重新剪接而成的編輯電影。「這是維多夫對利用編輯毛片感到興趣的第一次跡象,而其後這個工作方式將伴隨他一生的工作」(費爾曼語),這個興趣也在艾斯‧沙伯——俄國默片時期最傑出的女性電影工作者身上承接下去,並延續了編輯式電影的創作❹。

　　艾斯‧沙伯起初在梅耶侯德及馬雅可夫斯基的建構主義劇場中工作,一九二二年開始投身電影工作,並學習由維多夫、庫勒雪夫、艾森斯坦及普多夫金創建的蒙太奇理論,不久之後,她就成為重剪外國進口電影的專家。艾斯‧沙伯受到艾森斯坦及維多夫深刻的影響,而她也反過來影響了這兩位大師。如同他們一樣,艾斯‧沙伯想做的影片是一方面有高度藝術水準同時又能教育民眾去了解當時社會與藝術的新標準。但與艾森斯坦不同的是,艾森斯坦的電影大多是歷史的劇場式重製(尤其是《波坦金戰艦》、《十月》及《舊與新》Old and New, 1929),沙伯則強烈地相信要保留影像本體的真實可信❺。因此對非劇情片的概念在理論及意識型態上都與維多夫十分接近。而她也了解到聲音的重要性,特別是現場直接收音,甚至在技術上還不可行之時,她已洞悉它的重要。

　　在創作之中,沙伯面對三項主要的挑戰:第一,她能用來工作的毛片非

❸　見Leyda, 15-16.

❹　見Vlada Petric, "Esther Shub: Cinema is My Life," *Quarterly Review of Film Studies* 3.4 (Fall 1978): 429-56.這篇文章包括了沙伯沒有拍成的影片的腳本《女性》(Women, 1933～34),本片的用意根據派屈克的說法是「在歷史的構架並透過他們從一九一四到三〇年代早期社會心理學上的改變來表現女性」。

❺　關於《舊與新》,見Vance Kepley, Jr. "The Evolution of Eisenstein's Old and New," *Cinema Journal* 14.1 (1974): 34-50.

常稀少；第二，她須小心地研究這些毛片；第三，必須在不扭曲這些素材的歷史價值下表達她自己意識型態的觀點。她的電影中非常突出的品質是她的蒙太奇電影概念，她選擇與並置鏡頭的直覺能力及她對節奏與結構精確的敏感。除此之外，沙伯對歷史性影片的耐心鑽研及關心促成了影片檔案資料的建立，這件事也反過來提供編輯影片可用的素材，並使之得以繼續製作下去。

雖然沙伯製作了許多新聞片、紀錄片及編輯電影，但她最爲人熟知的是她以編輯電影手法製作的三部曲：《羅門諾夫王朝的覆亡》(Fall of the Romanov Dynasty/ Padenie dinastii romanovykh, 1927)、《大路》(The Great Road/Veliky put', 1927) 及《尼古拉二世與托爾斯泰時代的俄國》(The Russia of Nicholas II and Leo Tolstoy/Rossiya Nikolava II i Lev Tolstoi, 1928) ❸。這個三部曲利用既存的毛片，並遵循一種意識型態的概念，就一八九七年乃至於一九二七年發生的歷史事件做了一篇電影式的論文，沙伯偉大之處在於她選取毛片加以剪接以表達她的觀點，但卻不會扭曲影片既有的眞實性或衝擊力❸。沙伯對編輯電影的概念影響了伊文斯、「工人電影與攝影聯盟」及馬歇爾·歐佛斯 (Marcel Ophuls)，同時像是「時代的前進」、「這就是美國」、「我們爲何而戰」(Why We Fight)、「運轉中的世界」(The World in Action)、「二十世紀」(The Twentieth Century) 等系列影片的製片人及大部分電視上的歷史性題材新聞報導都受到沙伯的影響。

蘇聯在非劇情片及編輯電影的宣傳傳統其實也不僅限於維多夫及沙伯的開創性成就，其他重要的電影工作者像是麥可·考夫曼、伊拉雅·柯帕林、麥可·卡拉托左夫 (Mikhail Kalatozov)、雅可夫·布利約克 (Yakov Blyokh) 及維多·杜林 (Victor Turin) 等人的作品不僅影響了俄國及歐洲的電影製作，同時對約翰·葛里遜及英國紀錄片運動都有直接的影響。考夫曼及柯帕林的《莫斯科》(1927) 影響了城市交響曲等片型；布利約克的《上海檔案》(Shanghai Document/Shanghaisky dokument, 1928) 是一部時事報導，它的重要性在於它觀察了瓜分下的中國城市及對蔣介石反共行動的紀錄。卡拉托左夫的《撒凡尼堤之鹽》(Salt for Svanetia/Sol Svanetti, 1930) 運用了傳統的提出問題/解決問題的結構來表現由於蘇維埃建造公路因而爲山間孤立的社區帶來鹽及繁榮

❸ 見Petric, 430,她的書及其他影片的表列。
❸ 也有批評指出她的蒙太奇適得其反，參見Petric, 442-443。

的事蹟。而給英國紀錄片方式更重要而直接影響的是杜林的《土西鐵路》(Tursksib, 1929)，這部長片一方面記錄土耳其斯坦到西伯利亞鐵路的建造過程，另一方面又質疑它是否合乎經濟需要。《土西鐵路》對英國很重要，不僅因為葛里遜剪接的英語版本更清楚地表達了它的社會政治學的主題，同時也因為葛里遜學到它直接的風格以及對主題精確的陳述，而這些正是三〇年代英國紀錄片的指標。儘管《土西鐵路》缺乏三〇年代英國片及美國片中電影攝影上的美感，但因為杜林史詩的概念、戲劇性、對主題活力十足的組織以及利用字幕來連接電影段落，都令本片具備十足的重要性，而描寫山中溪流漲滿的段落則進一步預示了派爾‧羅倫茲(Pare Lorentz)《大河》(The River, 1937)一片中著名的片段。雖然本片在社會學紀錄片(social documentary)的歷史中相當重要，但在今天若與其他的經典像是《夜郵》(Night Mail) 或《大河》相比，《土西鐵路》便顯得過於沉悶了。

　　英國的紀錄片概念是否在俄國的影響下才發展出來仍有待討論，但不容質疑的是，俄國人向全世界的電影工作者證明了政治的意識型態及電影美學可以融洽地融合在一起，他們的影片也顯示電影藝術中講究的可變性及自發性是最適於掌握二十世紀的動態以及不斷變動的社會政治現實。對非劇情片發展的長期影響而言，他們具想像力但又說教意味十足的電影比諸美國浪漫主義或歐陸寫實主義非劇情片都來的更為重要，俄國人開拓的政治電影則繼續助長了三〇年代的英國及美國非劇情片的發展及廣泛的實驗風格。

約翰‧葛里遜與早期英國紀錄片

　　約翰‧葛里遜乃是英語系國家的紀錄片運動之父。他向西方觀眾引介重要的蘇聯導演，如艾森斯坦、普多夫金、杜林及杜甫仁科的作品❸，同時將蘇聯宣傳紀錄片的觀念加以發展並融入英國紀錄片中，就這兩方面而言，葛

❸　見Elizabeth Sussex, *The Rise and Fall of British Documentary: The Story of the Film Movement Founded by John Grierson* (Berkeley: University of California Press, 1975); Jack C. Ellis, *John Grierson: A Guide to References and Resources* (Boston: Hall, 1986); Paul Swann, *The British Documentary Film Movement, 1926-1946*, diss. University of Leeds, 1979; Ian Aitken, *Film and Reform: John Grierson and the Documentary Film Movement* (London: Routledge,1990).

里遜是最有貢獻的一人。目前，眾所熟知的英國紀錄片運動(British documentary film movement)開始於一九二七年，當時，英國政府設立了帝國商品行銷局(Empire Marketing Board, 簡稱EMB)，這是個在大英國協諸國之間推展貿易與經濟合作的組織，英國紀錄片運動便是在EMB轄下的電影組中開始，其後並在另一個官方機構大英郵政總局(General Post Office, 簡稱GPO)轄下的電影組中延續下去。到了一九三九年，英國紀錄片運動已經可以影響到英國的文化面貌及政治局面，因而也達到了它發展上的高峯，當時英國國內各類製片組織，不管是EMB、GPO的電影組或營利的、各機關所屬的或個人的組織已製作出超過三百部以上的影片，而這些影片的存在，在某個程度上都歸功於葛里遜的領導。

約翰·葛里遜是在蘇格蘭社會主義(Scottish socialism)——一種激進而又具人道主義色彩的政治思想——影響下成長的❸。他的父母對政治都十分熱衷，葛氏的父親是一位老師，他教導葛里遜要有人道主義的理想，除了要採行自由主義的觀點，也應了解透過教育，個人的自由才得以開始。不過，葛氏有關政治上的激進主義(radicalism)卻得自母親，在此，少年葛里遜學習到第一手的蘇格蘭社會主義工人自由運動及女性獨立運動。最後，他的社會態度反映至他對格拉斯哥造船廠及貧民區「克萊德賽運動」(Clydeside Movement)的觀察上。在他學生時期不論是在進入格拉斯哥大學之前或之後，葛里遜總是在知識分子間及政治活動中擔任領導人。只差沒有成為共產黨員，葛里遜在當時已相當左傾，但從很早開始，他也很敏銳地避免去與任何特別的政黨搭上邊。

三十歲時，葛里遜已發展出根植於民主政治的人道主義哲學，同時也發展出他後半生工作所秉持的美學思考。也許，葛里遜可被稱為體制內的前進思想家，對於社會變遷及人類生活的價值與潛力十分熱衷，他篤信人的個別價值，同時也相信通過集體努力去改革社會是必須的，他相信工作及工人尊嚴的重要，也相信在藝術背後的基本力量是屬於社會的而不是美學的；他確信，通俗藝術，尤其是電影，將取代像教堂及學校這種知識的傳統來源而成為公眾意見的塑造者。他的同事艾格·安斯堤(Edgar Anstey)就曾說「葛

---

❸ 見Forsyth Hardy, *John Grierson: A Documentary Biography* (London: Faber and Faber, 1979).

·約翰·葛里遜(1898-1972)

里遜有一種把藝術的社會目的及激情分開的精神分裂症」⓸。

塑造葛里遜的政治及美學思想的其實有各種不同人物,包括依曼紐·康德(Immanuel Kant)、約翰·史都華·米爾(John Stuart Mill)、列寧、羅素(Bertrand Russell)、華特·李普曼(Walter Lippmann)、艾森斯坦及佛萊赫堤。羅素的作品幫葛里遜提煉了他熱情的社會良知,佛萊赫堤的影片再次肯定了他對人類尊嚴的信仰;艾森斯坦的電影則敎導他,電影藝術可成爲服務人類及社會的一股生氣勃勃且勁道十足的力量;而李普曼則使他信服,電影可以使市井小民思及社會議題並影響及社會改革⓹。

葛里遜在佛萊赫堤《北方的南努克》與艾森斯坦的《波坦金戰艦》兩部片子中看到電影形式上一種新的可能性。雖然葛里遜與佛萊赫堤素有交誼,但他並不全然同意佛萊赫堤的個人式電影製作方法,他認爲佛萊赫堤是個天

⓸ Anstey引自Sussex, 96.

⓹ 關於李普曼的影響,見Gary Evans, *John Grierson and the National Film Board: The Politics of Wartime Propaganda,1939-1945* (Toronto: University of Toronto Press, 1984), 35-36.

眞的自然主義者，對觀察太過專注以至於對於社會的敍述不以爲意，佛萊赫堤的溫和以及對社會變遷的冷漠正使得葛里遜輕視佛萊赫堤；相反的，葛里遜相當景仰艾森斯坦的《波坦金戰艦》（他曾協助本片的英語版），而且也同意艾氏視電影的目的爲一個強大社會力量，他並以無可比擬的口吻稱這部影片爲一部「光芒四射的新聞片」（glorified newsreel）。葛里遜年事較長後，也更加坦白承認俄國人對藝術的革命態度給了他深刻的影響❹。而事實上，與其他幾個和非劇情片有關的可能方式：諸如美國式的浪漫主義、俄國的宣傳主義以及歐洲大陸風行的寫實主義相互比較，在葛里遜影響下的英國紀錄片方法受到蘇聯的影響最爲巨大。葛里遜對一些早期的電影如約翰・福特、詹姆斯・庫路茲、伊文斯、魯特曼及卡瓦康蒂的作品所呈現的電影可能性尤其景仰，而後來他的美國之行更擴大了他的社會觀點，這趟旅程也使他確信在社會變遷的過程中，好萊塢的電影製作將不可能扮演什麼重要的角色。

　　一九二七年葛里遜回到英國，他已完全相信電影乃是一個嚴肅而有能力塑造公衆意見的媒介，他總結所想如下：

　　　　我對於像那樣的電影沒有多大興趣……它做爲藝術，在創作的部分，最好多找尋點發展的空間，而做爲娛樂又是另一件事。如果是教育目的，就目前的狀況，它不過是課堂上的教師，另外就是宣傳片……電影應該被視爲一種書寫的媒介，可以有各種不同的形式，展示各種不同的功能。(Grierson on Documentary 15-16)

事實上，在電影功能與形式的信仰上，葛里遜選擇了另一個觀點：

　　　　電影既不是藝術也不是娛樂，它是一個出版的形式，而且可以爲上百種不同的觀衆以上百種不同的方式出版……在上述各種方式中迄今最重要的領域乃是宣傳片，業界對電影藝術的貢獻當然很好，他們也使技術的發展更加明確，**但在公衆困難時期，他們對藝術有意識的追尋必然在觀點上帶著特定的膚淺。**(Crierson on Documentary 185)

　　葛里遜因此認爲電影工作者首先應該是一個愛國者，其次才是一個藝術家，而公衆福祉是最重要的。依此，它在商業片及宣傳片之間劃出了一條清

❹ 見Evans, 38-40.

楚的界線。葛里遜說「統領並且是統領一整個世代的心靈比星期六晚上用新奇事物或感官刺激去打昏觀眾重要得多，而一部電影的宿醉效應就是一切。」(Crierson on Documentary 165)，葛里遜所說的宿醉效應必然指的是電影加諸觀眾身上揮之不去的意識型態印象，這種效應也是電影工作者希望經由電影所點出的方向來改變觀眾的心思。蘇聯的電影理論家花了很長的時間去理解蒙太奇與感知，而葛里遜的特色是，他呈現相同的理念，卻使用比較和緩及親切的觀念來表達。

如果葛里遜自承是個社會主義者，那麼他也有如一個自我聲明的宗教傳道者一樣，他確信電影乃是一個教育及勸服的媒介，他以傳教士的熱忱及精力全力說服他人：電影應該用來促進社會的進步。尤其在三〇年代，葛里遜很幸運地擁有一個龐大的社會試驗室去進行他的工作，那就是二次世界大戰之前經濟大恐慌時代，當時英國正遭逢無數的教育、住屋、污染、貿易及交通上的難題，而之前俄國人已經了解到電影是教育大眾的有力媒介，而葛里遜也在英國適時證明了電影具備的群眾教育功能。比利時的電影工作者亨利・史托克就曾評論說：「葛里遜總是視電影爲一種武器、一種創造新社會的工具……」❸，在一九三九年，葛里遜回顧了十年以來的英國紀錄片運動：

它是從一個供大眾觀看的冒險活動開始，也許原則上曾經是個紀錄寫作(doucumentary writing)或紀錄廣播(documentary radio)或紀錄繪畫(documentary painting)，在它背後的基礎力量是社會學的而不是美學的，它是一種想在尋常事物中找出戲劇的嚮往，也是一種想把觀眾的心從地球末日落實到他自己眼前事件的一種願望。由此，我們堅持一種發生於我們面前的戲劇，我們，我承認都是社會主義者，有些擔心世界前進的方向……我們對**一切**可使混沌世界中的情感具體化的工具深感興趣，而以此我們創造出了一種近乎公眾參與的意志。(Grierson on Documentary 18)

葛里遜發現他影片中的戲劇性不是在戰場上，而是平常百姓的家門前，他的影片所涉及的題材是所有政治黨派都會贊同的，包括：經濟上的富庶、足夠的住屋、良好的營養、傳播與教育的改進、更清潔的空氣及較佳的工作

❸ Storck引自G. Roy Levin, *Documentary Explorations* (New York: Doubleday, 1971), 156.

條件等，他將自由主義訴諸行動的理念與英國工黨的想法是相同的。但事實上，葛里遜的理想卻在保守黨當政時獲得較大的成功。今天去理解三〇年代的英國紀錄片，蠻諷刺的是那些鼓吹社會變革的影片，其經費竟都是來自保守黨執政時的撥款。

帝國商品行銷局電影組時期

帝國商品行銷局是創立於一九二六年的一個散漫而平凡無奇的政府機構，它的目的是鼓勵「全世界與供應大英帝國食物有關的製造、保存或運輸的大型研究」❹。該局代表英國的產品，它所持的三個主要功能是鼓勵科學性的研究、進行市場研究以及創造聲譽❺。帝國商品行銷局的主管是泰倫茲爵士(Sir Stephen Tallents)，在當時尚處於新領域的公共關係事務上，他是專家，因此這個他一手創建的政府組織，史無前例地，在短暫時期中(1926-33)即成為承平時期英國政府最大的宣傳機構。

而隨著電影組(Film Unit)在一九三〇年的設立，帝國商品行銷局也開始了一個前所未有由國家來支持電影製作的計畫(當然，在當時德國與蘇聯已將電影工業國家化了)，如同葛里遜自己陳述的，電影組在當時：

> 是眾多政府部門中的一個，也是相當大規模的教育及宣傳作業中的一部分，無論它以何種純粹的電影詞彙來偽裝，它仍是為政府部門常態的目的來服務的❻。

電影組只是這個龐大組織四十五個部門中的一個，但在很短的時間內，它的製作範圍及影響力與日俱增，而成為今天我們所知悉的「紀錄片」的一個開創性組織。**紀錄片**一詞乃是由葛里遜所創(他在一九二六年觀賞佛萊赫堤的《摩亞那》時首度使用此詞)，而這種影片製作的方式與英國人有密切的關係主要仍應歸功於葛里遜及帝國商品行銷局電影組❼。

帝國商品行銷局設立的時候，英國官方各界曾對使用影片來達成宣傳目

❹ John Grierson, "E.M.B. Film Unit," *Cinema Quarterly* 1:4 (Summer 1933), 203.

❺ Swann, 29.

❻ "The EMB Film Unit," *Cinema Quarterly* 1 (1933): 203.

❼ 葛里遜選擇紀錄片這個字引發的爭議，見Dennis Giles, "The Name Documentary: A Preface to Genre Study," *Film Reader* 3 (1978): 18-22.

的一事表示相當大的興趣，但就帝國商品行銷局所製作的影片，官方建議不要由一個政府機關來出品，最好由吉普林(Rudyard Kipling)來出品。吉普林是著名的詩人，也是保守黨的資深領袖，在他的支持下，華特・克萊敦(Walter Creighton)被任命爲帝國商品行銷局電影組的第一任主管官員，雖然克萊敦對電影製作一無所知，但這卻不影響到這項任命，不過，當他後來到美國學習基礎電影製作時，葛里遜漸漸掌控了全局，而終在一九三〇年被任命爲新的電影組主管。

葛里遜向泰倫茲介紹諸如《波坦金戰艦》、《亞洲風暴》(Storm over Asia)、《土西鐵路》及《大地》等蘇聯影片，並讚譽它們是國家運用影片的一個範例，因爲影片乃是「表現國家價值一種無可比擬的工具」。葛里遜也寫作有關電影製作與發行的報告，以此來幫助泰倫茲及其他人在思考上更具體化。泰倫茲則致力於將英國式生活與工作的狀況向外界「投射」(projection)出去，他列出了一些他認爲英國人會引以爲傲的國家機構或精神，而這些成就也會引起其他國家的興趣：

· 君主政體(以其日漸稀罕的價值爲重點)
· 國會組織(以其爲英國首創的價值)
· 英國海軍
· 英語聖經、莎士比亞及狄更斯
· 在國際事務上——有著無私的信譽
· 在國內事務上——有著正義、法律及秩序的傳統
· 在商業中——有著公平交易的信譽
· 在產品製造上——有著品質上的信譽
· 在各類運動上——有著公平比賽的信譽❹

上述這些國家的成就也許可以代表一種典型公共關係的產物，即便相當溫和，這名單也像個沙文主義式的存貨清單，如果要達到更廣大的國際合作及交流，並提升英國在世界市場上的地位，那麼去創造一個更正面的形象是需要的。而葛里遜的挑戰正是要去指導如何將這個形象向全世界投射出去。

---

❹ Stephen Tallents, *The Projection of England*(London: Faber, 1932), 31; 亦見 Tallents, "The Documentary Film," *Journal of the Royal Society of Arts* (20 Dec. 1946): 68-85.

做為這個形象的一部分，同時與二〇年代晚期典型的英國印象——如小說、戲劇及詩歌來做對比，帝國商品行銷局以呈現英國工人階級的生活及問題來做表現當代面貌的重點方向，而紀錄片實際上在當時仍崇尚上流社會生活方式的藝術風氣中開創了一條新路，其後，像是奧登(W.H. Auden)、史班德(Stephen Spender)及路易斯(C. Day Lewis)等詩人已開始將工人階級寫成英雄(到了更晚期的五〇年代，英國自由電影British Free Cinema也表現了相同的功能，見第十一章)。終其一生，葛里遜始終強調並且鼓勵其他人去呈現英國生活中多方面的面貌，不像俄國，僅強調使觀眾對國家、歷史及政治使命在觀念上的覺醒與強化。

泰倫茲除了是第一個意識到電影可以在公共關係上扮演重要角色的人，他也有遠見地建議了類似電影名目的經費來源不應全然來自於政府或私人企業，應該由兩者共同支持。因此，雖然英國與蘇聯的電影工作者都受到政府的贊助，英國的紀錄片運動並沒有受到政府的嚴厲操控，在表現的創意及自由度上也沒有受到約制。兩者之間的差別，當然與政府介入的程度有關，像是早期發展於蘇聯其後在納粹德國由戈培爾使之更趨完美的政治宣傳片，乃是在極權主義的氛圍下才蓬勃發展。維多夫及杜林(分別在列寧及史達林轄下)、瑞芬斯坦(在希特勒轄下)、安東尼奧尼(Michelangelo Antonioni, 在墨索里尼Benito Mussolini轄下)都是在極權的社會下工作才創造出重要的政治宣傳片。但由葛里遜所定義及製作的紀錄片唯有在民主的社會中才能發展，因為在可以自由表達意見的氣氛中才能對社會、經濟、政治及文化議題做誠實的探討。

帝國商品行銷局電影組其實是一個團體的成就，在蘇聯之外，它是非劇情片早期歷史中唯一一個團體的成就(在三〇年代的美國有些左傾的政治團體也從事紀錄片的製作，包括像工人電影及攝影聯盟、奈奇諾組織Nykino及戰線電影組織Frontier Film Group, 詳見第六章)。儘管充滿著理想主義，葛里遜對美學採取的態度卻相當實際，他堅持在他小組中的成員可以用各種方式自由地嘗試在營利的商業片廠會被否決的實驗。雖說在電影製作上，團隊合作幾乎永遠是必須的，但這樣集體的努力在藝術的品質上卻常受攻擊。帝國商品行銷局電影組的影片雖然也曾受到英國電影工業界成員或不熟悉與不接受這種新形式的人的批評，但這些影片還是相當成功。保羅‧羅沙在評價帝國商品行銷局將現代英國生活中某種特定面貌搬上銀幕的努力時曾寫道：

「他們的真誠與技巧爲任何商營公司無法企及，同時他們所帶來的一種團隊合作的工作方式及誠信的精神是今日絕大多數電影製作機構缺乏的。」(*Documentary Film* 97)儘管如此，由於葛里遜對電影製作實務面所知甚少，因此，不令人意外的，許多年輕同事便發現他的某些理念與實際工作上各種突發狀況充斥的情形相比，便顯得太過嚴謹。組內當時的成員哈利·維特(Harry Watt)曾說：

　　……我們僅是羣充滿熱情的年輕人，從我們既聰明而又古怪的上司那裏接受了人的尊嚴這樣的信念，從嘗試及錯誤中學習我們的工作，我們洋溢著各種奇想，同時也犯著數以千計的錯誤，我們興奮地利用彼此，並有著絕對的信念，那就是我們正在進行或將要做的事是非常值得的❹。

　　帝國商品行銷局電影組一九二九年第一批製作的影片是葛里遜的《漂網漁船》(Drifters)及克萊敦的《一個家庭》(One Family)❺，後者曾被評爲──

　　從一個小男孩的眼光來看皇室耶誕節布丁的成分如何從帝國各地收集而來，整部片子編排極糟……不但受到評論界的嚴厲批評，也受到商業電影的漠視❺。

　　相反的，《漂網漁船》則是一部攝影優美、簡單而節奏分明的默片。它建立的兩項主題也成爲其後很多英國影片的特徵──勞力工作的尊嚴及工人的個別價值。這部片子強調的主題描述了小型而獨立的鯡魚捕撈工作轉型爲大型工業化作業的改變。不過片子整個的焦點乃描寫人在波濤洶湧中的勇氣，他們辛勤的工作且滿載漁貨返回，動人的臉孔使本片趣味盎然。葛里遜記錄了整個過程，從人們準備登船一直到等待魚羣、捕撈、喊價、清理、冰凍及

❹　*Don't Look at the Camera* (New York: St. Martin's 1974),41.

❺　葛里遜和巴索·賴特(Basil Wright)也剪了《Conquest》(1930)，這是部從美國西部片編輯而成的影片，見Jay Leyda, *Films Beget Films* (New York: 1964), 20-21.

❺　Swann, 49-50. 亦見 *The Factual Film: An Arts Enquiry Report* (London: Oxford University Press, 1947), 46; 及Elizabeth Sussex, *The Rise and Fall of British Documentary: The Story of the Film Movement Founded by John Grierson* (Berkeley: University of California Press, 1975), 5.

·《漂網漁船》(1929, 英國, 葛里遜)

裝桶。因為有些段落比較有趣，全片不甚平衡，但葛里遜仍成功地建立了一艘小船的工作與整個國家漁撈工業的關係，同時他也提醒我們，快速漁撈與及早返港在經濟上是必須的。

《漂網漁船》常與後期相同題材的《格蘭頓拖網漁船》(Granton Trawler)及《北海》(North Sea)兩部片子做比較，而它被認為是英國紀錄片早期發展中較為成熟的一部作品。《漂網漁船》之所以重要有下列幾個因素，首先，因為葛里遜對蒙太奇的了解及他對工人階級的重視，上述兩者直接反映蘇聯電影工作者──特別是艾森斯坦對於英國紀錄片在基礎上的影響；第二，它呈現了一個例行的活動──鯡魚捕撈，這個活動帶來一種活潑的、自然的過程，更重要的，乃是一個真人實事的戲劇涉入英國經濟的基本部分。當佛萊赫堤展示了《北方的南努克》及《摩亞那》兩部片子，它證明了「視野」(vision)將可使每日生活一直存在的素材轉變成為有趣、高品質並戲劇性十足的電影。而對葛里遜而言，《漂網漁船》的意義不僅是向佛萊赫堤致敬，葛氏說「它在題材上是屬於佛萊赫堤世界的一部分，因為它與高貴的野蠻人及一定程度的大量自然景觀有關。但是，它也的確使用了蒸汽機，並且分別說明了現代工業的各種效果。」儘管葛里遜一生中負責過上千部影片的製作，且非常密切地參與了其中五十部片子，但稱得上他親自導演過的片子僅有《漂網漁船》一部。

憑著《漂網漁船》一片的出現，英國「終於有一部紀實電影可以與舊式圖解演說式的電影全然決裂」❷，這部片子不僅在報上深獲好評，也受到觀眾的喜愛。同時，下議院更要求一場特別放映，而議員們也同表激賞。這些成功使得葛里遜及泰倫茲相信電影組應該擴大，因此帝國商品行銷局爲了做出更多更好的紀錄片而擴張，「它不應只在一個導演、一個地點及一次只做一部片子的基礎上，相反的，它應有半打導演及一百零一個題材排隊等著拍」。葛里遜說：

> 紀錄片的理念，終究來說，就是把我們時代發生的事以各種可以激發想像力的方式、並比原貌更豐富一些的觀察搬上銀幕；一方面它的視野雖是新聞式的，但它也可以提升到詩與戲劇的層次。換言之，在清楚的陳述事實中，美學的品質自可因運而生。(Grierson on Documentary 22)

在一九三〇年一月及一九三三年七月之間，電影組從兩個人擴大到三十人以上，並獲得製作上的基本硬體設備。

當時在電影組工作的成員包括巴索・賴特(Basil Wright)、亞瑟・艾頓(Arthur Elton)、史都華・雷格(Stuart Legg)、大衛森(J. N. G. Davidson)、保羅・羅沙、唐納・泰勒(Donald Taylor)、約翰・泰勒(John Taylor)、哈利・維特、艾格・安斯堤、艾文琳・史拜斯(Evelyn Spice)、葛里遜的妹妹露比(Ruby Grierson)和瑪莉安(Marion Grierson)，還有瑪格麗特・泰勒(Margaret Taylor)——她之後成爲葛里遜的妻子❸。他們早期拍攝的電影片名有些蠻散文式的，像是《加拿大的蘋果》(Canadian Apples)、《綿羊泡藥》(Sheep Dipping)、《南非水果》(South African Fruit)。早期一些重要的電影實驗及成就是以默片來製作、上映的(EMB一直到了一九三三年才有能力製作有聲片)，包括了

---

❷ Rachel Low, *The History of the British Film, 1918-1929* (London: British Film Institute and British Film Academy, 1971), 296.

❸ 哈利・維特與巴索・賴特兩人一開始就與英國紀錄片關係密切，在他們的自傳中也對這個運動提出個人的看法：Harry Watt, *Don't Look at the Camera* (New York: St. Martin's Press, 1974); Basil Wright, *The Long View* (New York: Knopf, 1974).

亞瑟‧艾頓有關在蘇格蘭捕鮭魚的《上游》(Upstream, 1931)、在威爾斯的牧牛試驗《山上的影子》(Shadow on the Mountain, 1931)及有關現代傳播的《世界的聲音》(The Voice of the World, 1932)。至於巴索‧賴特則製作有關倫敦市場服務的《鄉村進城了》(The Country Comes to Town, 1931)及《巴巴多風車》(Windmill Barbados, 1934)。另外史都華‧雷格製作了《新一代》(New Generation, 1932)，亞瑟‧艾頓則拍出攝影優美、對飛機引擎製造的每一步觀察入微的《飛機引擎》(Aero-Engine, 1933, 默片)，本片的價值在於它鉅細靡遺地涵蓋一切細節，超越了簡短而直接的旁白。賴特拍的《越過高山與溪谷》(O’er Hill and Dale, 1932)則是一部對英格蘭與蘇格蘭交界處山區綿羊畜牧業的生動紀錄，這也是一部帝國商品行銷局的典型影片，因為它不做假與賞心悅目的畫面也正是英國經濟非常有價值的一部分。賴特的《牙買加來的貨輪》(Cargo from Jamaica, 1933, 默片)記錄了香蕉的收割及船運，這部片子攝影優美、剪接韻律流暢，除了加強對這個著名行業的報導外，也預示了賴特未來另一部抒情作品《錫蘭之歌》(Song of Ceylon 1934)的出現。另外一部默片是由唐納‧泰勒拍攝的《原來這就是蘭開夏》(So This is Lancashire, 1935, 又稱《蘭開夏：工業之鄉》Lancashire: Home of Industry, 默片)，它呈現了這個特殊地區工業製造的多樣性，不過雖然剪接活潑明快，但它仍是個沉悶的紀錄，類似的片子要靠旁白或對工業製造有特殊的情感才有救，就像佛萊赫堤的《工業化的英國》(Industrial Britain)。另外一些EMB的電影則在電影組解散後才上片，包括史都華‧雷格的《新來的操作員》(The New Operator, 1932)、賴特的《虛名國王》(King Log, 原名《木材》Lumber, 1932)、《南向定期輪船》(Liner Cruising South, 1933)、艾格‧安斯堤的《愛斯基摩村》(Eskimo Village)及《海圖上的不明水域》(Uncharted Waters, 1933)、瑪莉安‧葛里遜的《原來這就是倫敦》(So This is London, 1933)、唐納‧泰勒的《春臨英倫》(Spring Comes to England, 1934)及艾文琳‧史拜斯的《農場上的春天》(Spring on the Farm, 1934)。

一九三一至三二年是電影組最多產的時期，在一九三三年英國政府解散帝國商品行銷局之前，電影組製作超過一百部以上的影片，這些片子均可視為集體的努力，而不是個別導演特別的視野或風格，僅有佛萊赫堤一九三三年的《工業化的英國》算是比較重要的「外來」影響(參看第五章)。儘管評論界給予好評，帝國商品行銷局在說服商業電影院老闆放映他們片子的企圖並不成功，因此他們自己在一九三一年建立了圖書館，到一九三三年他們已經向學校、圖書館及其他教育機構發行八百部片子❺。不斷攀升的製作費用一直是個永恆的問題，在一九二六年帝國商品行銷局分配給電影製作的預算還不到百分之一，但到了一九二九年預算的分配已接近了百分之七❺。

英國紀錄片運動的發展暫時停滯下來了，因為當時一個政府的委員會建議帝國商品行銷局應該解散。所持的理由不在於對它的工作品質有所質疑，而是因為它做的事對三○年代前期的經濟大恐慌似乎是個不甚有作用的行為。其後，商業組織及其他機構繼續製作影片，而紀錄片工作方式與資金來源的結合也持續下去，其中的範例就是一九三四年優美的《錫蘭之歌》的完成。但公家及私人機構對紀錄片製作仍有緊張關係的存在，私人公司現在已明白紀錄片在公共關係中的用處，同時也敬佩政府製作高品質影片的能力和它們在非商業院線完善的發行系統，但是私人公司也一致反對這些影片在一般戲院上映❺。雖然英國政府撤回對帝國商品行銷局的支持，但它對電影組的品質及繼續製作公共宣傳影片的必要性已深切了解，因此，政府指派了大英郵政總局——一個掌理政府各項傳播通訊業務的中心去支持電影組的工作，在泰倫茲及葛里遜的督導下，它成為郵政總局自己的公關方向❺。而英國紀錄片運動的傳統則在大英郵政總局中延續並發揚光大。

❺　《木材》(Lumber, 1931)一片畫面編輯自加拿大的影片，乃是一部為戲院放映的製作。本片大獲成功後鼓勵了葛里遜為戲院放映製作更多影片的計畫，而他對戲院放映製片的興趣也持續很多年。

❺　Margaret Dickinson and Sarah Street, *Cinema and State: The Film Industry and the British Govenment, 1927-84* (London: British Film Institute, 1985), 28.

❺　Swann, 72-76,討論電影工業的反對。

❺　Swann 69, 說泰倫茲「為接任郵政總局公關部門職務，開出一個條件，也即郵政總局應原封不動地接管電影組」。

第二篇　改變世界的紀錄片 (1933—1939)

第五章

英國紀錄片運動 (1933-1945)

約翰‧葛里遜領導下的GPO電影組 (1933-37)

　　英國紀錄片運動一方面源起於蘇聯政治宣傳片的傳統，但它卻在經濟大恐慌時期中發展起來。就如同安德魯‧希格森(Andrew Higson)所指的「它乃是處於一個複雜而經常相互衝突的意識型態領域上」❶，在這個基礎上，這些由政府出資的片子，對各類社會事件及問題提出了既理想化又不失實際的看法。此時，社會上像是工人電影、社會主義電影、左翼電影或是進步電影(progressive film)紛紛出現❷。但葛里遜相信紀錄片應該提出一種「對真實的創造性處理」，同時也了解國家可以利用電影及其他媒體來控制及操縱觀眾❸。葛里遜的方式在政治傾向上似乎是馬克思主義的，亦即：電影是用來告訴觀眾有關巨大社會問題的根源以及政治原因。但實際上，葛里遜迴避了馬克思主義的教條，他製作的影片不僅企圖教育觀眾，也對人的處境加以讚頌及闡明。在這種理解下，英國紀錄片運動在實務及美學目的上均獲得平衡，因此比初期的可能性更具成效。儘管它扮演的主要角色代表了政府功能中的資訊與教育資源，但紀錄片運動本身也提供影片工作者一個前所未有並可發

❶ "'Britain's Outstanding Contribution of the Film': The Documentary-Realist Tradition." *All Our Yesterdays: 90 Years of British Cinema*, ed. Charles Barr (London: British Film Institute, 1986), 72-97.

❷ 葛里遜之外的電影製作研究，見Bert Hogenkamp, *Film and the Left in Britain. 1929-39* (London: Lawrence & Wishart, 1986).

❸ 評論馬克思對葛里遜的影響，特別是義大利馬克思主義者葛蘭西(Antonio Gramsci)對他的影響見Gary Evans, *John Grierson and the National Film Board: The Politics of Wartime Propaganda, 1939-1945* (Toronto: University of Toronto Press, 1984), 5ff.

揮創造性實驗的空間❹。

　　二○至三○年代非劇情片在蘇聯、德國，特別是英國的發展，乃是政府施政的一個機能，同時，它也以此獲得政府財力上的支持。不過，在英國的電影工作者卻將自己與電影的意識型態用途聯合起來，他們視自己爲運動的一部分，與大家共同的領袖一起工作，並在共同的理論基礎上達成共同的目的❺。在一九三三到三七年的大英郵政總局期間，葛里遜和他的同事接受了一連串的挑戰，將複雜的現代傳播、工業及技術轉化成富創意並令人動容的影片以「使帝國復活」(Grierson on Documentary 166)。在這裏，他們繼續在已有的基礎上進行聲音的實驗，並邀請各個領域像是文學及音樂的一流藝術家以色彩、圖案及動畫去發展特殊的電影效果。在這種富於創作性的氣氛下，加上足夠的資金及穩定的組織支持，英國開始製作出令人難忘的影片系列，並且構築出他們在非劇情片上最重要的成就❻。

　　葛里遜是將英國工人搬上銀幕的第一人(不像過去只把他們當丑角)，他不僅把工人搬上銀幕，也以清楚及親密的方式觀察他們。在大英郵政總局(簡稱GPO)，葛里遜繼續已在商品行銷局建立的方式：給予眞實一種創造性的處理，並把工人塑造成英雄。事實上，從EMB電影組轉到GPO電影組最初所拍攝的影片就介紹過包括製造英國新式自動電話系統工人的《電話工人》(Telephone Workers, 1932) 及《撥號時代的到來》(The Coming of the Dial, 1932)❼。其他早期拍攝的影片則描寫及說明了大英郵政總局不可勝數的通訊

---

❹　有兩篇論文談及這個運動所牽涉的自治性、獨立性及全面的涵義，見Claire Johnston, "'Independence' and the Thirties" and Annette Kuhn, "British Documentaries in the 1930s and 'Independence': Recontextualising a Film Movement," *British Cinema: Traditions of Independence*, ed. Don Macpherson and Paul Willmen (London: British Film Institute: 1980), 9-23, 24-33.這部文選重刊了許多那個時代中肯的文章，亦見 Sylvia Harvey, "The 'Other Cinema' in Britain: Unfinished Business in Oppositional and Independent Film, 1929-1984," *All Our Yesterdays : 90 Years of British Cinema*, ed. Charles Barr (London: British Film Institute, 1986), 225-51.

❺　Paul Swann, *The British Documentary Film Movement, 1926-1946* (25-27)一書中，試圖貶損這個運動的想法、影像及凝聚力，並強烈地暗示葛里遜的形象已被他的後繼者推翻了。我並不認爲他的主張令人信服，不過Swann對於英國紀錄片運動發展背後政治與組織性内容的分析仍深具價值。

❻　見Swann, chap. 3,解說GPO影片製作的組織與財務。

❼　史都華‧雷格的《Introducing the Dial》(1935)，是爲GPO拍的同題材影片。

活動：包括像《電纜船》(Cable Ship, 1934)、《在都市底層》(Under the City, 1934)、《六點三十分收件》(Six-Thirty Collection, 1934)、《天氣預報》(Weather Forecast, 1934)、《快速郵件》(Post Haste, 1934)及《英國廣播公司卓以奇電台》(BBC: Droitwich, 1934)。上述影片都相當簡短而清楚地在專業上展現這些單純任務的重要性，它深具效果，並在明顯無趣味的題材中找到故事性。除此之外，他們也經歷了一些重大的發展，像是現場直接收音，以及片中人物面對鏡頭說旁白等技巧的運用。亞歷山大‧蕭 (Alexander Shaw) 及傑金斯(A. E. Jeakins)的《電纜船》呈現了GPO船隻在英吉利海峽維修海底電纜的工作情形，這個技巧預示了蕭下一部作品《在都市底層》的出現，本片以旁白及工作人員回憶在倫敦市街底下維修水、電、瓦斯、電報管線的工作。此外，安斯堤及維特的《六點三十分收件》乃是一個對郵件收集、分類及路線分派的作品，因為它所描敘的這個活動缺乏對於人的強調，因此表現平平，這也使得GPO後期的傑作《夜郵》顯得意義非凡。《天氣預報》是這些影片中最複雜的一部，導演史拜斯不僅呈現了一般預報的方式，也說明上述廣播的戲劇效果乃是透過特殊船隻、飛機以及農地上的播報所致。這部影片的特出之處乃是經由獨特而直接的收音及視覺影像的運用，而不是透過直接了當的陳述。維特的《英國廣播公司卓以奇電台》雖比較不引人注意，但卻趣味盎然，因為這部片子對世界上最先進的無線電長波傳送功能做了有組織且清楚的說明。另外還有一部分的片子則是對例行題材的刻板之作，另外也有像是《工業化的英國》之類的著名系列製作，它意圖證明非劇情片是優於它的劇情片對手的。

佛萊赫堤與葛里遜：《工業化的英國》(1933)

當歐洲及美國的非劇情片同時發展時，似乎有朝一日葛里遜及佛萊赫堤將有可能共同合作，然而他們倆互有衝突似乎也是不可避免的❽。雖然這兩位先驅在人格上有類似之處，但他們對彼此的電影製作方式卻不全然接受 (*Grierson on Documentary* 139-44)，葛里遜最初讓佛萊赫堤來英國當一名大師級的老師，他想以佛氏觀察事物的天賦及對攝影機渾然天成的掌握能力來

---

❽ 見Richard Barsam, *The Vision of Robert Flaherty: The Artist as Myth and Filmmaker* (Bloomington: Indiana University Press, 1988), esp. chap. 4.

·《工業化的英國》(1933, 英國, 佛萊赫堤)

啓發英國紀錄片運動中初出茅廬的年輕一輩❾。葛里遜也希望佛萊赫堤的名氣可以加強電影組的聲望，布朗羅就曾指出，最終，英國的電影工作者會發現佛萊赫堤的作品在啓發上的效果比他片中的藝術價值更爲重要❿。

佛萊赫堤接受了葛里遜提出的企劃，拍攝一部有關英國工人技術與工業生產關係的影片，但從一開始，這兩個人無論在性情上或理論上均顯示出差異，《工業化的英國》便是這個不和諧的合作結果，這部片子也反映出葛里遜的貢獻超過了佛萊赫堤。這部片子的主題「老舊的改變，新式的接手」強調從蒸氣到鋼鐵時代工業生產的改變，影片結構的第一部分「蒸氣」與第二部分「鋼鐵」顯示出要將兩者結合的主題，但理念轉換上的理解在效果上卻比不上自信滿滿的旁白聲音。如何將英國工業革新的兩個時期串起來，佛萊赫

❾ Rotha, *Documentary Diary: An Informal History of the British Documentary Film, 1928-1939* (New York: Hill, 1973), 50; Sussex, *The Rise and Fall of British Documentary: The Story of the Film Movement Founded by John Grierson* (Berkeley: University of California Press, 1975), 23-43.

❿ *The War, the West, and the Wilderness* (New York: Knopf, 1978), 471.

堤認為是人的因素——因為工人的技藝及盡心盡力才使得英國的各樣產品像是煤、陶器及玻璃稱著於世，這些產品所代表的意義正如旁白所說的「唯有透過個別的付出，才能維繫英國工人的技藝，也才能強調品質」。佛萊赫堤的影像顯示出了一種工匠的人格與尊嚴，因此旁白有關「槓桿上的人」在溝通上相形失色。事實上，本片除了攝影優美之外，它的品質相當清楚地可以看出佛萊赫堤的作品仍維持他一貫對工匠技藝的關注。雖然，旁白明確地說「無論如何，在這個機械的時代，人的因素仍持續存在而成為最重要的一個因素」。不過葛里遜對工業化過程的信仰仍壓過了佛萊赫堤對於人的個別成就的情感。葛里遜事後對他們這段共事曾寫下〈佛萊赫堤〉(Robert Flaherty) 一文：

> 　　當佛萊赫堤與我一起合作《工業化的英國》時，他對舊式技藝及工匠的敏銳觀察力是超人一等的，而且任何其他類似的拍攝都無法與之相比，但他就是不肯將上述觀念用於與現代工業及組織相關的工人技術。

　　以某種角度來看，《工業化的英國》已經預示下一部作品《夜郵》的出現，兩部片子都企圖將個別的工作人員與整個大範圍的工業過程聯繫起來。它們鼓舞了工人對這份工作的驕傲，同時也鼓舞了他們的士氣。不過，紀錄片的觀念經葛里遜在五年之內加以擴大，這使兩部片子有所分別，比《夜郵》略長兩分鐘的《工業化的英國》是一部簡單的影片，它以英國人的大驚小怪及自以為是做為表現重點，又加入誇張的旁白及持續不斷的音樂來達到一種戲劇的效果，不過這對題材而言，既多餘也是不合適的⓫。此外，葛里遜企圖讚揚英國的工業及工人時省略很多重要的因素，他確信人有工作的自由，但卻很少告訴觀眾人也應有言論的自由。這部片子雖極力歌頌英國的工人，但片子絕無任何工人談及他們的工作，包括《夜郵》在內的許多其他英國紀錄片，我們僅能透過旁白來了解片子的內容，至於片中人物的情感，也只能靠奉獻及榮譽等抽象的概念來了解。這些片子一方面刻劃葛里遜對英國的烏托邦視野，另一方面卻不願讓有話要說的人們在片中有說話的機會。
　　除此之外，《工業化的英國》意圖展示的是，在冒出濃煙的煙囪之間及醜

⓫　《工業化的英國》一九三三年與五部EMB影片一起發行，發行頗為廣泛，其他影片為《鄉村進城了》、《飛越高山與溪谷》、《上游》、《山的影子》、《虛名國王》。

陋的牆面之後可以製造出來的美麗產品。更廣而言之，爲了要達成淨化的目的，葛里遜必須對空氣污染視而不見，而正如今天一樣，當時空氣污染對工人健康及社區發展都有嚴重威脅的。不過，我們在《工業化的英國》幾乎每一個戶外畫面都可見到的濃煙，後來倒成爲葛里遜一九三七年拍攝《濃煙的威脅》(The Smoke Menace)一片的題材，而其後的英國紀錄片也開始體認到都市環境的問題。

　　《工業化的英國》說明了兩種不同的電影製作方式強擺在一起，而其中一個又明顯壓過另一個時，會發生什麼結果。雖然較居下風的一方與強勢的一方幾乎有一種對位的關係，但其結果是混亂的，而不是相互融合的。

　　儘管他們之間有歧見，合作結果也有缺失，但葛里遜對佛萊赫堤的欣賞從未間斷，他稱道佛萊赫堤乃是非常重要的藝術家，並推崇佛氏與梅里葉、葛里菲斯、山耐特(Mack Sennett)及艾森斯坦乃電影史上五個偉大的改革人物，在〈佛萊赫堤〉一文中葛氏寫道：

　　　　佛萊赫堤乃是個偉大的個人式説故事者，他並不特別把電影想成一種説故事的方式，或把它發展成戲劇，也沒有去製造生理上或心理上的衝擊。對他而言，攝影機是個眞正的奇幻之眼，要透過非凡的眼光去注視而不是普普通通地看一看。

　　後來，爲了表明對佛氏的敬意及他們的友誼，葛里遜緊接著推薦另一個佛萊赫堤的拍片計畫，那就是後來的《艾阮島的人》(見第六章)

巴索・賴特的《錫蘭之歌》(1934)

　　《錫蘭之歌》是商業出資拍攝影片中相當著名的電影報導典範[12]。它是由錫蘭茶葉宣傳局(Ceylon Tea Propaganda Board)請葛里遜製作的，目的也就是要爲錫蘭(如今稱爲斯里蘭卡)及她的主要出口產品創造一個令人喜愛的形象。儘管如此，這部影片並沒有過度強調茶葉的銷售，事實上，因爲它對這個題材的精心處理，以至於觀眾可能會認爲它的眞正用意是去描述習俗的改

---

[12]　關於本片製作過程的背景請參見Cecile Starr, "Basil Wright and *Song of Ceylon*: An Interview," *Filmmakers Newsletter* 9.1 (Nov. 1975): 17–21.賴特對紀錄片的定義，見Sari Thomas, "Basil Wright on Art, Anthropoplogy, and the Documentary," *Quarterly Review of Film Studies* 4.4 (Fall 1979): 465–81.

·《錫蘭之歌》(1934, 英國)，攝影機後面的便是影片作者巴索·賴特。

變而不是提振萎靡的茶葉市場。除了表面的商業企圖，這部片子整體所要傳達的其實是社會學的解釋，甚或是心理學的層次；而如果把傳統習俗與現代的方法放在一起，《錫蘭之歌》可以說為這個變遷中的文化做了一個既高明而又敏銳的呈現。

　　《錫蘭之歌》由四個部分組成，每部分都以不同的角度揭示了僧伽羅人(Singhalese, 斯里蘭卡基本居民)的文化❸。在緩慢與細心中，這部影片以美麗的畫面和聲音造成一種對位(counterpoint)的效果，因此產生出來的結果既對比但又渾然一體。第一部分「佛陀」(Buddha)呈現了居民的宗教，並對精神生活的來源加以說明；第二部分「處女之島」(Virgin Island)記錄了島上的自然景觀、人力資源、勞動力、收割及用以發展定力與控制肌肉的舞蹈，第三部分「貿易之聲」(Voices of Commerce)表現本片在商業上的企圖——茶葉的收穫及船運，在這段中，聲音對位的運用最為明顯也最有效果。第四部分「一個神明的衣飾」(Apparel of a God)則返回了精神生活的主題，描寫信徒、食

❸　有關電影結構及其意義的容格式精神分析，見Don Frederickson, "Jung/Sign/Symbol/ Film (part 2)." *Quarterly Review of Film Studies* 5.4 (Fall 1980): 459-79.

物的供奉以及祭儀性的舞蹈。

《錫蘭之歌》表現了土地、人民及他們的習俗，而最重要的是，它將僧伽羅人許多生活的面貌放入影片中，所以觀眾會對這片異國土地感受到一種印象主義式但又不失詳實的圖像。本片也避免重複過去旅遊影片過度浮濫的技巧以及沒有新意的剪接。就創新技術而言，畫面的溶接、交疊(superimposition)及聲音的對位運用對本片的意義深重。整體來說，這部片子構圖精美、力度有制但卻有罕見的力量。

另外一部由史都華・雷格拍的《BBC：英國之聲》(BBC: The Voice of Britain, 1935)則對一個我們較爲熟知的複雜領域做出深入的觀察。本片將英國國家廣播公司複雜的廣播製作過程以一種高度組織化的畫面呈現出來，各種優異的影像組合表現了諸如說故事兒童節目乃至於戲劇、運動及踢踏舞團等各類節目。或許也因爲BBC本身的豐富多樣，這部片子並不像其他同類「說明性」影片那樣沉悶無趣，它相當「直接」且「生氣勃勃」，而影片鮮活的風格也有其自身溫和的幽默感。片子具有劇情長片的長度，這也顯示出影片欲掌握這個巨大英國廣播企業聲音及景象的雄心壯志。

巴索・賴特與哈利・維特的《夜郵》(1936)

在大英郵政總局早期的影片中最爲成功也最令人懷念的作品首推《夜郵》，由葛里遜任製片，巴索・賴特與哈利・維特任編劇及導演，班傑明・布萊頓(Benjamin Britten)編曲，並由奧登編寫有如詩歌一樣的旁白❶。可以料想得到，這部片子的題材微不足道，是有關一種「特別的郵務」──一列從倫敦運送郵件到格拉斯哥的鐵路快車。本片的結構即是跟隨著火車的行程表現出郵局內部在車子上的運作實況，其內容包括裝運、分信、劃分路線以及最後的投遞。因爲本列車在鐵路上有優先權所以素有神秘感，而在高速行駛中收集各點郵包的精采機械過程以及完成此一任務給人的力量、堅毅與勇往直前的印象，片中這些戲劇性的過程都使得這個尋常的例行工作顯得格外不凡。這部影片也強調了這種火車對沿線居民的重要性，他們甚至以火車經

---

❶ 在 *Don't Look at the Camera,*中哈利・維特描述了《夜郵》的拍攝，堅持他「導演了每一吋影片」，而對工作人員列出「由巴索・賴特及哈利・維特製作」表示震驚。而在 *The Long View*中，巴索・賴特對此並未言及，見Sussex, 65-78.

過的時間來校正手錶：「全蘇格蘭都在等她(火車)」。上述這些都成功地在這部以火車郵局為題材的電影中傳遞出來，它同時也證明了一部好的紀錄片可以是非常精采的。

安斯堤的《格蘭頓拖網漁船》(1934)十分側重海洋而疏於對人的描寫，但《夜郵》不同，它以戲劇性的手法來感染平凡的工作。安斯堤運用的直接攝影及把漁民及機械的聲音交相組合起來的手法確有可取之處，但最後的結果卻是死氣沉沉而不具戲劇性。《夜郵》則對火車上工作人員的盡職及效率保持關注，甚至在描寫一個新手學習如何處理郵包的那段，也以緊迫又不失幽默感的手法表現他圓滿地完成了工作。

這部片子的力量來自於下列幾個地方：第一，它將平常狀況中的平凡人物表現得如此不凡；其二，它把火車持續的聲音及速度感保留在聲軌上，同時在聲音的處理上把它當做重要的部分，再加以布萊頓的音樂及奧登的詩化旁白一起混音，使得影片以平穩而撼人的韻律進行著；其三，它不僅強調完成一份工作的尊嚴及重要性，同時也強調郵件對每位市民在日常生活情感上的重要性。質言之，本片使得郵政服務變成似乎是世界上最重要的事業；不僅因為它是一個充滿效率的人為操作，同時也因為它促進了人類之間的相互溝通。正如片尾旁白所說的：「聽見郵差敲門的聲音時，沒有人的心跳不會加快，因為誰能容忍自己被遺忘呢？」⓯

除了《夜郵》在影像及聲音上的力量，片中典型英國人對細節、效率及工人的感情也十分動人。工人們對工作態度嚴謹且講求效率，但在每個單純作業的一絲不苟中又時而加入會心的幽默，這也是典型的英國式趣味，例如，片中有位郵務人員在例行分信時拿到一個不太熟的蘇格蘭地區地址，他的上司就告訴他那個地址其實在威爾斯某處，同時挖苦說「給你解圍了」。本片兼具知識性及趣味性，就技巧上而言，對聲音的運用及對影像、音樂與旁白的整體設計也堪稱是個新的里程碑。《夜郵》對現場聲音的運用日後也影響到亞歷山大・蕭的《黏封首日封》(Cover to Cover)、卡瓦康蒂的《我們住在兩個世界裏》(We Live in Two Worlds)、《通往屈奇瓦小屋的電話線》(Line to the

---

⓯ 現存的拷貝中，這段話的最後一個字為forgot，但奧登(於一九七二年三月十七日給我的信中) 說是forgotten才對，見W.H. Auden, *Plays* (Princeton: Princeton University Press, 1988).

Tschierva Hut) 及卡氏與維特合作的《比爾‧布列維特的儲蓄》(The Saving of Bill Blewitt) 及《北海》。

葛里遜的影響

毫無疑問的，從一九二八至三七年，約翰‧葛里遜的帶領乃是影響英國紀錄片發展最最重要的力量，他對公共福祉宣傳片的堅持，對影片各種實驗的支持，及對上百部重要紀錄片啓發式的指導，都使得紀錄片運動在相對比較短的時間內就達到一個成熟的高峯。

《夜郵》代表了葛里遜及三〇年代中期英國紀錄片學派的顚峯之作，因為本片成功地以電影化的實驗融合了社會性的目的，反映出一個生氣勃勃並不斷運轉的世界。這部紀錄片製作人員的任務，正像葛里遜曾說過的，去完成一個「對眞實的創造性處理」，儘管這個創造性的處理變得愈來愈專業且複雜，葛里遜對紀錄片的概念仍保持著一貫的眞誠，那就是紀錄片必須有敎化的目的，不僅是娛樂而已。紀錄片應有義務去啓迪人心。

在葛里遜掌理期間，英國紀錄片不論在形式或內容上都發生很多改變，其中最重要的技術性改變便是電影製作從無聲過渡到有聲。我們可以看到，葛里遜仍在職的後期，像是《錫蘭之歌》、《煤臉》(Coal Face) 及《夜郵》等片已經以聲音做了許多嘗試；另外一個改變是有關題材方面的，早期相當狹窄的視野現在擴大到對英國社會的全面觀照。開始之初，葛里遜的影片像是《漂網漁船》與《一個家庭》，僅著重於如何將平凡的勞工加以戲劇化，因此片子的格局不大，在訴求上也有限，僅能當做令觀眾熟悉過去未知生活模式及工業型態的作品，到了第二階段的發展，像是《工業化的英國》和《蘭開夏：工業之鄉》則已關注到工人及他們周身的工業或農業環境，不再像早期電影那樣詩化且具備表現力，它們較強調電影製作的技巧(特別是聲音)，而這個時期也爲下一階段更爲複雜的影片奠下基礎。題材現在成爲直接的社會問題，像是：教育、住宅、社會服務、公共衛生、空氣污染及失業問題，紀錄片工作者也在此證明了他們呈現問題以及向一般大眾提示解決之道的靈活能力。爲了要達成這樣的目的，運用演員重演某些特定活動(非職業演員實際上是拍攝的一部分)或使用攝影棚佈景往往是必須的，著名的像是《比爾‧布列維特的儲蓄》、《北海》、《我們住在兩個世界裏》、《通往屈奇瓦小屋的電話線》都是。而大英郵政總局之外的商業性製作與其他機構的製作，像是《工人與工作》(Workers and Jobs)、《住宅問題》(Housing Problems)、《吃得夠：有關營養的影片》(Enough to Eat: The Nutrition Film)之中，這些改變尤其明顯。

除此之外，像《夜郵》這樣先是強調人其次才是工作的影片(這種把個別工作人員加以戲劇化的過程)，隨著一些描寫各類工作重要性的影片(如一九四○年的《在燈塔船上的人》Men of the Lightship及《春季攻勢》Spring Offensive等片)達到了高潮。在上述影片中，可以觀察到三種不同的紀錄片風格：抒情的(像《錫蘭之歌》及《越過高山與溪谷》)、分析式的(像《飛機引擎》及《牙買加來的貨輪》)，第三個就是表現主義式的(像《船塢》Shipyard及《夜郵》)。在這段期間，影片的旁白、聲音及音樂都做過許多重要的嘗試，不論在電影組內外，影片與人的關係更為密切，技術上也更為成熟。最後，對葛里遜及他的同事而言，最主要的挑戰也許是發行與放映的問題，因此，葛里遜帶領大英郵政總局電影同仁發展出一套周延的非商業院線發行系統，他們甚至也擁有可到各地放映電影的旅行貨車⓰。

在一九三六年及一九三七年年初，有些因素加在一起導致了大英郵政總局電影組的力量式微，特別是約翰‧葛里遜的領導也受到動搖。原因之一：究竟要不要繼續製作非院線放映的政府影片或應擴大紀錄片運動的影響力，使其延伸到非公共領域？這樣的爭論使電影組分裂成相互對立的兩派。其二，因為上述的對立，使得GPO的主要工作人員紛紛離職到其他政府機構或私人企業去工作，他們延續了葛里遜的傳統，這使得短期間內，私人企業所製作的影片數量超過政府，而留在GPO內工作的人則在葛氏的傳統與是否以其傳統來做實驗的興緻中陷入思考上的掙扎。其三，泰倫茲離開GPO之後轉而投效BBC，他原來的位子則被克魯奇里(E. T. Crutchley)替代，克魯奇里上任之後即著手處理GPO與其他政府機構之間的關係，特別是GPO在財務上所倚賴的機構之間的關係。上述這些因素再加上另一些原因使葛里遜的影響力逐漸消褪，而葛里遜也開始為紀錄片尋找另一個新家。

終於，葛里遜在一九三七年六月辭去GPO電影組製片的工作，官方的解釋是葛里遜想要更獨立自主地做事，但更可信的解釋是，他對上述種種衝突已厭煩至極；另外還有其他的一些說法也很明白地顯示出紀錄片已到了一個

⓰ Swann宣稱因為大英郵政總局需要自我推銷，導致它誇大估計非戲院映演的觀眾數目。

時機——不論在美學及影響力上，它都應獲得政府更大的支持，並應吸引更廣大的觀眾而不像現在僅是以電影社團及知識分子為主要對象。因此有些GPO的工作者希望他們的作品可以在一般戲院發行上映(此事長久以來為葛里遜排斥)，有些人則覺得他們被葛里遜利用，並為他們在片子裏的職稱與葛氏爭吵不休。雖然同一批人對葛氏的去職並未表示過什麼意見，但他們的反應卻相當分歧；有些人樂見葛氏離開，並相信他離職後，他們的種種嘗試會有更大的空間，但另一批人則認為葛氏反應太快。史旺(Paul Swann)曾說：葛氏的支持者與反對者之間的敵意甚深，因此當後來政府迅速介入GPO電影組並極力鞏固電影組的團結時，只有使葛里遜的影響力加速消退。葛里遜離開之後，郵政總局對電影組的目標、政策及流程做了一次完全的評估，當務之急則是在葛氏主導的自治體系上重建「合宜的管理控制」(Swann 124)

此事發展的結果，使得反對葛里遜的一派人士都被任命了重要的職位，包括荷姆斯(J. B. Holmes)獲任為新的製作總監，結果證明其人甚無行政效率，因此，卡瓦康蒂被任命為資深製片，而荷姆斯及哈利·維特則被改任為資深導演，他們三人在GPO電影組領導製作業務直到二次世界大戰爆發，英國資訊部(Minstry of Information)接管電影組才停止。葛里遜則與他在GPO昔日舊屬如安斯堤、艾頓、雷格及高賴特利(J. P. Golightly)共同加入倫敦電影中心(London Film Center, 即一九三六年八月成立的寫實主義電影中心Associated Realist Film Producer)剛開始時主要是為蜆殼石油公司製作影片❶。此地也成為電影企劃與製作人員互相交換想法的地方，因此成為整個紀錄片運動的新焦點。一九三九年，葛里遜轉任加拿大電影的行政長官(Canadian Film Commissioner)，在二次世界大戰期間，他則掌理了日後蜚聲國際的加拿大國家電影局(National Film Board of Canada)(見第八章)。

在電影史之中，往往有些人的生命與工作會結合了特定歷史時刻的精神，真正可以說把他那個時代個人化了，而約翰·葛里遜便是這樣一位人物❶。超乎同時代的英國電影工作者，他代表了英國在兩次大戰之間的激進

---

❶ 見Sussex, 82-83,為他們的目的所做的陳述。

❶ 見Richard Barsam, "John Grierson: His Significance Today," *Image, Reality, Spectator: Essays on Documentary Film and Television*, ed. Willem De Greef and Willem Hesling (Leuven, Bel.: Acco, 1989), 8-16.

主義，也代表二次世界大戰戰前與戰後特定的社會啓蒙。雖然同一時期在英國之外的許多電影理論者與工作者——像艾森斯坦、伊文斯、亨利・史托克、保羅・史川德、李奧・荷維茲（Leo Hurwitz），甚至是派爾・羅倫茲，及馮・戴克……均比葛里遜更爲激進，但葛里遜卻掌握到同時期最有才華的電影工作者都缺乏的東西，那就是結合激進理念並落實到務實政策的天賦。葛氏的激進主義源自對人民的信仰，亦即所有的老百姓都有權要求良好的住屋、安全的工作環境、潔淨的空氣及供給孩子們良好的教育。而葛氏的務實政策其實源自政府的信念（當時爲保守黨執政），政府爲達成上述目標並說明其作爲。爲此，政府也應教育整個國家並動員出一種共有的共識與忠誠。回顧葛里遜的理念，他雖以最激進的姿態出現，但卻不是極端主義者，亦不反對偶像崇拜（iconoclast）。他所深切相信的是：社會改革是可以達成的，而非劇情片將可在導引此事時扮演重要角色。

葛里遜雖不盲目崇拜某種信仰，但他也曾說過「我將電影視爲一個講台，我也自命是一個宣傳主義者來利用它」[19]。事實上，葛里遜乃是以一種宗教的狂熱傳達出他對社會福利、國際主義及世界和平的信念。他的視野是個老百姓一同做事、勞動與創作的世界，如同我們在《夜郵》及《格蘭頓拖網漁船》看到的，這是個工作與工人間互信互賴的世界，而不僅是詹寧斯（Humphrey Jennings）在《閒暇時光》（Spare Time, 1939）一片強調的「青綠的英國與歡樂之地」。在葛里遜的熱忱之中，他好比是一個喀爾文教派的牧師，認爲自己可以改變人們思考與感受的既定模式。葛里遜所寫的文章修辭上總有某種程度的浮誇甚至吹噓，但他對紀錄片未來的視野及道德性的深刻情愫仍使其文字深具價值。現在看葛里遜當時許多理念確爲眞知灼見，因爲，單單在英國，紀錄片運動確實影響了社會學的思考，它建立了一個影片的寫實主義傳統，並對英國在二次世界大戰中的成就貢獻非凡。

因爲帝國商品行銷局及大英郵政總局的影片都在資金上受到當權者的支持，因此葛里遜對題材的選擇及處理均十分謹愼，而此時期的影片也傾向於爲當權者做宣傳。因此，它趨於爲正處經濟大恐慌時代的國家現狀做廣告，此點相當明顯，但儘管如此，格雷・伊凡斯（Gray Evans）曾寫過：

[19] 引自 Jack Ellis, *John Grierson: A Guide to References and Resources* (Boston: G. K. Hall, 1986), 22.

他們並不是單單爲國家的現狀做辯護，如同三○年代大多數的左傾中產階級知識分子一樣，他們對「存在於富裕之中的貧窮」深以爲恥，他們試著盡可能喚起公眾的意識，同時，他們也是第一個承認自己影片中缺乏革命甚至是激進情感的人❷⓪。

同樣不尋常的是葛里遜後來對政府資助影片的排斥。在他的晚年，他決心去傳承「可向草根大眾做更大規模表達的工具」❷①，以此，傑克・伊里斯(Jack C. Ellis)稱他具有「民有、民治、民享的無政府主義影片概念」❷②。

雖然葛里遜堅信影片應用以分析、告知及教育等目的，他也是第一個堅持紀錄片不應是「沉悶」同義字的人。既然有責任啓發而不只是娛樂，葛里遜便在不太起眼的平凡題材中尋找戲劇效果(像是天氣預報、在地下或海底鋪設電纜、郵務收件)，而這個做法衍生出來的便是平凡狀態下的平凡人物被描寫得極爲特出，葛里遜將電影當做是工人階級的工具。雖然他樂於吹噓自己是把工人階級搬上銀幕的第一人，但事實上，真正當之名歸的人是盧米埃兄弟(他們在一八九五年拍攝的《從盧米埃工廠下班的工人》不但以工人爲題材，同時也是有史以來第一部非劇情片)。但是，跟盧米埃兄弟的片子不同的是，他不只拍些真正的工人在裏面而已，典型的葛里遜紀錄片是把工人階級表現爲英雄。我們其實很少知道工人生活的具體實情，包括他們賺多少？他們如何過活或他們吃什麼？然而我們看完葛氏的片子之後，得到的是對工人階級生活的實情、溫暖及高級幽默的領會。其中，足堪代表葛里遜價值的影片是爲哈利・維特一九三六年拍的《比爾・布列維特的儲蓄》，這是爲兩項國家儲蓄計畫所做的一部輕鬆而真實的政令宣導之作❷③。片名相當有對比性，它描寫了比爾因爲在風暴中損失一艘漁船所以要購買新船的故事。而比爾這筆花費便被他自己及其他友人在大英郵政總局儲金戶頭裏的儲蓄所「拯救」(與儲蓄的英文爲同一字)。儘管如此，這部片子其實重點不在對儲蓄計畫做

❷⓪ *John Grierson and the National Film Board: The Politics of Wartime Propaganda, 1939-1945* (Toronto: University of Toronto Press, 1984), 47.

❷① 引自Ellis, 23.

❷② Ellis, 23.

❷③ 在*Don't Look at the Camera*中維特將布列維特拼成Blewett;亦見他的評論見, Sussex, 85 -87,論這部電影的製作。

·《比爾·布列維的儲蓄》（1936, 英國, 哈利·維特）

推銷，它的趣味所在乃是村民及他們的快樂。除了這個漁村居民的表演有些古怪之外，這部由卡瓦康蒂拍攝、布萊頓作曲的作品，將每日生活轉爲永恆的記憶，再次喚起人們對紀錄片力量的認識。

在葛里遜影響下的英國紀錄學派的影片，一般在技術品質上的要求很高，它們在訊息的傳達上，不論是以旁白，或以音樂或以整個影片也都常有所堅持。它們之中的佼佼者不僅在其提出問題/解決問題的結構上深具誠意，也在聲音及畫面的融合上具備一種形式上的完整。葛里遜同時組合了最具創造力及天賦的同事——卡瓦康蒂、奧登、麥侯（Darius Milhaud）、布萊頓等人，並鼓勵他們勇於嘗試新的藝術形式。這個時期的影片在電影攝影上也都表現得十分優異，因爲葛里遜認爲美感等同於思想、有價值的精美影像及攝影三者。而聲音的部分，雖然通常沒什麼想像力，但因它極其自然，因此也加強了影片真實的本質。在剪接的部分，做爲一個形式主義者的葛里遜也了解剪接對紀錄片的形式與力量有決定性的影響，除了派爾·羅倫茲的作品是唯一的例外，葛里遜深信電影的力量是由視覺影像、口語內容、真實聲音及音符的對位性處理（contrapuntal handling）而達成的，也就是在將聲音與影像相互關聯起來的剪接中，在這個對位性互相撞擊的形式中，完成這種力量。葛里遜對伊文斯、海倫‧范‧唐琴、卡瓦康蒂及其他人深具影響，而他們也認爲這是三〇年代及四〇年代初英國紀錄片對電影形式最重要的貢獻。

葛里遜離開後的GPO電影組(1937-40)

原來在葛里遜理念領導下的GPO電影組，其紀錄片著重資訊性及啓發性，它們對英國社會採用一種寬闊而生動活潑的關注，同時技術上也鼓勵大膽創新。但自卡瓦康蒂接管後就非常注重製作直接了當的政府宣傳片❷。如伊莉莎白‧蘇塞克斯(Elizabeth Sussex)寫道：

> 紀錄片最初幾年的重要性不是在影片的成就，而是一個可以開始做電影實驗的環境被創造出來了。(43)

雖然做爲資深製片的卡瓦康蒂缺乏像葛里遜的組織技巧，但他比葛氏更重視技術的創新，同時也把許多新的方式帶到電影組來❷。三〇年代後期，他引介了許多新的技巧到紀錄片的製作過程裏，尤其，介紹來的許多技巧都屬於劇情片，這是葛里遜所痛恨的。

卡瓦康蒂不同於葛氏的還有他並沒有把紀錄片的目的加以理論化，他說：「我討厭紀錄片這個詞，我覺得它聞起來就有灰塵及沉悶的味道，我認爲『寫實主義者的影片』(realist films)，應該是最佳的名字。」(引自Sussex 52)GPO電影組的功能之一還有負擔教育年輕電影工作者的使命，但卡瓦康蒂在講授實務時的大部分時間，卻批判葛里遜的紀錄片製作方式，因此在一九三五年，葛里遜寫了下面的文字：

> GPO電影組……是歐洲唯一的電影實驗中心，其中的藝術家並不追求娛樂而是追求目的，不是追求藝術而是追求主題，他們技巧的動力無可避免地受到當時場合大小及範圍的刺激，但這種東西比攝影棚內無力

---

❷ 見"The Movement Divides," Sussex, 79-111.

❷ Alan Lovell and Jim Hillier, *Studies in Documentary* (London: Secker and Warburg, 1972), 35; 對於紀錄-寫實傳統的再評價，見Andrew Higson, "'Britain's Outstanding Contribution to the Film': The Documentary-Realist Tradition."

的蛙跳或自覺的藝術都高明。(*Grierson on Documentary* 181)

為了鼓勵創意及實驗，卡瓦康蒂以下列十四條原則來說明他的方式：

　　不要去處理概括的題材，關於郵政你可以寫一篇論文，但是有關一封信你就必須去拍部片子。

　　不要背離包含下列三個基本元素的原則：社會學的、詩的及技術的。

　　不要忽視腳本，也不要在拍攝時碰運氣，若腳本準備周全，你的片子等於完成了，因此當你開拍時，即可開始進行下一部。

　　不要相信憑旁白就可以講故事，結合畫面及聲音才能完成此事，旁白使人不舒服，不必要的旁白更加令人不適。

　　不要忘記，當你拍片時，每個單獨的鏡頭都是一整組鏡頭及整部片子的一部分，即使最美的鏡頭，如果不是放在合適的地方，甚至比最沒價值的鏡頭還糟。

　　不要發明不必要的攝影角度，不當的角度只會干擾及破壞情感。

　　不要濫用快節奏的剪接方式，如果節奏越來越快，反而會像個最最華麗的慢板曲 (largo)。

　　不要過度使用音樂，如果你這麼做，觀眾會拒絕去聽它。

　　不要使用太過量直接的同步聲音，暗示性的運用聲音是最好的，補充性的聲音才能組成最好的聲音。

　　不要用太多光學效果，或把它們弄得太複雜，溶接與淡入淡出 (fade) 就是影片的標點符號，它們是你的逗點與句點。

　　不要拍攝太多特寫，等到高潮時再使用，在一部結構均衡的影片中，特寫的出現極其自然，但如果出現次數太多，它們便會令人窒息並失掉它們的重要性。

　　處理人的因素及人類的關係時不要遲疑，在天地中人類與其他動物甚至機器是一樣美的。

　　你要說的故事不要模模糊糊，一個真實的題材必須以清楚及簡單的方式說出來，但是清楚與簡單並不一定要把故事戲劇化。

　　不要放棄實驗的機會，紀錄片名聲全然由實驗中取得，沒有實驗，紀錄片便失掉它的價值，沒有實驗，紀錄片便不存在❷。

雖然兩位製片(葛氏與卡氏)對電影實驗的看法一致，但他們倆對實際做法的概念卻南轅北轍。卡瓦康蒂因爲對非劇情片在視覺及文學方面的興趣比對目的的興趣大得多，所以強調腳本及拍攝。雖然卡氏是第一個運用多軌完全混音技巧的人，卻不去強調這些非視覺的元素(像是音效、光學效果及旁白)，他並推論過度使用這些元素將導致影片媒體原本即存在的視覺品質被分散了。簡言之，他們兩人最大的不同之處在於卡氏強調紀錄片三個基本元素：社會學的、詩的及技術的三者之間的相互關係，而葛氏會堅持「社會學的」才是最重要的。這也正可以檢測卡瓦康蒂在非劇情片發展史上的地位，因爲他認爲三個元素都很重要❷❼。

卡瓦康蒂早期的電影像是《Pett and Pott》(1934)、《光榮的六月六日》(Glorious Sixth of June, 1934)、《煤臉》(1935)、《從日內瓦來的消息》(Message from Geneva, 1936)便反映了上述的電影性原則及他篤於創造的能力。另外三部片子：《四道柵欄》(Four Barriers)、《我們住在兩個世界裏》、《通往屈奇瓦小屋的電話線》都是在一九三七年與蘇黎士電話公司(Pro-Telephon-Zürich)有關傳播的合製電影，《通往屈奇瓦小屋的電話線》是部關於把電話線路及電信服務帶入瑞士阿爾卑斯登山站的紀錄，這部片子以天分及謀略來運用聲音與畫面使之成就非凡，它呈現了電話服務在遙遠孤立地點的重要性，描寫了地形測勘及架設電線桿與電話線任務的艱鉅。片子的攝影優美，尤其是特殊角度的鏡頭，還有在明亮白雪及深色衣著工人兩者之間的高反差畫面特別動人；布萊頓所做的音樂相當簡單，但卻又增益影片的想像空間，這實在是部在觀念、拍攝及剪接都表現絕妙的模範之作。

《我們住在兩個世界裏》的副題爲「一部與普利斯里對話的影片」(A Film Talk with J. B. Priestley)，這部片子的重點是描寫一位從事不同類型創作的多產作家普利斯里(J. B. Priestley)。作品的氣勢宏大，但就陳述所謂的國內與國際間溝通及其中牽涉的政治暗示而言，整個是失敗的。影片的主題是瑞士，

---

❷❻ "Alberto Cavalcanti: His Advice to Young Producers of Documentary," *Film Quarterly* 9 (Summer 1955): 354-55.

❷❼ 關於卡瓦康蒂的生平，見Emir Rodriques Monegal, "Alberto Cavalcanti: His Career," *Nonfiction Film Theory and Criticism*, ed. Richard M. Barsam (New York: Dutton, 1976), 239-49.

一個既獨立而又國際化的國家，但這部片子到底是要向瑞士或向國際主義致敬卻含糊不清。國際主義是三〇年代英國許多紀錄片常見的題材，反諷的是，《我們住在兩個世界裏》雖然講的是傳播(communication)，但片子卻溝通不良。它提出的推論相當單純，那就是電子傳播的力量相較於槍炮的力量更為強大(比麥克魯漢Marshall McLuhan的觀念提早許多年)，但它卻失掉像《通往屈奇瓦小屋的電話線》那樣針對特定事件所得到的可信度。卡氏這兩部片子其實示範了紀錄片工作者如果不去關心他們周身的世界，反而企圖在影片中詮釋一個更大而又抽象的概念是何等錯誤。另一部在題材上較平淡但在本質上及社會學上卻更深刻重要的影片是《在危險中的人》(Men in Danger, 1939)，這部片子是由卡瓦康蒂製片，而由派屈克‧湯姆生(Patrick Thompson)執導。內容主要是有關在危險工作條件下的英國煤礦及工廠，它建議了正確的測量及方法。但不論它以何種有意義的方式把狀況戲劇化都不成功，而且它也缺乏像《通往屈奇瓦小屋的電話線》中的重點、清楚及精確。

在這段時期中典型GPO製作的影片是莫里斯‧哈維(Maurice Harvey)的《島民》(The Islanders, 1939)，這部片子清楚而成功地強調了傳播在結合島嶼與住民的力量。片中介紹了英國海岸外各個不同的島嶼，從遙遠的到近海的，從農業為主的到工業為主的，而我們從中得知這些自給自足但本質上孤獨的島嶼生活，乃依靠郵件、電報、短波無線電、汽船和飛艇提供的聯繫與交通生命線才能平衡。除此之外，若與強調郵件跟人的生命線同樣重要的《夜郵》相較，《島民》因為選擇的表現方式較為概括一般，雖然也是談溝通的題材，但它就缺乏重點、緊張性和戲劇性。當然，這部影片關切的並不止於郵政服務，而卡瓦康蒂十四原則中「一封信」理論在此的格局也嫌太小，實則，這部片子可看成是一個實況的人類學圖繪，也像一個充滿詩意的事實紀錄，亦即當水和空氣用來承載無線電資訊、信件、包裹及貨品時，它們其實是在地理上各個孤立的空間搭起了橋樑，而在岩石與土壤、空氣與水等畫面常見的對比中更加深了這個主題。如同佛萊赫堤的《艾阮島的人》一樣，本片的黑白攝影美麗動人，但就音樂而言，佛萊赫堤片子裏的配樂相當刺耳，而《島民》中，麥侯的配樂則輕柔委婉，填補了影像的不足。

整體而言，三〇年代的英國紀錄片對人的處理是令人失望的。除了《夜郵》之外，GPO的電影工作者並未像佛萊赫堤那樣有著既親密又聰明的觀察，雖然他們相當熟悉佛萊赫堤的拍片方式，但卻不一定特別受到他的影響。最

·《島民》(1939, 英國, 莫里斯·哈維)

後，他們爲了補救這樣的缺失，開始在聲軌上運用眞實的話語和編寫好的對話，然而當他們片中的非職業演員無法信賴時，他們也毫不遲疑去用職業演員演出某些特定的角色。其中一部嘗試以較親近的方式描寫眞實人物的影片是哈利·維特的《北海》(1938)，這部片子堪稱是一個獨特的劃時代之作，也是GPO在商業上最成功的作品。本片使用了攝影棚及佈景重新建構事件，而影片的大部分片段看起來也似乎極爲「眞實」，雖然它在劇情片與非劇情片之間的界線取得平衡，但似乎並未完全解決結合這兩種表現方式根深蒂固的矛盾。由維特和卡瓦康蒂共同編寫的旁白描寫了拖網漁船「約翰·吉爾曼號」(John Gilman)上的漁民，我們看見他們的工作並聽到他們眞實的聲音。當無線電發出海上風暴來襲的訊息，本片的戲劇性衝突隨即到來，但是在與大海搏戰之前，漁船上的工作人員已被另一艘船營救。在這個單純的衝突發展過程中，這部片子描寫了鎭靜的船長如何安撫驚惶失措的船員，也描寫了陸地上高效率的無線電服務(這畢竟還是部GPO的電影)如何監控船隻的行蹤並指揮救援行動。但以描寫壓力之下人在海上生活的片子而言，《北海》的地位還是被一九四〇年戰時拍攝的一部更緊張而充滿戲劇性的影片《在燈塔船上的人》所取代。

GPO電影組之外的獨立製作

在約翰・葛里遜領導GPO電影組時期，英國政府始終給予紀錄片運動極大的資助，因此，GPO的電影一方面享有官方的地位，另一方面片子特有的電影風格也反應了它們直接受到政府的控制。至少在葛里遜離開GPO的前兩年，即有其他公共的或私人的半官方機構和工業製造公司也對資助符合他們需要的非劇情片深感興趣。這些出資者包括工業製造及商業公司(像是卡貝里巧克力公司Cadbury's Chocolate、奧斯汀汽車公司Austin Motors及倫敦、米德蘭和蘇格蘭鐵路公司 London, Midland, and Scottish Railway Company)，此外也包括了半官方機構(像是不列顛協會British Council、國家健康協會National Fitness Council、國家儲蓄運動National Savings Movement及蘇格蘭發展委員會Scottish Development Council)。上述這些機構出資的片子大部分是些傳統廣告片及工業影片，與葛里遜發展的紀錄片不甚相關，也與非劇情片的主流發展相去甚遠。但另外有些機構(像蜆殼石油公司、帝國航空公司Imperial Airways和英國瓦斯工業公司則對人類或社會問題深表關切❷。這類影片雖然在製作水準上達到了一個新的成就，但它們基本上仍與出資者自身的利益相關，因此它們也不外直接或間接推銷商品及廠商的服務，或在公眾的認知中提升他們的形象❷。

紀錄片運動中的獨立製片最重要的領導人首推保羅・羅沙，對他而言，這個稱呼是特別合適的。在一九三二年，也就是獨立製片開始的年代之前，保羅・羅沙已經以電影工作者、理論家、評論者及歷史學者的成就聲譽卓著。更重要的是，保羅・羅沙乃是獨立於約翰・葛里遜之外的電影工作者。他雖與葛里遜在帝國商品行銷局短暫共事過，但卻沒有加入大英郵政總局的電影組，一九三五年他更創立了「寫實主義電影中心」以為獨立製作運動奠基。其後，三個別的製作公司：史川德電影公司(Strand Film Unit, 由羅沙創辦卻由雷格接手)、寫實主義者電影公司(Realist Film Unit, 巴索・賴特主管)及電

---

❷　空中遊覽的影片，由皇家空軍支持，包括《Air Outpost》、《The Future is in the Air》、《Watch and Ward in the Air》(1937)、《African Skyways, Wings Over Empire》(1939)及《Sydney Eastbound》(1939).

❷　見Swann, chap. 5.

影中心(Film Center, 由葛里遜監督)主導了獨立電影製片，電影中心並不是個製作公司，不過是取代了「寫實主義電影中心」原來的工作，實際上擔任的是贊助者與製片間牽線的工作。儘管羅沙是獨立製片運動的發起人，同時終其一生也都是獨立製片運動的重要力量，但當葛里遜在電影中心鞏固自己的力量並以製片及編輯身分做出紀錄片運動史上深具影響力的新聞片《世界新聞電影》(World Film News)時，保羅‧羅沙的成就就被抹殺了❸。

在史川德電影公司及寫實主義電影公司中，由保羅‧羅沙、約翰‧泰勒、艾格‧安斯堤製作的早期電影，已不再重複葛里遜-卡瓦康蒂GPO電影組傳統下製作的影片，他們也似乎沒有受到主流發展很多影響。相反的，這些電影製片可以因應不同出資人的需要，自由地改換他們的個人風格，也可以面對更寬廣的題材而引入多樣的電影技法革新：包括一種在剪接上不那麼依賴蘇聯式蒙太奇的歷史事件重建，還有對工人階級生活直接而誠實的描述。他們對寫實主義深有嚮往，許多電影工作者運用直接的訪問，因此他們較趨於美國新聞學學派「時代的前進」的方式，而不是GPO電影工作者事前小心翼翼編寫腳本的方式。儘管如此——

　　這些紀錄片絕大部分最顯著的主題及傳遞得最清楚的訊息乃是：慈善組織及相關團體把公眾福祉擺在他們自身利益之前。(Swann 177)

這些獨立製作的紀錄片與GPO製作的影片一樣，原來都是走非戲院放映的發行路線，而因為下列一些原因，這些獨立製片幾乎不曾在商業戲院上映過。第一點，管理影片放映的法律並不鼓勵它們上映，因為在紀錄片第一次高峯之前，電影法(1927)開始施行，並對非劇情片及短片有偏見地設置了上映配額標準，雖然一九三八年的修正案對此項議題稍有談及，但非劇情片，特別是紀錄片，對大部分片商卻一點也不重要❸；其次，電影工業界相信電影觀眾看電影為的就是娛樂，因此反對戲院發行紀錄片；第三，在付費看電影的觀眾之中，有些人對非劇情片興趣缺缺，他們與那些熱中非商業映演的影迷形成對立。

❸　較有利於保羅‧羅沙定位的評價，見Eva Orbanz, *Journey to a Legend and Back: The British Realistic Film* (Berlin: Volker Spiess, 1977).

❸　見Swann, 180-84.

羅沙早期的作品有三部傳統的電影：由帝國航空及蜆殼石油共同製作的《接觸》（Contact, 1933），還有《船塢》（1935）及《英國的面貌》（The Face of Britain, 1935）。《英國的面貌》表現了英國城市未來成長所面對的挑戰，但因它對當代社會狀況的焦點和強調的所在都不清楚，因此片子相當表面。如同羅沙的下一部作品《希望之地》(Land of Promise, 1945)一樣，《英國的面貌》也是對四個不同段落（「過去的資產」Heritage of the Past、「黑煙時代」The Smoke Age、「新的力量」New Power與「新時代」The New Age)的相連發展依賴過深，同時它也太過倚重平庸的旁白。但就這部片子對英國市鎮重建及都市計畫的關注而言，《英國的面貌》為羅沙的下兩部片子《希望之地》和《會說話的城市》（A City Speaks）奠下基礎，而後兩者也較前者更為成功。

一九三五到一九四〇年之間，連・萊(Len Lye)發展出充滿想像力的「招貼電影」（poster film），其中羅沙有一部現在看起來過時但在當時卻更及時與有趣的作品是《英國的和平》（Peace of Britain, 1936)。這部短片危言聳聽地指出英國並無力防禦來自空中的攻擊，並描寫在危機關頭上不知所措的英國人，因為本來相信一次世界大戰將是「終止所有戰爭的一戰」，現在顯然又要發生第二次了。這部非常明顯的政治影片對安東尼・伊頓(Antony Eden)呼籲英國支持國際聯盟一事迅速正面回應，這部片子也熱心勸告觀眾「以理性來要求和平」並「寫信給你的國會議員」。在這個時期，這部片子是極少數而且是唯一與政治有關的英國紀錄片，它的旗幟標題精巧，與後來連・萊由「招貼電影」發展成的潛意識宣傳片幾無相似之處。

保羅・羅沙為英國瓦斯工業公司製作的《告別舊日新世界》（New Worlds for Old, 1938)與同年葛里遜・泰勒拍的《倫敦人》（The Londoners）均是以運用攝影棚場景及各時期服裝而引人矚目。事件的重新安排，代表了羅沙風格的特色也展現出維多利亞時期到三〇年代瓦斯工業的發展，為了加強本片構想的戲劇性，片中用一個假想的觀眾聲音挑戰「專家」的聲音，這個保羅・羅沙在《豐富世界》（World of Plenty, 1943)中同樣用過的有趣手法，無疑地幫助了瓦斯的銷售，因為瓦斯在當時常發生逆火現象，故而被視為一項不受歡迎且荒謬的日用品。

早期GPO影片之中，提出強烈社會抗議聲音的獨特作品是卡瓦康蒂與奧登、布萊頓合作的《煤臉》。他們企圖融合人聲的歌唱、吟誦、旁白及音樂，是一個重要的實驗之作，但其結果卻是對煤的生產及行銷過程的刺耳描寫，與後來將各項元素成功融匯成一首交響曲的鉅作《夜郵》不可同日而語。不過片中礦工以苦楚及勞頓的音調傳達他們受壓迫的合唱在兩年後就被亨利·史托克講求效果與張力的《悲慘的住宅》(House of Misery/Les maisons de la misère) 所超越了(見第六章)。

　　早在一九三五年，美國的新聞業和影片業便相互結合發展出一種新形式的電影新聞報導「時代的前進」(見第七章)。這個每個月放映一次的系列並不同於當時在英國及美國出現的紀錄片、新聞片及其他紀實電影。「時代的前進」以高度戲劇化及編輯概念為當時發生的事件提出一種新穎的非劇情片處理方式。這些影片最顯著的特徵是以真實的新聞擴大結合重新安排過的影片，並透過周延的研究及可信靠的「上帝的聲音」(voice-of-god)式的旁白在不足以令人相信時加強其說服性。這個系列致力在紀錄片製作上發揮不可忽視的影響，而它對英國的影響也可在其後諸如《住宅問題》、《濃煙的威脅》和《學童》(Children at School)三部片中看到。

　　一九三五年由艾頓及安斯堤執導的《住宅問題》是由寫實主義者電影公司為英國瓦斯公司製作的，它也是英國紀錄片首度運用新聞式報導的影片。它在倫敦貧民窟拆除行動開始時進行拍攝，片子以傑出的畫面呈現出與當代大規模都市更新相關的人類問題，對住民的訪問(明顯未經安排)道出了擁擠、蚊蚋滋生、鼠患、缺乏衛生設備和危險建築結構的生活條件；而與這個慘狀相對比的是兩個剛遷入新公寓的婦人受訪談論環境整潔的重要。後面的訪問則戲劇性地強調了改變的必要，同時也呈現給生活在貧民區的人們，告訴他們改變不僅是可能而已，而實現此事所需要的努力也是值得的。這些訪問既直接又真實，而所描寫問題的迫切性也永不會因為時間的逝去而淡化。《住宅問題》是個不朽的影片範例，因為它的力量鼓舞了社會重建。但雖然影片讓我們看到真實存在的貧民窟悲慘生活，但瓦斯工業公司也過分運用了典型的英國式歡笑和正面的樂觀去預示一個圓滿的結局。如同歐陸的寫實主義者一樣，英國人寧可讓我們看到髒亂而不是耳聞貧民區居民的絕望。比較而言，荷蘭的伊文斯拍的《波寧奇煤礦區》(Borinage, 1933)和史托克的《悲慘的住宅》(見第六章)不僅帶領觀眾身歷其境地接觸了下等的住宅環境，也成功地透過貧民區不公平的生活層面，喚起觀眾的社會良知，而在《住宅問題》中的主要問題似乎已被影片的出資者輕輕鬆鬆解決了，因此觀眾的反應趨於平緩。其後，在另一部受到商業贊助的英國影片《當我們重建時》(When

·《學童》(1937, 英國, 巴索‧賴特)

We Build Again) 也採用了相似的方法拍攝，其獲得的成功較《住宅問題》更大。

　　約翰‧泰勒執導的《濃煙的威脅》是葛里遜爲英國瓦斯工業公司製作的。在這部傳遞訊息的公關影片中解釋了：瓦斯乃是一種比煤更良好、更乾淨也更有效率的燃料，瓦斯還有助於對抗空氣污染的威脅。製片人傳遞訊息上的嚴謹或許是本片顯著的特色，它反映出受到「時代的前進」的影響，是一部直率無隱的片子。它以信念及實據來完成工作，而不像羅沙的《告別舊日新世界》以不幸爲笑謔來攻擊問題。《濃煙的威脅》和《住宅問題》一樣乃是在電影風格與內容之間取得平衡的模範之作。

　　巴索‧賴特的《學童》也是葛里遜爲瓦斯工業公司製作的影片，同時也是三〇年代英國式紀錄片經歷改變的一個例證。事實上我們很難承認這部有力的作品與拍攝美麗的《錫蘭之歌》的是同一個導演。雖然兩部片子都有相同的溫暖時刻，但它們的技巧卻不相同，兩部片子的題材也南轅北轍。一部描寫了異國土地上的傳統生活模式，另一部則展示了教育應迅速改變以避免退化。很明顯的，賴特並不容許商業的訊息左右他的影片，而在《學童》中，瓦斯公司的贊助及待解決的問題之間並沒有明顯的連繫。在這裏，英國最佳學校的不足及最差學校的成功都被加以報導以強調整個教育系統的改革。在「國家倚賴其兒童」的主題中,旁白指出教育不僅是國家的資源,還有如希特勒及墨索里尼所指出的:是國家乃至於國際間最重要的事。除了它的宣傳意味極重之外,《學童》代表了進步機構資金贊助者的關切所在,以及「時代的前進」影片風格對英國紀錄片製作的影響。

在精神上更接近「時代的前進」製作方式的片子當屬約翰‧泰勒的《伊朗的黎明》(Dawn of Iran, 1938)。本片由亞瑟‧艾頓為安格魯-伊朗石油公司(Anglo-Iranian Oil Company)製作,記錄且稱讚伊朗做為一個獨立工業化國家的成長。由於攝影及剪接的能力更優於編導的能力,泰勒在主題及旁白的強調並不成功,雖然他曾分別與佛萊赫堤、賴特及卡瓦康蒂在艾朗島、錫蘭及瑞士共事過,但泰勒似乎對美國新發展出來的「新聞報導攝影」(photojournalism)更感興趣,而不是他以伊朗為題材的英國式觀感。

並不是所有紀錄片的製作均受到這個新聞式報導的影響,有兩部代表性的影片《東部山谷》(Eastern Valley)和《今天我們活著》(Today We Live)就證明英國人自己的方式根基厚實且成就非凡,難以完全放棄。唐納‧亞歷山大(Donald Alexander)的《東部山谷》(1937)是一部關心威爾斯山谷失業礦工苦境的作品,也是部解決問題式的典型影片。本片是為倫敦之友(Order of Friends in London)協會製作的,它暗示了農業合作社的建立可幫助部分人返回工作,而同時,影片也誠實地承認這個對問題的實用解決方式並不一定是最好的方式。如《住宅問題》一樣,它運用了故事現場的真實聲音,為人們一同努力對抗落後的情形創造了一個溫暖而又富於說服力的紀錄。《今天我們活著》(1937)是由羅沙為國家社會服務委員會(National Council of Social Service)製作而由露比‧葛里遜和雷夫‧龐德(Ralph Bond)聯合導演的作品,它透過有力的旁白、真實的對話及非職業演員的挑選,繼續了紀錄片形式的發展。不幸的是,片子上半部的焦點不清,在觀眾開始了解到影片所要傳達的訊息之前,他們可能對片中讚美詩在聲音上諷刺性的運用更感興趣。儘管如此,《今天我們活著》關懷英國的生活品質的追尋,仍可稱得上是一部真正的紀錄片。

三〇年代英國大部分非劇情片均是關切社會重建的純粹紀錄片,但也有些支線的發展可被稱為紀實電影或資訊電影(informational film),像朱里安‧赫斯里(Julian Huxley)的《塘鵝的私生活》(The Private Life of Gannets, 1935)

是一部有旅遊電影意味的資訊電影，而安斯堤的《吃得夠：有關營養的影片》(1936)也是部資訊電影，在這部由朱里安‧赫克斯里編寫旁白的影片中便企圖喚醒人們了解他們的飲食是不充分的。這部片子的副題名為：一部有關營養的電影，說明了維他命和營養學理論的早期發展，但本片除了對英國官方的營養政策發生過影響之外，片子本身亦如當時的英國食物一樣地貧乏。不過仍有些電影也在資訊電影的名目下，較為有趣易懂，像瑪麗‧菲爾德(Mary Field)的《季節的收穫》(Catch of the Season, 1937)，片子旁白實際且嚴謹地說明了鱒魚生殖的循環；還有傑佛瑞‧貝爾(Geoffrey Bell)的《力量的轉換》(Transfer of Power, 1939)這部由蜆殼石油公司製作的片子，以有趣且節奏輕快的方式介紹從槓桿到齒輪到滑車乃至於風車最後到車床及其他機械的進化史。它使用了圖表、簡單的例子和非常生動的旁白，為這個題材留下了持久的印象。這種富於想像力的做法通常在此類影片的處理極為少見，而它也先於一九五四年查爾斯與雷‧艾姆斯(Charles and Ray Eames)的《傳播入門》(A Communication Primer) ❷。

為海外觀眾攝製的英國電影題材常常令影片工作者與政策制定者爭辯不休❸。例如英國旅遊協會(The Travel Association)電影組就是個專為海外觀眾攝製影片的單位，它的領導人瑪莉安‧葛里遜就拍出了有關英國天主教和它在英國生活裏所扮演的角色的《為了全然的永恆》(For All Eternity, 1935)，但這部片子在某些國家公開放映就絕對是不合適的❹。而大不列顛協會和聯合影片委員會(Joint Film Committee)之間對一九三九年紐約世界博覽會中英國館中放映的影片裏，英國式生活究竟應以何種面貌呈現的爭論也益發激烈。獨立製片人對於被要求製作官方公共政策影片感到憤怒，他們對於在片中強調英國的民主、壯盛、貿易或文化的做法也與政府對立，總之，在紐約

---

❷ 以完全不同的創意及表現方式，連‧萊的影片融合了高明的繪圖、大膽的色澤、別出心裁的音樂與聲音，以此他創作一種怪異但充滿資訊的「招貼電影」。而時至今日它們看起來仍饒富新意。他的作品有《Colour Box》(1935),《Rainbow Dance》(1936),《Trade Tattoo》(1937),《Musical Poster #1》(1939),《Swinging the Lambeth Walk》(1940),有時會與C. A. Ridley的《Germany Calling》(1941)弄混，後者是部諷刺性的編輯電影，將行進中的納粹士兵配上"Swinging the Lambeth Walk."的曲調。

❸ 見Swann, chap. 6.

❹ 旅遊協會其他的電影包括《原來這就是倫敦》、《原來這就是蘭開夏》、《St. James Park》及《London on Parade》.

世界博覽會中放映的還是一些GPO最好的作品，特別是以英國工人爲重要角色的《夜郵》、《閒暇時光》、《在危險中的人》、《英國製》(British Made)和《工人與工作》。

三〇年代英國紀錄片運動整體上的成就

三〇年代英國紀錄片運動的重要意義在於它對於改善公眾宣導及喚醒社會意識始終具有貢獻❸。它的意義也在於它處理這些題材上的原創性和寬廣的範圍。做爲一個在意識型態意義上具創造性的運動而言，它鼓勵了藝術家去發展一種與公共議題相關的電影形式，而此種形式不需觀看影片的人加入或認同任何政黨的政策，更重要的是，當時它不僅在劇情片乏善可陳之際爲英國電影工業贏得尊崇與名聲，同時也爲英國在世界電影發展史中做出最不朽的貢獻，包括它爲英國的紀錄片及劇情片創造了一個寫實主義的傳統，促進國際主義的理想，並使它成爲一個合理的目標，還有其對非戲院發行系統的啓發及運用，都是其不朽貢獻中最重要的。英國的紀錄片——不論是政府支持或獨立製片——的長期影響爲二次世界大戰中電影製片及製作人員預做準備。紀錄片在短程的衝擊上似乎影響不大，史旺就寫道：

> 紀錄片一直是社會菁英拍給另一羣菁英看的東西，更進一步說，他們都是英國的文化和文學菁英，並不是大搞政治影響的那些人，這使得紀錄片的政治成分相當少，而在傳統的政治圈中，紀錄片運動也一直受到官方的猜疑。(189)

究竟紀錄片的永恆成就是否爲影片本身？或是在危機時刻下促使整體目

---

❸ 我這裏的結論必須多謝Basil Wright, *The Long View*,109-13.這段時期我沒看過的電影有On the Way to Work、Kensal House、《黏貼首日封》、Rooftops of London, Heart of an Empire, The Key to Scotland (1936), New Architecture at the London Zoo, Here is the Land, Statue Parade, Job in a Million, Scratch Meal (1937), Duchy of Cornwall, The Tocher, London Wakes Up, Ile d'Orléans, Book Bargain, Mony a Pickle, Five Faces (1938), The Face of Scotland, Health for the Nation, Advance Democracy, Speed the Plough, British Made, Men in Danger, London on Parade, Wealth of a Nation, The Children's Story, Roads Across Britain, Do it Now (1939), Big Money (n.d.).

標更趨一致？或對於當代重要事件能刺激自由思考或爭論？這些，都還有待進一步的討論❸。

　　一九四○至五○年，不論在英國或美國都是非劇情片製作發展上重要的十年。使得這個發展得以被強調的主要契機，當然是二次世界大戰，而戰爭佔據了原來可能自行拍片的電影工作人員的時間和才氣，戰爭直接與間接地影響了世界的娛樂和經濟，因此對非劇情片的要求及對它的反應，使其發展隨著局勢而浮動(詳見第八章)。儘管如此，戰爭對非劇情片的運用增加了無可測量的可能性，同時也為製作開發出很多新的技術。至於戰後的歲月對影片的投資者、製片人、導演和觀眾都可稱為一個不確定的年代，但他們也目睹了另一個在製作上和發行上更有力與獨立的系統產生，那就是加拿大國家電影局的創辦以及聯合國教科文組織(UNESCO)電影計畫的建立❸。上述兩件事的開創為五○及六○年代遍及全球非劇情片的實驗奠下基礎(見第十一章)。

❸　見Robert Colls and Philip Dodd, "Representing the Nation: British Documentary Film, 1930-45," *Screen* 26.1 (Jan.-Feb. 1985): 21-33.

❸　見John Grierson, "Production Unit Planned: Mass Media to be Used for Peace," *UNES-CO Courier* Feb. 1948: 3.

第六章

歐洲與亞洲的非劇情片
(1930-1939)

　　當一次世界大戰——一個被稱為「終止一切戰爭的戰爭」——在一九一八年結束時，歐洲人希望有段和平與繁榮的時光來驅散戰爭帶來的創痛；然而事與願違，歐洲人民接下來所經歷的卻是長達二十年動盪不安的社會遞變，其結果更導致了另一次世界大戰。二○年代在經濟上先是繁榮後來又崩潰下來，而事實上，三○年代更為混亂，因為一開始便經歷了經濟恐慌，繼之而來的則是經濟大蕭條，終於在三○年代末期導致二次世界大戰的鉅創。

　　以意識型態鬥爭為背景的三○年代電影，原本走美學路線的電影實驗變成以政治為主，法西斯主義的德國也在政治宣傳片的運用上更臻完美，同時大眾媒體的興起亦主導了世界各地的輿論。此外，三○年代還是好萊塢劇情片、新聞片、文字新聞媒體，特別是美國廣播與報紙的黃金年代，而電視即在此年代中發軔。這個時期，非劇情片的成就非凡，其中包括英國的紀錄片運動（見第五章）、美國官方投資的影片製作與左翼電影製作運動（見第七章）及德國的納粹宣傳旗手都製作出多部最重要的非劇情片（見下文）。

　　同時，歐洲及亞洲的非劇情片工作者也沒有墨守傳統的方式，他們創造出了一種電影表現的新形式。蘇聯宣傳片和英國紀錄片傳統影響了荷蘭的伊文斯，它們不同的激進方式也影響了納粹宣傳片的發展。浪漫主義的電影傳統仍繼續進展，佛萊赫堤一九三四年拍的《艾阮島的人》和約翰‧弗諾(John Ferno)的《復活島》(Easter Island/Paaseiland, 1934)就是最出名的兩部；歐陸的「城市交響曲」傳統則影響了瑞典影片《老城》(1931)；但二○年代曾在蘇聯和法國製作出許多傑出實驗電影的前衛主義運動，似乎在三○年代之前就已死亡。全世界非劇情片的製作中心雖然仍在倫敦，但歐洲大陸的中心卻往各國首都遷移，原本在莫斯科和巴黎現在轉到了荷蘭、比利時與德國的首都，而且史無前例地轉到了東方的孟買和上海。

　　歐洲及亞洲製作的非劇情片中，荷蘭和比利時的影片是以知性的好奇聞名，在德國則是以國家的組織化系統著稱，而印度和中國出名的乃是電影檢查制度。許多歐洲重要的電影工作者像是伊文斯、亨利‧史托克、路易‧布紐爾和約翰‧弗諾攝製的影片不僅在電影風格上富有創造性，同時也反映了當時嚴苛的社會現實，其他的人，特別是蓮妮‧瑞芬斯坦則創造了一個富於神話性與電影性的納粹世界，但她對納粹的入侵、猶太人的滅種大屠殺或對即將來臨的戰爭卻隻字未提。而亞洲的電影工作者——一向不像他們的歐洲同業那麼出名——在這段期間為他們的非劇情片創造特有的電影風格時，也備受國內政治鬥爭及檢查制度的鉗制。

國家內部的政治鬥爭也壓制了蘇聯電影藝術的發展；而法國的情形，根據保羅‧羅沙的說法：

> 導引戰爭及佔領的事件……窒息了任何想對法國正面現實做更多清楚及持續表達的機會，也阻扼了紀錄片製作的發展❶。

相同的情形也發生在義大利，在這兩個國家中，由於部分相同的理由，電影工作者不再選擇社會事件而改以文化或藝術做為影片的重心。

有關藝術的影片的興起

三〇年代歐洲非劇情片獨特而又具影響力的貢獻之一，乃是建立了一個以藝術及藝術家為對象的影片傳統。這項發展在開始之初曾錯誤地被認為與李奧波‧沙維奇、維金‧艾格林、漢斯‧瑞克特、杜象、畢卡比亞、佛南‧雷傑、曼‧雷、達利和考克多等人的前衛派和抽象的「藝術電影」相關。但事實上，這些藝術家的電影作品主要是實驗性的，而且，在任何例子中都是四分五裂，雖然提供了刺激，但對有關藝術的電影傳統之發展卻無法成為一種典範。此類影片大致上僅鼓勵了電影就是電影——亦即純為藝術——的一種興趣。早期特別有關藝術的影片大多是由博物館或為博物館製作的，它們乃是「在博物館地下室草率拍攝的業餘之作，拍攝者狂熱有餘但技巧不足」❷。這類型影片的發展，早期主要是受到比利時及法國影片的滋養，而

❶ *Documentary Film,* 268.

❷ Arthur Knight, "A Short History of Art Films," *Films on Art,* ed. William McK. Chapman

美國的藝術類影片對它的影響則極少，終究，有關藝術的影片在二次世界大戰之後蓬勃發展起來（見第十二章）。

比利時的電影工作者在有關藝術的影片中，總是製作出最具影響力的作品，這些作品最早期包括了蓋斯頓・蕭肯斯(Gaston Schoukens)的《我們的畫家》(Our Painters/Nos peintres, 1926)、亨利・史托克的兩部作品：《海灘上的牧歌》(Idyll at the Beach/Idylle à la plage, 1929-30)和《向昔日的比利時致敬》(Regards to Old Balgium/Regards sur la Belgique ancienne, 1936)、約翰・弗諾的《復活島》(1934)、戴凱克萊爾的《比利時的藝術與生活》(Art and Life in Belgium)和《靈感的主題》(Themes of Inspiration/Thème d'inspiration, 1938)，還有安德烈・高文的《神聖的耶穌》(The Mystical Lamb/L'agneau mystique)和《畫家梅姆靈》(Memling, 1939)。

在法國，與藝術有關的影片傳統，始自沙夏・吉屆那部令人印象深刻的《我們自己的羣眾》(1915)，這是部四十五分鐘長、有關竇加、莫內、雷諾瓦和羅丹等藝術家的影片❸；另外羅傑・李維特(Roger Livet)也拍了有關比利時超現實主義畫家何內・馬格利特(René Magritte)的影片《被謀殺的花》(Murdered Flowers/Fleurs meurtrise, 1929)，而皮耶・謙諾(Pierre Chenal)的《今日的建築》(The Architecture of Today/L'architecture d'aujourd'hui, 1931)則說明了二十世紀最具影響力的瑞士建築師之一勒・柯比易(Le Corbusier)其作品形式與功能的理論，上述影片也是同時期法國影片中唯一有關都市更新的作品。除此之外，兩部有關教堂的電影十分引人矚目：魯道夫・班伯格(Rudolph Bamberger)的《死者的教堂》(The Cathedral of the Dead/La cathedrale des morts, 1935)及班氏與柯特・歐泰爾(Curt Oertel)合導的《儂伯格的石雕奇觀》(The Stone Wonder of Naumburg/Die Steinernen Wunder von Naumburg, 1935)。《死者的教堂》不僅是有關德國梅因茲羅馬時期大教堂的描寫，同時也是有關死亡的無聲視覺模擬。《儂伯格的石雕奇觀》以巴哈(Bach)的風琴音樂配樂，不僅是對德國儂伯格歌德式大教堂的石雕進行鉅細靡遺的評述，同時電影攝影機在巨大的建築空間裏穿梭移動，表達出一種壯觀的感覺，也成功地使雕像在空間裏凸顯出來，以便被更進一步地審視。以

(New York: American Federation of Arts, 1952), 8.

❸ Rene Lucot的《羅丹》(Rodin, 1942)一片的主題也是羅丹。

第六章 歐洲與亞洲的非劇情片（1930－1939）

上也是攝影運用上相當有影響力的範例。莫里斯‧柯羅契(Maurice Cloche)的
《聖麥可山》(Mont St. Michel, 1936)探索了諾曼第海岸外壯觀的軍事堡壘/
修院「聖麥可山」的建築和社會史。在某個程度與上述影片類似的還有尚-耶
夫‧柯爾(Jean-Yves de la Cour)拍攝的美麗作品《假日》(Vocation, 1935)，
這部片子描寫班內地克泰(Benedictine)僧侶日常生活中的莊嚴禮儀，導演刻
意忽略了每日生活的現實，從隱居寺院牆後，直接進入一個沒有時間的世界。
其他值得一提的還包括有關許多個別藝術家的影片，如尚‧班諾特-列維(Jean
Benoit-Levy)的《一個偉大的吹玻璃工匠》(A Great Glass Blower/Un grand
verrier, 1937)就記錄了法國玻璃設計師莫里斯‧梅里諾(Maurice Marinot)的
工作。而他的另一部作品《一個偉大的陶藝家》(A Great Potter/Un grand
potier, 1937)則同樣審視了法國陶藝家奧古斯特‧得拉荷契(Auguste Delaher-
che)的工作。尚‧梅倫(Jean Mallon)的《字母》(The Letter/La letter, 1938)
對於書寫字體和印刷術的歷史與技巧做了精采的介紹。尚‧泰德斯可(Jean
Tedesco)的《法國的織錦掛毯》(Tapestries of France/Tisseries du France, 1939)
則展現出法國在奧巴森(Aubusson)及葛培林(Gobelins)傳奇性的工廠如何製
造和保存織錦掛毯。

在義大利，盧奇亞諾‧艾默(Luciano Emmer)和安里柯‧格雷斯(Enrico
Gras)發展出一種強調繪畫敘事內容的影片風格，像《俗世中的樂園》(Earthly
Paradise/Paradiso terrestre, 1941)就以精細的攝影表現了海洛尼瑪斯‧鮑許
(Hieronymus Bosch)的偉大繪畫；《人子的戲劇》(The Drama of the Son of
Man/Racconto di un affresco, 1941)對喬托(Giotto)在巴督瓦(Padua)圓形大
教堂的壁畫做了同樣的呈現，《戰爭》(The Wars, 1941)則分別展現法蘭契斯
柯(Piero della Francesco)、賽蒙‧馬蒂尼(Simone Martini)和帕歐羅‧烏切洛
(Paolo Uccello)的戰爭繪畫。另外，德屬瑞士的製作也十分重要，柯特‧歐泰
爾就拍過劇情化的紀錄片《巨人：米開朗基羅的故事》(The Titan: The Story
of Michelangelo ,1939)，這是部透過米開朗羅基羅的藝術來描寫他本人的高
度戲劇性影片，而根據亞瑟‧奈特所說，納粹在全歐透過作品說明這是個「德
國文化的範例」❹。另外日本也在早期的「日本的傳統藝術」(Traditional Arts

---

❹ Rnight, 11. 在二次世界大戰結束後，這部影片被美國當做是敵產而加以扣押，而一些
影片工作者包括佛萊赫堤、葛里遜、海倫‧范‧唐琴及其他的一些人都曾被要求去重

of Japan)影片系列宣傳了日本的工業力量和文化傳統,包括像《竹子》(Bamboo, 1934)、《日本的紙傘》(The Japanese Paper Umbrella, 1935)、《日本的紙燈籠》(Japanese Paper Lanterns, 1935)、《日本的紙扇》(Japanese Paper Fans, 1935)、《日本的紙》(Japanese Paper, 1935)、《日本的能劇》(Japanese Noh Drama, 1938)、《劍與武士道》(Sword of the Samurai, 1939)。在這期間,日本的影片工作者也在準備另外一些較嚴肅的影片──二次世界大戰的宣傳片。

荷蘭

伊文斯

伊文斯是一個出身荷蘭但卻蜚聲國際、聲譽卓著的電影工作者,他那些包括在美國拍攝卻反映出馬克思主義信仰並糾正社會不公的影片,除了影響了社會的改變,也提供觀眾對工人生活做親密的觀察❺。伊文斯認為,影片不能與政治分離,他相信電影工作者的職責便是要直接「參與世界上最基本的事件」,伊文斯認為一個紀錄片工作者應該:

> 對於像法西斯主義或反法西斯主義等重要議題應該**有**其想法──如果他的作品具備任何戲劇性或情感上的價值,他必須對這些議題有所感觸……我對於許多人理所當然地認定紀錄片必然客觀的想法感到驚訝,也許是**紀錄片**一詞**並不周延**,但對我而言,**紀錄**(document)和**紀錄片**(documentary)之間的分野是相當清楚的。(136-37)

在這個分野的界定上,伊文斯與葛里遜意見一致。對他們兩人而言,一部紀

剪它,主要是把它修短,並改善它的聲音。雖然上述電影工作者都拒絕剪接另外一位藝術家的作品,但佛萊赫堤仍同意一九五〇年《巨人》在美國放映時掛名製片人。而一九五一年《聖馬修的熱情》(St. Matthew Passion)放映時,佛氏也同意「佛萊赫堤出品」的字樣在片中出現。不過實際上他與這兩部電影的藝術成就根本無關。

❺ 見Joris Ivens, *The Camera and I* (New York: International Publishers, 1969) 及Rosalind Delmar, *Joris Ivens: 50 Years of Film-making* (London: British Film Institute, 1979); Deborah Shaffer, "Fifty Years of Political Filmmaking: an Interview with Joris Ivens," *Cinéaste* 14.1 (1985): 12-16+; 及Jerry Kuehl, "Arts and Entertainment──A Little Closer: The Films of Joris Ivens," *New Statesman* 98 (Nov. 2, 1979), 688-89.

錄片應當記錄一個事實、一件事件和一種生活，但更重要的，它應有自己的觀點，同時表露出自己的信念。不過兩人對另外一件事在程度上卻有歧見：葛里遜很少讓政治去主導他的藝術，但伊文斯卻常讓政治變成了藝術(像《西班牙大地》The Spanish Earth)，甚至在許多其他的例子中，他的藝術就是政治(像《四萬萬人》The 400 Million)。而在他最佳的作品像是《力量和土地》(Power and the Land)，伊文斯結合了詩歌、政治與電影攝影，創作出一個兼具力與美的報導(詳見第七章)。

伊文斯早期拍的一些短片在題材的範圍和技巧上均十分傑出❻。它們之中有些光是主題的選擇就很重要，像《影片研究——Zeedijk》(Film Study——Zeedijk/Zeedijk-Film-studie, 1927)，這部片子在酒吧內拍攝，因為是在實景內拍攝，所以對伊文斯的發展十分重要；《動作的研究》(Studies in Movement/Etudes des mouvements, 1928)記錄了巴黎街上的活動；《橋》(1928)記錄了鐵路橋的運作；《軋碎機》(1929)介紹了破壞海岸的不同類型的浪；另外像《雨》(1929)則記錄了城市街道上的雨景；其他影片還包括《溜冰》(Skating/Schaatsenrijden, 1929)和《我是電影》(I Film/Ik-film, 1929)。這是早期兩部運用手持攝影機主觀觀點的重要作品。《我們正在建築》(We Are Building/Wij bouwen, 1929)為《新地》(New Earth, 1934)一片奠下基礎；《打椿》(1928)記錄了堤防建築的部分過程；《新建築》(New Architecture/Nieuwe architectuur, 1929)則展現出荷蘭最優異的建築。《Zuiderzee》(1930)亦因它在報導及處理人類勞動力的主題上有「內蘊的組織邏輯」(Delmar 20)，受到普多夫金的讚賞與推崇。另一部名為《菲力普收音機》(又稱《工業交響曲》Industrial Symhony/Symphonie industrielle, 1931)的影片中，伊文斯不僅明顯地以聲音來做新的嘗試，同時更轉向社會性的主題，這個轉變也成為他後期作品的特色❼。如同卓別林的《摩登時代》或何內·克萊的《還我自由》(Liberty Is Ours/A nous la liberté, 1931)一樣，《菲力普收音機》也批判了現代的工業化加諸勞工的暴政。

一九二九年，伊文斯在訪問蘇聯後做了重要的政治與藝術上的決定，並

---

❻ 見Delmar, pp. 8–72.

❼ 派爾·羅倫茲未完成的《Ecce Homo!》(1939–40)一片包括他稱之為「工業交響曲」的片段。

在普多夫金的邀請下，成爲第一個在蘇聯拍片的外國導演。因爲同情俄國人民的目標，伊文斯製作了《英雄之歌》(1932)。在這部片子中，伊文斯不僅首次運用了重新演出的方式，另外還運用了個人的故事做爲敘事技巧，上述技巧伊文斯也在後來的《西班牙大地》中沿用。但是要一直到一九三三年他赴比利時與亨利・史托克合作後，伊文斯自己特有的方式與風格才開始完全浮現。

由伊文斯和史托克在一九三三年合導的《波寧奇煤礦區》(1933)乃是一部兼具蘇聯宣傳主義和英國紀錄片傳統的影片。本片對比利時礦工的生活與工作條件表達了強烈的憤怒。在幾乎是戰鬥的環境下，片子以一種秘密的方式拍成。《波寧奇煤礦區》後來遭到比利時及荷蘭兩個政府的禁演❽，這個比利時西南部的煤區，伊文斯寫道：「就是我拍攝下一部片子的所在，其目的並不在於軟化或治療傷口，而是以一個電影工作者的身分向全世界揭發這個傷痕，因爲我認爲這是我讓傷口癒合的最佳方式。」(81)

・《波寧奇煤礦區》(1933, 比利時, 伊文斯與亨利・史托克)

❽ 見Ivens, 81-93.討論伊文斯《波寧奇煤礦區》一片中對眞實事件及重新演出的運用，見 Bert Hogenkamp, "Joris Ivens and the Problems of the Documentary Film," trans. M. Cleaver, *Farmework* 11 (Autumn 1979): 22-25.

這部難解而不甚周延的影片對比了比利時波寧奇煤礦區與蘇俄丹巴斯(Dombas)煤礦區工人的生活❾。為了塑造兩地民眾的面貌，伊文斯重新安排了工人遊行與罷工等真實發生過的事件，但有關俄國的部分因為是在攝影棚內拍的，因此看來極其怪異而又死氣沉沉。雖然這種直接的電影攝影(direct cinematography)所產生的不穩定畫面效果傳遞出拍攝條件的困難，但它使《波寧奇煤礦區》充滿生命活力，不僅彌補了技術上的弱點，也預示了後來戰時戰鬥場面的拍攝、真實電影和直接電影的發展。本片中最令人難忘的場景或段落就是那些描寫吃不飽的礦工和他們一家飢餓地擠在一個小臥房的窘況。礦工們被迫在煤屑堆裏尋找可燒的煤，與之對比的是成堆品質良好的煤因為商業因素被堆放在有刺鐵絲網的後面，還有一個人手持馬克思(Karl Marx)的畫像領導一個自發而憤怒的政治遊行。

　　《波寧奇煤礦區》可與英國的《住宅問題》(1935)、史托克的《悲慘的住宅》(1937)和佛萊赫堤的《土地》(1941)相互比較。但是，伊文斯相信他的影像風格令其作品與眾不同：

　　　　這部影片拍攝時的緊迫性使得攝影機的角度受限，因此拍出來相當正統。但你也可以說，它並不那麼正統，因為，浮面通俗與攝影上的做作已經成為歐洲紀錄片的正統，本片回返簡樸對我而言真正是個形式上的革命……實則《波寧奇煤礦區》的風格乃是由我們身邊百姓的高貴和未能抒解的苦境所決定的。(87)

伊文斯接著也批評了在《波寧奇煤礦區》之後兩年才拍的《住宅問題》，他認為《住》片並未對所紀錄的惡劣居住條件做最充分的政治性運用：

　　　　我們在《波寧奇煤礦區》中的目標就是要避免宜人的攝影效果分散了對片中不幸事實的注意力……影片工作者在事實與塵土之上確定攝影機角度前必須先對人類的宿命感到憤怒。(88)

相反的，伊文斯對佛萊赫堤在《土地》一片中的悲憫卻讚賞有加：

　　　　雖然佛萊赫堤所有的作品都有天生的人道主義色彩，但他拍《土地》的時候……他對於人類的浪費就感到憤怒，他對親眼目睹的惡劣農業條

---

❾ 參見維多夫的《狂熱：丹巴撒交響曲》(1931)。

件也深爲不平，因此他拍了一部充滿力量與控訴的影片。(89)

伊文斯下一部重要作品是一九三四年拍的《新地》，這是部對二〇年代末及三〇年代期Zuider Zee一地開墾海埔新生地過程憤恨不平的強烈抗議之作。伊文斯依其獨持的作風仍拍攝了大量毛片，而在片子最後成形時，似乎是對海倫‧范‧唐琴處理大量毛片深表敬意而不是對荷蘭勞工的工作致敬。《新地》開始時暗示了開墾計畫的完成有賴大規模工程問題的解決；影片的前兩部分記錄了對填海開闢新生地、築壩、種麥與收割等勞動力的需求；但要到影片的第三部分，當海埔新生地的開墾帶來了蕭條而不是繁榮時，這部片子的反諷力量與趣味才開始明顯起來❿。諷刺的是，海埔新生地上種植的麥子最後因爲三〇年代初世界小麥市場價格狂跌又被倒回大海裏，而當小麥被倒入海裏時，我們看見飢餓的兒童與罷工者，聽見悲痛的歌聲，令人想起柯特‧威爾(Kurt Weill)的音樂。但是，這部片子最大的諷刺之處並不在對收穫的浪費，而在於片子完成後被查禁，本片竟不能在巴黎上映，因爲它被判定爲「太過寫實」(Ivens 99)。

伊文斯早期作品就是一個藝術家社會意識的大膽電影宣言，這也是一生都自命爲電影工作者的伊文斯的序幕。至於三〇年代伊文斯在美國拍的數部影片：《西班牙大地》(1937)、《四萬萬人》(1939)、《力量與土地》(1940)我們將在第七章繼續討論。

約翰‧弗諾

約翰‧弗諾在年輕時就展開他的拍片生涯，而在後來因爲《雨》(1929)一片的助理工作，也與伊文斯展開長期的關係⓫。如同伊文斯和海倫‧范‧唐琴一樣，弗諾在電影生涯的早期就離開荷蘭到歐洲、亞洲與美洲去工作。這些具天分的電影藝術家的離開對於荷蘭的電影工業無寧是一種損失，但一直要到二次世界大戰荷蘭業界才開始覺察到它的嚴重。事實上，弗諾有別於伊文斯和范‧唐琴的是，他確曾於一九四五年返回祖國，並拍了兩部英荷合作的影片《殘破的堤防》(Broken Dykes)和《最後一槍》(The Last Shot)。

弗諾的第一部子《復活島》就以對人的敏銳和對絕望的洞察力而聞名，

❿　見Ivens, 95,他討論到本片的剪接。

⓫　弗諾原名Fernhout.

而且擔任攝影兼導演的人當時只有十六歲則更令人驚異⓬。《復活島》也是部對佛朗哥－比利時入侵該島的客觀紀錄，但片中所傳達的卻不止是島上的地理環境和住民的生活。佛萊赫堤也許會扭曲與他先入為主的想法相左的現實(像《艾阮島的人》)，布紐爾會因為現實侵擾了他的敏感度而大發雷霆(像《無糧之地》Land Without Bread/Las hurdes)。但弗諾與他們不同，他對自己觀察到的全然接受。他的片子中最主要的情感來自目睹外來者對復活島及其傳統的所做所為而感到悲哀。本片以令人難忘的高低旋律對比過去與現在，同時使用巨大石像的象徵意義來代表輝煌的過去，並以一個瘋瘋病的殖民地代表外來者所帶給這個島嶼的病痛。雖然這種哀傷的情緒隨著神秘的背景音樂而擴散，但弗諾還是創造出一個兼具人類學紀錄與人類生活記載的作品⓭。

比利時

　　早在一八九六年，比利時的電影工作者包括查爾斯・貝洛特(Charles Belot)、希波萊特・德・坎本尼爾(Hippolyte De Kempeneer)、路易士・范・古德森侯文(Louis Van Goidsenhoven)和一個法國人亞伯托・普羅米歐(Alberto Promio)就拍了包括比利時的新殖民地剛果等多部不同題材的影片，但是要到一九二二年保羅・弗龍(Paul Flon)、蓋斯頓・蕭肯斯、艾德華・德・塔倫內(Edouard de Tallenay)和安德烈・傑克曼(André Jacquemain)才拍出比利時新聞界稱譽為「我們國家首部偉大的紀錄片」的《史前時期的比利時山谷》(The Prehistoric Belgian Valley/ La vallée prehistorique Belge)⓮。這是部有關雷斯河谷(Lesse River Valley)的探險影片，也是二〇年代早期比利時拍攝的眾多在中國、南美和比屬剛果的探險影片中堪稱典範的一部⓯。而在二〇年

⓬　剪接師是亨利・史托克。

⓭　這些品質也使弗諾在美國拍攝的《他們就這樣生活著》(And So They Live, 1940)成就非凡。

⓮　關於這個歷史背景，我必須歸功於Geert Van Wonterghem著作的意見及若干翻譯的段落：*Beeld & Realiteit: International Festival van de Documentaire Film en Televisie*, ed. Pascal Lefèvre and Geert Van Wonterghem (Leuven, Belg.: Catholic University of Leuven; Brussels, Hoger Institute of St. Lukas High School, 1987).

⓯　關於比屬剛果的重要影片有：Ernest Genval的《Le Congo Qui s'Eveille》(The Congo

代末及三〇年代初，他們四人還拍出了連佛萊赫堤都稱道爲「世界上最有趣的」前衛電影**⑯**。

從本世紀之初到二次世界大戰爲止，比利時的紀錄片一直由一些強調融合強烈視覺品質和社會穿透力的電影工作者主導。比利時電影工作者在早期是靠著電影社團的運動獲得大力支持，而政府並無資助拍片，其中，特別是吉蘭・德・波(Gerard de Boe)就拍了有關比利時生活和比屬剛果生活的重要社會學紀錄片系列，除此之外，也有由剛果殖民總督府拍攝的官方影片，不過這些影片大部分都只是資料報告性質。然而其中有一部安曼・丹尼斯(Armand Denis)拍的《不可思議的非洲》(African Magic/Magie africaine, 1938)相當突出，這部片子令人想起佛萊赫堤，因爲它精巧地避開了任何現代文明的訊息，全然是丹尼斯對早期非洲看法的留存。

在比利時早期的非劇情片之中有三個重要人物，他們所拍的都是社會學紀錄片，這三個人是：查爾斯・戴凱克萊爾、安德烈・高文和亨利・史托克。

查爾斯・戴凱克萊爾

查爾斯・戴凱克萊爾的生涯包括了從前衛電影到工業電影等眾多電影形式，在他一九二七年拍出那部兼具實驗性及表現主義的作品《拳擊賽》(Boxing Match/Boksmatch)之後，開始拍攝社會學紀錄片。一九三一年的《深沉的畫面》(Sights of Lourdes/Visions de Lourdes)是此類作品的第一部，片中對宗教朝聖之地的商業剝削加以揭發，下一部片子《被焚燒的土地》(Burned Earth/ Terres brulées, 1934)則是對剛果黑人人性的環境做嚴肅研究。此後，戴凱克萊爾轉而拍攝工業影片，一九三七年他又改拍前衛電影《邪惡之眼》(The Evil Eye/ Het kwade oog)。而一九三八年他拍了一部介紹布爾蓋爾(Brueghel)和其他弗萊米奇族(Flemish)畫家如何描寫他們同胞生活的短片，這部片子同年並在威尼斯影展中獲得紀錄片的首獎。

安德烈・高文

眾所周知，歐洲電影工作者爲了在影片上呈現視覺藝術，並爲豐富和鼓

Awakens, 1925);戴凱克萊爾的《被焚燒的土地》(1934)及安曼・丹尼斯的《不可思議的非洲》(1938)。

⑯ 直到二次大戰後，比國人民重獲自由，大部分比利時電影工作者拍的片子都在法國製作。

勵透過電影表達出藝術的經驗，實驗了各種可能性。這包括教導觀眾欣賞藝術的一般性嘗試，同時也包括以動態電影形式呈現靜態視覺風格的嘗試。接續魯道夫‧班伯格和柯特‧歐泰爾以教堂爲題材的影片傳統，高文透過他兩部最早的片子表達他對藝術的巨大敏感性。這兩部傑作中，《神聖的耶穌》(1939)是一部有關比利時北部根特大教堂(Ghent Cathedral)祭壇畫「耶穌的崇拜」(Adoration of the Lamb)的影片，通過對祭壇壁畫樸實無華且謙抑自持的審視，這部十分鐘長的作品爲有關藝術的影片發展立下了重要的成就。另一部作品《畫家梅姆靈》(1939)是有關荷蘭法蘭德斯畫家漢斯‧梅姆靈(Hans Memling)在布魯格梅姆靈博物館裏作品的巡禮，本片以眞正的十五世紀樂器演奏出來的音樂伴奏，並著重對「聖烏爾蘇拉聖地」(The Shrine of St. Ursula)一畫做了深入的分析。而上述這兩部片子都是由比利時政府出資拍攝，預備在一九三九年紐約世界博覽會的比利時館中放映，根據亞瑟‧奈特所說，這兩部片子「也許是第一部拍給成人看的新藝術影片，它也適於給美國各階層觀眾觀看」(10-11)。

亨利‧史托克

　　如許多歐洲電影工作者一樣，亨利‧史托克的電影生涯是從參與電影俱樂部的活動開始，他第一部作品《奧斯坦即景》(Images of Ostende/Images d'Ostende)即在方法上有所不同，它爲海邊的活動和生活提供了一個詩意的紀錄。《海灘上的牧歌》則描寫了比利時的藝術家詹姆斯‧安索(James Ensor)、費力克斯‧賴比斯(Félix Labisse)和列昂‧史畢列爾(Léon Spillaert)；《假日火車》(Excursion Trains/Trains de plaisir)則嘲弄到海邊的「一日遊」旅客們。《無名戰士的歷史》(The History of Unknown Soldier/L'histoire du soldat inconnu, 1931)是部深受艾森斯坦影響的默片，史托克自己則稱它爲一部**實事組成的蒙太奇**(montage d'actualité)。此片諷刺而繁複，是早期一部表達反戰情感的作品，它因爲有自己的主見，與後期在它影響下的「編輯影片」相比，仍重要得多。除此之外，雖然本片沒有聲音或旁白，但即使在聲片出現多年之後，它仍爲默片的戲劇性力量留下了重要的見證。史托克同時也製作及剪接了弗諾的《復活島》以及另一部有關藝術的電影《向昔日比利時致敬》(1936)。

　　惡劣的住宅環境、清除貧民窟的需求及都市計畫一直是非劇情片史上重

·《悲慘的住宅》(1937, 比利時,亨利·史托克)

要的主題。亨利·史托克的《悲慘的住宅》是一部延續伊文斯《波寧奇煤礦區》和安斯堤-艾頓在比利時貧民區拍攝的《住宅問題》傳統的作品。本片在資金上受到推動掃除貧民區社團的贊助。表現手法上則因爲持續的戲劇性反諷、優異的聲音處理和配樂,以及它對人類絕望的陰鬱檢視而著名。若與《波寧奇煤礦區》相較,它激動的情緒透過口號吟唱和抗議歌曲來表現,因此較爲自制;若與《住宅問題》相較,髒亂與蚊蚋看起來更爲眞切,而不像《住》片之中僅是訪問抱怨的對象而已。在《悲慘的住宅》中沉重的反諷令人難忘;爲了繳房租,貧窮婦人長滿厚繭數著銅板的手與有錢婦人在分類賬本上登錄數字的肥手相互剪接在一起;還有一些近於默片喜劇的片段,像是一個租屋代辦看著剛被他驅逐出門、飢餓的一家人時,嘴裏還嚼著香蕉,之後一個男孩想從載運充公物品的卡車上搶救自己的腳踏車,代辦試圖抓住男孩,但卻被自己丟棄的香蕉皮滑倒。就如標準的葛里遜模式一樣,片中的困局必然獲得圓滿的解決,而隨著新建住宅的承諾,痛苦的面孔及歌曲在結尾處總被快樂和讚美的頌歌取代。史托克的《悲慘的住宅》又一次完成他與伊文斯在《波寧奇煤礦區》中的企圖,可稱爲一部社會抗議影片的經典之作。

瑞典

瑞典在這一段時期內唯一值得一提的影片是由史提格・阿姆維斯特、艾瑞克・阿斯克朗(Erik Asklund)、艾溫・強生(Eyvind Johnson)和亞瑟・朗奎斯特(Arthur Lundqvist)四個人攝影與導演的《老城》(1931)。《老城》有意承接「城市交響曲」的傳統,經由一個寂寞女人的眼睛來敍述斯德哥爾摩一天的生活,它非常近似卡瓦康蒂一九二六年拍的《Rien que les heures》,乃是一個悽絕的紀事。爲了主題上的連續,水和女人的影像一再重複出現,片子一開始是以一個臉朝下的娃娃浮在水面上的影像出現,繼之,一個孤單、沮喪且似乎要尋短見的女人在往旅館的街道上徘徊,片尾則是以這個女人被一個男人鼓舞起勇氣來結束,這個曖昧的結局以一種反諷性的音樂強調出來,但是,不管是音樂、攝影心理學上的運用或是主題上的重複,都無法與城市生活一貫的影像契合,因此觀眾在看完本片後會覺身陷怪異而意猶未盡的印象中。這部片子自然比不上歐洲或蘇聯前輩們的作品,只能稱得上是個奏鳴曲而不是交響曲。

丹麥

丹麥的保羅・海尼森(Poaul Henningsen)曾拍出《丹麥的影片》(The Film of Denmark, 1935)一片,他以抒情的影像來呈現每日生活,走出了與歐陸城市交響曲傳統更爲不同的風格。而另外幾部片子包括了佛萊德里奇・戴爾欽(Friedrich Dalsheim)的《帕羅的婚禮》(The Wedding of Palo/Palos brudefaerd, 1934),這部片子深具情感地描寫了格陵蘭愛斯基摩人的生活,並接續了《北方的南努克》的傳統;另外還有兩部影片,它們分別是保羅・費喬(Paul Fejos)的民族學誌短片《The Bilo》(1936)和《依色拉舞蹈競賽》(Dance Contest in Esira/Danstavlingen i Esira, 1936)。

西班牙

三〇年代中,美國與歐洲的左翼電影工作者都曾拍過一個導致二次世界大戰的軍事衝突，這個衝突就是西班牙內戰。衝突的雙方乃是效忠西班牙共和政府的人民和由希特勒及墨索里尼支持的佛朗哥將軍，後者一直企圖在西班牙建立一個法西斯政權。主要爲這場軍事衝突拍攝影片的有俄國人——如羅曼・卡曼(Roman Karmen)和艾斯・沙伯的《西班牙》(Spain/Ispaniya, 1939)，還有美國人——他們拍出像是《西班牙大地》和《西班牙之心》(Heart of Spain)等片(見第七章)。雖然西班牙到三〇年代才開始發展敍事性非劇情片運動，但在一九三二年布紐爾已完成了尖銳的《無糧之地》，本片的憤怒令人印象深刻，而它在西班牙眾多影片中也獨樹一格，實際上，它應與蘇聯杜甫仁科的《大地》(1930)、麥可・卡拉托左夫《撒凡尼堤之鹽》(1930)、捷克卡瑞爾・普利卡(Karel Plicka)的《大地行吟》(The Earth Sings, 1932)還有美國佛萊赫堤的《土地》等與土地相關的片子相提並論。本片與布紐爾稍晚拍的《被遺忘的人》(The Lost Ones/Los olvidados, 1950)不同，布氏這部早期的電影義憤塡膺、怒不可遏，片中描寫西班牙與葡萄牙邊區拉斯赫德斯(Las Hurdes)的不幸情形，因此遭到西班牙當局的禁映。布紐爾稱這部片子是「人類地理學的研究」。《無糧之地》檢視了一片缺乏衛生設備、營養及教育的土地，布紐爾經由殘酷來啟示人類(安德烈・巴贊語)，而這個方式使他不僅可從「現實的底層」(bottom of reality, 巴贊語)去透視，同時從而可以肯定人類的尊嚴❼。布紐爾也不像葛里遜、伊文斯或史托克等人會運用旁白去暗示這些社會問題將獲圓滿解決，布紐爾祇憑藉布拉姆斯第四號交響曲主題和一所從髒污中浮起來的莊嚴教堂鏡頭進行諷刺性的運用，而這些也預示了他在晚期影片中全力發展超現實主義。《無糧之地》描寫貧窮和冷漠，是部令人不安的紀錄，但布紐爾處理這個悲劇主題的戲劇性手法卻遮蔽了它做爲一個「純粹」社會學紀錄片的任何主張。

❼ André Bazin, "Los Olvidados," The World of Luis Buñuel: Essays in Criticism, ed. Joan Mellen (New York: Oxford University Press, 1978), 199;及E. Rubinstein, "Visit to a Familiar Planet: Buñuel Among the Hurdanos," Cinema Journal 22.4 (Summer 1983): 3 -17.

德國

納粹宣傳片的組織

一九三三年甚至在納粹黨尚未取得政權之前，德國人已十分明瞭電影是力量非常強大的宣傳媒介，但當時他們在電影製作上不論是機構或資金來源都沒有良好的組織；雖曾有少量為選舉而製作的影片出現，不過也只是在不公開的黨內會議中才放映❸。一九三二年十月戈培爾取得了所有納粹影片的主控權，一九三三年三月希特勒任命他出任德意志大眾娛樂與宣傳部部長。在這個職位上，戈培爾實際控制了文學、劇院、音樂、美術、新聞及廣播。臨時的德意志電影會議(Reich Film Chamber/ Reichsfilmkammer)不僅掌管電影資金的供給，也負責把納粹不希望在德國人生活中出現的猶太人及其他種族的文化拿掉。由於戈培爾本人熱愛電影，因此他在極短的時間內就控制了德國電影工業中的每個環節❾。

一九三四年二月，納粹通過了德意志電影法(Reich Cinema Law /Reichs-lichtspielgestz)，法案中規定了強制的劇本審查，對電影評論的限制以及對所有影片嚴格的分級系統；電影以它們有用的程度來分級，最高等級的影片往往是「政治與藝術價值」兼具的影片。

一九三八年戈培爾重新整頓德國電影工業，尤其關注那些受到政府直接或間接出資拍攝的影片，他同時也創辦了國家電影學校(National Film School/Deutsche Filmakademie)來訓練新的電影技術人員及藝術家。一九四二年，戈培爾以至高無上的權力再次整頓全德的電影工業，此時佛利茲‧希普勒(Fritz Hippler, 曾導過《不朽的/迷失的猶太人》The Eternal/Wandering Jew 及《波蘭之役》Campaign in Poland) 負責美學方面的事情，但事實上，大衛‧威奇(David Welch) 曾說，「不論在藝術家個人的表現或商業電影上的專業，納粹電影工作者能拿到的機會非常之少」。從一九四三年開始，納粹透過電影

---

❸ 官方組織的名稱為National Socialist German Workers Party (NSDAP)；關於納粹電影的歷史與組織，見David Welch, *Propaganda and the German Cinema 1933-1945* (New York: Oxford University Press, 1987), esp. chap. 1.

❾ 見David Stewart Hull, *Film in the Third Reich: A Study of the German Cinema, 1933-1945* (Berkeley: University of California Press, 1969), esp.10-41.

來宣傳的中心路線是：不論有什麼困難，德國終究會贏得這場戰爭的勝利。而這個政策實際一直延續到一九四五年納粹戰敗前都沒有改變❷。

戈培爾一直強調電影在宣傳上的重要性，他受到的影響其實是來自蘇聯──尤其是《波坦金戰艦》的影響。但納粹並不像蘇聯對電影在美學及辯證上的潛力那樣重視，電影不過是整個納粹宣傳力量的一個部分，而各個部分在其中都互有關連。不過戈培爾一直沒有成功地創造出一種意識型態上有日爾曼性格的電影。威奇曾寫道：

> 第三帝國對於創造出一種「羣衆文化」(People's Culture) 的嘗試是失敗的。它的原因一部分是因爲德國人對國家社會主義 (National Socialism) 有著固有的矛盾，這使得浪漫的保守主義以及革命的想法結合成一種不安定的合作關係。另一個原因則爲戈培爾自己的人格……戈培爾的電影政策 (Filmpolitik) 其實是個掌控一切的專賣系統，這個系統持續獲利，提高了觀衆人數，並在技術上創造出極高的效率。但在後來的分析中，它對電影歷史在風格上的貢獻幾不可見。(312)

事實上，由納粹政府出資拍攝的影片不過佔第三帝國的六分之一，納粹雖然持續不斷用影片來表達他們的國家觀點，但他們製作的戰爭紀錄片比諸英美等國都少，儘管如此，有些納粹宣傳片確爲令人難忘的紀錄，它們以直率的力量傳達了德國所要宣揚的理念。

納粹的意識型態

如同二次世界大戰期間拍攝的影片可以證實的，不論是極權國家或民主國家，對宣傳片都十分需要。就像他們的民主國家敵人一樣，納粹宣傳片強調一種國家主義情感的熱度，而他們甚至排除了理性的論述而熱衷於明目張膽地煽動國家主義。事實上納粹宣傳片與民主國家的製作大不相同，它們從不解釋什麼，也從不了解他們的觀衆。納粹的意識型態是建立在亞利安種族優越性的非理性基本教義上；服從元首(希特勒)的意志上，以及回歸「德國傳統價值」的國家主義擴張上。爲了宣揚這些教條，納粹運用所有可行的方

---

❷ 威奇說一九四四年戈培爾曾瘋狂地嘗試要讓所有德國電影都變得很激進，不過因爲缺乏資料，我們無從估計這個舉動究竟發揮了多大的力量。

法與媒體。在德國國內的恐怖氣氛下，戈培爾有效地運用宣傳工具以使全國百姓都去實踐元首的意志。

戈培爾以其對大眾心理高明的洞察力主導他最狂熱的宣傳工具，對「支配性種族」(master race)的優越性加以擴張，同時他也主持對猶太人最惡毒的宣傳。戈培爾希望德國電影表達出人民的心以及德國將興起爲世界強權的精神，同時，他也堅持德國電影必須有德國傳統價值，那就是(威奇所指出的)同志情、英雄主義與黨、鮮血與靈魂(Blut und Boden)、統帥主義(Führerprinzip)、戰爭與軍事形象及敵人的意象。戈培爾一意孤行想利用宣傳做爲控制整個生活方式的手段，艾倫·溫克勒(Allan M. Winkler)指出「眞實，對戈培爾而言並不是最重要的，以宣傳片而言，他說：與眞實全然不相干。而那在目標上才是成功的」[21]。他亦了解所有的觀眾都很容易被宣傳所動搖，因爲觀眾用極其簡單的想法認爲「宣傳」(propaganda)必然說謊，而相反的，是事實的必不是宣傳[22]。以這種關聯，希特勒與戈培爾對第三帝國中宣傳確實能扮演的角色在想法上有時並不相同，尤其是對宣傳片的想法更不一樣[23]。基本上，希特勒想要的是明確的政治性影片，而這個影片是基於所謂的「直接的謊言」(威奇語)；但戈培爾較喜歡宣傳片，因爲他可以間接地控制人民，並以所謂的「眞實」做訴求，對百姓已有的觀念與情感再做加強，因此，戈培爾對能反映納粹整體氣氛的長片格外喜歡，而那些宣揚意識型態的影片就不受他的青睞。

納粹把電影當做是一種對年輕人政治教育的重要工具，就如威奇指出的，教育性宣傳片分裂了父母及子女兩代之間的意識型態；並企圖創造具有英雄般意志的年輕新世代。儘管對於戰爭期間德國電影觀眾的組成缺乏可信的數據，但是我們可以推測大部分的固定觀眾羣爲婦女，而不是戈培爾一直致力吸引的年輕觀眾。

一九三三至一九四五年共有1097部長片在戈培爾主導下完成，雖然其中僅六分之一是明顯的宣傳片，但戈培爾的高明之處正是間接運用影片中的宣

---

[21] *The Politics of Propaganda: The Office of War Information 1942-1945* (New Haven: Yale University Press, 1978), 19.

[22] 見Jacques Ellul, *Propaganda: The Formation of Men's Attitudes*, trans. Konrad Kellen and Jean Lerner (New York: Vintage, 1973).

[23] 見Welch, chap. 2.

傳性。納粹宣傳片的優秀處在於技巧及力量，而不是數量驚人以宣揚黨路線為主的紀錄片、新聞片及教育片。和美國人一樣，納粹使用實況紀錄的毛片——有些甚至從敵人那邊取得，然後再將之處理成一系列支配人心、技巧上又十分高明的影片來宣揚他們的主題❷。也如同過去的蘇聯紀錄片運動一樣，納粹強調國家就是最高的權力，個人永遠是次要的，並且也永遠只能附屬在國家的利益與意志之下。但是，他們並不關切現實世界的原貌，他們僅關心那個可以為征服世界而用的扭曲的現實，在這點上他們與蘇聯是不同的。

戰前的納粹宣傳片

納粹第一部有關黨的影片是一九二七年攝製的《NSDAP, 1927年8月20-21日納粹黨大會》(NSDAP Party Day of August 20-21, 1927)。之後一大堆為促進黨的團結及贏得選舉的影片紛紛出籠❷。一九三二至三三年，選舉影片的產量達到最高峯，而這兩年也正是希特勒大舉鞏固政治勢力的時期，這些片子按年代排列如下：

一九二七年：《NSDAP, 1927年8月20-21日納粹黨大會》

一九二九年：《柏林之戰》(Battle for Berlin/Kampt um Belin) 及《NSDAP, 1929年8月1-4日紐倫堡黨大會》(Nuremberg NSDAP Parteitag August 1-4, 1929)；

一九三〇年：《NS-Bildbericht》四集；

一九三一年：《柏林之戰》一九二九年擴充版；

一九三二年：《德國出血》(Bleeding German/Blutendes Deutschland)、

❷ 研究納粹電影的資料有：Siegfried Kracauer, *From Caligari to Hitler* (Princeton: Princeton University Press, 1947), esp. pp. 275-307; Kracauer, *The Conquest of Europe on the Screen: The Nazi Newsreel, 1939-1940* (Washington, D.C.: Library of Congress, 1943); David Stewart Hull, *Film in the Third Reich: Art and Propaganda in Nazi Germany* (New York: Simon, 1973); Roger Manvell and Heinrich Fraenkel, *The German Cinema* (New York: Praeger, 1971);及Erwin Leiser, *Nazi Cinema* (New York: Macmillan, 1975). Erwin Leiser的 *Germany, Awake!* (1968) 則由劇情片中探討納粹宣傳片的策略。

❷ 選舉電影片單，見William G. Chrystal, "National Party Election Films, 1927-1938," *Cinema Journal* 15.1 (Fall 1975): 29-47;宣傳及反宣傳電影片單，見*Propaganda und Gegenpropaganda im Film, 1933-1945* (Vienna: Osterreichisches Filmmuseum, 1972).

《德國的軍備，德國的光榮》(German Arms, German Honor/Deutsche Wehr, Deutsche Ehr)、《膨脹》(Inflation/Federgeld)、《向元首宣誓》(Parole Füehrer)、《Zinsknechtschaft》、《爲萊茵河奮鬥》(Struggle for the Rhine/Kampf um den Rhein)、《元首》(Der Führer)、《Zuversich und Kraft》、《國家及土地》(State and Land/Stadt und Land)、《希特勒橫越德國》(Hitler Over Germany/Hitler uber Deutschland)、《十四年計畫》(Fourteen Year Plan/14 Jahre System)、《教堂與國家》(Church and State/Kirche und Staat)、《希特勒爲德國的奮鬥》(Hitler's Struggle for Germany/Hitlers Kampf um Deutschland)、《Bauer in Not》；

一九三三年：《Die Strasse frei den braunen Bataillonen》、《德國覺醒》(Germany Awake/Deutschland erwacht)❷、《信心的勝利》(Victory of Faith/Sieg des Glaubens)、《恐怖或重建》(Terror or Rebuilding/Terror oder Aufbau)、《Hitlers Aufruf an das Deutsche Volk》、《我的德國》(Germany, My Germany/Deutschland, mein Deutschland)、《Abrustung》、《國家勞動日》(National Labor Day/Tag der nationalen Arbeit)；

一九三四年：《我們的領袖——國家的新生》(Unser Fuehrer——des Reiches Wiedergeburt)；

一九三五年：《手拿著工具》(Hande am Werk)、《爲和平奮鬥的三年》(Three Year's Struggle for Peace/Drei Jahre Kampt um Frieden)、《德國勞工與元首》(Deutsche Arbeit und Fuehrer)、《自由之日》(Day of Freedom/Tag der Freiheit)、《繼承人》(The Heir/Das Erbe)；

一九三六年：《爲了榮譽、自由與和平》(For Honor, Freedom, Peace/Fur Ehre, Freiheit, Frieden)、《德國的昨日與今日》、《向後看》

---

❷ 另一部相同片名的影片爲Erwin Leiser的《Deutschland, erwache!》(Wake Up, Germany!, 1968) 是將納粹劇情片重新編輯成的，見Leiser 的 *Nazi Cinema* (New York: Macmillan, 1974).

(A Backward Look/Ein Ruckblick)、《Aus Eigener Kraft》、《Unser Brot》、《Arbeit und Wehr》、《先天性疾病》(Con-genitally Ill) (又名Erbkrank)、《Ewig Wache》、《世界的年輕人》(Youth of the World/Jugend der Welt)。

一九三七年：《奮鬥終會獲勝》(Durch Kampf zum Sieg)、《為我們自己》(For Ourselves/Für uns)。

一九三八年：《偉大的時代》(Die Grosse Zeit)、《言與行》(Word and Deed/Word und Tat)、《昨日與今日》(Yesterday and Today/Gestern und Heute)。

其他在戰前宣傳納粹黨路線的影片包括：

一九三一年：《希特勒的納粹軍人來了》(Hitler's Brown Soldiers are Coming/Hitlers braune Soldaten kommen)；

一九三三年：《我們大步向前》(We are Marching/Wir marschieren)、《鋼鐵》(Steel/Acciaio)、《鮮血與國土：新德國的基石》(Blood and Soil: Foundation of the New Germany/Blut und Boden: Grundlage zum neuen Reich)；

一九三四年：馬桑(Wilhelm Marzahn)拍的《第三帝國首次在柏林鐵路總部慶祝的聖誕夜》(The First Christmas Eve Celebration During the Third Reich at The Berlin Headquarters of the German Railway/Die erste Weihnachtsfeier der Richsbahn-Direcktion Berlin im Dritten Reich)及亭克(Walter W. Trinks)拍的《從深淵中向上爬》(Up from the Depths/Aus der Tief empor)；

一九三五年：柴克(Willy Zielke)拍的《鋼鐵之獸》(The Steel Beast/Das Stahltier)、山普弗拉格(Richard Scheinpflug)拍的《死亡博士：任務與成就》(Dr. Death-Mission and Achievement/Dr. Todt——Berufung und Werk)、華特·魯特曼拍的《天上的金屬》(Metal of the Heavens/Metall des Himmels)、《在路邊》(By the Wayside/Abseits vom Wege)、哈洛·梅耶(Harold Mayer)的《繼承人》、《巴克堡》(Buckeberg)、《圖

片檔案》(Bilddokumente)，還有蓮妮‧瑞芬斯坦的《意志
的勝利》；

一九三六年：史賓格(Hanns Springer)的《永遠的樹林》(The Eternal For-
est/Der ewiger Wald)、《攝影機一路前去》(The Camera
Goes Along/De Kamera fahrt mit)及《我們征服了土地》
(We Conquer the Soil/Wir erobern Land)；

一九三七年：《墨索里尼在德國》(Mussolini in Germany/Mussolini in
Deutschland)、《飛行員、無線電操作員及砲手》(Pilots,
Radio Operators, Gunners!/Flieger, Funker, Kanoniere!)、
《過去的犧牲者》(Victims of the Past/Opfer der Verganghe-
it)。

一九三八年：蓮妮‧瑞芬斯坦的《奧林匹克》(Olympia)、《健康的婦女
——健康的國民》(Gesunde Frau——Gesundes Volks)、《希
特勒的戰利品》(Adolf Hitler Bauten)、《我們的孩子，我們
的未來》(Unsere Kinder, Unsere Zukunft)及小史考羅內克
(Richard Skowronnek Jr.)的《德國的巴哈》(Das Buch der
Deutschen)。

　　雖然許多這類電影均提供了納粹德國的獨特想法，但其中僅極少數為值
得討論的精采之作。其中，約翰‧豪斯勒(Johannes Haüssler)的《德國出血》
包括了納粹英雄，也是納粹國歌作曲者赫斯特‧衛索(Horst Wessel)葬禮的場
面，而法蘭茲‧溫茲勒(Franz Wenzler)的《漢斯‧威斯特瑪：一九二九年一
個典型德國人的命運》(Hans Westmar, One of the Many: A German Destiny
of the Year 1929/Hans Westmar, Einer von Vielen: Ein Deutsches Schicksal aus
dem Jahre 1929, 1933)將個人加以神話，把雲彩或納粹黨員遊行做為英雄的背
景，這種做法的重要性比單把衛索當做是個劇情性傳記的做法還強，日後也
影響了一九三五年蓮妮‧瑞芬斯坦的《意志的勝利》，而瑞芬斯坦也影響了一
九三七年的《為我們自己》，這部片子是紀念一九二三年慕尼黑啤酒廳暴動犧
牲的忠誠納粹黨人。雷克利(Martin Rikli)的《我們征服了土地》是一部更為
傳統的納粹宣傳片，這部片子歌頌了在納粹勞動營工作的年輕男性與女性，
片子展現了一整團一整團彎身工作的強健男子在農地、工地及保留區如機械

般的效率，尤其是紀律，該片給予大力讚揚。就電影攝影而言，畫面焦距在模糊與精確對焦之間變換，因而造成一種神秘的視覺印象，但配樂的使用卻如旅遊電影一樣，反而削弱了情緒，有段運動的場面中工人停止挖壕溝的工作，在不經意中開始吹口哨，並做起柔軟體操，這令人想起巴士比‧柏克萊 (Busby Berkeley) 電影中的舞蹈慣例。儘管如此，《我們征服了土地》還是為納粹黨員的精力、團結一致及奉獻提供了一個絕佳的紀錄，而此種主題在其後蓮妮‧瑞芬斯坦的《意志的勝利》中更是淋漓盡致地表現出來。

機械般的效率也是威利‧柴克在《鋼鐵之獸》中的題材，但這部片子卻是少見的納粹宣傳片在路線上有所偏差的一個例子。柴克被當時美術上的建構主義者 (constructivist) 及包浩斯 (Bauhaus) 學派的藝術家，像莫荷利-納基及藍格-派奇 (Albert Renger-Patzsch) 所影響，他們的新客觀運動 (neue sachlich-keit) 掀起了探討從客觀到存在狀態的「機械時代」(machine age) 純粹作品的風潮，基於此種精神，德國國家鐵路局委請柴克拍了一部慶祝德國鐵路一百週年的片子。這是部頌揚德國科技優越性的宣傳大製作，但它的結局卻出人意料之外；這部片子的片名是《鋼鐵之獸》，或許是電影史上對機器頌揚最力的驚人之作，它以德國、法國與英國今昔的鐵路旅行為經緯，強調火車失事的週期，柴克為鐵路的美、力量及恐懼創造了一種讚美詩❷。他甚至在蓮妮‧瑞芬斯坦拍《奧林匹克》之前，已對電影攝影的可能性做了各種嘗試。柴克也將攝影機架設在大的鋼鐵火車頭或駕駛把手、底盤及排障器上──以一種視覺的過程將火車轉化為一隻兼具創造與破壞的鋼鐵之獸。但對於火車詩意的轉化並沒有使戈培爾高興，他反而指控柴克「傷害了德國人的尊嚴」，他不但禁演本片，並把影片作者關入精神病院，柴克中間曾例外地被短暫釋放，目的是要他到希臘去為瑞芬斯坦的《奧林匹克》拍攝序場。他在精神病院一直待到一九四二年❷。

在戰前，納粹影片反映出德國人傳統價值並饒富盛名的有《德國覺醒》、《我們大步向前》、《恐怖或重建》（以上均攝製於一九三三年）。但更重要的一些片子是一方面強調農業復原與國家繁榮，另一方面則頌揚農民與土地，

---

❷ 在英國，奧登、史班德及路易斯等人都寫過讚頌機械、電氣及鐵路的詩作。關於《夜郵》，奧登則說它是理想化的郵政列車（見第五章）。

❷ 關於柴克和《奧林匹克》的關係，見 Cooper C. Graham, *Leni Riefenstahl and "Olympia"* (Metuchen: Scarecrow, 1986), 41-45.

· 《意志的勝利》(1935, 德國, 蓮妮·瑞芬斯坦)

它們是：《鮮血與國土：新德國的基石》，這部片子確立了這種片子的類型，另一部則為《永遠的樹林》。這類「鮮血與國土」的片子其實有兩個目的：

> 第一個目的乃是要在種族與政治的團結一致以及對**生存空間**的需要上，為整個國家建立共識。以此推論，片子是為了替過去及未來的侵略與併吞合理化，並為整個國家在心理上的接受預做準備，這種接受也包含對海外受壓迫的德國人社區解放的合理化與同情。(Welch 101)

　　史賓格的《永遠的樹林》是部非常驚人的納粹電影，它不僅讚揚了德國人，並喚醒德國人的國家意識。除此之外，它也以詩的電影感喚起德國人的神話與真實。這些主題性的元素、攝影和音樂風格上令人印象深刻的元素更影響了瑞芬斯坦後來拍的《意志的勝利》及《奧林匹克》，而《奧林匹克》更強調種族共同的根的重要性。在《永遠的樹林》中，德國人民的力量是與森林相連的，它的技巧是以戲劇的演出片段重塑昔日德國農民奮鬥的歷史事件，而真正非劇情的片段則記錄了對於破壞森林——德國力量的詩意象徵——的力量必須持續抗爭的迫切。這部片子也許複雜了些，並需要對德國歷史有充分的了解才能看懂，不過它可稱得上是納粹宣傳片中，喚起黨意識型態基本信念的標準之作，這些基本信念是：生存空間、民俗傳統、對自然的關係及種族的純粹性。

在一九三三至四○年之間，德國宣傳部完成了一種片型，亦即鄂溫·賴舍（Erwin Leiser）所說的「戈培爾最重要的政治武器」——「德國新聞片」（The German Newsreel/Die deutsche Wochenschau），這種片子有如「時代的前進」一樣，在結構上及呈現上較傳統新聞片更加戲劇化。一九三六年的新聞片法已改善了新聞片的發行及版權等問題，而一九三八年的立法更下令新聞片在每種商業影片放映中都必須附帶映演。這類片子在鄉間尤其受到歡迎；在那裏電影非常罕見，機動的放映隊實際上使每個德國人「至少每個月看一次電影及附帶的新聞片」（Welch 212）。而新聞片是那麼具議題性、週期性及普同性，因此在納粹的宣傳目的上它的重要性與日俱增。也因爲這種狀況，新聞片的製作必須由政府監督，它的題材也必須受到審核。在二次世界大戰爆發之後，納粹更進一步將五個不同的新聞製作組織合併爲一個「德國新聞片」[29]。

新聞片實際上已在德國所有宣傳的努力上扮演重要角色，照威奇的說法是「造成大眾沉醉其間，並使納粹政權在國內及國外事務上的行爲獲得大眾的支持」。因爲上述的理由，納粹新聞片在整個宣傳作爲中與盟國相比是屬於較嚴肅的部分。與它們的英、美對手相比，它們尤其「有比較長的長度（約四十分鐘），剪接技巧複雜，運用煽情的音樂，較偏好視覺影像而犧牲口語旁白」（Welch 198）。他們對德軍在速度及戰力上的紀錄當可用以嚇倒外國觀眾，而在國內，這些新聞片「歡呼以加強軍事上的自信」（Welch 212）。新聞片的拍攝毛片也不僅用於傳統的新聞片，它們還被運用在其他宣傳影片中，包括三部稱爲「閃電攻擊紀錄片」（blitzkreig documentary）的非劇情片大製作：《波蘭之役》、《戰火的洗禮》（Baptism of Fire）及《西線的勝利》（Victory in the West）。

蓮妮·瑞芬斯坦

納粹宣傳片中最偉大的電影工作者就是蓮妮·瑞芬斯坦。瑞芬斯坦是一

---

[29] 見Welch, 201-03, 分析了典型的「德國新聞片」。

名舞者，也是個女演員，在二〇年代末德國一種受歡迎的娛樂片型「山岳電影」(moutain film)中她就以其運動員般敏捷的身手獲得讚譽。一九三一年她執導的第一部山岳電影《藍光》(The Blue Light/Das blau Licht)成功得將原先較爲散文式的影片類型轉變爲一種極致美感的詩意作品。希特勒喜愛本片，也因爲導演能將一個抽象的理念有效地轉化到銀幕上的天分，便邀瑞芬斯坦執導一九三三年納粹紐倫堡黨大會的紀錄片。但因爲戈培爾與瑞芬斯坦發生衝突，本片製作時戈培爾處處干梗，結果瑞芬斯坦僅拍攝了幾千呎影片而已。儘管瑞芬斯坦本人對毛片不甚滿意，但希特勒仍下令剪接，一九三三年十二月一日這部片子終於上映，並命名爲《信心的勝利》，本片也可視爲瑞芬斯坦下一部片子的序曲，因爲下一部影片在非劇情片史上將廣泛被視爲最具力量也最具影響力的一部宣傳片。

《意志的勝利》(1935)

一九三五年攝製的《意志的勝利》乃是部以一九三四年納粹紐倫堡黨大會場面爲主的影片，而瑞芬斯坦也在此創造出她最偉大的作品。據威廉・艾維森(William K. Everson)指出，這部電影「即使離開了政治或宣傳上的考量，仍不折不扣是部鉅作，除此之外，它對觀眾在情緒上收放自如的掌控也代表它盡得宣傳手段的眞髓」❸。在《意志的勝利》中，瑞芬斯坦將她自己的視野加諸眞實的影像上，達成了下列兩個目標：對納粹黨的讚美以及對希特勒的神化。

瑞芬斯坦的電影給予英雄式的生活一種藝術性的表現，她的主題是希特勒必將德國復興到昔日偉大英雄時代的高度，瑞芬斯坦爲重新詮釋德國神話而做出許多動人的效果，經由英雄式的視覺影像及英雄式音樂曲調來交相呈現。這些，尤其在本片的開場最爲明顯，它包括了：亞伯特・史畢(Albert Speer)對大會集合有如建築般的設計，拍攝希特勒的許多鏡頭均背對太陽或天空，大量的霧、雲與煙的效果，還有納粹的裝飾與黨徽、黨員行進、節慶、

---

❸ "Germany Awake: Propaganda in Nazi Cinema," *Sightlines* 14.1-2 (Fall-Winter 1980): 12. 及拙作 *Filmguide to "Triumph of the Will"* (Bloomington: Indiana University Press, 1975); 及 Steve Neale, "*Triumph of the Will*: Notes on Documentary and Spectacle," *Screen* 20.1 (Spring 1979): 63-86; Jill Caldwell, "*Triumph of the Will and Listen to Britain*: Propaganda ——Militant/Non-militant," *Film Library Quarterly* 9.1 (Sept. 1976): 52-3.

集會及羣眾的敬畏與狂熱。納粹領導人的世界被處理的有如瓦爾哈拉(Valhalla)神殿一樣,它猶如被煙雲及霧氣環繞的超然空間,百姓由英雄組成,它的統治則來自天上的神祇。赫勃特・溫茲(Herbert Windt)的配樂不斷令人想起華格納(Richard Wagner)的歌劇《尼布龍根的指環》(Ring der Nibelungen),但他並非直接抄襲,而是更進一步以華格納、民歌及納粹黨歌來融合成一種古代音樂傳統的延續。

瑞芬斯坦拍片的首要考量是如何呈現希特勒英雄般的形象,次要的考量則如何去展現黨的團結一致以及民間與軍方的力量❸。在影片結束時,它描寫了許多不同的人羣,從拍攝老農民來代表最古老的德國服裝及音樂傳統,一直到以年輕的大男孩來代表未來的希望。中間的部分則以納粹精銳的秘密部隊、勞工組織、不同政黨派系的領導人以及在羣眾中的女性組成。以如此明顯的方式捕捉到社會政治運動的精神與意識也許是空前絕後了,在過去和未來的電影中也僅有艾森斯坦的《波坦金戰艦》及《胡士托音樂節》(Woodstock)兩片算是少數可與之匹敵的影片。從片子開始一直到結束,我們一直意識到一種運動,它亦是貫穿全片的隱喻(metaphor)。這部片子同時以極大的關注與敏銳一個事件接著一個事件地走下來,在高明的剪接中將六天活動不失活力與多樣化地濃縮成兩個小時長度。當然,影片在敘事的連續上並不符合這個第六屆黨大會實際活動在時間上發生的順序。此外,這部片子也並未鉅細靡遺地包括了一切活動❸。因為,為了使影片具備戲劇性的節奏與過程,瑞芬斯坦重新安排每件事的次序,她要把散文般的偶發事件轉化成詩的電影。

這部影片緩慢而莊嚴的節奏正像是帝王或宗教性的巡行,儘管瑞芬斯坦對於活動缺乏多樣性有所抱怨,但她拍攝的事件本身在場面上仍十分撼人,而她更把這個撼人的場面做得異常振奮人心。她讓攝影機盡可能地移動,尤

---

❸ 當德國陸軍總司令華納・馮・布隆柏格將軍(General Werner von Blomberg)看過本片後就向希特勒抱怨瑞芬斯坦忽略了德國陸軍的重要性,因此瑞芬斯坦被要求製作出《自由之日——我們的陸軍》(Day of Freedom——Our Armed Forces/Tag der Freiheit——Unsere Wehrmacht, 1935)一片,這是部畫面優美而剪接高明的影片(無疑地從《意志的勝利》剪製下來的片子編成的),但本片不論在主題或心理學上的趣味都無法與著名的《意志的勝利》相提並論。

❸ 見David B. Hinton, "Triumph of the Will: Document or Artifice," Cinem Journal 15.1 (Fall 1975): 48-57.

其是題材本身不動時攝影機不斷運動，透過這種視覺的運動與變化，我們開始置身於演說中，我們被迫以特寫去注視演講者而不是去聽他陳腐的滔滔雄辯，甚至連希特勒的演講也被攝影機的移動及剪接上的蒙太奇改變了。在《意志的勝利》中，所有的畫面都在動，甚至使得死氣沉沉的建築物與旗子都有了生命。我們透過一扇窗戶去看紐倫堡，但隨攝影機愈靠近窗戶而有更好的視野時，一股看不見的力量打開了窗戶(片刻之後，一隻手打開了另一扇窗)，攝影機橫搖(pan across)過大片屋頂，並拍下屋頂上招展的旗子與煙囪中冒出的炊煙。透過空中攝影，瑞芬斯坦將行動整齊劃一的方塊隊伍所具備的沉重感減輕爲遠遠在下方移動的輕柔的線。當希特勒乘坐敞篷車經過羣眾時，我們也有一起隨行之感，因爲攝影機正架設緊鄰他身旁的車上，而我們越過他的車子回頭再看，希特勒似乎也對我們緊追不捨。

總括來看，《意志的勝利》在剪接上的成就實在高過攝影，它可以分爲許多部分或章節，彼此卻又能以敍事、主題與主線相連，儘管片子的每一段落均有不同的風格，但整部影片確爲統一的整體。當影片從一個黎明到另一個黎明，從空中到地上，然後再回返空中一直到結束，所有的部分集合在一起，其實正是要在結尾處創造一個完整而漸強的主題。而主題一而再、再而三地陳述，較次要的主題也被一再重複地介紹，但所有個別的元素仍從屬於整體的結構之下，它們都具體表達與呈現出瑞芬斯坦獨特的視野。

一九三五年《意志的勝利》在柏林首映，當時的觀眾就因它極度高明的藝術技巧而給予讚譽。但柏林之外其他地方的德國觀眾則無法接受以如此藝術性呈現的宣傳片，因此儘管我們今天對此片成就有高度評價，但當時納粹並未就這部影片做廣泛的發行。因爲這部片子太過明顯地歌頌納粹的運動，戈培爾並不支持瑞芬斯坦及她的方法，但戈培爾仍被瑞芬斯坦創造性的天分感動，他也讚揚瑞芬斯坦創作了一部刻劃希特勒的影片，而這部影片不但是部強而有力的宣傳片，也是部精采無比的電影。後續的批評，有的人因爲厭惡它在士氣及政治上的說服力，故而無法接受它在藝術上的成就；有些人則不管它政治上的視野而醉心於本片在形式上的炫麗❸。

---

❸ 見拙著"Filmguide to *Triumph of the Will*"，最近關於瑞芬斯坦的爭論起於蘇珊‧宋妲的 "Fascinating Fascism," *New York Review of Books* 6 Feb. 1975,其引起了一連串的反應 (esp. 20 Mar. 1975 and 18 Sept. 1975) 並包括Andrew Sarris, "Notes on the Fascination of Fascism," *The Village Voice* 30 Jan. 1978): 1+.

在本片中，瑞芬斯坦精湛地融合了四項電影的基本元素：光亮、黑暗、聲音及無聲(silence)。也因為本片有其他基本的元素，所以它也不僅止於電影形式上的成就；這些元素包括：主題的、心理學的及神話上的敘事，而在上述這些元素的相互作用下，瑞芬斯坦已超越紀錄片及宣傳片做為一個類型的限制。她的藝術就是感知真實狀況的本質，並把那個真實時刻的形式、內容與意義轉化成電影。透過她對神話的運用，瑞芬斯坦豐富了稍縱即逝的時刻在文化上的重要性，並延伸了那一刻的意義。她也由此轉化了實景的紀錄性片段成為她自己觀看現實的神話式視野。因為上述這些理由，這部片子之後沒有人能直接模仿，而當時的敵國也無法成功地利用片中的片段來重製成另一部反宣傳片來加以反制。實際上，布紐爾曾把《意志的勝利》濃縮版放映給羅斯福總統、何內·克萊及卓別林看，他們都認為這部片子太完美了，所以不可能被利用來反對它自己❸。但一九四○年卓別林還是運用了這部片子的一些部分創作了《大獨裁者》(The Great Dictator)，在當時出現的這部《大獨裁者》確實是瑞芬斯坦影片的反諷之作，對瑞芬斯坦而言，納粹軍隊精確整齊的步伐是一個客觀的現實，在這個基礎上，她主觀的攝影與剪接才增添了儡人的力量。對卓別林而言，描寫人們有如機械一般是喜劇的本質，他告訴我們，有關希特勒納粹黨的事與瑞芬斯坦是相同的，不過他用的是刻意的喜劇做法。在卓別林創造的這個獨裁者Hynkel的角色中，毫不留情地諷刺希特勒走路與說話的方式，而且揭穿了瑞芬斯坦的宣傳主題——希特勒是一個神，這個本身是荒謬的概念。總括而言，卓別林比瑞芬斯坦告訴我們更多有關希特勒的事，因為他探索這個英雄化軍人表象的背面，並拆穿了假份成為他們永不可能變成的(神)，這樣的想法。

《奧林匹克》(1938)

---

❸ Carlos Fuentes, "The Discreet Charm of Luis Buñuel," *New York Times Magazine* 11 Mar. 1973: 87. 當時馮·戴克是紐約現代美術館電影部門的負責人，他告訴我他將縮短的版本從館內定期放映的片目中撤回，是因為他認為任何藝術家不管多有名或任何其他的理由，都不能剪接其他人的作品。這部影片的縮短版照慣例歸入布紐爾的作品，又再度成為該館定期放映的作品，但在「定期放映影片目錄」(一九八四年版)中曾有下列一段文字：「對於布紐爾是否於四○年代早期受雇本館期間剪接本片一事一直沒有定論」。

第六章　歐洲與亞洲的非劇情片(1930—1939)　一九九

在瑞芬斯坦一生中,她一直被對立的兩者吸引,像高山與平原、崇高的首領及烏合之眾,白種亞利安民族及非洲有色土著——這種二分法也反映在她這部《奧林匹克》中。《奧林匹克》長達二〇五分鐘,是一部記錄一九三六年在柏林舉行的第十一屆奧林匹克運動會的影片。《意志的勝利》將希特勒描述為天神,而《奧林匹克》則顯示希特勒僅是眾多運動迷中的一個平凡角色。同樣的,《奧林匹克》是部偉大而重要的影片,它在電影形式上是部大師之作,但它也是部特別讚頌亞利安人種身體上強壯、健康及善於運動的納粹宣傳之作。威奇寫道:

> 藉著異教徒對運動員高超技藝的讚頌,《奧林匹克》成功地傳達了一種神秘的魅力,亦即國家社會主義主張要介紹到全球所有文化生活的部分。(121)

《奧林匹克》真正而言仍是部運動影片,它偏重運動,片子的詩情重於政策,而運動員個人的技藝重於集體意志。四年前,奧運在當時號稱世界電影界首都的洛杉磯舉行,但僅有新聞片記錄此一活動。納粹黨人的看法不同,他們將本片策劃成一個為達成特殊宣傳的影片紀錄,而它乃是藉由描寫在德國國土上的國際運動家精神來完成這個目的,本片希望表現出德國運動員的健康與活力,推而廣之,更是德國人民的健康與活力,它進一步希望,能加強德國乃是一個愛好和平與友好的國家這一觀念❸❺。而這部片子令人印象深刻的製作計畫,則是為當時亟需建立新形象的德國提供了正面的宣傳。

除了片子開始的那段拍攝持奧運聖火的跑者離開希臘廢墟是虛構的之外,整部片子全然是競賽的紀錄,每個大段落之前都有極優美的小片段做為前導,瑞芬斯坦對陽剛男性軀體的歌頌尤其偏愛(這與她七〇年代在非洲攝影上展現的品質相同)❸❻。這部片子與《意志的勝利》一樣,瑞芬斯坦精確地計畫每個可能的攝影機角度與位置❸❼。而攝影機是架設在車、船、飛機、升

❸❺ 見Cooper C. Graham, *Leni Riefenstahl and "Olympia"* (Metuchen: Scarecrow, 1986). Graham討論本片的宣傳性遍及全書,見esp. chaps. 1 and 6.及Hans Barkhausen, "Footnote to the History of Riefenstahl's *Olympia*,"*Film Quarterly* 28.1 (Fall 1974): 8–12; Marcus Phillips, "Riefenstahl's 'Harrassment',", *Film Quarterly* 29.3 (Spring 1976): 62.

❸❻ 瑞芬斯坦出版了兩本關於蘇丹Nuba族的傑出攝影集:*The Last of Nuba* (New York: Harper and Row, 1973) 及*People of Kau* (New York: Harper and Row, 1976).

降手臂、軌道、熱汽球上以及土坑裏和水裏。艾瑞克·巴諾說：

> 最驚人的攝影新發明是跳水的拍攝，跳水是由空中跳入水裏，中間不間斷的運動，拍攝時先在水面上拍攝起跳的情形，然後在選手躍入水中那一刹那，攝影機也一面改變焦距與光圈而進入水中，這個過程花了數個月練習才完成。(108)

透過對運動員成就幾乎是科學性的紀錄，這部片子建立了一些到今天我們仍使用的運動攝影法則。而關於那個高超的跳水競賽紀錄，巴諾說乃是「簡單但聰明的剪接概念」──不去管水花四濺的高潮，瑞芬斯坦挑戰地心引力，超越陸地，她提供了一個詩化的飛行經驗，在整個電影史上獨一無二。

《奧林匹克》在上映之後（以多種版本面世，包括將希特勒鏡頭拿掉的版本），瘋狂席捲全歐，並贏得一九三八年威尼斯影展首獎❸。但隨著一九三九年希特勒入侵波蘭，納粹的侵略行動達到頂點，這部片子在歐洲及美國都成為禁片。今天，《意志的勝利》及《奧林匹克》都已被視為史詩紀錄片。雖然它們也同樣是宣傳片，但愈來愈多的研究超越它表面上的目標，把重點放在創作者個人視野的表現，而不僅是做為納粹意識型態的代表。

日本

在三〇年代之前，日本在進口盧米埃兄弟和愛迪生公司的影片、日本人自己的紀實電影、攝影棚內精心的電影製作及新聞片等方面，都已頗有歷史。第一部紀實電影的內容包括了街道上的活動、歌舞伎、日本風景和日俄戰爭等內容，它是在一八九七年由柴田常吉(Tsunekichi Shibata)、淺野四郎(Shiro Asano)及河原健一(Kenichi Kawaura)三人一起完成的。但在紀錄片方面，根據日本電影學者約瑟夫·安德生(Joseph L. Anderson)和唐納·李奇(Donald Richie)的說法，「與其他國家不同的是，紀錄片在日本並未發展成一種重要的電影形式」❸。另外，與其他亞洲國家還有一點不同的是，日本並未在劇情片與非劇情片製作上取得平衡，日本人對於高度戲劇性的影片情有獨鍾。而其

---

❸ Cooper列了四十五位攝影師，五位是主要的，而威利·柴克拍了序幕。
❸ Cooper (chap. 5)提供了本片上映後，後續發展的廣泛報導。

風格也受到非寫實的劇場傳統、日本視覺藝術的抽象本質及負責向觀眾解說劇情的辯士三者的影響。

　　但除了上面我們討論到的藝術類影片之外，仍有比較起來次要一點的激進電影在進行製作。一九二九年一名深受歐洲和俄國電影影響的電影俱樂部運動領導人——岩崎昶 (Akira　Iwasaki) 就創辦了日本的普羅電影聯盟 (Protetarian Film League/Prokino)，如同歐洲和美國相同的組織一樣，普羅電影聯盟除拍攝新聞片與紀錄片之外，還要負責組織它自己的發行和上映等事務。而隨著戰爭的爆發，對非劇情片政治宣傳運用的需求也隨之而生。　映

　　第二次中日戰爭 (1937-45) 促使日本政府開始製作反映國家政策的影片，這些作品包括《北進日本》 (Japan Advancing to the North, 1934)、《卑鄙的人》 (Forbidden Jehol/卑怯の人, 1936)。此外，由普羅電影聯盟的老手三木繁 (Shigeru Miki) 與龜井文夫 (Fumio Kamei) 兩人在一九三七年拍攝了《上海》 (Shanghai)，強調犧牲、英雄主義和勝利，為日本的二次大戰宣傳片奠下了基調；但三木繁後期的影片，《戰爭中的軍隊》 (Fighting　Soldiers/戰ひと兵隊, 1939) 和《詩人小林伊勢》 (The Poet Kobayashi, 1940) 反而因為獨特的意識型態受到指責。在尚未引發二次世界大戰之前，日本也製作了許多有關中國的影片，像《新大陸》 (The New Continent, 1939) 等片，同時包括有關日本鄉下題材的影片，像《燒火炭的人》 (People Who Make Charcoal/すみやきの人ら, 1939) 和《沒有醫生的村莊》 (The Village without a Docor/醫者の無い村, 1939)，安德生及李奇曾結論道：

　　　(日本) 所有影片受到德國文化電影 (kulturfilm) 的影響超過了英國
　　紀錄片學派……而一些可以令題材無甚可觀的假科學 (pseudo-science) 和
　　假藝術 (pseudo-artistic) 的方式，在今天日本許多紀錄片中還可以看到。
　　(146-7)

㊴　*The Japanese Film: Art and Industry*, expanded ed. (Princeton: Princeton University Press, 1982), 146, *Japan in Film*, ed. Peter Grilli (New York: Japan Society, 1984); 及*Asian-American Media Reference Guide*, ed. Bernice Chu (New York: Asian CineVision, 1986).

印度

如同許多國家一樣,印度電影歷史的開展源自於一八九六年七月七日盧米埃電影機引進孟買❹;也和日本一樣,新聞片與紀實影片製作得很少,要到二次世界大戰開始後紀錄片才開始發展。事實上,在印度一直要到一九三七年非劇情片的重要性才受到肯定。

一八八五年,印度獨立運動的領袖們創辦了印度國大黨,這個政黨最後在一九四七年使印度從英國手中獨立出來。在一次世界大戰之後,已有許多動亂的跡象,特別是在印度教與回教兩派擁護者之間更有一觸即發的可能,而甘地(Mahatma Gandhi)三〇年代的熱情反抗運動促成了改革。到了一九三五年,英國修改了印度政府法案,這項修改規定了一九三七年開始,政府要進行政治和文化的改革,而一九三七年印度舉行全國大選,由甘地及尼赫魯(Jawaharlal Nehru)領導的印度國大黨贏得超過半數的席次。

英國對印度政策的放鬆也影響了印度的電影製作;選舉過後不久,英國就將一些以前被禁的紀實電影解禁,而上述影片都和甘地及獨立運動有關,對甘地在國內的活動及三〇年代初在倫敦召開專為解決印度定位的大英國協會員國會議中甘地的言行,這些影片提供了生動的紀錄❹。同時,這些紀實紀錄提供印度民眾自三〇年代開始的獨立風潮一個簡明的大事紀,而它們被禁演的事實也顯示了,根據巴諾與卡瑞許納斯瓦米(S. Krishnaswamy)的說法是「英國十年來一貫在電影媒體中排除獨立情感的決策格局」。

為了贏得印度民心,英國解除了有關國大黨影片報導的禁令,同時也做了其他不同的努力,但二次世界大戰爆發以後,因為宗教而分裂的印度並未團結支持英國。因此一九四二年英國政府便逮捕了甘地及其他國大黨領導人,同時也恢復對國大黨活動報導影片的禁令,而甘地的影像亦不准出現。就此事而言,英國政府對攝影力量的認知代表了他們竟天真地認為,只要把國大黨領導人的形象從影片中去掉,就可以有效地將他們從擁護者的心裏拔

---

❹ 見Erik Barnouw and S. Krishnaswamy, *Indian Film*, 2nd ed. (New York: Oxford University Press, 1980).

❹ 見Barnouw and Krishnaswamy, 123-24.

除。比較正面的情況是，印度政府在一九四〇年設立了電影顧問局，除了促進此地有關戰爭的影片製作外，也邀許多英國紀錄片工作者到印度來擔任顧問（見第九章）。

中國

和印度、日本一樣，中國電影史的開展也是從盧米埃手下的攝影放映師映演盧氏的片子開始的，包括了柏頓・賀姆斯及愛迪生公司、查爾斯・奧本、百代等機構的人循著早年典型的方式——到中國來放映他們公司的影片，也拍攝有關當地景色和文化活動（其中有些是捏造的），還有主要的政治事件，像是日俄戰爭及義和團之亂❷。義大利籍的安利哥・勞洛（Enrico Lauro）曾拍《上海第一個電車道》（Shanghai's First Tramway, 1908）、《西太后、光緒帝大出殯》（Imperial Funeral Procession in Peking, 1908）、《上海租界的明媚風光》（Lovely Views in Shanghai Concessions, 1909）及《強行剪辮》（Cutting Pigtails by Force, 1911）等片。在眾多的電影攝影師之中，記錄了中國的地方景色及文化活動，在供應出口及提供當地放映的影片上堪稱最獨特的一個首推勞洛，美國的中國電影史家陳立（Jay Leyda）曾說過：

> 也許只有印度是例外，這裏有一個在沒有能力攝製電影的國家中蠻普遍的情況是：旅華的外國攝影師拍攝了從最早的旅行見聞到辛亥革命等大量的紀錄片素材，但它們絕大多數與中國觀眾無緣。(7-8)

中國自己的電影製作開始於一九一三年（譯註：應該開始於一九〇五年北京豐泰照相館拍的《定軍山》），而在三〇年代前的發展甚為緩慢，並都純以劇情片為主。紀實影片紀錄方面，陳立指出當時富豪之家曾拍攝過一些家族的葬禮，而在中國內部的政治動亂、影片器材及底片的困窘還有外國人對中國新生電影事業的入侵等大環境的背景下，中國非劇情片製作僅有零星的發展。「雖有部分外國人的資本，中國的影片製作仍由中國人控制，但對於營

---

❷ Jay Leyda, *Dianying/Electric Shadows: An Account of Films and the Film Audience in China* (Cambridge: MIT Press, 1972), 1-14；書中列有一八九七至一九六六年重要的中國影片片單(392-414)，但陳立主要集中在劇情片上。

紀錄與真實

二〇四

收、戲院的經營大權仍在外國人手裏，這種情形在上海這個二〇年代已是中國電影中心的城市中尤其明顯」(Leyda 22)。這些影片也可以預見包括戲曲電影和抄襲自西方電影模式(包括西部片)的劇情片，還有一些冒險通俗劇情的電影紛紛出現。

　　新聞片大都由外國公司製作，它們記錄了本世紀開始的二十年所發生於中國的重要官方活動及政治的動盪不安，包括孫逸仙的出現與殞落、蔣介石權力的高張、一九二七年國民黨與共產黨的內戰、一九三一年日本侵佔滿洲、一九三二年滿洲傀儡政權的建立，以及一九三七年日本入侵與強佔中國。而今天的西方觀眾比較不會喜歡看這些新聞片的原貌，他們較想看的是把這些素材剪到西方式的編輯影片中，像法蘭克·凱普拉(Frank Capra)的《中國之戰》(The Battle of China)一類的片子。

　　一九三〇年一月一日，在南京與北京政權都甚為穩固的國民黨頒佈三條嚴格的法律來對電影施加管制：

1. 不得上映違反國民黨政策及國家利益的影片。
2. 電檢委員會得就任何有害善良風俗及公眾和平的影片(或影片片段)拒發上映執照。
3. 凡可能鼓吹封建思想或導致迷信行為的影片一律禁演。(引自Leyda 60)

但在這些嚴格的規定頒佈前，一九二七年內戰開始之初知識分子已有所戒懼，他們被迫先是撤退後來便轉入地下，儘管如此，陳立寫道：

　　在現代歷史中兩個最威權的系統——國民黨政權及日本佔領軍的威脅下，一個中國革命的組織仍繼續製作可在廣大羣眾間放映的影片……而在這些特別艱困又常充滿血腥的環境中竟產生出數部優於過去一切及當時合法上映的影片。同時，在許多重要的角度上，它均超過在中國辛亥革命之後的眾多影片。不論是在上海、北京或香港，也不管這些片子的創作者是否仍在拍片，這個革命組織的電影實在堪稱為出類拔萃。(71)

不過，這些主要談的仍是劇情片，最優秀的非劇情片是三〇年代由幾個外國人完成的：雅可夫·布利約克的《上海檔案》(1928)、由陳立、鄂文·勒納(Irving Lerner)、西尼·梅耶(Sidney Meyers)三人放映的前線戰事影片《中國反攻》(China Strike Back)及伊文斯拍的《四萬萬人》(1939)。

第七章

美國的非劇情片
(1930-1939)

　　三〇年代美國的非劇情片工作者不論在題材的探索及呈現出來的信念上都比同期的英國、歐洲和亞洲的電影工作者要多采多姿。他們之中大部分人接續蘇聯宣傳片和英國紀錄片的傳統而製作社會學紀錄片；其他的人則探究新聞報導影片及獨立製片的各種可能性。他們影片中的題材包括美國中西部的乾旱塵暴(Dust Bowl)、都市計畫、鄉間偏遠地區的供電、西班牙內戰、藝術、教育及機械化等方面，而他們的信念也反映出了分屬不同政治光譜的製作：包括佛萊赫堤本質上沒有立場、其實相當保守的作品、派爾‧羅倫茲和美國影片供應社(U.S. Film Service)所代表的美國新政電影、伊文斯的自由主義觀點作品、「工人電影與攝影聯盟」及「戰線電影組織」等左傾信念。

　　與歐洲及亞洲非劇情片電影工作者不同的是，美國人比較關心國內的事務而非國際性的議題，雖然他們曾製作過一些導致二次世界大戰相關事件的影片(像《西班牙之心》、《西班牙大地》、《四萬萬人》、《中國反攻》)，但他們大多仍只關心美國內部事務，這種情形就如當時的美國一樣，仍未涉入後來改變世界歷史方向的鉅大發展之中。但很有趣的是，他們與歐亞非劇情片工作者有一個題材是相近的，那就是新近興起的一類有關藝術的影片(films on Art)。

美國有關藝術的電影的興起

　　眾所周知，歐洲及亞洲有關藝術的電影傳統的開展乃奠基於前衛電影，尤其法國及比利時主要的有關藝術的影片很自然地以他們國家寬闊的藝術史為範圍，這些影片也反映了影片工作者在文化上的敏銳，他們熟知魯本斯(Rubens)及哥德式建築，也熟知馬格利特及勒‧柯比易(Le Corbusier)的建築。這些影片的導演不僅熟諳繪畫、雕刻及建築，也深知如何以電影來詮譯這些作品。除此之外，他們也假設觀眾具有一定程度的美學品味，因此影片對藝術品及藝術家讚頌的成分多而解釋得少，比較起來，美國有關藝術的影片傳統的開展就源自功能性較強的教育影片中。

美國第一批有關藝術的影片一律是教育性的，不論在題材和電影的手法上都相當傳統。「他們對成人教育貢獻極少，更是毫無趣味可言。」❶ 典型的片子像是：《銅像的製作》、《探訪盔甲藝廊》(A Visit to the Armor Galleries)、《我們先祖的火器》(Firearms of Our Forefathers) 及三部在一九二九年製作的《家具製造過程》(Furniture Making)、《銅版藝術》(Etcher's Art) 及《家具師傅》(Furniture Craftsmen)。雖然許多政府部門、教育機構及獨立片商(像大英百科影片公司Encyclopedia Britannica Films)也為一般的教學用途及學校製作教育影片，但他們只做了少量有關藝術的電影，屬於美國官方的「工作推進管理組織」(Works Progress Administration, 簡稱WPA) 製作了了史塔森尼茲(Alexander Stazenitz)執導的《Ercolani and Pompeii》(1936)、《當代雕刻》(Sculpture Today, 1936) 及李奧・塞爾茲(Leo Seltzer)的《濕壁畫的製作技巧》(The Technique of Fresco Painting, 1938)。其他開創性的藝術類影片還包括了羅拔・柯芬(Robert Coffin)的《石頭與雕刻家》(Stone and Sculptor, 1931)、史都華・摩斯(Stewart Moss)的《永恆的雅典》(Eteral Athens, 1932)、肯尼士・布魯門(Kenneth Bloomer)的《陶器》(Ceramics, 1936)、伊力亞斯・卡茲(Elias Katz)的《創造力十足的風景繪畫》(Creative Painting of Landscape, 1937)、《工作中的喬治・葛羅茲》(George Grosz at Work, 1937) 及《面具的製作》(Make a Mask, 1938)。還有一部由路易・傑柯布斯(Lewis Jacobs)製作以分析錢姆・葛羅斯(Chaim Gross)木雕技巧的《從大樹幹到頭像》(From Tree Trunk to Head, 193 9)、艾弗琳・布朗(Evelyn Brown)的《探索自己世界的小孩》(The Child Explores His World, 1938)、亞瑟・貝格斯(Arthur E. Baggs)以盛讚新墨西哥州傳統陶藝的《瑪莉亞與茉莉安的黑陶》(Maria and Julian's Black Pottery, 1938) 及法蘭西斯・湯普森的《摩天大樓的成形》(The Evolution of the Skycraper, 1939)。此外也有兩部有關黑人藝術家及他們作品的影片《黑人藝術家的研究》(A Study of Negro Artist, 1937) 及《黑人學校裏的藝術》(Art

❶ Arthur Knight, "A Short History of Art Films," *Films on Art*, ed.William McK. Chapman (New York: American Federation of Arts, 1952), 9.

in the Negro Schools, 1940)，這兩部片子反映了那個雖激進卻又在黑白隔離社會眼光下的時代。

在六〇年代之前，美國的美術館是比較屬於社會菁英的機構，它以小型的展覽向少數訪客提供豐富的知識饗宴，而來訪的人大部分是熟知藝術的收藏家及學者。但自六〇年代開始，美術館的這項功能開始擴大（有時甚至被取代了），它致力對更廣大的羣眾推展藝術教育，而內容不僅是藝術本身，也包括觀看藝術品這種社會經驗及藝術的學習。美術館現在提供廣泛的出版品、畫廊導覽、演講和視聽設備，而在展覽的開幕或閉幕時也特別製作影片以供觀賞。因此，三〇年代，紐約大都會美術館因為藝術平民化的目的成為美國最具抱負的藝術教育影片的製作機構，就更顯得重要了。大都會美術館早期的藝術影片包括佛萊赫堤的《陶藝工匠：十九世紀的一段插曲》(1925)，這部片子因為透過佛萊赫堤對陶藝工匠工作博學而又安靜的觀察顯得相當獨特；《埃及的日常生活》(Daily Life in Egypt, 1925)，這部片子人類學的成分大過藝術；《博物館的幕後工作》，這是部有關博物館背後支援性工作的紀錄，通常很多博物館的贊助會員很少知道背後的活動。還有《雕刻家羅拉多‧塔夫特》(Lorado Taft, Sculptor, 1930) 及《織錦掛氈及其製作過程》(Tapestries and How They are Made, 1933) 兩部作品，就像歐洲之前拍過的同類作品，它們也都成為很多的美術館教育的課程，還有兩部大都會美術館製作的影片：《藝術家喬爾‧哈珊的速寫》(Childe Hassam, Artist: A Short Personal Sketch, 1933) 及《美國之翼》(The American Wing, 1935)。

不過這些美國的藝術類影片的成就不高，與歐洲同類的影片相比都顯得遜色，歐洲當時的藝術影片像是安德烈‧高文的《神聖的耶穌》和《畫家梅姆靈》、約翰‧弗諾的《復活島》或盧奇亞諾‧艾默及安里柯‧格雷斯的《俗世中的樂園》都比美國片高明。儘管如此，不論在歐洲或美國，一直要到二次世界大戰之後，藝術類影片的發展才從前衛電影運動中的桎梏中解脫出來而發展成為獨立的片型。

佛萊赫堤：浪漫主義傳統的延續

《艾阮島的人》(1934)

一九三二年當佛萊赫堤在英國為拍攝艾阮島的影片尋求資助時，他已找到完美的媒介來延續美國浪漫主義在傳統上的探索。

《艾阮島的人》結合了佛萊赫堤對大自然之美的關懷、自然與人的衝突、家庭生活和歷久不衰的傳統以及人與自然力量共存時的終極生存之道。在這部片子計畫之初，佛萊赫堤似乎決心發掘(或發明)一個能呈現人與環島大海之間衝突的故事，因而這個故事也能捕捉他在《北方的南努克》一開始即縈繞於心的史詩性主題，也即卡德-馬歇爾所寫的：「在生命中無時不與生死掙扎的人，時時刻刻均高貴地活著」❷。

《艾阮島的人》可以拿來和約翰・米靈頓・辛格(John Millington Synge)令人難忘的舞台劇本《海上騎士》(Riders to the Sea, 1904)相比，在這兩部作品中，主宰島民生命的乃是波濤洶湧的大海及他們所居的荒蕪岩石，佛萊赫堤也如同他自己描寫的島上家庭一樣，敬畏大海的力量：「罹難者絕對無法拒絕大海的擁抱，否則它會一併帶走救難者，大海一定要有犧牲者。」(引自Murphy 23)在佛萊赫堤的其他影片中，人與自然的鬥爭中人總佔優勢，至少人有機會去贏。但在《艾阮島的人》中，這場鬥爭乃是大海對抗著人類，並非人類對抗大海；海洋是更為強悍的戰士，且是經常的勝利者。在影片中沉鬱有力、有如詩般的攝影優於影片中其他任何元素，它更肯定了海洋的野蠻力量及島民的堅毅不拔。在片子最後一幕完全營造出暴風雨的強勁之後，一個鏡頭提醒我們外海上的船尚未回航，他們眼看無法去對抗巨浪，而岸上的人們也開始向海岸聚攏，此時沒有音樂，只有海浪與狂風及瑪姬(Maggie)和麥克琳(Mikeleen)的聲音，她們嘗試在岸上以喊叫來引導船隻，澎湃大浪與微弱的叫喊聲並置在一起更強調了船的掙扎及岸上人的無助。最後，船沉了，船上的男人游過洶湧的波濤抵達安全的地方。但儘管瑪姬的丈夫生還了，她以哀傷而令人難忘的哭嚎控訴他們永恆的敵人。瑪姬的悲歡插了她對丈夫安全歸來的感謝，加深了這段經驗的衝擊力，也提醒了我們《海上騎士》中摩亞的最後一句話：「絕沒有一個人可以永遠活著，我們應該感到滿足。」這部片子最後一個段落造就了整部片子結構上的完整：家人又再度團結在一起對抗海洋的蹂躪。

雖然《艾阮島的人》中的景緻給予這個作品強而有力並具有詩意的寫實

❷ 見Barsam, *The Faithful Vision: Robert Flaherty as Myth and Filmmaker* (Bloomington: Indiana University Press, 1988), 58-71

之感，但這樣的景緻並不能彌補這部片子在敘事、聲音處理和配樂上的缺失。佛萊赫堤決定結合虛構劇情及眞實兩種元素（像是捕獵鯊魚及種植馬鈴薯）時，他已暴露出他敘事風格中基本但有瑕疵的一面。如同在《摩亞那》中一樣，佛萊赫堤重新安排已消失的習俗並漠視海島生活中的神話性元素外，其他一概忽略，他事實上創造了一個不完整並可能是歪曲島民生活的影像。

　　雖然佛萊赫堤總喜歡使用眞實生活中的影像，但他對於重新安排演出一個事件卻毫不猶豫，祗要他辦得到，爲了加強敘事，總會將演出的事件強加在他所觀察到的事物上。爲了擴張片子的戲劇性衝突，佛萊赫堤重新恢復了一個幾乎一百年未曾使用的獵捕鯊魚的方式，他還說服島上的男人去學習在舊式小艇上拿著魚叉的艱難工作，而這是他們一生中從沒學過的❸。第一次獵鯊乃是從岸上拍攝的，劇中人瑪姬與麥克琳在岸上張望，她們的表現顯得裝模作樣，正如原先預想的一樣，佛萊赫堤爲當地的居民編造了故事並控制他們的行動，因此他片子的人物似乎脫離了他們那類型人物生活的眞正模式。我們也因爲知道整個獵鯊行動都是刻意編造出來，而它與海洋的特意對抗也是不必要的，因此我們也就無從分享居民的恐懼或勝利。

　　在《艾阮島的人》中，佛萊赫堤繼續他對電影攝影的實驗，並在剪接與聲音上也做了小範圍的實驗。在他慣用的移動鏡頭技巧外，構圖、安排鏡位及攝影機運動都更加精緻。佛萊赫堤除了固守傳統與保守的電影文法——在建立鏡頭(establishing shot)之後緊隨著中特寫(medium close-up)與特寫(close-up)，顯示了他對攝影師該如何剪接所需的鏡頭預先拍下毛片這方面已有更深入的認知。他在拍《北方的南努克》時首次使用望遠鏡頭(telephoto lens)的實驗已確立了他影像風格的特色，而《艾阮島的人》中最重要的攝影成就乃是延續了上述的實驗以深焦鏡頭(long-focus lenses)來拍片。在愛爾蘭拍片時，佛萊赫堤使用了一部發條驅動的攝影機，他在〈拍攝眞正的人〉(Filming Real People)一文中寫道：「那是我看過最容易操作的攝影機，而帶著走也不會比一台手提打字機重到哪裏去。」他特別滿意的是這部攝影機可以配屬各種不同鏡頭——廣角、兩吋、三吋、四吋、六吋、九吋及十二吋鏡頭，特別是它還能在裝配比機身長兩倍的十七吋深焦鏡頭後仍能保持穩定

---

❸　比較而言，羅奎爾深受佛萊赫堤影響的《法勒比克》(Farrebique)一片所呈現的現實並沒有捏造的衝突，也並未重構電影時間以反映大自然全年四季交替的變化。

·《艾阮島的人》（1934, 美國, 佛萊赫堤）

性。他聲稱幾乎在每件事情上均受惠於這些鏡頭，而以這些鏡頭，佛萊赫堤
自陳他捕捉到電影史上從未有過的驚人海洋畫面❹。這個設備使得拍攝人物
的畫面可以更平易近人，它反映了佛氏不僅在乎演員的挑選，同時在拍攝演
員時對鏡頭的挑選也同樣講究。

　　不幸的是，攝影上引起我們興趣的臨場感，甚至是它所創造出來的寫實
內容被事後未經整體考量而添加的對話及音樂戕害不已，保羅·羅沙在他的
《紀錄片》(Documentary Film)一書中就直接看出《艾阮島的人》「迴避了所有
聲音引發的重要問題……」。事實上，因為預算的緣故，《艾阮島的人》在當
地拍攝時並沒有收音設備，它是以默片拍成的。拍攝完成後佛萊赫堤還必須
回到倫敦的工作室去事後錄製音效、對話及音樂。為了省錢，運用事後同步
配音是必然的，它除了挑戰了寫實主義的傳統之外，在美學的意義上一無可
取，唯一例外的或許是取代旁白的配樂可能是非常詩意且非常動人的選擇，

❹　Robert Flaherty, "Filming Real People," *The Documentary Tradition: From Nanook to
Woodstock*, ed. Lewis Jacobs, 2nd ed. (New York: Norton, 1979), 99.約翰·泰勒是第二攝
影師，見泰勒的訪問，Sussex, 28.

不過事後配音雖然抓住了注意力，但卻干擾了佛萊赫堤一直嘗試去保有的寫實主義內涵，就像片中當船撞上岩石，我們卻聽到一根木棍在麥克風前折斷的聲音，雖然約翰・格林伍德(John Greenwood)奮力要創造一個崇高的氣勢，但他的配樂卻掩蓋了片子裏所強調的簡簡單單的人的活動。

因為專心把故事重點放在各種與島嶼生活不再相關的具體活動上，佛萊赫堤避免精確地去描寫當時生活的具體現實，尤其是心理及社會的現實。正如大多數對《艾阮島的人》的批評所指出的一樣，佛萊赫堤對假象的衝突比真實的衝突更感興趣。而保羅・羅沙就指責《艾阮島的人》罔顧社會和經濟上存在的現實：

> 若要說佛萊赫堤的優點，那有很多，對他的開拓精神，他奮戰不懈地與愚蠢的商業性角力及他無畏對抗所身受的卑劣剝削方式，我們都理應深有感謝；但我們也同時了解到，就紀錄片的領域而言，他對真實的理解是對過去的感傷反應，是對現世幾無意義的逃避，他耽溺於感傷主義，並將之放在比物質主義的迫切要求更高的地位。(107)

佛萊赫堤當然會忽略像三〇年代世界性經濟大蕭條等世界大事引發的效應，他在《艾》片中暗示了艾阮島經濟上孤立是因為地理因素使然。在政治事務上，佛萊赫堤也明顯地避開島上天主教徒與新教徒之間的真正衝突。他也不願涉入其他的內部矛盾：如警民之間的衝突及愛爾蘭佃戶受到外地英國及愛爾蘭地主剝削的問題。儘管如此，雖然佛萊赫堤並沒有善用紀錄片的所有潛在力量，在《艾阮島的人》中他仍以豐富的表現手法及敏銳的感受來描寫人類的奮鬥，也更接近自己所追求的美學境界。在《艾阮島的人》與下一部我們會討論的片子《土地》(1942)的空檔，佛萊赫堤拍了一部劇情片《大象男孩》(1937)，這部片子不但損及佛氏自己的聲譽，對他非劇情片的導演生涯也毫無助益。

伊文斯：歐洲政治性紀錄片進入美國

從伊文斯拍片生涯開始，他就深信電影離不開政治(詳見第六章)。多年以來他相信電影工作者的職責便是要去「直接(參與)世界最根本的問題」❺，因此他到許多處於政治動亂或發生革命的國家：中國、俄國、印尼、古巴及越南。

　　一九三六年底，當他正與海倫‧范‧唐琴一起在美國工作時，一個美國作家團體便委請他們製作一部向美國觀眾說明西班牙內戰的影片，這些作家同情反佛朗哥的一派，並相信透過一部由西班牙內戰新聞片剪出來的編輯影片將會為反佛朗哥一派贏得民眾的支持❻。但伊文斯建議拍一部原創的影片更好，因此這個名為「當代史學家」（Contemporary Historians Inc.）的作家團體便出資製作了伊文斯第一部有關革命的片子《西班牙大地》。

　　這部片子盛讚西班牙農民對抗法西斯入侵者堅忍不拔的精神。雖然片子在預算極少的艱困環境中拍攝，《西班牙大地》仍完成了它的意圖：藉提升社會意識和為救護車籌募資金來協助反對法西斯入侵，為了達成上述目標，伊文斯假設觀眾不僅知悉法西斯主義者的嚴重威脅，同時也認同西班牙人的反抗。片子的一大主題是農業在維繫生存上的重要性，而對西班牙人而言，保護灌溉也如同在捍衛國家的生存，因此如果法西斯入侵者成功地截斷了灌溉水源，西班牙將無法供應足夠的糧食給軍人及市民。沒有水，他們也將失去名下的土地。

　　根據湯瑪士‧沃夫（Thomas Waugh）的說法，《西班牙大地》乃是部半紀錄半劇情的影片，它代表了兩類激進電影製作基本傳統的最終模式：「國際工聯類型」（international solidarity genre）及「烏托邦類型」（utopian genre）。對於仍在壓迫中努力尋求解放的社會，這兩種類型透過對一個成功的革命社會的讚頌來做為對前者的啟示❼。事實上，這部片子是對西班牙抵禦外侮的一個高明而感人的見證，但因為它假設觀眾已知道法西斯主義者威脅，也認同西班牙反侵略背後的道德訴求，所以它的力量（尤其是對今天的觀眾）反而削弱了。這方面的缺失若與法蘭克‧凱普拉所拍的「我們為何而戰」系列影片相比尤其明顯，因為後者與《西班牙大地》的用意相同，但卻花了一整系

❺ Joris Ivens, *The Camera and I* (New York: International Publishers, 1969), 138.

❻ 這個作家團體的成員有John Dos Passos, Lillian Hellman, Ernest Hemingway, Archibald MacLeish, Clifford Odets, Dorothy Parker及Herman Shumlin；見Alexander, 149-58；及 "Joris Ivens interviewed by Gordon Hitchens," *Film Culture*: 53.55 (Spring 1972): 190 -228.

❼ "Men Cannot Act in Front of the Camera in the Presence of Death': Joris Ivens' *The Spanish Earth*," *Cinéaste* 12.2 (1982): 31.

·《西班牙大地》（1937, 美國, 伊文斯）

列影片來解釋二次世界大戰的背景。凱普拉從不假設觀眾的信念，他只想過或許觀眾可能會認同他的理念。

海明威(Ernest Hemingway)為《西班牙大地》撰寫旁白並配音，那真是非常海明威的方式——安靜而沒有憤怒，講求道德訴求卻不正義懍然❽。旁白開始，海明威說道：「這片西班牙大地乾燥而堅硬，而在這片土地上工作的人們，他們的臉孔也因為太陽的照射變得堅硬而乾燥。」而當戰爭開始時，海明威說道：「此刻正是這場戰爭所為何求的縮影，六個男人挺身跨過土地而慨然赴死，它證明了：這片土地是屬於我們的。」❾而戰爭侵入這片安靜的大地顯得幾乎是不真實的。旁白與畫面完全契合，同樣具有直接而反諷的力量。凱普拉在他後來的戰爭系列電影中也達成這樣的力量。對這片土地及生活的細膩情感也都融入每一個影像之中，除了戰鬥場面之外，《西班牙大地》攝影優美，喚起了對西班牙土地荒禿、乾燥之感，也喚起了對農民艱苦生活

❽　見Ivens, 103-38, 討論了拍攝的情形及海明威的角色。

❾　Ernest Hemingway, *The Spanish Earth* (Cleveland: Savage, 1938), 19.

的記憶，馬克‧布立茲坦(Marc Blitzstein)安排了西班牙民歌的調子做爲配樂，那輕快而安靜的曲調令人回想起戰前的西班牙是何其快樂。

在西班牙拍片之後，伊文斯把注意力轉向正處於與日本交戰的中國，他爲這個將成爲二次世界大戰主戰場的國度拍攝了《四萬萬人》(1939)❿。這部片子在中日交戰雙方中站在中國的一邊，但它太過自持、太沉悶，而且也十分冗長，因此無法成爲一部成功的政治性紀錄片。伊文斯呈現了中國的艱苦抗戰，但他並未拍出中國農民堅苦卓絕的影像，不像凱普拉「我們爲何而戰」系列中的《俄國之戰》(The Battle of Russia)成功喚起觀眾對列寧格勒百姓力量的感受。其後，伊文斯片中的許多片段都被運用在另一部編輯影片中，那就是「我們爲何而戰」系列中的《中國之戰》(1944)。

伊文斯有關中國與西班牙的禦侮抗戰影片在美國因爲政治上的因素籌募到了援助資金，但它們更重要的意義是爲美國的政治性紀錄片奠定了基礎，特別是對派爾‧羅倫茲、美國影片供應社、戰線電影組織及其他左翼團體的作品有著基礎性的影響⓫。一九三九年派爾‧羅倫茲邀請伊文斯製作了一部《力量與土地》(1940)，這是部爲美國農業部鄉村地區電力管理局所拍的影片，它乃是以偏遠地區電力普及化爲美國農民帶來繁榮富庶的遠景爲題材。接繼羅倫茲的《大河》影片傳統，《力量與土地》喚起了對美國的強烈情感，但它與伊文斯的早期作品形成強烈的對比，就如威廉‧亞歷山大(William Alexander)所寫的：「這是三〇年代一個重要紀錄片導演拍攝的古怪影片，這個題材十足中產階級，而在風格上卻又如此簡單、直接」⓬。《力量與土地》雖出自外國人之手卻呈現出十足的美國風貌，也正如愛德華‧哈柏(Edward Hopper)的一幅繪畫，兩者都是對題材、導演的視野及感受的禮讚⓭。

《力量與土地》記錄了俄亥俄州帕金森家族沒有電力的農場一成不變的日常生活，影片遵循一平行式結構，因此第一段呈現出來的問題緊接著在第

<hr />

❿　見Ivens, 130-38, 有評論性的反應。

⓫　羅倫茲對伊文斯影片的看法，見Pare Lorentz, *Lorentz on Film* (New York: Hopkinson, 1975), 164-65, 190-91.

⓬　*Film on the Left: American Documentary Film From 1931 to 1942* (Princeton: Princeton University Press, 1981), 283.

⓭　Richard Dyer MacCann, *The People's Films* (103), 暗示了本片的品質也應歸因於劇本，因爲「一向不用劇本的羅倫茲要求艾德溫‧拉克(Edwin Locke)爲伊文斯準備……」。

·《力量與土地》（1940, 美國, 伊文斯），圖片中央者為帕金森太太，右邊便是伊文斯。

二段便獲得解決。在影片的第一段裏，所有的工作都是棘手的，但在第二段，有了電力的幫助，執行工作變得很容易，而更重要的是，電力帶來了滿足與利益。這部片子也因此間接批評了不願推廣偏遠農莊電力普及的私人發電廠，同時鼓勵農民成立由政府資助的合作社：「有了電力（工作）就不會那麼困難，但此事絕不能憑單獨一個人來改變。」片子的旁白是由詩人史蒂芬·文生(Stephen Vincent)所寫的，風格類似《大河》後半段旁白，雖然不及《大河》強而有力。史蒂芬的旁白溫柔感傷而不挑釁，它揉和反諷及保守的寫法與道格拉斯·摩爾(Douglas Moore)重點分明、間歇諷刺而又異常優美的配樂交融，益發相得益彰。

　　《力量與土地》與《大河》一樣，使觀眾對美國內陸心臟地區留下深刻的印象，而且餘韻不絕。這些紀錄片特別組合了嚴肅的政治性現實和感傷的價值，再融合佛萊赫堤式的詩意，因此超越了政治性的局限而在藝術上展現了無比的力量。而在鄉村地區電力化、水土保持、水壩建造等問題的時效性早已不存在，但這些紀錄片因為對人類永恆價值的終極關懷、對土地的關愛、對勤奮工作的熱愛、對人與人之間彼此可以分享的愛等等，使它們仍然擁有強大的力量。伊文斯的另一部影片《四萬萬人》就沒有這樣的效果,《力量與土地》則是他處理人類奮鬥等類似主題影片中表現得最好的一部,《力量與土地》既不好戰、亦不倡導特別的革命理念,對於在美國已有長久歷史的農業合作社的形成,本片把這個過程拍得極其簡單。《力》片攝影師佛洛德・柯羅斯比(Floyd Crosby)及亞瑟・奧尼茲(Arthur Ornitz)的影像敏銳;剪接師范・唐琴技藝高超,節奏有致,再加以旁白及配樂的整合,伊文斯創造了一部經典的美國紀錄片⑭。

在二次世界大戰期間,伊文斯分別在美國及加拿大爲美國政府及加拿大國家電影局拍片,而戰後(請詳見十二章),荷蘭政府任命伊文斯出任印尼的電影行政長官。在印尼期間,伊文斯則拍了《印尼的呼喚》(Indonesia Calling, 1946)⑮。

美國的左翼電影(1930-42)

三〇年代美國左翼電影的發展並沒有像西歐或蘇聯左翼電影運動那樣具有凝聚力,但它卻傑出地融合了外國及本土的影響,創造出獨樹一幟的美國政治性紀錄片⑯。上述的成就乃是由工人電影與攝影聯盟、奈奇諾組織及戰線電影組織等團體創造出來的。

美國工人電影與攝影聯盟(1930-35)

在三〇年代創立的美國工人電影與攝影聯盟乃是「共產國際及其各國分

⑭ 對伊文斯成就的不同觀點,見Cynthia Grenier, "Joris Ivens: Social Realist and Lyric Poet," *Sight and Sound* 27.4 (Spring 1958): 204-07; 及R. Stebbins and J. Leyda, "Joris Ivens: Artist in Documentary," *Magazine of Art* 31 (July 1938): 392-99ff.

⑮ 見Ievns, "Notes on Hollywood," *New Theatre and Film 1934 to 1937*, ed. Herbert Kline (New York: Harcourt, 1985), 294-99.

⑯ 在美國,三〇年代企圖抨擊社會問題的影片有Seymour Stern的《Imperial Valley》(1931)及《Taxi, Sheriff》《City of Contrasts》關於這類工作者(Louis de Rochement, Pare Lorentz, 及Leo Hurwitz)的粗略分析,見Peter Rollins, "Ideology and Film Rhetoric: Three Documentaries of the New Deal Era," *Journal of Popular Film* 5.2 (1976): 126-45;其片單見Tom Brandon, "Survival List: Films of the Great Depression: The Early Thirties, "*Film Library Quarterly* 12.2-3 (1979): 33-40.當時從左翼藝術雜誌中收集的文章結集的有*New Theatre and Film 1934 to 1937*, ed. Herbert Kline (New York: Harcourt, 1985).

支黨部在交戰時期所支持的文化運動中的一個部分」**⑰**，它的目的是要喚醒工人階級，透過集會及杯葛來支持政治活動，並要設立一間可以製作並展覽在政治立場上認同的照片、新聞片及影片的電影學校**⑱**。一九三一年底，根據聯盟自己的資料，已經有四十五位平面攝影好手，也包括了李奧·塞爾茲、湯姆·布連登(Tom Brandon)、山姆·布洛蒂(Sam Brody)、李奧·荷維茲、鄂文·勒納、大衛·普列特(David Platt)、哈利·艾倫·波坦金(Harry Allan Potamkin)、賴斯特·柏勞格(Lester Balog)及羅拔·戴奧·杜卡(Robert Del Duca)等九位電影攝影工作者加入期間，這些藝術家既不屑於好萊塢的電影成就，也對好萊塢不爲平凡工人羣眾拍攝嚴肅影片的缺失不以爲然**⑲**，因此他們頗爲認同葛里遜及其擁護者的精神。但儘管聯盟之中傑出的電影理論者推崇蘇聯的電影，所拍成的影片似乎並未受到蘇聯的影響，因爲它自己意圖成爲新聞片外的另一種選擇，所以非常直接易懂。雖然記錄了爲工作、工會、人權的抗爭，而明顯地與蘇俄宣傳片風格不甚相關。

聯盟早期的電影乃是在美國最早期製作的社會學紀錄片「(它們)在形式傾向不講究，而僅依賴事實記錄本身最基本的力量」(Alexander 33)。許多年後，多數聯盟的影片都遭到毀壞或已經散佚，只有當時拍攝並剪接過許多部片子的李奧·塞爾茲保留下來六部影片，它們包括了《工人新聞片，失業特集》(Worker's Newsreel Unemployment Special)、《一九三一年全國飢餓遊行》(National Hunger March 1931, 1931)、《底特律工人新聞特集》(Detroit Workers News Special)、《飢餓：一九三二年走向華盛頓全國飢餓大遊行》(Hunger:

---

⑰ Russell D. Campbell, *Cinema Strikes Back: Radical Filmmaking in the United States, 1930-42* (Ann Arbor: UMI Press, 1982), 29; 亦見其片目, 313-19.

⑱ 見William Alexander, *Film on the Left*; Roy Rosenzweig, "Working Class Struggles in the Great Depression: The Film Record," *Film Library Quarterly* 13.1 (1980): 5-14; Leo Seltzer, "Documenting the Depression of the 1930s," *Film Library Quarterly* 13.1 (1980): 15-21及 "The Film and Photo League," *Ovo Magazine* 10.40-41 (1981): 14-59; Steve Hutkins, "Unemployed Worker with a Camera: Leo Seltzer and the Flim and Photo League," *Center Quarterly* 9.2 (Winter 1987-88): 8-11; 及 Victoria Wegg-Prosser, "The Archive of the Film and Photo League." *Sight and Sound* 46.4 (Autumn 1977): 245-47;andAnne Tucker, "The Photo League,"*Ovo Magazine* 10.40-41 (1981), 3-9.

⑲ 其他成員有Jack Auringer, Joseph Hudyma, John Shard, C. O. Nelson, Norman Warren, Kita Kamura, and Alfredo Valenti.見Fred Sweet, Eugene Rosow, Allan Francovich, "Pioneers: An Interview with Tom Brandon." *Film Quarterly* 26.5 (or 27.1) (1973): 12-24.

The National Hunger March to Washington 1932, 1932)、《為年終獎金而走》(Bonus March, 1932)、《今日美國》(America Today, 1932-34)。聯盟影片在電影形式上的不足其實不僅平衡了強烈的情緒和政治的主張，也應和了影片攝製時的歷史性意義。儘管對今天的觀眾而言，這些影片大部分似乎沉悶而又遙不可及，但它們卻當時日常生活中排隊領糧食、流離失所的人們、全國性抗議失業及社會不公等事件留下了紀錄。其他的問題像是組織內部意識型態的分裂與緊張、缺乏廣大的觀眾支持更進一步的製片，都干擾了這個真正屬於美國的激進電影的發展。聯盟內部日益擴大的黨派之爭導致兩派對立，而一九三四年末由荷維茲、勒納另外創設的奈奇諾組織則使聯盟終而分裂❷。雖然聯盟一直存續到一九三七年底，但它的影響力已被日益擴大的奈奇諾組織掩蓋。

奈奇諾組織(1935-37)

　　奈奇諾組織代表了美國一些最堅定的政治電影工作者再次結盟，結果則是他們再次凝聚自己的政治承諾而製作出可以傳諸後世的政治性影片。由李奧・荷維茲、雷夫・史坦納、鄂文・勒納所領導的奈奇諾組織也包括了萊恩耐爾・柏曼(Lionel Berman)、西尼・梅耶、班・梅朵(Ben Maddow)及保羅・史川德等人，他們大多是猶太移民之後，在紐約下城東區或布魯克林區長大，他們的家庭也大都投身不同形式的社會主義或勞工工會主義運動中，因此，在「奈奇諾」中，他們結合了彼此對社會及政治的信仰。

　　在這些影片工作者之中保羅・史川德是最堅定的一位，他當時已是頗具知名度的偉大攝影家，同時也製作過兩部影片：與查爾斯・席勒合作的《曼哈塔》(1921)和《柏油路結束之處》(Where the Pavement Ends, 1928)❷。史氏希望製作有關人類尊嚴與奮鬥的影片，所以佛萊赫堤及蘇聯電影工作者的作品對他也深有影響。一九三四年史川德受墨西哥政府的委託製作了《波浪》(The Wave/Redes, 1937)，他與不同的藝術家包括卡洛斯・查維茲(Carlos Chávez)、漢渥・羅達凱維茲(Henwar Rodakiewicz)及佛烈・辛尼曼(Fred Zin-

---

❷ Nykino 的名字是連接紐約的縮寫(NY)及俄文的攝影機(KINO)兩字而成，見Joel Zuker, *Ralph Steiner: Filmmaker and Still Photographer* (New York: Arno, 1978).

❷ 見Evelyn Geller, "Paul Strand as a Documentary Filmmaker," *Film Library Quarterly* 6.2 (Spring 1973): 28-30.

nemann)合作❷，持平地呈現了墨西哥維拉庫魯茲海岸(Vera Cruz coast)外的漁民與侵擾他們生活利益的衝突。本片直接承繼紀錄片的傳統，但卻沒有明確的立場，故而影片的力量被削弱了。

派爾‧羅倫滋和伊文斯雖曾與奈奇諾組織有過關連，但他們的方向卻不同。羅倫茲雖對左翼電影工作者不表認同，但仍邀了奈奇諾組織的成員(李奧‧荷維茲、史坦納、史川德及馮‧戴克)製作了兩部美國有史以來最優秀的紀錄片：《劃開平原的犁》(The Plow That Broke the Plains, 1936)和《大河》(1937)，這兩部片子都由美國政府出資，但在精神上卻與奈奇諾組織息息相關。伊文斯在一九三六年初抵達紐約市，他致力提升奈奇諾組織成員在政治性電影理論的敏銳度，其影響力之深遠可以在「今日世界」(The World Today)中看到。「今」片是奈奇諾組織早期的成就之一，它是部曇花一現的新聞片，用以回應「時代的前進」。根據亞歷山大的說法「今日世界」「並不是一部革命性的影片，它是部人民陣線(popular front)的影片，它也呼籲，觀眾重新反省對美國的信仰」。(127)

在一九三七年之前，美國的左翼電影明顯地在不同甚至是矛盾的方向中進行製作，其中最令人不安的傾向是製作大規模的影片或是政府出資(甚或兩者兼具)的拍片計畫。派爾‧羅倫茲代表了其中一個方向，他曾協助創立了美國影片供應社，並曾在上述體制內致力左右輿論。另外「戰線電影組織」則重組了其他的體制外力量，並採取較為激進與好戰的立場。

戰線電影組織(1936-42)

戰線電影組織的名字一方面重新肯定了美國的本土性格，另一方面則是對杜甫仁科一九三五年所拍的《前線》(在美國又名《Aerograd》)的電影致敬❷。這個組織曾先後網羅了萊恩耐爾‧柏曼、基爾‧克里奇頓(Kyle Crichton)、李奧‧荷維茲、伊文斯、路易‧坎普(Louis Kamp)、伊力‧卡山(Elia Kazan)、賀柏特‧克林(Herbert Kline)、約翰‧豪爾‧勞森(John Howard Lawson)、鄂文‧勒納、亞伯‧梅爾茲(Albert Maltz)、瑪格麗特‧瑪蕾(Margaret Murray)、喬治‧史克勒(George Sklar)、羅拔‧史塔賓(Robert Stebbins, 即西

---

❷ 見Alexander, 67-81.

❷ 又稱為Air City.

尼‧梅耶)、雷夫‧史坦納、菲力普‧史提芬生(Philip Stevenson)、保羅‧史川德、馮‧戴克及大衛‧伍爾夫(David Wolff, 即班‧梅朵)。而組織也由作曲家及作家卡洛斯‧查維茲、柯普蘭(Aaron Copland)、約翰‧朵斯‧帕索斯(John Dos Passos)、莉莉安‧海曼(Lillian Hellman)、阿奇波‧麥克雷許(Archibald MacLeish)、卡里福德‧奧德斯(Clifford Odets)、普萊爾曼(S. J. Perelman)及摩利爾‧盧奇瑟(Muriel Rukeyser)等人組成顧問團,除了強調他們彼此不同外,亞歷山大說:

> 他們對導致經濟大恐慌的價值與行為相當熟悉,因此對於時下流行的影片形式均採取一種批判的立場。他們發表了共同的宣言,暢言失業問題。他們雖為羽翼不豐的年輕藝術家卻毫不在意,他們信仰集體主義(collectivism)做為一種社會經濟的解決之道,也說出了對自己天分及理想有一份年輕與活力的執著,他們也如同一個家庭或一個合作社一樣,以高度尊重配合彼此,融入彼此,並透過影片向觀眾做個人式的傾訴。(217)

戰線電影組織雄心萬丈,但他們拍成的六部片子在三〇年代的美國非劇情片不過是「浪潮上的小漣漪」(MacCann 83),兩部由賀柏特‧克林一九三七年所拍的影片《西班牙之心》及《重返生活》(Return to Life)都與西班牙有關,它們也如《西班牙大地》一樣,都是「當代史學家」為西班牙反抗軍募款而攝製的影片❷。《重返生活》因為攝影師是由卡堤爾-布烈松(Henri Cartier-Bresson)擔任因而十分重要。而《中國反攻》則由陳立(原名Eugene Hill)、班‧梅朵(原名David Wolff),鄂文‧勒納(原名Peter Ellis)、西尼‧梅耶(原名Robert Stebbins)及哈利‧唐漢姆(Harry Dunham)共同製作,它與伊文斯的《四萬萬人》意圖相近,在中日戰爭中採取支持中國的立場,但卻比《四》片乏味。其他戰線電影組織的影片尚包括由伊力‧卡山、雷夫‧史坦納、爾斯金‧柯德威爾(Erskine Caldwall)、亞力士‧諾斯(Alex North)、艾爾‧羅賓遜(Earl Robbinson)、西尼‧梅耶、陳立及海倫‧范‧唐琴共同製作的《康

戰線電影組織之外,克林也導了兩部影片,以描寫人們如何面對即將來臨的世界大戰,其中《危機》(Crisis, 1938)記錄了捷克人民反納粹恐怖主義的鬥爭,另一部是《Lights Out in Europe》(1940)。

保蘭的人們》(People of the Cumberland, 1938)，這是部有關田納西州山區經濟安全重建的影片。還有一部研究冰河的《白色洪水》(The White Flood, 1940)，是由班・梅朵・威廉・費爾德(William O. Field)、雪曼・普瑞特(Sherman Pratt)、西尼・梅耶、漢斯・艾斯勒(Hans Eisler)製作的一部與政治無關的美麗作品；另外一部片子是由班・梅朵、西尼・梅耶和萊恩耐爾・柏曼於一九三九年拍的《聯合行動》(United Action)，它記錄了底特律汽車工人的罷工，乃是戰線電影組織相當具特色的一部影片。

　　一九三八年在《康保蘭的人們》拍攝期間，戰線電影組織的成員開始確信共同合作拍片似乎不是可行之道，因此組織開始瓦解。特別是史坦納與馮・戴克覺得荷維茲及史川德開始要掌控整個組織。分裂起自於史坦納與馮・戴克接受了美國計畫人協會(American Institute of Planners)的委託，成立了美國紀錄片公司(American Documentary Films, Inc.,)並製作了《城市》一片。他們的行動在影片工作者之間引起了激烈的反應，不僅威脅了整個組織的團結，也危及《祖國》一片的製作，同時對美國左翼電影製作的持續發展也產生了深遠的影響。他們兩人的離去在共同合製與個人製作的影片之間劃下轉捩點，前者抱持著左傾的理想：像西班牙反法西斯必將勝利、中國對日抗戰的勝利、貿易工會的成長及對社會不公的內部鬥爭的勝利；而後者對上述理想較少承諾，有些人認為他們與共產黨的意識型態靠近，也向名利益靠近，而不是因為自己的理想。除此之外，馮・戴克與史坦納的舉動也加深了他們與戰線電影組織成員在思考及氣質上的差異，亞歷山大就曾指出：

　　　史坦納視美國為一本質良善、生氣蓬勃且歡樂的國度，馮・戴克則以美式浪漫主義來看待美國，反之荷維茲及史川德則以較為冷酷及腐蝕性的方式來看待當代美國的缺失，兩者之間的磨擦其實相當尖銳，因此，《城市》與《祖國》兩片截然不同也就毫不令人詫異了。(181)

史川德與荷維茲的《祖國》乃是戰線電影組織最後和最重要的作品，事實上它在製作之初就進一步分裂了這個組織(當時片名為《勞工間諜》Lobor Spy) ❷ 。

第七章　美國的非劇情片(1930—1939)　二二三

❷　見Alexander, 207-42.

《祖國》(1942)

　　根據亞歷山大的說法，《祖國》有意反映他們做為「局外人」的感受：因為他們一方面乃是不屬於美國主流文化的猶太移民之子，另一方面也不與美國主流政治性電影工作者合流。如同羅倫茲的影片《為生命而戰》(The Fight for Life)一樣，它也使用了職業演員來演出，而也如羅倫茲的作品一樣，這部影片同樣對社會不公發出了憤怒的控訴。《祖國》主要關切的是人權及民權。它描述了一九三八年參議院公民自由委員會聽證會中違反基本人權宣言的做證，影片的主題諷刺了這片自由及獨立的土地上竟仍存在著不公與不義，而雖號稱有著人權法案的國度上，仍有暴政及陰謀。不過這個片子寬廣的訴求瞬即縮小，而以經濟恐慌時期中掙扎組織起來的美國勞工運動成為重點。影片在四個段落之中(中西部農場、大都市、南方山谷及工業城鎮)描述了以謀殺、殘酷及暴行來對付「那些認為人權法案乃是與生俱來的卑微小人物」。影片在這些段落中展現了它的力量，但因為缺乏整體的凝聚力，片子的重心曖昧不明，而其訴求也因之削弱。影片中描述的「內在敵人」包括間諜、私人武裝力量、罷工破壞者、像是三K黨之類的好戰武裝團體以及貪得無厭的工業家，但片子裏並未指出誰是惡勢力，僅將它們名為「大人物」、「既得利益者」和「有力團體」，同時，它也將工會的成員描述為「實踐基本人權宣言」的「新先驅」。卡倫巴哈(Ernest Callenbach)認為《祖國》中明顯的愛國主義「現在對許多激進者而言看來十分可疑」❷，不消說它是部愛國的影片，雖然它對「一大堆法西斯心態的企業」加以控訴，但它表現出來的寫實主義精神卻是不平衡的❷。

　　《祖國》為向平凡工人致敬而做，其傑出之處還在於配合主題發展的音樂，旁白及攝影相互之間的契合。史川德的電影攝影創造出一種沉鬱深思且偏執的氣氛，也充滿了懷疑、恐懼及懸疑之感。他不停移動攝影機的技巧反諷地記錄了外在成長與內部腐化的兩個層面。在開場的部分，雖然攝影與優異的剪接節奏配合無間，但在拍攝職業演員的部分就失去了影片的真實感，在這幕中，演員做戲的痕跡相當明顯，而現實上的詮釋也緩慢而笨拙。儘管如此，史川德的攝影在實驗性及創造性上都屬上乘。而大衛・伍爾夫的旁白

❷　"Native Land." *Film Quarterly* 26.5 (or 27.1) (Fall 1973): 61.

❷　見Paul Strand, "Realism: A Personal View," *Sight and Sound* 19 (Jan. 1950): 23-26.

·《祖國》(1942, 美國, 保羅·史川德與李奧·荷維茲)

（由保羅·羅比遜Paul Robeson配音）則激動人心，不僅是因爲它喚起了對過去
恐怖的回憶，也肯定了團結對抗「內在敵人」的戰鬥。

《祖國》是部強而有力的紀錄片，但它卻無法躋身偉大作品之列，不過
麥可·克蘭(Michael Klein)仍提出因爲至少有下面三個理由，它在非劇情片史
上應有一個特別的地位：

首先，它是少數爲美國一般工人階級寫實地描繪出尊嚴圖像而又同
時在工人的生活之中，強調重要社會意義(工會主義)的影片。對於人們
的臉孔，地景和建築的感覺，史川德的攝影有獨到之處，另一方面豪爾·
達·西瓦(Howard Da Silva)與其他演員以低調的寫實主義來扮演工人階
級也同樣可圈可點。其二，它透過了對事件及類型的複雜剪接來呈現三
〇年代重要的經驗，其素材包括了歌曲、評論、地景(自然的及工業的)、
象徵主義、雕像、紀錄性報導影片、對歷史事件的重新扮演、虛構的旁
白、工作推進管理組織(WPA)的攝影風格、社會寫實主義及黑色電影。
第三，它將這些元素放置在複雜的結構中，不但使影片統一，擴張了它
的意義，對觀衆也有修辭學上的意義❷。

---

❷ "Native Land: Praised then Forgotten." Velvet Light Trap 14 (Winter 1975): 15-16; 及

做為一部有關工人階級的影片，《祖國》比葛里遜的任何嘗試都更為大膽，因為工會主義幾乎沒有在三〇年代英國紀錄片中提過。

《祖國》雄辯滔滔地為自由及民主直言，彰顯深刻人道主義關懷、喚起了過去的力量、揭開了現在的傷疤並勇於挑戰未來。在這個觀點上，亞歷山大因為它「使我們記起存在於我們身上的潛力」，因此拿來與馬歇爾‧歐佛斯的《悲哀與憐憫》(The Sorrow and the Pity)相互比較。在《祖國》之後，荷維茲拍過教育影片、商業電影以及有關美術的電影，它們包括《美術館與憤怒》(The Museum and the Fury, 1956)，有關阿道夫‧艾克曼(Adolf Eichman)審判的《明天的判決》(Verdict for Tomorrow, 1961)，有關美國詩人的佳構《尋找哈特‧克蘭》(In Search of Hart Crane, 1966)。此外《在一片土地上的發現》(Discovery in a Landscape, 1970)和《與一個已離去的女人對談》(Dialogue with a Woman Departed, 1980)則是荷維茲對自己的妻子與工作伙伴佩姬‧勞森(Peggy Lawson)的複雜紀錄。

在《祖國》之後，美國的左翼電影製片仍繼續拍出像是夏爾頓‧迪克(Sheldon Dick)的《人與塵土》(Men and Dust, 1940)及約翰‧弗諾與茱麗安‧羅芙曼(Julian Roffman)的《他們就這樣生活著》(And So They Live, 1940)。受到《劃開平原的犁》與《大河》兩部片子及戰線電影組織戰鬥性的影響，弗諾與羅芙曼合作的影片是有關落後山區中一所舊式學校的作品。他們的片子雖不像羅倫茲的影片那樣詩意，也不如戰線組織的作品那樣直接，但卻對「絕望」成功留下了有力而全面性的感受㉙。另外一部同樣題材但卻更為成功的作品是馮‧戴克的《孩子們必須學習》(The Children Must Learn, 1940)。不過，這些影片並不足以支撐在力量及對外影響上都日漸萎縮的製片運動，倒不是影片工作者缺乏政治上的信念，萎縮的原因來自內在的因素(理念不同及背叛到獨立或商業製片上去)與外在的因素(迫在眉睫的世界大戰)兩方面。

John Hess and Michael Klein, "*Native Land* Reconsidered." *Jump Cut* 10-11 (Summer 1976): 63; Michael and Jill Klein, "*Native Land*: An Interview with Leo Hurwitz." *Cinéaste* 6.3 (1974): 2-7; Joseph Goodwin, "Some Personal Notes on *Native Land*," *Take One* 4.2 (Nov.-Dec. 1972): 11-12.

㉙ 十五年後理應有後繼的片子拍出，為我們呈現出亞福雷得‧史隆基金會(Alfred Sloan Foundation)引介此種教育改革的結果，但這部片子一直沒有出現。

派爾‧羅倫茲

　　派爾‧羅倫茲是三〇年代美國非劇情片發展與成長中影響最重大的人物❸。他的成就包括執導過三部優異的影片(《劃開平原的犁》、《大河》及《為生命而戰》),擔任過伊文斯《力量與土地》與佛萊赫堤《土地》兩部影片的製片,一九三八年他還影響了老羅斯福總統,協助成立了美國影片供應社(USFS)。此時,美國正面臨著部分由經濟恐慌所引發包括失業、人口遷移、水土保持的需求等嚴重問題❸。羅倫茲熱愛美國,熱衷審視美國的問題,在新政推行期間他製作呼應的影片,強調美國理想與社會現實的差異,他是一個有奉獻精神的愛國者。

　　羅倫茲相信公民應要求政府就他們的問題提出解決之道、資訊及方向,而不僅是期盼政府提供大規模經濟支援而已。他也確信,因為好萊塢對此興趣缺缺,所以政府應該有責任製作與當代主要問題相關的影片。固然我們已知自本世紀之初,不同的美國政府機構已製作出許多有關資訊、訓練與宣傳的影片,但一直要到美國影片供應社成立後,才首次出現有組織的官方電影製作。做為電影的學習者,羅倫茲相信政府製作的影片應同時兼具美感及政治功能。但在理論上,羅倫茲及葛里遜似乎都會同意,羅倫茲影片慣有的藝術特質,像是影像、聲音及主題融合的成就,葛里遜製作的影片中(《夜郵》除外)卻從未達到過。

《劃開平原的犁》(1936)

　　《劃開平原的犁》是羅倫茲的第一部電影,它敏銳地描寫了塵暴危機對社會和經濟的影響。同時期的兩部作品:史坦貝克(John Steinbeck)的小說

❸　對羅倫茲一生的最佳評價,見Richard Dyer MacCann, *The People's Films: A Political History of U.S. Government Motion Pictures* (New York: Hastings, 1973), esp. chap. 4,及他早期作品, "Documentary Film and Democratic Government; An Administrative History from Pare Lorentz to John Huston," diss. Harvard University, 1951.亦見Robert L. Snyder, *Pare Lorentz and the Documentary Film* (Norman: Oklahoma University Press, 1968), 這份研究大部分應歸功於MacCann最初的研究。

❸　關於三〇年代美國紀錄片表現上的不同模式,見William Stott, *Documentary Expression and Thirties America* (New York: Oxford University Press, 1973).

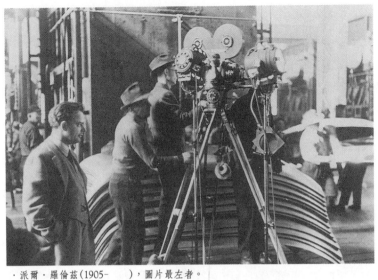

· 派爾·羅倫茲 (1905-　　) ，圖片最左者。

《憤怒的葡萄》(*The Grapes of Wrath*) 和華克·伊凡斯 (Walker Evans)、詹姆斯·艾吉 (James Agee) 兩人合作的攝影集《現在讓我們來稱讚名人》(*Let Us Now Praise Famous Men*) 也有相同的特色❷。由美國開墾管理局製作的《劃開平原的犁》勾勒了美國中西部大平原的歷史，這段史實從西進運動及牧場主人與農民在密西西比河沿岸大草原的定居開始，歷經由一次世界大戰創造起來的農業好景，乃至於技術改革導致的絕望與混亂、股票市場崩盤、經濟大恐慌、塵暴與乾旱。本片結合了真實的影像，為人類與自然資源的保護做出具說服力的陳述❸。片子視覺影像震儷人心又赤裸直接，美國紀錄片攝影大師華克·伊凡斯、朵諾西亞·連奇 (Dorothea Lange)、班·善恩 (Ben Shahn)、羅素·李 (Russell Lee)、瑪格麗特·柏克-懷特 (Margaret Bourke-White)、羅伊·史柴克 (Roy Stryker) 及其他幾個人在本片的成就令人難忘。聲音的運用方面，它與同一年代的《夜郵》也有神似之處，本片與《夜郵》都對人有所

---

❷ 《劃開平原的犁》對約翰·福特的《怒火之花》(The Grapes of Wrath, 1940) 有明顯易見的影響。《劃》片也被拿來與金·維多 (King Vidor) 的《麥秋》(Our Daily Bread, 1934) 做比較。

❸ 關於此片的研究，見 *The Plow That Broke the Plains* (Washington, D.C.: U.S. Film Service, 1938).

·《劃開平原的犁》(1936, 美國, 派爾·羅倫茲)

讚譽,但不是因爲人的效率,而是因爲他們面對無效率、冷漠和貪婪的耐力。與《夜郵》不同的是,它對政治與社會有更大的企圖。

　　這部紀錄片要呈現的其實已在開場的標題中表露而不必再藉諸長篇累牘的旁白。片中不連續及諷刺的想像力、評論、聲音及音樂完成的整體效果甚至超越了《大河》的成就。儘管影片中許多力量常常來自對聲音及畫面的諷刺性相連並置(例如以對位方式來處理曳引機及坦克車的畫面,還有打穀機及子彈的聲音),實則《劃開平原的犁》並無事先計畫好的拍攝腳本,它全都在剪接室就素材的可能性來完成,因此影片就因不同的情況反映出不同的節奏(像小麥收割及龍捲風暴),它缺乏《大河》中像歌劇一般層層堆砌及豁然開朗的旋律。在這個缺憾之下,只有維吉爾·湯姆生(Virgil Thomson)的配樂維繫了一貫的優異水準。湯氏的曲調相當具美國風味,當影片描寫美好時光時,音樂輕盈而活力無窮;當描寫在沙暴之後的悲慘時,湯氏則運用了宏亮的宗教詩歌及吟唱來諷刺。羅倫茲後來以洞察力及誠實回顧了他自己的片子:

　　……藉著傑出的攝影及音樂《劃間平原的犁》是部不凡之作,因爲以工人故事及結構爲主，因此是少見的偉大作品。它訴說了大平原的故事，也告訴我們一些情感上的價值——一種源於土壤中的情感。我們的女主角是草地，我們的壞蛋是太陽及風，我們的演員則是居住在鄉間草原上的真正農民。這是部有關自然的通俗劇，一部草原變塵土的悲劇，一部只有卡爾·桑柏格(Carl Sandburg)或維拉·卡瑟(Willa Cather)或許才能照實講述的通俗劇。(引自MacCann, *The People's Films* 66)

羅倫茲已經建立了他對美國的視野，也因爲表現的風格得宜，他的片子在全國主要戲院的商業映演中都廣受好評。儘管國會曾質疑這部片子的內容及意圖(它是教育片或宣傳片？或兩者兼具？)，而羅斯福及藍登(Alfred M. Landon)兩位總統候選人的陣營也曾過度聯想，以至於損害了它在某些地區的接受程度。不過在二次世界大戰之前《劃開平原的犂》仍可說爲美國紀錄片建立了一個方向。而一年之後，羅倫茲又在《大河》中再度找到與他視野契合的影片風格。

《大河》(1937)

對羅倫茲而言，美國的歷史支配了美國的命運。因此在《劃開平原的犂》中，他追尋美國中西部大平原的歷史，在《大河》中，繼續追溯密西西比河及其支流的歷史，藉此，羅倫茲除了對我們誤用自然資源展開了令人難忘的控訴，同時也發揚保護自然的精神❸❹。藉著對河流故事的回顧，羅倫茲講述了人、土地、水源及穀物賴河而生，但卻造成了生態上的不平衡，而羅倫茲的主題相當簡單：不當的墾殖、林業管理及收割將使土地枯竭、表土無法保住後，侵蝕繼之發生，終將導致洪水，而農業、工業及百姓將因之陷於癱瘓的境地。《大河》是部前進而煽情的影片，不時呼應著羅斯福式的語法「破衣、歹住、粗食都成過去——在這世界上最偉大的河谷中！」不過羅倫茲的旁白因爲受到華特·惠特曼卓越的自由體散文詩影響，所以並不至於那麼政治腔。片子開始的旁白是這樣寫的：

從西部很遠的愛達荷州，

❸❹ 現今的保守主義者不會支持《大河》中田納西河谷計畫的保守做法：利用廣袤河谷的水建水壩，以產生廉價的水力發電。

從洛磯山脈的冰河之巔——

從東部很遠的紐約，

從阿利根尼山脈的火雞嶺，

從明尼蘇達州，延綿了兩千五百哩，

密西西比河流向海灣，

帶著每一滴水，流經美洲大陸的三分之二，

帶著每一條溪、澗、細流與小河，

帶著所有的河流，流經大陸的三分之二，

密西西比河奔向墨西哥灣，

流向黃石公園區、米爾克山、白山與夏安族；

流向砲彈、貽貝殼、詹姆士與蘇族；

流向猶滴、大峽谷、奧色治族與普拉特河；

流向臭鼬鼠、鹽、黑人與明尼蘇達州；

流向洛磯山脈、伊利諾州與肯卡基，

阿勒格尼山、馬諾格里拉族、肯納哈族與馬斯科族；

流向邁阿密、瓦貝許、李奇與格陵，

坎柏蘭、肯塔基州與田納西州；

一直到奧奇塔、維奇塔、紅河谷及雅族——

到了密蘇里，離洛磯山有三千英哩；

到了俄亥俄州，離阿勒格尼山有一千英哩；

到了阿肯色州，離大分水嶺有一千五百英哩；

到了紅河谷、離德州有一千英哩；

到了大河谷、離明尼蘇達州有兩千五百英哩，

帶著溪、澗、細流與小河，

帶著所有的河流，流經大陸的三分之二——

密西西比河奔向了海灣❸❺。

　　影片的敘事結構是按年代排列的，但也有些週而復始的意味。就如影片序場的旁白所暗示的，《大河》以遍佈美國心臟地區的密西西比河支流的成長開始，呈現了因不當的林業管理及棉花田種植已過度蹂躪了土地，而重工業

---

❸❺ Pare Lorentz, *The River* (New York: Stackpole, 1938), n. pag.

的成長則破壞了河谷；它也記錄了上述原因產生的洪水終釀成巨災，導致不可避免的結局，亦即貧瘠的土地造成了貧困的人民。片子的結尾記錄了田納西河谷管理當局的工作，他們致力重建密西西比河及其支流系統的工作，使其盡可能恢復原來的平衡。故事本身是簡單的，但處理的技巧卻很複雜。

　　《大河》是部技術超拔的作品，在聲音、畫面、戲劇與事實的整合上幾乎是歌劇式的。這部片子的三個主要段落——水、木材與洪水——一開始即動人心弦地呼喊著美國的河流、樹林及受洪災之害的城鎮名字，而為了強調與經營其他的段落，上述巨大的名字仍一再重複。維吉·湯姆生的配樂為每個段落塑造了基本的主題，他以響亮地讚美詩般的音樂混合了拼合旋律的切分音 (ragtime syncopation)，不僅呼應了美國音樂的豐富性，也暗示了此一偉大河流的高深莫測與它的多重意義。而馮·戴克、佛洛德·柯羅斯比及史德西·伍渥德 (Stacey Woodward) 的攝影卓越，許多畫面令人難忘，歷久彌新❸❻。本片大部分鏡頭都未經事前計畫，它直接拍攝於現場，並於事後由羅倫茲在紐約剪接，但它也以運用新聞片的方式截取了兩部好萊塢電影《奪妻記》(Come and Get lt) 及《表演船》(Showboat) 中的片段。羅倫茲以艾森斯坦式的蒙太奇手法描寫了一九〇二至三七年侵蝕與洪災的歷史，畫面從左而右、從上而下的主導性視覺運動特別喚起了一種宿命之感。一支冰柱滴水成流，經過若干年之後，這個涓涓細流成為小溪，小溪再變成河流，之後河流劃過土地而成為洪水。當洪水擴大，鏡頭在視野上也隨之開展，為了要增強緊張性並製造高潮，羅倫茲交叉剪接了洶湧的激流以及洪水向下游奔流的鏡頭。旁白再一次呼叫了長串先前出現過的河流與市鎮的名字，此時，洪水和影片則達到了一戲劇性高潮。也因為旁白的價值僅有部分的文學性，《大河》並不採用口語直接敘述的方式，羅倫茲認為概括式的敘述並不能達到自由散文體詩旁白及音樂總合的效果❸❼。在棉花業及木材工業成長時有連續不斷的鼓聲做為配樂，而來自四面八方水滴的聲音很快地就變成洪流的聲音，鏡頭則是微弱光線中的光禿樹林：「我們砍下了賓西法尼亞州的頂端，並將之隨河流去」。旁白一再質疑整個過程的價值說道：「其代價何其高啊！」

---

❸❻　見 Willard Van Dyke, "Letters from *The River*," *Film Comment*, 3.2 (Spring 1965): 38-60.

❸❼　喬艾思說這個敘述是「近十年來最美的詩作」，引自 William L. White, "Pare Lorentz," *Scribner's* (Jan. 1939): 10; 卡爾·桑柏格則說「對美國最偉大河流的最好的讚美詩」。(引自 Snyder 184).

影片技巧高明地運用了相關美國文獻的畫面及聲音——名字、地圖、歌曲及音樂主題——觀眾將會察覺到流經各個歷史時期與各州之間的密西西比河已逐漸惡化，而這個問題最終將會在經濟上及精神上枯竭整個國家。不幸的是，因為羅倫茲必須在片中呈現政府正如何解決問題，因此片子的最後三分之一(大約十分鐘)就沒有前兩段的想像力。這個結論實際上直接記錄了田納西河谷管理局及農地安全管理局的改善工作。雖說片尾報導了河川惡化實質上的改善並預言了未來的偉大希望，但它似乎並不能完全與整部片子搭調。

《劃開平原的犁》及《大河》兩部片子除了廣受好評之外，也在全美多家電影院中受到成千上萬觀眾的喜愛。根據麥肯(Richard MacCann)的說法，《劃》片由開墾管理局發行，大約有三千家獨立戲院曾上映過，而《大河》由派拉蒙電影公司做院線放映。就一部短片在院線的發行而言，它的成就實在驚人。而《大河》被考慮提名奧斯卡金像獎最佳短片時，好萊塢眾多領導人之一的華特·迪士尼馬上提出反對，他認為這將會在政府及私人企業之間的競爭開了一個惡例。在倫敦，《大河》受到葛里遜及佛萊赫堤熱情的歡迎，而在一九三八年的威尼斯影展中，它則擊敗了瑞芬斯坦的《奧林匹克》贏得了最佳紀錄片的獎項❸。

這個國際性的肯定對於美國的非劇情片有著立即與深遠的影響。之前，一般大眾已對「時代的前進」影片系列反應熱烈，現在，他們更開始對原創而具想像力的美國非劇情片感興趣。在另一個層次上，認真的電影學生與評論者開始注意這個片型的發展，而我們也提過的，商業力量的投入在原屬獨立製片的領域中標示出一個新的階段，因此馮·戴克及史坦納離開了戰線電影組織而另外成立了美國紀錄片公司。事實上，大眾對探討當代問題紀錄片的興趣遠高於當時紀錄片的數量，而一九三九年的紐約世界博覽會，《劃開平原的犁》與《大河》兩片的成功以及完全非劇情片的節目則更激起了大眾的興趣。這個電影新寵所導致的結果是各個企業及基金會開始去資助更多影片，非劇情片工作者則為因應愈來愈多雄心勃勃的製作而紛紛成立新的製作組織。洛克斐勒基金會創立了美國影片中心(American Film Center)，製作了

❸ 關於羅倫茲電影的不同評論，見Andrew Bergman, *We're in the Money: Depression America and Its Films* (New York: New York University Press, 1971), 165-66.

多部以教育及公眾爲目的的影片，而紀錄片製作人協會(Association of Documentary Film Producers)的成立則是爲了「去發展獨立而具創造力紀錄片在藝術及技術上的水準」[39]。在二次世界大戰之前，好萊塢認爲非劇情片沒有商業性因此興趣缺缺，而當時極少數的獨立製片公司亦無法製作出足量的影片以滿足潛在的非商業觀眾，所以，美國政府設立了美國影片供應社來支持並加強對非劇情片的製作。

美國影片供應社

創立於一九三八年八月，由羅倫茲出任首位負責人的美國影片供應社(United States Film Service, USFS)有兩個基本的目標：教育政府的員工及教導大眾解決當代問題的方法[40]。雖然美國影片供應社有成爲大英郵政總局電影組那樣重要組織的可能，但從一開始就受到國會質疑其製片計畫的政治性和適切性，還有整個影片製作缺乏資金的雙重打擊[41]。由供應社製作出來的影片包括《爲生命而戰》(1940)、《力量與土地》(1940)及《土地》(1942)，其中《土地》雖由供應社開拍，但卻在農業調節管理局(Agri Cultural Adjustment Administration)轄下才完成。

《爲生命而戰》(1940)

經過多年對水土保持問題的紀錄之後，派爾‧羅倫茲將注意力轉向另一個同等重要的全國性問題：公共衛生。他深爲嬰兒與母親的死亡率、失業工人與營養不良三者相互之間的關係而不安。爲了要提出些解決之道，羅倫茲便製作了《爲生命而戰》。這是部使用職業演員、眞實地點與佈景的長片，它有計畫且周延的對白腳本，同時也有戲劇性的配樂。從理論及實務上而言，這部片子以新的形式結合了紀錄片及戲劇的方法，如羅倫茲早期的電影一樣，這部片子關切非常重要的公共議題，而它對國家一直存在的問題那種錐

---

[39] Alexander, 256n. 羅倫茲對某些非劇情片製作團體的批評見MacCann, *The People's Films*, 57.

[40] 關於美國影片供應社成立的背景，見MacCann, *The People's Films*, chap. 5, 及Snyder, 79-95.

[41] 關於民主社會中政府宣傳暗示的討論，特別是國會辯論USFS的特殊資料，見MacCann, *The People's Films*, esp. 104-17。

心而誠懇的研究不僅洞燭時代之先，同時也爲我們留下了一個有效的處理方式❷。

　　《爲生命而戰》乃是有關在國家總醫院婦產科病房中發生的所謂「悲劇性意外」的故事，本片就其觀點上採取了一個非常強烈的立場來反對所謂「悲劇性意外」的說法。因此它大聲疾呼負責接生的產科大夫與其他醫生應該受到更好的訓練，而孕婦及她們的孩子也應該受到更佳的產前產後照顧及更合適的飲食。本片的理想化人物是一位堅強而又具奉獻精神的醫生，他憂心自己病人的健康、關切他所屬醫院的條件和他所居住城市的福祉。除了上述的安排外，本片也採取了一個爭議性的立場，亦即醫生應該隨時準備爲國家中的窮苦人——那些沒有金錢和資訊、常常不能從合適的醫療照顧中獲益的窮苦人——服務。

　　《爲生命而戰》以某醫院手術室中一個未指明的手術過程來展開，我們看到了護士與醫生緊張的臉色，也聽到病人的心跳聲，當攝影機透露孩子已出生的訊息，我們才對剛剛的懸疑稍感釋然，但是當一切事物都表現得很正常時，母親的心跳卻停止了，她一點都沒有掙扎求生便悄然死去。一位參與其中的年輕醫生因而覺醒，他決定要在一個貧民區裏的婦產科診所重新學習，並找尋因生產而導致死亡的原因。就上述這點看來，這部片子緊湊、專業性高並有其用意。影片的第二部分直接而又生硬地展現這個醫生所受的訓練及實習，最後則以骯髒住屋中的一次接生來結尾。影片生動地強調了在家中生產伴隨來的危險性。在這部片子充滿戲劇性後半部中，我們追蹤了另一個難產的個案，在這裏，電影攝影是全然戲劇式的，各個角色都拍得像畫像一樣，在黑暗的房間和實驗室則使用了聚光燈。在一戶人家中，做丈夫的因爲找工作另走他鄉，而祖母則講述了自她年輕時開始，生活的艱難即與日俱增。然後，爲了強調下一代的來臨，我們看見祖母在另一個房間中，距離稍遠且焦距模糊，在景框前景中的則是她剛出生的孫子。幾乎同時，母親開始出血了，於是醫生展開緊急手術，不過與影片開場相反的是，病人救活了，儘管生產及手術都在骯髒的環境中進行。適當的計畫與訓練良好的醫生兩者的絕對重要性，現在不辯自明。

<hr />

❷　一方面它對後繼的影片工作者並沒有什麼特殊的影響，不過它在醫學界及社區倒頗受好評。參見MacCann, 96-99, 及Snyder 63-78。

與三〇年代其他美國與英國的非劇情片相比，這部半劇情性的紀錄片太戲劇化，也太職業化了。《力量與土地》中真正農人或《北海》中的漁民，他們的「演出」渾然天成而又使人信服，但運用了僅會說對白的演員來演出的《為生命而戰》自然沒有上述兩片中的「演出」品質。另一方面，這個缺失並沒有使旁白深具說服力的效果失色。在所有元素之後，還有路易‧格魯恩柏格(Louis Gruenburg)的配樂，他以鼓聲及弦樂來造成心跳的效果，就如同一闋交響曲可以肯定生命一樣，他所創造出來的節奏提醒了我們死亡的陰影❸。

　　也許是羅倫茲自己編寫並導演電影的緣故，也或許是因為挑選了傑出的合作者，不管理由是什麼，他製作的非劇情片在戲劇上、視覺上及聲音上均超乎旁人，而其成功的原因明顯地在影片本身。首先，它們在畫面與聲音(音樂及旁白)的整合上及對整體社會政治學上的了解相當突出。其次，它們很「美國」，它們高喊自然主義者對於土地的愛、詩人對於語言的愛及愛國者對於自己國家傳統的愛。如佛萊赫堤的電影一樣，它們似乎常常視天真無偽為一種基礎，而對自然純樸有一種熱愛，而它們深愛國家、百姓及百姓的價值，那份情感也有如惠特曼的詩一樣不容置疑。第三，他們基本上遵循著紀錄片問題/解決的結構，但這些影片也依賴重複的技巧、不同節奏的結合與雙線同時進行的平行結構。影片第一部分呈現問題，在第二部分被解決殆無疑問，但它們是透過影像、聲音與動機高妙相連以及故事發展上的統一與凝聚來完成的，上述特質使它們有別於類似的英國片《住宅問題》或伊文斯的《新地》。簡言之，羅倫茲的影片成功地將英國及歐洲的紀錄片傳統融合成一個愛國情操引起共鳴的新模式；以此，他使觀眾理解到一個地區的問題也就是整個國家的問題。

　　羅倫茲的影片直率地表現了人力與自然資源的侵蝕與流失，他其實在呼籲一種社會改革；而這種改革不像葛里遜那麼客氣，也不像伊文斯那麼直言無諱，羅倫茲是以隱喻、音樂和詩的掌握來進行改革的。但雖為改革之所需，他也沒有犧牲可信靠的寫實主義、優越的技巧及詩的力量。儘管如此，美國國內兩大黨均對《劃開平原的犁》中的平衡及真實有著嚴苛的批評(MacCann 80)。而羅倫茲自己也發現他與其他為政府拍片的人一樣，身陷官僚主義的糾

---

❸　見Snyder, 63-78, 論及羅倫茲對格魯恩柏格的指導。

葛而進退兩難。如同佛萊赫堤與葛里遜一樣,他發現平衡而真實的處理手法並不易與廣闊的、詩的方式相容。如佛萊赫堤一樣,羅倫茲對問題採用了人道主義關懷的處理方式;與葛里遜一樣的是,他以符合社會邏輯的寫實主義來解決問題;與伊文斯相同的部分則是他採用了比較的方式;而就他自己對人類處境的看法而言,他添加了聲音/影像的完整關係,因為兩者對任何一個非劇情片工作者都是同等重要的❹。就同佛萊赫堤或伊文斯一樣,羅倫茲不僅成為一種學派,對非劇情片的製作影響深遠,並且也挑戰了後繼的電影工作者。

佛萊赫堤與《土地》(1942)

一九三七年,派爾‧羅倫茲邀請佛萊赫堤回到美國拍攝《土地》一片,片子由羅倫茲提出原始構想,是有關美國偏遠地區因為乾旱、不良的耕作方式及農業生產的不當管理,人民被迫流落他鄉的問題❺。羅倫茲對此社會問題的解決早有腹案,如他拍攝《劃開平原的犁》一樣,本案的處理方式仍然大膽。而整件事某個程度令人驚訝的是,羅倫茲竟會邀請佛萊赫堤來拍這麼一部直接了當的宣傳片,而佛萊赫堤竟然也接受了。佛萊赫堤在多年巡迴世界各地拍片之後返回美國,對這個他知之甚少的社會,他必須開始熟悉,他所立下的第一個目標便是以他原來的方式,透過對這個國家的觀察來找出這部新片裏的故事。佛萊赫堤本人、他的妻子與工作人員做了三次橫跨美國大陸的旅行,分別在南部看了棉花田,在西部看了機械化的農場,在受塵暴之害的各州則看到被侵蝕的土地及荒廢的農地。

目睹美國人民受苦的景象,這樣的題材使佛萊赫堤受到前所未有的感動。對國家而言,農業危機是一個特殊而立即的問題,佛萊赫堤就曾說「美國難民在自己一手造成的荒地上流離失所」。但製片人所需要的是如許多傳統紀錄片一樣,透過簡潔的問題/解決模式提供一個社會學的評論,而佛萊赫堤縱有親身觀察的同情,也必須與上述模式整合。而現在,正如以往,佛萊赫堤並不會改變他直覺式的方式去適應滿足社會性需求的紀錄片形式。

❹ 在拍完《為生命而戰》之後,羅倫茲加入美國空軍,並拍了近三百部訓練影片。戰爭結束之後,他創立了自己的獨立諮詢與製作公司,但再也無法與早年的成就相比。

❺ 見Richard Barsam, *The Vision of Robert Flaherty: The Artist as Myth and Filmmaker* (Indiana University Press, 1988), esp. chap.7

因此政府的首要任務是防止佛萊赫堤發展一些具他自己特色的主題，而影片腳本鬆散，也不允許他過去經常以虛構故事來改編腳本的做法。在拍攝《北方的南努克》、《摩亞那》及《艾阮島的人》之前，佛萊赫堤總與所拍攝對象家族成員住在一起，他要住到覺得自己已了解他們的生活並能利用他們去表現整個社區後才肯開拍，但在《土地》中，他只能注視著整個國家的現象而不是地區性的現象，此外，這個現象也不容許僅由一個家庭的苦境表現出來。

《土地》以極其平常的方式介紹農民與土地關係的主題：佛萊赫堤讓我們看到一間過去富庶的農舍緊鄰著另一戶「麻煩已經悄然進入」的農舍，因為土地的侵蝕已迫使人們離開家園到外地尋找更好的土地及工作。為了表現這個問題並沒有地理上或種族上的分別，在同為黑人與白人家庭帶來問題的中西部與南部各地，佛氏記錄各種情況，當他呈現出人們被迫西遷所留下來荒廢的房子、農場、機具，甚至整個城鎮時，旁白的腔調既感傷又絕望，「我們過去對這些人有另一種稱呼，我們稱他們為先驅(pioneers)」，羅素‧勞(Russell Lord)為《土地》寫的旁白稿有著三〇年代末及四〇年代初影片特有的「美國式」語調，這種惠特曼式的文字風格再加上佛萊赫堤自己為旁白配音的強化，使得「美國式」的語調更加顯明。第一人稱的敘述方式成功地拉近了與觀眾的距離（「我們來到一個小鎮……」或「我們碰到了一個景色……」），佛萊赫堤冷硬的聲音配上銀幕上人們毫無表情的面孔極為貼切，他以所愛甚深的「舊方法」表達了對流離失所的人深深的關懷。

其後，影片為這些在路上顛沛流離的人建議了可能解決問題的方法：政府以機械引水幫助人們去開發西部沙漠，但旁白卻告訴我們，因為水不屬於農民，地也不屬於農民，所以這個「神奇的灌溉」使地主受惠的部分超過了農民。除此之外，事實證明美國的拓墾移民受到這個體制的剝削，他們被迫在髒污的營地居住，同時所得極低。這部片子的重要之處在於喚起對這些拓墾者貧困的同情，就像有個鏡頭，一個男孩在睡眠中仍不安地動來動去，而他的母親透過佛萊赫堤的聲音說道，「他以為他正在摘豌豆」❹❻。佛萊赫堤暗示了高效率機器的重要性已超過操作它們的人的尊嚴，他雖傾慕機器的大小

---

❹❻ John Huston引自Calder-Marshall, *The Innocent Eye: The Life of Robert J. Flaherty* (New York: Harcourt, 1963), 196, 說在那一刻就抵得上整部約翰‧福特的《怒火之花》。

和力量，但也因爲機器使人流離失所而加以指責。

佛萊赫堤在一大批富庶的鏡頭之間夾雜著貧窮的鏡頭，經由這種畫面的相連，他強調了大量被船隊及穀物升降機運出的穀物，這顯示出美國有能力供應糧食給全世界，但卻不供應糧食給她自己飢餓的子民。片中一丁點對政府的讚譽是一個男人說「如果政府沒有給我們糧食，我們之中有些人眞不曉得該怎麼辦」。不像羅倫茲《劃開平原的犁》及《大河》、《土地》，他強調是人而不是政府，佛萊赫堤就曾明白指出「人的力氣並不大，他的手臂及腰背都比不上機器的巨大力量；但人會思考，他能管理，也能計畫，因此眞正偉大的是土地本身、人及人的精神。」

片子的開始與結束都集中在一個家庭，佛萊赫堤試著提供一個無法透過旁白來傳達的簡單結構性設計。如果這個設計沒有成功，那是因爲整部片子裏佛萊赫堤所呈現的家庭既無姓名也沒有介紹他們的身分，他們僅是犧牲者，幾無能力在農業機械化的敵人威逼下適應生活❹。

《土地》主要的力量在它的攝影與剪接而不是它的敘事結構。佛萊赫堤從前一直是保持攝影機不動，僅偶爾會在同一角度重新構圖，或在保持拍攝對象一直在畫框內的絕對需要下使用橫搖(pan)或上下搖攝(tilt)的鏡頭。不過在這部影片中，主要的視覺風格是攝影機的運動，它不僅反映了旁白的質疑語氣，也抓住了這個國家生生不息的感覺，他的鏡頭不停地移動、轉向、繞圈及後看，表達得比文字還多。佛萊赫堤還運用了深焦攝影，此項技巧雖早已出現在美國非劇情片諸如《大河》(1937)之中，但在此，佛萊赫堤用它來反應一種懷舊的態度❹。

佛萊赫堤以直覺來工作，使用他的眼睛而不是測光表，拍的時候憑感覺或看起來對不對，而不是遵照腳本，因此，在這個美國兩萬五千英哩的探索中拍出了七萬五千呎的毛片。當海倫・范・唐琴應邀前來剪接這些龐大的毛片時，更艱鉅的挑戰是她必須與一個拒絕專業性建議的敏銳藝術家合作。這些建議包括：發展出一個視覺上的觀點去統合這些長達數英哩又無秩序的毛片，還有爲整部影片提供一個整體的結構。因此面對這些佛萊赫堤所提供的

❹ 見Penelope Houston, "Interview with Flaherty," *Sight and Sound* (Jan. 1950): 16.

❹ 見Mike Weaver, *Robert Flaherty's "The Land"* (Exeter, Eng: American Arts Documentation Centre, University of Exeter, 1979), 21.

素材，再有天分的剪接師能做的也十分有限。透過某些鏡頭的重複，范·唐琴強調了某些問題的普遍性，但重複也無法改變影片結構上的失衡。片子中似乎沒有一項元素不管是旁白、敍事結構或配樂可以彼此相容。而事實上，李查·阿涅爾(Richard Arnell)強烈而又戲劇性的配樂似要蓋過畫面，片子的最後一段試著要在一團混亂之中做出點次序，因此它把片子已出現過的一些鏡頭，在這段中完全組接起來，但這個總結性的力量卻被旁白削減。因為結尾部分的旁白原來幾乎是不可救的絕望之音，現在似乎又草率地添加激勵人心的音符，因而顯得格格不入。

一九四二年四月，在美國對日宣戰五個月之後，《土地》終於上演了，但為預防它被敵國的反美宣傳片利用，因此一開始上映便馬上從整個院線上被撤回❹。此後，《土地》不管對批評者或作者而言都是一個謎團，如果佛萊赫堤能將他的社會洞察力與社會評論相結合，也許可以製作出一部非常有力量且有影響力的影片。諷刺的是，他雖拒絕與這種紀錄片風格妥協，其後似乎也放棄了他自己的風格與一貫的人道主義觀點。結果，《土地》既未達到典型佛萊赫堤影片中的詩意寫實主義(因為他在此不被鼓勵去這樣做)，同時就一個成功的紀錄片在意識型態上的凝聚，他也無法完成。不論是佛萊赫堤對昔日肯塔基農舍的浪漫主義之夢及他對拓荒農民的寫實性紀錄都是更大的方向，但在這部影片中，佛萊赫堤並未面對這個議題，因為不管是佛萊赫堤或羅倫茲對此均無能力加以明辨，因此對《土地》的看法趨於兩極化也就不足為奇了。

《土地》並沒有就社會學紀錄片方面提出任何簡潔有力的解決方式，但它有關美國的窮困與受苦人們的影像則令人難忘。它並未達到葛里遜的理想，但無疑是部有敏銳洞察力的作品，它具備直率的決心和美麗的影像，乃是成功的佛萊赫堤電影。

❹ 見William T. Murphy, *Robert Flaherty: A Guide to References and Resources* (Boston: Hall, 1978), 35-36,討論了電影發行時的複雜環境。

新聞報導電影

三〇年代的美國新聞片

新聞片(newsreel)今天已消失了,但在三〇年代美國大城市中有些大型戲院是專門放映新聞片的。實際上,每家電影院的節目都包括一到兩部或兩部以上的劇情短片和一部新聞片。它是一種簡單的類型,在素材上依賴實際發生的事件,而畫面的選擇則是題材愈壯觀的,愈有可能被報導❺。在這個多采多姿的時代,有很多值得新聞片拍攝的活動。新聞片在極短的時間內以平舖直敍的方式呈現這個素材。一般而言,雖然新聞片對於像是流行時尚的主題採取一個幽默的角度,但它們大多沒有偏見及觀點。拍攝像是橫渡大西洋船賽或運動競賽時通常很天眞,反映出美國人對於成就與過程特有的狂熱。

在新聞廣播及電視新聞取代新聞片之前,新聞片對歷史提供了一個圖像化及親眼目睹的紀錄,而這是報紙或像《時代》(Time)、《生活》(Life)等雜誌無法相比的。除此之外,新聞片也可當做是其他非劇情片形式之間的橋樑。在二〇年代後期,俄國的艾斯·沙伯已發現由新聞片的素材可剪接成編輯影片,這個片型後來還繼續發展,尤其在二次世界大戰更風行一時。在美國,新聞片也成爲下列三部新聞報導電影「時代的前進」、「這就是美國」及奈奇諾組織的「今日世界」的影像資料來源。

「時代的前進」(1935-51)

一九三五年,製片人路易·德·羅奇蒙運用了時代-生活公司(Time-Life, Inc.,)的編輯與報導的資源創造出一個廣受歡迎又深具影響力的影片系列「時代的前進」❺。它原來計畫爲廣大的觀眾呈現「新聞背後的新聞」(news behind

❺ 見Raymond Fielding, *The American Newsreel, 1911-1967* (Norman: University of Oklahoma Press, 1972), 205-19.

❺ 見Raymond Fielding, *The March of Time: 1935-1951* (New York: Oxford, 1978) 及 *The American Newsreel:1911-1967* (Norman: University of Oklahoma Press, 1972); A. William Bluem, *Documentary in American Television* (New York: Hastings, 1965); Robert T. Elson, *Time, Inc., The Intimate History of a Publishing Enterprise, 1923-1941* (New York: Ath-

·《法西斯的西班牙內幕》(1943, 美國),「時代的前進」系列中的一集。

the news),故而整個企圖是要鼓勵公眾關心時事,因此,這個每月推出的電影雜誌從其他的來源借用了三個具特色的重要表現方式:第一個是新聞報導,它對新聞故事採取持平而客觀的報導,並加入編輯的分析探討。另外一個是劇情片,它改編戲劇手法用來報導時事。此外,在「時代的前進」和「這就是美國」兩部片子中,「重新演出」(或預先安排)已發生的事也是個重要的項目。儘管這些片子虛有其表的研究及權威式的語調也許很誠實客觀,但它們毫不保留地對事實加以戲劇化的做法也常造成華而不實且膚淺之感。而一個歷史事件若找不到真正紀錄下來的影片,製片人通常會依賴這個事件的照片或乾脆就重新演一次。

eneum, 1968); Robert T. Elson, "Time Marches on the Screen," *Nonfiction Film Theory and Criticism*, ed. Richard M. Barsam, (New York: Dutton, 1976), 95-114; Thomas W. Bohn and Lawrence W. Lichty, "*The March of Time*: News as Drama," *Journal of Popular Film* 2.4 (1973): 373-87; Bruce Cook, "Whatever Happened to Westbrook Van Voorhis," *American Film* 2 (Mar. 1977): 25-29; 及Stephen E. Bowles, "And time Marched On: The Creation of the *March of Time*," *Journal of the University Film Association* 29.1 (Winter 1977); 7-13.

「時代的前進」並不是部新聞片，雷蒙・費汀就曾列舉它與一般新聞片不同的地方：

1. 它並未假裝是在報導最新的消息。它一個月上映一次，不像常態性的新聞片每兩週上映一次。

2. 每個版本僅處理有限的主題(甚至一九三八年之後，每次上映僅處理一個主題)，而新聞片則在每次上映囊括成打以上的不同的事件。

3. 它每集均有二十分鐘長，對主題可做相當充裕而深入細節的報導；不像美國的新聞片絕不超過十分鐘，有時甚至更短。

4. 它所報導的議題均結合了地圖、圖表、字幕及補充性的影片，乃是具詮釋性的推論之作；而一般新聞片，幾乎大多數處理的是極表面而日復一日發生的事。

5. 它每集花費五萬到七萬五千美元，而一般新聞片公司在每集花費僅八千到一萬兩千美元。

6. 新聞片與「時代的前進」均安排及重新演出已發生的事，但「時代的前進」以更深遠的意圖來做這件事，有時甚至將可信的影片紀錄完全排除在外，除此之外，當真實紀錄的影片不存在時，它也常會運用演員來模仿名人並重演事件。

7. 「時代的前進」的意圖是想創造及運用事件的爭議性，同時對政治上、經濟上或社會上棘手的事件引起討論；而新聞片製作則嘗試不計一切代價去避免爭議性的題材。

8. 「時代的前進」有時會公開支持某一黨，新聞片則極少，且絕不會公然如此。

　　典型的「時代的前進」系列包括了《進步的教育》(Progressive Education, 1936)，本集除了是對「已故偉大的霍勒斯・曼(Horace Mann)」的致敬，而且還對一些講求趣味與實用性(而不強調細節與背誦)並為孩子準備未來的學校大加讚譽。另外像是《電影開步走》(The Movies March On, 1939)不以歷史性的報導而聞名，反而以支持電影法案(Motion Picture Production Code)與好萊塢對大眾應有責任的想法而稱著。另一部是《白宮的故事》(Story of the White House , 1936)，它的片名再次誤導觀眾，因為這部片子並非介紹總統官邸的建築或文化的沿革，而是羅斯福與新政的紀錄。還有像是《女工的難題》(Problems of Working Girls, 1936)，這部片子記錄了受紐約市商人剝削的小鎮女孩，是部警世性紀錄。

「時代的前進」對非劇情片，特別是電影新聞報導，有著深遠的影響，它也使美國非劇情片的製作受到全世界的矚目。或許「時」片在方式上最具影響力的是個人式訪問的運用、重要人物的側寫、圖列與表格的運用、旁白呈現的權威性以及對新聞的詮釋。無可諱言，片中有些場景是重新演出的，而有些紀錄片段是專爲節目而作的，但不管來源爲何，「時代的前進」對於研究與權威性的重視使得後來大量生產的各類新聞報導常趨於故事性。

除了對新聞片類型的發展十分重要之外，「時代的前進」的風格還常常被模仿或是被反諷地運用，其中最爲人常提及的是奧森‧威爾斯(Orson Welles)在《大國民》(Citizen Kane, 1941)中的運用。時代-生活雜誌顯著的特色——戲劇性的風格、諷刺的表現、資訊豐富、聲音宏大有如「上帝的聲音」的旁白——都爲奧森‧威爾斯電影的開頭提供了諷刺性的視覺模擬材料。威爾斯了解觀眾是以平常心來看待新聞片，但看待「時代的前進」則是以特別的眼光，而追查「玫瑰花蕾」(Rosebud)眞正意義的記者正是受雇於一個名字也相當類似的「新聞的前進」(News on the March) ❷ 的製片組織，片中推緊(zoom in)到燃燒的玫瑰花蕾的畫面，已預設了新聞片記者的攝影機是如全知的，奧森‧威爾斯利用新聞片這一取巧的地方不僅證明了新聞片對三〇年代電影觀眾的重要性，同時也強調了大眾傳媒無所不用的技巧，而利用了這項對新聞片的單純信仰將可捏造出另一個事實。基於此，威爾斯不僅借用了查爾斯‧福斯特‧肯恩(Charles Foster Kane,《大國民》男主角名)去批判赫斯特(William Randolph Hearst)，也批判了時代-生活公司的創辦人亨利‧魯斯(Henry Luce)，這位出版大亨對美國大眾的影響力與赫斯特迥異，但他的支配力量卻遠超過了赫斯特家族。

「這就是美國」系列(1942-51)

「時代的前進」系列的成功激起了其他作品的效尤，奈奇諾組織曾冒險投資了「今日世界」，但看過的人十分有限，另外一個系列就是「這就是美

❷ 見Robert L. Carringer, *The Making of CITIZEN KANE* (Berkeley: University fo California Press, 1965), 18.

國」。由佛烈德瑞克‧烏曼二世(Frederic Ullman Jr.)發展出來的「這就是美國系列」(1942-45),是一套主要闡述對美國小鎮之愛的新聞片集,它以電影雜誌的方式供應雷電華(RKO)院線旗下數以千計的戲院放映內容活潑、動人而又煽情的影片。在數量上共拍了一一二集,涵蓋了各種不同的題目,但它的焦點十分狹窄,永遠祇強調傳統的美國,不像「時代的前進」那樣宏大並歷經成長,也不像「今日世界」系列去討論有關社會正義的議題❸。

「這就是美國」歌頌二次世界大戰期間代表美國的小鎮生活方式,在這裏的小鎮,雖然對未來疑惑,但似乎目標十分明確;儘管對傳統與現代海外武裝力量的關係不很確定,但仍對自己的傳統深以爲傲。在強調美國人的方式上,這部影片由大家所熟悉的人:像是小鎮報紙的編輯、當地高中老師及鎮民大會代表去找到力量的來源,在這系列大多數影片之中,人們的特徵都是社會中間階層、中下階層或是白領及藍領階層的白人,小鎮中有樹蔭蔽日的街道,每戶人家有他們獨棟的房子;他們守法、上教堂,並有快樂的子女。所有的影片均是黑白的,長約十五到二十分鐘,幾乎每一集的旁白稿都寫得很好,並由普通公民的聲音來配音而不像「時代的前進」以「上帝的聲音」爲旁白的特色。

「這就是美國」在新聞報導電影的發展史上很重要,不僅因爲與較著名的「時代的前進」系列直接對比,同時做爲一個持續的系列它也製作出許多具有想像力的影片。儘管如此,這兩個系列都缺乏批判性的焦點,也太依賴一成不變的老套手法,兩個系列的功能都是以大眾趣味爲訴求的娛樂之作,而它們的力量都來自一貫對美國的樂觀看法。

馮‧戴克

做爲電影攝影師、編劇、導演及製片人的維拉‧馮‧戴克自一九三九年之後就是美國非劇情片界中的領導人物,當時在伊文斯的政治電影、羅倫茲的詩化影片作品及四○年代的非劇情片之間,馮‧戴克的《城市》代表了一

---

❸ 見Richard M. Barsam, "'This is America': Documentaries for Theaters, 1942-1951," *Nonfiction Film Theory and Criticism*, ed. Richard M. Barsam (New York: Dutton: 1976), 115-35.

種連繫的意義❸。在與愛德華・魏斯頓(Edward Weston)做過一陣子研究之後，馮・戴克開始以靜照攝影爲業，但他隨即就領略到電影攝影的藝術。一九三六年，在《大河》的拍攝過程中他加入了史德西・伍沃德與佛洛德・柯羅斯比的行列而成爲電影攝影師，並於羅倫茲不在現場的時候他也擔任助理導演的工作❸。他與戰線電影組織也有淵源，但就如前面已提過的，他與史坦納在接受《城市》一片製作之職時就離開了戰線組織❸。

馮・戴克一共製作五十部以上的影片，大部分都包含了兩個顯著的特色：其一是對攝影實驗的興趣。其二便是對尋常百姓生活與活動中一種詩意的直覺感受。與羅倫茲相比，羅氏擅長對全國性問題做史詩般的遠眺與觀照，而馮・戴克則在描寫個別人物的品德上卓越超羣；羅氏在惠特曼的傳統中歌頌美國，而馮・戴克則在卡爾・桑柏格的傳統中敍述故事；羅氏在攝影、旁白及音樂上達到一種歌劇式的融合，而馮・戴克則結合了偉大攝影家的敏銳技巧，對他們而言，影像就是一切❸；每一部馮・戴克的影片均開啓了一種新鮮的方式、視覺上的敏感、具幽默性的洞察力及報導上的客觀。這些影片是一個巨匠的告白，並不局限於一種意識型態或視野，而是在周身世界的想像力之中自得其樂。

《城市》(1939)

《城市》以馮・戴克的第一部重要作品而稱著，雖然它常被列舉爲馮・戴克的代表之作；但它實際上也是許多重要的影劇界人才的聯手之作：史坦納擔任製片人，與馮・戴克聯合導演，並爲本片掌鏡；漢渥・羅達凱維茲擔任助理製片，他並以派爾・羅倫茲原先的大綱而寫成片子的腳本；路易・曼福(Lewis Mumford)是旁白稿的撰寫人，他也是個城市的專家，還有艾朗・柯普蘭爲這部片子編曲❸。照旁白所說的，《城市》是有關「人類力量被誤用的

---

❸ 見Harrison Engle, "Thirty Years of Social Inquiry: An Interview with Willard Van Dyke," *Film Comment* 3.2 (Spring 1965): 24-37.及Amalie Rothschild的片子《Conversations With Willard Van Dyke》(1977).

❸ Van Dyke, "Letters from *The River*."

❸ 他拍了《祖國》較早版本的開場，而放棄了現存的版本，見Van Dyke, "Letters from *The River*."

❸ 見Willard Van Dyke, "The Interpretive Camera in Documentary Film," *Hollywood Quarterly* 1.4 (July 1946): 405-09.

奇觀」或更特定地說，乃是亂七八糟的美國城市。本片是由「美國計畫人協會」出資拍攝，並曾於一九三九年的世界博覽會中放映❺❾，它藉由都市計畫四個方向的改革，來喚起大眾對城市生活品質的興趣，這四個方向是：新英格蘭市鎮、未經規劃的工業社區、人口過密的大都會與投資者夢想中的「新都市」。

《城市》一片的題材、提出問題／解決問題的結構及對改革的要求均使它成為一部社會學紀錄片。「一定有更好的地方，為什麼我們不能擁有它？」這部片子從它對平民百姓的情感及與所有美國人共享的經驗之中衍生出它幻想式的調子。土地與人民之間的和諧向為新英格蘭小鎮的特色，影片的旁白對美國城市已遠離此種特色的情形不勝唏噓，但旁白者似乎對城市進一步蓬勃成長的樂觀超過了更詳盡規劃的要求，「看看我們的成長，這樣的格局綁不住我們的」。這部影片的結論也有如它的主題一樣理想化，預見的是一個以純白人中產階級為主的城市未來。

在影片的第一部分，環繞著中央市集所建立的新英格蘭小鎮乃是靠著鎮民大會來維持和諧與平衡：「這個鎮是我們的，而我們也是它的一部分」。但這個如田園詩一樣的氣氛與音樂隨即就讓鐵路、蒸氣及鋼鐵取代，然後我們也就被換到一個充滿灰塵、黑煙、居住條件又擁擠不堪的醜陋煤業小鎮：「你若覺窒息不要緊，因為黑煙使我們繁榮」。現在，影片時空轉成當代，明白指出美國城市備受折磨的一些難題：擁擠、污染、教育條件低劣並對很多人的生活毫無好處。影片的第三部分主要以對現實情況的諷刺批評來描寫紐約市，例如卡爾·桑柏格有名並有正面力量的句子"The people, yes!"就被改成為"The people, perhaps!"。在「城市交響曲」的傳統下，馮·戴克與史坦納以幽默感及洞察力捕捉紐約市的節奏，我們看到尖峰時間的交通、整齊劃一的辦公室工作、垃圾與擁擠，而許多攝影都帶有戰後新寫實主義那種粗糙現實感的影像品質。與現在一樣，當時要過馬路、叫部計程車或找個安靜的角落野餐都很困難。這部片子最有名的一段是透過高效率午餐櫃台、機械化三明治

❺❽ 麥肯 (Richard Dyer MacCann)寫道：派爾·羅倫茲「在編劇大綱的形式上有重要的貢獻」。見 "The City," *The International Dictionary of Films and Filmmakers*, vol.1 (Chicago: St. James Press, 1984), 97.

❺❾ 其中數百部影片的片目，見 Richard Griffith, *Films of the World's Fair: 1939* (New York: American Film Center, 1940); 及 Alexander, 255-56.

·《城市》(1939, 美國, 馮·戴克與雷夫·史坦納)

生產線和必然的消化不良三者快速蒙太奇跳接所完成的快速度午餐時間。在這段蒙太奇結尾的一個標識中,紐約(New York)一度被稱爲「新都市」似乎已被轉換爲"No York"──一個死的城市。

　　正如影片的第二段描寫蒸汽及鋼鐵帶來早期工業成長的開始,影片的第四段則介紹了營造及運輸等複雜的方式及都市計畫。而「新都市」代表了一個回歸自然的運動,藉諸人對技術的掌控、對各種不同的勢力、傳播及工業等元素的相互合作才能完成這個新都市:高速公路不穿越它,而城市周圍的綠色地帶則提供寬闊的遊戲空間;兒童在乾淨的水塘游泳,而不是在流經城市的骯髒河流中嬉戲。事實上,這些未來的空想對將造成即刻巨大破壞的二次世界大戰視而不見。在「新都市」之中,沒有貧窮、沒有種族或階級的區分,也沒有誤用人力資源。片子要觀眾在新都市與舊城市之間做個選擇,而幾乎毫無疑問地大家都選擇了舊都市,因此我們現在更只能以嚮往之情去看待過去,因爲在片子放映了五十年之後,片中所描述的問題祇有更加惡化,更大型的都會取代了原來的城市,而「新都市」的夢想仍留在都市計畫者的繪圖桌上。

儘管《城市》中所預示的並不全然正確，但以攝影、旁白、剪接及錄音上的卓越成就而言，它仍足爲美國社會學紀錄片的範例，而柯普蘭的配樂，明朗而美國風味十足，在對過去的感傷及對現狀的情感上稱職合宜。雖說本片對於複雜問題所表現的細心及成熟的探討被過分簡化的結論抵消了。但這部結合了影劇界許多重要人才的作品仍是值得與其他當代的合作性作品像是《夜郵》、《大河》、《西班牙大地》與《力量與土地》等片在研究上相互輝映。

　　在《城市》之後，馮‧戴克變得很多產，光在一九四〇年他就完成了五部作品，包括研究鋼鐵業小鎭機械化對人類影響的《山谷小鎭》(Valley Town)，以介紹肯塔基山區實驗教育故事的《孩子們必須學習》，還有關於學院學生莎拉‧勞倫斯(Sarah Lawrence)簡短傳記片的《莎拉‧勞倫斯》(Sarah Lawrence)，探討彼特‧西格(Pete Seeger)數首民謠爲主的《去聽你的班鳩琴聲》(To Hear Your Banjo Play)及研究喬許‧懷特(Josh White)與柏爾‧伊凡茲(Burl Ives)三首歌曲的《吹牛》(Tall Tales)，而五部作品之中以《山谷小鎭》與《孩子們必須學習》最爲重要。

　　在社會學紀錄片中旁白如何運用是影片工作者的難題，導演可以選擇全知的旁白者、詩意的評論者、權威式的「上帝的聲音」或第一人稱敍述者，除此之外他也可以運用散文、詩歌、自由體詩、歌曲、吟唱或以上的綜合體。在《山谷小鎭》中，馮‧戴克使用了故事與歌曲，和藹的市長則使用了第一人稱式的旁白(由史本塞‧波拉德Spencer Pollard 及大衛‧伍爾夫所寫)，雖然上述旁白中對美國的情感與羅倫茲式的旁白相似，但卻不像羅氏那樣詩意，也不及他的成功。這部影片所強調的是問題而非解決之道。片中描述機械自動化使美國的工業發生革命性的變化，但大批訓練有素的工人卻也因此失去了他們的工作。爲新的工作訓練人是《山谷小鎭》中提出的解決問題的方式之一，但片子更關切的是呈現人們的失業與他們無望地苦等他們困境紓解的畫面，這個主題因爲運用了獨白式的歌曲補充並記錄了一名礦工和他妻子希望的幻滅與絕望，因此更形顯著。這個歌曲獨白是編曲者馬克‧布立茲坦爲整個片子配樂的一部分，它在敍事風格上實驗的意味是超過溝通功能的。在《孩子們必須學習》中，馮‧戴克則運用全知的口語旁白，但其效果鬆軟無力，正如同合唱團唱出來的民謠一樣。整體而言，聲音的優異運用解決了《山谷小鎭》的旁白問題，尤其是在畫面與音樂諷刺性地相連並置時，效果更形顯著。

在二次世界大戰期間，馮‧戴克為美國戰時新聞處(U.S. Office of War Information, 簡稱WOI)工作，他為海外觀眾製作出一系列有關美國式生活的影片(詳見第十章)。戰後，他繼續以一名獨立製片人與導演為業，一九六五年他成為紐約現代美術館電影部門的主管，這個工作他一直做到一九七四年。

美國的非劇情片在三〇年代因各個不同的導演各領風騷因此顯得蓬勃發展：浪漫主義式的紀錄片在佛萊赫堤領導下發展；政治性紀錄片則受伊文斯領導；而社會學紀錄片的主導人物則是羅倫茲與馮‧戴克。這些重要人物與其他人製作了大量影片，這些片子不僅包括了合作性的製作(像以左派運動為特色的影片)，也有從各個激進運動分裂出來獨立製片單位的製作。這段時期在電影攝影、聲音、旁白、音樂與色彩上的實驗擴大了非劇情片的潛力，而投資與發行影片上的進展則使得大眾更易接觸到這些影片，這種情形不僅增加了他們對影片的興趣，此外也擴大了觀眾的知識，並幫他們對時事形成自己的看法。三〇年代美國非劇情片的發展堪稱完全成熟了，而隨著一九三九年二次世界大戰的爆發，美國的非劇情片又開始承擔新的責任，並創造出另一個新的電影形式。

第三篇　二次世界大戰時的非劇情片（1939─1945）

二次世界大戰時期的英國影片

　　二次世界大戰深深地加強了非劇情片的發展、運用和聲譽，而這個片型也證明了它自己在這場全球性戰爭中確實是戰略上一項舉足輕重的要素。很多國家不僅運用非劇情片去記錄重大的軍事行動及相關事件、活動和作戰，同時，非劇情片還擔負了告知與報導、教學與訓練、教育、提升士氣、闡明政府政策、團結求勝、提高生產、勸服甚至娛樂的功能。

　　較諸一次世界大戰，這次衝突的雙方，不論是軍方或民間的決策者，都更深切地了解到電影在現代戰爭中所扮演的重要性。機動性的電影放映單位可以在任何地方——田野、軍醫院、叢林前哨、工廠及民間戲院放映電影，電影可以訓練軍人及工人，可以創造或影響人們的觀念，可以加強人們的態度且可以激發情感；而它在軍事偵察、戰鬥、科學與戰術方面的價值更無可衡量[1]。在二次世界大戰期間，電影再三被證明是有力量的戰略性工具，而據報導中指出，一位德國將領就曾宣稱能與最優秀的攝影機相抗衡的，就能贏得勝利[2]。

　　二次世界大戰不僅是同盟國(英、俄、美)與軸心國(德、義、日)的軍事對抗，同時也是這些國家之間宣傳片與反宣傳片的對抗。兩大陣營的軍事目的與宣傳片有驚人的相似之處：戰爭雙方都相信自己在追求正當的目標，他們運用所有的策略使他們在執行命令時具有正當性，同時，他們也確信最後

---

[1] 見J. McDonald, "Film and War Propaganda," *Pubic Opinion Quarterly* (4 Sept. 1940), 519-22, and (5 Mar. 1940), 127-9.

[2] 李查・格里菲斯(Richard Griffith)的結論是：

　　他的陳述有兩種極為不同的詮釋：一則他暗示了電影乃是一個可以塑造想法、導引態度及激發情感的有力武器，或者他僅是以一介軍人的身分發言，他已預見電影有能力以另外一種態度及更高層次的技巧，來為任何有先見之明並準備運用它們的高階指揮官提供一種新的方向及新的助力。

將贏得勝利。納粹乃是第一個公然爲戰爭製作宣傳片的國家，她也爲電影上的爭鬥建立了基調。而英國，以其紀錄片的固有傳統，更輕而易舉地就把非劇情片製作從戰前轉爲戰時。美國的電影工作者則受到納粹影片強悍風格的影響，他們製作的影片不僅是戰爭期間規模最大、最持續，同時也是品質最優異的。在這場全球性的衝突之中，每一方所製作的影片都對敵人的行爲表示憤怒、對敵人的犧牲表示悲憫，而對自己的反應則都堅持是正義的。每一方都運用形式上的元素——特別是音樂及旁白去建立並加強它的訴求。從一個中立而無關乎對國家或政策上是否忠貞的觀點來看，德國佛利茲‧希普勒的《波蘭之役》與美國約翰‧福特的《中途島之役》(The Battle of Midway)相差無幾，因爲兩者都有事件要報導，任務也很明確，而兩部片子在執行上的風格也都十分鮮明。

在下面三個章節中，我們將討論戰時非劇情片的相同與相異之處。英國的影片(第八章)，提供了國家處於危急時，有關英國人的團結、愛國主義及博愛等有助於英國戰勝的品質。如同戰前的紀錄片先驅一樣，四〇年代的英國紀錄片仍保持了它的專業，且在電影藝術上卓然有成。同時，比諸早期的電影，他們在處理社會問題上更加直接與尖銳，他們在對白腳本、攝影棚場景、職業演員(除了在眞實情況拍攝下來的人之外)、圖表及多重人聲旁白(multivoice narration)的廣泛運用程度也與戰前不同，簡言之，英國紀錄片工作者延續了他們對題材處理上的專業而完成了在攝影及剪接上的成就，他們不爲早期寫實主義的觀念所局限，並繼續在聲音運用上加以實驗。總之，戰爭時期的英國紀錄片仍保留了我們所熟悉的方式，它們敍事保守，具備穿透力，在風格上簡潔明白而又不失幽默。

三〇年代英國或美國的非劇情片，以社會性的目的爲主，但納粹黨不同，他們運用宣傳片主要還是爲了政治性的目的(見第九章)。納粹影片意圖壓抑觀眾在思考上的批判力或自己下結論的能力。他們創造了一個提升亞利安民族種族優越論及反猶太主義的新世界，此外，他們的世界還代表了「最後的解決」、反工會的立場與對全世界的征服。納粹黨的政策是好戰的，而他們的調子是激昂的。

美國許多戰時影片在調子上也都蠻激昂的(見第十章)，因爲許多美國的戰略家及影片工作者都曾研究過納粹宣傳片並肯定他們的品質。美國比其他國家幾乎遲了兩年才參戰，因此他們可學習同盟國及軸心國的拍片方法，也可以剪接他們影片中的片段加以重新編輯成「我們為何而戰」系列之類的影片。當時，美國政府見識到不論是盟國或敵國都大力發揮非劇情片的功能並給予經費上的支持，這項努力的直接結果使得數以百計的影片得以生產出來❸。而它們不僅在非劇情片史上地位重要，對於社會史及軍事史也具有非凡的意義❹。

在戰爭爆發之前，紀錄片主要是可以刺激思想的批判性及建設性的特有片型。而它同時也注重對人類福祉在想法上及觀念上的傳播與塑造。戰爭時期所製作的非劇情片大部分雖是有關教學與資訊的，但它們的理念卻是以影片拍攝國家所持的基本價值為基礎，因此，它們不可能要求觀眾做批評性的思考或合乎邏輯的結論，不過，在尋求自己動機的正當性上及評判敵人的動機上，它們的反應倒是毫不遲疑。

戰時影片製作的組織過程

在三〇年代，為適應不同的目標與觀眾群，非劇情片已發展出多采多姿的電影化風格，在某種意義上，它們創造了一個新穎而極具實驗意味的形式。不過，事實上，它們卻常被誤認為教育片或被懷疑為宣傳片，甚至被誤用為廣告片。整體而言，紀錄片及紀實影片在經濟大恐慌的年代是一股社會重建的力量，但是在三〇年代晚期，二次世界大戰已將全球的焦點從國內問題轉向國際性問題，而像是改進教育環境、住宅條件及環境品質等議題與更大的像戰爭與和平的議題相互比較便顯得較為次要。

一九三九年九月，英國對德宣戰，英國的紀錄片工作者，不論是大英郵政總局電影組或外界的電影工作者都已準備將注意力轉而為戰局製作紀實影

❸ 在二次世界大戰期間，光美國一個國家花在非劇情片製作及發行的預算每年就超過五千萬美元，而其他盟邦的花費也近於此數。見Richard Griffith "The Use of Films by the U.S. Armed Services" in Paul Rotha, *Documentary Film*, 345. 關於英國的製作，見*The Factual Film*(Londoni: Oxford, 1947)。

❹ 我保守的估計英美兩國在戰爭期間所製作的影片分別為1500部及1200部。不過大多數影片一旦達到教學或提供資訊的主要目的後，很少再有什麼價值了(除了對歷史學家有用)。可悲的是，對於戰時影片製作範圍的確切資訊至今仍十分缺乏。見Mayfield S. Bray and William T. Murphy, *Audiovisual Records in the National Archives of the United States Relating to World War II* (Washington: National Archives and Records Service, 1974).

第八章　二次世界大戰時期的英國影片　二五五

片或資訊性及宣傳性的影片。之前，英國紀錄片界已極系統化並同心協力地發展出一套實踐社會目標的電影美學，而現在他們要面臨戰時軍隊傳播與民間傳播的挑戰。正當政府對影片的投資漸少而商業與其他機構的投資漸多時，政府再度對宣傳片及反宣傳片提供全力的支持，同時也正值電影方面的實驗已到達高峯，戰爭對影片製作的革新帶來新的要求。對這種巨大的改變，英國因爲早已在許多非劇情片的樣式上累積了厚實的基礎，也因爲他們的觀眾熟悉並支持紀錄片工作，所以英國較能適應這種變化。

　　一九四〇年，不論對英國的政治或電影工業都是轉捩的一年❺，因爲該年五月邱吉爾(Winston Churchill)接替張伯倫(Neville Chamberlain)出任首相，在戰時內閣的重新改組下，貿易局開始對電影工業中的財務安定負責，而資訊部則負責結合電影工業界爲戰局效力的任務，它也督導所有電影的製作。儘管如此，英國政府官員早期規劃非劇情片在戰爭中可能扮演的角色時，並無意邀紀錄片運動的領導人物加入，而他們也不預期官方的電影製作將會以盛大的規模出現。但很快的，官方人士隨即消除早期對影片工作者在公共議題上的疑慮，轉而與原來最主要敵對勢力——約翰·葛里遜合作，並緊急建立了加拿大國家電影局，而其中的紀錄片組則「成爲影片製作政策中最主要的影響力量」(Swann 250)。但這整個運動並沒有一個領導者，雖然政府並不願見紀錄片工作者在戰時影片製作的策略制定中有所參與，他們卻仍希望不同的製作單位可以繼續運作。在戰爭爆發的第一年，英國紀錄片主要的人物——巴索·賴特、亞瑟·艾頓、艾格·安斯堤與保羅·羅沙均未加入資訊部(MOI)的製作行列，而相對於英國所發生的事，約翰·葛里遜則在加拿大官方的宣傳片政策上發揮了舉足輕重的影響力。

　　如同大部分的官僚機構一樣，資訊部的工作不斷受到政策與人事的阻礙，因此，戰爭影片的製作開始得相當緩慢。在整個大戰期間，有關影片在資訊的重要性或扮演的角色上，英國政府從未有統一的政策（廣播與報紙被視爲較重要的媒體），結果，像是有關提升士氣與宣傳的問題（特別是像納粹那樣的做法），就常引起爭辯而莫衷一是。許多人承認，不論在家庭或軍隊中，

---

❺　見Sussex, "War and the Peak of Achievement," 112-60; 及chaps. 6-7 in Margaret Dickinson and Sarah Street, *Cinema and State: The Film Industry and the British Government, 1927-1984* (London: British Film Institute, 1985).

影片在娛樂、資訊及士氣提升上有著不可忽視的價值,但在政府內部與外界,許多人對於運用英國電影工業來進行國家宣傳一事表達嚴謹的保留態度,他們質疑英國的戰略宣傳片是否真有其重要性,在資訊部陷於理想主義者與現實主義者的內部政策爭辯之際,寶貴的拍片時機已然失去。另一方面在美國的情況則是現實主義的電影工作者取得優勢,雷夫・艾頓(Ralph Elton)就曾說,「大眾如果知道他們終究難逃一戰,他們最好知道爲何而戰」。反之,在英國保羅・羅沙也曾精準地觀察出,最終「除了資訊部自己的影片之外,實在沒有什麼真正普遍的政策,在它們所謂符合『國家利益』的影片中,可以有的好處都是技術上的」❻。

當戰爭持續進行的時候,如何廣泛投射英國的形象比小心而清晰的政策更形重要,因此前述的爭議就變得無足輕重了❼。葛里遜此時已了解到,英國政府較傾向於用非劇情片來保存與投射國家的形象而不是用它們去左右輿論。格雷・伊凡斯寫道:

> 英國資訊部對於早期的紀錄片學派有如一個冷漠的繼父,葛里遜長久以來細心培養的紀錄片士氣與銳氣,資訊部其實在破壞上要負比較多的責任。而英國紀錄片在這場戰爭中是掙扎求活的,因爲邱吉爾政府在戰爭期間選擇不去說明戰局的方針,因此這個時期的紀錄片均缺乏主題上的凝聚⋯⋯邱吉爾乃以全面觀來看待資訊而無分軒輕。(49)

因爲沒有像葛里遜這樣的人物使紀錄片的理念復甦,也由於官方不願製作強而有力的影片,所以英國所製作的影片絕無法達到像法蘭克・凱普拉「我們爲何而戰」系列那種強烈、迅速、激動人心的精準程度。而他們最值得誇人的成就卻是另一種形態的宣傳片,那就是相比起來較爲溫柔、緩慢與抒情的亨佛萊・詹寧斯的作品。簡言之,雖然有關戰爭的影片有廣大的觀眾,但它的品質卻更加強伊莉莎白・蘇塞克斯結論中所認爲的:資訊部不相信政府製作的戰爭非劇情片可像商業電影公司做得那麼成功(Sussex 160)。

剛開始時,資訊部影片組也有領導權的問題,在一九三九年九月到一九

---

❻ *Documentary Diary: An Informal History of the British Documentary Film, 1928-1939* (New York: Hill, 1973), 285.

❼ 「投射」大英帝國乃是泰倫茲爵士在一九二六年設立了「帝國商品行銷局」的中心目標。

四〇年四月的八個月期間一共有兩個人掛著影片聯絡官的頭銜❽。同時，大英郵政總局電影組也重新命名為皇冠影片組(Crown Film Unit)，並併入資訊部電影組而延續它的官方電影製作單位的身分。一九四〇年四月，隨著傑克·貝汀頓(Jack Beddington)被任命為影片聯絡官並掌管資訊部電影製作後，整個情況有了改善。他把電影製作的案子交給皇冠電影組，不然就是透過亞瑟·艾頓與獨立製片界的關係找像是史川德、蜆殼、保羅·羅沙、觀察者(Specta-tor)、維利堤電影組(Veriety)、莫頓·帕克(Merton Park)、格林·帕克(Green Park)及倫敦電影中心等講究寫實主義的製作單位去執行❾。貝汀頓支持英國紀錄片運動的許多原則(他在蜆殼石油公司擔任專業公關工作時，曾創辦了深具影響力的蜆殼電影公司Shell Film Unit)。在他穩健的領導下，電影製作急劇增長，不過組織內仍存在著其他的人事問題；首先當大英郵政總局電影組變為皇冠電影組時，卡瓦康蒂仍維持著他主管的位置，但做為一個外國人，他被認為不適於擔任政府的官方宣傳片單位的主管，因此卡瓦康蒂被換掉，伊安·戴爾林波(Ian Dalrymple)取代其職，但後者在一九四三年卻因為長期的發行與製作政策問題而辭職❿。戴爾林波之後，荷姆斯重新掌權，但已不像他在一九三七年接替卡瓦康蒂時那麼成功，皇冠電影組在掙扎了兩年之後，一九四五年一月由巴索·賴特繼續接手。

根據一九四〇年十一月的巴克索報告(Boxall Report)，皇冠電影組已重組並趨向於一個商業電影機構。戰前在大英郵政總局及其他獨立製作單位之間，紀錄片的製作方式有明顯的不同，現在，皇冠電影組「高額的預算、優越的設備與特殊的地位……都更加深了兩者之間的差異」(Swann 267)。不僅是製作工作重新搬遷到設備新穎的松木製片廠(Pineword Studio)中進行，而商業電影工業的主要成分——劇情的形式，也成為紀錄片製作中重要的元素，這些劇情片較諸任何資訊部所製作的紀錄片都上映地更為廣泛，而它們

❽ Joseph Ball and Kenneth Clark; 見 Dickinson and Street, 112-14.

❾ 這些MOI影片最多產的導演都是些熟悉的名字：唐納·亞歷山大，艾格·安斯堤，傑佛瑞·貝爾，雷夫·龐德, Andrew Buchanan, John Eldridge, 瑪麗·菲爾德, Gilbert Gunn, Pat Jackson, 亨佛萊·詹寧斯, Ralph Keene, 連·萊, Kay Mander, 保羅·羅沙, Frank Sainsbury, 唐納·泰勒, Grahame Tharp, Margaret Thomson及哈利·維特。

❿ 卡瓦康蒂的忠誠度不是問題，戰時他仍拍了許多影片，如《黃色凱撒》、《Young Veterans》(1940) 及《反抗軍三首歌》 (1943).也談到戴爾林波辭職的理由。

也得到更多的批評。儘管如此，史旺就指出它們的成功是因爲：

> 報導戰時英國人民英雄形象的劇情長片將報導社會問題的影片，特別是由戰爭所產生的社會問題的影片推開。(265)

資訊部電影組在選擇影片的題材及找尋合適的製作人才與設備上終究是成功的❶。它們的標準影片項目包括了：訓練、戰鬥、反敵宣傳、獎勵生產及資訊等，除了題材範圍廣大外，也滿足了各種不同的目的：像鼓舞英國人面對納粹入侵的勇氣，鼓勵白領階級做製造性的工作，爲市民介紹可用的社會及醫療服務，教育民眾有關生產及育嬰的知識，指導民眾有關新的生活方式與運輸的路線及爲英國的城市、小鎮與村莊的生活情形做紀錄，另外還有其他意在向海外反映英國力量的影片(特別是對美國及其他盟邦)。像是殖民地電影社(The Colonial Film Unit)就爲了在非洲及印度的教育任務製作特別的影片，除此之外，大英帝國其他附屬國家，包括澳大利亞、加拿大、印度、紐西蘭、南非及西印度羣島等國的電影製作單位也拍攝了一些影片。簡言之，所有這些電影活動的用意都是要去流通重要而有用資訊，並藉以增強國家的防衛力量。對於英國的非劇情片工作者而言，接受戰時影片製作的挑戰爲他們的事業達到了一個高峯，結果，他們對公共資訊也得到了前所未有的影響力。此種影響力成形的原因之一是因爲持續的影片製作過程有一個委託的關係在裏面，另外一個原因就是一本《紀錄片通訊》(Documentary News Letter)刊物的創辦與出版，這本刊物到一九四七年爲止一直提供了製作資訊的記載，它同時爲政策提供了一個討論的園地。最後，由於對紀錄片需求的增加，製作劇情片器材技術人員的短缺(許多人被徵召入伍或爲戰鬥影片製作單位工作)，以及許多商業電影公司開始爲資訊部製作一些著名的「五分鐘」與「十五分鐘」的紀實短片，基於這些原因，紀錄片製作公司與劇情片攝影棚的人才互相交流。根據史旺的說法，這些短片「是在紀錄片運動之外，唯一可以在商業電影中讓觀眾看到的紀錄片」。(269)

---

❶ MOI實際上製作了480部非劇情片，同時也獲得其他94部，因此戰時製片總數爲574部。它每年的製片量分別是一九四〇年74部、一九四一年86部、一九四二年160部、一九四三年160部、一九四四年不詳。所有影片都是以下列幾個目的：一般戲院上映、非戲院發行、教學、訓練、國內放映及海外發行來製作的。見Documentary News Letter 2 (1944)：19。

由於對於影片的產量尚無精確的統計數字，而關於觀眾人數或影片收益的資料亦付諸闕如，因此這些影片對戰局的精確衝擊也就無從估量。許多影片都強調自我犧牲的愛國情操，但相對的，英國的戲院老闆卻極不願放映政府宣傳片，因為觀眾到戲院主要是要尋求逃避式的娛樂，所以對宣傳片更深惡痛絕。許多戲院老闆免費放映資訊部的影片主要是因為害怕被冠上不愛國的惡名。結果，非院線上映反而風行一時，並為電影的實驗與公共辯論提供了園地。

　　無疑的，英國的戰時影片在非劇情片史上建構了一個卓越的成就，但不幸地，它們之中大部分都沒有按原來的目的放映給一般觀眾看，反而歸檔成為檔案資料片。雖說由於底片的短缺，使得許多影片只能限定在五到十五分鐘的長度，而它們也鼓勵了一種清楚而直接的電影式速寫：一些短片由於直接、訊息單純而被稱之為「招貼影片」（poster films），另外一些較長的影片也相當粗率。儘管如此，以電影的角度來看，它們之中許多仍十分成功，它們反映了戰前十年的電影實驗成就，也傳承了十年以來動人而醒目的真誠與情感。

英國戰時影片所關切的事件

　　在本章中，我們將根據以下的題目與製作的分類名稱來討論影片：國防、消防、戰時生活情形、為民間與軍隊所製的訓練影片、農業、園藝、食物、營養、健康、戰時工業、英國與海洋、勞工、婦女、青年、戰略與戰鬥、反敵宣傳、戰後世界模擬。有些戰爭影片在不同的想法下以不同的名稱、不同的長度與不同的日期下出現，它們乃是根據戲院上映或非戲院放映、國內或海外發行等不同考量而改編的。因此，在以下章節中影片完成的日期以已知的第一次放映為主，與它的版本可能不太相關。

國防影片

　　很諷刺的，英國的第一部戰時影片在她參戰的三年之前就出現了，那是連‧萊的《英國的和平》（1936），這是部呼應安東尼‧伊頓籲請英國支持國際聯盟的草率「招貼影片」。它表現出英國人深為一次世界大戰——一場被稱為終止所有戰爭的戰爭——將再度爆發而驚恐的橫切面。由於它的部分用意在於避免戰爭，這部影片質疑英國並無抵禦空中來襲的防衛力量。它也是極少數明顯具政治性的英國紀錄片，片中的大膽訊息是爲了警告百姓並喚起實際行動「以理性來要求和平」及「寫信給國會議員」。連•萊後來將這種「招貼之作」發展爲宣傳片的形式，而片中露骨的戰術也被幾乎被不露聲色的潛意識訴求所取代。

英國一九三九年宣戰後，便製作了許多與國防相關的影片，在題目上包括了宣導謠言的危險性之類的影片，像一九三九年的《希特勒在聽》(Hitler Listens)、《無所不在的手》(All Hands)、《危險的言論》(Dangerous Comment)；一九四〇年的《現在你在說話》(Now You're Talking)；一九四一年的《戰爭與命令》(War and Order)、《你正在告訴我》(You're Telling Me)、《傳播夢話的人》(Telefootlers)；一九四二年的《血濃於水》(Next of Kin)。戰時警戒與戰備之類的影片包括了一九三九年的《英國肩英國臂》(Britain Shoulders Arms)、《戰爭接近倫敦》(War Comes to London)、《現在就做》(Do It Now)、《最初的日子》(The First Days)；一九四〇年的《一份該完成的工作》(A Job to be Done)、《環繞著大西洋的帝國》(Empire Round the Atlantic)、《空中防衛》(On Guard in the Air)、《鋼圈》(Ring of Steel)、《海岸防衛》(Coastal Defense)。有關空襲巡邏的《控制室》(Control Room, 1942)、保持補給線通暢所面臨問題的《補給戰》(Battle of Supplies, 1942) 及地方志願軍訓練的《地方志願軍》(Home Guard, 1941) ⓬ 。

更明顯有關國防的有兩部片子：哈利•維特的《多佛港前線》(Dover Front Line, 1940) 及更重要的《倫敦撐得住》(London Can Take It!, 1940, 由哈利•維特與亨佛萊•詹寧斯合導)⓭。本片透過一位美國記者昆汀•雷諾斯 (Quentin Reynolds) 回憶遭到德國飛彈奇襲那個夜晚，倫敦市民表現出來的堅忍不拔。它描寫傳統的英國機構像是宗教與民主制度，直接對英國人民力量所做的貢獻。這樣的主題也常見於許多影片中，包括《後方戰線》(Home Front, 1940)、《全力贊成》(All Those in Favour, 1942)、《說與做》(Words and Actions, 1942)、《宗教與人民》(Religion and the People, 1940) 及《Chacun son

---

⓬　根據蘇塞克斯的說法：最早的也許是一些教導人們在空襲時如何行動的不重要影片。

⓭　蘇塞克斯並未質疑詹寧斯對這部影片整體的貢獻，但她卻表達出對導演名單的懷疑。
　　此外在爲國內發行的較短版本是以《Britain Can Take It》爲另一個片名。

· 《九九二飛行中隊》 (1939, 英國, 哈利 · 維特)

Dieu》 (1942)。

　　不論是詹寧斯與維特合作的影片(如《倫敦撐得住》)或他們個別的作品，兩人所拍的影片對英國的戰局都有重要的影響⓮。在他們早期有關國防的影片有三部十分傑出，它們是維特的《九九二飛行中隊》(Squadron 992, 1939)、《今晚的目標》(Target for Tonight, 1941)與詹寧斯的《閒暇時光》(1939)。《九九二飛行中隊》由卡瓦康蒂製作，而由維特執導，它的目的是要介紹皇家空軍汽球飛行中隊的工作給大眾知道，維特曾寫下這部影片的製作過程：

　　　　那是個蠻恐怖的工作，汽球那樣無聊的東西要拍得好也難，它們就像是不安的大象被綁在繩子的一端搖晃，很可能半夜就逃出去，然後必

⓮　在評論許多戰時宣傳片的「藝術」傾向時，史旺寫道：「似乎詹寧斯複雜而又銳敏的影片對於戰時電影觀眾的衝擊力還不及它給予後世批評者及電影學生的力量。」不過，哈德金森(Anthony W. Hodgkinson)及雪拉斯基(Rodney E. Sheratsky)則寫道：「一九三九至一九四五年在英國看過詹寧斯所拍的戰時影片的人，相信沒有一個不會為它的認知與記憶而熱淚盈眶。」

·《今晚的目標》(1941, 英國, 哈利·維特)

須橫過整個村野去追捕,而它們所在的位置常常都在一個荒涼而幾乎不可能接近的地方。它們的目的不在遏阻轟炸而在防止敵機向目標俯衝轟炸——一種駭人的新戰術,並迫使敵機從高空投彈,在當時高空投彈是一種非常不精確的轟炸方式。(130)

　　這部影片說明了汽球飛行中隊的任務,所以它可以籲請民眾與此工作合作,並激發皇家空軍的自尊,它描寫皇家空軍徵收農地建築物及土地時的禮貌,也描寫與空軍合作的民眾的善意回應。《九九二飛行中隊》值得一提的是它有很多愛國的場景及運用與同袍之愛有關的歌,這部片子可稱得上早期基於戰勝目的的一部深具影響力的紀錄片,也稱得上早期戰爭紀錄片發展上的一個里程碑❶。

　　維特的《今晚的目標》廣受大眾喜愛,因爲就如維特自己說的,它是一部「反攻的電影,而不是那些冗長的強調『撐得住』的影片」。它一直是廣被提及的英國戰時電影,因爲,就像是《戰火已起》(Fires Were Started, 另一部

❶　本片完成時已失掉時效,因此從未在英國上映。在美國上映時是濃縮版,片名爲《飛象》(Flying Elephants),而我在本書初版時誤寫爲《浮象》(Floating Elephants)。

「撐得住」影片一樣），它透過了參戰者的眼睛來呈現戰爭，而不是透過政治或宣傳工具的改裝來呈現戰爭。《今晚的目標》運用了不少重新安排的演出，以重現皇家空軍轟炸德國典型而又鉅細靡遺的過程。我們看到並聽到一架轟炸機上的小組人員討論著計畫，成功地完成任務，駕著受創的飛機返航，並在濃霧中安全著陸。這部影片描寫了此一轟炸計畫的周延及攻擊行動執行上的從容不迫。在這個例行性行動上，我們看見英國雖然害怕但充滿自信，雖然小心但不失幽默，在思想上雖孤獨但卻陶然自得。維特並沒有像在與賴特合作《夜郵》時那樣把日常例行活動加以戲劇化，他在本片為戰爭中的人們提供了一幅親密而自然的圖像。維特也不像凱普拉在「我們為何而戰」系列中視戰爭為正邪兩股力量的巨大鬥爭。維特以人的眼光來看待戰爭，猶如合作的行動是由人類的許多小單位一起完成的。整體而言，這種方向特別與其他英國的戰時影片不同，它關切的是人而不是戰役，著眼於防禦的計畫而不是宣傳，它以使命感來對戰局盡力而不是出自於無奈的宿命。

　　一九三四年詹寧斯投效大英郵政總局影片組，他擔任過剪接師及佈景設計師，同時也在其他人的影片中擔任演員，這段期間他執導過下列多部影片：《蒸汽火車頭》(Locomotives, 1935)、一九三八年的《英國人的收穫》(English Harvest)、《為春天計畫》(Design for Spring)、《便士之旅》(Penny Journey)；一九三九年的《閒暇時光》、《美國傳來的話》(Speaking from America)、《愛奧尼亞人》(S. S. Ionia，又名《最後的旅程》Her Last Trip)、《最初的日子》(與派特·傑克遜Pat Jackson合導)；一九四〇年的《春季攻勢》、《工人的福祉》(Welfare of the Workers，與派特·傑克遜合導)、《倫敦撐得住》(又名《英國撐得住》Britain Can Take It)；一九四一年的《英國之心》(Heart of Britain，又名《這就是英國》This is England)及《寄語戰爭》(Words for Battle)；一九四二年的《傾聽英倫》(Listen to Britain，與史都華·麥克阿力斯特Stewart McAllister合導)；一九四三年的《戰火已起》與《沉默的村莊》(The Silent Village)；一九四四年的《那八十天》(The Eighty Days)與《莉莉·瑪蓮的真實故事》(The True Story of Lili Marlene)；一九四五年的《提摩太日記》(A Diary for Timothy)；一九四六年的《戰敗的民族》(A Defeated People)及一九四七年的《坎伯蘭的故事》(The Cumberland Story) ❻。從一九三九年的《閒

❻　有關詹寧斯的評論之作有Anthony W. Hodgkinson and Rodney E. Sheratsky, *Humphrey*

暇時光》一直到一九四七年的《坎伯蘭的故事》，根據紀錄片史家艾瑞克・巴諾描述詹寧斯的特長爲「不凡地強調了人類行爲中的小故事」，而在捕捉戰時英國的面貌，詹氏的作品堪稱首屈一指。他在戰前做的社會學的研究計畫名爲「大眾觀察」(Mass Observation)，而戰時他細心而安靜地觀察日常行爲，以此做爲整部影片製作的方法。首次運用此法的《閒暇時光》中，他觀察了做平常事的平凡人們，以此，他提供了多方面的觀點❶。詹寧斯從生活的各面記錄人們休閒行爲的單純細節，人們行爲的自然與眞實給予這部片子一個客觀的紀錄外貌，但它正也是典型的社會學觀察，因此詹寧斯並不願下結論，不過他模稜兩可的處理方式也常使觀眾困惑與生氣。儘管如此，本片仍因對日常生活細節的敏銳而趣味十足，而導演對於影像、聲音、音樂融合成藝術品的了解及對所有活動——運動、露天市場娛樂活動、舞蹈，或比較個人的娛樂，像是園藝，騎單車或訓練鴿子、狗等事的關心(上述這些個人的滿足也等同於社會的凝聚力)，也使得片子趣味盎然。雖說《閒暇時光》並不完全成功的，但它已暗示了詹寧斯後來影片中的力量。

消防影片

由於德國對倫敦及其他城市的猛烈轟炸而導致了鉅大的破壞，因此如何消滅大火就成爲英國首要關切的事，有些影片就被製作出來訓練人們必要的救火技巧，同時也用以提振參與此危險工作者的士氣，因爲他們之中很多人都是志願的。這類影片包括了介紹救火組織功能與訓練的《火》(Fire, 1940)、《火災警戒員》(Fire Guard, 1942)；提供處理爆炸性燃燒彈的安全方法的《一種新型燃燒彈》(A New Fire Bomb, 1942)、《蝴蝶炸彈》(Butterfly Bomb,

---

Jennings: *More Than a Maker of Films* (Hanover: University Press of New England, 1982); *Humphrey Jennings: Film-Maker, Painter, Poet*, ed. Mary-Lou Jennings (London:British Film Institute, 1982); Alan Lovell and Jim Hillier, *Studies in Documentary* (London: Secker and Warburg, 1972); Lindsay Anderson, "Only Connect: Some Aspects of the Work of Humphrey Jennings", *Nonfiction Film Theory and Criticism*, ed. Richard Barsam (New York: Dutton, 1976), 263-70;及*Humphrey Jennings: Film-Maker, Painter, Poet*, 53-59.關於詹寧斯與他剪接師的合作，見Dai Vaughan, *Portrait of an Invisible Man: The Working Life of Stewart McAllister, Film Editor* (London: British Film Institute, 1983).

❶ 我之所以能更了解這部電影應可歸功於Kenneth J. Robsons未出版的論文"Tying Knots in History: The Films of Humphrey Jennings" (1979).

·《戰火已起》(1943, 英國,
亨佛萊·詹寧斯)

1943);有關猛烈轟炸後大火的《面對猛烈轟炸》(Go to Blazes, 1942),還有在人口密集地區有系統地進行對抗火災的訓練影片《工廠火災警戒員》(Factory Fire Guard) 與《火災警戒員計畫》(Fire Guard Plan, 為1943)。

在這類影片中,以詹寧斯的傑作《戰火已起》(1943)最為特出。在這部片子中,詹寧斯把詩及寫實主義的兩種力量交融來描寫英國在戰時的堅忍不拔。猶如許多英國的非劇情片,這樣的題材(英國消防單位在倫敦挨炸時典型的一天)經常流於簡單而虛偽。詹寧斯並沒有在這個例行的行動中強加戲劇性的情境或模仿(如迪金生Thorold Dickinson 在《血濃於水》中所做的),他也無意在這些志願做這項工作的人之中去塑造一些英雄。他所做的是,在介紹了這個單位人的個別性之後,僅描寫了他們從保養設備到搶救倉庫大火等活動。詹寧斯了解這些工作人員、他們的志願性、他們的快樂及焦慮。有段描寫這些隊員等待警鈴的部分相當傑出,他們唱歌、跳舞、玩牌、開彼此的玩笑,似乎對將會來的危險甚至是致命的大火不以為意,正如每天晚上的情形一樣。

不幸的是,在真實情況下所拍攝到的火災並不夠浩大,因此並不能滿足由影片前半段所創造出來的期待,所以對觀眾而言,救火的場景不免看起來冗長、重複而全無戲劇上的期待之感。對於義務消防隊員而言,這不過是另一場火災、另一次保衛倫敦的努力而已,僅在結尾時,一個消防隊員的喪禮與一艘他試圖搶救的軍火船的畫面交叉剪接，我們才了解到這個工作的重要性。另一方面本片的夜間攝影成就非凡，而配樂在影片前半段的表現雖幾近完美，但卻沒有烘托出全片的行動。另外，影片的兩個部分——準備出動與火災發生——之間缺乏張力，而如果不是描寫火災段落缺乏戲劇性的強度，《戰火已起》幾乎可說是部完美無缺的紀錄片。在這個全然散文式的題材特別加入了想像力的處理，這部片子已經超越了對獻身滅火工作的男女的稱讚。也如《夜郵》的成就一樣，這部《戰火已起》可稱得上是部令人難忘的藝術精品⓲。

其他一些相似的消防影片都是有關逃生技巧與救援單位的作品，這些片子提供資訊與訓練，目的是爲了使大眾更加了解如何在災難發生後相互幫助。它們包括：一九四○年的《緊急救援》(S. O. S) 及《鄰居失火了》(Neighbours Under Fire)；指導如何找出身陷被炸建築物裏倖存者位置的《搜救行動》(Rescue Reconnaissance, 1943)；如何以坑道挖掘技術把人們從瓦礫堆中救出的《瓦礫堆中挖坑道》(Debris Tunnelling, 1943)；如何清理被炸現場的《瓦礫清理》(Debris Clearance, 1943) 等。另外也有海峽救援協會(Channel Rescue Service)製作有關水中營救行動的《飛行員現在安全了》(The Pilot is Safe, 1941)和煤礦意外災害救援行動的《Dai Jones》(1941) 及《意外處理》(Accident Service, 1943)。

戰時生活情形的影片

描寫戰時生活的影片呈現戰時人們如何透過個體及羣體之間的互助而生存下來。對於維繫百姓的士氣這些電影發揮了最大的貢獻。開始之初，這類影片在精神上(形式上不一定)都是城市交響曲之類的作品：《新英國》(The New Britain, 1940)、《市井小民》(Ordinary People, 1941)、《倫敦，秋天，一九四一》(London, Autumn, 1941)、《倫敦，一九四二》(London 1942)、《大城市》(The Big City)、《倫敦速寫》(London Scrapbook, 1942)、《靠自己而做》(Doing Without, 1943)。這些影片絕大多數的題目業經特別挑選，它們不僅提倡與肯定後方的英國式生活方式，同時也意在向全世界投射此種生活方式

⓲ 不同的觀點，見Robert Colls and Philip Dodd, "Representing the Nation: British Documentary Film, 1930-45," *Screen* 26.1 (Jan.-Feb. 1985): 21-33.

的特色及它一板一眼的樣式。題目上包括了有關馬匹的《純種馬》(Thorough-bred, 1940)，有關手工技藝的《手工藝的快樂》(Handicraft Happiness, 1940)，有關小酒吧的《在地的運動》(Sport at the Local, 1940)，關於傳統農村生活的《中世紀農村》(Medieval Villiage, 1940)，有關戰時工廠工人生活條件的《好女郎》(Lady be Kind, 1941)，有關搬遷與重新安頓的《與陌生人一同生活》(Living With Strangers, 1941)，有關救世軍的救濟工作的《濟世之軍》(The Serving Army, 1941)與《成功降落》(A Good Landfall, 1941)；也有社會議題相關的《市民諮詢服務局》(Citizen's Advice Bureau, 1941)及《尖峯交通時間》(Rush Hour, 1942)。另外還有關於建築的《老市區重建》(New Towns for Old, 1942)、《建造者》(Builders, 1942)，有關交通運輸的《連接大西洋兩岸的機場》(Transatlantic Airport, 1943)，有關節約燃料的《燃燒的問題》(The Burning Question, 1944)，有關體育的《有些人喜歡它的粗魯》(Some Like it Rough, 1943)及為前線軍方所拍的系列影片《銀幕上的體育》(Cine-Sports, 1943)，鼓吹團隊合作的《團隊》(The Team, 1941)及歡迎盟國軍隊的《從加拿大來的訪問》(A Visit from Canada, 1941)與《歡迎到英國來》(Welcome to Britain, 1943)。

因為戰爭影響了所有傳播的形式，因此也有幾部非劇情片描寫了大轟炸期間報紙遞送的難題像《報紙列車》(Newspaper Train, 1942)，至於描寫廣播的困境則有《自由的廣播》(Freedom Radio, 1942)及《BBC廣播中即席回答問題的專家小組》(B. B. C. Brains Trust, 1942)。另外描寫戰時娛樂及文化需求的片子則有《書籍之戰》(The Battle of the Books, 1941)、《寄語戰爭》(1941)及《空閒空間》(Breathing Space, 1942)。也許因為政府比較關切如何疏散孩子們而不是如何教育他們，因此關於學校的影片僅有幾部，包括《艾許里上學》(Ashley Green Goes to School, 又名Villiage School, 1940)、《我們的學校》(Our School, 1941)與說明新教育法案的《孩子們的憲章》(Children's Charter, 1944)。此外，也有描寫後方與前方因戰爭而改變的聖誕節慶祝方式的《艾戴斯特戰場》(Adeste Fideles, 1941)及《戰火下的聖誕節》(Christmas Under Fire, 1941)。

所有描寫戰爭對平民生活條件影響的影片之中，《傾聽英倫》(1942)或許可稱為最優秀的作品，本片由詹寧斯及史都華·麥克阿力斯特合導(麥克阿力斯特在之前或以後的生涯都以詹寧斯的剪接師聞名)❶。由於對平凡百姓與平常活動有著特別的情感，詹、麥兩人在國家挺身對抗納粹入侵之下，呈現國家的一幕真正橫切面。本片延續了自《夜郵》以降探索聲音可能性的紀錄片傳統，它如前人一樣巧妙地運用了直接現場收音、詩的旁白及音樂。也像兩部戰火下美國社會橫切面的電影《我們看守的堡壘》(1940)及《戰爭降臨美國》(War Comes to Amereica, 1945)一樣，《傾聽英倫》證明了聲音不僅可以搭配畫面，還可與之相互對位(counterpoint)，創造出戰時英國一種交響樂感的聲音效果。藉著小心翼翼的陳述及固守傳統的做法，這部片子仔細地描繪出一個已準備一戰但又不輟其傳統活動的堅強國家。我們看到在學校中孩子圍成圈在跳舞，礦工仍下礦坑工作，而女王則出現在上班族午餐音樂會中，所有人都知道，遲早這些人將成為「今晚的目標」。為了補充每張面孔的期盼與等待之感，詹、麥兩人將強烈的愛國旁白、耳熟能詳的民歌、舞榭的歌聲、四面傳來的機械化軍用車輛的聲音及麥拉·海絲(Myra Hess)在國家藝廊午餐時間演奏會悅耳的聲音相互混合。但當飛船在空中保持警戒的鏡頭出現，工廠及交通的聲音混雜著演奏會上莫札特鋼琴曲的聲音，我們看到國家藝廊撤出收藏而徒留空蕩蕩畫框及畫廊的畫面時，那種諷刺之感是很明顯的。而透過影片精巧的設計及正直，我們對於人類忍耐的美德深感認同，並確信英國將安然渡過戰火的洗禮[20]。

《我們的國家》(Our Country, 1944)則是一部由約翰·艾爾德里奇(John Eldridge)與戴倫·湯瑪士(Dylan Thomas)合作意在向海外觀眾呈現英國面貌的影片。與美國所製作的《戰爭降臨美國》類似，《我》片透過迷惑的英國漁人之眼，呈現自倫敦到安靜的威爾斯小鎮一種文化與社會的型態。儘管這部片子太過煽情(在戰時國家主義下的影片中這種缺失情有可原)，也經常太過於膚淺，而除了一段描寫有位軍火工廠工人敍述她如何在夜間空襲中獲救的過程之外，對於個人的情感及英國人民的價值著墨極少，且不像在《另有大用》(They Also Serve)與《傾聽英倫》那樣濃郁。不過，湯瑪士的旁白仍令人留下深刻的印象，他那抒情的文體表達出對英國人民的堅強及其意志的敬

⑲ 戴·沃梵(亦為剪接師)曾寫過麥克阿力斯特的生平及他與詹寧斯的合作，見Portrait of an Invisible Man: The Working Life of Stewart McAllister, Film Editor (London: British Film Institute, 1983).

⑳ 見Jill Caldwell, "Triumph of the Will and Listen to Britain: Propaganda-Militant/Non-militant," Film Library Quarterly 9.1 (Sept. 1976):52-53.

意，令人難忘。

英國人民一方面為戰事犧牲奉獻，另一方面也被鼓勵去節省金錢與維生物資以為將來的生存之需。三〇年代數部大英郵政總局的影片便是以國家儲蓄計畫(national savings plans)為其主題(包括《比爾・布列維特的儲蓄》)，而在戰時此一題材也常可見到，像是《亞伯的存款》(Albert's Savings)、《為勝利而節約》(Save Your Way to Victory)、《年輕人指出了方法》(Young Folks Show the Way, 1940)。另外還有一些以鼓勵人們保留廢棄物資為題材的《快樂地廢物利用》(Salvage with a Smile, 1940)、《原料就是戰略物資》(Raw Material is War Material, 1940)、《有廢鐵嗎？》(Any Old Iron, 1941)及《鐵屑製作的武器》(Arms from Scrap, 1942)。

雖然這些影片絕大多數的題材都是有關住在英倫三島上的人們的戰時生活，但仍有些英國或其他國家的電影工作者製作出有關非洲、澳洲、加拿大(下面將討論)、印度及紐西蘭等地生活情形的影片。蘇格蘭是其中較為著名的例子，它一直在製作描寫蘇格蘭人民為戰事盡力工作的非劇情片，包括了呈現蘇格蘭人民敬軍情形的《亞伯費地的自由》(The Freedom of Aberfeldy, 1942)及有關偏僻蘇格蘭村莊生活的《小農場佃農》(Crofters, 1943)。

為軍人與平民所拍攝的訓練影片

當戰爭在大小地方均改變了英國的生活方式時，非劇情的訓練影片便被用來教育軍人及平民如何面對此一新的挑戰。為平民拍攝的影片包括了農耕、園藝、食物、營養及健康(這些下一節將詳述)。而為同一對象拍攝的其他影片則是一些提供國內民眾進行例行訓練的影片，像是有關交通安全的《黑暗中的危險》(Dangers in the Dark, 1941)、有關金屬加工的《如何用銼刀》(How to File, 1941)、有關工業安全的《無意外事件》(No Accidents, 1942)和有關戰鬥技能的《巷戰》(Street Fighting, 1942, 這是部由英國陸軍演練如何徒手博鬥的影片)。

影片也用來協助招募與訓練士兵，而他們也藉著影片的訓練習得諸如掩蔽偽裝接近狙擊手等特殊的技能，如連・萊拍的《殺或被殺》(Kill or Be Killed, 1942)，或清除地雷區的方法《地雷區》(Minefield, 1943)，還有回溯戰爭初期訓練工作的《國家軍力的興起》(A Nation Springs to Arms, 1940)、說明軍方測試方法的《合適的人》(The Right Man, 1942)及解釋徵兵心理學的《個人的抉擇：新兵》(Personal Selection: Recruits)與《個人的抉擇：軍官》(Personal Recruits: Officers)。其他影片則是些有關不同軍種的題材，包括空軍的《戰鬥機升空》(Raising Air Fighters, 1939)、《戰鬥機飛行員》(Fighter Pilot, 1940)、《飛向藍天》(Into the Blue, 1940)與《戰鬥機升空實況》(R.A.F. in Action, 1942)；有關陸軍的《徵召士兵》(Rasing Soldiers, 1940)；有關海軍的《徵召水手》(Raising Sailors, 1940)、《山姆·佩派斯加入了海軍》(Sam Pepys Joins the Navy)、《海上實習生》(Sea Cadets, 又名Nursery of the Navy)、《海軍行動》(Naval Operations, 1941)及有關傘兵的《傘兵部隊》(Paratroops, 1942)。

農耕、園藝、食物及營養的影片

整個戰爭中許許多多的影片都是有關鼓舞士氣及為保衛民主制度等大範圍的軍事主題，而另外有些片子則選擇了較為家庭的題材，像農耕、園藝、食物及營養。第一部有關農耕的重要影片是詹寧斯的《春季攻勢》(又稱An Unrecorded Victory, 1940)，這是部技巧高明的影片，不僅描寫了英國的農民供應食物給後方及海外的軍隊，同時也讚許這些農民在空襲時蔽護了城市裏的兒童。它雖屬抒情式紀錄片，但其內容則提供了大量的知識，片中看來戰時的農業活動似乎輕而易舉，對農民的生活及他們的家庭也甚無影響。《春季攻勢》除了掌握了英國人民溫和而堅定的精神，也擔負了明白的宣傳片功能，它指出自一次世界大戰後英國的農地即遭忽略，而片子也說明了如果國家想繼續強盛，必須保持農地有最大的生產量。鼓勵以可用土地增加生產量的影片為數不少，包括《奮力墾地》(Fighting Fields)、《新田畝》(New Acres, 1941)、《開墾出新農地》(A Farm is Reclaimed)及《動力》(Motive Power, 1943)。有些影片的目的在為特殊的工作提供訓練，如《水果的保護》(Protection of Fruit, 1940)、《倉庫秣草》(Silage, 1940)，還有一九四一年的《犁田的方法》(A Way to Plough)、《如何開墾》(How to Dig)、《為勝利而開墾》(Dig for Victory)，一九四二年的《如何以稻草覆蓋屋頂》(How to Thatch)、《用麥桿蓋住馬鈴薯堆》(Clamping Potatoes)、《做個堆肥》(Making a Compost Heap)及一九四三年的《推草成堆》(Stooking and Stacking)、《為更好的草地重新播種》(Reseeding for Better Grass)、《做好乾草料》(Making Good Hay)、《做好秣草》(Making Grass Silage)、《乾淨的牛奶》(Clean Milk)、《幫助農民的焊接》(Welding Helps the Farmer)和《簡易的水果修剪法》(Simple Fruit Pruning)。另外還有些教導農民如何使用設備的影片,如《農耕曳引機》(Farm Tractors, 1940)、《耕地的交替》(The Turn of the Furrow, 1941);指導城市工人如何在收割季節幫助農民的《創立一個土地俱樂部》(Start a Land Club, 1942);描寫農場季節變換的《農場上的春天》(1942)、《農場上的冬天》(Winter on the Farm, 1942)、《農場上的夏天》(Summer on the Farm)與《農場上的秋天》(Autumn on the Farm, 又名The Crown of the Year, 1943)。

園藝是英國一項傳統休閒活動,但在戰時這項休閒活動就變成了一種維生的活動,因為花圃可以轉型成為菜園,並顯著地增加全國的食物供應量。而這種轉型將可成為非常有力的影片題材,《後院前線》(Backyard Front, 1940)及《把水溝填滿》(Filling the Gap, 1942)❷。也有許多影片探討農耕、園藝、食物及營養之間的必然關係,如當時英國食物相當油膩,這些影片便以此為影片的題材:有關孩子們基本食物的《只限兒童》(For Children Only, 1942),有關馬鈴薯肉鍋烹調的《今晚吃什麼?》(What's for Dinner?, 1940),有關辦公室與工廠工作人員飯盒的《女王的信差》(Queen's Messengers, 1941)、《在工作時進食》(Eating at Work, 1941)、《車上的飯盒》(Canteen on Wheels, 1941)及《飯盒指令》(Canteen Command, 1943),有關一般食物的《選擇起司》(Choose Cheese, 1940)、《兩個廚子與一顆甘藍菜》(Two Cooks and a Cabbage, 1941)及《關於胡蘿蔔》(All About Carrots, 1941),還有不可避免地有關食物配給的《從園子裏來的水果》(Fruits From the Garden, 1940)、《新麵包》(The New Bread, 1941)、《餡餅何時被切開》(When the Pie Was Opened, 1941)、《為多一點肉類而養兔》(Keeping Rabbits for Extra Meat, 1942)、《如何使母雞下更多的蛋》(More Eggs from Your Hens)及《十二天》(Twelve Days, 1942)❷。

---

❷ 和農事影片一樣,園藝影片也集中在特殊的題材:《Sowing and Planting》 (1941)、《Storing Vegetables Outdoors》、《Storing Vegetables Indoors》、《Garden Friends And Foes》、《Ditching》(1942)、《Winter Work in the Garden》、《Saving Your Own Seeds》及《Vegetable Harvest》(1943).

❷ 影片希望喚起對食物及營養關係的注意力,包括:《Green Food for Health》、《Oatmeal Porridge》、《Potatoes》、《Steaming》 (1940)、《Emergency Cooking Stove》、《Simple Soups》 (1941)、《Oven Bottling and Eggs and Milk》 (1943).

有關健康的影片

　　為了強調食物與健康之間的密切關係，特別是國家正處於危急的時刻，英國的非劇情片工作者拍了一系列指導人們如何保持健康的影片。它們包括了《維持生命的機構》(Vital Service, 1939)、《戰時的健康》(Health in War, 1940)、《健康的贈禮》(The Gift of Health, 1940)、《為服務社會而保持健康》(Fitness for Service)、《保健入門》(A.B.C.D of Health)、《準確地急救》(First Aid on the Spot, 1943)❷。有些影片則是有關特定疾病或保健問題的健康教育作品，像是有關瘧疾的影片《瘧疾》(Malaria, 1941)，有關性病的《該討論一下的題目》(Subject for Discussions, 1942)，有關肺結核的《打敗肺結核》(Defeat Tuberculosis, 1943)，有關疥癬病的《疥癬》(Scabies, 1943)及有關失明的《黑夜之外》(Out of the Night, 1941)與《戰勝黑暗》(Victory Over Darkness, 1942)❷。另外還有些題材包括了教育人們要用手帕掩鼻打噴嚏以防散播感冒的《A—Tish—Oo!》(1941)與《有鼻子就有它》(The Nose Has It, 1942)；有關神經精神醫學的影片《神經精神醫學》(Neuropsychiatry, 194 3)；有關兔子傳染的疾病《兔疫》(Rabbit Pest, 1941)及一些有關老鼠的影片《我們必須滅絕鼠患》(We've Got to Get Rid of the Rats, 1940)、《滅鼠》(Kill That Rat, 1941)、《鼠害》(Rat Destruction, 1942)及《致命的老鼠》(Killing Rats, 1943)。

有關戰時工業的影片

　　在二次世界大戰之前，大英郵政總局的影片都一直強調英國工匠的技藝如何高超及英國製的產品如何的卓越，而戰爭開始後有些影片延續了這個主題，包括了早期一部有關戰時經濟的《順從的火焰》(The Obedient Flame, 1940)都是這類影片。也有表現戰時各不同產業生產力的影片出現，像是有關鐵路的《載運不斷》(Carrying On, 1939)；有關道路運輸力的《北向六六》(66 Northbound, 1940)；有關鋼鐵的《工業的煉爐》(Furnaces of Industry, 1940)及《鋼之齒》(Teeth of Steel, 1942)；有關石油的《蒸餾》(Distillation,

---

❷　關於兒童的有《The Birth of a Baby》(1940)，維持兒童健康的有《DefeatDiptheria》(1941)、《Your Children's Teeth》、《Your Children's Eyes》、《Your Children's Ears》、《Your Children's Sleep》(1944).

❷　關於護理的有《Nurse!》(1940)、《Hospital Nurse》(1941)及《 Student Nurse》(1943).

1940)與《戰時石油船運》(Wartime Shipment of Packed Petroleum, 1943)；有關化學的《這就是顏色》(This is Colour, 1942)及關於營造業的《為勝利而造》(Building for Victory, 1942)和增加工業生產量的《有計畫的供電》(Planned Electrification, 1940)。此外，也有幾部關於羊毛工業及描寫它對英國經濟重大貢獻的影片，《羊毛的故事》(The Story of Wool, 1940)及兩部描寫蘇格蘭絨製造的《邊境的紡織》(Border Weave, 1942)及《西方諸島》(Western Isles, 1942)等。

當然，影片工作者也會製作一些強調供給作戰部隊軍火、物資及補給品的基礎工業的影片。如對工業生產提供全面介紹的《戰時工廠》(Wartime Factory, 1940)，強調自然資源重要性的《原料》(Raw Materials, 1940)及說明如何供應海外軍區物資後勤學(logistics)的《大裝運》(The Big Pack, 1943)。就如過去我們看到的《漂網漁船》(1929)、《工業化的英國》(1933)及《夜郵》(1936)等三〇年代英國影片一樣，英國人在描寫事情如何被完成(或製作)上的表現非凡。在戰爭期間可與前述成就相較的影片是由亞瑟‧艾頓拍攝的《螺旋槳》(Airscrew, 1940)，本片如艾頓之前的影片《飛機引擎》(1933)或《力量的轉換》(1939)一樣，是部說明了不起的鐵製可變輪距的飛機螺旋槳技術與製造過程的影片，此外這部獎勵性的片子也在英國工人之間提升了他們的榮譽感。另外還有些描寫軍火工廠的影片像是《工廠前線》(Factory Front, 1939)及《槍炮之聲》(The Voice of the Guns, 1940)，還有《危險區域》(Danger Area, 1943)、《斯特林加緊速度》(Speed-up on Stirlings, 1942)、《英國提前完成任務》(Britain Beats the Clock, 1943)三部片子，說明了在艱困情況下快速生產的需要。另外一部片子《午夜航行》(We Sail at Midnight, 1942)描寫了一份租約的安排竟支持了一座英國的坦克工廠，而《造船者》(Shipbuilders, 1940)與《克萊德製造》(Clyde Built, 1943)則是兩部與造船工業有關的影片。

英國與海洋的影片

由於居住在狹小的島上必須依賴海洋來做貿易、運輸及防禦，因此英國所拍的這類影片不僅強調她的港口、漁業及世界性船運貿易的重要性，同時也描寫英國對於從歐陸而來的敵機轟炸及從四面水域而來的潛艇有其戰略上的脆弱性。所以除了《港口》(Ports)及《貨輪》(Cargoes)兩部片子外，《商船海軍》(The Merchant Navy, 1940)與《在里洛茲的A1》(A1 at Lloyds, 1941)描寫了保護英國安全的戰艦，而《每天花費少許》(A Few Ounces a Day, 1941)則強調了大西洋的護衛艦。在《漂網漁船》、《格蘭頓拖網漁船》及《北海》三部優秀影片的傳統之後，大衛・麥克唐納(David MacDonald)的《燈塔船上的人》(1940)則成為戰時英國有關海洋影片的首部及最佳之作。為了要喚起人道主義的情感，這部影片描寫了納粹對巡行燈塔船的轟炸，本片在重新排演下精采地描寫了船員們每天的生活，他們在轟炸過後求生的努力以及最後因為救生艇迷失在霧中不幸死亡的過程❷。《燈塔船上的人》不僅對在船上服務的平民英雄致敬，也譴責了納粹攻擊方式的殘暴(儘管它並未激起觀眾的憤怒)。而其後拍的《今晚的目標》則對即將遭納粹空襲倫敦及其他英國城市協助市民及其他盟邦進行防備工作。

有三部強調海洋戰略重要性的影片：派特・傑克遜的《聯絡船駕駛員》(Ferry Pilot, 1941)、《西向路徑》(Western Approaches, 1 944)及荷姆斯的《海岸防區》(Coast Command, 1942)。《聯絡船駕駛員》描寫英倫諸島的運輸情形，而《海岸防區》則戲劇性又不失親密地呈現二次世界大戰期間，皇家空軍及皇家海軍保護英國海岸的畫面。傑克遜的《西向路徑》某個程度上與維特的《北海》(1938)相似，乃是部有關在西方路線上防衛船艦的戲劇性紀錄片。它比較了美國及英國在納粹封鎖區之外運送人員及物資的方法，本片有兩點在當時極為罕見，一是它長達八十五分鐘，其二是攝影師傑克・卡地夫(Jack Cardiff)運用了彩色電影攝影❷。

---

❷ 《The Pilot is Safe》(1941)對海峽救援協會有較正面的描寫。

❷ 其他長片則有連・萊的《Colour Box》(1935)及《Musical Poster #1》(1939)；一九三四至四四年間，英國超過一小時的影片有《BBC：英國之聲》(60分鐘)、《伊朗的黎明》(60分鐘)、《For Freedom》(80分鐘)、《The Birth of a Baby》(65分鐘)、《World in Flames》(70分鐘)、《海岸防區》(73分鐘)、《Desert Victory》(62分鐘)、《Close Quarters》(75分鐘)、《神經精神醫學》(68分鐘)。與紀錄片相關的劇情片乃是主流紀錄片發展下的副產品，它們的長度一向少於標準劇情片長度(60到90分鐘)。除此之外，衡諸電影史，證明這兩種類型並未發展出互斥的關係。佛萊赫堤在《南努克》及《路易斯安那州的故事》中就蓄意以虛構的故事來加強事實的力量，而像是哈利・維特的《比爾・布列維特的儲蓄》、派爾・羅倫茲的《為生命而戰》及伊文斯的《力量與土地》等著名的作品雖然基本上都是非劇情片，但它們也藉著劇情性的外貌來加強力量，上述每一部子與其他許多子一樣，對於特定對象的戲劇化與人性的需求是很清楚的。同理，戰時影片為了要使所記錄的戰役看來與眾不同，因此便著墨於特定的個人活動或可視

關於海洋的影片還包括了強調增加船艦生產量的《給我們更多的船》(Give Us More Ships, 1941) 及提醒英國人有關漁業及以此為生的人對經濟有重要性的數部影片《沒有制服的水手》(Sailors Without Uniform)、《鯡魚》(Herrings, 1940)、《商船海軍》(Merchant Seaman, 1941)、《大西洋拖網漁船》(Atlantic Trawler, 1943) 及《海上來的人》(Men From the Sea, 1943)。此外，還有以戰時軍艦生活情形為題材的《H. M.佈雷艦》(H. M. Minelayer, 1941)、《運兵船》(Troopship, 1942)、《我們在黎明潛行》(We Dive at Dawn, 1942)、《喬治王五世H.M.S.》(H.M.S. King George V, 1942) 及《靠近船尾的地方》(Close Quarters, 1943)。

有關勞工、婦女及青少年的影片

在戰前，英國紀錄片運動對於提升工人的自尊與士氣的影片卓然有成，同時，它深度描寫階級化社會結構一類的題材也有不凡的成就。而在戰爭爆發後，英國社會雖一方面開始注意到性別及年齡的分隔，但仍保持特有對階級區隔的自覺。可是幾乎在一夜之間，當男人從軍後，婦女及青少年取代了他們原本在工廠、辦公室、商店及操作像大眾運輸工作之類的基礎工作時，勞動力改變了。因此，為求戰爭勝利，對於維持一致的團結努力乃是十分重要的，所以便有影片拍攝出來歌頌勞工及婦女和青少年新角色的重要性。當

為一體的特定團體，這種影片有英國的《九九二飛行中隊》及美國的《女戰士》，對於廣大的戰事，它們強調了個別的努力。在英國，商業電影工業成功改編紀錄片，並將非劇情片技巧運用於劇情片的情形比美國還多，它們都是些直接幫助國家作戰的影片。而劇情片製片廠的資源此時也用以支援皇冠電影組及資訊部的工作。此外一些劇情片導演也將他們的藝術及寫實主義的戲劇天分，貢獻於戰時紀錄片的發展。這些影片的代表之作 (通常由熱門的明星擔綱) 有卡洛·李 (Carol Reed) 的《最後奮擊》(The Way Ahead, 1944)，這部片子描寫男人應召入伍前後的不同，是部幽默而成功的剖析之作。還有法蘭克·朗德 (Frank Launder) 及西尼·吉拉德 (Sidney Gilliat) 的《數百萬像我們一樣的人》(Millions Like Us, 1943)，這是要求所有國民，特別是女人團結合作為國盡力的激勵性影片。還有安東尼·阿斯奎斯 (Anthony Asquith) 的《自由的廣播》(1942)、查爾士·福連德 (Charles Frend) 的《工頭到法國去》(The Foreman Went to France, 1942) 及托洛·迪金生的以檢視安全為主題的《血濃於水》(1942)。除此之外，《西向路徑》是伊安·戴爾林波離開皇冠電影組之前的最後一部地位重要的作品，戴爾林波認為皇冠電影組的官僚系統已經阻礙了嚴肅的非劇情片製作。(引自Sussex, 151)

時，有些影片強調了每種工作的重要性，如《人民的聲音》(Voice of the People, 1940)、《工人的福祉》(1940) 及《基本的工作》(Essential Jobs, 1942)，強調營造業重要性的《建造者》(The Builders, 1940)，強調戰時碼頭工人重要性的《碼頭工人》(Dockers, 1942) 及開礦重要性的《煤礦前線》(Coal Front, 1940)、《它由煤而來》(It Comes from Coal, 1940) 及《煤礦工》(Coalminer, 1943)。另外也有些描寫戰時高危險性工作的影片像是《裏特‧布拉克不工作的晚上》(Shunter Black's Night Off, 1941)。還有些影片鼓勵工人加入戰爭相關工作，像《珍‧布朗換工作》(Jane Brown Changes Her Job, 1942)，或讚許工人犧牲週末及下班時間加入轟炸機裝配線的《工人的週末》(Workers' Weekend, 1943)；向夜間工作的人致敬的影片《夜班》(Night Shift, 1942) 及讚許人們加入團結勞工運動的影片《羅克代爾的人》(Men of Rochdale, 1943)。除此之外，有一系列的影片《工人與前線》(Worker and Warfront, 1942-44) 既娛樂了工廠裏的工人並使他們對戰局的進展有所了解，這是套英國式生活的綜合報導，因此頗受大眾的歡迎。

女性之所以對戰爭及戰時經濟有絕對的重要性不僅因為她們在戰時做為母親、主婦及護士等傳統角色，更重要的，也在於她們取代了服役的男性原本在工廠裏的工作。描寫女性在工廠的影片包括了《她父親的女兒》(Her Father's Daughter, 1940) 及《她們使機輪繼續轉動》(They Keep the Wheels Turning, 1942)。其他也有描寫女性在軍工廠工作的影片《工作宴會》(Work Party, 1942)；描寫志願服務女性的《A.T.S.》(1941) 及《W.V.S.》(1942)，還有描寫女性加入軍隊的幾部影片《大不列顛是個女人》(Britannia is a Woman, 又名 Women in Wartime, 1940)、《W.R.N.S.》(1941)、《飛天女傑》(Airwoman, 1941) 及《汽球位置五六八》(Balloon Site 568, 1942)❷。

即便在電影工業中女性也取代男性而擔任許多諸如導演、製片人、演員、編劇、配音員、剪接師、設計師及其他藝術性工作人員及技術人員等重要職位，她們也同時擔任了影評人及新聞記者的角色。主要的人物有瑪格麗特‧湯普森(Margaret Thompson)，她拍了十數部有關農業的影片❷；瑪麗‧菲爾

---

❷ 就我能認定的，這些影片中沒有一部的導演是女性。

❷ 湯普森的電影有《Storing Vegetables Indoors》及《Storing Vegetables Outdoors》(1942)、《做好秣草》、《做好乾草料》、《Saving Your Own Seeds》及《乾淨的牛奶》(1943)；菲爾德的電影有《手工藝的快樂》、《原料》、《Winged Messengers》(1941) 及《Water》

·《另有大用》(1940, 英國, 露比·葛里遜)

德製作了多部以大自然為題材的傑出影片,除了奠定了她在三〇年代電影界的聲望,並在戰時繼續製作類似的影片;還有艾文琳·史拜斯,她原本服務於葛里遜的大英郵政總局電影組,當時她就已製作了《天氣預報》和《在百萬之中的工作》(Job in a Million) 兩部以人道主義色彩稱著的影片。此外,其他的女性導演還包括了執導《你孩子的牙齒》(Your Children's Teeth, 1944) 的珍·瑪雪(Jane Massey),執導《W.V.S.》(1942) 與《戰鬥盟國》(Fighting Allies, 1942) 的露易絲·柏特(Louise Birt),執導《行動》(Action, 1942) 的摩莉兒·貝克(Muriel Baker),導演《推草成堆》的羅桑·韓特(Rosanne Hunter) 及拍過《孩子們看得透》(The Children See It Thru', 1941) 的佛恩·弗萊契(Yvonne Fletcher) ❷。

　　約翰·葛里遜的兩個妹妹瑪莉安及露比在英國紀錄片運動中都很活躍。在二次大戰爆發前,瑪莉安已導演過令人矚目的旅遊影片《原來這就是倫敦》

(1942)。

❷　不幸地,這只是一部分的名單,而在英國慣用人名的第一個字母而不是他的名字全文使這種情形更加困難,因此也犧牲了某種平等性。對於研究英國紀錄片運動中女性所扮演的許多角色仍非常有必要。

(1933)及《爲了全然的永恆》(1934)。而露比拍攝的《另有大用》(1940)則描寫英國家庭主婦在戰爭期間所積極扮演的角色。這部簡短、通篇迷人而又誠懇的影片在家庭之中全面結合了對戰爭的各種努力,也觸動了非常人性的時刻❸。其他類似的影片還包括了《戰爭中的女性》(Women at War, 1941)、《鄉村婦女》(The Country Women, 1942)及《數百萬像我們一樣的人》(1943)與《不列顛的女性》(Women of Britain, 1943)。

在戰爭期間年輕人一向是大眾關注的焦點。由於一次世界大戰幾乎摧毀了英國一整個世代,由於對德國空襲濫炸帶來的慘禍深爲憂懼,英國政府便將許多兒童疏散到比較安全的鄉下,或把他們撤運到美國及加拿大親友的家中。因此有三部影片《這些孩子們是安全的》(These Children are Safe, 1940)、《孩子們看得透》及《五歲以下》(Five and Under, 1941)便是以營救這些孩子的努力爲題材。另外,呈現年輕人對戰爭看法的影片也出現了,《他們自己說的》(They Speak for Themselves, 1942)。也有些影片鼓勵年輕人參與有利戰局的工作像《冒險》(Venture, Adventure, 1941)、《年輕人幫得上忙》(Youth Takes a Hand, 1942)及《明日市民》(Citizens of Tomorrow, 1944)。較年長的少年不論是以有組織的或以非正式的方式,從事能做的或盡可能幫忙的事,因此他們也成爲勞動力的一部分,這時有些影片便是用來鼓勵他們組織起來,像是有鼓勵年輕農夫組成團體的《少年農夫》(Young Farmers, 1942)或鼓勵他們加入營造業的行列,如《新建造者》(New Builders, 1943)。

反敵宣傳片

回顧起來,戰爭期間英國的電影工作者大部分比較關注於強調國內生活的正面方向而不重視反敵宣傳片的製作。正如美國的電影工作者一樣,他們似乎對自己做爲一個自由國度的力量有足夠的信心,因此寧願呈現「如何」作戰與「爲何」而戰,並不太講究「跟誰」打仗。有些反敵宣傳片倒是以他們的幽默感做出來令人印象深刻的影片,包括卡瓦康蒂的《黃色凱撒》(Yellow Caesar, 1940),這是部以墨索里尼爲對象的編輯影片,它令這位義大利的法西斯領導者呈現出荒謬的形象。另外有一部名爲《德國人呼叫》(Germany Calling, 又名Lambeth Walk, 1941)的影片則將納粹軍人踢正步的畫面重新剪接配

❸ 露比‧萬里遜也與雷夫‧龐德合導了《今天我們活著》(1937)

·《沉默的村莊》（1943, 英國, 亨佛萊·詹寧斯）

上有名的「蘭貝斯大道」音樂，也同樣造成荒謬可笑的效果❸❶。卡瓦康蒂也曾拍過一部名爲《反抗軍三首歌》（Three Songs of Resistance, 1943）的影片，其用意在鼓舞歐陸反抗軍的士氣，而反抗軍實際上是靠降落傘才收到影片的拷貝。此外，還有幾部具警示意味的影片，如《留心義大利》（Italy Beware, 又名Drums of the Desert, 1940）對於義大利入侵衣索匹亞提出警告；《音樂劇一號海報》（Musical Poster #1, 1940）則提醒注意敵人的間諜；而《所向無敵？》（Invincible?, 1942）則是以截獲的德國新聞片畫面重新轉成一部反德宣傳片。

　　如同其他戰時影片的類型一樣，亨佛萊·詹寧斯在反敵宣傳片上也有兩部卓越出眾且令人懷念的反納粹作品——《沉默的村莊》（1943）與《莉莉·瑪蓮的眞實故事》（1944）。戰後，詹寧斯也繼續製作了《戰敗的民族》（1946），而這部片子因爲肯定了德國人的人性也同樣令人印象深印❸❷。《沉默的村莊》

---

❸❶　《德國人呼叫》（Lambeth Walk）不可與連·萊的《Swinging the Lambeth walk》（1940）搞混。

❸❷　見Hodgkinson and Sheratsky, 72.

·《沙漠上的勝利》(1943, 英國, 大衛·麥克唐納)

與後來彼得·華特金(Peter Watkins)的《戰爭遊戲》(The War Game, 1966)
的形式相近；基本上是部有著宣傳內容的劇情片。原來納粹曾攻擊位於捷克
林德斯省的礦業小鎮,本片為表揚犧牲者而作。全片實際上在威爾斯昆姆吉
省的礦業小鎮上拍攝,內容表現了村民藉由罷工、破壞行動及對佔領軍的抗
暴攻擊來抵禦外侮,它描寫一個安靜的村莊受到納粹佔領侵擾,乃是部抒情
之作。雖然很多對話都是威爾斯語,但小鎮居民的情感則穿越了語言的障礙。
儘管如此,這部片子對於加強英國人民的戰爭恐怖感似乎更勝於對一個遠在
異國戰爭的恐怖,它以殘忍的字句描寫如果納粹佔領了英國,那麼人們將會
遭遇到什麼的對比來完成本片,因此本片是一個虛構的類比,也是一個真正
的警告,它意在加強士氣及刺激對全面抗敵的覺醒,美國人也曾拍過一部類
似但較不成功的片子《美國人》(Fellow Americans, 1942),它也運用了攻擊
珍珠港與攻擊美國本土的對比手法。

有關戰鬥的影片

我們前面討論的絕大多數影片都描寫了戰爭對英國迫在眉睫或潛在的威

脅，但相對的，有關戰鬥的影片就實際記錄了在不同前線中戰爭的恐怖，這些影片包括了《Wavell's 30,000》(1942)、《突尼西亞的勝利》(Tunisian Victory, 1943)、《沙漠上的勝利》(Desert Victory, 1943) 等三部大會戰紀錄長片，它們與三部較短的美國影片《來自阿留申羣島的報導》(Report from the Aleutians)、《聖皮埃卓之戰》(The Battle of San Pietro) 與《羅馬的解放》(The Liberation of Rome) 相似。《沙》片堪稱英國最佳的戰鬥實況影片，它記錄了阿拉曼 (El Alamein) 戰後，英國蒙哥馬利將軍領導的盟軍如何擊敗隆美爾所領導的德軍。這部影像版的戰爭紀錄把戰爭的現實帶到後方平民觀眾的面前，在這場盟軍對抗納粹的重要轉捩性戰役上，本片就軍事及地理的背景做了描寫，尤其，它呈現自然天險不容忽視的威脅遠勝於擊敗隆美爾的德國義大利聯軍。《沙漠上的勝利》同時也是一部尖銳、清楚的影片，它在近距離射程的戰鬥場面處理上相當完整，有些段落甚至捕捉到德國人撤退的畫面，而夜間炮戰的鏡頭場面尤其壯觀。《沙漠上的勝利》比較了每個戰士(從指揮的將軍乃至於在壕溝裏的士兵)的應戰的策略，而這個技巧在之後的美國影片《在塔拉瓦島的海軍陸戰隊》(With the Marines at Tarawa) 及《到硫磺島的沙灘上》(To the Shores of Iwo Jima) 也曾再次運用。這部片子的旁白並不像美國戰爭影片那麼刺耳，而最重要的是這部片子的聲音都是直接收錄於現場的。

拍攝戰爭場面的攝影師製作出極具衝擊性與巨大臨場感的影片，他們的工作稱得上是在烽火中完成的，《前線攝影機》(Front Line Camera, 1942) 與連·萊的《戰火下的攝影人員》(Cameramen at War, 1943) 呈現了他們在面對危險時仍保有勇氣與攝影技巧。《戰火下的攝影人員》乃是部廣集許多其他影片而成的編輯影片，它對許多特出的戰鬥攝影師提供了一個簡短的歷史，精采的片段甚至包括第一次世界大戰時的大衛·葛里菲斯在壕溝裏的鏡頭。連·萊的這部片子呈現了攝影師如何在戰爭中竭心盡力的程度，不過他在本片中步步為營的經營與他在色彩及動畫中別具風格的實驗手法相比，似乎是太過嚴肅了。

模擬戰後世界的影片

基於對戰爭的結果抱持著樂觀的想法，這類電影要呈現的戰後世界是充滿著希望的景象。但另一方面，在抒解飢餓、為退伍軍人❸預做準備及為未來做規劃的種種挑戰上,這些電影的反應也很寫實。很多在戰爭期間及戰爭剛結束後拍的這類影片都是在資訊部主辦之下,由商業性機構出資製作的。就我們所知,在戰前,英國紀錄片運動的基本主題是改革、行動及結論三個部分。在政府的支持下,英國的影片工作者開始對具重要社會意義的議題做出解釋,他們也對問題建議解決的方式,並在提供有用的資訊外鼓勵人們對這些議題做批評性的思考。但是隨著紀錄片運動的發展,不論個別工作者的創造性發展及傳遞影片投資者觀念上的需求都很大❸❹其間存在的危險性便是無知的商業機構插手影片製作,結果便使得葛里遜原本對紀錄片理想性格漸被廣告性或市場性的格局所涵蓋。

儘管如此,三〇及四〇年代仍有許多工商組織被說服去運用紀錄片的形式,而他們也製作出具想像力並令人印象深刻的影片,如《豐收必來》(The Harvest Shall Come)及《當我們重建時》兩部影片就提醒了我們商業機構雖在發行的系統比較弱外,它們一方面能支持具備重要社會意義的影片,另一方面也能從中獲利。由麥斯・安德遜(Max Anderson)所導的《豐收必來》(1942)是部有關在貧瘠的土地上重新施肥的影片,它著眼於個別農夫的難題、農業擴張的必須及戰後農業面對的挑戰。本片接續了伊文斯《力量與土地》及詹寧斯《春季攻勢》的傳統,但卻不像《劃開平原的犁》或《土地》兩部片子那樣富戲劇性及挑戰性,雖說它的主題與前述兩片相同,但它更做出了一個成效卓越的變奏。片子的結尾審慎而樂觀——「這正是應該不同的時刻」——清楚地點出影片強調之處。《豐收必來》由帝國化學工業(Imperial Chemical Industries)委請巴索・賴特製作。為了舉世面臨的飢餓問題,世界上的貧瘠土地必須使之肥沃,由於這種理解使得本片深具遠見。對於卸甲歸田的農夫,它審視了由農業經濟轉移到工業經濟發生的難題;對於「被忽略及遺忘」的農夫,它運用了演員做半劇情式的探討;而對於這個主要的社會問題,它不

---

❸ 關於退伍軍人的影片《Tomorrow is Theirs》(1940)及《The Way Ahead》(1943)對於未來提供了一個一般的看法,而另兩部影片則提供了更為特殊的資訊:《兩個好神仙》(Two Good Fairies, 1943)是有關為戰後退伍軍人服務的貝弗里奇計畫(Beveridge Plan),還有辯論農耕做為退伍軍人職業的《農工》(Farm Worker, 1944)。

❹ 當然,這樣理想的狀況並不常見,佛萊赫堤在美國拍攝《土地》一片(參見第七章)及其後《路易斯安那州的故事》史無前例地獲得商業的贊助,都是很少人曾經驗過的(見第九章)。

·《豐富世界》(1943, 英國, 保羅·羅沙)

僅是部深具遠見的教育性作品，對投資者而言，也不失爲一部好的廣告。相
對比較之下，另一部由約翰·艾爾德里奇與戴倫·湯瑪士合作的《老市區重
建》就受限於它狹窄的格局，它是有關都市計畫的資訊影片，但在八分鐘長
度中，對於題材僅能提出一個簡化但不幸又非常表面的問答式旁白。相同的
題材在較早的美國片《城市》(1939)與較晚的英國片《當我們重建時》(1945)
都處理得很高明，而這部片子顯然相去甚遠。

　　由巧克力製造商蓋貝里兄弟(Cadbury Brothers)投資、雷夫·龐德製作的
《當我們重建時》是部延續了《住宅問題》及《城市》都市計畫傳統的優異
紀錄片。如《住宅問題》一樣，本片也運用把人放在他們自己屋內訪問的做
法，但不像早期影片那樣，這部片子倒強烈地鼓吹對新市鎮應有整合性的計
畫；另如《城市》(由馮·戴克及雷夫·史坦納合導)強調光線、寧靜及開放
空間等好處，《當》片也對此著墨甚深。旁白的撰寫者是戴倫·湯瑪士，甚至
配音的一部分也由湯瑪士本人擔任，他將本片的主題濃縮在下列的字句中「當
我們重建時，我們必須爲全民而造」。總之，《當》片將影像、旁白及音樂整
合成一部具說服力又不失愉快的社會學紀錄片，在問題/解決式的影片中，它
堪稱爲一部良好的典範。

·《提摩太日記》(1946, 英國, 亨佛萊·詹寧斯)

　　《豐富世界》(1943)是由保羅·羅沙製作的一部編輯影片，它不僅記錄了戰爭期間食物短缺的問題，同時也說明了一些隨一次世界大戰而來的飢荒與瘟疫的防治之道。本片意圖在下列數個議題上教育觀眾：戰後的食物製造、公平的食物配給、食物的進口與出口、農民的津貼、租借計畫及英國政府確保所有國民營養及健康的全面責任。最後，這部影片提出了像是對荒廢農地救濟之道的科學方法及呼籲採用一份基於人有免於飢餓的權利那樣的理念而來的世界性食物計畫。除了描寫世界性普遍貧富不均的矛盾現象外，《豐富世界》也有意告訴英國人民食物配給不僅是英國也是美國的問題，而實際上每個人在戰後復興計畫中應該都有發言權。為了要使觀眾專注於這些複雜的議題，並宣導戰後的計畫，羅沙運用了許多別具特色的設計，大部分拿美國人開玩笑，而有些設計則在羅沙較早的影片《告別舊日新世界》中使用過，它們包括了沉重的「上帝聲音」式的旁白被美國人通俗的語言挑戰，圖畫及表格也被一名美國人質疑，而片中一位英國的家庭主婦也被一名到倫敦訪問的美國人詢問有關食物配給制度。《豐富世界》是部通俗而又有些膚淺的影片。它雖具非常的野心，但因為意圖涵蓋的題材太大，反而使方向及焦點模糊。儘管在節目整個呈現上並不全然成功，但就不同時空之下所拍攝的影片，

編輯上可以賦予何種形式與風格，《豐富世界》乃是個絕好的範例。

另外羅沙的《希望之地》(1945)及《這是個豐富的世界》(The World Is Rich, 1947, 見第十一章)是兩部有關戰爭期間農業、食物及飢餓問題的影片，而《會說話的城市》(1946)則是有關戰後重建的題材。《希望之地》是部詳盡的紀錄長片，它批評了英國政府在兩次世界大戰之間處理住宅問題的不當。想法是相當烏托邦式的，但它在呼籲一個固定的都市計畫時，終究還是不及《城市》成功。就如保羅‧羅沙編導的大部分影片一樣，影片的技巧卓越，但卻掩蓋了內容，換言之，即影片的技巧並不全然合於影片的構想。羅沙對於組織嚴密的影片一向偏好，本片也不例外，它共分爲三個部分：住宅過去的狀況、現在的情形以及未來應有的前景，當此種組織結構初次出現時，儘管剪接和片子的律動都相當優美，但可以預見的是，它在想像力上幾無其他可能性。由於急切地想加速現代紀錄片的發展，羅沙結合了數個不太相容的技巧：問答式的旁白，以一名虛構街頭行人的話語來詰問其他旁白者，同時爲更清楚地傳遞訊息，本片也運用了加上深入解釋的圖表。本片在情節上生動而令人信服，在意圖上幾近於火拼，這些技巧上的設計繁複多樣，幾乎把影片對都市計畫需求的焦點弄模糊了。然而，在探討紀錄片所有可用的方法上，《希望之地》仍是部引人矚目的範例，但不幸的是，它把所有的方法都放在同一部作品中，結果是很不恰當的。

亨佛萊‧詹寧斯的《提摩太日記》(1946)藉著一個向新生嬰兒講故事的形式，詳述英國人民的犧牲與奮鬥，而對於在戰爭最惡劣時期過後出生的嬰兒，片子強調了他們的幸運。佛斯特(E. M. Forster)所寫的旁白由約翰‧吉爾加(John Gielgud)讀來優美動人，告別式的情境配上他悲哀與傷感的語調相當合適，特別是片子以挑戰提摩太及其子孫的話語「你們要讓這場戰爭再次發生嗎？」結束時，旁白已抵銷了詹寧斯刻意的樂觀，雖然《提摩太日記》在主題的焦點及發展上不很清楚，但它富於情感的不確定性則反映了當時國家情緒的一個方向。

葛里遜與加拿大國家電影局

在世界各國中，能體認並欣賞影片在國家事物亦能有所作爲的，加拿大乃是第一個。早在一九〇〇年，加拿大太平洋鐵路公司就曾爲了鼓勵英國人往廣袤的加拿大邊境移民而製作了「風景電影」(scenic film)「生氣勃勃的加拿大」(Living Canada) 系列❸。在一次世界大戰期間，在麥斯・艾特肯(Max Aitken, 即比佛布魯克爵士) 帶領下，加拿大製作了一些宣傳片，而艾氏在一九一八年二月被任命為英國資訊部部長時，更對大英帝國有著廣泛的影響(參見第二章)。在二○及三○年代，加拿大政府電影局(Canadian Government Motion Picture Bureau) 製作了一些主要是向美國招攬觀光客的影片。根據各方紀錄顯示，它們都是些平庸之作，不但在國內沒有引起什麼注意力，在國外被接受的程度也很低(Evans 51)。一九三○年，在倫敦召開的帝國會員國大會中曾建議，在大英帝國所有屬地的電影活動之間，必須有所聯繫。一九三一年約翰・葛里遜便遠赴加拿大去建立此種聯繫，而一九三八年五月，當葛里遜辭去大英郵政總局電影組的工作時，加拿大政府便邀請葛里遜到加國去研究它日益惡化的電影環境並做成報告。

葛里遜的報告實際上創造了一個新的官方電影政策，整個改變了加拿大的電影計畫。在其他事物方面，葛里遜建議設立一個協調官方電影製作與發行的中心機構。在一九三九年，加拿大政府設立了此一中心機構並命名為加拿大國家電影局，而葛里遜則被任命為第一任行政長官。雖然艾氏想保持一個小規模的電影局，並且想避免他在英國已經歷過的官僚系統紛擾(當時在倫敦的資訊部已開始受到相同系統的為害)，葛里遜還是在很短的時間內領導起一個將近八百人的龐大機構，為國內及國際性的目的製作影片。根據一九四二年的年度報告，加拿大國家電影局所拍攝的影片：

> 計畫周延地宣傳了國家統一的觀念以及基於同一個國家觀念，增進各族之間相互了解，這些影片向加拿大全國說明國家每一地區的重要性，而它也以國家整體的利益來整合各個不同區域的重要性，其間許多影片也同樣向全世界說明了加拿大的重要性。(Evans 171)

基本上，葛里遜於英國發展出來的紀錄片觀念在加拿大繼續延續下來，也即影片乃是一種教育人民的工具，它也是政府與公民之間相互溝通的一個

❸ 這個部分的許多資訊，我受萬雷・伊凡斯的研究的幫助甚多，John Grierson and the National Film Board: The Politics of Wartime Propaganda, 1939-1945 (Toronto: University of Toronto Press, 1984); 亦見 The National Film Board of Canada: The War Years, ed. Peter Morris (Ottowa: Canadian Film Institute, 1965).

資源。隨著戰爭的爆發，葛氏對於廣大社會議題的關注漸少，而較專注於能推動國家目標與完成制度的宣傳片，葛里遜在加拿大的角色乃是「去啓發而不是去質疑，並以鼓舞希望來對抗犬儒主義或是絕望」。(Evans 11)

　　國家電影局一開始就進行了大規模的電影製作與發行，在二次世界大戰結束前，它已製作出約三百部影片，儘管當時葛里遜的政治忠誠度受到懷疑而被迫辭職❸，國家電影局製作的影片豐富多樣且廣受歡迎。傑出的「心理過程」(Mental Mechanism) 系列影片不僅拓展了非劇情片觀眾的視野，同時也影響了美國有關心理學及精神病學題材的影片製作。為了使國家電影局能實現它公共資訊與教育的使命，葛里遜製作了兩個重要的影片系列「加拿大撐下去」(Canada Carries On) 及「運轉中的世界」，而它們也都受到「時代的前進」系列的影響❸。

　　「加拿大撐下去」系列乃是由曾在帝國商品行銷局及大英郵政總局電影組服務過的老手史都華‧雷格製作的，它主要是為加拿大人在戰爭期間的戰略、行動及在運輸、傳播、工業製品、農產品及軍事上的成就而拍的❸。片子主要的用意是教育加拿大人民有關他們在這場國際性事務中所做的努力。片子呈現了拿大的國家形象，並給予身處於全國各地戲院、社區集會廳、學校及教堂中看片的上百萬觀眾一種啓發。早期部分「加拿大撐下去」系列的片子較注重某些特定的觀眾，像是農民、工廠工人或是軍火工廠的工人。但在一九四二年四月葛里遜及雷格開始了一個以全世界觀眾為對象的新系列「運轉中的世界」(從一九四五年四月到一九四五年七月)。很明顯的，這些片子關切的是重大的世界性事件，但據伊凡斯的說法「他們的目的是要影響並主導不同國家觀眾的政治態度，意在導向一個國際性的戰後倫理」。(167)這個系列具有國際主義的意涵，因此引起了爭議(這些爭論使得葛里遜丟掉在加拿大的工作)，不過這個新影片系列不論在商業上及評論上都大有斬獲，特別在美國更獲致很大的成功。儘管如此，雖然廣大的加拿大百姓都承認二次世界大戰使他們認知到國家與國家之間相互依賴的重要，但加拿大當權的政

---

❸　關於製作的資訊，見 *Presenting NFB of Canada* (Ottawa: National Film Board, 1949); 關於萬里遜下台的政治醜聞，見 Evans, chap 7.

❸　見 Evans, 296–300. 列了這兩個系列所有影片的名字。

❸　戰時製作「加拿大撐下去」系列的時間從一九四〇年四月一直到一九四五年六月，而這個系列一直持續製作至一九五八年。

客則視這類宣傳片將危及民族主義，也將威脅國內眞正存在的現況。這些片子中包括了《邱吉爾的島嶼》(Churchill's Island, 1941)、《戰雲密佈的太平洋》(Warclouds in the Pacific, 1941)、《高空越過邊界》(High Over the Borders, 1942)、《行動驛站》(Action Stations, 1943)、《戰鬥是他們與生俱來的權利》(Battle is Their Birthright, 1943) 及《亞洲說話時》(When Asia Speaks, 1943)。都是其中較有名的。

由於加拿大政府對電影局的大力支持，加國觀眾對影片的狂熱，而這些影片也爲加國在世界上創造出一種正面的形象，從這三方面來看，我們可以測知四〇年代國家電影局乃是十分成功的。雖然電影局太過組織化，也因必須傳播政令而頗受限制，但在後來的世界非劇情片市場上，它仍是有重要貢獻的單位，特別是在五〇及六〇年代，英國及美國發展出像是眞實電影、直接電影及自由電影(Free Cinema)等電影新形式，加拿大所製作的非劇情片證明對它們具有重要的影響❸。

❸ 見Basil Wright, "Documentary: Flesh, Fowl, or...?" *Sight and Sound* 19.1 (Mar.1950): 43 -48.

第九章

二次世界大戰期間
歐洲與亞洲的影片

　　二次世界大戰不僅是一場同盟國（英國、美國與俄國）與軸心國（德國、義大利與日本）之間的軍事衝突，同時也是這些國家之間宣傳片與反宣傳片的對抗。在第九章以前或之後的章節都是有關戰爭期間同盟國非劇情片的概況，而這一章主要是說明軸心國（德、日、義）及反軸心國（俄國、中國及法國反抗軍）的非劇情片發展概況。

軸心國的影片

納粹宣傳片

　　納粹德國於一九三九年九月一日入侵波蘭揭開了二次世界大戰，但之前他們在許多影片中的宣傳策略已經相當完美❶。如同走在前面的蘇聯電影，納粹黨人十分相信電影中的政治力量，但在電影的敘事及非劇情性的方法運用上，他們與蘇聯的做法不同。深愛電影的戈培爾對於大眾心理學有著銳敏的洞察力，因此他鼓勵電影工作者製作娛樂及有逃避傾向的劇情片；至於新聞片及非劇情片方面則應帶有黨的宣傳在裏面才行。這些明目張膽的非劇情宣傳片主要是為了壓制觀眾推論與思考的批判能力。在其他目標方面，納粹企圖運用這種宣傳片去激起黨羽及信徒們的愛國情感，並軟化敵人的反

---

❶　這個章節有關德國宣傳片大部分數據資料來自David Welch, *Propaganda and the German Cinema 1933-1945* (New York: Oxford University Press, 1987) 及Siegfried Kracauer, *From Caligari to Hitler*(Princeton: Princeton University Press, 1947), esp. pp.275-307. Kracauer 的書有併入他早期研究的資料*Propaganda and the Nazi War Film* (New York: Museum of Modern Art Film Library, 1942). 亦見David Stewart Hull, *Film in the Third Reich* (Berkeley: University of California Press, 1969); 及*Hitler's Fall: The Newsreel Witness*,ed. K. R. M. Short and Stephan Dolezel (London: Routledge, 1988).

抗。

　　在旁白運用方面，納粹補充了影像的未盡之處，他們的意圖在於加深觀眾的印象，而不僅只於資訊的告知，此外他們還利用地圖與人類神經系統在圖樣上的相似性來暗示征服乃是一種自然的現象。納粹運用龐大的新聞片資料，特別由不同前線所拍攝下來的鏡頭，重新剪接成為「德國人一週報導」(German Weekly Review/Deutsche Wochenschau) 及各種長片❷，而擄獲的敵國影片也用來製作了許多反敵的片子。另外，納粹將許多黑人與德國人的特寫鏡頭相互對比，用來支持所謂的「優等民族」的理論。在音樂方面，也如英美的戰爭影片一樣，納粹用音樂來加強與塑造觀念，除此之外，音樂也用來暗示像是一輛英國坦克變成一個兒童玩具的轉變，它也用以除去德國軍人臉上的倦怠或把幾個德國軍人弄成像整個德國陸軍在前進的印象。

　　這些納粹宣傳片中的形式化、壯觀場面及非現實感都暗示了一個烏托邦式的夢幻。這些與佛利茲・朗 (Fritz Lang) 的《大都會》(Metropolis, 1926) 非常相近，不過也難怪，因為據報導《大都會》是希特勒最喜歡的電影。《大》片對自動機械裝置管理者與他機器人般的臣民之間的生動對比，恰恰為首領 (希特勒) 與他的國民之間的關係創造了一個範例，而《意志的勝利》則是這個範例的具體實現 (見第六章)，本片在莊嚴的祈禱中描寫希特勒及他的活動，而一般百姓及事件則通常以一種家庭、家族及宗教的虛情假意來描寫，在他的眼中百姓並不是個別存在的人，他們不過是巨大超人機器中一個微不足道的部分而已。

　　納粹創造了一個對新世界的寬闊視野，他們不僅描寫了對「德意志千年」榮譽的參與及提倡亞利安「種族優越論」，他們也宣導反猶太主義、「最後終結」、反工會及征服世界等理念。儘管如此，除了佛列茲・希普勒的《不朽的/迷失的猶太人》是部非劇情片之外，其他反猶太最力的影片諸如艾瑞克・瓦謙內克 (Erich Waschneck) 的《猶太大財閥》(The Rothschilds/Die Rothschilds, 1940) 與維艾特・哈朗 (Veit Harlan) 的《猶太嫌犯》(The Jew Süss/Jud Süss, 1940) 都是採院線發行的劇情片。雖說納粹深信電影深具娛樂及教育的力量，但他們的藝術被種族優越論及軍事暴政等墮落的意識型態所束縛，因此最後

---

❷　他們利用戰地特派員身處險境以及冒死追求畫面的事實，呈現畫面背後的故事，就像英國曾出品的《戰火下的攝影人員》。

被運用電影爲自由服務的一方擊敗，納粹的宣傳片證明了他們的視野在道德上是完全破產的❸。

戰時的納粹宣傳片

在一九三九年戰爭爆發到一九四二年納粹第一次在俄國被擊敗的期間「標示著這是第三帝國時期，納粹政治宣傳劇情片及紀錄片最爲集中的一段時間」(Welch 187-188)。納粹的宣傳策略及影片製作隨著戰爭的爆發而轉變，公開的政治影片轉而爲公然的逃避主義劇情片，但基本上影片的主題仍相同，它們講求自我犧牲、同志情誼及戰鬥中英雄式的死亡。政治性的影片製作上可能由於花費較少，因此沒有預算上的限制，但由於它需要政府較多的監督，所以比較不容易完成。娛樂電影則需要在受控制的攝影棚條件下製作，它不僅要取悅觀眾，也使會計師滿意。整體而言，劇情片的數量幾乎在製作費用增加的同時就開始走下坡了，除此之外，許多電影攝影棚受盟軍轟炸而嚴重受損，電影底片也短缺不足，這兩項因素也明顯地影響了影片的製作。

在戰爭的第一年，納粹製作了包括一九三九年的《Bauten im Neuen Deutschland》、《Einsatz der Jugend》及《Das Wort aus Stein》，還有華特‧魯特曼的《德國坦克》(1940) 等數部影片，其中有三部片子在電影的力量上十分傑出，但它們也因爲公然說謊而聞名，它們的片名爲《戰火的洗禮》(1940)、《波蘭之役》(1940) 及《西線的勝利》(1941)，前兩部有關德國入侵波蘭——其後揭開了戰爭，而後一部則是有關納粹入侵比利時、丹麥、法國、荷蘭及挪威❹。

有關德國的影片

漢斯‧柏川姆 (Hans Bertram) 的《戰火的洗禮》乃是德國宣傳片中的典

❸ 關於放映這類影片給德國觀眾看的資料，可見Robert Joseph在 *Arts and Architecture* 中的文章 "Films for Nazi Prisoners of War" (62 [May 1945] :16), "Film Program for Germany" (62 [July 1945] : 16), 及 "Germans See Their Concentration Camps" (63 [Sept. 1946] : 14). 亦見Erwin Leiser, *Nazi Cinema* (New York: Macmillan, 1974).

❹ 另一個有趣的對比是《首都華沙》(Warsaw Capital/La Capitale s'appelle Varsovie)，這是波蘭製作的電影，它包括未剪接的希特勒對華沙破壞的紀實片段。關於在法國上映的波蘭電影片目見 *Films Polonais: Catalogue de film diffusés en France* (Paris: Régie Gouvernementale du cinéma en Pologne à Paris, 1954).

範，它的成功之處在於把戰爭浪漫化而引起德國人對英雄主義理念的共鳴。在內容上，它謊話連篇地敘述了納粹入侵波蘭的過程，對暴力使用也強辭奪理；在形式上，它情感洋溢地稱頌納粹的空軍，對勝利充滿著忘形的欣喜，喚起了華格納世界中的英雄、火光及雲彩。片子避開了戰爭嚴酷的現實面，暗示德國的軍事傳統乃是德國人命運的中心。《戰火的洗禮》也是為德國的空軍總司令格林（Hermann Goering）而做，甚至旁白也由格林所寫，它有三個實際的目標：其一，歌頌德國空軍，因為在波蘭一役上他們居首功；其二，羞辱英國，因為英國首相張伯倫曾誓言要協防波蘭；其三，恐嚇英國及其他盟國，因為它預示了納粹空軍將如何轟炸英國及其他歐洲都市。此外並由於英國鼓勵波蘭人民保衛他們的都市，因此這部片子指責英國摧毀了華沙。它的旁白是這樣寫道：

> 你現在怎麼說，張伯倫先生？你現在終於知道你爲波蘭首都帶來大災難的事實了吧，你怕不怕一個被出賣的民族將詛咒你……這些都是你的傑作，你自找的罪過，而你將會在最後審判的時候交待，而且你要記著：這就是納粹德國空軍所要打擊的，而納粹空軍也知道如何去打擊犯下最惡劣罪行的人。

納粹電影工作者卡爾‧瑞特（Karl Ritter）則寫道：

> 國社黨影片的最終目的在於表現個人在羣體之內的忠誠宣誓，因爲唯有服務羣體，個人才會有意義，而羣體之上則是民族及國家，羣體乃是它們的一個部分。（引自Welch 215）

像是《戰火的洗禮》及《波蘭之役》兩部片子就是上述目的的具體實例，它們極力讚美德國戰士願意爲了首領及國家犧牲生命，乃是無畏的勇者形象。

佛列茲‧希普勒的《波蘭之役》與《戰火的洗禮》虛假的情形一樣，它呈現了納粹官方對入侵波蘭、揭開戰端的解釋，也是一份陰險狡猾的紀錄，它不但認爲納粹的命令在道德上必須服從，同時也指責波蘭人應該爲二次世界大戰負全責。從片名已經可以看出片子的不誠實，它字面上雖名爲持中性立場的「波蘭戰役」（campaign in Poland），但實際上自由世界卻視之爲「強暴波蘭」（rape of Poland），其英語版的通篇旁白以一種基於事實的客觀腔調

·《西線的勝利》(1941, 德國, 佛利茲·希普勒)

來撰寫,而華沙包圍戰(全然不提及在猶太區的血腥大屠殺)也以一種文明
的語彙來解釋,在這種做法的考量下也影響了影像的處理,因為畫面上有被
摧毀的建築物但卻看不到屍體。片子以希特勒抵達華沙的一場勝利大遊行做
結——「德國在此等軍隊保護下應覺安全」,然後如同「我們為何而戰」系列
一樣,以敲響勝利之鐘的畫面片子終了。赫勃特·溫茲的配樂使整部影片,
特別是最後的段落令人回想起他為瑞芬斯坦《意志的勝利》一片所做的配樂
(溫茲也曾為《奧林匹克》配樂)。另外,希普勒的《西線的勝利》則與《波》
片採行相似的方法,他對於德國入侵且擊敗比利時、丹麥、法國、荷蘭及挪
威做了志得意滿的紀錄。

有關敵人的影片

　　納粹的宣傳影片企圖影響觀眾的觀念或改變他們的態度,這些影片在觀
眾已有的觀念上,特別在加強對敵人仇恨上尤見功力。其間,俄國人與猶太
人是傳統的敵人,隨著戰局的進行,英國人及美國人也成為新的敵人。納粹
運用了拙劣的對比及眾所周知的陳舊手法去攻擊俄國人,他們以劇情片打擊

蘇維埃共產黨，並以非劇情片打擊其他的敵人。當納粹與英國之間的緊張情勢升高時，英國成為納粹電影仇恨的目標，像是《紳士》(Gentelmen, 1940?) 一片就指控如張伯倫、邱吉爾與安東尼·伊頓之類的英國紳士是戰爭販子，而《英國疾病》(The English Sickness/Die englishe Krankheit, 1941) 則控訴英國人在一次世界大戰時散播疾病，另外在反美的宣傳片中則以《環繞自由女神像》(Around the Statue of Liberty/Rund um die Freiheitsstatue, 1942) 最為特出。

納粹除了著迷於製造種族純正的亞利安民族，並致力於保持種族健康與提供充分的生活空間以確保個人的發展與集體的安全。他們透過法令對無法治療的遺傳殘疾病患施行禁孕或安樂死，另外並主張反猶太主義及對猶太人計畫性的滅絕來達成製作純種亞利安民族的目標。這些題目可以說就是納粹世界觀的中心，而有關這些題目的納粹宣傳片則是用來解決危及純淨德國生活的方法。有些影片主張安樂死——一種選擇性給予身心殘疾者「慈悲地處死」的方法，因為如此將可維繫德國民族的凝聚、種族的純粹性及政治上的團結；其他的片子則利用「觀眾原有的，對德國的文化、經濟及政治困境歸咎於猶太人的歷史性傾向」，而提出消滅猶太人的主張。兩部短片《在路邊》(1936) 及《先天性疾病》(1936) 將身體的健康及為生存而保健兩個觀念之間做了對比，它們主要是為內部意識型態的教育之用，故而不對為廣大觀眾放映，此外，《過去的犧牲者》(1937) 解釋納粹給予心理殘障者安樂死的政策，它並曾在全德商業院線放映；而《我控訴》(I Accuse/Ich klage an, 1941) 則是部最透徹說明安樂死的劇情長片。

在德國的神話中，一向有德國人無敵及德國有邪惡敵人的強烈傳統，上述影片的理念正基於此；而現在沒有比反猶太人的影片更能彰顯這種傳統，也沒有比這樣的影片更能如此「自然」地契合許多德國人的想法。在戰前，反猶太人的影片幾乎是不存在的，但當希特勒開始完全履行他對猶太問題所謂的「最後終結」時，納粹宣傳片就開始利用德國人對「猶太人的國際性陰謀」的恐懼情緒，去慫恿德國觀眾了解與接受猶太人滅種大屠殺乃是一種必要的手段。其中表現最尖銳的首推希普勒的《不朽的/迷失的猶太人》(1940)。這部片子不僅將刻板的猶太人形象與優等民族的德國人形象做一對比，也對比了猶太人的「卑劣」及德國人的「高尚」。希普勒透過他在德軍入侵華沙猶太區（該區於日後即遭大屠殺）所拍攝的影片，直接了當地示範納粹介紹他們自己有多麼「文明」，而希普勒透過一些劇情片片段（包括了喬治·阿利斯 George Arliss一部描寫猶太財閥的《猶太財閥的房子》The House of Rothschild, 1934及《M》[1932]——一部描寫謀殺兒童的猶太凶手的影片）攻擊猶太人，相當諷刺地，他並企圖以此證明在他紀錄片中的鏡頭乃是真實的。本片在結構上強調滅絕猶太人實為一種必要，因此片子以猶太區的陰暗與骯髒做為開始，而以興高采烈的納粹青年人背對著天空、充滿光明的場景做為結束。納粹認為猶太人等同於老鼠——一種深具威脅、不眠不休以散播疾病、引起混亂為能事的社會寄生者。猶太人被指控操縱國際金融，他們的藝術形式、宗教信仰與儀式也備受批評，甚至最後按猶太教規屠宰牲畜的儀式也被希特勒評為無法無天的殘忍與無情，「他們對動物殘忍屠殺的行徑，正是德國國社黨要來對付整個猶太民族的」。這部影片主張猶太人就是罪犯，他們沒有靈魂，在各方面都是異類，殺光他們不是罪行而是必要——就如同為確保健康與整潔必須殺光老鼠一樣。

這部片子和納粹所製作的一些強烈反猶太的影片一樣，在內容及形式上都很陰險。它的主題極其明白：唯有透過消滅猶太人才能達成納粹純種民族的理想，而它所謂「紀錄片」的形式、風格也經過相當之捏造；不僅對陳舊的想法及刻板的印象多所強化，另外還展示了納粹意識型態必然的結果。它對動畫及真實畫面的運用亦極令人不舒服，凡此種種使本片不甚受到德國觀眾的接受，因為他們早就受夠了反猶太的影片，或者正如戈培爾所預測的，觀眾希望這些意識型態以娛樂形式包裝而不是說教課。儘管如此，這部影片除了灌輸德國人對猶太人「最後終結」的觀念之外，仍有另一個目的，那就是「把大眾的注意力從真正的社會問題與政治問題上轉移開」（Welch 303）。

當戰爭開始進行，納粹繼續製作《Soldaten von Morgan》（1941）、《Die Grosse Deutsche Kunstausstellung Munchen, 1943》、《Herr Roosevelt Plaudert》（1943）及《Rundfunk im Kriege》（1944）等片，而他們也將製作的力量專注於著名的新聞宣傳片《德國人一週報導》上❺。隨著一九四二年底及四三年初戰局的逆轉，盟軍在一九四四年一連串的勝利，納粹已全面籠罩在絕望之中，並企圖避免全面的崩潰，其結果，不論劇情片與非劇情片在一九四三年

---

❺ Barnouw, 143-144, 中說此為「最卓越的新聞影片集之一」，這片子呈現了戈培爾一九四三年的「完全戰爭演說」（total war speech）。

之後均開始走下坡，而一九四五年四月德國終於戰敗❻。

雖然威奇曾說「納粹宣傳片的成功與失敗並沒有可信的資料存在以供評估」，但很重要的一點是，影片不過是納粹整個宣傳活動的一部分，而它們彼此都有互動的關係。事實上，由國家委託拍攝的影片僅佔第三帝國時期影片總製作量的六分之一，雖然納粹始終一貫地表達他們的世界觀，但他們製作戰時非劇情片的數量是比不上英國及美國的。

日本

二次世界大戰的爆發爲日本電影工業帶來重大的改變，曾於三〇年代從事發展日本非劇情片的普羅電影聯盟已被政府宣告爲非法組織，而日本政府宣告除非領有政府發的執照，否則不得導演影片。除此之外，當時日本最指日可待的導演龜井文夫因爲《戰爭中的軍隊》(1939) 一片觸怒了軍事當局，不僅申領執照被拒，同時在戰爭期間身陷囹圄達二年之久。而因爲戰爭動員起來的日本電影工業「擴張到同盟國不能想像的程度」(Anderson and Richie 147)。他們不但製作了紀錄日本軍事勝利的長片。日本在戰前拍攝有關中國的非劇情片已創造紀錄片及新聞片的需求，日本政府也曾佈告它們應在大多數日本戲院上映。這些影片包括了《馬來亞戰爭紀錄》(Malayan War Record/マレー戰記, 1942)，這是部有各種戰鬥鏡頭的編輯影片，《天空的神兵》(Divine Soldiers of the Sky/空の神兵, 1942) 是部描寫傘兵部隊故事的影片，此外《轟炸沉沒》(Sunk Instantly/轟沉, 1943) 一片「比任何一部劇情片更能使後方的百姓了解戰爭的眞實」(Anderson and Richie 147)。

所有這些政府的宣傳片和許多當時的劇情長片一樣，都是用來激勵日本國民爲求戰勝的決心必須做出個人的犧牲（包括自殺）。從一九四四年開始，電影底片缺乏而轟炸日增，日本電影更狂熱地灌輸日本百姓有關傳統武士道中無我的神風精神。在同盟國與軸心國影片的比較之中，很清楚可以看出日本影片的特徵是，幾乎沒有敵人出現❼。除此之外，有幾部值得一提的片子

❻ Welch (43) 及 Hull (206-07) 都指出政治電影的製作急遽衰退。

❼ 詳見 *Wide Angle* 上的兩篇文章 1.4 (1977): Peter B. High, "The War Cinema of Imperial Japan and its Aftermath," 19-21, and Tadao Sato, "War as a Spiritual Exercise: Japan's National Policy Films," 22-24. 亦見 Donald Richie, "'Mono No Aware,'" *Film Book 2,*

是為了提高日本人對印尼及澳洲的興趣，兩個國家日後都會與日本為敵，但它們對日本的戰略地位均十分重要❽。

義大利

義大利的法西斯獨裁者墨索里尼不僅明瞭電影的政治潛力，同時對義大利電影工業也顯露了高度的興趣。墨索里尼在一九二四年就創立了「電影教育聯盟」（L'Unione Cinematografica Educativa, 簡稱LUCE）製作義大利的非劇情電影（包括新聞片及紀錄片）並檢查同類的外國影片❾。一九三四年，他跟隨著德國的模式，將政權中對傳播法西斯主義及電檢制度的責任轉移至出版與宣傳部。同年，為刺激影片製作，墨索里尼再創立了國立中央電影學院（Centro Sperimentale della Cinematografia），該校影響深遠，日後有關義大利新寫實主義電影及戰後義大利電影復興的許多領導人物均出自於它的訓練（見第十二章）。

一九四〇年，墨索里尼的軍隊投入在北非沙漠的一場主要戰役而介入了二次世界大戰，不過一九四一年義大利軍隊開始在這場戰役及希臘的戰場上失利，到了一九四三年七、八月間，盟軍便攻入義大利，墨索里尼當時已經失勢，而義大利處於一片亂局。一九四〇到四四年義大利電影是完全支持法西斯主義的，與戰後新寫實主義電影不同，它乃是社會與政治環境下的產物，這個時期的義國電影歷經激烈的變革，不僅與義國電影的過去截然二分，也對非劇情片呈現真實的諸多形式有著巨大的影響。

Films of Peace and War, ed. Robert Hughes, Stanley Brown, and Carlos Clarens (New York: Grove, 1962), 67-86.

❽ Franz Nieuwenhof, "Japanese Film Propaganda in World War II: Indonesia and Australia," *Historical Journal of Film, Radio, and Television* 4.2 (Oct. 1984): 161-77. 關於戰時澳洲的電影製作，見Graham Shirley and Brian Adams, *Australian Cinema: The First Eighty Years* (New York: St. Martin's, 1985).

❾ 這節大部分的資料來自Marcia Landy, *Fascism in Film: The Italian Commercial Cinema, 1931-1943* (Princeton: Princeton University Press, 1986) 此書焦點在劇情片上，亦見James Hay, *Popular Film Culture in Fascist Italy: The Passing of the Rex* (Bloomington: Indiana University Press, 1987), Mira Liehm, *Passion and Defiance: Film in Italy from 1942 to the Present* (Berkeley: University of California Press, 1984), 及Vernon Jarratt, *The Italian Cinema* (London: Falcon, 1951).

或許因為義大利法西斯黨徒在位期間較短也較不穩，他們製作的非劇情片數量極少，不過有幾部倒值得一提，德國導演華特‧魯特曼曾以皮蘭德婁 (Luigi Pirandello) 的腳本拍了劇情片《鋼鐵》(Steel, 1933)，他結合了非劇情片的鏡頭用以歌頌工作及技術❿；此外，《日本見聞》(A Look at Japan/Uno sguardo al Giappone , 1941) 則歌頌這個遠東國家的古蹟、工廠、民間風俗及生活；喬瓦奇諾‧佛札諾 (Giovacchino Forzano) 的《黑襯衫》(Black Shirt / Camicia Nera, 1933) 是部宣傳片，它講述法西斯主義下一個簡單家庭的故事，運用了真實人物來扮演他們自己，倒是為新寫實主義開了先河；《英雄之路》(Path of the Heroes, 1936) 根據羅沙的說法「意在以義大利人的看法來述說衣索匹亞大屠殺的經過」(*Documentary* 203)，另外一部名為《希特勒在佛羅倫斯》(Hitler in Florence , 1938) 的影片則是部呈現墨索里尼緊張地在佛羅倫斯火車站等待希特勒來到的影片，雖拍攝本片的義大利電影工作人員並無意嘲弄墨索里尼，但他的舉止一出現在片中就顯得荒謬不已⓫，而這種效果就被卡瓦康蒂在《黃色凱撒》中精巧地利用了，在這部編輯影片中，卡氏聰明地剪接聲音及畫面而成功地製作出一幅墨索里尼的諷刺圖像。義大利被解放後，新寫實主義電影隨之興起，它不僅開發了義大利電影的巨大潛力，也為其後數年的電影發展建立了新的風格。

反軸心國的影片

　　在戰爭期間，交戰的雙方一遍又一遍地證明了電影乃是一個有力的戰略性的工具，一個德國的將領甚至指出它可以稱得上是一個決定性的致勝因素，根據李查‧格里菲斯 (Richard Griffith) 的說法：

　　　　（這位將軍）宣稱擁有最好的攝影機的就會是得勝的一方。他的說法有兩個不同的解釋：一種解釋是他暗示電影做為一個建立觀念、指引態度及激發情感的媒介，乃是一個強而有力的武器；而另一種解釋則是他純以一個軍人的身分說出他已預見：電影能夠用另一種態度，並在一

❿　見Jarratt, 45, 及Landy, 253.

⓫　關於現代觀眾如何闡釋歷史影片的討論，見Gideon Bachman, "Auto-Portrait du fascisme," *Cinéma* 183 (Jan. 1974): 77-85.

種更講究技術的層次上，為任何有遠見肯運用它們的高階指揮官提供新的引導與新的利器[12]。

由同盟國以及其他反軸心國力量（如俄國、中國及法國反抗軍）製作的影片證實了電影在支持防衛、提升與維繫士氣、報導前線消息上具有強大的力量[13]。當然，這些影片也必然屬於勝利的一方。

俄國

一九三九年在一連串的勝利之後，納粹德國在東歐及西歐都握有堅強的要塞。蘇聯因此無法與英法等盟國聯繫，祇得於一九三九年八月二十三日與德國簽訂互不侵犯協議，其結果使得德國免於東西兩線同時開戰的恐懼，同年九月一日，二次世界大戰隨著德國對波蘭發動攻擊而揭開，其後兩年經歷了各種戰役，德國在歐洲的力量更形穩固。一九四一年六月二十二日，德國撕毀互不侵犯協議向蘇聯發動三叉式進攻，這項行動日後證明為一九四三年德國潰敗的主要原因之一。德軍攻俄的同一週，蘇聯電影工業動員起來，並由下列重要的電影工作者：普多夫金、馬克·唐斯可伊（Mark Donskoy）、亞歷山卓夫（Grigori Alexandrov）與艾森斯坦來領導[14]。他們計畫在傑洛西莫夫（Sergei Gerasimov）領導下的紀錄片製片廠（Documentary Film Studio）製作戰鬥影片、新聞片「相片簿」（album）及教學片等強烈反法西斯的影片。隨著戰鬥情勢升高，主要的電影製作設備都由大城市遷往較不易受攻擊的地方[15]，陳立就曾寫道：

> 這個行動的規模，如果你可以想像，在技術上正有如把二十世紀福斯公司整個機構從比佛利山遷往明尼亞波里市，把派拉蒙公司遷往紐奧良，或把整個美國陸軍往反方向開往西岸。(369)

---

[12] Richard Griffith in Rotha, *Documentary Film*, 345.

[13] 片單請見*Filme Contra Faschismus* (Berlin: Staatliches Filmarchiv der Deutschen Demokratischen Republik, 1965).

[14] 此節多根據Leyda, Kino, chap. 17關於好萊塢如何在納粹入侵後改變其對蘇俄的描寫，請見Robert Fyne, "From Hollywood to Moscow," *Film/Literature Quarterly* 13.3 (1985): 194-99.

[15] 見Robert Joseph, "The War of Russian Films" *American Cinematographer* 25.2(Feb. 1945): 48-9.

他們分派拍攝戰鬥的攝影師與拍攝新聞片的攝影師前往不同的前線，陳立指出「對於新聞片攝影人員而言，似乎沒有任何任務是不可能的」，而這些攝影人員也以他們的勇氣廣受尊崇，他們的成果乃是各個不同戰役的精采畫面，這些鏡頭並成爲許多影片最重要的部分。一九四一年十二月德軍受阻於莫斯科城外，納粹征服俄國的決心受到嚴厲的打擊，這個事件被瓦莫洛夫 (Leonid Varmalov) 及柯帕林拍成《擊敗莫斯科附近的德軍》(Defeat of the German Armies Near Moscow, 1942, 英文片名爲《莫斯科反攻》Moscow Strikes Back) 一片，本片陳立稱之爲「最廣泛被放映的戰爭影片」。當時多數電影公司都撤離莫斯科，但它們卻把大部分資料影片留在城內，唯一沒有離開的大型電影組織是紀錄片製片廠，藉由大批資料影片的幫助，《擊敗莫斯科附近的德軍》始得以足夠的資料來編輯完成❶。

　　另有三部影片相當特出──《新世界裏的一天》(A Day in the New World, 1940)、《戰爭的一天》(A Day of War, 1942) 及《一個戰勝國家的一天》(A Day in a Victorious Country, 1948)，它們運用了類似維多夫《持攝影機的人》之中「生活裏的一天」的技巧，此外並運用了歐陸的「城市交響曲」以及詹寧斯的社會學「大眾觀察」等技巧。這些影片是來自小說家兼劇作家高爾基的構想，他提議在預定的某一天，全蘇聯所有的紀錄片攝影師都來拍攝他們四周的每件事情，他相信如此拍下來的鏡頭將會對蘇聯生活提供一個透徹而深入的觀察。在這些影片中，史拉斯基 (Mikhail Slutsky) 的《戰爭的一天》爲一九四二年六月十三日戰爭的過程提供了一個絕佳的橫切面。而製片廠紀錄片與新聞片編輯而成的影片相互比較之下，保羅·羅沙較喜歡前者：

　　　　除了某些段落直覺式的趣味以及對整個範圍廣大的印象之外，在真
　　實性本身的聯繫上太過於薄弱，而且整部片子要在一天內拍完的理由實
　　在不足以令人信服。(Documentary Film 289)

　　二次世界大戰的主要轉捩點，同時也是軍事史上的重大事件乃是德軍在一九四二年對列寧格勒的包圍與摧毀。雖然德國與俄國加起來的損失十分駭人，而俄國更失掉了一座巨大的城市。但俄國仍在戰爭結束前保持攻勢並贏得了最後的勝利。列寧格勒圍城之役成爲很多影片的題材──包括了以新聞

❶ Jay Leyda, Films Beget Films: A Study of the Compilation Film(New York: Hill, 1964), 56.

片爲主的編輯影片《列寧格勒包圍戰》(The Siege of Leningrad, 1942)、羅曼·卡曼的《交戰中的列寧格勒》(Leningrad in Combat, 1942)、史蒂龐諾瓦(Lydia Stepanova) 與格羅夫 (Sergei Gurov) 的《Komsomols》(1943) 及兩部戰後重拍的作品：額姆勒 (Friedrich Ermler) 的《轉捩點》(Turning Point, 1946) 及伍塔 (Nikolai Verta) 的《史達林格勒之戰》(The Battle of Stalingrad, 1949)，不過在這些影片中最重要的首推瓦莫洛夫的《史達林格勒》(Stalingrad, 1943)。

戰爭期間，普多夫金不斷地鼓勵蘇聯電影工作者。從《莫斯科反攻》中，他發現這正是戰時所需要的影片範例：

> 這部劇情片長度的紀錄片運用了攝影機所拍攝下來的真正情形，它以拍攝者特定的 (有時是相當一般與抽象的) 概念來與蒙太奇手法結合，並以此達成溝通的目標。
>
> 這樣的紀錄片就不僅是提供消息而已，它與新聞片的不同之處，就好像報紙上的社論或評論與它旁邊一欄的一條新聞是不同的。(引自 Leyda 371)

在戰爭的前一段時期，杜甫仁科對於他的同事廣泛地運用人工化的佈景及演員不能苟同，因此他從事其他媒體工作而不做電影，但他卻在「督導」兩部充滿熱情與愛國情操的電影中，由普多夫金後紀錄長片的理論中得到啓示，這兩部影片分別是《爲我們的蘇維埃烏克蘭而戰》(The Fight for Our Soviet Ukraine, 1943) 及《烏克蘭的勝利與從烏克蘭蘇維埃的土地上把德軍從邊境驅逐出去》(Victory in the Ukraine and the Expulsion of the Germans from the Boundaries of the Ukrainian Soviet Earth, 1945) ❼。烏克蘭之戰使得杜甫仁科陷入個人巨大的矛盾掙扎中，他對第一部片子寫下相當悲觀的想法：

> 我不知道政府對這部片子將怎麼說，也許影片會被禁或者我必須把艱困與不英勇的場面修剪掉，但我卻深信一件事，即這部片子是正確的。它的真實之處就在於撤退時的遍野哀鴻及前進時並不全然的欣喜。

---

❼ 第一部片子的導演爲Yulia Solntseva及Yakov Avdeyenko，第二部片子的導演爲杜甫仁科及Solntseva，請勿與杜甫仁科的《Ukraine in Flames》弄混，見 *Alexander Dovzhenko: The Poet as Filmmaker*, ed. and trans. Marco Carynnyk (Cambridge: MIT Press, 1973).

· 《莫斯科反攻》（1942, 蘇聯, 瓦莫洛夫及柯帕林）

(*Alexander Dovzhenko: The Poet as Filmmaker 91*)

　　當戰局開始不利於軸心國時，影片的製作也隨之改變，在紀錄片製片廠中，「或許受到杜甫仁科新聞片編輯作品的影響」(Leyda 386)，傑洛西莫夫以俄國人自己拍的及擄獲的敵方影片擔任了五部重要的影片的製片人，包括雷茲曼(Yuli Raizman)執導的《與芬蘭停戰》(Towards an Armistice with Finland, 1944) 與《柏林》(Berlin , 1944)；札克希 (Alexander Zarkhi) 與海費茲 (Josef Heifitz)合導的《擊敗日本》(The Defeat of Japan, 1945)；還有尤可維契(Sergei Yutkevich) 的《解放法國》(Liberated France, 1945) 與史拉文斯卡雅 (Maria Slavinskaya) 的 《前線的攝影師》 (A Cameraman at the Front, 1946)。《前》片乃是為了紀念攝影師沙辛斯基 (Vladimir Sushinsky)，他的死也被記錄在片中⑱。同時期的影片還包括畢雷耶夫 (Vasili Belayev) 的《人民的復仇者》(The People's Avengers, 1943)、茲古雷迪 (Alexander Zguridi) 的《在中亞的沙地裏》(In the Sands of Central Asia, 1943) 及多林 (Boris Dolin) 的《大愛的

_____

⑱　艾森斯坦盛讚《解放法國》，他的評論見Leyda, *Films Beget Films*, 70.

法則》(Law of the Great Love, 1945) **⑲**。

　　戰爭的結束更加強了蘇聯電影在戰略上的重要性，陳立寫道，「蘇聯電影給予勝利一方的榮耀與軍方所能給予的是幾乎一樣的……」。蘇聯的攝影師、剪接師、成音技師與他們的盟國電影同業一樣，再度證實了我們前面提過的那位德國將領的預言：在其他的各種力量中，能與最好的攝影機抗衡的，將是勝利的一方。

中國

　　中國的影片製作，不論在戰前或二次世界大戰期間，都廣泛而直接地受到複雜且動盪不安的國內局勢絕對的影響(見第六章) **⑳**。討論到重慶、北京、上海與延安的影片製作，陳立就曾指出中國似乎製作了大量的非劇情片及新聞片，有些是直接的宣傳片，但由於缺乏精確的紀錄，所以要建立年表或分類都相當困難。儘管如此，陳立特別提到《延安與八路軍》(Yenan and the Eight Route Army, 1939) 是「一九三九至一九四五年所製作的二十一部影片中規模最為宏大的一部」，這部片子由袁牧之及延安電影團製作，而他們的部分器材則來自伊文斯的捐贈**㉑**。

佔領期間及反抗運動中的法國電影

　　一九四〇年的五、六兩個月之間，德國入侵法境，擊敗法軍並隨即佔領了全法國，八十四歲高齡的法國一次世界大戰英雄貝當 (Marshal Henri Philippe Pétain) 元帥成為德國佔領下法國維琪政府的領導人，而另一方面戴高樂 (Charles De Gaulle) 將軍則在倫敦宣佈為了「自由的法國」將繼續反抗。由於與納粹合作的關係，維琪政府自己也變成了法西斯。雖然到一九四四年貝當仍是維琪政府名義上的領導人，但實際上總理賴伐爾 (Pierre Laval) 在一九四二年即取得實權。一九四三年盟軍侵入北非使得戴高樂得以在阿爾及

---

⑲　陳立的Kino (388) 約略談到戰後不久蘇俄的紀錄片及非劇情片製作。

⑳　此節大部分的資料皆借重陳立的Dianying／Electric Shadows: An Account of Films and the Film Audience in China (Cambridge: MIT Press, 1972), esp. chaps. 4 and 5.

㉑　參見陳立的附錄二中列的一八九七到一九六六年重要的中國影片，比較起來戰爭期間不論任何類型影片都很稀少。

利亞及德軍控制下的法國大都市中建立自由法國政府，隨著美軍在一九四四年六月六日在諾曼第的勝利登陸，巴黎隨即重獲自由，而戴高樂政府也遷回巴黎。在一九四四年年尾，盟軍在法國反抗軍英勇的協助下將納粹逐出法國，一九四四到四六年期間，戴高樂擔任臨時總統，而一九四六年法國第四共和宣佈成立。

就如馬歇‧歐佛斯的《悲哀與憐憫》一片所揭露的，戰爭期間的法國實在深陷困局之中，不過對法國商業電影而言，這卻也是個轉機❷。此時大部分的重要導演像是何內‧克萊、朱里安‧杜維耶 (Julien Duvivier)、費德 (Jacques Feyder)、馬克斯‧歐佛斯 (Max Ophuls) 及尚‧雷諾不是藏身在某處就是自稱流亡到美國或英國。另外一些人則因為是猶太人而身陷囚營，不然就是處於失業狀態。儘管如此，也有正面的發展，許多導演仍留在法國，他們包括了何內‧克萊曼 (René Clément)、考克多、克魯索 (Henri-Georges Clouzot)、布烈松 (Robert Bresson)、帕格諾 (Marcel Pagnol)、吉屈、馬歇爾‧卡內及圖諾 (Maurice Tourneur)，而法國當時也仍有大量的電影觀眾，他們熱愛電影，甚至包括進口的德國片或美國片他們都喜愛。政府也在一九四三年建立了電影學校「電影高等學院」(Institut des Hautes Études Cinématographiques)，於是新一代的電影導演也產生了。同樣重要的原因是維琪政府與柏林政府都對法國電影的商業活力深感興趣，所以法國電影仍生存下來。但是它也付出了代價，因為「三〇年代風行的自由與近乎無政府主義的思潮」(Ehrlich 190) 在這段期間是被犧牲了。

戰爭期間，法國商業電影因為製作逃避現實與娛樂取向的電影而蓬勃發展，許多這類的影片仍延續了三〇年代法國電影的傳統。巴贊就直言指出「反對寫實主義而轉向逃避主義是個錯誤」，他又說「一個不自由的國家既不頌揚自己被奴役也不宣告自己對自由的渴望，很自然地就發展出逃避主義式的電

❷ 見Evelyn Ehrlich, *Cinema of Paradox: French Filmmaking Under the German Occupation* (New York: Columbia University Press, 1985), 集中於劇情片；André Bazin, *French Cinema of the Occupation and Resistance* (New York: Ungar, 1981); Roger Régent, *Cinéma de France sous l'Occupation: De "La Fille du Puisatier" aux "Enfants du Paradis"* (Paris: Editions d'Aujourdhui, 1975) andJacques Siclier,*La France de Pétain et Son Cinéma* (Paris: Veyrier, 1981); Siclier一書的英譯版第一章為 "The Psychology of the Spectator, or the 'Cinema of Vichy' Did Not Exist" in *Rediscovering French Film*,ed. Mary Lea Bandy (New York: Museum of Modern Art, 1983), 141-46.

影」。羅傑·雷傑(Roger Régent)也強調說，在佔領期間所製作的兩百多部劇情片中並未包含德國宣傳片；而希可利爾 (Jacques Siclier) 則說明了法國觀眾認為電影應與政治分開：

> 我從未聽過任何人說過什麼「維琪的電影」……維琪是法國政府所在的城市。電影應是別具意義的：它提供我們渴望暫時逃避的幻象——從日常生活的困境、苦難及歡樂的流逝，它是個可以解放心靈的形式。❷

在德國佔領期間法國電影界所致力的方向與三○年代一樣，還是劇情片的製作，而法國的非劇情片仍持續以平庸的手法處理平常的題材，儘管如此，在一九三九到一九四五年之間仍有四百部以上的非劇情片製作出來，它們包括了觀察日常生活的影片，像是喬治·洛奎爾的《車匠》(Le charron)、科學觀察影片《Epave》(由賈克-尤斯·寇斯托Jacques Yves Cousteau導演)，及有關藝術、建築、體育、鄉村生活、工藝、過去歷史的影片等❷。不過，它們絕大多數是短片，僅能在商業戲院放映劇情片時附帶放映，它們既不為人所熟知，也無人提及它們對於法國非劇情藝術有任何貢獻。

維琪政府的宣傳片

維琪政府所製作的宣傳片對於貝當、「國家的革命」及德國有所幫助，但對於戰前的政府、反抗軍、猶太人、同盟國及共產黨人卻十分不利❷。這些宣傳片包括了描寫法國領袖貝當在國內及在他自己的維琪辦公室內的《貝當元帥的畫面與說話》(Maréchal Pétain in Pictures and Words/Images et paroles du Maréchal Pétain)，其他還有描寫他在全法國旅行的影片。此外《國家革命的一年》(One Year of National Revolution/Un an de révolution nationale) 歌頌了維琪政府安定了法國人的生活，《法國人有短暫的記憶》(The French

---

❷ Siclier, ed. Bandy, 141. 雷傑說佔領期間製作的劇情片有220部，而希可利爾的說法是280部。

❷ 片目請見 "Remarquable Développement du Cinéma Documentaire Français," Le cinéma Français 1945 (Paris: Editions de la Cinématographie Française, 1945), 15, 42-47.

❷ 見Jean-Pierre Bertin-Maghit, "Propaganda sociologique dans le cinéma francais du 1940 à 1944" La Revue du Cinéma 329 (June 1978): 71-84；包括許多片單。

Have a Short Memory/Français vous avez la mémoire courte) 回顧了俄國革命的歷史及共產主義世界性擴張的悲哀,《莫斯艾爾開柏的悲劇》(The Tragedy at Mers-el-Kebir/La tragédie de Mers-el-Kebir) 描寫了在阿爾及利亞港口遭英軍摧毀法國艦隊,《墮落的港口人》(The Corrupters/Les corrupteurs) 與《猶太人的珍珠》(The Jewish Peril/Le péril juif) 運用了德國人所拍的影片去推廣反猶太的意識型態,《解放美國》(Free America/Libre amérique) 利用了美國人拍攝的非劇情片畫面來詆毀美國,它呈現了一個扭曲的國家形象,在那裏猶太人帶來絕望,罷工被嚴厲譴責,而人的處境相當惡劣。其他的宣傳片則歌頌了在德國工作與旅行的樂趣,說明了在德國囚營中法國囚犯的待遇,稱讚了法國外籍兵團的反共行動,並將法國反抗運動貼上恐怖主義者的標籤❷。法國觀眾看過上述的影片,也看過有關納粹軍事勝利的德製宣傳片,在戰爭結束後,他們又看了有關盟軍獲勝及德國失敗的影片──終究,他們還是最喜歡娛樂性的劇情片❷。

有關法國反抗運動的影片

由於法國反抗運動的工作必須是在暗中進行的,因此並不合適拍成電影,但應該提到的是,一些同情反抗運動的國家曾拍攝有關他們地下活動的影片,它們包括來自英國的卡瓦康蒂拍了《反抗軍三首歌》(1943) 及從丹麥來的卡里斯坦生 (Theodor Christensen) 所拍的兩小時半編輯影片《你的自由已瀕臨危險》(Your Freedom is at Stake/Det gaelder din frihed, 1946),這部丹麥製的影片之所以令人矚目是因爲它的畫面乃實際拍攝自德國佔領下的法國❷。這部片子的題材一方面是有關丹麥反抗運動的成長,另一方面則呈現在佔領區下每日生活的改變。此外,片子也描寫了納粹企圖破壞反抗運動的大規模恐怖行動,其中的反抗運動包括了直接的怠工以及在往集中營的路上將猶太人轉往瑞典的安全地區。《你的自由已瀕臨危險》是部由勇者所拍攝的有關勇氣的偉大紀錄。同時,丹麥人德萊葉 (Carl Th. Dreyer) 在戰時與戰後

❷ Paul Leglise, *Historie de la Politique du Cinéma Français*, vol. 2 of *Le Cinéma entre Deux Républiques* (1940-1946), ed. Pierre L'Herminier (Paris: Film Éditions, 1977).

❷ 關於戰時看電影的個人經驗,見希可利爾及楚浮爲巴贊做的序。

❷ 在這之前卡里斯坦生拍了《Sixty Million Horsepower》(1944) 及《Citizens of the Future》(1945)。

所拍的紀錄片也十分有趣，它們都是由丹麥政府出資製作的❷。

有關反抗運動的法國影片在戰後仍繼續製作，它們包括克莉斯汀·加古 (Christian-Jaque) 的《油脂球》 (Boule de suif, 1945)、迦拿 (René Chanas) 的《最後的審判》 (Le jugement dernier, 1946)、克列夫 (Henri Calef) 的《傑里柯》 (Jéricho, 1946)、亞勒格瑞特 (Yves Allégret) 的《黎明之神》 (Les démons de l'aube) 及達坤 (Louis Daquin) 的《祖國》 (Patrie, 1946) 等劇情片。而官方製作的非劇情片則包括了《反抗運動報導》 (Resistance Journal/Le journal de la résistance, 1945)，這部特出而令人動容的影片是部幾乎涵蓋了所有戰爭期間新聞片畫面的編輯影片，攝影師則包括了尚·潘利維、格蘭米倫、達坤、布蘭加 (Pierre Blanchar) 等人❸。此外考克多所拍的《黑色友誼》 (Black Friendship/L'amitié noire, 1944) 也十分獨特，不僅因為它是部有關黑人的敏銳民族誌電影，同時也因為它製作的期間正是納粹宣揚黑人乃是次等人種的時候。不過，在這些影片中，最成功也最令人耳熟能詳的首推何內·克萊曼的《鐵路英烈傳》 (The Battle of the Rail/La bataille du rail, 1946)。

與其他兩部戰後的精典之作——羅塞里尼 (Roberto Rossellini) 的《不設防城市》 (Open City/Roma, città aperta, 1945) 及狄西嘉 (Vittorio de Sica) 的《擦鞋童》 (Shoeshine/Sciuscià, 1946) 一樣，《鐵路英烈傳》也是部強烈受到非劇情片影響的劇情片。克萊曼之前曾拍過一部有關法國鐵路工人的紀錄片《好在有鐵路》 (Ceux du rail, 1943)，本片則是他的第一部劇情長片，而它的構想就來自前面的紀錄片。《鐵路英烈傳》以腳本及演員來描寫盟軍登陸諾曼第期間，身為反抗軍一分子的法國鐵路工人的破壞行動，克萊曼不僅在片中掌握了鐵路的整體力量，更重要的，他也呈現了整體破壞行動的同等必要性，本片的英語旁白由卻爾斯·鮑育 (Charles Boyer) 擔任，巴贊譽之帶有「藝術性的誠懇」。在此，正如同巴斯特·基頓的《將軍號》 (The General, 1927) 一樣，片子裏最令人興奮的片段是描寫一列火車被它的工作人員留在鐵軌上奔馳，當成可以導致巨大破壞的惡魔火車頭，而其高潮則是可怕的出軌。不過因為本片是部宣傳片，所以顯得有點自以為是與自我吹捧，特別是法國人看

---

❷ 見Jytte Jensen, *Carl Th. Dreyer* (New York: Museum of Modern Art, 1988).

❸ 關於法國解放後上映的電影，見 "Analyse de tous des films inédits de long métrage projetés á Paris de la Liberation au 15 Octobre 1945," *Le Cinéma Français 1945*, vol. 2 (Paris: Editions de la cinématographie Française, 1945).

·《鐵路英烈傳》(1946, 法國, 何內‧克萊曼)

起來都比較聰明而德國人都傲慢愚蠢。克萊曼另一部片子《海牙》(The Damned/Les maudits, 1947) 也同樣地逼真與緊張,它是部有關逃脫的德國潛艇的故事,充滿懸疑而令人毛骨悚然,它的手法也是運用劇情片與非劇情片的鏡頭來完成的。此外,格蘭米倫的《六月六日拂曉》(The Sixth of June at Dawn/Le 6 juin à l'aube, 1946) 則是部從盟軍的角度描寫一九四四年六月六日諾曼第登陸的影片。

　　在德軍佔領期間,喬治‧洛奎爾以佛萊赫堤的方法發揮了敏銳的觀察拍成描寫有關車輪製造工的短片《車匠》(1943) 及水桶製造工的《箍桶匠》(Le tonnelier, 1945)。兩部片子都強調回歸手工藝而頗受維琪政府好評,洛奎爾自己則說兩部片子所記錄的傳統工藝以重要物資缺乏的角度來看是很重要的 ❸。因此,對某些人而言,這些片子是宣傳片,但對另一些人來說則是寫實的作品。洛奎爾一九四六年拍的《法勒比克》是部以他家庭成員為題材又

❸　John Weiss, "An Innocent Eye?: The Career and Documentary Vision of Georges Rouquier Up to 1945," *Cinema Journal* 20.2 (Spring 1981): 39-63.

充滿詩情的作品，片子觀察了法國農莊的日常生活，也關照了他們的未來，實可稱爲是部「鄉間交響曲」，家族及其農場的生活史、每日瑣事的關照及四季的更替三者互相調合在一起，而時間的流逝則以曠時攝影的手法來進行，片子在不同的農場活動及麵包烘烤之間交叉進行，麵包烘烤在本片是項中心主題，它不僅提供家族生命的延續，在家族生命中幾乎也是精神性的角色。當老祖父逝去，原來他切麵包的工作就由他的長子接手。不過這樣的抒情終究因爲對未來的想法而中斷，當前一個時代結束了，另外一個時代繼之而起（這個家庭如此，法國亦然），洛奎爾討論了是否應用祖父留下來的錢來爲他們的農場引進電力或是應該整修老舊的農舍。一九五〇年洛奎爾延續了這個傳統拍攝卡瑪古（Camargue）生活情形的影片《地上的鹽》，而一九八四年他又回到自己的家族拍攝了《比克法勒》（Biquefarre），這部片子包括了他一九四六年第一次拍攝時的鏡頭，他繼續描寫這個家族在他們自己歷史上的另一個轉捩點。

除了戰爭之外，法國也仍繼續製作有關藝術及藝術家的影片，有名的作品包括了盧考特（René Lucot）的《羅丹》（Rodin, 1942）、尙·羅茲（Jean Lods）的《Aristide Maillol》（1943）、普羅托（Gilbert Prouteau）的《上帝選擇了巴黎》（God Chose Paris/Dieu a choisi Paris）及肯帕克斯（François Campaux）的《馬蒂斯》（Henri Matisse, 1945）。本章最後值得一提的是比利時，比國在戰爭時期的非劇情片製作實際上是中斷了，僅有安德烈·高文及史托克仍拍攝了部分影片，高文的《剛果》（Congo, 1943）記錄了剛果人提供給盟國軍火工業的「熱帶協助」（tropical help），而史托克的傑作《農民交響曲》（Peasant Symphony/Symphonie paysanne or Boerensymfonie, 1944）則與《法勒比克》互相輝映，片子也歌頌了大自然的循環、土地及農民。

第十章

二次世界大戰期間的美國影片

在二次世界大戰期間所製作的非劇情片中,如果說英國片是以那份關懷人類堅忍克敵毅力的人道主義視野而聞名,德國影片便是以他們駭人的好戰性格而稱著,至於使美國片享譽於世的便是它們的大膽、愛國、解釋為何而戰的機敏以及手法上的老練。戰爭期間不論是同盟國或軸心國所製作的非劇情片都以一種誇大的影像來表現自己的傳統、價值及力量,美國影片就把自己描寫成一個強大而正義的國家,對於自己將拯救世界於暴政中的使命顯得自信滿滿。根據艾倫·溫克勒的說法,這樣的宣傳片「反映了大多數美國人在致力於擊敗軸心國的同時,對自己所抱持的看法,而美國宣傳片最終不僅反映了美國的政策,它真正反映的是美國人自己」❶。

美國在二次世界大戰期間所製作的許多非劇情片由於因循著前一個時代劇情片的特徵而聞名於世,這些特徵包括了煽情而粗俚、伶俐而聰明、過度簡化而膚淺、攻擊力強而熱情洋溢。三〇年代的美國非劇情片主要是由東岸的影片組織或獨立製片所製作,現在不同了,許多戰爭時期的影片是在華盛頓監督之下,由好萊塢的專業人士在世界電影的首都所製作的,而這個大型企業是政府與電影工業界一起合作的。當美國人應召入伍之際,許多好萊塢及獨立製片的導演、攝影師、剪接師與編劇也應召進入軍方的影片單位服役,而許多重要製片廠、發行商號、檔案資料影片、電影設備製造廠等資源則任由軍方處理❷。好萊塢參與的努力是與「電影工業戰時行動委員會」(War Activities Committee of the Motion Picture Industry) 合作的,這個組織分成

---

❶ *The Politics of Propaganda: The Office of War Information*, 1942-1945 (New Haven: Yale University Press, 1978), 157.

❷ Alex Greenberg and Marvin Wald, "Report to the Stockholders," *Hollywood Quarterly* 1.4 (July 1946): 410-15; 亦見 *Movie Lot to Beachhead*, ed. by editors of *Look* (New York: Doubleday, 1945).

七個部門：戲院、發行、好萊塢的製作、新聞片、專業報導、國外市場及公共關係，它們反映的正是美國電影工業的複雜性，在華盛頓的數個重要政府部門也牽涉在內，包括了國務院、財政部、國防部、司法部、內政部、農業部、交通部、民防部、泛美事務部、國防新聞局、國防製造局及戰備重置局，而這兩大體系加在一起就製作出多樣、不同目的並且為數驚人的影片❸，它們有些記錄了戰爭的場面，有些描寫了平民對戰事的貢獻，其他的影片則歌頌人類的勇氣與力量❹。

美國是同盟國中唯一未讓戰禍波及本土的國家，因此百姓有關戰局的消息就必須靠個人與前線軍人的聯繫、報紙、廣播、電影或是由隸屬國防新聞局的媒體而得知。越戰期間主要的公眾新聞來源──全國性電視播放系統在四〇年代尚不存在，而「臥房中的戰爭」(living-room war) 的概念也未出現。因此，他們的確需要每週去戲院看電影才能看到最新的新聞片、官方版的戰爭影片以及提供給他們資訊、娛樂並幫他們逃避戰爭焦慮的劇情片。好萊塢與華盛頓的合作關係確保了一條穩固的管道，因此各種消息可以隨著電影的放映送往國內各戲院、軍營、軍醫院、民間醫院及工廠之中，這些影片幫美國人了解很多極端重要的新事務，包括在他們聞所未聞的地方開戰的必須性、二十四小時不斷的工業製造以及食物配給。這些資訊不僅告知與教育民眾，同時也鼓勵他們對戰事大力支持。戰爭期間，各地電影院入場的觀眾數量都很高，戲院不僅成為銷售戰爭債券的絕佳地點，同時也利於戰後重建的募款❺。

---

❸ 一九四二年，國防新聞局成為電影界與政府之間的官方中介機構。

❹ 正如以上所討論的（參見第二章），在戰時製作影片並不是什麼新點子，根據李察‧麥肯的說法：

二次世界大戰的重要電影活動在一次世界大戰期間已十分常見，包括新聞片發行、非戲院系統的放映、為商業電影院製作的劇情片、短片及為海外製作的影片，它們都是由政府指示，之後接受政府的贊助，終究為官方的製作。

❺ 根據一九四五年「電影工業戰時行動委員會」出版的《戰時電影》(Movies at War) 一書中指出二次世界大戰期間平民觀眾為戰爭救濟活動捐助約三千七百萬美元，而好萊塢製片廠捐助兩百萬美元，一九四五年詹姆斯‧艾吉 (James Agee) 曾寫過觀看戰時影片對觀眾是種強加的特殊負擔：

觀看這些可怕的戰爭紀錄可以說除非我們自己出現及參與其中，否則這種經驗與我們在美國，凝聚民眾對戰事的支持並不是那麼簡單，許多美國人不但有頑固的孤立主義傾向，而且對政府的宣傳抱持很深的懷疑。對於德國及英國影片有深刻印象的美國電影界與官方領導人因此確信：影片將可有效地告訴有深度孤立主義傾向的美國人他們如何而戰？在何地開戰？何時開戰？並且為何而戰？並希望以此能喚起國民的愛國情操。根據國防新聞局 (Office of War Information, OWI) 局長艾摩爾・戴維斯 (Elmer Davis) 說，戰時電影製作至少有三大困難：其一，宣傳片必然反映某一黨派的看法，尤其是總統所屬的那一黨，而這是危險的；其二，在蒐集消息與報導事實上缺乏軍方的合作，尤其是當這些實情有利於敵軍或具安撫敵軍的功能；其三，給予其他新聞同業一種想法，也就是他們不應再依賴政府發言人而應自由地去蒐集消息❻。

二次世界大戰期間，非劇情片以愛國主義促使大眾團結，並鼓勵他們大力支持軍事的參與。雖然同盟國的影片並未將戰爭理想化，但他們試圖以清楚而直接的言詞來說明他們參戰乃是為了公理正義。整體目標而言，它們是為了在法西斯侵略與暴政下爭取自由而戰，但為了支持這個戰勝敵人的理想，很多同盟國的電影工作者也常把邏輯、慣例、公民的價值與個人的價值都置之不理❼。

　　毫不相干……，如果這些事件遙不可及，我們也無從做出對等的反應，我們僅能看著人們彼此殺戮，那麼我們也許會非常看輕自己，並在觀看的過程中遠離甚至是背叛我們試著去認同的對象。儘管如此，我們仍真誠地告訴自己，我們之所以舒服地坐著眼睜睜地看著殺戮，是為了要培養我們的愛國情操，提升我們的良知、增加我們的了解與同情。(參見 "Seeing Terrible Records of War," *The Nation* 24 May 1945: 324)

❻ Elmer Holmes Davis, "Report to the President," ed, *Journalism Monographs* 7 (Aug. 1968): 5-86.

❼ 二次世界大戰之後，核戰浩劫的陰影、韓戰、越戰、中東戰爭及其他小型的戰爭已改變了美國人對作戰的態度。尤其在越戰期間，美國人對政府政策逐漸失去支持，同時，這場戰爭明白地淪為政客及外交官的角力，不再受到大多數民眾支持，它已成為一場地下的戰爭，且僅有宣傳機構才會關切。為韓戰及越戰製作的影片主要都是軍事目的或電視播映的官方影片。而極少數受到贊助的影片，不管它們是支持戰爭或反戰，就電影的意義或宣傳的意義而言都微不足道。當時，電視的報導已取代了二次世界大戰官方的宣傳影片成為提供大眾資訊的主要工具。

二次世界大戰時的美國宣傳片與反宣傳片

一九四〇年由路易・羅奇蒙拍攝的《我們看守的堡壘》是一部美國最早的戰時紀錄片，但因為它在美國宣戰前就已上映，因此不能列入美國戰爭期間的影片。在二次世界大戰之前，「時代的前進」系列大膽而成功地挑戰美國人的孤立主義情緒，而《我》片有別於「時代的前進」系列影片之處在於：片長（劇情片長度）、戲劇性的敘事方式、運用愛國歌曲及熱門的戰爭歌曲、剪接師伍爾夫（Lothar Wolff）對新聞片的高超剪接技巧、納粹宣傳片以及重新演出的畫面，這些都使它別具一格。它既兼有劇情性的重新演出，也對各新聞片的畫面做了編輯性的剪接。儘管《我》片中土裏土氣的美國看法平淡無奇，但它對二次世界大戰之前美國人的態度倒做了可信而精確的分析，片子說明了美國在一次世界大戰的角色，透過煽情的訴求激起對正義與民主的情感，它也企圖直接將上述奮鬥與迫近的戰爭相聯起來。在提醒美國人有關戰爭的企圖上，祇有法蘭克・凱普拉的《戰爭降臨美國》可以超越《我》片的成就，它是部類似「我們為何而戰」系列的影片。除了一部一九四二年的編輯影片《戰火中的世界》（World at War）對美國參戰提供了歷史性的背景之外，其他早期影片都不過為了些現世的目的，它們的用意從片名中就可反映出來，如《肉類配給》(Meat Rationing)、《把你的錫罐送給戰爭》(Send Your Tin Cans to War) 及《租金控制》（Rent Control）。

本章以下的討論將分為下列幾個題目：美國國防新聞局製作的影片、軍事訓練與平民資訊影片（包括了「我們為何而戰」系列）、激勵性影片、戰鬥影片、關於戰爭影響的影片。許多影片會在這個分類下相互重疊，有些戰爭影片也會以不同的版本出現——依據戲院放映、非戲院放映、國內放映或海外發行會有不同的片名及長度，故而本章中所有片子所標示的日期都是以它們已知的第一次放映為準。

美國國防新聞局

在一九三九年九月一日歐戰爆發至一九四一年十二月七日日本偷襲珍珠港的兩年多時間裏，美國政府並沒有準備很有組織地製作宣傳片或反宣傳片。但美國對日宣戰的隔天，華盛頓當局就意識到需將各種資訊組織起來，以便喚起美國大眾及盟邦的注意與支持。在珍珠港被襲之後，羅斯福總統隨即贊同電影乃是「向我們國民告知訊息及提供娛樂最有效果的媒體之一」，他宣稱電影可以對戰爭做出「非常有用的貢獻」。不過在美國對日宣戰之前，美國政府對藝術的態度，特別是電影，不過把它們當成「藝術或宣傳」之類的東西。在英國就不同，李查‧格里菲斯就寫道「（葛里遜）在成人教育的興趣及龐大商業與政府的利益之間透過一種妥協的原則，成功地建立了英國紀錄片運動」❸。而美國除了瑪莉‧羅西 (Mary Losey) 在一九三九年到一九四二年之間曾拓荒式地建立了短暫存在的「紀錄片製片人協會」(Association of Documentary Film Producers) 之外，美國沒有任何一個人──更別提官方──曾試著去將不同的影片工作者（像羅倫茲、馮‧戴克、史川德及荷維茲等）組成同一個製作組織。

　　隨著戰爭的爆發刺激了政府態度的改變。一九四二年，國防新聞局成立，在傑出廣播新聞播報員艾摩爾‧戴維斯的領導下統合了美國政府各個新聞資訊單位❾，國防新聞局也在政府與電影工業間擔任橋樑的角色，它們共同製作電影並合作發行與上片。透過國內支部 (Domestic Branch)，國防新聞局協調對國內戰爭消息的發佈；而在知名的劇作家薛伍德 (Robert E. Sherwood, 曾寫過《變成石頭的森林》The Petrified Forest、《林肯在伊利諾州》Abe Lincoln in Illinois及《黃金年代》The Best Years of Our Lives等電影腳本) 的領導下，它透過國際支部 (Overseas Branch) 對海外發動一場龐大的新聞戰與宣傳戰。由國內支部所製作的影片包括了「銀幕雜誌」(Magazine of the Screen)，這個由很多簡短題材合成的片集，透過每月的非院線放映深入社區組織、圖書館及教育機構。而國際支部則發行了「美國新聞片」(United Newsreel) 之類的影片，並透過派拉蒙、百代、福斯、環球及每日新聞 (News of the Day) 等五個重要新聞片公司來製作❿，計畫在敵國達成反宣傳的效果。其他的海外製作還包括每月放映的銀幕雜誌、其他的新聞片及以十七種語言版本問世的四十部原創性非劇情片⓫。戰事進行期間由於國會反對國防新聞局對國內的

❸　"Post-War American Documentaries," *Penguin Film Review* 8 (1949): 92.

❾　關於OWI的歷史，見Winkler, *The Politics of Propaganda*; 亦見MacCann, 118-151.

❿　Raymond Fielding, *The American Newsreel: 1911-1967* (Norman: University of Oklahoma Press, 1972), 289-95.

⓫　戰爭結束之後，戰時新聞局的發行網路，對於教學用16釐米影片做為一種重要媒體的

宣傳措施，因此預算緊縮，到了一九四四年，它的製作大部分改而針對國外，這些影片在當時維繫了同盟國的信心，並逐漸挫傷敵人的士氣。一九四二年另外一個機構「戰略服務局」（Office of Strategic Services, 簡稱OSS）設立以取得敵方的消息，破壞他們的戰鬥潛力並軟化他們的士氣。不過一九四五年這兩個機構（OWI及OSS）都被裁撤，國防新聞局的業務轉由國務院處理，而戰略服務局的功能及活動則被一九四七年創立的中央情報局（Central Intelligent Angency, 簡稱CIA）所吸收。

國防新聞局當時不僅面對要如何將美國的訊息向國內及海外傳遞出去，而且也要避免挑起國會各黨派的批評，還有電影檢查及其他可能的干涉。加強影片的主題，不僅是國防新聞局單方面的想法，也是迎合美國人喜歡頤指氣使的情感，正如局長戴維斯一再聲明的「我們來了，我們就是要贏，而最後每個人都會更好，因為我們一直都是贏家」，而菲立普•唐恩（Philip Dunne）也說，戰時電影工作者應當確信「觀眾必**會為**某件事而去**反對**其他的一些事」❷。不過國防新聞局的任務是艱難的，因為對許多美國人而言，一次世界大戰的記憶猶新，他們並不願再捲入另一場戰爭中，因此，特別在戰爭剛開始時，除了來自歐洲戰場的消息、國內經常舉行的防空演習及珍珠港受重創的幾件事之外，美國大眾及剛入伍的軍人對於這場新的戰爭始終保持著冷漠、拒絕或掙扎的態度（Barnouw 155）。

固然國防新聞局主要負責提供戰況的事實並致力為戰事凝聚支持的力量，不過這項任務也不是它才獨有，麥肯就指出：

> 國防新聞局的作戰模式與一次世界大戰的喬治•格里爾（George Greel）並沒有什麼太大的不同，在企圖上也沒有什麼增長，比較大的不同是在於片子的調性、性質與品味，而不是在於它們的基本目標上。(120)

比較起來國防新聞局國內支部所製作的許多影片都是些直接提供消息的影片（像是《戰火中的世界》、《戰火下的學院》Colleges at War、《戰爭中的醫生》Doctors at War），而國防新聞局國際支部所製作的影片在姿態上就比較採取

建立有極大的貢獻（MacCann 147）。

❷ "The Documentary and Hollywood," *Nonfiction Film Theory and Criticism*, ed. Barsam, 164.

攻勢，它們企圖在敵國進行反宣傳。像是《無國界讚美詩》(Hymn of the Nations)、《小鎮》(The Town) 或《卡明頓故事》(The Cummington Story) 就比較來勢洶洶與認眞。例如他們就會呼籲國內備戰或對邪惡的法西斯提出警訊。隨著珍珠港被襲，戰略服務局製作出各種有關日本的影片，其中包括了《日本人的行為》(Japanese Behavior)，這是部向美國人介紹日本人思考與生活方式的影片。另外它也製作了有關日本戰略性位置與優勢的影片《日本的地理》(Geography of Japan) 與《日本的自然資源》(Natural Resources of Japan)。更深入的影片還包括了《日本人的重新安頓》(Japanese Relocation)，本片有關在美國的日本人後裔，他們被認為有安全上的顧慮，特別是他們大多數人口都居住在美國西岸，很容易成為入侵的目標，因此，美國政府強迫超過十一萬日裔美國人（有三分之二為美國公民）從他們的農場、家庭及事業中遷出，並令他們在美國內陸的「重新安置」營地渡過戰爭期，而《日本人的重新安頓》一片就是用以解釋政府這項必須的措施。在意圖上與上述影片相似的有國防重新安置局（War Relocation Authority）拍的下列影片，像《挑戰民主》(Challenge to Democracy) 乃另一部對拘留營做有利描寫的影片，《前面的道路》(The Way Ahead) 則是一部呈現日本人重新安頓後尋求就業情形的影片，《全力以赴》(Go For Broke) 描寫對日裔美人新兵的訓練，還有《勇士》(For Valor) 稱讚了日裔美人的戰爭英雄。從今天的眼光來看，這些影片都太過簡化，特別是拘留營的建立，相信對那些當時已是美國公民的日本人而言，在公民的自由權上是遭到美國政府剝奪的。

國防新聞局國際支部所獲得的預算超出國內支部三倍之多，它們的製作是為海外的軍人與平民觀眾宣揚美國式的生活，麥肯還特別指出了雖然兩個支部的影片都強調新聞、眞相與「眞實的策略」，但是——

> 國際支部的影片製作有其支配性及持續性的目的，它向美國的友人及熟人講述美國的故事，藉此它間接支持軍隊也支持了美國的海外政策。(138-39)

為海外觀眾所製作的影片明顯地避開了社會問題，它呈現出一種過度簡化的、美國傳統小鎮的愛國視野。儘管如此，這些影片有單純的美及濃郁的情感，它強調了美國人所奮戰的價值。在這些影片之中，有些影片很幽默，如《一部吉普車的自傳》(The Autobiography of a Jeep, 1943)，有些深富教育

・《卡明頓故事》(1945, 美國, 海倫・格雷生及賴利・麥迪生)

性,如《建造半個地球的穀物》(The Grain That Built a Hemisphere, 1943),
有些則是知識性的,如《水:朋友或敵人》(Water: Friend or Enemy, 1943)。
不過整體而言,這些國防新聞局的影片都是關切美國過去曾存在的或過去已
是如此的生活方式,而這些電影製片人也希望它們在戰後依然存在下去。

　　就像三○年代許多好萊塢電影一樣,這些國防新聞局的非劇情片呈現了
一個浪漫化的美國,它的用意是爲了說服外國觀眾美國乃是由許多小鎮組合
成的。她的國民安靜而篤信聖經,此外也有許多閒暇的活動。這樣的印象在
一九四四年由馮・史登堡 (Josef von Sternberg) 製作的《小鎮》一片傳達出
來,這部篇幅簡短的片子也記錄了美國人由歐洲承襲而來的文化與建築傳
統。一九四五年由海倫・格雷生 (Helen Grayson) 及賴利・麥迪生 (Larry
Madison) 合作的《卡明頓故事》則更成功地描寫美國人吸收外來文化的能力。
這部美麗的影片在一個新英格蘭小鎮中捕捉了人間至美,而它也暗示整個美
國亦復如此。片子的故事乃是有關四個從歐洲避亂來美找尋新生活的外國家
庭,當他們來到卡明頓時,鎮民相當冷漠,甚至迴避他們,最後經由牧師協
助雙方彼此了解,也克服了他們自己的忸怩害羞,及時爲雙方建立了相互間

的自信與尊敬。柯普蘭的配樂加強了本片煽情的部分，在耳熟能詳的大熔爐主題上營造了一首成功的變奏曲。今天的觀眾如果一起看過本片及有關日本拘留營的影片當可更深刻了解戰時美國的社會環境及製作這些影片的國防新聞局成員所面對的挑戰。

馮·戴克在一九四五年拍攝的《美國西北》(Northwest U.S.A.) 比《卡明頓故事》更令人親近也更為真實，它描寫西北部乃是飛越北極各航線的貿易樞紐，同時記錄了深谷大水霸 (Grand Coulee Dam) 的建造，並強調它對戰時工業供應電力的能力。馮氏另一部片子為一九四三年拍的《奧斯維果小鎮》(Oswego)，這是部研究位於安大略湖邊美國小鎮的影片。在西部拓荒運動時，奧斯維果因為戰略地位使其成為對抗印地安人的重要地點，而大戰期間則因它的港口及軍火工廠，奧斯維果仍生氣盎然。馮·戴克經由這個小鎮的主要街道、報紙、法院、學院及教堂將它描寫成自由、寬容與和平價值的堡壘。由上述這些機構所呈現出來的自由與本片的真正目的聯繫在一起，因為後來聯合國諸成員獲邀首度訪問美國，本片就在這個「聯合國週」中放映，它解釋了這次各國的到訪就是世界和平的意義，一年之後「奧斯維果」就被計畫成為戰爭難民最主要的庇護地❶。馮·戴克為國防新聞局拍的影片還包括了《鋼鐵之鎮》(Steeltown, 1944)，這是部描寫美國鋼鐵工人工作與生活的影片，《太平洋西北》(Pacific Northwest, 1944)，這部片子敘述了奧瑞崗與華盛頓對世界貿易的重要性，還有《舊金山一九四五年》(San Francisco: 1945)，它記錄了聯合國創立大會的開會過程並強調世界各國都寄望聯合國能杜絕未來戰爭的發生。

一九四四年亞歷山大·漢米德拍了《田納西河谷》(Valley of the Tennessee) 一片，這部強調美國另一地區的影片審視了田納西河谷管理局 (Tennessee Valley Authority, TVA) 的計畫，它強調透過自然資源的開發來發展人力資源。不過，它極度簡化了環繞在這個計畫四週的複雜社會及政治議題，也沒

❶ 雖然聯合國在二次大戰結束後才成立，「聯合國」這個字卻是一九四一年羅斯福總統描述對抗軸心國的同盟國所提出來的。一九四四年六月十二日，羅斯福總統在奧斯維果建立了安大略堡緊急難民庇護中心 (Fort Ontario Emergency Refugee Shelter)。見 Sharon R. Lowenstein *Token Refuge: The Story of the Jewish Refugee Shelter at Oswego, 1944-46* (Bloomington: Indiana University Press, 1986) 及 Ruth Gruber, *Haven: The Unknown Story of 1,000 World War II Refugees* (New York: Coward, 1983).

有強調這個計畫所具有的自治方向。漢米德的《明天會更好》(A Better Tomorrow, 1945) 對紐約市學校系統的看法上甚至更加膚淺,本片在一所高中拍攝,著眼於一種進步教育的新方向,但卻對學校改善劣質教學及種族問題的無能幾乎不提。《明天會更好》是一部成功的戰爭宣傳片,但是就資訊而言,它的題材乃至於對整個國家的影響都是不當的,因為它迴避了現在,所以也扭曲了未來。

裘斯‧布雪 (Jules Bucher) 的《玻璃清潔工》(The Window Cleaner, 1945) 則以一種完全不同的態度,為曼哈頓玻璃清潔工一天的生活提供了一個短篇紀錄。本片的態度真實而獨立自主,它暗示了清潔工與他所工作的摩天大樓做為美國景觀是同等重要的,這個簡單的主題,因為由清潔工自己配上大膽的旁白以及古怪的爵士樂更形突出。

國防新聞局的影片一方面關心的都是些質樸的價值、小鎮或是重大建設,而另外一些影片則注意到美國的一般機構以及在其中工作的人們。漢沃‧羅達凱維茲的《首都故事》(Capital Story, 1945) 就記錄了美國健康部 (U.S. Department of Health) 的工作,約翰‧豪斯蒙 (John Houseman) 的《十一月星期二》(Tuesday in November, 1945) 則解釋了美國人的選舉作業,漢米德的《國會圖書館》(Library of Congress, 1945) 為這個機構的保存、教育功能以及為學者與整個社區提供服務上呈現了一幅生動的圖畫,而漢米德的《托斯卡尼尼:無國界的讚美詩》(Toscanini: The Hymn of Nations, 1945) 被稱為是國防新聞局最著名也最受歡迎的海外影片,它的題材來自慶祝墨索里尼垮台及義大利重獲自由的廣播音樂會節目中,托斯卡尼尼指揮威爾第的「無國界的讚美詩」(Hymn of the Nation),本片敏銳地呈現了這位指揮大師的形象。

這些國防新聞局為海外觀眾製作的影片清楚地呈現了對美國的一種真誠、富於情感且浪漫的看法,它們有意略過美國的缺點,並專注在美國生活的美好,尤其這些美好的品質反映了戰後的希望。製作、編寫及導演這些影片的人已經為美國非劇情片建立品質上的信譽,他們在電影攝影、剪接及配樂上幾乎永遠是一致地優異。老實說,在為海外發行戰爭宣傳片的有限題材中,因為他們所提供的是如此美好,所以他們忽略的應該被原諒,這些影片加強我們自己的形象,也為其他國家的觀眾呈現了我們要他們看到的東西,麥肯承認這些影片有忽略美國繁複多面的簡單化傾向,他因而寫道「它們一

本正經而誠實地加強一些美國的情況，乃是爲了要使不同識字程度及不同背景的觀眾都可以了解」。(MacCann 143)

　　除了國防新聞局贊助下拍攝的影片之外，很多相同的電影工作者也繼續爲商業機構或機關團體製作非劇情片。一九四四年馮‧戴克及梅朵就曾爲對外政策協會（Foreign Policy Association）拍攝了《橋樑》（The Bridge）一片，這部平淡的影片評估二次世界大戰期間南非在貿易與運輸事務上的成效，然後進一步宣揚空中運輸的力量及效率（指的就是「橋樑」），它也分析了社會與政治問題將阻礙國際運輸及貿易❶。不過，這部影片的旁白太過平常，因此無法賦予空中運輸重要性眞正的意義。馮‧戴克在一九四七年拍的《醫藥之旅》（Journey Into Medicine）也因爲旁白的模糊不清使效果打折，本片由艾文‧傑柯比（Irving Jacoby）爲國務院製作，而一九四八年他與馮‧戴克合作的《攝影師》（The Photographer）也犯了同樣的錯誤。不過傑柯比在一九四五年拍的《蒼白騎師》（The Pale Horseman）則是部精彩的編輯影片，它的內容是有關聯合國救濟及復原管理處及盟軍重新安頓百姓、遏阻傳染病及提供住宿等工作。與他早期作品不同的是，傑柯比爲飢荒與傳染病蔓延的場景寫下眞誠而溫和的旁白。以此，他彌補了悲慘的現實。就如大衛‧米勒（David Miller）的《命運的種子》（Seeds of Destiny, 1946）一樣，《蒼白騎師》的價值並不在它對事實的呈現，而在於描寫人類受苦的不凡影像，尤其當我們看到一個坐在碎石堆上的兒童，因爲飢餓及虛脫不停地發抖，已無法接受軍人送來的食物，而這樣的畫面就是本片的價值所在。

法蘭克‧凱普拉：軍事訓練及平民敎學的影片

　　在所有爲軍方拍攝敎育與訓練影片的好萊塢導演中，法蘭克‧凱普拉所做的貢獻最爲特出。他最傑出的成就即爲「我們爲何而戰」系列，這套影片代表了美國戰爭紀錄片中的上上之選。此外，凱普拉還要負責去製作、導演及監督其他重要的軍事訓練影片及平民敎育影片。他的戰時影片風格明白開朗，清新而充滿想像力，並且，最重要的，充滿熱情──這使它們有別於許多一成不變總是精密而賣弄學問的訓練影片。凱普拉所監控的影片透過軍事

❶　關於Inter-American Affairs分部製作的影片（包括迪士尼的《建造半個地球的穀物》的資料，見MacCann, 147-51。

生活的每個階段來引導人員，包括徵召入伍、入伍指南、訓練到下勤務之後的活動、解召復員及為戰後生活的準備。裏面所提供的課程包括如何對付敵人、如何穿衣服、如何保持乾淨、如何保養裝備、如何在沙漠中求生以及如何預防疾病，而這些軍事影片的範圍從約翰・福特令人印象深刻的《性病》(Sex Hygiene, 1941) 一直到華特・迪士尼將複雜的航空學及氣象學轉化為有趣的彩色動畫等都是。

當時與凱普拉共事的人計有：里特維克 (Anatole Litvak)、維勒 (Anthony Veiller)、蓋索 (Theodor Geisel)、堤奧姆金 (Dimitri Tiomkin)、伊文斯、卡爾・福曼 (Carl Foreman) 等人，他們製作了許多有關敵人的資訊影片，並名之為「認識盟邦──認識敵人」(Know Your Allies──Know Your Enemy) 系列，這些影片包括了《認識盟邦──英國》(Know Your Ally, Britain, 1943)、《認識敵人──日本》(Know Your Enemy──Japan, 1945) 及《這就是德國》(Here is Germany, 1945)，上述有關德國的片子延續了劉別謙(Ernest Lubitsch) 在一九四二年拍的《認識敵人──德國》(Know Your Enemy ──Germany)，其後還有《你在德國的任務》(Your Job in Germany, 1945) 及《我們在日本的工作》(Our Job in Japan, 1946)。《認識盟邦──英國》是個很好的範例，一九四二年英國人拍攝描述他們自己的影片《傾聽英倫》，這部作品在美國大受歡迎，它使得美國人想去了解英國的民族性及文化並把它們投射在《認識盟邦──英國》中。本片是部簡單而有力的影片，它強調了美國根植於英國的歷史，著眼於兩國之間的相同點而不是相異點，此外還強調美國人為了求勝必須團結。透過平易近人的比喻性詞藻及運動比賽的隱喻及類比，這部片子為英國人創造了一個生動的形象。不過，儘管本片反駁了希特勒的反英宣傳伎倆，它在嘗試與了解英式生活刻板印象的背後真相時，保持了嚴謹而公允的態度，因此也使得英國人某些刻板印象深埋人心。總之，以人性的角度來看，本片是有趣與成功的。

另外一個凱普拉工作小組的範例是「陸海軍銀幕雜誌」(The Army-Navy Screen Magazine)，這是最受歡迎的一套為美國陸軍所製作（並只限軍人觀賞）的訓練影片，這套每兩週放映一次專為照顧觀眾請求的二十分鐘片集相當平易近人、幽默而樂觀，它們刻意以一種有彈性而不正式的形式去提供資訊並建立士氣。如果有人請求看到他自己家鄉的畫面，他多半可以如願；此外例如有另一個阿兵哥寄了一首自己做的抒情詩去，不太有把握地希望他們是否願把它譜成歌，如果軍方眞找到「某個女的來唱它，我一定會暈倒」。其後不久，這首歌被錄下來並拍成電影，旁白在片子放映時強調說「這就是你要的，阿兵哥，現在昏倒吧！」這份銀幕報紙的典型議題從好笑的片子（像卡通「私人大混亂」Private Snafu）到嚴肅的片子（像胡佛對納粹在美間諜活動的報告）都有。不過，也因爲它們是專爲美國大兵製作的影片，因此比其他的戰時影片少一些政府的宣傳而多了點娛樂。

除了教育性的「認識盟邦——認識敵人」系列及幽默的「陸海軍銀幕雜誌」之外，凱普拉也製作過啓發性的影片。一九四四年凱普拉與海斯勒（Stuart Heisler）合導了《黑人軍隊》（The Negro Soldiers），本片雖有誠懇的意圖，但不幸的是它的力量卻因爲運用刻板印象而抵消了。爲了要慢慢灌輸黑人的自尊心，這部片子講述黑人在美國獨立戰爭時期爲保衛國家而扮演了重要的角色，它也展現了黑人在運動場上、藝術上及專業上的優異，但它討論在納粹及日本宣傳裏對黑人的偏見時卻全然不提在美國軍中施行的黑白隔離政策，片中唯一整合黑人與白人的場景是教堂與軍官訓練課程。雖然本片沒有直接提到種族隔離制度，我們在一段描寫一名典型黑人軍人的經驗中（透過由他母親閱讀的信）可以在間接與無意間看到這個制度。我們目睹這名黑人在一個被隔離的團隊中入伍、受訓和戰鬥。在創造這些不容否認的精確畫面時，影片製作人員並沒有令戰士與他們的黑人同僚互相熟悉（就如同他們應使美國大兵與歐洲盟軍熟悉一樣）。除此之外，這部影片對描寫的隔離制度不僅不帶一點批評，更運用素有惡名的緩慢爵士旋律以及音樂喜劇的老套手法來結束本片，如此非但對黑人戰士是一種不敬，而且也破壞了整個片子的意圖。在本片結尾處有一段快速的蒙太奇畫面剪接，它運用了四分割的畫面，我們看到了黑人軍士在他們精神性歌曲"Joshua Fought the Battle of Jericho"的爵士樂版中大步行進。這部片子在開始時就指出一七七○年波士頓大屠殺事件中第一位犧牲的就是一名愛國的黑人，現在竟有這樣的結尾，眞是草率之至。

當歐洲的戰事漸趨結束時，美軍雖獲勝，但思鄉甚殷，他們開始期望回到美國國內。爲了提振士氣也預先爲他們將可能被送往太平洋前線而準備，凱普拉在一九四五年又拍了《兩個被打倒了，還剩一個》（Two Down, One to Go）。

「我們為何而戰」系列

凱普拉「我們為何而戰」系列裏的影片乃是為求戰勝的努力中最有力量的非劇情片成就❶❺。在一羣對美國為何要投入另一場世界大戰尚且存疑的軍民中，這些影片慷慨陳詞。以凱普拉的看法是「在很多的例子中，（它們）不僅陳述，實際上塑造並確立了美國與世界在戰爭之前的政策」❶❻。本系列共有七部：《戰爭序曲》(Prelude to War, 1943)、《納粹的攻勢》(The Nazis Strike, 1943)、《分裂與征服》(Divide and Conquer, 1943)、《英倫之戰》(The Battle of Britain)、《中國之戰》(1944)、《俄國之役》(1944) 及《戰爭降臨美國》(1945)。這些片子乃是以歷史發展的前後次序來製作，先描寫了納粹的侵略與暴行，還有大戰中的重要戰役。另外就是戰前及參戰兩段時期對美國公眾輿論的衝擊，製作本系列影片的專業電影工作者都精心研究了納粹及英國的宣傳片，因此他們不僅製作出一套出色的宣傳片，就他們在處理許多電影資料、平衡報導歷史性事件以及在說服力與戲劇張力的表現手法上，他們也完成了一套優異的編輯影片❶❼。

《戰爭序曲》不僅是這個系列第一部，也是其中最愛國與最好戰的影片。它的目的是要告訴觀眾「為何而戰」，並將「自由世界」與納粹及日本的軍國主義，還有他們「由獨裁者領導下的法西斯走狗」組織所控制的「奴役世界」兩者做一對比，並以此來履行片子的目標。這部片子記錄了恐怖的處決場面、納粹對教堂及猶太教堂的毀壞、德日對他們國民的洗腦及對兒童的教導。在一段對納粹軍人鵝步行進嘲諷的蒙太奇段落中，這部片子對軍事壓迫表達了最強烈的意見。相對的，凱普拉強調了自由世界中的新聞自由、宗教自由及選舉制度，同時他在回應美國人日趨升高的孤立主義及他們對國際聯盟疏於支持的態度也十分強硬，他直率的邏輯「是他們的世界還是我們的」——與他尖銳強硬的作風——「在危機時刻」也都配合無間，因為他處理爆炸性問題充滿著活力，其後的影片也遵循著他的調子繼續製作。

---

❶❺ William T. Murphy說：「這些影片的製作曾經是，並至今仍是以電影教育現代歷史最具企圖的嘗試。」見 "The Method of *Why We Fight*," *Journal of Popular Film* 1.3 (Summer 1972): 185.

❶❻ *The Name Above the Title* (New York: Macmillan, 1971), 336-37.

❶❼ 陳立說蘇聯對於凱普拉大規模的歷史性計畫和他對於素材極具效率的處理留下深刻的印象。見*Films Beget Films: A Study of the Compilation Film* (New York: Hill, 1971), 65.

·《戰爭序曲》(1943, 美國)，爲法蘭克·凱普拉製作的「我們爲何而戰」系列中的一集。

　　《納粹的攻勢》用「瘋人的意志」、「瘋狂」及「對征服發狂的熱情」來描述納粹的領導人。在「我們爲何而戰」系列影片中，本片也許是反對納粹最力的一部。它強調這些高位者的恐怖主義戰術、他們對宣傳的運用並解釋他們的鉗形作戰策略（這些點在《分裂與征服》中解釋得更爲透徹）。本片對音樂的運用（「華沙交響曲」及「前進，基督徒的軍人」）爲正義凜然的士氣創造了一個氣氛，但除了它的用意良好之外，至少以今天的眼光看來似乎反而削弱了影片的效果。質言之，所有「我們爲何而戰」系列影片都缺乏某種程度的敏感與保留。

　　《分裂與征服》記錄了納粹攻勢的最高峯，當時德國已侵入比利時、荷蘭、丹麥、挪威及法國並準備對英國大舉轟炸並計畫佔領。這個片名與希特勒對宣傳伎倆的運用相關，希特勒是藉著破壞、第五縱隊、罷工與暴動及仇恨的文學來弄亂與征服這些小而自由的國家。而本片用來與出色的敍事調子造成對位效果的是拿希特勒的謊言和所謂的「效率」與土匪頭目迪林杰 (Dillinger) 的伎倆做一對比。本片也包含了深刻的諷刺（這項凱普拉所專精的技巧曾運用於這系列其他影片中）。在這些中立的低地國家中，納粹背叛了荷蘭的投降，並轟炸鹿塢丹的船塢及平民區，凱普拉在兩者的旁白上把它們對比地放在一起，因而達成反諷的效果。法國則被凱氏描寫為一個幻滅及犬儒主義的國家，她對自己在一次世界大戰沉重的死傷率十分關心，對國際聯盟的失敗感到沮喪，對自己的理想亦感到疲倦。對於不願打仗的國家、孤立主義及國聯各國的袖手旁觀本系列也加以批評而蔚成特色。此外，《分裂與征服》也是部組織相當完備的影片，在運用圖表、地圖及繪圖上使得片子清楚、富說明性及說服力，尤其是它抨擊納粹的政策不遺餘力，並把它稱為「無人性的新低點」。

在「我們為何而戰」系列中另有三部影片乃是為特別的戰役而製作的。《英倫之戰》盛讚英國皇家空軍。在敦克爾克大撤退後，倫敦及柯芬奇城（Coventry）的英國人民受到德軍濫炸，本片為堅強的英國人民提供了一個戲劇性的紀錄，片子並疾呼：「希特勒可以殺死他們，但希特勒絕不會舐到他們。」配音使用了耳熟能詳的英國歌曲「光榮與希望之地」與「英國的手榴彈兵」，它們在著火的納粹十字徽號燒過歐陸地圖時提供了諷刺的音樂。

《中國之戰》是三部片子裏最弱的一部。它雖支持中國，但在道德憤怒程度上所傳遞的戰爭恐怖卻遠不及受傷者與被殺者駭人的畫面效果。如同《俄國之役》一樣，這部片子是個稱讚反侵略抗戰的紀錄，也如同本系列其他影片一樣，它運用了多彩多姿的比喻性詞藻去強化說明，例如滇緬公路就被稱為帶來「血漿的供應」，而長江則被名為「中國的痛苦」。這部片子結尾時主張「中國的戰爭就是我們的戰爭」，它描寫了敵人的侵略以及抵抗與防衛的必須。也與同系列其他的影片一樣，它間接地指出我們必須在那兒打仗，否則我們就會在美國本土打這場仗。

三部影片中《俄國之役》是力量最強的一部，它有力而激烈，廣泛又深入地報導納粹對俄國的大規模攻擊，乃是部資訊豐沛的影片。如其他影片一樣，它取材自真實的鏡頭及重新演出的畫面，不過它也幾乎比其他影片多出一個半小時的長度。本片雖對俄國的自然與人力資源的剖析有長篇幅的報導，但比起《戰爭降臨美國》中的類似性段落，它又無趣甚多（《戰爭降臨美國》乃是系列的最後一部片子）。本片激盪人心，有深沉的諷刺，並對俄國人民對抗納粹的決心與力量大力讚譽，它的旁白言道：「將軍們也許贏了戰役，但人民才贏了整個戰爭。」在這些片子中，凱普拉與他的同僚有效地運用當地國家的音樂去描寫她們的景況，在《俄國之役》中，包括了多種俄羅斯音樂，其中有合唱、民謠敘事曲及從古典作品而來的許多主題。《俄國之役》也比其他影片多了一些分析性，它特別討論了納粹最後在俄國失敗的原因。在戲劇性方面它也超越其他影片而在列寧格勒圍城之戰中達到了高潮；片子結尾處，一個被俘德軍穿著一雙紙製的代用鞋踽踽走過冰上的鏡頭令人難忘，納粹「無敵」的神話在此諷刺尤深。片子的結尾處仍包括了敲響自由之鐘及代表勝利的"V"字疊映在畫面上，這也是本系列影片所慣有的結束方式。

系列的最後一部影片《戰爭降臨美國》與「時代的前進」及《我們看守的堡壘》相似，因爲它們都對美國人不願捲入另一場戰爭的孤立主義提供了一個橫切面的看法。比較起來，凱普拉的片子是極具說服力的宣傳片，它呈現了美國人的價值與公眾想法的巨大改變，此種改變令美國人介入了戰局。而羅奇蒙的影片則以重新演出的方式比較了美國人在一次世界大戰與捲入二次世界大戰之前兩個時期的反應。

《戰爭降臨美國》是以標準棄權者（美國人）來開始的一部國防部影片，它集合了眾多可信的新聞片、同盟國的官方影片、擄獲的敵國影片及爲了更清楚傳達內容的必要重演。在說明美國輿論逐漸走出孤立主義的企圖中，它小心翼翼地建立了幾個重要的背景要素：首先，它追溯美國人爲自由而戰的傳統乃源自於102位清教徒一六二〇年登陸新大陸，其後，透過拓荒運動及移民運動所建立的國家一直延續到了一次世界大戰；第二，它強調了美國人民的正面特質，呈現了他們工作勤奮、富於發明、有進取心、熱衷於受教育、運動並熱愛休閒，但更重要的，它將美國人描寫爲相信未來、和平的自由民族。他們一方面也篤信自由與人類尊嚴，雖痛恨戰爭，但爲保有自由他們將會起而奮戰；第三是針對「戰爭是必要的嗎？」這樣的問題來回答，而答案是世界大勢使之必然，爲了向觀眾中的一般軍人做訴求。片子透過對這些軍人童年及成年兩段時間的代表性世界大事來比較，事件從經濟大恐慌到中立法案（Neutrality Act），此外也涵蓋了中日戰爭到慕尼黑公約。它更利用蓋洛普民意測驗中的數字（引用來表達「民意」），以便在美國人民之中鼓吹對戰爭逐漸升高的共鳴。片子也包括了美國親納粹政治同盟「邦德」（Bund）在麥迪遜花園廣場的遊行鏡頭，「邦德」是納粹的分支組織，而納粹的符號在畫面中充斥，它呈現了敵人就在身邊，並不像有些人所想的納粹仍隔海受阻於國外。當作者要我們爲戰爭全程而付出時，我們看到了一個入伍軍人的代表（聲軌上出現了「這是陸軍，瓊斯先生」的聲音）、希特勒入侵巴黎的畫面（取自

《魂斷巴黎》The Last Time I Saw Paris影片片段）以及珍珠港被炸的畫面。這部片子高明地結合了民意統計數字、官方聽證會及歷史的事實和相關事件，以便對多采多姿的美國生活提供一個廣泛性的印象。在對整個「我們為何而戰」系列共有的大問題「為何而戰？」的回應上，《戰爭降臨美國》做了也許是最小心而經過考證的答覆，它節奏快速，充滿愛國之情，是部最具說服力的影片。

「我們為何而戰」系列在呈現事實中深具說服性、戲劇性且強而有力，它特別在聲音、音樂、旁白及語法的運用上成熟老練。這些影片之所以傲人在於他們彙集了各類影片資料，在形式上的精采尤其勝過內容。因為旁白有力且具諷刺意味，使得所有美國人都在它的節奏、比喻的詞藻以及態度之中面對敵人。也因為拒絕承認美國會被打敗，影片工作者將殘暴的希特勒與被其殺害的英勇市民放在一起，以此呼籲美國人民集中力量與意志去戰勝敵人。這些有力的影片幫美國的軍隊去奮戰、去堅持並贏得勝利，它們還相信它的任務有其道德的必要性，而經由整套系列的製作來對美國的原則保有信心，也即享有自由、正義及幸福的權利是不容否認的，它們是奮鬥的代價，而且勝利在望。「我們為何而戰」系列一直是二次世界大戰期間製作過的最好的一套影片，除此之外，它也是描寫戰爭成因與最激烈戰況的最佳影片紀錄，而對那些戰死的平民、軍人與婦女，「我們為何而戰」系列對他們做了最意味深長的致敬。

激勵性的影片

激勵性的影片（incentive films）一般常被歸類為其他的戰時資訊影片。它們由不同的政府部門製作，主要的想法是想使每個人都能在戰爭的過程中盡力。由國防製造局(War Production Board)製作的這類影片主要以工廠工人為對象來拍攝，其用意在訓練工廠工人提高士氣與產量，並向全國上下為戰爭付出的努力中，證明他們的工作與產品是重要的。這類片子包括向船塢工人致敬的《大笨鐘的故事》(The Story of Big Ben, 1944) 及稱讚軍火工廠工人並給予他們工作動機的《如何才算是把好槍》(How Good is a Gun? 1944)。還有國防新聞局拍的《國防小鎮》(War Town, 1943)，本片對阿拉巴馬州的小鎮國防工人及其家庭人口過於擁擠的問題提出了直接而生動的陳述。另外一類激勵性影片是用來鼓勵全國民與政府所提倡的政策合作，這類影片包括了古怪的《省下廚房炸油進戰場》(Out of the Frying Pan into the Firing Line, 1944)，這是部迪士尼與米尼老鼠（Minnie Mouse）合作宣導留下刮鍋肥油的影片，《勝利之路》(Road to Victory, 1944) 是部由平·克勞斯貝 (Bing Crosby) 與法蘭克·辛那屈（Frank Sinatra）鼓勵大眾購買戰爭債券的影片，而另一部《美國的秘密武器》(American's Hidden Weapon, 1944) 與英國製的《另有大任》一樣，記錄了農民及園丁的工作增加了戰時農業必須品的供應。另外一些影片則說明動員婦女到工廠及軍中的必要，還有爲全體國民宣導應善加保養健康及體力的影片。此外也包括有關對兒童的照顧、燈火管制的必要、食物配給及宣傳保留鐵屑等影片。

戰鬥影片

　　戰時許多的電影工作者爲國內及海外的不同用途製作訓練影片、宣傳片及激勵性影片。不過大部分來自於通訊部隊的戰鬥攝影人員則在不同的戰場上對戰爭做直接的攝影紀錄。他們拍攝的範圍涵蓋了地面、空中與海上的軍事行動。他們經常在激烈的戰火下工作，有時甚至因而犧牲性命，但這些攝影人員仍把戰況帶到國內百姓的眼前。第一部戰鬥影片是路易·邁爾史東（Lewis Milestone）與伊文斯的《我們的俄國前線》(Our Russian Front, 1942)。同年，還有一部以新聞片編輯而成的《聯合我們所堅持的》(United We Stand, 1942) ⓲。爲了要使二次世界大戰的軍人與十八世紀革命戰爭中保衛美國的軍人拉上關係，蓋森·坎寧（Garson Kanin）導演了兩部片子：《鋼圈》(1942)及《美國人》(1942)，藉此灌輸觀眾一些歷史意識，並使他們對目前的戰爭有所了解。《美國人》是兩部影片中效果比較顯著的一部，它強烈地提醒美國人視珍珠港那樣的轟炸如同發生在四個典型的美國城市，片子的旁白告訴我們炸彈已落下，但「沒人聽到，也沒人看到」，它說服觀眾海外部隊受到直接的攻擊也就是國內的平民受到間接的攻擊。兩部影片的旁白都由著名的演員來配音——第一部片子的旁白者是史賓塞·屈賽（Spencer Tracy），而第二部是詹姆斯·史都華（James Stewart）——透過觀眾熟悉的聲音，本片的論

⓲　見Herb A. Lightman, "Shooting Production Under Fire," *American Cinematographer* 26.9 (Sept. 1945): 296-97; Jeanine Basinger, *The World War II Combat Films* (New York: Columbia University Press, 1986), 281-82.

證更令人接受。許多影片都曾採用奧斯卡・列文（Oscar Levant）的音樂，在本片中他的配樂尤見效果，他以逐漸加強的美國愛國音樂來掩蓋戰鬥的聲音。

　　隨著戰局的進展，戰鬥影片的企畫、組織、敘事方式及攝影也日漸精進，其原因不僅是經驗愈來愈豐富，也更因爲製作這些影片的好萊塢導演們特有的戲劇經驗逐步影響了影片製作。威廉・惠勒（Willian Wyler）的《孟菲斯美女》（Memphis Belle, 1944）及華特・迪士尼的《透過空中力量獲勝》（Victory Through Air Power, 1943）是這些影響之下的具體實例，而其他更多的例行性戰鬥影片也繼續製作，像是《國防部報告》（War Department Report）與薩努克（Darryl F. Zanuck）所拍的《北非前線》(At the Front in North Africa, 1943)、《AAF報告》(AAF Report)、《攻擊：新不列顚之戰》(Attack: The Battle for New Britain, 1944)、《羅馬的解放》(1944)、《在塔拉瓦島的海軍》（1944)、《馬里亞納羣島之戰》(The Battle of the Marianas, 1944)、《關島之戰：我親眼所見》(Guam: I Saw it Happen, 1944)、《從灘頭到柏林》(Beachhead to Berlin, 1944)及《起而行動》(Brought to Action, 1945)。而兩位好萊塢大師：約翰・福特與約翰・休斯頓(John Huston)更值得我們往下做進一步的討論。

約翰・福特

　　約翰・福特對戰時非劇情片有著重要的貢獻。做爲戰略服務局（OSS）外景攝影支部的主管，他像凱普拉一樣也擁有自己專屬的製作小組，根據電影史家泰格・蓋勒格（Tag Gallagher）的說法「（福特）製作了很多影片，但許多只在一些政府領導人面前很秘密地放映過一次」。[19]由福特所製作的電影片名即可推斷出它們在戰略上的重要性，如《如何在敵後行動》(How to Operate Behind Enemy Lines)、《如何審問敵犯》(How to Interrogate Enemy Prisoners)、《離開陸地生活》(Living Off the Land)、《納粹工業的人力》(Nazi Industrial Manpower)、《逆轉敦克爾克》(Dunkirk in Reverse)及《西藏眞相》(Inside Tibet)。其他福特所拍的影片還包括《性病》(1941)、《焦土》(Scorched Earth, 1942)、《魚雷中隊》(Torpedo Squadron, 1942)、《緬甸的勝利》

---

[19] *John Ford: The Man and His Films* (Berkeley: University of California Press, 1986), 202.

(Victory in Burma, 1943) 及《午夜航行》(1943)。而福特最令人難忘的戰時非劇情片爲《中途島之役》(1942)。

就像休斯頓所拍的《聖皮埃卓之戰》——事實上也像所有的戰鬥影片一樣——《中途島之役》因爲極其逼眞所以引人矚目。但不像休斯頓將《聖》片做成一個諷刺的反戰紀事；福特向戰士們致敬，片子不但支持他們也十分煽情。不過《中途島之役》的意義並不僅記錄了這個扭轉戰局的海上戰役紀錄，它逼眞而又充滿熱情，照蓋勒格所說的，它乃是部「直接用手工捏出來的」(directly manipulative) 的宣傳片，它的目的在以片子裏的寫實精神爲美國人提供一個眞正戰鬥的實況，也用片子裏的愛國主義來激勵人心且表彰在作戰中永不退縮的精神。

在戰時電影的工作者之中，約翰·福特最懂得如何運用攝影、旁白及音樂的所有可能性去使觀眾徹底了解影片的意義，《中途島之役》原本是爲了給參戰軍人的雙親（尤其是母親）看，而它提供給觀眾的是少有的臨場感。在地圖上看來不過是太平洋上一小點的中途島被描寫爲「我們的前哨，你的前院」，約翰·福特與七個攝影師（其中包括拍攝《大國民》的托蘭Gregg Toland）一起進行拍片，福特自己也常在槍林彈雨的現場拍下了這部片子大部分的彩色鏡頭，炮火的力量使攝影機裏的影片跳掉，而旁白者說「是的，它眞的發生了」。片子的旁白相當親切，擔任配音的都是福特最喜歡的演員——珍·達威爾 (Jane Darwell)、亨利·方達 (Henry Fonda)、唐納·克利斯普 (Donald Crisp) 及艾文·皮雪 (Irving Pichel)，他們爲銀幕中的人物與戲院中的觀眾創造了一種劇場式的張力：「美國的男子與婦女，銀幕上的人就是你們鄰居的小孩，你們應該見見他們。」在音樂的使用上，包括了「紅河谷」(Red River Valley)、「起錨」(Anchors Aweigh)、「前進，基督徒戰士」及「我的國家」(My Country, Tis of Thee) ——這些音樂喚起了強烈的回憶與愛國的情感，是這部片子感情衝擊力中不可分割的一部分。

《中途島之役》對於那些參戰、受傷、生存下來以及死去的人是部深刻的人道主義紀事，不過它最終的目的還是在大言不慚地張揚美國人的價值、美國人的戰鬥力量及美國人的勝利。對一部呈現這麼許多也說了這麼許多的影片而言，《中途島之役》的長度（僅十七分鐘）是令人吃驚的，但在這短短的時間中，它令觀眾毫無招架之力，而它當年在美國各戲院引起轟動，並贏得了一九四二年奧斯卡最佳紀錄片獎也就不足爲奇了❷。今天重看這部片子，它的感情及愛國力量仍不減當年。

約翰‧休斯頓

約翰‧休斯頓爲二次世界大戰拍攝過數部影片，其中有關戰鬥的《聖皮埃卓之戰》及有關戰爭後果的《把這裏點亮》(Let There Be Light) 是兩部非劇情片中的經典之作。休斯頓自己描述他一九四四年拍的《突尼西亞的勝利》是部英美合製、像是在加州沙漠上捏造拼湊而成的影片❷。而他的《來自阿留申羣島的報導》(1943) 則是有關一個獨立的轟炸機中隊的地面行動與空中任務，而本片爲這個中隊做了個高明的紀錄。它不像《中途島之役》那麼短，因爲過量的材料使它反而過長❷。然而這部影片強而有力的觀念、導演手法、彩色電影攝影及諷刺性的旁白都使它有別於同時期的其他影片，同時，在把戰爭的圖誌帶給國內觀眾的努力中，本片有其一定的地位。

休斯頓的傑作《聖皮埃卓之戰》(1945) 是二次世界大戰期間製作的電影名作之一❷。如同福特的《中途島之役》一樣，兩部片子都是富於資訊而又逼眞的戰況紀錄，而它們也都是動人的人類紀錄。《聖》片利用圖表解釋在義大利山區長期戰事背後的軍事策略，鏡頭中人們的臉孔則暗示了戰事的慘烈。在戰火下製作的本片(底片由太平洋前線運來)拍攝到戰爭中最好的一些鏡頭。有些鏡頭直接拍攝到軍人被子彈打到或中彈而死，也拍攝到屍體被放在沒有標籤的白布袋中，還有鎮民重返滿目瘡痍的山區小村的畫面，透過這些悲慘的段落，我們絕不會忘記軍人們的勇敢、鎮民們的不屈不撓以及這部宣傳片是這麼得卓爾不凡，尤其它對戰勝法西斯黨徒一事信誓旦旦更令人印象深刻。所有約翰‧休斯頓的影片都反映了一種深沉的和平主義，這也解釋了他的影片一直被國防部要求重剪。因爲《聖皮埃卓之戰》被一些華盛頓的軍事官員指爲「反戰」，因此它的上映幾乎被延後了一年。《把這裏點亮》是所拍的反戰紀事中最感人的一部。不過，要到一九八六年它才公開上映。當

---

❷　見MacCann, 131-32.

❷　*An Open Book* (New York: Knopf, 1980), 102-04. 亦見"The Courage of The Men: An Interview with John Huston," *Film: Book 2, Films of Peace and War*, ed Robert Hughes, Stanley Brown, and Carlos Clarens (New York: Grove, 1962), 22-35.

❷　見MacCann, 168.

❷　見Huston, chap. 9.

·《聖皮埃卓之戰》(1945, 美國, 約翰·休斯頓)

時，這些影片都不是直接或有意的和平主義影片，它們不過是以嚴峻的迫切性來反應阻止納粹的必要以及終止因為戰爭決策所造成的可怕傷亡。這部影片幾乎對戰爭背後的政治或有關戰爭冠冕堂皇的言詞隻字不提，片子乃透過被炮聲震呆的老兵凝視而不解的反應，透過兒童，他們重返故里，但家鄉已被炸彈夷平，透過每一張不同的臉孔，片子講述戰火下，每個人不同的真實故事。

　　戰爭後期在歐洲及太平洋戰場上製作的戰鬥影片在電影風格上有著不容忽視的進步，在太平洋戰場上拍攝的戰鬥影片計有《起而行動》、《馬里亞納羣島之戰》、《關島之戰：我親眼所見》、《來停留的艦隊》(The Fleet that Came to Stay, 1945) 及《相約在東京》(Appointment in Tokyo, 1945)。另外也有向海軍陸戰隊致敬的彩色片《在塔拉瓦島的海軍》(1944) 及有很多戰鬥與死傷畫面的《太平洋上的憤怒》(Fury in the Pacific, 1945)，這兩部片都以戰鬥與死亡的交叉剪接畫面堆砌出勝利。威廉·惠勒的《孟菲斯美女》(1944)則描寫了某次美軍轟炸德國的行動。它著眼的地方與英國片《今晚的目標》一樣，都注重在參與的人❷。惠勒與約翰·史特吉斯 (John Sturges) 合導的

·《孟菲斯美女》(1944,
美國, 威廉·惠勒)

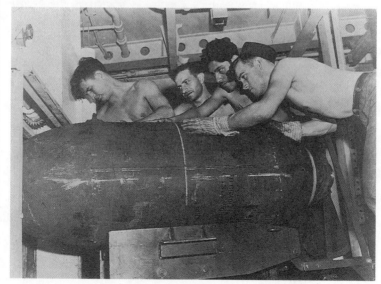

·《女戰士》(1945, 美國, 艾德華·史戴全及海軍少將亞瑟·雷德福)

《閃電》(Thunderbolt, 1945) 則記錄了義大利上空的空戰。另外《到硫磺島的沙灘上》(1945) 是部由海軍、陸軍及海岸防衛隊三個單位的戰地攝影人員所拍攝的鏡頭編輯而成的彩色片，它也是捕捉到太平洋戰爭中最激烈戰況的一部，其攝影人員組織嚴密，充滿效率而專業，為美軍奪取這個日本戰略要塞的複雜行動提供了生動的紀錄。

在戰爭場面的背後，其他的軍事攝影小組則記錄了日復一日的備戰活動。他們的成績與重要性在《女戰士》(The Fighting Lady, 1945) 中可以看到。這部片子是由艾德華・史戴全 (Edward Steichen) 與海軍少將亞瑟・雷德福 (Arthur W. Radford) 合作拍攝的。它的旁白在語氣上十分強硬 (如「記住珍珠港」)，尤其在攻擊日本位於特魯克群島 (Truk) 的大型海軍基地時更是如此。但在強調一般海軍與他們責任的重要性時，它的調子又變得親切又煽情。史戴全拍攝下一些駭人的戰況，但在記錄航空母艦的海上行動時，它又像是為後方百姓所拍的一部不折不扣的宣傳片❷⑤。

有關戰爭後果的影片

大部分的戰時影片都是為了特殊的軍事與民防目的或是為了訓練及宣傳的目的而拍攝，但不論以何種方式，它們大多數描寫的都是有關本國參戰的成效。另外一類影片就特別關心戰爭對人的心理、生理及感情上的影響，它們了解戰爭對精神層面造成的戕害，因此紀錄了毀滅、絕望、貧窮與疾病還有恐懼。而這些有關戰爭後果的紀錄反映了人道主義的精神，幫助人們度過戰局。

凱普拉的「我們為何而戰」系列也許說明了打仗的政治與軍事理由，但它們並沒有呈現戰爭對軍人在生理及心理上的影響。凱氏的圖示、表格、地圖與旁白也許為不斷變動的戰局做了說服性的解釋，但那類資料並不能有力調適戰爭所引起的毀滅性後果，它們無法做出超越的客觀性解釋，祇能以主觀的語彙來加以理解。《真正的光榮》(The True Glory)、《把這裏點亮》及《返鄉》(Le Retour) 可稱為二次世界大戰中最偉大的幾部影片，因為它們一方面

❷④ 見Charles Affron, "Reading the Fiction of Nonfiction: William Wyler's *Memphis Belle*" *Quarterly Review of Film Studies* 7:1 (Winter 1982): 53-59.

❷⑤ 關於製片人路易・羅奇蒙的拍片過程，見Ezra Goodman, "Fact Films to the Front," *American Cinematographer* 25.2 (Feb. 1945): 46-47＋.

·《眞正的光榮》(1945, 卡洛·李與蓋森·坎寧)

記錄一些人以非人道的方式對付另一些人,另一方面它們也尋求如何去保有那份人道的精神。

《眞正的光榮》(1945) 是部大格局描寫戰爭的英美合作影片。在登陸諾曼第攻入德國佔領區的盟軍中,這部片子對團體及個人都做了剖析式的觀察,它透過人們講述自己故事的聲音來加強效果。操刀剪接這部編輯影片的是卡洛·李 (Carol Reed) 及蓋森·坎寧,他們以人性化的語法對戰爭做深入細節的描寫。旁白者是各種不同的軍人 (年輕人、年紀大的人、黑人、白人、美國人、英國人、入伍的人及軍官們),甚至還有艾森豪將軍偶爾加入的權威式評論,因此本片的旁白顯得嚴肅、諷刺而又不失幽默。不論以軍事或電影而言,畫面及各個段落的組成推動了故事的前進,但片尾又似乎突兀而無結論之感。因為盟軍攻入德國時並不代表戰爭已經結束,「眞正的光榮」的意義還是不完整,雖然本片也曾引用英國國教會的正式祈禱文 (English Book of Common Prayer) 來解釋眞正的光榮「這不是開始而是繼續,直到完全結束時,那才是眞正的光榮」,但仍不甚周延❷❻。艾森豪 (Dwight D. Eisenhower) 的旁白暗示了眞正的光榮乃是各種不同人類力量的團結合作,而不同人的聲音則見證了這個合作與不屈不撓的奇蹟。整部影片似乎確信「真正的光榮」不是勝利本身，而是獻身自由與和平的人們共同追求勝利的過程。本片雖然缺乏高潮上的焦點，但它在剪接、韻律、配樂及整體的衝擊力上表現優異，足以彌補上述的不足。

約翰‧休斯頓的《把這裏點亮》原來是部用來向大眾宣導的影片，它意在說服一般人，尤其是雇主們：神經精神病上受創的軍人將可復原並可繼續過一個正常人的生活❷。但這部影片的意義並不僅止於精神病的治療，它其實是整個戰爭的紀錄，它用的不是戰鬥的術語──雙方交火的次數或擄獲敵人戰車的數量，而是以人性的語言來描寫某些軍人，他們不由自主地哭泣，失去記憶、語言與肌肉控制的能力或因為失神而瘋狂。

這部影片在陰影中開始，我們看見病人在一張張擔架上，從飛機及船上抬到醫院去，休斯頓自己唸著旁白：「這是從戰禍中救回的人──是裝甲車及迫擊砲蹂躪人類血肉的最後結果。」他利用了隱藏攝影機去記錄軍人們在真實的問診中講述他們的絕望、失掉戰友的悲傷、失眠、夢魘以及對死亡的恐懼。與這些深深撞擊情感的片段互相平衡的是對精神病的附帶解釋，還有控制與治癒這個病症的複雜治療過程。老實說，因為它運用很多專門術語，在寫實程度上也令人不安，因此本片也許不適於一般觀眾。它最主要目的在於呈現心理醫師嘗試找出這種疾病病源的技巧，影片記錄了真實的麻醉精神療法、催眠狀態以及集體治療，但是影片的力量並不在這些知識性的段落，而是在治療前、治療中及治療後一些令人難忘的沉痛時刻。一個軍人(一度被認為已經無法言語)哭喊著：「天哪！聽到沒有，我能講話了，天哪，聽到沒有！」另一個軍人回憶起一封裝有家鄉情人照片的信，因而克制了思鄉與懷舊的哭泣；另外一段則是描寫一羣軍人伴著吉他聲，學習如何去玩「當我已太老而無法夢想」的遊戲。在另一個導演的手中，這段可能會過於煽情，但在休斯頓的控制下，它看起來相當真實。

《把這裏點亮》的主題是普遍的：人類的關係與人類的愛可以提供快樂、平安及安全感。為了要治癒這些返鄉的軍人，他們不僅受到專業的治療，也

---

❷ 這段出現在結尾的引言，某些版本未見。

❷ 見Huston, *An Open Book*, chap. 10. 劇本則見John Huston, "*Let There Be Light*," *Film: Book 2, Films of Peace and War*, ed. Robert Hughes, Stanley Brown, and Carlos Clarens (New York: Grove, 1962), 205-33.

受到諒解的家人、耐心的雇主以及明理的大眾共同的支持。另外，威廉・惠勒在一九四六年拍的《黃金年代》一片曾以不同的方式來談論此事：當被截肢的男主角羅素 (Harold Russel) 步出計程車初抵家門，他的害怕突然一下子具體化了，他希望其他人會了解他是怎麼變成這樣的，但他現在全無把握，而這樣一種主觀的經驗是很不容易傳達的。《把這裏點亮》的結尾是一些病人出院回家的儀式，儘管它太過光明了些，但它並沒有給人一種可以短期治癒戰爭精神後遺症的印象。

在一九八六年本片公開上映之前，美國政府限制本片僅能做專業研究而不准它放映給一般大眾看，但政府雖覺得它的正面價值已經過時而予以解禁，但他們實在低估了大眾接受戰爭真相的能力❷。就一部有關戰爭的影片而言，《把這裏點亮》是無以倫比的：它記錄了確實存在的事實，並以道德的力量來擔待而道出了實情。

像《把這裏點亮》之類的影片提醒了我們戰爭的真義在於人類為它所付出的代價——有人因戰爭而死亡或傷殘，有人在集中營裏被害，有人因之無家可歸，挨餓受凍。戰爭的紀錄是一部勝利與失敗的紀錄，是一部人道與非人道的紀錄，這是一部因信仰而歡喜的紀錄，也是一部因空想而絕望的紀錄。戰爭所造成的慘禍也被記錄及保留在像《納粹集中營》(Nazi Concentration Camps, 1945) 之類的影片中，這是部死亡集中營的盟軍官方報告，還有《死亡磨坊》(Death Mills, 1946) 也是部由國防部製作的影片，藉著強而有力的旁白，它呈現了一個令人毛骨悚然的影片紀錄。另外一部是由柴倫・瓦什 (Theron Warth) 與李查・佛萊契 (Richard O. Fleischer) 拍成的《死亡設計》(Design for Death, 1946)，它由充公的日本影片中編輯而成。此外大衛・米勒的《命運的種子》(1948)描寫戰爭末期，上百萬食物、衣服與醫療都嚴重不足的兒童，內容令人難以忘懷，而《紐倫堡大審》(Nuremberg, 1948) 由派爾・羅倫茲與史都華・蕭柏格 (Stuart Schulberg) 合作，除記錄了紐倫堡大審也包括為起訴而展示的暴行與慘狀的畫面。而紐倫堡大審也是馬歇爾・歐佛斯《正義的記憶》(Memory of Justice) 一片的題材（見第十五章）。

在巨大劫毀與人類悲劇的外觀下，許多藝術家發現簡單的辦法是記錄這

---

❷ 關於國防部對它的壓制，詹姆斯・艾吉寫道：「我不知道什麼才能逆轉這個不名譽的決定，需要炸藥，也許就需要炸一下。」(*Agee on Film* [Boston: Beacon, 1958], 200).

場巨大浩劫的最佳方式，像亨利‧卡堤爾-布烈松這樣的藝術家，以多年攝影家的經驗篤信：捕捉逝去時光的意義深具價值，因爲它代表了重生。他認爲有些人類經驗的時刻不必下斷語也不必經營，因此他的《返鄉》(1946) 旁白極少，它記錄了二次大戰中人類的焦慮與歡樂，是最感人的作品之一。《返鄉》是關於納粹集中營裏法國囚犯被解放的故事，他們奄奄一息地在卡車上被送醫，後來在醫院接受治療與復原，最後重返法國與家人和朋友們重聚。這部影片對兩極化狀況並未加以戲劇性的處理，而卡堤爾-布烈松也未以他的藝術經驗加以詮釋。在呈現恐怖與快樂的眞人實事上，這實在是部觸感銳敏的影片，而在記錄劫後重生的歡欣時，卡堤爾-布烈松幾乎不去移動攝影機的做法也就很容易理解了。光是消瘦臉上煩憂的雙眼及等待親人來臨時緊張而握緊的手使故事的要旨不言自明。以《返鄉》的節奏來說，它塑造了這個巨大悲劇的整個情感，並將我們帶到勝利的歡樂宣洩中。

在太平洋方面，隨著廣島與長崎遭原子彈攻擊後戰爭隨即結束，美國與日本的攝影人員開始記錄原子彈所導致的肉體傷害以及幅射線對環境及人體的危害。後來這些鏡頭成了艾瑞克‧巴諾與保羅‧朗德 (Paul Ronder) 合作的《廣島-長崎：一九四五年八月》(Hiroshima-Nagasaki: August, 1945, 1970) 的基礎[29]。這部嚴肅而又簡單的影片是部視覺紀錄，它主要記錄了原子彈對自然及人類的傷害，記錄了城市因之變為廢墟，記錄了穿和服的婦女被火燒進皮膚，也記錄了兒童因之四肢殘缺不全。片子的旁白來自三種不同的聲音：一位日本女性受害者如詩一樣的旁白，美國編劇兼剪接師保羅‧朗德眞切而帶諷刺的旁白及原子彈發明人之一歐本海默 (Robert Oppenheimer) 的聲音，歐氏重複著印度教經典「福者之歌」(Bhagavad-Gita) 的文字來描述這項武器「現在我成爲死亡，不同世界的毀滅者」。這部影片旣未指控發展這個炸彈人及授權使用的人，也沒有爲受害者申訴，僅以譴責核武試驗的聲明簡簡單單地結束。原本片名《廣島-長崎：一九四五年八月》暗示這是部紀實影片，但因為事實太過可怕而無法客觀地交待，因此，這部片子以獨樹一格的方式來處理，而它也與本篇很多章節討論過的所有二次大戰的影片一樣，幫我們理

---

[29] 見Erik Barnouw, "*Hiroshima-Nagasaki*: The Case of the A-Bomb Footage," *New Challenges for Documentary*, ed. Alan Rosenthal (Berkeley: University of California Press, 1988), 581 -91.

解了戰爭的眞義。

第四篇

二次世界大戰後的非劇情片（1945—1960）

第十一章
二次大戰之後的英國非劇情片

戰後的英國

（手寫筆記：戰後的社會狀況）

在邱吉爾的領導下，英國在二次世界大戰期間躍升到一個至高的戰勝國地位，儘管如此，一方面英國與同盟國分享著戰勝軸心國的喜悅，另一方面她實際上也承受著巨大的苦難：整個國家損失了四十二萬的男性與女性，許多遭轟炸摧毀的大都會區及工廠都亟待重建及現代化。戰爭的結束也帶給英國一段國力衰退的時期，因為她已失掉過去掌握全球性社會與經濟的力量。因此當美國在世界貿易、船運及金融界取得主控的領導地位時，大英帝國卻在授權許多殖民地國家獨立之後日漸萎縮，這些新獨立的國家之中最著名的包括了印度（她後來分裂為印度與巴基斯坦）及後來變成以色列的巴勒斯坦。

一九四五年，克雷門・阿特利（Clement Attlee）與工黨出人意外地在選舉中贏得勝利，邱吉爾的保守黨政府因而下台，為應付日益惡化的社會與經濟情勢，工黨政府積極進行許多重要工業的國有化，同時也立法推行相當多的社會改革。一九五一年邱吉爾與保守黨重新掌權，他們一方面解除工業化的政策，另一方面則繼續推動工黨時期的社會改革。在五〇年代，英國雖與美國和北大西洋公約組織結盟，且參與世界性事務，但她也開始被捲入中東、近東、非洲及亞洲等一些國外的紛亂局勢中。五〇年代中期對英國而言仍是經濟與社會轉型的時期，尤其對工人階級、年輕人、婦女與移民更是。

英國電影工業

戰爭結束後不久，從一九四五至五〇年，英國政府與電影工業便攜手發展英國的電影。這個努力包括對電影的一般用途，還有特別像是非劇情片潛力都做了很多的討論❶。在廣泛辯論的議題上包括了對電影的融資、製作、

發行、上映、國際買賣與關稅、與美國的競爭等。在三〇年代，一向對國內
社會性議題提出審視與關注的英國紀錄片，因為政府對製作、發行及上映大
力支持下，在美國及英國都有其一定的地位與影響❷。一九四〇年之前受到
政府與民間組織贊助的英國紀錄片已經很穩固地建立了一個在意識型態上有
重要意義的創造性運動。在戰後有關非劇情片未來的討論中，重要的電影工
作者對於影片品質日趨低落表達了很多不滿，而對政府政策在這個衰退裏所
扮演的角色也頗有微詞，一些參與這個辯論的人主張應對整個電影媒體做一
次通盤的體檢，而另一些人則反對非劇情片的製作必須有教育及敎化性質，
因為影片可能倒退到「三〇年代紀錄片運動中有些作品的特徵，也就是在做
法上和小學老師一樣」。(Dickinson and Street 155)

　　一九四七年一份官方的報告〈英國的紀實影片〉(The Factual Film in Great
Britain) 提出不僅應改變英國電影學會 (British Film Institue) 的目標，也應
改變整個電影電視工業未來的目標。政府隨即設立中央新聞局 (Centeral
Office of Information, 簡稱COI) 來替換原來的資訊部 (MOI)，但資訊部影片
組及皇冠影片組的工作仍然繼續。一九四八年通過的電影法案涉及如何支持
英國國內電影製作及外國影片 (特別是美國片) 在英國的發行。雖然英國政
府在短期內就停止電影工業的國有化作業，但官方的控制已經擴張。政府的
策略包括了「國家電影製作協會」(National Film Production Council) 及「國
家電影財務組織」(National Film Finance Corperation) 的設立，前者的目的
是在電影工業界推廣彼此的合作，而後者則是為電影製作提供公共基金。另
外政府也成立了三個新的製作團體，其中包括了由約翰‧葛里遜領導的「三
人組」(Group Three)，他們致力於為新演員提供亮相的地方。其後，一九五
一年的「不列顛節日」(Festival of Britain) 也出資製作了一些傑出的影片。

　　在五〇年代初期，英國電影工業為因應電視對電影的衝擊而開始調整，
迪金生與史屈特寫道：

❶　Margaret Dickinson and Sarah Street, *Cinema and State: The Film Industry and the British Government, 1927-1984* (London: BFI, 1985), 150ff.

❷　見Winifred Holmes, "What's Wrong with Documentary?' *Sight and Sound* 16.65 (Spring 1948): 44-45; 及 John Grierson, "Prospect for Documentary: What Is Wrong and Why," *Sight and Sound* 17.66 (Summer 1948): 55-59.

一九四七年英國廣播公司 (BBC) 又重新開始了電視的服務,兩年後電影觀眾的人數開始下降,當五〇年代中期商業電視開播,這種下滑繼續隨著電影院接二連三的關閉更形惡化,到了一九六〇年電影觀眾僅是一九五〇年的三分之一,而六〇年代觀眾又走了一半。(227)

儘管如此,電視終究還是為非劇情片注入了新的活力,如同早期英國紀錄片運動成功的原因一樣,電視也在下列兩事上對非劇情片頗有助益。其一,它也成立一個製片小組,並在充滿創作力的氣氛下致力一般性的新聞目標;其二,電視台持續在資金上援助非劇情片。

就非劇情片而言,戰後的時期有幾個趨勢:商業上的贊助、有關的藝術影片製作量、彩色底片的使用量及片子長度等都增加,還有專為一般戲院放映製作的電影也增加。其他的發展包括在非劇情片中使用對白腳本、攝影棚場景、專業演員(除了在現場真實人物之外)、圖表及多種聲音的旁白。儘管如此,許多延續傳統英國紀錄片方法的紀錄長片仍相當成功,它們承襲的技巧包括了處理題材的高明、優異的攝影、錄音及有實驗創意的剪接。英國人著名的保守、嚴謹、清晰與幽默也在片中承續下來。

這個時期的發展也反映了另一個長期的改變:在同一部電影中混合劇情片與非劇情片的做法。電影工作者開始主張一種新的非劇情片——「故事紀錄片」(story documentary),也即紀錄片仍保有傳統上的獨立自主及對社會責任的關懷,但除此之外也可以與劇情片的方式整合用以招來更多的觀眾。早期做這類努力的英國影片包括了哈利‧維特的《北海》(1938)、與《今晚的目標》(1941),也有融合劇情與「詩化」的影片像詹寧斯的《閒眼時光》(1939)、《傾聽英倫》(1942) 與《戰火已起》(1943)。相對的,棚內製作的劇情片加入紀錄片寓意的也有,像法蘭克‧蘭德 (Frank Launder) 與吉利葉 (Sydney Gilliat) 的《數百萬像我們一樣的人》就是❸。而在戰後以這種混血方式拍成的傑作還包括了詹寧斯的《坎伯蘭的故事》(1947) 及保羅‧迪克生 (Paul Dickson) 的《大衛》(David, 1951)。

這兩種方式混合的做法,除了為非劇情片提供一些新形式之外,在一九

---

❸ 美國的例子包括《西班牙大地》、《祖國》及《為生命而戰》。

・《這是個豐富的世界》（1947, 英國, 保羅・羅沙）

四五到六〇年代中期更強力主導了非劇情片的劇情化❹。不過這種改變的雙重效果不論對於商業的支持及融劇情於非劇情片中在片子的文本上的陳述都太過複雜，戰後的英國紀錄片重新確認它將遵循電影寫實主義的承諾，在工人階級的議題及人性的價值上繼續擴大傳統的社會性論述。本章以下的討論將以戰後英國非劇情片的兩個主要傾向：紀錄片傳統的繼續及自由電影運動（Free Cinema movement）來談。

紀錄片傳統的繼續

　　在二次世界大戰期間，商業界對英國非劇情片的贊助主要是在一些像《豐收必來》（1942）、《老市區重建》（1942）、《豐富世界》（1943）、《當我們重建時》（1945）與《希望之地》（1945, 見第八章）等片。而戰後商業界繼續贊助製作題材範圍更為廣大的影片，它們之中有些與戰後的復興直接相關，另一些影片處理題材的方式則令人憶起戰前的作品。

　　保羅・羅沙的《這是個豐富的世界》（1947）片名十分諷刺，是部有關直

❹　見Higson, 88.

接參戰國家國內飢餓問題的影片，它基本上是部編輯影片，與傑柯比《蒼白騎師》(1946) 所使用的鏡頭部分相同，但因爲剪接的關係使得本片的衝擊力不足。一九四五年羅沙曾在《希望之地》裏應用了多重聲音的旁白及圖表，但也是由於剪接而發生相同的問題。羅沙的下一部片則轉向英國，拍攝了《會說話的城市》(1947)，這是部有關曼徹斯特地方政府施政過程的紀錄長片，由曼徹斯特公司贊助，是部進取而又輕鬆的公關作品。影片記錄了這個重要製造中心的歷史，細心地說明地方選舉與政府的關係，一方面對官僚行政的民主制度抱持樂觀與理想的看法，另一方面也不迴避寫實地呈現「昔日遺留的腐敗」——城裏的貧民區。儘管如此，就一部受貼補的影片而言，《會說話的城市》缺乏一種眞正的社會責任感，而就一部成功的紀錄片而言，當不再對社會問題有眞正的承諾時，再專業的手法，技術上再巧妙，範圍再寬廣都是沒什麼必要的。

大戰結束後，一些英國的電影工作者將焦點轉往國外的題材，其中雷夫‧金 (Ralph Keene) 與約翰‧艾爾德里奇兩個人值得一提。雷夫‧金除了在一九四五年製作過《塞普路斯是座島》(Cyprus is an Island) 之外，他還遠赴錫蘭爲「國際茶葉局」(International Tea Bureau) 製作了《珠鏈》(String of Beads, 1947)。像是一九四三年製作過《錫蘭之歌》的巴索‧賴特一樣，雷夫‧金使用了黑白片來攝影，但與賴特相比，他缺乏前者對文化的情感，對電影形式也缺乏想像力。艾爾德里奇一九四八年爲英國海外航空公司 (British Overseas Airway Corporation) 拍了《三個黎明即到雪梨》(Three Dawns to Sydney) 一片，這是部意在向航空力量致敬並促銷航空旅行的影片，但在表現上卻支離破碎。他另一部爲蘇格蘭辦事處 (Scottish Office) 拍的《搖擺的步伐》(Waverly Steps, 1949) 也是促銷之作，意在提高去愛丁堡旅遊的興趣。《搖擺的步伐》受惠於「城市交響曲」的傳統，也試著去捕捉這個蘇格蘭首府多采多姿的文化趣味、景觀及聲音。但本片內容比較有關城市裏眞正的居民（像阿尼‧沙克斯朵夫的《城裏的人》People in the City）而不是城市本身的規模（像魯特曼的《柏林：城市交響曲》）。本片比典型的「城市交響曲」影片更加直接，它很溫暖地描寫了本市熱情接待不說英語的荷蘭遊客，雖然《搖擺的步伐》缺乏像《Rien que les heures》、《柏林：城市交響曲》及《老城》那種神秘的感情氣氛，但它仍因不循老套(只有一次我們聽到蘇格蘭風笛)、想像力豐沛、剪接流暢以及攝影機的運動幾方面而十分突出。

亨佛萊‧詹寧斯的《坎伯蘭的故事》(1947)原本會是部由煤礦公司贊助的理想題材，但它卻是由隸屬中央新聞局的皇冠影片組所製作。很諷刺地，它缺乏政府製作的社會學紀錄片中那份特有的社會意識（這樣的錯誤也許商業贊助的影片反而樂見）。《坎伯蘭的故事》是有關一個蕭條地區要將過時煤礦作業重新振興起來的故事。本片由一位礦場的新任經理來敘述旁白，他企圖心旺盛並且進取，但必須與村民之間的恐懼與排斥奮戰，而本片也為解決這個區域的問題提供了一個頑固但可預期的方法。詹寧斯結合了許多優異的重新演出片段，藉此他直接表達對片中情況的理解，但早期他在《戰火已起》中的人道主義卻付之闕如。雖然英國電影協會曾挑選本片為年度傑出紀錄片，它仍不過比一般英國紀錄片的主題——個別工人對整個工業製作的重要性——多了點微不足道的有趣變奏罷了。

《坎伯蘭的故事》是個很好的例子，它說明了政府贊助的影片如果沒有適時調整原本的商業性題材，其後果將不堪設想。泰利‧比夏普 (Terry Bishop) 的《烏地的黎明》(Daybreak in Udi, 1949) 乃是由殖民地辦公室出資，由皇冠影片組製作的影片。它的內容是有關奈及利亞的社會發展，描繪了當政府的政策比人民優先時會出什麼錯。片子的主題是以一個英國殖民地官員的眼光來看在叢林中如何建造一間婦產科醫院，不幸的是，也許是無意的，這片子所反映的帝國主義態度是相當無禮的：一方面，這名官員鼓勵保留土著傳統，另一方面，他所用來說服眾人的邏輯又輕視當地人民的傳統及情感。與原住民對比之下，土著們表現得既聰明而又理性，而官員則看起來野蠻而具父權心態。葛里遜在如何呈現故事與宣傳之間取得平衡早有明訓，本片未見及此而最終還是違離了影片贊助者的原意。

在美國及加拿大以「時代的前進」、「這就是美國」及「運轉中的世界」等系列所建立起來的新聞雜誌電影 (news-magazine film) 在英國並沒有那麼受到觀眾的喜愛。英國製的「世界的財富」(Wealth of the World) 系列是有關各種不同的自然及工業資源的影片，但它預先排除了精確與深度的想望，使片子膚淺之至。例如《運輸》(Transport, 1950) 就歌頌了經工黨政府國有化之後的運輸系統在效率上的通盤提升，也記錄了鐵路、長程客運汽車、巴士及卡車的歷史，但一碰到任何工會的問題它就不提。這樣一部片子迴避了英國紀錄片中最基本的社會責任，其功能仍是為了運輸利益的公關而已。

在五〇年代幾個重要的公共活動刺激了英國非劇情片的製作。慶祝水晶宮一百週年的博覽會「不列顛節日」就出資製作影片，提供了戲院並引來了大批的人潮。像「不列顛節日」之類的國際性博覽會與一九六七年的蒙特婁博覽會一樣，強調媒體的創造性潛力，同時大會的焦點也在於媒體如何以各種想像力的方式提供資訊的優越能力。而為這些展示會所拍出來的影片還包括了《時代的河流》(The Waters of Time)、《走過一個世紀》(Forward a Century) 及《大衛》。巴索・賴特與比爾・蘭德 (Bill Launder) 所拍的《時代的河流》(1951)是部有關泰晤士河水閘與碼頭的影片，片子直接描寫工人，並以他們來說明工作的過程，所以還是部延續大英郵政總局電影組傳統的影片，不過它在旁白上採用一種裝腔作勢的詩意語法，雖企圖捕捉維多利亞時代泰晤士河的精神，但緩慢與沉悶的畫面卻與旁白格格不入。與羅倫茲的《大河》相比，本片雖也嘗試把一個散文的題材去把電影做得像詩一樣，但它的結果卻不甚成功。

奈比爾・貝爾 (Napier Bell) 的《走過一個世紀》(1951)記錄英國一八五一年「大博覽會」之後一百年的成長。在一八五一年舉辦的「大博覽會」曾歌頌十九世紀的工業進步，並也預示了二十世紀英國一定會面對人類進步的挑戰。對比十九世紀與二十世紀的博覽會為影片提供了一個很好的結構，但它卻缺乏一個對現代英國經濟與文化的洞察能力。這部影片使用了照片及版畫去回顧英國過去的工業力量，片子的旁白以一種代表維多利亞皇后的聲音倡言英國人喜愛人文主義勝過帝國主義與物質的進步。音效、旁白及音樂以一種充滿想像力的方式混合起來，使得畫面活潑生動。雖然老照片十分有趣，但影片卻缺乏方向與說服力。像《時代的河流》一樣，《走過一個世紀》因為刻意製造歡樂氣氛反而失去對題材的誠實，所以只是部紀念性質的影片。

一九五〇年保羅・迪克生曾以人道精神探討了戰爭受創者復原情形而拍出了《不敗者》(The Undefeated, 1950)。本片不僅使我們回想起約翰・休斯頓的《把這裏點亮》，也預示了迪克生的下一部影片《大衛》(1951) 的出現。這部為「不列顛節日」的威爾斯委員會製作的影片超越同時期的所有作品，呈現了英國非劇情片生生不息的活力，它表現國家的自尊且尊崇傳統，使其遠遠超越當代其他影片。《大衛》是有關一所威爾斯學校的學生與年老的管理員打賭的故事，條件是學生必須去贏得威爾斯國家詩與歌唱比賽的艾斯泰福德(Eisteddfod)的首獎。迪克生在講述這個故事時明顯受到佛萊赫堤的影響，兩人都著重故事發展，而劇情的部分遠勝過傳統非劇情片的方法。本片對當地的居民及阿曼福德 （Ammanford） 的威爾斯小村風俗有著溫暖的表現，因此相當突出。除此之外，它在感情力量、友誼與愛的宣揚也使人難忘，就像片中的老人一樣，這部片子是值得懷念的佳構。林賽・安德森 （Lindsay Anderson） 曾於一九五七年拍了《聖誕節之外的每一天》(Every Day Except Christmas)，雖然是對運輸系統及石油資源致敬的一部影片，但也如《大衛》一樣，歌頌了人性的溫暖及美麗。

在五〇年代之前，若與德國、比利時、法國及義大利的電影工作者相比，英國在有關藝術的影片上並未製作出什麼驚人之作。但透過商業界的投資及BBC電視台的贊助下，這種情形逐漸有改變。此時，道德利・蕭・艾許頓(Dudley Shaw Ashton) 崛起而成爲這類影片重要的創作者。早期與美術有關的影片包括了由雷吉納・休斯 (Reginald Hughes) 與艾許頓合導的《注視雕塑》 (Looking at Sculpture, 1950)、約翰・雷德 （John Read） 的 《亨利・摩爾》 (Henry Moore, 1951) 及蓋・布連頓 （Guy Brenton） 的 《威廉・布列克的眼光》 (The Vision of William Black, 1958)。而六〇年代英國有關藝術的重要影片計有：雷德的《芭芭拉・韓渥茲》(Barbara Henworth, 1961) 及《一項信心的行爲》 (An Act of Faith, 1967)、艾許頓的《法蘭西斯・培根的繪畫：一九四四～一九六六》 (Francis Bacon: Paintings, 1944-1962, 1963) ❺、《鮑辛：天主教七密蹟》 (Poussin: The Seven Sacraments, 1968)、《克勞・羅倫的藝術》 (The Art of Claude Lorrain) 及《曼帖納：凱撒的勝利》(Mantegna: The Triumph of Caesar, 1973) 還有肯・羅素 （Ken Russell） 的《永遠在星期天：亨利・羅梭》 (Always on Sunday: Henri Rousseau, 1965)。

對英國而言，一九五三年有兩件深具歷史意義的重要事件：一爲女皇伊莉莎白二世的加冕典禮 （1953年6月2日），其二爲艾德曼・希拉利 （Edmund Hillary） 與他的雪巴族嚮導天辛（譯音）征服了聖母峯，而兩件大事都在四天內發生。有關加冕典禮有多部新聞片形態的報導製作出來，但只有克斯雷頓・奈特 （Castleton Knight） 拍的《女王加冕》 (A Queen is Crowned) 是彩色片，它是部官方影片，由各種最佳的位置拍攝，並從長達六十小時的典禮過程、盛會與儀式中剪成九十分鐘的長度，是部完整的紀錄。劇作家克里斯多福・

---

❺ 見Pierre Koralnik, *Francis Bacon* (1964, Swiss) and David Sylvestor, *Francis Bacon: Fragmente Eines Portrats* (1968, Germany).

佛萊（Christopher Fry）所寫的旁白既不失事實而又充滿詩意，而勞倫斯・奧立佛（Laurence Olivier）的唸白則在興奮與敬畏的語氣之間交替。不過，最終看來，《女王加冕》也僅止於一部歷史性的紀錄，它對觀眾理解君主政體的意義幫助極少。十七年之後，才有兩部影片對民主政治系統中君主立憲政體的功能提出了具分析性及洞察力的看法，它們分別是《威爾斯王子》（A Prince for Wales）及《皇室家族》（Royal Family, 兩部均為一九六九年攝製）。

這段時期其他「至高無上」的成就還包括一九五〇年阿那普拿峯（An-napurna）的征服。她與聖母峯一樣，同為世界兩座最高峯。《征服艾弗勒斯峯》（1953）由湯瑪士・史托帕（Thomas Stobart）與喬治・羅（George Lowe）拍攝，它成熟地記錄了這次探險的充分準備。儘管如此，片子描寫的探險行動卻因為來自四面八方落雪、冰解的背景聲音、沉重的呼吸聲及偶發的雪崩，而顯得充滿戲劇性，一點也不像是次經過高度科學化及細心計畫的行動。有些反高潮的段落使得登頂之舉看來不太可能，而旁白者也似乎弄不清楚誰才是真正領導這次探險的人（這個旁白上的含糊不清也在其後引起了對天辛角色的討論，他看來要比希拉利所承認語的地位更為重要）。不過當我們最後看到希拉利及天辛終於完成征服世界最高峯的壯舉時，片子只有一種興高采烈的聲音。雖然實際的登頂日期為五月二十九日，但英國的新聞還是宣稱它是「加冕的榮耀」（the crowning glory），與六月二日真正的加冕典禮同一天發生。一九五三年拍的《阿那普拿峯》（Annapurna）則是部企圖以科學化探險來描寫人類戲劇的影片，但它缺少較早時邦丁所拍的佳構《南方九十度》（1933）中那種人類奮鬥與受難的質素。它結合了重新演出的片段與真正攀爬的實景，但在處理上並不公允，與《征服艾弗勒斯峯》一樣，兩片雖都拍得美麗而撼人，但卻一點也不感人。

其他影片也呈現了一些具國際性重要意義的題材，像巴索・賴特一九五三年為聯合國教科文組織（UNESCO）所拍攝的《無止境的世界》（World Without End）就是。它呈現出為這個世界性組織拍片的一些重要挑戰：如何去呈現一個國家的社會問題而又不致引起她的政治敏感。賴特在本片中的挑戰是要去比較墨西哥與泰國兩地的問題與民族的發展，因為兩國人民都放棄他們傳統的生活方式而邁向一個在農業、健康、公共衛生及教育都較為現代化的國家。賴特報導了駭人的落後環境並建議以教育的迫切性來平衡此種狀況。本片並沒有使用傳統旅遊影片的諂媚敘事方式，它採取了「兩地比較」

· 《大衛》（1951, 英國, 保羅·迪克生）

的方式，並結合了當地的音樂、秀麗而軟性的攝影和聰慧的知識性旁白，成功地呈現了問題與解決之道。另一項為聯合國拍片面臨的挑戰是語言的問題。聯合國有政策明訂為國際性觀眾製作的影片應使用英語或法語旁白，而為特殊國家製作的影片應使用該國的語言，若影片的觀眾包括了上述兩者，那麼兩種版本都要準備。但這個情形對於《無止境的世界》倒不是問題（因為保羅·羅沙拍了墨西哥那段，而賴特拍了泰國那段），它清楚而富於想像力，是部成功之作。另外在這段時期中著名的英國影片還有羅賓·卡盧舍斯(Robin Carruthers) 的《他們種了一個石頭》(They Planted a Stone, 1953)，這部影片簡明地記錄了利用尼羅河河川動力發電並幫助工業成長的故事。

在英國，葛里遜式的紀錄片製作傳統也為因應新的需求而被改變。迪金生的《人之間的力量》(Power Among Men, 1958) 則是改變舊傳統的一個例子。這部以彩色片及黑白片製作的影片內容與聯合國救濟與復原管理處 (UNRRA) 的工作有關。它與一九四二年迪金生拍的《血濃於水》一樣，採用了劇情與非劇情混合的辦法，但不同的是，它並沒有用幾個不同的職業演員來扮演旁白的角色，它使用了一個演員勞倫斯·夏威 (Laurence Harvey) 來主述旁白。基於一個普遍的主題「人類建造而人類又加以毀滅」，本片有如保羅‧羅沙的影片一樣也分爲四個部分，而這四個部分又與四個不同地理區域的工作相關。聯合國贊助影片一直存在的限制使得這個原本可以十分有趣的影片索然無味，就原本有力的紀錄片傳統而言，這個改變之作顯得軟弱無力，它不過是提醒了我們那個傳統原來何其有力罷了。

任何戰後英國非劇情片紀錄如果沒有提到彼得‧華特金便不可能完整。他並不活躍於英國自由電影運動內，但他的兩部結合劇情與非劇情技巧，用以發展反戰主題的影片《庫樓頓》(Culloden, 1964) 及《戰爭遊戲》卻十分有名。兩部影片都以重新演出歷史性畫面來傳達出戰爭的殘暴，其後果則加深了六〇年代末反越戰的抗議。《庫樓頓》描寫一七四五年的大屠殺事件，該事件中查爾士‧艾德華‧史都華王子 (Prince Charli Edward Stuart, 又稱Bonnie Prince Charlie) 打敗蘇格蘭高地人 (Highlander)，平息了傑柯比 (Jacobite) 叛亂，維繫了英格蘭與蘇格蘭的統一。而《戰爭遊戲》某個程度而言與詹寧斯的《沉默的村莊》(1943) 相似，它描寫英國受到核子彈攻擊之後的情形，雖然受到題材太過緊張的影響，在表現上有所限制，但六〇年代末它廣泛在美國各地放映，尤其受到大學生的喜愛。

葛里遜的傳統受到二次世界大戰的影響爲之中斷，而五〇年代中期之前，英國的非劇情片——特別是紀錄片——在傳統的人道主義及抒情主義上也到了一個需要重新出發的時候，一九五六年自由電影組織 (Free Cinema Group) 出現了，它提供了這種改變的動力。

英國自由電影(1956-59)

五〇年代中期，一羣由林賽‧安德森、卡萊‧賴茲 (Karel Reisz) 與湯尼‧李察遜 (Tony Richardson) 三個人帶頭的年輕電影工作者，以一般百姓的語言及問題爲號召，形成了一個他們自稱爲「自由電影」(Free Cinema) 的新電影運動。他們希望能創造一個抒情的非劇情片形式，而此種形式能恢復對日常生活瑣事的珍重——就如同亨佛萊‧詹寧斯的一些偉大作品一樣❻，他們

❻ Lindsay Anderson, "Free Cinema" and "Only Connect: Some Aspects of the Work of Humphrey Jennings" in *Nonfiction Film Theory and Criticism*, ed. Barsam, 70-74, 263-70; Kenneth J. Robson, "Humphrey Jennings: The Legacy of Feeling," *Quarterly Review of*

また希望能燃起對外國非劇情片的興趣❼，以此來復興這整個類型。「自由電影組織」也像是維多夫及義大利新寫實主義的健將們一樣，排斥時下流行的電影積習，因此他們也同樣排斥電影及社會「仍固守著階級意識的傾向」❽，他們把攝影機轉向平常百姓及日常生活，並宣告他們將自由地製作電影，無須擔憂來自製片人及發行商的要求，也不應關心其他商業的考量❾。因為自由電影運動所製作的影片完全是創作者的自由表現，因此在歐洲戰後新的電影寫實主義運動以及一九五三年美國直接電影 (direct cinema) 的首次實驗兩者之間，它們也擔任了類似橋樑的角色❿。而「自由電影運動」也像的「法國新浪潮運動」(French New Wave) 一樣，相信電影工作者的攝影機絕不止用於表現自我，而也應用以批判社會。

如同他的英國同道卡萊・賴茲與湯尼・李察遜一樣，也像是其他的歐洲導演如安東尼奧尼與亞倫・雷奈 (Alain Resnais) 一樣，林賽・安德森在非劇情片中開始了他的電影生涯。安德森自己界定他的探索是「藝術家的首要責任不是詮釋，也不是宣傳，而是創造」⓫。除此之外，他相信英國紀錄片中的傳統寫實主義與真實性將有礙於創造性，安德森更進一步強調傳統紀錄片的方法禁止了一個電影工作者將他的想法加諸於他的素材之上，而約翰・葛里遜方法中的社會學基礎在一個複雜社會中已無法再適用下去⓬。而就他的

Film Studies 7.1 (Winter 1982): 37-52; 及 *Humphrey Jennings: Film-Maker, Painter, Poet*, ed. Mary-Lou Jennings (London: British Film Institute, 1982).

❼ 起初拍攝「自由電影」影片的有法蘭茹 (Georges Franju)、楚浮 (François Truffaut) 及夏布洛 (Claude Chabrol)；美國方面有萊恩奈爾・羅歌辛 (Lionel Rogosin) 的《在包利爾街上》(On The Bowery) 及林賽・安德森、卡萊・賴茲、湯尼・李察孫、蓋・布連頓、克勞德・勾海達 (Claude Goretta)、羅倫茲・梅采提 (Lorenzo Mazzetti)、亞倫・塔納 (Alain Tanner) 等人的早期作品，見Gavin Lambert, "Free Cinema," *Sight and Sound* 25.4 (Spring 1956); 173-77.

❽ 源自早期的自由電影計畫，引自 David Robinson, *The History of World Cinema* (New York: Stein, 1973), 291-92.

❾ Peter Davis, "Lindsay Anderson Views His First Feature Film," *Chicago Daily News* 28 July 1963: 21.

❿ 史蒂芬・曼伯並不承認它們有所關聯；關於變遷中的英國電影傳統另一個看法，可見 Jack C. Ellis, "Changing of the Guard: From the Grierson Documentary to Free Cinema," *Quarterly Review of Film Studies* 7.1 (Winter 1982): 23-35；Ellis文章許多印刷上的錯誤在後來的版本上已改正。

⓫ "Angles of Approach," *Sequence* 2 (Winter 1947): 5.

了解，葛里遜式的提出問題加以解決的模式只能在觀眾對解決方式背後的思考已經有方向、並預設之下才能成功⑬。除了對傳統的不順眼之外，安德森倒是承認他對亨佛萊・詹寧斯的尊崇，而安德森的作品《聖誕節之外的每一天》則可看出明顯受到詹寧斯的影響⑭。此外他也景仰佛萊赫堤（他的《路易斯安那州的故事》為安氏盛讚）以及約翰・福特的作品，因為他們關切的是對人的情感而不是社會議題。在福特的電影中，他發現了一種對個人價值及對根深蒂固傳統的一份情感，而這種深情對福特描寫自己國家的文化有著重要的影響。

然而，安德森與他的同儕在非劇情片領域中的成就有限，馬可瑞爾斯（Louis Marcorelles）觀察了他們的影片發現：

> （這些影片）在歷史中特別的時刻裏出現，在當時對英國電影裏的大同小異抱著一種反對的態度，但它們並未真正揭開任何一種真相，也未真正質疑現實的本質，它們僅在一個合適的時刻搔了一下維多利亞時代清教徒主義（Victorian puritanism）的表皮，它們對「直接電影」的運用不過是個意外，「直接電影」在他們的影片中絕不是一項經過深思熟慮、用以刮除社會積習表面油漆的工具。(43-44)

因為這些導演很快就改拍劇情片，因此他們對英國電影最重要的貢獻不在「自由電影」運動本身，而在對劇情片的影響。基於這項「新寫實主義」，他們曾拍出多部極為有名的作品：傑克・克萊頓（Jack Clayton）的《金屋淚》（Room at the Top）、湯尼・李察遜的《少婦怨》（Look Back in Anger, 1959）、卡萊・賴茲的《年少莫輕狂》（Saturday Night and Sunday Morning, 1960）、李察遜的《長跑者的孤寂》（The Loneliness of the Long Distance Runner, 1962）及林賽・安德森的《超級的男性》（This Sporting Life, 1963）。

林賽・安德森早期影片是一些受到贊助的老套工業紀錄片，如《見過前輩們》（Meet the Pioneers）、《運轉的滾輪》（Idlers That Work, 1949）、《三項裝置》（Three Installations, 1952）及《威克菲爾德快車》（Wakefield/Express,

---

⑫ Elizabeth Sussex, *Lindsay Anderson* (London: Studio, 1969), 12-14.

⑬ 見John Hill, esp. chap.6.

⑭ Lindsay Anderson, "Only Connect: Some Aspects of the Work of Humphrey Jennings," *Nonfiction Film Theory and Criticism*, ed. Barsam (New York: Dutton, 1976), 263-70.

1952)，而一九五二年由蓋・布連頓與安德森聯合編導的《週四的孩子》(Thursday's Children) 則在大眾熟悉的英國紀錄片與六〇年代的「直接電影」之間建立了關係❺。本片題材傳統，是部有關馬蓋特 (Margate) 皇家啓聽學校的影片，但它的表現卻很現代，因爲在聾人教學的說明與觀察上，攝影與剪接都使人有一種親切之感；同時在描寫聽障兒童學習讀唇語、閱讀印刷文件及說話的辛苦受教過程中，它又不帶煽情。這部影片有時相當樂觀，但從未犧牲題材，而與西尼・梅耶的《沉默小孩》(The Quiet One) 或亞倫・金 (Allan King) 的《華倫代爾》(Warrendale) 等關切特殊學校的影片相比，本片並未描繪無可迴避的感情問題，也未剌探這些年輕孩子的家庭背景，這是所與外界隔絕的學校，同樣殘障的孩子們住一起，而家只有在收到朋友的來信及糖果包裹時才提及，儘管如此，學校的情形與其他影片所描述的一樣，需要靠自治的精神去加強失聽者所需要的關注。由李察・波頓 (Richard Burton) 所配的抒情式旁白只強調了聽障人的無聲世界。不過對安德森而言，人也許彼此有很大的不同，但他們絕不孤單。從《週四的孩子》的無聲世界到《噢，夢想之地》(O Dreamland) 的古怪世界乃至於《聖誕節之外的每一天》的炫麗夜晚世界，安德森揭開每一類獨特人羣的生活，但他也歌頌了所有的人類。

《週四的孩子》在報導性質的非劇情片中可稱得上項重要的成就，而《噢，夢想之地》(1953) 則更是部典型「自由電影組織」的作品，本片諷刺而嚴屬批評了一座受歡迎但又粗俗不堪的英國遊樂園。以一部影片而言，它是部初級之作，但它幾乎是直接反對了同類影片《閒暇時光》(詹寧斯導演) 的做法，也由於它敢於批評英國工人階級的休閒生活如此沒有品味，使得這部片子對當代的電影工作者有著深刻的影響。我們看詹寧斯的影片，對某些觀眾而言，在休閒上的說明顯得含糊不清；而安德森則對找樂子的工人及遊樂場老闆提出細膩而嚴屬的批評。這段時期，有關階級的主題，在安德森拍的劇情片中也十分重要，它們包括了《超級的男性》及《假如》(If..., 1968)。而在他晚期的紀錄片《聖誕節之外的每一天》中，安德森仍關心著同樣會在週六、日在遊樂場休閒的工人階級。不過，此時他推崇而不批評工人階級，使他們看起來像是英國社會構造中最重要的元素。《噢，夢想之地》對安德森而言是項例外，因爲它偏離他過去影片一向走的方向❻。

---

❺　蓋・布連頓也導了《威廉・布列克的眼光》。

在安德森的後面緊隨著卡萊‧頓茲及湯尼‧李察遜，他們拿著攝影機進入倫敦的爵士音樂俱樂部去觀察不同休閒方式的工人階級，一九五五年的《媽媽別答應》(Momma Don't Allow) 就是部表現五〇年代中期英國流行文化眞正影響的作品，但以服裝、髮型及音樂的紀錄而言，其趣味似乎超過影片本身，與紀錄片的傳統相互比較，它像是許多實驗電影一樣滿足於提出問題而不是解答問題。另一部在方法上與《媽媽別答應》相近但卻爲六〇年代「直接電影」指引方向的是《美好時光》(Nice Time, 1957)，本片由克勞德‧勾海達 (Claude Goretta) 與亞倫‧塔納 (Alain Tanner) 合導，它觀察了倫敦「匹卡地里廣場」(Piccadilly Circus) 上多采多姿的趣味。一九五九年卡萊‧賴茲拍出一部企圖了解年輕工人階級的《我們是蘭伯斯的年輕人》(We Are the Lambeth Boys, 1959)，本片也像《噢，夢想之地》一樣，用音樂消遣在遊樂場中休閒的人，但這部片子拍得太刻意，長度也太長，不過，在表現一個眾所周知的地點而言，它仍令觀眾有耳目一新的感受。

安德森還指導了羅倫莎‧梅采提 (Lorenza Mazzetti) 的《同伴》(Together, 1955) 的剪接，在表現兩個聾啞人寂寞而又封閉的生命上雖立意良好，但卻是失敗之作。雖然梅采提極清楚對聽障的人而言，聽得見的人是多麼遲鈍，但她還是沉醉於過分戲劇性的結尾──一個男孩的意外死亡，而扭曲了整部片子的重心。如果梅采提受到《週四的孩子》較多的影響而不是受到像史坦貝克《人鼠之間》(Of Mice and Men) 或馬庫勒 (Carson McCullers) 的《寂寞獵人的心》(The Heart is of Lonely Hunter) 兩部小說的影響，她可能會拍出一部使我們更了解聾人的影片，相反的，她卻以幾近絕望的「無可奈何的人生」來結束本片，反映了五〇年代憤怒的英國文化，也反映了當時風行的存在主義哲學。配樂方面，丹尼爾‧派瑞斯 (Daniel Paris) 的音樂成功地區分了聽障者及正常人兩個不同的世界，對本片略有助益。

在《聖誕節之外的每一天》的拍攝大綱中，林賽‧安德森以此時期特有的理想主義色彩寫道：「我要使人們──一般的人，不只是高高在上的人──感覺到他們的尊嚴與重要性，所以他們才能基於這些原則而有所行動，也只有這些原則才能使自信與健康的行動有所本。」❶這部延續英國紀錄片

---

❶ John Hill (151-53) 討論了《蜜的滋味》(A Taste of Honey) 及《年少莫輕狂》中使用聲音的影響。

·《耶誕節之外的每一天》(1957, 英國, 林賽·安德森)

傳統的抒情影片除了說明清晰、攝影優異、聲音的處理富於想像力之外,它還恢復了自詹寧斯戰時影片之後就一直缺乏的東西——對於日常生活的珍惜尊重的情感。在本片中,安德森快樂地歌頌當時在倫敦蔬果花卉中央市場柯芬花園 (Coven Garden) 工作的一般百姓。他的影片為這個巨大市集背後進行的典型活動提供了一個徹底、有趣且輕鬆的觀察。而片中動人的旁白及愉快的配樂則為自傲與知足的尋常百姓獻上柔情的敬意。

安德森不僅關注這些小人物的工作情形,也注意到他們之間友善的關係,他們對易於腐爛的花卉小心翼翼的態度以及他們為顧客服務的欣喜之情。在葛里遜尊崇工人的傳統中,安德森為市場中已知的最後一個女性搬運工人艾麗絲建立了尊嚴。隨著這位女工,我們在銀幕上看到鮮活的過去與現在兩個時期。過去「維多利亞還是女王,而每位紳士都還在衣襟上帶著花」,到了現在,年老的花販都只能想想接近中午時把花賤價賣出。安德森不止描寫了倫敦商場上真正的花絮,也讓我們看到在傳統之下生活的人們,而他在攝影及聲音上的技巧不但抓住了生活的感覺也歌頌了生活本身。以「直接電

⓱ Sussex. 33.

影」的模式而言，本片的聲音乃是以同步收錄完成，爲我們所看見的活動提供了一個對位式的說明，即使很久以後我們忘了當時同步錄音還是項新技術時，我們也不會忘記片中那些面孔——「艾麗絲與喬治、比爾與錫德、亞倫與喬治及德瑞克與比爾……」，而本片正是要獻給他們的。如同佛萊赫堤的《北方的南努克》及詹寧斯的《戰火已起》，安德森的《聖誕節之外的每一天》發現平凡之美並在不預期中創造了藝術。

　　一九五六年二月「自由電影」的節目首次在倫敦的國家電影戲院(National Film Theatre) 中放映，這是它的影響力及貢獻最明顯的時候，這些影片包括上面我們討論過的英國影片，也包括來自法國法蘭茹 (Georges Franju)、楚浮 (François Truffaut)、夏布洛 (Claude Chabrol) 的電影，還有來自美國萊恩奈爾·羅歌辛 (Lionel Rogosin) 的《在包爾利街上》(On the Bowery)。此時在戲劇舞台上正是約翰·奧本尼 (John Osborne)《少婦怨》一劇走紅的年代，而在街頭上也是「摩登幫」(mods)「老客幫」(rockers) 與「太保」(beddy boy) 橫行的年代，他們都給予電影工作者、劇作家及崛起的熱門音樂團體想像的靈感。自由電影工作者的成就其實並不在他們的影片本身，乃是一種不被壓抑的探索，一種自由的精神。這些影片均十分重要，尤其在聲音的處理上深具創造力，其地位甚至超過了它們對直接電影的影響。它們也預示了一種質疑傳統電影象徵主義的新型電影製作方式，對開創新的錄音方式有功，而且也鼓勵了輕便設備的發展，使得電影攝影有更大的自由度。

　　在戰後的歲月中，一種強調社會寫實主義的風潮普遍在英國，特別是藉著自由電影運動及非劇情片而重新興起。隨著戰後社會經濟趨勢的改變，英國的社會寫實主義對階級與權力之類的題材直言無諱，並將焦點轉向諸如性問題、兩性及種族等新題材。如同法國的新浪潮運動一樣，英國的「新電影」在一九六三年隨著重要的導演們轉往劇情片獨立製片生涯後喪失其凝聚力。它們之中著名的作品包括了湯尼·李察遜的《湯姆·瓊斯》(Tom Jones, 1963)、卡萊·賴茲的《摩根》(Morgan, 1966) 及林賽·安德森的《假如》(1968)。它們的社會寫實主義雖然復興了英國的劇情片與非劇情片，不過此時電視的威脅日增，美國人對英國電影工業的投資也逐年上升，這些衝擊都使英國電影的處境更爲艱難。因此，英國電影工業對日益擴大的國際性電影投資、國際性製作與發行的環境倚賴日深，而這個獨特的英國式電影寫實主義對於提升整個國家電影工業的發展其實是沒有什麼機會的。

第十二章
二次世界大戰之後的歐、亞洲及加拿大的非劇情片

在二次世界大戰結束之後的十五年間 (1945-60)，一種新形態的非劇情片在歐洲、亞洲及加拿大興起，雖然它們在題材、風格與品質都大相逕庭，但各國電影工作者內心卻都有個共同的衝力，他們企圖在葛里遜紀錄片傳統或在戰時宣傳片之外再爲非劇情片探索出新的作用。這段時期在歐洲同盟國的電影工作者比戰敗國的電影同業在恢復製片能力的速度較爲迅速，有三個國家製作出最多影片，同時作品也最具影響力，它們分別是義大利、比利時及法國。在亞洲，戰後也像戰前一樣，製作非劇情片的主要也是來自印度及中國的電影工作者。而在加拿大，國家電影局仍繼續其發展且聲譽卓著。這些在各國多采多姿的製片活動不僅爲非劇情片塑造出其他可能性，也使非劇情片的力量繼續往社會結構重建、文化意涵的豐富及世界和平等目標上邁進。

歐洲

義大利

新寫實主義

義大利新寫實主義 (Neorealism) 曾對全世界寫實性電影的發展有著重要的影響❶。四〇年代早期由薩凡堤尼 (Cesare Zavattini) 編劇、布拉塞提 (Alessandro Blasetti) 與狄西嘉導演的作品已預示了新寫實主義的興起。早在一九四二年，薩凡堤尼就已發表他對新寫實主義的想法，一年之後，電影理論家兼評論家巴巴諾 (Umberto Barbaro) 首先採用 "neo-realism"（新寫實主

❶ Ted Perry, "The Road to Neo-Realism," *Film Comment,* 14.6 (Nov.-Dec. 1978): 7-13; Eric Rhode, "Why Neo-realism Failed," *Sight and Sound* 30.1 (Winter 1960-61); 26-32.

義）這個字眼，他也同樣呼籲義大利電影要走出一個新的方向，但他們對義大利電影未來的期望，似乎嚮往重回蘇聯表現式寫實主義，甚至是法國的詩化寫實主義（poetic realism）而不是傾向於發展眞實電影或直接電影。

在義大利新寫實主義的直接衝擊下，不僅將戰後義大利的電影製作從攝影棚的傳統手法解放出來，也在表相之下創造了一個寫實主義的樣貌，並投射出人道主義的想法及對社會責任的承諾❷。薩凡堤尼在某些方面與維多夫相近，他們倆都排斥一些流行的電影模式：

> 新寫實主義打破了所有的規範，也排斥那些事實上只爲戒律而存在的成規，如果帶著攝影機來面對現眞實，你將會發現，眞實本身足可以打破所有的規律❸。

在某些部分也像佛萊赫堤一樣，薩凡堤尼也希望電影可以反映出個別電影工作者的作者風格（authorship），它應避免杜撰劇情，並「直接探討每天生活的現實……」。薩凡堤尼對電影史的重要性在於新寫實主義的運動上，但他也藉由對眞實的執著與對寫實主義影片不可操控的潛力的信仰而對直接電影有著根本的影響。

藉著模糊一向涇渭分明的劇情片與非劇情片之間的界限，重要的新寫實主義影片創造了一種拍攝現實的新方法。除了關切戰後的生活（對法西斯主義的反應）及一種「紀錄片的形貌」之外，這些影片也使用了劇本及演員，所以並不符合非劇情片研究發展的主流；但另一方面，它們之中許多影片對義大利或世界電影都有寬廣的影響，而且許多片名對電影史的學生而言都耳熟能詳，如羅塞里尼的《不設防城市》(1945) 可能是最重要的一部片子，它目標單純，自信滿滿地重新捕捉了德軍佔領之下人們的生活及地下反抗軍的角色❹。在題材上，《不設防城市》與何內‧克萊曼的《鐵路英烈傳》相似。在風格上，它則爲其後義大利電影工業的重振設立了基調。其他名聞遐邇的義大利新寫實主義電影傑作還包括羅塞里尼的《老鄉》(Paisan/Paisà, 1946)

---

❷　Penelope Houston, *The Contemporary Cinema* (Baltimore: Penguin, 1963), 33.

❸　"Some Ideas on the Cinema," *Sight and Sound* 23.2 (Oct.-Dec. 1953): 64-70.

❹　見Peter Brunette, *Roberto Rossellini* (New York: Oxford University Press, 1987). 一九六三年，羅塞里尼製作了Pasquale Prunas導演的《Blood on the Balcony》（義大利片名爲Benito Mussolini），本片以諷刺的旁白回溯義大利法西斯運動的興起。

與《德國零年》（Germany, Year Nought/Germania, anno zero, 1947），維斯康堤（Luchino Visconti）的《對頭冤家》（Obsession/Obsessione, 1943）與《大地震動》（The Earth Trembles La terra trema, 1948）以及狄西嘉的《單車失竊記》（The Bicycle Thieves/Ladri di biciclette, 1948）。《不設防城市》描寫了義大利人民從法西斯主義者與國內壓迫的歷史中解放出來。另外兩部也是反法西斯主題的影片，其一為《光榮歲月》（Days of Glory/Giorni di gloria, 1954），這部片子由迪·山堤斯（Giuseppe De Santis）與塞蘭德瑞（Mario Serandrei）合導而維斯康堤及佩格里艾洛（Marcello Pagliero）也曾加以協助。另一部片子則由拉圖亞達（Alberto Lattuada）製作有關義大利北部重獲自由的《我們的戰爭》（Our War/La nostra guerra, 1947）。

戰時義大利的政治與社會條件，如某些其他的歐洲國家一樣並未助長葛里遜式紀錄片發展，皮耶·列普洛洪（Pierre Leprohon）就曾寫道：

> ……紀錄片的形式並不為義大利電影工作者喜愛，他們選擇重新建構現實，就像羅塞里尼的作品，以反抗、希望或恐懼來為虛構的劇情片賦予元氣❺。

不過，安東尼奧倒是這個模式下的一個例外，早在此時期之初，維斯康堤在拍《對頭冤家》時，他就已開始為一般百姓的生活製作直率的紀錄片。根據卡梅隆（Ian Cameron）與羅賓·伍德（Robin Wood）的說法，安氏終其一生總是「對個別的人最有興趣，而並不是對人的象徵性角色或社會環境的代表性感興趣」❻。他的《波河的人》（People of the Po/Gentel del Po, 1943; 1947）曾部分遺失，後來又重拍，就是對於波河沿岸生活的簡單紀錄；《清潔工人》（Dustmen/N. U.—nettezza urbana, 1948）也是部有關羅馬街頭清潔工人一天生活的平實紀錄，《迷信》（Superstizione—non ci credo! 1948）則是部有關義大利小村中怪異及非法迷信的短片，《L'amorosa menzogna》（1948-49）的內容是有關被稱為fumetti的義大利滑稽脫衣舞演員們的私生活，而《Sette Canne, un vestito》（1950）是有關製造合成纖維的影片，還有《怪獸

❺ Leprohon, Pierre. *The Italian Cinema*, trans. Roger Greaves and Oliver Stallybran (London: Secker, 1972). 99.

❻ *Antonioni* (New York: Praeger, 1968), 33.

之屋》(The House of Monsters/La villa dei mostri, 1950) 則記錄了波瑪索
(Bomarzo) 一地怪異風格的雕像。雖然安東尼奧尼這些簡短而初步的作品與
他後期有關存在主義的複雜作品屬於兩個截然不同的世界，但它們顯露出來
的那種明明白白的特色則在其後的劇情片中更完全地被實現了。

其他仍製作傳統影片的義大利非劇情片工作者與他們的作品還包括了鮑
路西 (Giovanni Paolucci) 的《卡西諾山谷》(The Cassino Valley/Valle di Cas-
sino, 1946)、鮑列拉 (Domenico Paolella) 的《義大利醒了》(Italy is Awakening/
L'Italia s'è desta , 1947)、山托洛 (Luciano Santoro) 的《戰後建設》(Building in
the Post-War Period/Dopoguerra edilizio, 1949)、英菲斯切利 (Carlo Infascelli)
的《半個世紀的卡維爾卡德》(Cavalcade of a Half Century/ Cavalcata di mezzo
secolo, 1951)、馬切里尼 (Romolo Marcellini) 的《世界與義大利》(Italy and
the World/L'Italia e il mondo, 1953)、費洛尼 (Giorgio Ferroni) 的《昨日與
今日》及李查尼 (Carlo Lizzani) 的八部作品：《Nel mezzogiorno qualcosa e
cambiato》(1950)、《Achtung! Banditi!》(1951)、《Ai margini della metropoli》
(1952)、《L'amore in città》(1953)、《Cronache di poveri amanti》(1954)、《Lo
svitato》(1956)、《La muraglia cinese》(1958) 及《Esterna》(1959)。

有關藝術的影片

不像英國、法國或比利時的政府，義大利政府並不十分支持義大利非劇
情片工作者。義大利政府一方面比較樂於資助歌劇，它曾贊助可能在商業戲
院吸引觀眾的非劇情片，對於歌頌義大利藝術或建築的流行題材的影片，政
府也多有獎勵，但有關社會議題的影片，政府並未支持❼。根據傑拉特 (Keith
Jarratt) 的說法，關於藝術的影片「盧奇亞諾・艾默與安里柯・格雷斯的卓越
地位與寫實主義者中羅塞里尼的地位相當」❽。

艾默與格雷斯其實是一起工作的伙伴，雖然有些影片只掛名艾默一人，
他們倆仍是合作的關係，並共同為拍攝藝術類影片發展出新的方法。藉多樣
的電影技法，他們賦予靜態畫面生命活力，也詳述繪畫的故事，使作品本身
即可娓娓道來。艾默一九四一年曾拍過《一幅壁畫的故事》(Story of a Fresco/

---

❼ Vernon Jarratt, *The Italian Cinema* (London: Falcon, 1951), 89.

❽ Jarratt, 89; 見91-93，討論一些鮮為人知但傑出的電影工作者。

Racconto da un fresco, 1941），在這部有關喬托(Giotto) 的影片中，他與格雷斯透過喬托在帕杜瓦(Padua)亞雷那教堂(Arena Chapel)的偉大壁畫乃至於在佛羅倫斯的巴蒂與佩魯西教堂 (Bardi and Peruzzi chapeles in Santa Croce) 的壁畫❾，追尋因喬托而流傳的聖方濟在阿西西的連環圖故事畫，也藉此追溯畫家的一生。透過對文藝復興之前的藝術一番漫談，這部影片簡明地點出喬托作品別具風格的元素，並以它們的重要性及影響力來結束本片。在攝影技巧上，艾默以攝影機移動來拍攝靜態的畫面，以伸縮鏡頭 (zoom lens) 來介紹細節，並以魚眼鏡頭將局促空間拉開，上述技巧都加強了喬托故事的動感與旋律。在聲音方面，本片混合了風聲、人聲、歎息、鼓聲以及陰森森的音樂，不過它在傳遞喬托對時間及永恆的神秘之感卻不甚成功。整體而言，除了一些瑕疵之外，《一幅壁畫的故事》仍可稱之為一部高品質的開拓性教育影片。

　　艾默與格雷斯也在其他影片中運用了相似的技巧，像是另一部有關喬托的《Il cantico delle creature》(1942)，還有關於海若尼瑪斯‧鮑許 (Hieronymus Bosch) 的《俗世中的樂園》 (1941) 及有關聖保羅生平的《往大馬士革的路上》 (On the Road to Damascus/ Sulla via di Damasco, n.d.)。在一九四八年，他們完成了一部關於義大利盟軍公墓的影片《白色草原》(White Pastures/Bianchi pascoli)，之後又陸續拍了兩部與威尼斯有關的影片《羅曼蒂克的威尼斯》 (The Romantics of Venice/I romantic a Venezia) 與 《珊瑚礁羣島》 (Islands of the Lagoon/ Isole della laguna)。他們其他的影片還包括了有關卡爾帕喬 (Carpaccio) 的《聖烏蘇拉的一生》(The Life of St. Ursula/ La leggenda di Sant' Orsola, 1948) 及《Piero della Francesca, 1949》，有關波蒂切利(Botticelli)的《白桃花心木》(Primavera/Allegoria della primavera, 1949) 及一九五四年四部有關畢卡索的影片：《繪畫中的生與死》(Life and Death in Painting/ Vita e morte della pittura)、《Il sonno della ragione》、《I fauni》及《Colombe》。

　　其他有關藝術的義大利影片還包括貝提 (G. Betti) 的《帕歐洛‧尤切洛》 (Paolo Uccello, 1949)、亨利‧阿列肯 (Henri Alekan) 的《立體主義的經驗》 (The Cubist Experience/Experienza del cubismo, 1949)、安德瑞西 (Rafael

---

❾　Lionello Torossi一九六九年的英文版，由Richard Basehart旁白，片名為《Giotto and the Pre-Renaissance》。

Andreassi) 的《Georgio de Chirico, 1952》、傑格利奧(Primo Zeglio) 的《Bor-romini》(1959)、卡拉丹 (Giovanni Caradente) 的《亞伯托·伯里在工作室》 (Alberto Burri: The Artist in his Studio/Alberto Burri, l'artiste dans son atelier, 1962) 及格若特西 (Marcello Grottesi) 的《伯洛米尼》(Borromini, 1974)。

比利時

比利時電影工作者在重建戰後非劇情片的類型時，曾受到下列幾個因素的影響：政府及私人的支持、電視播送、一九五四年的比利時國家電影節。電視的播送將非劇情片推廣至一般大眾面前，而電影節雖然曇花一現，但也曾刺激了當時的電影工業。比利時的社會由弗萊米許族 (Flemish) 及華倫斯族 (Wallons) 兩大族群所組成，他們各有不同的文化及語言，而比利時的藝術，特別是電影絕對不反映國家團結的加強。不過弗萊米許族較其他族群享有更多國家對藝術贊助的資金❿。

在一九四五及一九五九年之間，公家機構拍攝的影片，尤其是為電視所製作的影片，乃是遵循著英國廣播公司所建立的模式，強調資訊與教育優於娛樂的功能。民營的製片公司向來有排斥社會紀錄片的傳統，它們持續製作有關藝術、旅遊、工業、探險、民俗及科學等主題的非劇情片。而在許多獨立製片人之中，有三個人在比利時早期的非劇情片界中舉足輕重，他們分別是戴凱克萊爾、安德烈·高文及亨利·史托克。他們一直拍出許多社會學紀錄片及有關藝術的影片。他們三人再加上吉蘭·德·波及其他一些重要的新人，像是路克·德·赫許 (Luc de Heusch) 與保羅·海撒茲 (Paul Haesaerts) 其後更拍出大量非劇情片，這些影片也大略可分成三類：有關國內題材的影片、有關殖民題材的影片及有關藝術的影片。

❿ 這部分吉爾特·馮·汪特格漢 (Geert Van Wonterghem) 助我甚多，他提供了許多譯自比利時資料的摘要及筆記，包括Pascal Lefèvre and Geert van Wonterghem, eds., *Beeld & Realiteit: International Festival Van de Documentaire film en Televisie* (Leuven, Belg.: Catholic University of Leuven and St. Hoger Institute of St. Lukas High School, Brussels, 1987); F. Bolen, *Histoire Authentique, Anecdotique, Folklorique et Critique du Cinéma Belge Depuis Ses Plus Lointaines Origines* (Brussels: Memo & Codec, 1978); Jan-Pieter Everaerts, *Oog Voor Het Echte* (Brussels: Brtuitgave, 1987). 值得一提的是，像是史托克及戴凱克萊爾等比利時導演最早的作品都是講法文的，戰後，比利時人民尋求更大的文化認同，因此絕大多數影片都是比利時文了。

有關國內題材的影片

在戰爭期間，亨利・史托克決意製作一部向比國人民致敬的影片，尤其是要向在戰時有貢獻的農民致敬，而不提主宰他們戰時生活最重要的現實——納粹的統治。他在一九四四年完成了一部令人讚歎的作品《農民交響曲》。戰後，戴凱克萊爾也拍了向比國人民致敬的影片。他並未報導戰後的重建，反而將比國的圓形浮雕、繪畫、錢幣及郵票加以巧妙地蒙太奇組合而拍出了《建國者》(The Founder/ Le fondateur, 1947)，以此喚起對比利時第一任國王李奧波一世 (Leopold I, 1790-1865) 留給後代同胞的力量。其後，戴凱克萊爾也以神聖羅馬帝國皇帝的故事拍了類似的影片《查理五世》(Charles the Fifth/ Karel de vijfde, 1956)。另一方面，戴氏一九四九年拍的《生存空間》(Living Space/ L'espace d'une vie) 表面上似乎是關切戰後的重建，實際上是將比利時的自由與納粹的佔領做一對比，因為它的片名即有暗示性的諷刺意味——希特勒當年對侵略的藉口就是聲稱是要為德國人民提供「生存空間」。戴氏也在一九四八年拍了一部有關都市社會學計畫的《房屋》(Houses)。另外一位電影工作者史托克也製作了有關不良少年的影片《人生十字路口》(Crossroads of Life/ Op de viersprong van het leven, 1949)。

有關殖民題材的影片

從比利時電影製作的初期開始，比屬剛果就一直是電影工作者興趣的所在。而戰後，有幾部傑出的作品避免了一般殖民地影片經常犯的錯誤——父權主義及呈現自以為是的異國風情影像，它們致力於國際社會對此區的了解並成效卓著。安德烈・高文戰前曾拍過兩部有關藝術的影片《神聖的耶穌》及《畫家梅姆靈》，現在拍了《剛果》(1944) 及《赤道上一百張面孔》(The Equator with 100 Faces/ L'equateur aux cents visages, 1949)。《赤》片乃是部長片，它提供了一幅隨興觀察的拼貼之作，有些段落（像是追逐黑猩猩）十分有趣。六年之後，高文重返舊地為訪問剛果的李奧波國王三世拍了《高貴的君主》(Noble Lord/ Bwana-kitoko, 1955)。此外，亨利・史托克一九五八年拍了一部國際合作的《林間大王》(Barons of the Forest/Vrijheren van het woud, 1958) 呈現了一個有關東剛果的人種學紀錄。本片雖提供了一套詳盡的觀察，呈現了很多東西，但以分析的角度而言，它告訴我們有關這個區域的卻非常稀少。此外還有一九五八年吉蘭‧德‧波拍的《Tokèndé—wij gaan》也相當引人矚目，不僅因為它以新藝拉瑪寬銀幕（cinemascope）來拍攝，同時也因為它雖是被投資用來提升比國人民對殖民地的興趣，卻也不諱言殖民地終將獨立。這部影片原來是受天主教會委託去記錄傳教工作六十年的歷史，但它明顯地表達了電影工作者個人對於殖民地獨立的支持，而這種論調在當時卻不為大多數比國人民所樂見。路克‧德‧赫許則運用了佛萊赫堤首創而最近猶被尚‧胡許及羅拔‧格德納（Robert Gardner）採行的方法拍片，他與比屬剛果的一個部落緊密合作拍出了《亨巴族的儀式》（Rites of the Hamba/ Fêtes chez les Hamba, 1954），而呈現了土著風俗，包括啟蒙儀式的內部情形。另外一部由吉蘭‧德‧波與伊麥爾‧戴吉林（Emile Degelin）合拍的影片則採用了另一種辦法，這部片子並不在剛果而是在布魯塞爾的殖民地博物館中拍的，它的片名是《她將會被命名為他的女人》（She Will Be Named His Woman/Deze zal zijn vrouw genoemd worden, 1954）。本片透過藝術及手工藝呈現了剛果婦女各種不同的角色，同時它對於班圖族（Bantu）的雕刻呈現著有力的敏銳度，不論以人種學影片或藝術類影片的角度來看，它都相當成功。一九五一年吉蘭‧德‧波拍的另一部影片《瓦吉尼亞漁人》（The Wagenia Fishermen/Les pecheurs wagenia）則為重要的殖民地影片再添一佳構。

當比屬剛果在一九六〇年獨立時，有關殖民地的影片製作便停頓了。不過在一九八六年，比利時的電視導演傑恩‧奈可斯（Jan Neckers）還製作了一部有關剛果的影片《你的旗幟曾深植的大世界》（As Big As a World Where Your Flag is Planted/ Als een wereld zo groot, waar uw vlag staat geplant），他運用了照片及從劇情片、紀錄片取出來的段落再加上一些訪問，組合成一部有關比利時殖民剛果的歷史紀錄，乃是部令人印象深刻的編輯影片。

有關藝術的影片

二次世界大戰結束之後，許多電影工作者都歌頌幾乎毀於戰禍的藝術遺產，而這些遺產乃是延續歐洲文明光榮的重要憑藉。早在二〇及三〇年代，比利時的電影工作者就已在這個領域中獨領風騷，戰爭結束之後，他們則繼續就他們豐富的藝術史製作出優秀的影片。

亨利‧史托克的作品因其電影風格與片中藝術品作者的風格相輔相成，故而稱著於世。在《保羅‧德拉瓦的世界》（The World of Paul Delvaux/ De wereld van Paul Delvaux, 1947) 中，他以超現實主義詩人保羅・艾路爾德 (Paul Eluard) 的文字意象來強調這位比利時超現實主義畫家夢幻一般的畫面。許多年之後，史托克又拍了另一部有關德拉瓦的影片《保羅・德拉瓦，或被保護的女人》Paul Delvaux, or The Women Defended/Paul Delvaux, ou Les Femmes Defendues, 1970)。史托克一九四八年拍的《魯本斯》(Rubens) 乃是部與藝術評論家保羅・海撒茲合作的影片，它與艾默及格雷斯的作品一樣，同為戰後最重要的藝術類影片，它不僅高明而資訊豐沛，更與其主角相得益彰。史托克運用了許多電影技巧，包括分割畫面、平行剪接、特寫、疊影、快動作攝影技巧、顯微電影攝影、扭曲畫面及動畫等手法去發掘、分析魯本斯繪畫作品中的構圖、主題及演進。史托克還拍過其他有關藝術的影片，但與《魯本斯》這樣不凡的作品相比便顯得失色，它們包括了有關風景畫的《打開的窗戶》(The Open Window/ La fenetre ouverte, 1952)，還有兩部有關費力克斯・拉畢斯 (Felix Labisse) 的影片：《拉畢斯或被愛的幸福》(Felix Labisse or the Happiness of Being Loved/ Félix Labisse ou le bonheur d'etre aimé, 1962) 及《戰爭的不幸》(The Misfortunes of War/Les malheurs de la guerre, 1962)。

比利時的超現實主義畫家何內・馬格利特也是許多比利時影片的題材。這些影片包括路克・德・赫許的《馬格利特，或對象的課程》(Magritte, or the Object Lesson/ Magritte, ou la leç on des choses, 1960) 及羅傑・寇克萊艾蒙 (Roger Cocriamont) 的《何內・馬格利特》(René Magritte, 1946) ❶。德・赫許所拍的影片是與賈克・戴柯德 (Jacques Delcorde) 及尙・雷恩 (Jean Raine) 共同合作的，片子的內容包括對馬格利特個人的觀察及對他作品的詮釋，赫許也曾拍過以強烈的表現主義風格聞名於世的畫家皮耶・阿雷欽斯基 (Pierre Alechinsky) 的影片《從自然來的阿雷欽斯基》(Alechinksy from Nature/ Alechinsky d'après nature, 1971)。

保羅・海撒茲在有關藝術及藝術家的影片上相當多產，他的作品廣泛地揭開了古今藝術史題材的奧秘。他早年典型的作品為《探訪畢卡索》(Visit to Picasso/ Visite à Picasso, 1950)，這部作品若與亨利-喬治・克魯索拍的既樸素而又虔敬的《畢卡索的秘密》(The Picasso Mystery/ La mystère Picasso) 相

---

❶　此外還有David Sylvester的英國電影《Magritte: The False Mirror》(1970) 及Adrien Maben的法國片《Monsieur René Magritte》(1978)。

比，則顯得清新而愉快。海撒茲以探訪畢卡索在瓦洛里斯 (Vallauris) 的畫室為主線，加入了對畢氏作品簡明的回顧。如同克魯索的影片一樣，我們也看見工作中的藝術家，但與克氏不同的是，克氏的影片中，畢卡索是在不透明的畫面上作畫，而這部影片中的畢卡索則是在一片塑膠玻璃上作畫，透過這片玻璃我們看到藝術家本人似乎為他的作品所惑。海撒茲這部描寫畫家的作品較克魯索的作品使人發現較多也更覺親密。除此之外，他也掌握到創造力的愉悅，這種感覺不僅存在於畢卡索多采多姿的手藝，同時也在藝術家簽名時冷靜地吐煙中可以感受到，而片子也隨此劃下句點。海撒茲其他的作品還包括《從雷諾瓦到畢卡索》(From Renoir to Picasso/ De Renoir à Picasso, 1950)、《創作中的四位比利時畫家》(Four Belgian Painters at Work/ Quatre peintres belges au travail, 1952)、《詹姆斯‧安索的面具與臉孔》(Masks and Faces of James Ensor/ Masques et visages de James Ensor, 1952)、《黃金年代：弗萊米奇族素人畫家的藝術》(The Golden Age: The Art of the Flemish Primitives/ Een gulden eeux, de kunts der valaamse primitieven, 1953)、《人文主義，精神上的勝利》(Humanism, The Victory of the Spirit/ L'humanisme, victoire de l'esprit, 1954)、《聖馬丁：藝術家之村》(Laethem Saint-Martin, The Vallege of Artists/ Laethem Saint-Martin, le village des artistes, 1955)、《黑面具之下》(Under the Black Mask/ Sous le masque noir, 1958)，這是部有關非洲藝術的影片，另外一部《Cri et connaissance de l'expressionisme dans le monde à l'expressionisme en France, 1964》，是有關孟克、夏加爾、寇柯許卡 (Oskar Kokoschka)、法蘭西斯‧培根、柏梅克 (Constant Permeke)、加斯塔夫‧德‧史梅特 (Gustave de Smet) 與奧斯卡‧雅士塔 (Oscar Jespers) 的作品，此外還有描寫比利時野獸派重要代表人物的《理克‧華特快樂的愚行》(Ric Wouters Joyous Folly/ La folle joie de Ric wouters, 1966) 及介紹吉利格 (Giorgio De Chirico)、馬格利特、德拉瓦、布勞納 (Brauner)、布荷東、畢卡索、恩斯特 (Max Ernst) 等畫家的《超現主義者之歌的主調》(The Key to the Surrealists' Songs/ La clef des chants surréalistes, 1966) 及《亨利‧安凡普，柔情的畫家》(Henri Evenpoel, Painter of Tenderness/Henri Evenpoel, peintre de la tenderesse, 1970)，安凡普以兒童為主題且觸感敏銳的畫作聞名於世，不過畫家本人卻悲劇性地英年早逝。

　　比利時其他著名的藝術類影片還包括了由尚‧克萊奇 (Jean Cleinge) 創

作的《墨水》(Ink/Encre, 1964)，片中他描寫了皮耶‧阿雷欽斯基、卡瑞爾、阿培爾 (Karel Appel) 與丁恩 (Ting) 三個人。克萊奇另外拍有《馮‧艾克，弗萊米奇族繪畫之父》(Van Eyck, Father of Flemish Painting/ Van Eyck, père de la peinture flamande, 1972) 與《梅姆靈》(Memling, 1972)，除此之外還有三位導演：戴奧瓦 (André Delvaux)、查爾斯‧萊倫斯 (Charles Leirens) 與何內‧米加 (René Micha)，他們分別拍出了《With Dieric Bouts/ Met dieric bouts》(1975)、《探訪夏加爾》(Visit to Chagall/ Visit à chagall, 1950) 與《保羅‧克利或創世紀》(Paul Klee, or The Genesis/ Paul Klee, ou la genèse, 1958)。

法國

　　法國戰後的非劇情片製作實際上是隨著幾部有關法國反抗運動的經典影片的放映而開始的，它們包括了克萊曼的《鐵路英烈傳》(1946)、格蘭米倫的《六月六日拂曉》(1946) 與洛奎爾的《法勒比克》(1946)(見第九章)。雖然法國的電影工作者比義大利或比利時的同業恢復電影製作的速度稍嫌緩慢，但他們實際的生產量十分龐大。他們的努力一直持續下去，並在五〇年代非劇情片運動中蓬勃發展，而且也為六〇年代法國新浪潮提供一個源頭 (見第十四章)。戰後法國非劇情片傳統的復興不僅是因為有像洛奎爾、格蘭米倫、林哈德 (Roger Leenhardt) 這樣改革者的領導所致，另一個意義是它也為像亞倫‧雷奈及喬治‧法蘭茹等新的藝術家提供訓練的園地❷。

亞倫‧雷奈

　　雷奈由法國的非劇情電影運動中開始其電影製作的生涯，在前十一年裏，他拍了多部有關藝術的短片，包括有《亨利‧果茲的肖像》(Portrait of Henri Goetz, 1947)、《探訪漢斯‧哈坦》(Visit to Hans Hartung, 1947)、《魯西恩‧柯陶》(Lucien Coutaud, 1947)、《克里斯汀‧鮑米斯特》(Christine Boumeester, 1947)、《瑟沙‧多美拉》(Cesar Domela, 1947)、《梅弗瑞》(Malfray, 1948)、《梵谷》(Van Gogh, 1948)、《高更》(Paul Gauguin, 1950)、《葛爾尼卡》(Guernica, 1950, 與勞勃‧赫森Robert Hessens合作) 及《Les Statues Meurent

❷　見Claude Goretta, "Aspects of the French Documentary," *Sight and Sound* 26.3 (Winter 1956-57): 156-68.

Aussi》（與克利斯・馬蓋Chris Marker合作，1951）。這些影片之中具代表性的為《梵谷》，本片透過畫家的畫作來記錄畫家的一生，尤其講述梵谷身處阿爾斯精神病院那些故事時格外動人。本片並無動態之物象在內，在拍攝靜態畫面時，雷奈也運用攝影機移動、特寫、伸縮鏡頭等與其他藝術類影片相同的電影手法。這部黑白片描寫了畫家豐富多采的一生，梵谷畫布上的厚重顏料傳遞了畫作的動態及張力，而非梵谷後期作品中的豐富色彩。雷奈這時期的創作生涯是以兩部十分傑出的影片來做結束：有關納粹死亡集中營的《夜與霧》（Night and Fog/ Nuit et brouillard, 1955）與一部有關圖書館書籍時間意義的電影式論文《世界的記憶》（The Memory of the World/ Toute la mémoire du monde, 1956），雷奈以音樂來烘托法國國家圖書館內部巴洛克建築的畫面，這使得《世界的記憶》稱得上是部重要的電影化作品，但《夜與霧》的重要性尤甚。不僅因為它在非劇情片歷史上的意義，也在於它對這類片型道德基礎上的關係。

　　與雷奈共同合作攝製《夜與霧》的是兩位親身經歷希特勒時期的藝術家，一位是小說家、詩人並曾待過納粹集中營的尚・凱洛（Jean Cayrol），另一位則是由希特勒統治下的德國逃出的難民，也是劇作家布萊希特（Bertolt Brecht）過去的伙伴，作曲家漢斯・埃斯勒❸。本片以發人深省的破敗集中營彩色畫面與發生在同一地點駭人的行為與暴行的黑白歷史畫面相互交叉。過去與現在的畫面結合起來所造成的事實，對一個觀眾而言，比單看一些有關納粹大屠殺的新聞片及編輯影片之類的資料片，其感受的痛更為錐心。這種記憶與現實並陳、過去與現在時間相互融合的技巧也預示了雷奈其往後劇情片中主要的母題。在《夜與霧》中，現在的畫面是以遲緩的攝影機移動拍攝而成的，它似乎冷冷地記錄著一個荒草蔓蕪的草地、傾頹的建築及冷卻的爐竈等情景，而時令是秋季，顏色柔和幽鬱。但相對的，昔日的資料影片卻直接而銳利地為我們呈現當地實際發生的事——納粹的潰敗及最後他們處決了上百萬他們認為一無用處且可以犧牲的猶太人及其他民族。在這些舊資料片中，人們像羊羣一樣被驅趕至不知名的火車上，而這些列車消失於夜色與霧氣中，將人們送往異地的集中營，在那裏，他們被剃光頭髮、刺字、編號並

❸ 關於這個劇本，見Jean Cayrol, "Night and Fog, Film: Book 2, Films of Peace and War, ed. Robert Hughes, Stanley Brown, and Carlos Clarens (New York: Grove, 1962), 234-55.

被迫在嚴寒及酷熱中做苦力。他們的食物污穢不堪，衛生設備不足，住宿空間擁擠，而所謂醫院則是施行慘無人道的「醫學」實驗酷刑的騙人藉口。這部影片使觀眾感受到「淋浴室」——實際上是毒氣室的恐怖氣氛，而人體殘肢如堆柴般焚燒，堆土機將堆積如山的屍體推入露天大坑同樣令人不寒而慄。這些景象也令人無法置信，其中慘絕人寰的畫面還包括用人的頭髮製作毯子，用人骨製做成肥料及用人的血肉、肌肉和脂肪做肥皂。

　　除了見證這個浩劫之外，雷奈保持的是反省性而不是道德性；在片子結尾時，彩色的畫面呈現了眾多集中營之中的一處遺址，而旁白說道：

　　　　我們之中有些人以為在今日誠心地看待這些遺跡，以為這昔日的集中營怪物已經逝去並深埋遺跡之下。我們之中也有些人將隨著畫面逐漸淡去而假裝重拾希望，就藉口對這場瘟疫似的浩劫已然痊癒。而我們之中有假裝相信這所有的事在某時某地只會發生一次的人，也有那些拒絕看下去的人，更有始終聽不到集中營哭喊的人❹。

對觀眾而言，這個題材的重點並不在於我們看到什麼，而是我們將如何去理解並記住這樣的事，在馬歇爾・歐佛斯的《悲哀與憐憫》中所處理的題材也是一樣的，而這類高明而發人深省的做法——不去特別明白地下結論或表示憤怒，是令某些觀眾在接受上感到困擾的。不過儘管雷奈並未虛情假意地對許多深遠的問題諸如生命、善惡等做出回答，但除了旁白的語調之外，他並不是中立者，在我們所目觀的邪惡之上他完成了《夜與霧》，除了為我們留下難以磨滅的記憶之外，片子本身已經提出警示及回答，因此，雷奈是適切地運用了影像而不是以旁白去具體表現且證明他的人道主義主題。

喬治・法蘭茹

　　法蘭茹的第一部作品《獸之血》(Blood of the Beasts/ Le sang des bêtes, 1949) 也是他最出名的作品。這部片子可與佛列德利克・懷斯曼的作品《肉類》(Meat, 1976, 見第十五章)做一比較：兩片相同的地方是它們的題材都是屠宰場，而且它們都客觀地觀察宰殺牲畜的過程，因此對不論是吃葷或吃素

---

❹　完整的劇本重新收錄於Robert Hughes編的 *Film: Book 2, Films of Peace and War* (New York: Grove, 1962).

的觀眾而言都嫌殘忍而無法卒睹，然而兩位導演在呈現屠宰場時都未指出問題或提出什麼解答，只是接收牲畜被屠宰的過程並指陳這是因為人類需要肉類的緣故。法蘭茹儘管是在二次世界大戰結束後不久拍攝本片，但片中並沒有任何對比屠宰場與納粹死亡集中營的暗示，他不同情這些動物，也並未指責屠夫，像懷斯曼一樣，他們倆只是向觀眾介紹他們不曾目睹的例行工業過程。不過法蘭茹與懷斯曼不同的是，他並未把屠宰場當做是個經濟的實體，也不像懷氏那樣將屠宰的作業描寫成非常高度機械化與電腦化的過程。

《獸之血》以屠宰場外抒情而陽光明媚的世界開始，隨即引領我們進入陰暗的建築內，在裏面，馬、牛及羊被宰殺後送往市場。雖說法蘭茹客觀看待此事——也可能正是因為如此，這些地方令人不寒而慄。在那裏工作的男男女女站在血泊與血流成河的地上擊昏動物，並將牠們剝皮、肢解並切砍。雖然一方面屠宰場看來似乎極為駭人，但法蘭茹卻很客觀拍攝這個場面，像是一些人唇上叼了根煙，磨著刀，繼續做他們的生意，似乎一點也不像是浸泡在血污與動物內臟惡臭中工作的人一樣，這些畫面令人難忘。就如諾耶‧柏曲（Noel Burch）所指的，法蘭茹超越它的題材而「直搗題材的核心」[15]。這個題材是真實存在的事，它既不單是美，的也不單單是嚇人的，而是兩者兼具。

法蘭茹在《首夜》（La première nuit）片首題詞說道：「只需一些想像力就可使大部分平常的活動感染令人不安的意義，而這些想像力也可使每天生活的裝飾衍生成一個美妙的世界。」雖然在《獸之血》中法蘭茹的手法，尤其是攝影上的明暗對比、血腥鏡頭的重複及音樂的使用都予人壓迫感，但他與懷斯曼一樣，都深諳現實的多重曖昧性。舉例來說，有個屠夫哼著德布西的作品「海」（La Mer）的曲調，這種關聯很輕易地就暗示了地板上的鮮血之海而使得觀眾嚮往一頓鮮魚大餐。以這個觀點來看，他的作品在法國戰後非劇情片、五○年代的英國自由電影及六○年代的真實電影與直接電影（見第十四章）之間其實已建立起一種重要的聯結。

法蘭茹在一九五○到五八年之間繼續製作了十二部短片，但其中只有《巴黎傷殘軍人療養院》（Hôtel des invalides, 1952）與《獸之血》的力量可以相比。

---

[15] "Four French Documentaries," *The Documentary Tradition: From Nanook to Woodstock*, ed. Lewis Jacobs (New York: Hopkinson, 1971), 318.

它一開始也是表面上直接地記錄報導法國的戰爭博物館及退伍軍人醫院，但片子馬上一轉對戰爭提出嚴厲的批評。法蘭茹其他的一些非劇情片還包括《與羅蘭擦肩而過》(Passing by Lorraine/ En passant par la Lorraine, 1950)，這部片子描述鋼鐵工廠邪惡地消耗工人就彷彿屠宰場消耗動物一樣。另外《偉大的梅里葉》(Le grand Méliès, 1952)、《居禮先生與夫人》(Monsieur et Madame Curie, 1953) 兩片分別向法國電影及科學的先驅們獻上深摯的敬意，而《巴黎聖母院》(Notre Dam, cathédrale de Paris, 1957) 憂心忡忡地審視了教堂的破敗與侵蝕，最後，一九五八年的《首夜》則落實到塵世，談論有關巴黎地鐵的惡夢。

在整個五〇年代，與自然界有關的非劇情片製作大為盛行，這類影片都是由人類學家及其他的科學家製作的，他們包括了尚・胡許、賈克-尤斯・寇斯托與路易・馬盧 (Louis Malle)、格萊格利・貝森 (Gergory Bateson) 與瑪格麗特・米德 (Margaret Mead)、約翰・馬歇爾 (John Marshall) 及羅拔・格德納。他們的作品中較有名的有寇斯托與馬盧的《沉默的世界》(The Silent World/ Le monde du silence, 1956)，這部片子是寇斯托的第一部作品，而且是有關在海上及海底的海洋學探勘紀錄，內容既引人入勝而又深富教育性。片中技藝高超的海底攝影不僅令我們對潛水人員有親密之感，同時也令我們對海底世界的多采多姿感到目眩神移。此後，模仿這部片子原創的海底攝影作品大量出現，但寇斯托持續在為電視而製作的影片上大獲成功，這些電視影片也是有關自然世界觀察與保育，特別是對於海洋。同類型的探險影片還有湯瑪士・史托帕與喬治・羅的《征服艾弗勒斯峯》(見第十一章)，這部片子記錄並歌頌了艾德蒙・希拉利及尼泊爾的天辛成功登上世界第一高峯，此外多爾・黑耶達 (Thor Heyerdahl) 的《Kon-Tiki》(挪威出品，1951) 記錄了作者自己乘原始木筏從秘魯到波里尼西亞突阿摩突島的旅行。兩部片子都受到廣大觀眾的喜愛，它們也各自獲得很多獎項。

有關藝術的影片

即便在戰爭期間，法國人還是繼續製作有關藝術的影片，它們包括了尚・羅茲的《Aristide Maillol》(1943) 及《Aubusson》(1946) 及普羅托的《天主選擇了巴黎》(Dieu a choisi Paris, 1945)。而源起於戰前的法國藝術類電影延續至目前已儼然是一個重要的工業，戰後初期的藝術類影片包括了尚-保羅・

塞利亞(Jean-Paul Ceria)的《保羅‧塞尚的普羅旺斯》(Paul Cezanne's Provence/ provence de Paul Cezanne, 1946)、菲立普‧艾斯鐵 (Philippe Este) 的《再發現藝術》(Rediscovered Art/ L'art retrouvé, 1946)、莫坎頓 (Victoria Spiri Mercanton)、瑪格麗特‧德‧拉‧慕瑞 (Marguerite de la Mure) 及亞伯特‧撒伯 (Albert Saboul) 的《一八四八年或一八四八年的革命》(1848 or the 1848 Revolution/1848 ou la révolution de 1848, 1948)、皮耶‧布朗柏格 (Pierre Braunberger) 與尼可‧維德瑞斯 (Nicole Védrès) 的《巴黎一九○○年》(Paris 1900, 1948) 及亨利‧阿列肯的《羅丹的地獄》(Rodin's Hell/ L'enfer de Rodin, 1949)。也許在這些片子中令人印象最為深刻是法蘭西斯‧肯帕克斯的《馬蒂斯》(1946)，這部片子也像是海撒茲有關畢卡索的影片一樣，對於這個本世紀最偉大畫家既親近而又真切的描寫上有著傑出的表現，片子在直接回顧了馬蒂斯早年的作品之後，我們看到了這位八十五歲的畫家在他巴黎的公寓中正對著他的孩子畫出數張素描，旁白者嚴肅地以「遲疑、決定、捉摸及執行」等字眼來詮釋創作的過程，而馬蒂斯則坦白地說這是個「苦差事」。這部片子包括了「農人工作服」(the Peasant Blouse) 作品形成的精采紀錄以及馬蒂斯畫模特兒的慢動作分析。

威廉‧諾維克(William Novik)的《中世紀圖像》(Images medievales, 1949)是首部透過裝飾華美的中世紀手稿來呈現中世紀生活的藝術類影片，也一直是部對藝術及歷史教學良有貢獻的影片。它假設這些有特殊風格的圖畫真正描寫了日常生活，而對那個時代音樂的運用則有助於本片做為一部可信的真實紀錄。

在所有法國人製作的藝術類影片中，最受大眾喜愛的首推亨利-喬治‧克魯索的《畢卡索的秘密》(1956)，本片探究視覺藝術家恣意揮灑的空間，換作是電影工作者就會因為受到像「還有多少底片」之類的世俗限制而妥協。為強調這一點，克魯索自己扮演一個暴君式的導演，似乎在恫嚇赤裸上身的畫家要在底片拍完之前完成他的作品，但這個聰明的想法（如果這是電影工作者的意圖）並不見得成功，因為我們知道如果能拍到像畢卡索這樣等級的藝術家，克魯索應當會有充裕的底片可運用，我們看到畢卡索在一張不透明的玻璃屏幕上創造了十五個以上的圖像，攝影機在屏幕的兩邊都拍（但他們之前與畢卡索也有協議，這些圖像將在影片完成後即被摧毀），很明顯的，這個方法為觀看畫家創作的過程提供了難得的機會，但我們前面提到圖像必須在影像完成後毀去的事則大大減損了這部片子做為一部嚴肅紀錄的價值，除此之外，矯飾的配樂相對於畢卡索添加於其作品上的線條與色彩也並未有等量齊觀的表現。克魯索一向是個善於揭開人類最黑暗心理層面的大師，在本片中，卻僅為我們揭開畢卡索的一些驚人的活力及創造力還有畫家自己的特立獨行。片名中所提到的「秘密」(mystery) 一字，終究還是陳腔濫調，而創作的神秘性也仍然令人費解。

在五〇年代，法國人製作有關藝術家及藝術的電影在範圍上相當可觀，包括了：格蘭米倫的《生命的魅力》(Life's Charms/ Les charmes de l'existence, 1950, 與皮耶・凱斯特Pierre Kast合作)，這是部有關法國學院派畫家布格羅 (Bouguereau) 的影片，弗瑞德列克・杜蘭 (Frédéric Duran) 與阿貝・摩瑞爾 (Abbé Morel) 有關畫家魯奧的《求主衿憐》(Miserere, 1951)，有關米羅 (Miró)、馬松 (Masson)、杜納耶・德・西貢札克 (Dunoyer de Segonzac)、垂莫伊斯 (Trémois)、達利、德倫 (Derain)、拉布瑞爾 (Laboureur) 等藝術家的影片《圖像之屋》(The House of Images/La maison aux images, 1955) 和《安德列・馬松及四個元素》(André Masson, and the Four Elements/ André Masson et les quatre éléménts, 1958)。此外，波塔斯・胡騰 (Pontus Hulten) 及羅拔・布利爾 (Robert Breer) 有關亨古利 (Tinguely)、布利爾 (Breer)、莫添森 (Mortensen)、傑柯布森 (Jacobsen)、維沙利 (Vasarely) 及亞根 (Agam) 等「行動派藝術家」的影片《行動》(Movement/ Le mouvement, 1950)，而尼可・維德瑞斯的《生命從明天開始》(Life Begins Tomorrow/ La vie commence demain, 1950) 的重心正是沙特 (Jean-Paul Sartre) 與賈克・派韋，而亨利・巴尼爾 (Henri Bonniere) 的《被解放的一羣》(The Unleashed Ones/ Les dechainés, 1950) 則是有關 "les lettristes" 的影片。有關其他特殊藝術家的影片還包括了何內・魯考特的《安東尼・波德爾》(Antoine Bourdelle, 1950)、安德烈・柏路 (Andre Bureau) 的《喬治・布拉克》(Georges Braque, 1950)、羅傑・李維特有關亨利・高茲 (Henri Goetz) 的《Histoire d'Agnes, 1950》及菲立普・艾斯鐵有關夏加爾、雷傑、拉侯 (Jean Lhote)、勞裘 (Lorjou)、敏諾 (Minot) 及維倫 (Villon) 等畫家的《活生生的藝術》(Living Art/L'art vivant, 1950)，而皮耶・凱斯特的《戰禍》(The Disasters of War/ Les désastres de la guerre, 1951)，其主題是畫家哥雅 (Goya)，尚・奧瑞爾 (Jean Aurel) 的《Les fêtes galantes》(1951) 的主角則是畫家華托 (Watteau)。

在考克多創作力最旺盛的時期中，他製作了《聖托‧索斯柏》(Santo Sospir, 1952)，這部片子因為經過大師的經營，因而不致淪為一部渡假小屋的家庭電影。此外，還有些較不具知名度的藝術家所拍攝的影片，包括艾德格‧比列 (Edgar Pillet) 的《亨利‧勞倫斯》(Henri Laurens, 1952)、阿凱蒂 (Arcady) 有關雷歐那‧費尼 (Léonor Fini) 的《悲慘的傳說》(The Cruel Fable/ La légende cruelle, 1952)、喬治‧波奎爾 (Georges Bauquier) 有關佛南‧雷傑的《建造者》(The Builders/ Les constructeurs, 1956)、尚‧奧瑞爾、查爾士‧艾斯泰恩 (Charles Estienne) 與尚-克勞德‧西 (Jean-Claude See) 的《康定斯基》(Kandinsky, 1950)、《馬奈的工作》(The Manet Affair/L'affair Manet, 1951)、《裘斯‧弗尼》(Jules Verne, 1952)、《愛之心》(Heart of Love/Coeur d'amour, 1952)，安里可‧富吉格諾尼 (Enrico Fulchignoni) 的《達文西，或完美的悲劇性追尋》(Leonardo da Vinci, or The Tragic Search for Perfection/ Leonardo da vinci, ou la recherche tragique de la perfection, 1952)、尚-克勞德‧伯納 (Jean-Claude Bernard) 的《Chez ceux de Montparnasse》(1957)、艾提安‧培律耶 (Étienne Périer) 的《伯納‧巴菲》(Bernard Buffet, 1957)、耶夫‧艾倫 (Yves Alain) 的《蒙巴納斯區其地及畫家們》(Montparnasse and Its Painters/ Montparnasse et ses peintres, 1957)、皮耶‧艾立伯特 (Pierre Alibert) 的《立體主義》(Cubism/ Le cubism, 1957)、皮耶‧阿雷欽斯基的《日本書法》(Japanese Calligraphy/Calligraphie japonaise, 1957) 以及尚‧羅茲的《札金》(Zakine, 1960) ⑯。

---

⑯ 其他有關藝術的影片，法國的電視系列節目表現突出，如"Pleasures of the Arts" ("Plaisirs des arts") 由 Michel Mitrani, Jean-Luc Dejean 及 Jacques Floran 拍攝的《Léger》(1959)、《Pevsner》(1959)、《César》(1959)、《Pleasures of the Arts: Braque》、《Man Ray》、《Brown》、《Bryen》、《Bissière》、les frères Loeb (Plaisire des arts, 1959). "Studios in France" ("Ateliers en France") 由 Fabienne Tzanck 及 Pierre Neurisse 拍的《Henri Michaux》(1958)、《Zao Wou Ki》(1960)、《Ubac》(1960) 及《Édouard Pignon》(1960). "Black Room" ("Chambre Noire") 包括 Claude Fayard 的《Man Ray Photograph》(Man Ray photographe, 1961), "Terre des arts" 包括 Michel Mitrani 的《The Abstract Art in Question》(L'art abstrait en question, 1961) 及《Goya》(1962); Roger Kahane 的《Jean Dubuffet》(1961) 及尚‧羅茲的《The Origins of French Art》(Les origines de l'art en France, 1963). "Art and Men" ("L'art et les hommes") 有 Jean-Marie Drot 的《Voyage au pays des demeures avec Étienne Martin》(1962)《Giacometti: A Man Among the Others》(Giacometti, un homme parmi les autres, 1963)、《La bande à Man Ray》(1964)、

最後一個是羅傑‧林哈德，他可以和雷奈與法蘭茹同被視為非劇情片、藝術類影片及法國新浪潮三者之間的橋樑❶。林哈德不僅精於電影理論與批評，同時也是位多產的電影工作者，他拍過的影片包括《杜米埃》(Daumier, 1958, 與Henri Sarrade合作)、《芒佩利爾的大師》(The Master of Montpellier/ Le maitre de Montpellier, 1960)、《抽煙斗的男人》(The Man with the Pipe/ L'homme à la pipe, 1962)、《女人與花》(Women and Flowers/ Des femmes et des fleurs, 1963)、《柯赫》(Corot, 1965, 與蓋‧伯納Guy Bernard合作) 及《安格爾》(Monsieur Ingres, 1967)。

歐洲地區其他的影片

二次世界大戰後，有幾個不同的非劇情片風潮在義大利、比利時及法國之外的歐洲國家興起，它們的主題包括了藝術、對自然「如詩的歌頌」、對日常生活的個人式觀察以及歷史性的編年紀事——特別是有關二次世界大戰時德軍的暴行❶。

這個歷史性的編年紀事承襲了非劇情片做為見證紀錄的傳統角色，乃是以納粹戰時所製作及保存的龐大檔案資料影片為基礎。德國在戰後分裂為東德及西德，西德的電影製作受到同盟國嚴格地控制，而東德，原來的電影製作組織烏發被更名為德發 (DEFA)，其設備及器材則全受蘇聯掌控。緊接著戰爭結束而來的歲月，西德隨即歷經紐倫堡大審，而納粹戰時所拍的影片就被放映來當做納粹及同流者的罪證❶。許多西德人民都對這個才發生不久的

第十二章　二次世界大戰之後歐、亞洲及加拿大的非劇情片　三八一

《Games of Chess with Marcel Duchamp》(Jeux d'échec avec Marcel Duchamp, 1964). "French Painters Today" ("Peintres Français d'aujourdhui") 則有Jacques Simonnet 及 Guy Suzuki的《The Life and Work of Robert Bissière》(La vie et l'oeuvre de Roger Bissière, 1963)、《Gustave Singier》(1963), "Living Art" ("L'art vivant")則有 Jean-Michel Meurice的《Jean-Paul Riopelle》(1963)《Dodeigne》(1963)《Francoise Sthaly》(1965), 及《Sonia and Robert Delaunay》(1967). 而 "Les métamorphoses du regard, André Malraux" 則有 Clovis Prevost 的《Masters of the Unreal》(Les maitres de l'irréel, 1974), 《The Gods of the Night and the Sun》(Les dieux de la nuit et du soleil, 1974) 及《World Without God》(Le monde sans Dieu, 1974).

❶ 見Leenhardt, "L'evolution du film d'art," *Gazette des Beaux Arts* 6.102 (Jul.-Aug. 1983): 42-46.

❶ 見Leyda, Films *Beget Films: A Study of the Compilation Film* (New York: Hill, 1971), esp. chap.5.

恐怖歷史紀錄大感震驚，不過電影工作者也鮮少再進一步利用這些資料；而東德的電影工作者，同樣耽於這些證據所描述的事情，他們卻以此製作出多部傑出的編輯影片。布朗羅就寫道「(東德製作的)這些影片反映了東西德之間仇恨的敵對，同時還助長了彼此的仇恨，東德也就對付戰犯的行動上繼續向西德施壓」。

在東德的歷史性編年紀事影片中，安祖與安納利・童戴克 (Andrew and Annelie Thorndike) 兩人是最主要的電影工作者。關於編輯資料影片的傳統乃是始於艾斯・沙伯 (見第四章)，而由維多夫、卡瓦康蒂、凱普拉及杜甫仁科等人繼續經營，前述等人的成功使得這個傳統能在馬歇爾・歐佛斯的作品中繼續下去。而安祖及安納利兩人的作品在記錄德國歷史的影片編輯技巧上深思熟慮。除此之外，他們最主要的成就乃是運用資料影片去當做一種警告，甚至是一種控訴，用它們來控訴那段在歷史中一再重複的暴行——也就是陳立所說的「用紀錄文件來審判」**⓴**。

童氏兩人的第一部作品為《你們都是一伙的》(You and Many a Comrade/ Du und mancher Kamerad, 1955)，本片尖銳地強調了德國軍方及工業領導人在德國參與的兩次世界大戰的合作關係。他們尤其對有些納粹戰犯未能被繩之以法而耿耿於懷，在《操持條頓族之劍》(Operation Teutonic Sword/ Unternehmen Teutonenschwert, 1958) 及《西特的假日》(Holiday on Sylt/ Urlaub auf Sylt, 1959) 兩片中他們也分別揭發了漢斯・史畢德蘭 (Hans Speideland) 與海恩茲・萊恩法什 (Heinz Reinefarth)。兩人另一部在一九六三年所拍的《俄羅斯奇蹟》(The Russian Miracle/Das Russische Wunder) 則對俄國現代史做了編年式的紀錄。

延續著童氏影片中的控訴精神，周欽・海威格 (Joachim Hellwig) 拍了《安妮的日記》(A Diary for Anne Frank/ Ein Tagebuch für Anne Frank, 1958)，本片特出之處在其探索殺害這些年輕人的劊子手的生活。另一位在蘇格蘭進

⓳ 有關紐倫堡大審的電影有Roman Karmen的《紐倫堡大審》(Judgement of the Nations, Soviet Union, 1946)，羅倫茲的《紐倫堡》(Nuremberg , USA, 1948)，及馬歇爾・歐佛斯的《A Memory of Justice》(1976).

⓴ Leyda，178。戰後十五年西德的藝術類電影乏善可陳，僅少數有關藝術的電影值得一提，其中包括Walter Leckebusch的《Albrecht Dürer》(1954) 及《The Age of Rococo》(1958).

行影片製作的德國難民艾文·萊瑟（Erwin Leiser）則拍了兩部有關希特勒時代的有力影片《Mein Kampf》（1960）與《艾契曼與第三帝國》（Eichmann and the Third Reich/ Eichmann und das Dritte Reich, 1961），在兩部影片中萊瑟以其客觀及富解析力的洞察能力切入德國人的集體靈魂深處❷。

德國戰後影片主題並不局限於戰爭編年紀事，伊文斯也對使用檔案資料片有興趣，他當時就幫東德的電影機構德發拍了一些影片，包括與魏蘭德邁·波茲納（Vladimin Pozner）合作的《河流之歌》（Song of the Rivers），它的內容是有關在世界六大河流流域中工作的人們❷，有關世界各地母親角色的影片《我的孩子》（My Child/ Mein Kind, 1956）及與卡瓦康蒂合作、描寫五個不同國家婦女角色的《風中玫瑰》（The Wind Rose/ Die Windrose, 1956）。就如保羅·羅沙的《希望之地》（1945）與《這是個豐富的世界》（1947, 見第十一章）一樣，伊文斯在《風中玫瑰》中所關切的是戰後年代的世界性重建、成長與和平。

其他受蘇聯控制的東歐國家也運用檔案資料影片記錄戰時的歷史：在南斯拉夫，卡斯塔夫·卡斯弗林（Gustave Kasvrin）與柯斯塔·哈瓦瓦提（Kosta Hlvavaty）就製作了記載集中營暴行的《Jasenovac》（1945）。在波蘭，亞歷山大·福特（Aleksander Ford）與傑西·波沙克（Jerzy Bossak）也製作了類似的影片《Majdanek》（1944）。而波沙克與華克勞·卡錫米爾克札克（Waclaw Kazimierczak）更編輯了納粹摧毀華沙街區的資料影片而製成《五十萬人的安魂曲》（Requiem for 500,000/ Requiem de la 500,000, 1963），其他有關戰時罪行及暴行的波蘭影片還包括珍納斯·馬裘斯基（Janusz Majewski）的《富萊雪的相簿》（Fleischer's Album/ Album Fleischera, 1962）及傑西·錫阿尼克（Jerzy Ziarnik）的《蓋世太保軍官施密特每天的生活》（The Everyday Life of Gestapo Officer Schmidta/ Powszedni dzien Gastapowca Schmidta, 1963）。此外，還有一些回顧戰時歷史的波蘭影片，如安東尼·波德錫維克茲（Antoni Bohdziwicz）與華克勞·卡錫米爾克札克合作的《紐倫堡最後的黨羽》（The Last Parteitag at Nuremberg, 1946）及波沙克與卡錫米爾克札克的《一九三九年九

❷ 見Erwin Leiser, *Nazi Cinema* (New York: Macmillan, 1974).

❷ 伊文斯的影片中蕭士塔柯維契（Dmitri Shostakovich）的音樂、布萊希特的歌詞及保羅·羅布森（Paul Robeson）的演唱都相當出名。

月》(September 1939/Wrzesien, 1961)。一九五六年美國電影工作者李奧・荷維茲（曾拍攝《祖國》）也曾為波蘭電影機構 "Films Polski" 拍攝了一部撼人甚深，有關奧斯華茲集中營的影片《美術館與憤怒》(The Museum and the Fury) ❷。

　　蘇聯戰後的影片包括羅曼・卡曼有關紐倫堡大審的《國家的審判》(Judgement of the Nations/ Sud naradov in Russia, 1946)、伊拉雅・柯帕林的《無法遺忘的歲月》(The Unforgettable Years/ Nesabyvajemyje gody, 1957)，這是部慶祝蘇維埃革命四十週年的影片❷。此外還有米蓋爾・隆姆 (Mikhail Romm)的《平凡的法西斯主義》(Ordinary Fascism/ Obyknovennyi Faschism, 1965)。

　　戰後，在歐洲地區興起的非劇情片風潮還包括了對日常生活及自然做「詩」化歌頌的影片及藝術類影片。歐洲瑞典電影工作者阿尼・沙克斯朵夫在歐洲電影工作者間就是相當優秀的一位，他居住的地方與大自然，特別是與各種動物都十分接近。一般如華特・迪士尼公司所製作的自然生態影片，儘管看來多采多姿，但在企圖讚美大自然生命的同時，卻總似乎很諷刺地透露出一種優越感。沙克斯朵夫的影片不同，他不僅以第一手的知識及觀察描寫自然生物，同時也抱著尊重及愛去看待他們。一些沙克斯朵夫的戰時自然影片可被解釋為有關納粹主義的寓言，如《夏日故事》(A Summer's Tale/ En sommarsaga, 1941)、《咕！》(Gull!/ Trut!, 1944) 及《雪上的影子》(Shadows on the Snow/ Skuggor över snön, 1945)。沙克斯朵夫其他戰時影片還包括《西風》(Wind From the West/ Vinden fran väster, 1942)、《馴鹿季節》(Reindeer Time/ Sarvtid, 1943) 及《黎明》(Dawn/ Gryning, 1944)。

　　戰後，沙克斯朵夫短暫地將焦點轉向城市，他製作的《城市中的人們》(People of the City/ Människor i stad, 1947) 就對城市居民關注較多（如約翰・艾爾德里奇的《搖擺的步伐》）而非城市生活的模式（像魯特曼的《柏林：城市交響曲》就比較關注城市生活模式），沙氏其他影片還包括《分裂的世界》(A Divided World/ En kluven värld, 1948) 及在印度拍的兩部短片：《印度村落》(Indian Village/Indisk by, 1951) 及《風與河》(The Wind and the River/

---

❷　陳立認為雷奈《夜與霧》的冷靜比荷維茲影片中的熱情成功些。

❷　其他稱頌現代蘇俄歷史的影片有童戴克兄弟的《俄羅斯奇蹟》（東德，1963）及英菲斯切利的《半個世紀的卡維爾卡德》（義大利，1951）。

·《大冒險》(1953, 瑞典, 阿尼·沙克斯朵夫)

Vinden och floden, 1951)。

　　沙克斯朵夫的一部優美抒情之作《大冒險》(The Great Adventure, 1953)
是他最著名的作品,它記錄一個男孩因為領悟到自然而成熟。本片有關狐狸
與山貓的寓言加深了一個孩子的信念,也就是動物既受寵就不會背棄人類。
沙克斯朵夫在描寫人的自私及歌頌自然和諧的手法上,也許曾受佛萊赫堤《路
易斯安那州的故事》的影響。表面上敍述人應向大自然學習智慧及常識,但
本片最重要的主題是掠食者,對動物殘酷面的描寫尤令人吃驚。《大冒險》也
因其精確而耐心地觀察動物行為及其優美的攝影而備受讚譽❷。

　　歐洲其他戰後影片還包括個別的電影藝術家充滿詩意敏銳的紀錄。在丹
麥,充滿傳奇色彩的導演德萊葉在一九四二至五四年間就為丹麥政府拍了八
部短片,其中包括《托維森》(Thorvaldsen, 1948),這是部有關雕塑家伯泰爾·
托維森 (Bertel Thorvaldsen) 的作品,片子冷靜而精確地觀察托維森的雕塑,

❷　見Catherine de la Roche, "Arne Sucksdorff's Adventure,"*Sight and Sound* 23.2 (Oct.-Dec.
　　1953): 83-6; Forsyth Hardy, "The Films of Arne Sucksdorff,", *Sight and Sound*17.66
　　(Summer 1948): 60-63＋.

電影形式風格與雕塑主題做了完美的契合。在荷蘭，一位年輕的電影工作者伯特・漢斯屈（Bert Haanstra）則採用了完全不同的方式，以簡單的題材拍出偉大風格的影片，如《荷蘭之鏡》（Mirror of Holland/ Spiegel van Holland, 1950）是部有關荷蘭人生活的編年紀事，片子裏有許多畫面攝自水面的反光，令人想起伊文斯早期的作品（見第六章）。此外《Panta Rhei》（1951）是部有關流雲、飛鳥及樹葉的實驗之作，它們三者彼此相連，也令人想起伊文斯。漢斯屈此時期其他的作品還包括《林布蘭：人的畫家》（Rembrandt: Painter of Man, 1957）、《荷蘭人》（The Human Dutch, 1963）及其巨作《玻璃》（Glass, 1958）。

《玻璃》是部簡短、充滿啓發性的視覺性論述，它的內容是將「吹玻璃」這傳統的手工藝方法與現代化的機械過程相連並置起來對照。過去的製造過程製作出原創的藝術品，像是瓶子、高腳杯及大盤子，而晚近的機械化過程則製造出同一形式、講究實際好處的桶子及煙灰缸。接續了佛萊赫堤/葛里遜《工業化的英國》這樣的傳統，漢斯屈常常運用手在工作的畫面去向偉大的手工技藝致敬。並以描寫機械過程的出錯做為對比，例如，當機械手臂被設定去撿起瓶子時，若瓶子有損傷手臂就失效，人就必須涉入。漢斯屈將彩色的畫面、怪異的爵士音樂、片名及工作人員字幕以對位的方式排列組合，將它們轉換成數種不同的語言，強調出漢斯屈自己多方面透視事物的能力。

隨著這個抒情形式之後，有些波蘭人製作的短片也紛紛完成，它們包括安德烈・芒克（Andrzej Munk）的《在舊城中漫步》（A Walk in the Old City/ Spacerek staromiejski, 1958）、卡西米爾茲・卡拉巴茲（Kazimierz Karabasz）的《音樂家》（Musicians/ Muzy kanci, 1960）及隆姆尼奇（Jan Lomnicki）的《一艘船的誕生》（A Ship is Born/Narodziny statku, 1961）。

亞洲

印度

當戰爭在一九四五年結束後，出身勞工黨的英國首相克萊蒙・阿特立就提議英國應在一九四八年之前賦予印度獨立地位，而一九四七年八月印度即正式獨立。過去在英國的統治下，印度電影工業要課徵娛樂稅，上映時受到嚴格限制，同時又有電檢制度審核影片內容，這三方面使電影工業負擔沉重，然而印度電影工作者相信國家獨立之後這些障礙將會一一解除❷。可是事實上，新上任的印度共和國政府反而加重課稅，並要求必須要有定量的「核可」影片在每個戲院播放。這些影片均由新政府的電影部門製作，這個電影部門原是要取代它的前身英屬印度新聞影片組織（British Information Films of India）然而卻未脫其形式。雖然政府此舉受到電影工業的反對，他們在一天之內關閉所有的戲院來向政府抗議，政府則更進一步涉入包括紀錄片及新聞片的非劇情片製作。因是之故，開始了政府與電影工業界間長期的失和，三個主要電影工業重鎮孟買、加爾各達及馬德里與政府的對立持續了幾乎十年。

印度政府相信，製作非劇情片將會爲這類型影片創造出票房，因而刺激私人的電影工業。在很小的程度上，印度政府確實使得像伯瑪·謝爾（Burmah-Shell）這樣的製作組織積極運作起來（當時它的電影部門是由英國電影工作者詹姆斯·貝弗利奇所帶領的），它出品的影片包括保羅·西爾斯（Paul Zils）的《質料》（Textiles, 1956）、法利·比利摩利亞（Fali Billimoria）的《查凡可的一個小村》（A Village in Travancore, 1957）及哈利·達斯·古普塔（Hari Das Gupta）的《潘奇杜比：一個在西班格的小村》（Panchtupi: A Village in West Bengal），上述三部片子都曾在愛丁堡影展中獲獎❷。儘管如此，這些用來鼓舞商業電影復甦的非劇情片製作卻如曇花一現。一九五八年伯瑪·謝爾組織被解散，《印度紀錄片》（*India Documentary*）這本意在重振商業電影工業的雜誌停刊，碩果僅存的只有受到商業贊助的著名影片《泰戈爾》（Rabindranath Tagore, 1961），這部片子由薩提耶吉·雷（Satyajit Ray）拍攝，是向印度最偉大詩人之一的泰戈爾虔誠致敬之作。似乎很明顯的，印度非劇情片的前途還是落在政府電影部門中。

印度電影部門在製片主管愛茲拉·米爾（Ezra Mir）的領導下獲得令人難以置信的成功。在它的全盛時期，這個部門每年製作出一〇四部非劇情片、五十二部新聞片供戲院上映，它的製作乃是遵循三〇年代英國紀錄片運動所

---

❷ 見Erik Barnouw and S. Krishnaswamy, *Indian Film* 2nd ed. (New York: Oxford, 1980).

❷ 這段期間印度最傑出的導演薩提耶吉·雷以三部劇情片「阿普三部曲」贏得國際聲譽，這三部影片爲《大路之歌》（The Song of the Road/ Pather Panchali, 1955）、《大河之歌》（The Unvanquished/Aparajito, 1957）及《阿普的世界》（The World of Apu/Apur sansar, 1958）。

創造出來著名模式。電影部門在印度每一省派駐新聞片攝影人員,在大都市則加派攝影人手並製作卡通。它也爲其他特殊目的,像是在汽車上、學校及海外地區製作影片。因爲電影部門的影片必須以五種不同語言版本發行,所以電影工作者似乎趨於強調旁白而非電影的元素,但根據巴諾及卡瑞許納斯瓦米的說法,「這些影片在方法上謙遜而眞實,攝影上也不錯」(203)。而電影部門的這些作品對於廣大印度觀眾文化教育貢獻良多,它們之中有多部獲得重要的獎項,並漸在國際影展中嶄露頭角,電影部門所製作的重要的影片包括《Jaipur》(1951)、《生活交響曲》(Symphony of Life, 1956)、《Khajuraho》(1956)、《Gotama the Buddha》(1957),還有比利摩利亞的《阿南達蓋的房子》(The House That Ananda Built, 1968)、班哈卡 (P. D. Pendharkar) 製作的《聖雄甘地的一生,一八六九─一九四八》(Mahatma: Life of Gandhi, 1869-1948, 1968)、阿朗溫旦 (G. Aravindan) 的《馬戲團帳棚》(Cirus Tent, 1978)及《數百年共存的所在》(Where Centuries Coexist, 1975)。在一九七五至七七年,印度總理甘地夫人 (Indira Gandhi) 主政的「緊急時期」過去後,印府開始放鬆對電影工業的管制,當時它仍是全世界最大的電影工業。

日本

除了一些製作的嘗試之外,日本人其實並未眞正發展非劇片這樣的類型[28]。在二次世界大戰之前,日本的電影發展僅限於劇情片,而他們的美學也不曾受到西方電影及美學傳統的影響。戰爭結束之後,日本被美軍佔領 (1945-52),在這段期間,日本電影工作者在意識型態受到嚴格管制的情況下進行工作,他們不得歌頌一些諸如封建思想、君王思想及武士精神等重要的文化傳統,而同一時期觀看歐洲及美國電影的日本觀眾則日漸增加。日本電影的黃金年代要在美軍佔領結束之後才隨著黑澤明、溝口健二及小津安二郎等人的影片出現後才開始,與同時期歐洲的導演 (像亞倫‧雷奈及安東尼奧尼等人) 不同,歐洲電影工作者從非劇情片製作中開展他們的電影生涯,而日本導演則直接在電影攝影棚內開展他們極具風格的電影生涯。

中國

[28] 見Donald Richie, *Japanese Cinema* (New York: Anchor, 1971).

中國非劇情片的發展一直無法得出一個清楚的印象，造成這種現象有下列幾個原因：其一，國家本身政權交替與政治變化複雜；其二，可供西方學者研究的中國非劇情片十分稀少（即使有這類影片，也還有語言上的障礙）；其三，就目前為止還沒有出現對這個題目研究的重要體系❷。二次世界大戰結束後的中國歷史發展，均由國民黨及革命運動兩者的行動及成就所主導，特別是兩個人的興起與沒落攸關甚鉅，他們就是蔣介石與後來的毛澤東。政治運動也影響了電影工業，因為每一波政治變革都影響及主管宣傳與藝術的政策。

在一九四五至四九年之間，蔣介石所領導的國民黨政府面臨許多重要的挑戰，其中最重要的就是對抗共產主義。在戰爭結束後最初幾年，電影工作者因戰前及戰時效忠的對象不同再次分裂，電影僅有零星的製作，而這些為數不多的影片一成不變地反映了反共的主題。一九四九年毛澤東掌權後，數據顯示非劇情片產量佔全國影片產量的半數以上，除此之外，中國電影工業與蘇聯電影工業有了新的聯繫，這種關係不僅為中國影片工作方式注入活力，也為中國影片的電影風格帶來新的生機，兩國電影工作者互訪，對中國的整體影響則是中國電影的研究及製作都提升至一個重要而嶄新的境界，中國電影工作者開始重新組織與改進他們的電影學校，而蘇聯對中國非劇情片的影響則可在一些拍片題材的增加上看出來，這些題材包括土木工程及營造、土地開墾、農場集體化及軍事上的成就。

毛澤東在一九五七至五八年宣示的「大躍進」運動更進一步刺激了中國的電影工作者。儘管如此，仍有幾個因素拖延了中國電影真正的革命成就：包括觀眾仍比較喜愛文學及戲曲、政策及電檢制度對電影的限制以及文化的意識型態及文化的優先次序的內在改變，尤其是毛澤東在六〇年代末期繼續發動的革命所掀起的整肅及改變所造成的內在變動更是劇烈。傅亞（Ya Fu）與黃寶善（Bao-shan Huang）合拍的《星火燎原》（A Spark Can Start a Prairie Fire, 1961）一片敘述的是中華人民共和國的歷史，而一部更典型的有關大規模的水利工程的影片《紅旗渠》（The Red Flag Canal）則在一九六九年出現。

❷ 見Jay Leyda, *Dianying/Electric Shadows: An Account of Films and the Film Audience in China* (Cambridge: MIT Press, 1979). 由於劇情片在戰後中國電影史上的優勢，因此陳立對於它們的強調超過了非劇情片，這個簡短的文字大部分是得自於陳立廣博的研究。

·《中國》(1972, 義大利, 安東尼奧尼)

在這段期間，愈來愈多的西方電影工作者訪問中國，他們有些來講學，有些來拍片，有些則來從中國的觀點觀察越戰。伊文斯曾在一九五八年在中國製作了《早春》(Early Spring)，而根據陳立的說法，這是部「僅見的中國實況影片，當你在觀賞時（片子）似乎也在成長。」❸一九六三年費力克斯·格林 (Felix Green) 所拍的《中國》(China!) 則為西方觀眾提供這個國家一個可信的觀察，但本片也激怒了美國當局，因為他們那時正堅持反共立場，對中國有利的影像自然在排斥之列。另外一部引發爭議的影片是安東尼奧尼的《中國》(China/Chung Kuo, 1972)，本片乃是為義大利電視所拍的兩小時長片，如同路易·馬盧另一部長度更長、野心更大的影片《印度印象》(Phantom India) 被許多印度人誤解一樣，一些中國觀眾對《中國》一片的反應是安東尼奧尼給予中國革命的評價過低。

❸ 見David Bickley, "Joris Ivens Filming in China," *Filmmakers Newsletter* 10.4 (Feb. 1977): 22-26; Deborah Shaffer, "Fifty Years of Political Filmmaking: An Interview with Joris Ivens," *Cinéaste* 14.1 (1985): 12-16+; Jane Rayleigh, "Joris Ivens in China," *Sightlines* 12.1 (Fall 1978): 21-3; 及 Robert Sklar, "Joris Ivens: The China Close-Up," *American Film* (June 1978): 59-65.

加拿大

加拿大國家電影局

戰爭期間由約翰・葛里遜領導的國家電影局主要致力於宣傳片的攝製(見第八章)。當時葛氏對該局的監管及採用的方式都有問題,而戰爭結束後,根據華克・伊凡斯的說法「(宣傳片)又再次被疑爲有陰謀的一種活動,唯有葛里遜長久以教育的功能爲由來駁斥上述的懷疑」❸。一九四五年葛里遜去職,新上任者爲羅斯・麥克林 (Ross McLean),他在幾乎不更動原來直接強調「人」的做法上著手幾個新的業務。在他領導下,開始製作有關藝術、心理學的影片、歷史性編年紀事影片、個人式觀察影片及動畫短片,在六〇年代初,加拿大電影工作者的作品已開始影響了真實電影及直接電影的發展(見第十四章)。

加拿大國家電影局製作有關心理學的影片成就非凡,像是「心理過程」的系列影片,包括《反對的情緒》(The Feeling of Rejection, 1947)、《敵意的情緒》(The Feeling of Hostility, 1948)、《過度依賴》(Overdependency, 1949)、《沮喪的情緒》(The Feeling of Depression, 1950)及《害羞》(Shyness, 1953)。而六〇年代,亞倫・金的《華倫代爾》更以直接電影的技巧來探討受情緒干擾的兒童(見第十四章)。其他有關藝術的加拿大影片包括亞伯特・泰西爾 (Albert Tessier) 的《四個加拿大藝術家》(Four Canadian Artists/Quatre artistes canadiens, 1948);有關該地區土著的題材,如道格拉斯・魏金遜 (Douglas Wilkinson) 的《如何建一座冰屋》(How to Build an Igloo, 1950);此外也有像佛萊赫堤在《北方的南努克》中描寫愛斯基摩家族的生活一樣,魏金遜也在一九五二年製作了《漫漫長日下的土地》(Land of the Long Day, 1952)。

這段期間著名的加拿大非劇情片成就還包括羅曼・克羅特 (Roman Kroitor) 的作品《保羅・湯姆寇維克斯:街頭電車轉轍員》(Paul Tomkowicz: Street Railway Switchman, 1954),本片以剛興起的真實電影風格爲一位不凡

---

❸ *John Grierson and the National Film Board: The Politics of Wartime Propaganda, 1939-1945* (Toronto: University of Toronto Press, 1985), 269.

·《黃金城》(1957, 加拿大, 湯姆‧德利、柯林‧羅及沃夫‧柯尼格)

工人的生活提供了動人的紀錄。還有湯姆‧德利 (Tom Daly)、柯林‧羅 (Colin Low) 與沃夫‧柯尼格 (Wolf Koenig) 合作的紀事影片《黃金城》(City of Gold, 1957),以及克羅特與柯尼格共同拍攝的《顧爾德:無紀錄可循》(Glenn Gould: Off the Record, 1959) 及《顧爾德:有紀錄可循》(Glenn Gould: On the Record),兩部片子對這位加拿大鋼琴家提供了一個親密的觀察,影片攝製時,顧爾德才二十七歲,當時已是本世紀最偉大的藝術家之一。

　　《黃金城》運用照片爲一段過去的歷史做圖像說明,在做法上有開創的意義,也爲十九世紀晚期人們奔向尤肯 (Yukon) 地區淘金的往事提供了一個原始而迷人的歷史紀錄[32]。影片從道森市 (Dawson City) 昔日傳統的回溯以及旁白者回憶年輕時光開始,用以比照影片拍攝年代的時空。電影工作者曾取得一批攝於一八九八年淘金全盛時期的玻璃版照片,這些影像將當時的盛況重現。透過這些照片,以不同於以往拍攝歷史事蹟電影的方法,我們看到道森市從一個煤業小村迅速轉變成爲一個既粗糙又複雜的城市,旁白有眞切

[32]　巴諾(201)說「它激發了兩個後來成爲電視經典的計畫:《眞正的西部》(The Real West, 1961) 及《審判結束》(End of the Trail, 1965)。

的情感，富於幻想，懷舊而感傷，適切地為這些美麗的照片提供歷史實況說明，它客觀而富於分析性，對所揭露的社會學現象並未提出虛假的詮釋，這點令人耳目一新。皮耶·柏頓（Pierre Berton）的旁白配音表現得極為完美，他證明了（也如李察·波頓為《週四的兒童》配音一樣）適合的聲音配上畫面將會營造出意外的魅力❸。雖然這個旁白沒有《大河》中的生動韻律，也沒有《夜郵》中詩般的張力和《聖誕節之外的每一天》的魅力，但《黃金城》與上述三片都可視為是非劇情片旁白發展上的一個里程碑。

---

❸ 在《Universe》（1960）中，羅曼·克羅特及柯林·羅以類似的技巧及動畫來表現太陽系。

第十三章
二次大戰後的美國非劇情片

　　隨著戰爭的結束，勝利帶來的欣喜之情短暫地取代了海外戰爭的恐怖。對美國人而言，勝利所帶來的戰後生活水準完全超乎他們之前所能想像。儘管如此，許多美國人開始看到，在戰時美國政府宣傳所創造的一個井然有序內部平和的國家形象，乃是個假象。他們曾被教導並深信美國乃是個真正的民主社會，是所有人都和平共處的國度，但軍隊返國後，許多退伍軍人卻在重新恢復平民生活上發生困難，因此從戰勝的自我陶醉中清醒甚至落入悲觀情緒的時間並不長。實則，不論在國內及海外，美國都遭遇了暗中腐蝕和平與繁榮的巨大力量。

　　在國內，這些力量包括社會不公、種族偏見、經濟重整及新的政治保守主義的墮落，其代表為艾森豪政府的政策以及由參議員麥卡錫 (Joseph McCarthy) 對共黨活動進行調查所引發的鎮壓氣氛。在海外，這些力量則來自美國加入韓戰——一場共產與非共國家之間的對抗 (1950-53)，導致54246名美國軍人死亡的戰爭❶，還有從戰爭結束後一直到六〇年代初期所發生的一場介於西方國家與共產國家之間有關國家力量與聲望的另一形態對抗——冷戰。

　　在戰後期間，包括好萊塢及獨立製片、劇情片與非劇情片等整個電影工業都面對了一個迥異於從前的世界，好萊塢面對的主要改變包括電影票房收入的滑落、製作成本上升、大片廠所屬的院線為法院命令解散、富於創造力藝術家的忠誠度受到非美行動委員會 (House Un-American Activities Committee) 所質疑，此外還有為因應電視的到來促使好萊塢發展彩色及寬銀幕電影的製作。在義大利及法國，新寫實主義已開始轉變了整個國家的製片工業；

---

❶　比較上，越戰死亡人數有記載的為58151人。如果再細分，韓戰中死於戰鬥的人數為33629人，其他死因為20617人；而越戰中死於戰鬥的人數為47356人，其他死因的有10795人。

在好萊塢，具社會意識的電影導演致力於融合非劇情性的寫實主義與劇情敘事手法，從而製作出一種被稱爲「半紀錄片」(semi-documentary) 的新類型❷，路易‧羅奇蒙首開先例跨越了傳統上的界限，自任製片並委請亨利‧哈塞威 (Henry Hathaway) 執導了四部至今仍爲典範的「半紀錄片」，包括《間諜戰》(The House on 92nd Street, 1945)、《曼德林街十三號》(13 Rue Madeleine, 1946)、《死吻》(Kiss of Death, 1947) 及《反案記》(Call Northside 777, 1948)。其他著名的影片還包括伊力‧卡山的《作法自斃》(Boomerang! 1947) 及朱爾斯‧達辛 (Jules Dassin) 的《不夜城》(Naked City, 1948)。雖然「半紀錄片」的類型存在的時期相當短暫，但它已對一些導演的作品不論在素材上及電影風格上發生明顯的影響，如約翰‧休斯頓的《夜闌人未靜》(The Asphalt Jungle, 1950)、伊力‧卡力的《岸上風雲》(On the Waterfront, 1954) 及希區考克 (Alfred Hitchcock) 的《伸冤記》(The Wrong Man, 1957) 等劇情片經典。而這個曇花一現的類型也結合了義大利的新寫實主義，影響了邊緣風格的「黑色電影」(film noir)。

在戰前，美國非劇情片因兩大主力而稱著，其一是獨立製片爲有競爭性市場所拍攝的影片，其二便是政府爲公眾資訊與教育出資拍攝的影片。隨著戰爭的爆發，政府爲官方及宣傳目的工作的影片凌駕了其他類型的影片製作，因此這種雙線發展也就嘎然而止。在戰後政治的保守氣氛中，大部分電影工作者均迴避了電影形式的改革及政治上的異議。整體而言，他們的影片對了解當時的社會及政治議題貢獻極微。而他們更偏離了非劇情片的傳統——一種視人民爲一羣體而非個人的傳統，開始去製作一種更個人與更直接的影片，它們關切著個人的問題，希望藉此能反映國家的問題。

三種新的製片模式出現了：其一，政府出資的電影工作再次興起，而電影工作者的作品也得以在國際上曝光；其二，電視的出現提供了電影新的呈現形態，也吸引了新的觀眾；第三，如戰前一樣，獨立製片再度盛行。

❷ 見William Lafferty, "A Reappraisal of the Semi-Documentary in Hollywood, 1945-1948," *Velvet Light Trap* 20: 22-26.

戰後政府影片的製作

　　戰爭結束後，美國政府隨即暫時終止國防新聞局(OWI)的業務，而在一九四五年八月以國務院內新設的部門國際資訊組 (Division of International Information) 來取代其活動，這是戰後美國政府處理資訊相關施政的首要事務。雖然戰後第一件與國外情報相關的活動是肇因於「冷戰競賽的儀式」❸，並以此設計出「與莫斯科流出的反美宣傳程度相當的反制」❹。杜魯門(Harry S. Truman) 總統就對之後的資訊活動有相當高的期望：

　　政府將會……盡力保障其他國家的人民對於美國生活的印象以及美
　國政府的目標與政策有完整而公平的印象。(引自 MacCann 175)

很明顯的，政府需建立一套系統化的官方資訊與海外文化活動的計畫。而這項需求也經過兩項法案的立法而實現。第一項是一九四六年的傅布萊特法案 (Fulbright Act)，明訂一項和平時期的國際交換計畫，第二項是一九四八年的史密斯-芒德 (Smith Mundt) 法案，為和平時期海外情報計畫的特許狀。儘管杜魯門希望有永久的情報組織，但是直到一九五三年美國新聞處 (United States Information Agency, 簡稱 USIA) 的建立才算有了常設的機構。在一九四五至五三年之間，不同的政府機構曾主管過國內及海外情報活動❺。其中，經濟合作管理處 (Economic Cooperation Administration, 簡稱ECA) 曾透過影片記錄了馬歇爾計畫對歐洲經濟恢復的貢獻，因此算是達成了杜魯門的目標。典型ECA出品的影片包括建造引水渠的《沒有水的村莊》(Village Without Water)，有關消滅瘧疾的《薩丁尼亞的冒險》(Adventure in Sardinia)，有關在奧地利四健會的《明日計畫》(Project for Tomorrow) 及法國農民為因應新的需求，從養牛改種稻米的《稻米與牛群》(Rice and Bulls)。與馬歇爾計畫有關的影片仍循著非劇情片提出問題/解決問題的模式，因此並未對這個類型

❸　*The People's Film*, 174.

❹　Thomas M. Pryor, "Films in the 'Truth Campaign,'" *The Documentary Tradition*, ed Lewis Jacobs, 292.

❺　見John W. Henderson, *The United States Information Agency*(New York: Praeger, 1969), esp. pp. 33-61 and 302-07.

在風格上的發展有任何貢獻,但它們卻有更重要的目標需要達成,即如李察‧麥肯寫道:

> （它們）並無關乎美國的生活,但卻反映了追求改造與進步的美國精神——一種根深蒂固認為「一定有更好方法」的態度。伴隨它們而來的其實是一個歷史性的階段及一個在災後免費賑濟的寬宏大量的觀念。在那個時代,信心是漲滿的,行動是慷慨的,而感謝是常被談及的。而紀錄片乃以多層次強化的手法為子孫記錄了這段美國海外政策最偉大的成就之一。(182)

另一個戰後政府的製片活動乃是在國務院監管下的國際電影供應處(International Motion Picture Servie, 簡稱IMPS) 所執行,這個機構在早期曾分派許多電影計畫給一些重要的非劇情片獨立製片人或導演去做,包括了馮‧戴克、艾文‧傑柯比、羅達凱維茲、茉莉安‧布萊恩(Julien Bryan)及羅奇蒙。他們的影片有些甚至透過美國的世界性網絡在全球播放,如羅達凱維茲的《國際冰山巡禮》(International Ice Patrol, 1947),這是G.P.O傳統的工人式電影,主要是向追蹤冰山的海岸防衛船致敬,另外一部片子則是馮‧戴克的《攝影師》(1948)。

除了上述這些影片之外,IMPS的影片並未引人注意,因為在當時的整個政治氣候下,這樣的結果不足為奇。在冷戰的國內戰線上,美國政府似乎同意它的宣傳政策應該維持一個強烈的反共立場,所以它也很明顯地大力資助願意承接這種訊息的影片。在冷戰的國際戰線上,一九五○年美國介入蹂躪韓國的韓戰,冷戰進一步緊張,而隨著美國新聞處(USIA)的建立,美國政府的宣傳活動,不論在政策及產品的複雜程度上,都進入了一個新的紀元。

美國新聞處

美國新聞處乃是由艾森豪總統在一九五三年創立,用來統合所有的國際宣傳計畫❻。從創辦之初,它就希望有別於二次世界大戰期間政府的宣傳做

---

❻ 這次合併包括國務院、共同安全總署 (MSA)、技術合作署 (TCA) 及在佔領區由國防部照管的部門,但未包括由國務院主理的教育交換計畫。卡特政府一九七七年的重組二號計畫 (Reorganization Plan No.2) 合併了USIA及國務院的教育與文化事務局 (Bureau of Educational and Cultural Affairs),並將USIA改名為USICA。在一九八二

法，而它的任務值得全文節錄下供我們參考。USIA的設立宗旨如下：

　　1.加強國外對美國政策及行動的支持與了解；2.反制任何扭曲美國目標及政策的嘗試；3.向總統……及其他重要政府官員建議有關國外對美國現行政策或已計畫政策在想法上的暗示；4.基於國家利益，推廣與執行教育性及文化性交換計畫，以便增進美國人民與世界各國人民之間更進一步的了解；5.與美國私人機構合作，藉以加強美國海外宣傳及文化推廣的品質及範圍；6.在資訊及國際傳播的自由流通上協助一個全面性政策的發展；7.在資訊、教育及文化交換上與各國政府達成協議❼。

　　除了這個清楚的任務之外，USIA早期卻沒有一個強勁的領導者或發展出一個有力的方向，這種狀況一直要到一九六一年三月甘迺迪 (John F. Kennedy) 總統任命資深的廣播電視老手艾德華・莫洛(Edward R. Murrow)出任USIA的主管才發生改變。莫洛在新聞專業的誠實正直有其國際聲望。而此項任命亦有前例可循，因為羅斯福總統也曾任命凱普拉這樣的專業人士監督戰時影片製作，他也曾任命艾摩爾・戴維斯出任海外國防新聞局的主管官員。

　　USIA的電影與電視部門(IMV)由喬治・史蒂文斯(George Stevens) 領導負責製作原版及精簡版的電影及電視節目，並負責這些產品的世界性發行，以使它們的影響力深入外國觀眾。此外，它與電影工業界的代表們合作挑選代表美國政府的影片參加國際性影展，也促成教育性及文化性視聽產品的國際交換。USIA主要的電影乃是：

　　紀錄片、鼓吹遠程目標的影片、時事短片、新聞片及拍攝美國與其他外國政府領導人之間的官式訪問影片。它製作的影片素材也經由私人贊助者或由海外政府機構取得，此外，它也買下有海外放映及改編版權的影片來重製。(Henderson 79)

因為這些影片原來只限於在國外地區放映，因此美國觀眾對他們並不熟悉。但其中也有兩部USIA的影片曾在美國國內電影院上映，第一部是有關甘迺迪夫人訪問印度及巴基斯坦的彩色片；由李奧・塞爾茲拍攝的《賈桂琳・甘迺迪的亞洲之旅》(Jacqueline Kennedy's Asian Journey) ❽。這部政府宣傳片得以做特殊放映背後的理由顯而易見：莫洛極具說服力、這趟旅行十分成功，而甘迺迪夫人乃是眾所矚目的焦點。《賈桂琳・甘迺迪的亞洲之旅》是部典型的遊記電影，將古老的文化傳統與現代的進步做一對比。甘迺迪夫人在印巴之旅中看起來雍容華貴而狀至愉悅。雖然影片本身並沒有引發爭議之處，但國內放映卻成了各黨派攻擊的目標，儘管如此，本片在國內及海外都獲得很大的成功。第二部在國內放映的USIA影片是布魯斯・赫先遜 (Bruce Hershenson)的《甘迺迪：光耀的年代，鼓聲齊鳴的日子》(JFK: Years of Lightning, Day of Drums, 1967)，這是部傳記片，描寫這位遇刺總統的一生。

史蒂文斯的主要成就為任用(有時是挖掘)一些有天分的人擔任導演，如用李奧・塞爾茲拍了《賈桂琳・甘迺迪的亞洲之旅》，用查爾斯・古根漢 (Charles Guggenheim) 拍《進步中團結》(United in Progress)、《來自小岩鎮的九個人》(Nine From Little Rock)、《龍之夜》(Night of the Dragon)，用布魯斯・赫先遜拍了《七人的友誼》(Friendship Seven)、《六月中的五個城市》(Five Cities of June)、《甘迺迪：光耀的年代，鼓聲齊鳴的日子》、《總統》(The President)，他並任用詹姆斯・布魯 (James Blue) 拍攝《靈肯山托的學校》(The School at Rincon Santo) 和《遊行》(The March)。史蒂文斯也在一些電影學校設立訓練計畫，幫助下列一些新進的導演拍攝新片，像是肯特・麥肯錫(Kent Mackenzie) 拍了《放逐》(The Exiles)、《摩尼拉的技術》(A Skill for Molina)，艾德・安許威勒 (Ed Emshwiller) 拍了《美國的面相》(Faces of America)，蓋瑞・史谷魯瑟 (Gary Schlosser) 拍了《牛仔》(Cowboy)、卡洛・巴拉(Carroll Ballard)拍了《在這季冬天麵粉之外》(Beyond This Winter's Wheat)、羅勃・夏普 (Robert Sharp) 拍了《勞工之愛》(Labor of Love)，蓋瑞・勾史密斯 (Gary Goldsmith) 拍了《生下一個人》(Born a Man)，憑著上面這些最優秀的影片，

---

❽ 關於塞爾茲的《訪問印度》(Visit to India) 及《訪問巴基斯坦》(Visit to Pakistan, 1962) 合併成一部影片，重新命名，放映，可能是美國參院的決定，但眾院並不同意。見Henderson, 238, and Robert E. Elder, *The Information Machine: The United States Information Agency and American Foreign Policy* (New York: Syracuse, 1968), 279. 塞爾茲替USIA拍過許多影片，包括《Progress Through Freedom》(1962)，記錄甘迺迪總統伉儷的墨西哥之行。

史蒂文斯已躋身像派爾・羅倫茲及約翰・葛里遜等偉大的非劇情片製片人的行列。

電視紀錄片

電視因其有豐沛的機會去對社會進行改造、教育與娛樂，所以它的非劇情片節目在編排上包羅萬象，而它也成為對美國生活有支配力量的媒體。為電視而製作的非劇情片原不在本書研討之列，但如它們對非劇情片的發展有重要的影響，我們仍將其列入研究範圍。在二次世界大戰之後，非劇情片乃處於一個世界性的沒落時期，A. 威廉・布魯安 (A. William Bluem) 就寫道：

> 那種想説服及影響他人、引起廣大觀衆注意的用心，還有為我們時代的偉大議題及原因製作令人興奮的作品，隨著狂熱的結束而失去其力量。在世界性危機再次隱然擴大之前，電視的時代已然到來，並準備接手紀錄的責任❾。

在一九五五年，保羅・羅沙等人曾質疑非劇情片在電視中所扮演的角色❿，但電視節目製作人柏頓・班杰明 (Burton Benjamin) 一開始就不同意這種看法，他直言電視工業即使在最初的幾年「對紀錄片所做的貢獻就超過電影工業六十年的總合」⓫，現在，綜觀整個歷史，柏頓的說法更不容置疑，而電視也為非劇情片持續提供新的可能性。

布魯安認為電視紀錄片（他自己則一直直接使用「紀錄片」documentary 一詞）為兩項影響之下的產物：一為三〇年代的廣播紀錄性節目 (radio documentary programs)，二為非劇情片的整個傳統。電視處於這兩個影響之間不僅為我們的時代提供了一個立即的紀錄，同時也提供了一名旁白兼報導者 (reporter-narrator) 來詮釋這個時代。最早的電視紀錄片就是一段提供事件現場新聞報導的新聞片，但一直到兩套為人津津樂道的電視紀錄片系列「現在

---

❾ *Documentary in American Television* (New York: Hastings House, 1965), 59. 亦見*American History/ American Television: Interpreting the Video Past*, ed. John E. O'Connor (New York: Ungar, 1983).

❿ "Television and the Future of Documentary," *Film Quarterly* 9 (Summer 1955): 366-73.

⓫ "The Documentary Heritage," *The Documentary Tradition*, ed. Lewis Jacobs, 301.

就看」(See It Now) 及「海上的勝利」(Victory at Sea) 出現後才算標示著有
自我風格的里程碑出現了。「現在就看」由莫洛一九五一年開始製作,而「海
上的勝利」則是一九五二年由亨利‧沙樂門 (Henry Salomon) 製作及佛烈‧
佛蘭德利 (Fred W. Friendly) 導演的系列。兩套系列都各自在非劇情片史上
有其師承,「現在就看」受「時代的前進」(廣播及電視版) 的影響而「海上
的勝利」則繼續了一些諸如《沙漠上的勝利》、《女戰士》、《中途島之役》、《聖
皮埃卓之戰》及「我們為何而戰」系列等戰時影片的傳統。莫洛及佛蘭德利
是五〇年代對電視紀錄片發展最具影響力的人物,也許因為他們倆都有廣
播、新聞及公共事物的背景,對文字的敏銳度超過了影像也就不足為奇。在
六〇年代電視工作人及電影工作者都從真實電影中整合彼此的技巧,影像在
電視報導中更成為不可或缺的一部分。

　　根據布魯安的研究,共有三個製作電視紀錄片的方式:編輯式 (compila-
tion approach)、傳記式 (biographical approach, 通常在戲劇性結構外再運用資
料片編輯方式) 及戲劇式 (dramatic approach)。編輯式的電視紀錄片是最為
人所熟知的一種,早期有兩齣以這種方式製作的電視紀錄片非常著名,並為
人樂道:「二十世紀」(CBS, 1957-64) 及「海上的勝利」(NBC, 1952-53)。
傳記式的電視紀錄片則非常普遍並廣受大眾喜愛,特別是由亨利‧沙樂門製
作的「XX計畫」(Project XX, NBC) 及「二十世紀」系列,唐納‧海雅特 (Donald
B. Hyatt) 製作的「──的世界」(The World of──) 與「──的故事」(The
Story of──) 及大衛‧沃普 (David Wolper) 製作的「傳記」(Biography, NBC)
都是此類節目的佳構,而戲劇式的電視紀錄片在早期的製作從紀錄戲劇性事
件到以戲劇性的架構去加諸尋常事件等也不可勝數。在這個領域中值得一提
的片子包括「環形劇場」(Circle Theatre, 1950-55)、羅拔‧祖 (Robert Drew)
包括《椅子》(Chair, 1962, 見第十五章) 系列的「活的攝影機」(Living Camera)
及威廉‧傑西 (William Jersey) 的《曼哈頓戰場》(Manhattan Battle ground,
1963, 還有NBC「創意力方案」Creative Projects系列中的一集)。在哥倫比亞
廣播公司(CBS)一部從銀幕雜誌片型轉變過來的節目「綜合」(Omnibus) 則
是套有關都市的系列,它運用了上述三種方式在電視未經開墾的領域上大放
異采⓬。

⓬　見Bluem, 278-96, 他列出一九六五年之前為電視製作的重要影片。

爲電視製作的非劇情片若與爲電影院製作的非劇情片相比，有項特有的優點是後者比不上的，那就是電視可立即放映供數百萬家中的觀眾收看，且無需繳費。除此之外，電視網經常廣爲宣傳它們的紀錄片是「專題」(specials)，因此除了激起觀眾的興趣之外，也增加電視台自己的聲望。今天，精心製作的「專題」仍存在，但以日新月異的錄影製作方式，電視台可以在同一天內爲正在發生的事製作兩小時甚至三小時的「專題」，在報導國內或國際性悲劇事件時，電視似乎頗爲了解它自己的潛力。

戰後的獨立製片

　　美國非劇情片的獨立製作在戰後以數個不同的方式繼續擴大其範圍，它們爲特殊的商業利益及非營利贊助者服務，擴大了電視播放的範圍，爲他們自己而促進電影藝術的發展，並在葛里遜的傳統下，提出關懷人類的精神。這些獨立製作的影片除了發掘新的社會議題、呈現出新的電影方法之外，也吸引了新的投資，它們培育了新的人才，同時也贏得新的觀眾。其中，佛萊赫堤拍攝的《路易斯安那州的故事》除了以一種新的製作方法反映導演的探險之外，也是戰前及戰後影片製作之間重要的橋樑。

佛萊赫堤與《路易斯安那州的故事》(1948)

　　一九四八年完成的《路易斯安那州的故事》是佛萊赫堤最具野心也最爲優美的電影，而它是由神話、記憶及眞實三方結合而成❸。它捕捉了佛萊赫堤在拍攝本片之前所有作品的中心主題與哲學，實則，《路》片總結了佛萊赫堤一生的經驗。在《南努克》、《摩亞那》及《艾阮島的人》中，佛萊赫堤描寫的生活絕無沾染任何工業化的痕跡。而在《工業化的英國》及《土地》兩片中，他認爲人介入操作力量才使技術成功。在《路易斯安那州的故事》中，標準石油公司 (Standard Oil) 爲贊助廠商，佛氏呈現的工業化一方面雖不具威脅性，但也看不出什麼好處，對於路易斯安那州沼澤將面臨的石油工業，他的描寫則充滿著曖昧的意含。佛萊赫堤自認這部片子有著夢一樣的氣氛，

❸　完整的論述，見Barsam, *The Vision of Robert Flaherty: The Artist as Myth and Filmmaker* (Bloomington: Indiana University Press, 1988), esp. chap.8.

因此稱它的劇情為「夢幻」（fantasy），在呈現這個與戰後美國毫不相關的世外之境時，他也同時提供了一個心靈之外的世界，本片等於是一個浪漫主義者的自傳，他在年屆六十二歲之際，仍如男孩挖掘周身世界般充滿驚奇。

佛萊赫堤為片中主人翁（由Joseph Boudreaux扮演）取名亞歷山大‧拿破崙‧尤里西斯‧拉圖（Alexander Napolean Ulysses Latour）──一個既富幻想而又暗示性的名字。而透過這個主角的眼睛，佛萊赫堤看望這個世界。從導演與這個聰明年輕人之間的關係明顯可以回想起他與南努克及摩亞那的合作，以及他與麥克林（Mikeleen，《艾阮島的人》）及撒布（Sabu，《大象男孩》）之間的情誼[14]。《南努克》及《路易斯安那》兩片的主人翁南努克（是父親角色）及亞歷山大（扮演兒子的角色）都是探險者。在本片中，佛萊赫堤記錄並讚美這個男孩，這名男孩透過天真、好奇、迷信及神奇的力量，似乎，以渥茲華茨（Wordsworth）的觀點來看，他乃是來沼澤區搜尋油源男人們的前輩。他比那些人更早抵達，當那些人在那裏工作時，男孩被他們的行為所迷惑，當他們離開時男孩則仍繼續留在原地。沼澤之地提供了男孩的經驗並包圍了他的生活，雖然他在接觸外界之後可能會被玷污，但這部片子結尾所留下的印象是，他的天真是可以被肯定的。

因此，在製作《路易斯安那州的故事》也如佛萊赫堤在製作《土地》時一樣，他仍身陷調合相對勢力的挑戰中。在神秘主義方面，他成功地調合了男孩與男人、鱷魚與油井鐵塔兩個互相對立的世界。在個人方面，這個獨立製片者的正直與工業界贊助者的需求相互調合，而他的視野也需與其他合作伙伴的看法相互調合，佛萊赫堤花了一生的時間發掘自己的技巧去達成這點，而他將他所學習過的每件事都帶入本片的製作中。

這部片子有個很重要的地方使它與佛氏之前的影片不同。也就是本片選擇了一批傑出的藝術家來共事，包括以李察‧李考克（Richard Leacock）擔任攝影師，海倫‧范‧唐琴擔任剪接師及助理製片，並任用維吉爾‧湯姆生來配樂，而湯姆生的音樂乃是使本片成功的最重要元素之一[15]。此外佛萊赫

---

[14] Rotha, ed. Ruby，法蘭西斯‧佛萊赫堤說：「鮑伯（佛萊赫堤）堅持祇有他才能對男孩表露情感，他想要單獨控制他(指男孩)，就如同他對撒布與麥克林所做的一樣。」(236)

[15] 湯姆生因為這個音樂在一九四九年獲頒普立茲獎，這是這個獎首次頒給電影音樂。本曲由尤金‧奧曼迪（Eugene Ormandy）指揮費城交響樂團演奏的，湯姆生更高興的是他節自電影音樂中的兩首曲子受到演奏的次數比他其他交響樂作品還多。

·《路易斯安那州的故事》(1948, 美國, 佛萊赫堤)

堤的太太法蘭西斯也與他共寫本片的故事。並沒有任何一個人是因為救急在中途加入的（像海倫·范·唐琴就是中途加入《土地》剪接），他們都是受邀從片子開始到完成全程參與。雖然所有的人都幫佛萊赫堤完成了《路易斯安那州的故事》，但其中無疑的海倫·范·唐琴扮演了最重要的角色，因為是她賦予本片清楚易懂、凝聚、結構及韻律感等特質。儘管佛萊赫堤在許多地方與唐琴意見不同，但他也了解沒有唐琴本片不可能完成。

　　佛萊赫堤對世界有著簡單的看法，但他卻不天眞，如他的其他影片所證明的，佛萊赫堤並未全心全意地擁護標準石油公司的意見，他知道那些人會糟蹋、甚至會毀掉大自然的環境，而天眞實際上在對抗工業世界的物質力量一無是處，人類爲技術所提供的好處付出龐大的代價；佛萊赫堤也明白如果贊助廠商的意見壓過他過去作品一向標示的價值，那麼這部影片將會不值一文。因此，他在現況下做了可能是最好的選擇，他透過一個男孩的觀點來敍述故事，這名男孩與大自然非常親近，唯一的朋友是隻溫和的浣熊，男孩認爲當鱷魚要傷害他的朋友時，他必會挺身而戰。這個安排對佛萊赫堤是個聰明的決定，因不僅為佛萊赫堤在片中找到了一個代言人，同時也保留了男孩生長階段中最為持久的那份令人不可思議的精神品質。

《路易斯安那州的故事》一方面服務了標準石油公司的實際需求，另一方面也滿足了佛萊赫堤的詩意精神。原本這個素材極有可能變成一部乏味的工業電影，佛萊赫堤卻在石油鑽探伴隨的危險與困難中拍出了一部有戲劇性的影片。對於佛萊赫堤所有的觀眾而言，不論他們是公司的股東、環保人士、學童或一般大眾，這部影片不僅解釋了在沼澤區發現油源的過程，同時也肯定了大自然中某些神秘的東西。除此之外，本片說的也是全然男性的故事，像是在鑽探機具上辛苦工作且技術熟練的年輕工人及比較年長的男人，還有就是多疑的拉圖先生，本片也透過了這個男孩的眼睛創造了一個被狼人及美人魚糾纏的特殊世界。這部片子同時也是部有關於對比研究的作品，在科技與迷信之間、在成年男性與男孩之間、在沼澤區及外界之間、在成功與失敗之間它都做了深入的對比。除此之外，有場相當優美、安靜與抒情的段落，描寫亞歷山大在沼澤區探險、看守、傾聽及垂釣。另一個段落則是將科技的聲音及力量發展成十分優美的所謂「粗人的芭蕾舞」的一幕，兩者之間也有互相對比的意味。

佛萊赫堤在本片中可以我行我素，並在他自己對世界的想法中盡情發揮，不僅因為他有一紙合約保障他在藝術上有完全的自由度，同時與他合作的藝術家也幫他實現他的想法，更重要的是，佛萊赫堤想出了一個不尋常的想法：運用一個男孩的思想及眼睛去揭開他的故事。亞歷山大‧拿破崙‧尤里西斯‧拉圖絕不像《艾阮島的人》中的麥克林只是個單面的人物，他是個居住在充滿現實、神話與記憶世界中的真實男孩，因此也無怪乎佛萊赫堤在指導這個等於是扮演他自己的男孩身上投注了巨大的精力。佛萊赫堤對於生命本身的驚奇與好奇不僅轉成亞歷山大的驚異與好奇，同時也轉變成我們的。而這部片子也是個寓言，它既簡單且複雜，在回答問題的同時又提出更多的問題，它也運用了潛意識的象徵及報紙的頭條去揭開真相。時至今天，石油已不僅是自然的，同時也是政治上的資源，因其稀有及價值而更被珍藏，而這部片子為此卻是日久彌新，它建構了一個沒有政治的想像世界，以人與自然之間存在的珍貴且神秘的平衡繼續引逗著我們。

《路》片之中，佛萊赫堤處理煉油工業有一種寫實精神，而在他處理對大自然的愛及他歌頌天真質樸的輓歌部分也相當詩情畫意。這部抒情的影片在記憶中徘徊不前，從開場時夢幻般的影像及佛萊赫堤自己的聲音所設定的旁白配音的調子，到石油鑽探一段正式的段落，乃至於結束，《路》片都可稱得上是基於神話、記憶與真實的影片。片子的六個段落很悠閒地被打開，第一段以神秘的形狀及陰影吸引住觀眾，而其他的段落則依時間的次序鋪陳。在結構中，片子亦有其循環週期，它從平和與安靜到活動頻繁而聲響大作而最後又回到平和與安靜。攝影小組進入了遺世獨立的沼澤，為鑽探油井的機具組成了一個抽取石油的架子，但其後又將其分解。在片頭及片尾中男孩都出現了，雖然影片的中心要旨是著重於工業化的過程，但佛氏對世界的看法並未改變，反而是被這個事件更進一步地肯定了。本片敘事上最重要的目標在於表現那個地方的情感及氣氛，並不只是情景的真實性而已。

就如從前一樣，佛萊赫堤終究了解到他一直試圖在大自然中去找尋故事而又想使這個故事能自發地展現，這實在是個難題。雖然他自己在整體概念上十分完整，在轉化他要的感覺成為視覺影像也沒有困難，但這個較大的規劃若無其他工作人員在場景、攝影、剪接及配樂上的貢獻怕是難以實現，因此造成這部影片的優美動人只能說部分結果是來自佛萊赫堤對許多固有工作方式的堅持，而也有些是來自他在電影攝影，特別是同步收音電影攝影機上勇於實驗。佛萊赫堤對整個影片中有關聲音及配樂的運用頗為滿意，他也首次接受他執導的場景中有對話的出現。

在佛萊赫堤的作品中，《路易斯安那州的故事》可稱得上是部小格局的傑作，片子抒情、詩意又富有人道主義的精神，它既是個重要工業過程的寫實紀錄，又是佛萊赫堤在其拍片生涯中發揮其想像最為淋漓盡致的一部浪漫式傷感影片，可以說佛萊赫堤從未拍過比《路易斯安那州的故事》更有野心的作品。儘管本片大獲成功，而其後佛萊赫堤也曾參與過其他一些影片的製作，但本片已是佛萊赫堤最後一部作品了❶。

五〇年代獨立製片公司的影片

從佛萊赫堤到羅倫茲，從馮·戴克到李考克，整個影史上，美國非劇情片乃是以其富有洞察力的社會良知而聞名於世。因此，在五〇年代，許多影片關切的議題包括了社會學的、科學的、經濟的重要性、生理與心理健康、

❶　見Barsam, 111-12，論及佛萊赫堤最後未實現的計畫。

醫院及酗酒等。它們之中有直接拍自真實題材的，也有重新安排的，其中最佳的作品，如路易·傑柯布斯所述乃是「增長人類對他自己了解的活動」❼，當然，對美國戰後非劇情電影獨立製片也有其不同的方向，電視就展示了它製作立即新聞報導的能力，而一向放映國外及國內藝術電影的藝術電影院（art houses）除了向觀眾介紹國際性的電影，同時也向美國觀眾介紹了歐洲地下電影傳統的復興❽。

五〇年代典型的美國獨立製片一向關切著國內的議題及社會的環境（兒童、健康、勞工、城市生活），它觀察了美國生活多采多姿的現象，對異國文化保留了一份紀錄，闡示藝術及藝術家，呈現名人的傳記且記錄了戰爭。

有關兒童的獨立製片

各國兒童的福利問題在五〇年代廣受矚目。而美國在二次世界大戰結束後不久就拍出了有關這個題材的第一部非劇情片《第一步》（First Steps, 1947），這部由李奧·塞爾茲執導的作品曾贏得一九四八年奧斯卡最佳紀錄短片的殊榮。出身於「工人電影及攝影聯盟」（見第七章）的塞爾茲一共為不同的公共及私人機構拍出超過六十部以上的影片，這些機構包括USIA、聯合國、各種基金會與救濟組織，還有電視台。幾乎橫跨了整個美國非劇情片的歷史，塞爾茲均活躍其間，而他對美國非劇情片的發展也做了卓越的貢獻。《第一步》是部為聯合國拍的短片，記錄了腦性小兒麻痹症兒童的復健過程。片子直言無諱而又充滿希望，在一個特殊的訓練營中記錄一個男孩接受身體上的治療、參與團體活動並在其中成長。塞爾茲也執導過一部名為《一個孩子的命運》（Fate of a Child, 1950），他藉一個孩子的死亡揭露未開發的拉丁美洲國家中多方面的問題❾。這也是部典型的提出問題/解決問題的影片，在議題及細節上本身幾乎沒有什麼著墨，倒是展示了聯合國可提供的一些技術上援助的各種方法。

---

❼ "The Turn Toward Conservatism," 277.

❽ 見Sheldon Renan, *An Introduction to the American Underground Film* (New York: Dutton, 1967).

❾ 見Leo Seltzer, "Document of a Documentary" "Fate of a Child," *Studies in Visual Communication* 8.3 (Summer 1982): 41-54.

戰爭結束後不久，一羣很有天分的藝術家也以各種不同的組合方式聚集起來，製作出很多部有關兒童的傑出影片。這些作品包括由西尼‧梅耶、傑尼斯‧羅伊普 (Janice Loeb)、海倫‧拉維特 (Helen Levitt) 三人所製作的《沉默小孩》(1948)，西尼‧梅耶及班‧梅朵製作的《年老的腳步》(Steps of Age, 1950)，海倫‧拉維特、傑尼斯‧羅伊普及詹姆斯‧艾吉製作的《街頭上》(In the Street ,1952) ❷。在這些影片之中，《沉默小孩》與《路易斯安那州的故事》兩部作品票房成功為非劇情長片做商業性發行帶來無窮的希望。

《沉默小孩》是部有關一個男孩自己私密世界的影片，梅耶‧羅伊普及拉維特三人呈現了一個男孩在一個他並不全然了解的世界中尋找自己。就像佛萊赫堤的作品一樣，他們呈現的也是一個男孩的冒險之旅。與佛萊赫堤相同的是影片是隨著這個男孩的步調與節奏進行的。不過兩者也有不同之處，本片的主題是有關一個出自破碎家庭而悶悶不樂的黑人小孩，他試著在一所為他們這樣的孩子所開辦的學校中尋到自己；而佛萊赫堤作品中的主題則是一個男孩在他自己的獨木舟上悠遊於路易斯安那的沼澤區。在《沉默小孩》中，三位作者以相當直接的紀錄方式來拍片，他們為觀眾觀察到的這個男孩的世界，那幾乎可說是個不可忍受的無趣、孤獨且充滿挫折的地方。

本片的前半部描寫了唐納 (黑人小男孩名) 到威爾威克學校之前的經驗，後半部則由學校的醫生來旁述小男孩在學校的一些經驗及細節。透過了唐納克服自己溝通障礙的勇氣與決心，這部作品證明了這樣的環境將提供給像唐納這樣的孩子安全感，在其中他們可以開始治好他們自己。有場唐納逃離學校的戲劇性段落顯示了影片以認真而複雜的方式呈現了唐納的問題。片中唐納藏匿在鐵軌與列車之間，在一列火車經過時他緊靠著牆內迴避，此時一段男孩年幼時的可怕記憶閃過，在這個「淨化」經驗之後，男孩決定重返學校並繼續他的自我開發。《沉默小孩》在表現唐納時並沒有什麼妥協，因為唐納是個小孩而不是童星，他甚為冷漠的表情則令人印象深刻。有一點也與佛萊赫堤相似的是這三人導演小組也擁有在影片上掌握男孩自然不偽所需的耐心與能力，而由詹姆斯‧艾吉所寫的旁白則對影片的內容及視覺風格兩者的統一頗有助益，不像一般的旁白那樣，本片的旁白富於知識性而不說教，富於啟發性而不呆板，充滿詩情但卻沒有自覺的抒情主義，而最重要的，將寬諒

---

❷　《街頭上》編入許多原本《沉默小孩》中要用但未用的影片。

·《沉默小孩》(1948, 美國, 西尼·梅耶、傑尼斯·羅伊普及海倫·拉維特)

與悲憫之情融合為一。

　　戰爭結束後,好萊塢的劇情片導演幾乎不再拍非劇情片,由於上述的這個原因,好萊塢劇情片老手佛烈·辛尼曼在一九五一年拍的《班吉》(Benjy)就很值得一提。《班吉》的故事是有關一個跛腳的男孩,而他的父母對於孩子的狀況不能面對,最後經由洛杉磯整型外科醫院對男孩治療,終於改變他父母的態度。辛尼曼在本片中運用了腳本及職業演員,活潑地將片子帶到預期中的結局,以他的電影手法來強調主題及情感。而以風格而言,《班吉》似乎可說是電視醫院影集這類節目的先驅。至於表現殘障兒童有能力立即意識到他們自己的處境的影片中,林賽·安德森及蓋·布連頓兩人合拍《週四的孩子》是比較好的一部(見第十二章)。

有關保健的影片

　　對非劇情片有卓著貢獻的喬治·史多尼 (George Stoney) 自一九五○年之後曾製作及導演多達近五十部影片,其中許多部電影的主題是有關生理及心理的保健的[21]。史多尼的作品以關切情況不佳的人們,尤其是黑人及美國的原住民聞名。像派爾·羅倫茲的手法一樣,史多尼早期經常以劇情片的架構來發展非劇情片,他控制著戲劇性的衝突,因此這些衝突高潮不致掩蓋當下問題該有的解決之道。

在拍過一部有關黑人社區的健康教育影片《帕默街》(Palmour Street, 1950) 後,史多尼在一九五二年拍出了他最著名的作品《這都是我的孩子》(All My Babies, 1952),本片深達人心之處不僅在其對於喬治亞黑人助產士細心訓練的方式,也在於其直接拍攝真正嬰兒出生的過程。如羅倫茲所拍的《為生命而戰》一樣,片子一開始也是羣助產士坐在教室中正因為沒有預防一個嬰兒的死亡而受到告誡。但《為生命而戰》的開頭有點不同,該片呈現的是一個訓練助產士的計畫是如何建立起來的,而《這都是我的孩子》所關切乃是如何改善一個已在運作的助產士系統,而所有的鏡頭都是在人們所描述的小屋及房舍中拍攝到的。比較上,羅倫茲依賴著緊張的衝突以此使他對主題的處理有著戲劇張力,他的方法是相當專業的,不過感覺上也像鋼鐵一樣冰冷;史多尼的作業方式則比較簡單,他以安全而成功的生產方式來對比恐懼與無知。羅倫茲與史多尼兩人都採用對比的手法,史多尼以一個髒亂家庭為代表,它的成員未經準備,憂心忡忡;而另一個家庭的成員在產前、生產及產後照顧上都做了周全的生理及心理準備。生產的那一場史多尼是直接以特寫來拍攝的,它所包括的細節為影片在教學上的價值提供了出乎意料的一面。史多尼的影片是極嚴謹的製作,而特別值得一提的是剪接師西維雅·貝茲 (Sylvia Bettz) 的貢獻,在聲軌處理上混合了黑人靈歌及一位名為瑪莉的助產士的聲音,她輕柔的聲音配以音樂成功地補充了攝影上太過直接冷硬的不足。《這都是我的孩子》為一個沮喪而落後地區嬰兒死亡率的實際困局提出了充滿情感的簡易解決之道。儘管這種方法可能極易遭到非議,但影片仍不斷地放映,繼續向觀眾呈現社區的力量、愛心之手的工作以及嬰兒出生之美。

戰後,一般大眾及電影工作者對於心理健康的關注也與日俱增,一方面加拿大的電影人員已率先製作了許多傑出的心理學影片,包括「心理過程」系列的影片;另一方面,有些運用了劇情片技巧的美國非劇情電影也值得一提。這些影片包括了由西尼·梅耶及班·梅朵合導的《年老的腳步》(1950),這是部有關人上了年紀所遭遇到的問題與壓力的影片。還有由亞歷山大·漢

㉑ 史多尼其他早期影片包括《The Valiant Heart》(1953) 及《緊急求救》(A Cry for Help, 1962)。

米德及艾文‧傑柯比合導的《憤怒的男孩》(Angry Boy, 1951)，這部片子是有關少年觀護所如何改正有偷竊行為少年的故事。此外，傑柯比也拍過名為《寂寞的夜晚》(The Lonely Night, 1954) 的影片，內容有關一個年輕婦女與她的醫生如何合作治癒她的疾病，是部淺白易懂的紀錄片。所有上述這些有關健康的影片（當然也包括了史多尼的影片），都試圖告訴觀眾良好的生理及心理健康的必要，並也要他們對於那些幫助人們維持健康機構及工作保有一份敬意。

有關勞工的影片

在三〇年代有許多美國的非劇情片電影工作者受到左翼人士及激進的社會運動的啟發，他們也受到像是「工人電影與攝影聯盟」、「奈奇諾組織」及「戰線電影組織」等團體的作品的影響，但令人訝異的是這些電影工作者在勞工議題上可以一提的影片相對地少之又少，當然，曾有些影片關心過我們社會中勞工的重要性——包括「工人電影及攝影聯盟」的一些影片及史川德與荷維茲的《祖國》(1942)，但其他更多的人只是表面上碰到一點有關勞工的不安、罷工及工會組織等題目❷。這種忽略勞工議題的趨勢一直延續到保守主義盛行而經濟繁榮的五〇年代，但在這種狀況下仍有兩部作品值得提出討論：《土地上的鹽》(Salt of the Earth) 及《恥辱的收穫》(Harvest of Shame)。

由霍伯‧畢伯門 (Herbert J. Biberman) 所拍攝的《土地上的鹽》有三個主題：第一是墨西哥裔美國人為公平性向白種美國人的奮戰；第二，向更佳工作條件的奮戰；第三，已婚夫婦在公平性上的奮戰。這部片子以激進的啟示性，開發工人與女性主義者之間的互動關係。不過，以一部支持勞工的影片而言，它錯誤地運用通俗劇的老套模式創造了一個簡單的世界，也仍一成不變地描寫善良的工人被惡劣的煤礦礦主及警察欺壓。儘管如此，這部片子在經過編寫的重演片段、運用非職業演員及電影攝影上仍算表現不俗❸。

---

❷ 對此例外的是約翰‧福特的傑作《怒火之花》(The Grapes of Wrath, 1940)，影片本身與史坦貝克原著小說對他們所描寫的大企業、勞工的不穩定及經濟大恐慌時期社會的動亂都是相當爭議性的題材。

❸ 雖然這部影片運用了非職業的演員，而女主角羅莎拉‧雷維塔 (Rosaura Revueltas) 卻是個職業女演員。她在片中有動人的表演，但據報導，她因在本片中出現而被放逐國

至於《恥辱的收穫》則是一九六○年哥倫比亞廣播公司製作有關移民勞工的一部傑出的社會學紀錄片，這部由大衛‧勞拍的影片，因它對大多數人所不樂於見到的題材採取了強烈的立場，所以對於非劇情片的類型有著重要的影響。有些記錄移民勞工淒慘生活的鏡頭在電影中倒十分常見，像是衛生設備不良、鼠患肆虐的居家環境、腐敗的食物、孩童乏人照顧及不良的旅行條件等。不過在電視的世界中，這還是個廣大而尚未被開發的領域。

本片的旁白者即為艾德華‧莫洛，他在配音後不久隨即出任USIA的主管。這部片子在感恩節的那週做首次播出，當時美國的百姓都在慶祝豐收，在這種情形下，這部片子使得許多觀眾感到震驚（就如二十年前《怒火之花》使觀眾震驚一樣）。莫洛以他誠摯的聲音告訴觀眾，如果目前那個懸而未決的法案通過，將會掃除許多移民勞工的問題。在本片中，那種暗示性的建議是假定觀眾能受到強烈的感動因此寫信給他們在華盛頓的國會議員，在非劇情的歷史中，這類直接向觀眾呼籲採取行動的做法是前所未見的，因為即便是訴求最強烈的社會學紀錄片在運用這麼直接的策略也會卻步。不過電視的優點之一便是它的立即性，因此不管是「CBS報導」（CBS Reports）或「現在就看」節目都一樣：

> 發揮了新聞的最佳功能，對於持續發生的故事加以更細節的描寫，將當代具爭議性的事件呈現於觀眾面前，…而在處理上則有兩個基本的形式：採用平衡或公正的分析，不然就是以不容置疑的電視台編輯意見加以報導，不過後者較為少見。(Bluem 103)

《恥辱的收穫》是這些較為少見影片中的一部，雖然它包含極為少數的不同意見，且並未試圖去藉平衡爭議而表現中立態度，但它在編輯上的偏見遭致強烈的批評，而CBS則聲明它「呈現真相與議題是為了要刺激人民做自己的思考」(Bluem 105)。雖然《恥辱的收穫》接續了美國社會學紀錄片諸如《劃開大地的犁》、《大河》及《祖國》等片的傳統，不過它還是為此類型開發出新的境界。當電視一步步走向商業化，這樣一部謹守編輯立場的作品誠屬極為少數的例外，當然也不會成為常規。

外，製作小組被義警攻擊，還有一項陰謀足足延遲影片完成達六個月之久。參見William Murray, "Films," *Nation* 178 (10 April 1954): 314.

第十三章 二次大戰後的美國非劇情片

四一三

　　從歐洲的「城市交響曲」傳統開始一直到像美國《城市》(1939) 這樣的經典出現，城市生活一直吸引著非劇情片的電影工作者。在大戰開始前，大部分在這個傳統之下的影片都是有關城市生活的節奏與興奮之感，而在戰後，對城市做最充滿活力的致敬之作則是法蘭西斯•湯普森的《紐約，紐約》。湯普森並未遵循紀錄片的傳統，而是以超現實主義的傳統來攝製本片，他呈現的是紐約市光采奪目的「一日生活」，並與卡瓦康蒂的《Rien que les heures》(1926) 及維多夫的《持攝影機的人》的「城市交響曲」傳統氣味相投。不過，與這些向城市熱鬧投以寫實式的致敬不同，湯普森眼中的紐約既非寫實也不平靜，他以彩色的畫面，以爵士樂來刻劃這個城市的韻律，片子將影像分割成許多碎片，而城市則像是由萬花筒看到的那樣。其他典型向城市生活愉快致意的影片還包括法蘭克•史塔法契 (Frank Stauffacher) 的《Sausalito》(1948) 及《聖法蘭西斯港紀事》(Notes on the Port of St. Francis, 1952)，還有卡森•戴維森 (Carson Davidson) 的《第三街高架鐵道》(Third Avenue El, 1955) 及馮•戴克及莎莉•克拉克(Shirley Clarke)的《摩天大樓》(Skycraper, 1960) 及克拉克自己拍的《旋轉橋》(Bridges-Go-Round, 1959)。

　　湯普森的電影生涯是豐富而多采多姿的，他以昂貴的旅行拍攝多種不同的影片，而大部分影片都由大公司及慈善基金會贊助❷。如許多戰後的獨立電影工作者一樣，他相信電影不僅是一種藝術的形式，也是個可討論各種社會議題的言論廣場，而與其他人合作下，他也是位運用大規模、多銀幕影像電影技巧的重要先驅。湯普森與亞歷山大•漢米德在一九四六年的《要活下去》(To Be Alive!) 就開始實驗大型多銀幕放映的技術，本片當時在一九六四年紐約世界博覽會中就是個十分吸引人的項目，其後湯普森又拍了《無邊的城市》(City of Wilderness, 1974)，這是部有關華盛頓市從早期開始發展至今的影片。湯普森晚期以Omnimax/Imax技術做成的影片則在其銀幕的比例及多重影像上壯麗非常。這些作品包括了為一九六七年博覽會拍的《我們是年輕的》(We Are Young! 1965)，為一九六八年海密斯節 (Hemis Fair) 拍攝而

---

❷ 見Loren Cocking, *Francis Thompson: Analysis of an American Film Maker*，未出版的碩士論文 (Ohio State university, 1969)。

·《紐約，紐約》（1959, 美國, 法蘭西斯·湯普森）

由奧登撰寫旁白的《美國》（US, 1968），爲慶祝費城兩百週年所拍的《美國的
年代》（American Years, 1976），還有至今仍是華盛頓史密森國家航太博物館
最富吸引力的電影《飛天》（To Fly! 1976），以及另外兩部影片《活生生的星
球》（Living Planet, 1979）及《在翅膀上》（On the Wing, 1986），還有爲一九
八二年田納西州納許維爾世界博覽會拍的《能源！能源！》（Energy! Energy!
1982）。因爲這些影片大部分是供特殊放映及特殊戲院設計的，通常是在世界
博覽會才能看到，因此它們並不能廣泛地做一般放映，不過《要活下去》倒
每天在威斯康辛市及拉辛市爲遊客做每日例行的放映，因爲兩地正是片子贊
助廠商——強森蠟公司（Johnson's Wax Company）的總部所在地。

　　若不去管觀眾只能在特殊電影院看片的技術問題之外，這些作品對非劇
情片的歷史一直有著重要的貢獻，以它們超大的影像及在多銀幕上同時投射
畫面的駭人效果，它們其實鼓勵觀眾以另一種奇特的方式來觀看電影，且透
過他們睿智的旁白，也鼓勵觀眾以不同以往的方式思索社會性的議題。舉例
來說，湯普森與漢米德的《美國》乃是部世界博覽會上的娛樂之作，雖然它
由美國商務部出資拍攝，但裏面並未提供可預見的官方意見，反而直率地批
評美國並未了解自己的潛力。本片涵蓋的議題上與其規格同樣宏大，它強調

的焦點包括了貧窮與種族主義、出賣美國原住民、污染、毀壞我們的自然資源、找尋孤獨與隱私的困難及人為環境的醜陋，奧登的旁白提醒我們注意這些問題，邀我們更進一步深思這些問題：

> 世界眼睜睜地看著我們
> 在目睹太多可恥之事後
> 看我們果真夠格
> 做地球上最富裕的國度
>
> 我們確曾無恥地背棄了
> 我們光榮的先祖
> 如果在兩百年後
> 我們還不能看清
> 看清先祖們所謂的
> 某些不辯自明真理的意義
>
> 什麼樣的判決等著
> 全都決乎我們每一個人
> 你和我，我們的朋友們
> 和美國每一個人

如果這段旁白讓我們想起羅倫茲在《大河》的旁白，那也許真是有意的，因為那部片子也列舉了我們國家的種種失敗之處。不過兩部片子也都假定美國的觀眾將會接受這個悲慘的社會環境真相，並進而採取正面的行動去改善它們。

其他五〇年代的非劇情片則與平等權（equal rights）的奮戰有關，這場抗爭隨著一九五四年美國最高法院決定強制學校對黑人及白人學生不應有差別待遇的命令而進入新頁，從此以後，新的對立於焉展開，特別是在城市中，對於學校中黑白平等、選民的註冊、平等住屋權及平等工作權等事項的爭取塵囂甚上。電視，如預期的，奮不顧身地迅速投入這些抗爭的報導。而其後，電視更在六〇年代以新聞的特性來記錄這個民權運動的紀元。

一九四八年李奧·荷維茲拍的《奇怪的勝利》（Strange Victory）是戰後第一部有關種族主義的作品❷，它是部表現不凡的編輯式影片，與荷維茲早期的作品（如《祖國》）一樣，也是在美國非劇情主流發展外的一部嚴酷的影片。沃倫‧米勒（Warren Miller）曾講到這部片子具有一些離間觀眾的元素。

> 它拒絕向一些事實妥協，這些事實包括了對美國境內黑人的壓迫與剝削、反猶太主義及本土的法西斯主義，而令人憂心的是最近（社會上）的戰爭真的已製造了一個奇怪的勝利，輸者的價值已被勝利的一方利用❷⑥。

荷維茲對畫面及想法採取了鋒利而迅速並置方式，它們有些組合直接而露骨（如「有色人種用」的標示就與納粹集中營中囚犯手臂上的刺青號碼兩個鏡頭接在一起）。他所創造的美國印象是個自滿於其勝利、繁榮及種族主義的國度，而旁白者則警告說「黑人、猶太佬（kike）、義大利人（wop）聽我的話接受事實罷——世界已為你們安排好了」。在威廉‧惠勒拍的《黃金年代》（1946）中，一個戰鬥機飛行員（由唐納‧安德烈Dana Andrews主演）返回家鄉後找不到工作，因為他的英勇行為在戰後經濟上微不足道，戰後社會的價值是物質的而不是人本的。荷維茲等於重複了這個主題，他描寫一個黑人的戰鬥機飛行員找不到工作，但荷維茲比惠勒探討得更深一些，他記錄那個關心人的膚色更甚於其行為的種族主義。《奇怪的勝利》是部聰慧、激盪人心的作品，不僅繼承了「工人電影及攝影聯盟」與戰線影片組織某些影片的激進傳統，也在國家自滿與保守的年代對民主制度提出有力的挑戰。

一九五七年查爾斯‧古根漢曾拍出《一個城市的決定》（A City Decides）分析一九五四年最高法院判決學校黑人白人無差別待遇一案對於聖路易市一個社區的影響，不過他事前寫對白腳本並運用演員演出的方式都使這部片子缺乏電視新聞報導的立即性（電視新聞的方式將可使觀眾逐步接受），不過古根漢的《一個城市的決定》還是可稱得上是部研究有關黑白平等受教的重要電影成就❷⑦。

---

❷⑤ 荷維茲於一九六四年放映的影片包括了當時的人權運動，其中包括一九六三年「華盛頓大遊行」的報導。

❷⑥ Warren Miller, "Progress in Documentary," in *The Documentary Tradition*, ed. Lewis Jacobs, 247.

❷⑦ 古根漢的《來自小岩鎮的九個人》是部有關學校種族融和的USIA出品的影片，它曾獲

在一九五六年之前，除了亞倫・金製作過《陋街》(Skid Row, 1956) 及萊恩奈爾・羅歌辛的《在包爾利街上》放映過之外，非劇情片電影工作者從未對酗酒及酗酒者在其世界中不斷受折磨的事有深入的看法。後來在六〇年代，非劇情片開始注意到酗酒的問題以及吸毒的問題（例如潘納貝克D. A. Pennebaker就拍了一部有關synanor的影片《大衛》David），不過羅歌辛還算是第一個審視這項重要題材的人。在《在包爾利街上》拍出之前，電影工作者對於陰暗面的題目都採取一種不客氣的看法，並提出實際的解決之道，而更少的作品曾為這個當時不易有解藥的難題投入整部影片去探討。如同佛萊赫堤一樣，羅歌辛運用銳敏的觀察及深切的悲憫之情從內在去講述其故事。他也像佛萊赫堤一樣，帶著可攜帶式的輕便設備去記錄觀眾已習以為常的世界，還有那個世界中的聲音與影像❷。不過與佛萊赫堤不同的是，羅歌辛講的是個真實的故事，而佛萊赫堤的故事是虛構的。

《在包爾利街上》觀察了住在紐約市包爾利街上慵懶男人及女人的世界。包爾利街充滿著廉價的酒吧、旅館及救世軍的會所。羅歌辛對於這個世界的真正看法是視之為絕望的循環。男人們喝酒、病倒、被捕又被釋放，他們繼續酗酒，然後被福音傳道教會治癒，不過他們又再喝，然後又再次病倒。片中有個早晨的段落簡直就是直接來自地獄的夢魘景象：男人以各種醉態及醜行，躺臥在污穢不堪的水溝及門廊上，搖晃及發抖地醒來迎接新的一天，這些人會為了同是酗酒的同伙做任何事，而他們也會為了得到下次喝酒的機會而對任何朋友不利。片中的主角雷(Ray)在孤獨與寂寞的城市夢魘中徘徊，他是個勝利者也是個受害者，當他不能睡在廉價旅館的地板上時，晚上就去尋醉，他被一個酒醉的女人擠開，然後遭痛打與洗劫。當雷在人性相伴中找到些許的希望，他四週的老人卻預示著一個陰暗的命運。影片結束時，雷已離開包爾利街走向未知的地方，但我們卻聽到旁白說「他會回來」。如果雷沒有回到包爾利街，我們也將預料他會在外面的世界工作賺取微薄的薪資，會到當舖去換足夠的錢買醉，也會在酒吧及門廊下渡過夜晚。在另一個段落中，羅歌辛的攝影機揭發了包爾利街福音傳道者的偽善，也預示後來直接電影描

一九六四年奧斯卡最佳紀錄長片獎。同樣題材的電影有Lee Bobker的《All the Way Home》(1958)。

❷ 見Mark Sufrin, "Filming Skid Row," in *The Documentary Tradition*, ed. Jacobs, 307-15.

寫人物所具有的公正性，這些人物包括了潘納貝克拍的《別向後看》(Don't Look Back, 1966) 中的鮑伯‧狄倫 (Bob Dylan)、李查‧柯斯頓 (Richard Cawston)《我正想請你讓座》(I'm Going to Ask You to Get Up Out of Your Seat, 1966) 中的比利‧葛拉漢 (Billy Graham) 及由亞伯與大衛‧梅索及夏洛特‧左威林 (Charlotte Zwerin) 合作的《推銷員》(Salesman) 中的推銷員。

　　紐約並不是唯一呈現疏離環境的城市，《野蠻的眼睛》(The Savage Eye, 1959) 的背景就在洛杉磯。這是部由約瑟夫‧史屈克 (Joseph Strick)、西尼‧梅耶及班‧梅朵三人合拍的長片。就像《在包爾利街上》一樣，《野蠻的眼睛》也暗示這座城市滿是駭人而無意義的虛空。但它更進一步描寫那掀天而來的絕望最後使得片中的主要人物想求一死。這部影片描寫的南加州是個充斥廉價酒吧、美容按摩院、交通阻塞、動物公墓、靈媒治療師的地方。《野蠻的眼睛》描寫這座城市中的男與女都陷入他們自己的墮落中。可以看得出來，疏離及絕望在歐洲早期的城市交響曲電影中不過是個次要的主題，現在卻是電影工作者主要關切的主題，就如路易‧傑柯布斯觀察到的：

　　《野蠻的眼睛》綜合了過去所有城市影片中對孤離的洞察，以一種更為深入也更凝聚的社會學視野把它們結合起來，變成一部也許是美國最佳的、也是較為深刻的城市影片的範例❷。

《野蠻的眼睛》的畫面描寫了戰後的貪婪、精神上的空虛及殘暴，它與許多同類黑色電影一樣都是部有關個人式的幻滅及在戰後世界尋找意義的可信紀錄。雖然這部影片結束於主角的甦醒，它還是為那沒有英雄、沒有希望的世界留下了一個野蠻的視野。

有關美國生活即景的影片

　　對比於《在包爾利街上》及《野蠻的眼睛》兩片中的疏離與憂懼，其他的影片則為美國生活提供了輕鬆與隨興的觀察，這些影片包括維倫泰‧雪利 (Valentine Sherry) 的《柯尼島》(Coney Inland, 1951) 及約瑟夫‧史屈克的《肌肉海灘》(Muscle Beach, 1950)。後者是部描寫南加州威尼斯海灘某地的輕鬆之作，當地健美男士為好奇的遊客及仰慕的迷哥迷姐們表演。雖然史屈

❷ "The Turn Toward Conservatism," 279.

克也是《野蠻的眼睛》的導演之一，但本片描寫健美男士的好色及虛榮，其意圖僅止於娛樂效果，並不打算當成某些更深入腐蝕社會的象徵。而另一部由柏特‧史坦（Bert Stern）拍的《夏日的爵士樂》（Jazz on a Summer's Day, 1959）不僅記錄了新港（Newport）爵士音樂節及五〇年代爵士樂的風行，同時也預示六〇年代有關搖滾樂音樂節影片的出現。

有關異國文化的民族學誌影片

人類學或民族學誌的影片是非劇情片最早的類型之一（見第二章）。回溯早期的重要成就包括了佛萊赫堤的《北方的南努克》及《摩亞那》、馬利安‧庫柏及厄尼斯特‧修德沙克合作的《牧草：為民族生存而戰》、巴索‧賴特的《錫蘭之歌》及納德‧羅斯繆森（Knud Rasmussen）的《帕羅的婚禮》。雖然運用民族學誌影片的畫面在二〇年代以後十分平常，特別是在格萊格利‧貝森及瑪格麗特‧米德在新幾內亞拍的一些影片中更是如此。但直到二次世界大戰之後，有些民族學誌學者實際完成的影片才稱得上是具有藝術性的作品。其原因為戰後重要的民族學誌影片受到尚‧胡許作品的影響，他也對真實電影的發展有著重要的影響力。在美國，胡許與貝森、米德、保羅‧費喬，連同德國的加特哈德‧沃夫（Gotthard Wolf）都在民族學誌影片製作水準的提升及評論的接納上貢獻良多❸⓪

成功的民族學誌影片衡量的標準是民族學誌的標準而不是電影形式的標準。佛萊赫堤就曾說過「首先，我是一名探險家，之後我才是藝術家」。因此以科學家的身分來拍片，民族學誌的電影工作者尋求編輯經驗性的觀察，而不是創造藝術上的形式。他們記錄原始資料以便分析，並將觀察到的行為套入文化模式上，對文化的努力找尋全面的方法去觀察及了解在社會及文化環境之下的人與事。而他們也努力不去對真實創造一個電影式的假象，而是再造一個生理及心理上的擬真。民族學誌的電影製作盡可能信守電影上的寫實

---

❸⓪ 胡許早期在非洲拍的人類學影片有《Hippopotamus Hunt》（Chasse à l'Hippopotame, 1946）、《Cliff Cemetery》（Cimétière dans la Falaise, 1951）、《The Rain Makers》（Les Hommes Qui Font la Pluie, 1951）及《The Foolish Masters》（Les Maîtres Fous, 1953）．其他重要的影片還有Conrad Bentzen的《Mokil》（1950）及貝森、米德的《Trance and Dance in Bali》（1952）及《Childhood Rivalry in Bali and New Guinea》及《Karba's First Years》（1952）.

主義，而在其中保留的時間與空間也要盡可能完整❸。

　　在五〇年代有許多人嘗試對其他文化製作精確描寫的影片，這些影片包括傑柯布斯的《塔波溫泉的海綿潛水夫》(Sponge Divers of Tarpon Springs, 1951) 及阿諾‧依格 (Arnold Eagle) 的《波帕嚴的聖週》(Holy Week in Popayan, 1959)，甚至羅歌辛的《重返非洲》(Come Back Africa, 1959) 及佛萊赫堤的《路易斯安那州的故事》都被歸類為民族學誌電影。另一種相關的影片類型則滿足了全世界的電視觀眾，他們對野生動物的影片有著無止境的味口。這些作品包括賈克-尤斯‧寇斯托的電影（見第十二章），也包括根據羅歇爾‧卡森 (Rachel Carson) 原著拍攝的《環繞著我們的海》(The Sea Around Us, 1952, 由鄂溫‧亞倫Irwin Allen執導)。華特‧迪士尼製片廠也製作出一些影片，這些片子包括《活著的沙漠》(The Living Desert)、《非洲獅子》(The African Lion) 及《雪地的野生動物世界》(White Wilderness, 以上三片均攝於一九五三年)，還有《消失的大草原》(The Vanishing Prairie, 1954)。雖然迪士尼的電影在攝影上均甚為優美，他們也試圖將動物的生命擬人化，對某些人而言，這樣也許很吸引人，但迪士尼的電影是不能跟像寇斯托等科學家的影片或我們在這裏討論的民族學誌電影相提並論的。

　　在這個階段中，最為傑出並最具影響力的民族學誌電影首推《獵人》(The Hunters, 1958)。本片由約翰‧馬歇爾及羅拔‧格德納合導，是部有關克拉哈里 (Kalahari) 沙漠布西門族 (Bushmen) 的作品。承接著《北方的南努克》的傳統，這部影片在真實的畫面上強加故事，有時也允許故事蓋過事實。不過本片著眼於整個民族，不是一個單獨的個人及其家庭，此外也注重對布西門族在心理學層次的了解，在成就上超出佛萊赫堤對依努族 (Inuit) 心理學極少的粗淺觀察。

　　在《獵人》之後，格德納繼續完成了《死鳥》(Dead Birds, 1963)，本片雖然是接續了佛萊赫堤的傳統，但從一開始就有不同的想法，就如格德納自己說的「(本片) 乃是由在人類學及電影兩方面都訓練有素且經驗豐富的專業人士製作的」❷。這部影片是有關住在新幾內亞高地上的大尼族 (Dani)，與

❸　見Karl G. Heider, *Ethnographic Flim* (Austin: University of Texas Press), 5-15.
❷　"A Chronicle of the Human Experience: *Dead Birds*," in *The Documentary Tradition: From Nanook to Woodstock*, ed. Lewis Jacobs, 430.

佛萊赫堤相似的地方是他以有用及有價值的東西，如貝類、鹽及鋼鐵器具來付給他的拍攝對象，而與他合作的人也不知攝影機為何物，這項好處也與佛萊赫堤相同的。而格德納也與貝森及米德一樣，對於人物及事件給予細心的觀察，而透過對大尼族生活的紀錄完成了令人讚嘆的影片，根據海德（Karl G. Heider）所說的，《死鳥》乃是：

> 民族學誌影片的分水嶺…在《死鳥》之前，只有很少數的影片可以稱得上是民族學誌，而在《死鳥》出現之後的十年，就有很多真正的民族學誌影片完成了。(34)

在《死鳥》之後，格德納又製作了《努埃爾人》（The Nuer, 1970），接著他完成了傑作《沙之河》（Rivers of Sand, 見第十四章）。

有關藝術的影片

戰爭剛結束的期間，美國非劇情片電影工作者製作有關藝術及藝術家的影片少於他們的歐洲同業，但到了六〇年代，當藝術、藝術家及藝術市場都成文化上關注的焦點時，為數不少的有關藝術及藝術家的美國影片就出現了（見第十四章），而極少數曾在五〇年代製作的影片，在面對多采多姿的藝術家時，所用的方法普遍而言都相當保守。

在戰後，第一部有關藝術家的重要美國影片是馮·戴克拍的《攝影師》(1948)，這是部探訪美國前輩攝影家艾德華·魏斯頓的紀錄片。魏斯頓也同時是馮·戴克的老師，而這部影片在攝影藝術上有著精彩的介紹，也是許多國家的早期影片之中，把攝影當做嚴肅藝術形式的少數作品之一。雖然《攝影師》以及對魏斯頓親密的描寫而受到矚目，但由班·梅朵及艾文·傑柯比所寫的旁白卻平庸老套，也削弱了馮·戴克在攝影上所營造出來的優美。其他有關藝術及藝術家的影片包括了艾力卡·安德生（Erica Anderson）及傑洛米·希爾（Jerome Hill）的《摩西祖母》（Grandma Moses, 1950）、亞瑟·費力格（Arthur Felig）的《維吉的紐約》（Weegee's New York, 1950）、艾文·哈特利（Irving Hartley）及赫伯·馬特（Herbert Matter）的《亞歷山大·凱爾德：雕塑家與構造》（Alexander Calder: Sculptures and Constructions, 1948）、赫伯·馬特的《凱爾德的作品》（Works of Calder, 1950）、詹姆斯·戴維斯（James Davis）的《約翰·梅林》（John Marin, 1951）、路易·傑柯布斯的《馬殊‧布雷迪：時代攝影家》(Mathew Brady: Photographer of an Era, 1953) 及漢斯‧南慕斯 (Hans Namuth) 與保羅‧佛肯柏格 (Paul Falkenberg) 的《傑克遜‧波拉克》(Jackson Pollock, 1951)。

其他還有些影片是有關別的時期及別的國家藝術家的作品，包括了詹姆斯‧強生‧史溫尼 (James Johnson Sweeney) 的《亨利‧摩爾》(1947)、彼得‧萊侯夫 (Peter Reithof) 的《羅特列克》(Toulouse-Lautrec, 1951)、喬治‧侯寧珍‧胡恩 (George Hoyningen-Heune) 的《上帝的猴子：海洛尼瑪斯‧鮑許》(God's Monkey: Hieronymus Bosch, 1955)。最後一提的是些不同題材的美國影片：傑斯‧巴利 (Jess Paley) 的《凹板印刷術的一個新方法》(A New Way of Gravure, 1951)、西尼‧彼得森 (Sidney Peterson) 的《日本屋子》(A Japanese House, 1955) 及查爾斯與雷‧艾姆斯的《印度織品與裝飾藝術》(Textiles and Ornamental Arts of India, 1955)。

有關傳記的影片

在這段時期有關傳記的非劇情片仍在初期階段，到了後面幾年，這類影片被當做是崇拜名人的一部分之後才極度風行。這些影片早期包括了南西‧漢米爾頓 (Nancy Hamilton) 的《故事中的海倫‧凱勒》(Helen Keller in Her Story, 1955)、李察‧李考克的《伯恩斯坦在以色列》(Bernstein in Israel, 1956)，這是部伯恩斯坦及紐約愛樂交響樂團旅行演出的作品，戴維‧巴特勒 (Dave Butler) 及巴納比‧康德瑞 (Barnaby Conrad) 的《曼諾力特被殺的那天》(The Day Manolete Was Killed, 1957) 及傑洛米‧希爾的《亞伯特‧史懷哲》(Albert Schweitzer, 1956)，史懷哲同時也是艾力卡‧安德生的《四海皆兄弟》(No Man is a Stranger, 1958, 與納生‧克林博士Dr. Nathan Kline合拍) 及《史懷哲生平》(The Living Work of Albert Schweitzer, 1956) 兩片的拍攝對象。

有關戰爭紀錄的影片

在二次世界大戰剛結束時，戰爭並不是個受人喜愛的題材，雖然韓戰持續了三年，也激發無數劇情片的製作，許多乃是二次世界大戰期間好萊塢影片的仿效之作，但實際上對於韓戰，官方沒有製作過任何一部紀錄片❸。當冷戰情勢升高，美國政府對於由USIA來製作戰後對外政策的影片在興趣上遠超過韓戰❸。而美國人民由於並不清楚國家的對外政策❸，因此對於韓戰的興趣遠遜於他們在國內追求繁榮的興趣，更何況韓戰是個警察行動而非世界大戰。而對那些想知道最新戰況的人則可以看電視新聞❸。不過普遍而言，愛國之情仍存在觀眾心中，此時有兩部有關的美國歷史性戰役的非劇情片贏得了奧斯卡最佳紀錄片獎：朵爾·夏利 (Dore Schary) 的《蓋茨堡之戰》(The Battle of Gettysburg, 1955)，本片在戰爭發生地拍攝，並運用旁白來說明。還有路易·克萊德·史多門 (Louis Clyde Stoumen) 的《南北戰爭的真相》(The True Story of Civil War, 1956)，本片在運用照片及其他媒體上極具效果，是部傑出的編輯電影。

❸ 見Jeanine Basinger, *The World War II Combat Film: Anatomy of a Genre* (New York: Columbia University Press, 1986).

❸ 有關韓戰的紀錄影片Basinger只列出一部：《Cassino to Korea》(1950)，本片意圖拿二次大戰中在義大利的戰役與韓國做比較。

❸ 見MacCann, 179-80。

❸ 雖然《在韓國打的那場仗》(That War in Korea) 於一九六三年才公映，但它是關於韓戰最傑出的電視影片，見Bluem, 163。

第五篇　傳統的延續及新方向 (1960—1985)

第十四章

六〇年代美國的文藝復興：
新的非劇情片

　　六〇年代包含著一場重要的社會革命，因為戰後自滿的美國社會，在許多事件中已暴露了她的內在矛盾。社會歷史學家艾瑞克・高曼 (Eric P. Goldman) 稱六〇年代為「重要的年代」(the momentous decade)，而小說家約翰・阿布代克 (John Updike) 則稱之為「貧民窟的年代」(a slum of a decade)。一方面，這個年代中社會有其進步，對和平也有其冀望，另一方面，社會已在腐敗之中而國內及國外暴力衝突頻傳。六〇年代的美國社會有能力去並容傳統文化及反傳統的文化，其國力足以支撐一個和平的戰後世界，而其價值遭受攻擊時也有能力承擔❶。但美國民主制度的力量卻不足以預防可以撕裂美國社會的嚴重社會衝突，而這個年代正代表對美國價值的嚴苛考驗，結果美國社會為動盪的極端及改變趨勢所撕裂，最後導致了社會的轉型。

　　在六〇年代有關社會的價值也出現了一種新的自由主義、新經濟學及新的理想主義。在一九六一年甘迺迪總統雄辯滔滔地發表其演說「不要問國家能為你做什麼，要問你能為國家做什麼」之後，他提出了雄心萬丈的內政計畫，在這個被稱為新戰線的計畫中包括稅制改革，增加聯邦對教育、太空計畫及落後蕭條地區的補助，對老年人的醫療照顧，還有對民權的積極關注。這樣的精神也為政府發展出新的觀念，同時在總統、制度、媒體、勞工、少

---

❶ 莫里斯・迪克斯坦 (Morris Dickstein) 稱之為「極樂的一方：超自然的迷人之處、東方的印度教導師及冥想實作的吸引力、由藥物導致的短暫涅槃之境、形形色色的性行為或革率的治療」；參見 *Gates of Eden: American Culture in the Sixties* (New York: Basic, 1977), viii. 亦見 Eric P. Goldman, *The Crucial Decade—And After: America, 1945-1960* (New York: Vintage, 1960); Godfrey Hodgson, *America in Our Time* (New York: Vintage, 1978); William O'Neill, *Coming Apart: An Informal History of American Film in the 1960s* (Chicago: Quadrangle, 1971); Leonard Quart and Albert Auster, *American Film and Society Since 1945* (New York: Macmillan, 1984); 及 David E. James, *Allegories of Cinema: American Film in the Sixties* (Princeton: Princeton University Press, 1989).

數民族、異教徒之間帶起了新的關係。儘管如此，整個國家卻因為甘迺迪總統、羅勃・甘迺迪 (Robert F. Kennedy)、金恩博士 (Dr. Martin Luther King)、麥肯・X (Malcolm X) 及梅德格・艾弗斯 (Medgar Evers) 等人的被刺而分裂；同時，黑人的抗爭、校園的抗議及暴力、許多城市被包圍的狀態、惡化的環境品質、毒品氾濫、犯罪率升高、對國家領導信心的流失及越南戰爭等社會危機也使得國家近於破碎。

此時，藝術反映了這種改變及美國社會中的自由精神。而六〇年代導致電影在精神層次上再度復興的原因有兩個方面，一部分是來自西方世界中革命政策的興起，另一部分則來自有主導力量的年輕人的文化，他們了解並擁抱電影，並視之為最具政治性的藝術形式。這一代年輕人也許比之前任何時代的人都了解電影的語言及電影的情感。法國新浪潮的精神曾有助於此時期歐洲劇情片的形成，現在也將塑造非劇情片發展成形。

在六〇年代，非劇情片等於重獲新生，不僅因為傳統性放映或為電視播出而製作的影片在數量上都是空前的，而其品質提升，在對觀眾及其後電影工作者的影響程度上也日益擴大。除此之外，這個片型日益國際化，在新電影語言上也同時進步。美國非劇情片對此時期社會的動盪做出回應，它一方面重新肯定傳統，另一方面改變以符合社會需求，非劇情片多方變通的能力等於為它自己的生存提供了一把重要的鑰匙。

有關六〇年代美國非劇情片重獲新生的原因有下列諸項：戰後美國白人非劇情片傳統上的成就及影響；一個更有力及更獨立的非劇情片製作與發行系統的出現；電視播出非劇情片的媒介潛力；國內外以新電影形式尋求一個自由與直接表達寫實主義脈動的實驗；製造出輕便、機動設備的技術新發展；更多女性製片人、導演及剪接師投入以及非劇情長片的發展（片長九十分鐘或九十分鐘以上）。雖然電影工作者繼續製作傳統的紀錄片，時代已在真實電影及直接電影的發展下，試著從傳統的老根上分離，因此非劇情片的類型重生了。在三〇年代約翰・葛里遜所指稱的那種基於現實、利用影片進行教化目的的「紀錄片信念」(documentary idea) 在六〇年代委身相讓新的電影寫實主義信念：以影片自己的價值為目的來開發與運用影片 (the exploration and use film for its own sake)。這種新探索在美學上的進化超過對社會、政治或道德上的關切，這種驚人的現象，以紀錄片的傳統及社會轉型的角度來看，等於塑造了那個年代。

真實電影與直接電影

　　真實電影（cinéma vérité）與直接電影（direct cinema）如果不提它政治、激進的部分，它們是相當電影性的，它同時代表對於各種不同美國及歐洲的非劇情片傳統的融合以及與傳統的一種決裂❷。真實電影出現在五○年代的法國，直接電影則發展於六○年代初期的美國，它們是兩個不同的類型，其中的一個類型乃建構於另一個類型之上，是對於非劇情片的兩個不同的理論取向的再次肯定，其一是這種類型電影表現的可能性是無限的；其二，是題材才使得優秀的非劇情片具體化起來。

　　就像所有前衛運動一樣，這種新電影語言的成就搖醒了電影工作者及觀眾，使他們以新的方法去發現與記錄生活原本的樣子。寫實的力量起於盧米埃兄弟而經佛萊赫堤及維多夫加以發展，但最重要的發展則出現於二次世界大戰之後，當時義大利新寫實主義、英國自由電影、戰後的法國電影及其後由法國電影積累成的新浪潮等幾股力量加在一起構成了「最早出現的一種不昂貴、更貼近現實並不為技術所奴役的電影」❸。

　　戰後的法國電影並不像義大利新寫實主義或英國的自由電影一樣，它既無領導者也沒有什麼宣言，不過，持續的獨立電影製作倒為許多新手導演提供了學習的機會，使他們在五○年代末期創造出革命性的電影新浪潮。而在戰後法國電影的發展中有兩件重要的事，一是非劇情片的復興，另外就是真實電影的出現。

真實電影：在歷史上與理論上的起源

　　真實電影源自於維多夫，因為它以許多傳統的技巧來做新的嘗試，所以對非劇情片電影技巧的提升有重要意義，這些被用來實驗的傳統技巧包括訪問（這個方法在亞瑟・艾頓及艾格・安斯堤在英國合拍的《住宅問題》中首次採用）、傳記的樣式（早在一九二二年，佛萊赫堤在《北方的南努克》就

❷　真實電影與直接電影歷史及理論來源的完整論述，見拙著"American Direct Cinema: The Re-presentation of Reality," *Persistence of Vision* 3-4 (Summer 1986): 131-56.

❸　Louis Marcorelles, *Living Cinema: New Directions in Contemporary Film-Making* (New York: Praeger, 1973), 38.

已做過)、城市生活萬花筒式的描繪（首次嘗試者爲德國在一九二七年由華特‧魯特曼拍的《柏林：城市交響曲》及一九二九年維多夫在蘇聯進一步發展成的《持攝影機的人》），以及記錄尋常百姓工作與閒話家常。而在法國及加拿大法語區均有些眞實電影的先驅人物，他們分別是皮耶‧佩勞特 (Pierre Perrault)、克利斯‧馬蓋、馬里奧‧路斯波利 (Mario Ruspoli)、賈克‧羅濟 (Jacques Rozier) 及尙‧胡許❹。

　　在上述這些電影工作者中最廣爲人知也或許是最重要的人物是尙‧胡許❺。他絕大多數影片都由自己標明爲「民族學誌的劇情片」(ethnographic fiction) 代表了它們自成一個新的類型。他的《夏日編年》(Chronicle of a Summer/Chronique d'un été, 1961) 對於眞實電影的發展有著絕大的影響❻。這部長片主要由許多巴黎人的訪問組成（片中受訪人被問道「……你快樂嗎？」而他們都以不可預測和高度個人式的答案回應）。《夏日編年》的副標題爲「眞實電影的一次經驗」(une experience de cińema vérité)，顯然是要向維多夫致敬❼。尙‧胡許與其他的人都以輕便的器材及直接的方法來做新的

---

❹ 皮耶‧佩勞特 (Pour la suite de monde, 1963, La regne du jour, 1967, Les voitures d'eau, 1968, Un pays sans bon sens, 1970, 及 L'Acadie, l'Acadie, 1971)；克利斯‧馬蓋 (Sunday in Peking [Dimanche à Pékin] , 1955, Letter from Siberia [Letter de Sibérie] , 1957, [Cuba] Si!, 1961, 及 The Lovely May [Le joli mai, 1963)；馬里奧‧路斯波利 (Les Hommes de la baleine, 1956, Les inconnus de la terre, 1961, 及 Regard sur la folie, 1961)；賈克‧羅濟 (Adieu Philippine, 1963)；尚‧胡許 (The Manic Priests [Les maîtres fous] , 1955, I, a Black [Moi, un noir] , 1958, Chronicle of a Summer [Chronique d'un été] , 1961, Funeral in Bongo: Old Anai, 1849-1971, 1979, 及 Punishment, 1963).

❺ 胡許、維多夫、佛萊赫堤及義大利新寫實主義都有關聯，但胡許的作品不能簡單地歸於他們其中一類。見Jean-Andre Fieschi, "Jean Rouch" in *Cinema: A Critical Dictionary*, ed. Richard Roud, vol. 2, 901-09; Bruce Berman, "Jean Rouch: A Founder of the Cinéma Vérité Style," *Film Library Quarterly* 11:4 (1978): 21-23; *Anthropology-Reality-Cinema: The Films of Jean Rouch*, ed. Mick Eaton (London: British Film Institute, 1979); James Blue, "The Films of Jean Rouch (Including interviews with Blue and Jacqueline Veuve)," *Film Comment* 4.2-3 (Fall-Winter 1967): 82-91;及Robert Edmonds, *About Documentary: Anthropology on Film, a Philosophy of People and Art* (Dayton: Pflaum, 1974).

❻ 本片與艾格‧摩林聯合製作，而由麥可‧布勞特攝影，他後來致力於發展加拿大模式的眞實電影cinéma direct。

❼ 將他的作品擺在非劇情片史上何處只是問題之一，另外一個問題是胡許嘗論道他在《夏日編年》中嘗試結合維多夫的理論及佛萊赫堤的方法，參見"Table Ronde: Festival de Tours en Collaboration avec l'U.N.E.S.C.O.," *Image et Son* 160 (March 1963): 6.

嘗試，他更發現攝影機有種力量可以誘使人做出有別於日常生活的行為，而他也看出他名之為「真實電影」❽的東西乃是項可使人從他們受限的自我中解放出來的方式❾。

真實電影在六○年代初期出現時又一次在電影史中顯示，技術的發展強過了美學的力量，並強烈地影響了這個新電影的「外貌」。正如史蒂芬·曼伯 (Stephen Mamber) 曾觀察到的，真實電影「標示出電影工作者在他所拍攝的世界中的位置」❿。那是因為輕便、機動的器材才使得這個位置的成就變為可能，而這個位置也同時具有物理及本體論 (ontological) 的兩個意義⓫。傳統的好萊塢電影仰賴35釐米電影攝影、粒子細密的底片及高成本的攝影棚內製作⓬。但二次世界大戰期間，為了訓練、激勵及戰鬥目的所製作的影片

---

❽ 喬治·薩都宣稱一九四八年他將維多夫的真理電影(kino-pravda)翻成真實電影(cinéma vérité)，這是這個字眼的首次使用（參見"Dziga Vertov," *Artsept* 2 [April-June 1963]：18）。馬可瑞爾斯則宣稱這個字眼乃一九六一年在法國首度被使用來描寫《夏日編年》，這是部由尚·胡許及艾格·摩林合導的電影。此外馬里奧·路斯波利也被譽為「真實電影」一詞的創造者。

❾ Eric Rohmer and Louis Marcorelles, "Entretien avec Jean Rouch," *Cahiers du Cinéma* 24. 144 (June 1963): 1-22.

❿ *Cinéma Vérité in America: Studies in Uncontrolled Documentary* (Cambridge: MIT Press, 1974), 1.

⓫ 見Ed Pincus, "One-Person Sync-Sound: A New Approach to *Cinéma Vérité*," *Filmmakers' Newsletter* 6.2 (Dec. 1972): 24-30; Edmund Bert Gerard, "The Truth About *Cinéma Vérité*," *American Cinematographer* 50 (May 1969): 474-75; Mike Waddell, "*Cinéma Vérité* and the Documentary Film," *American Cinematographer* 49.10 (Oct. 1968): 754+; Colin Young, "Three Views on *Cinéma Vérité*: Cinema of Common Sense," *Film Quarterly* 17.4 (Summer 1964): 26-29+.

⓬ Robert C. Allen and Douglas Gomery, *Film History: Theory and Practice* (New York: Knopf, 1985), 219.如艾倫所觀察到的，對於這些技巧的普遍熟悉「也許可以在二十年後幫觀眾接受真實電影風格中某些相近的特質，它同時也賦予真實電影一種好萊塢電影欠缺的真實氣氛」。James Wong Howe, "The Documentary Technique and Hollywood," *American Cinematographer* (Jan. 1944): 10;及Philip Dunne, "The Documentary and Hollywood," in *Nonfiction Film Theory and Criticism*, ed. Barsam, 158-66.在召回電視前廣大觀眾的嘗試中，好萊塢利用了電影優於電視的一些技術性優點，不過一些不同寬銀幕電影的發展並未與非劇情片整合，其他一些像是彩色底片的全面更換也與非劇情片無涉；參見Charles Barr, "Cinema Scope: Before and After," in *Film Theory and Criticism*, ed. Mast and Cohen, 140-68.

卻發展出一種輕便、小型、耐用並附帶改良型鏡頭與標準規格、易拆裝零件的16釐米電影攝影機。不像好萊塢所出品畫面那樣經過「高度營造」❸，這些攝影機一般只拍出黑白畫面，最重要之處在於它們不需要三腳架，也正因為攝影機都用手拿，所以拍出來的畫面有時便會搖晃或不清楚，但觀眾卻因為這些不完美的攝影畫面而接受它的真實可信。由這種輕便攝影機拍下來真實而可信的畫面更隨著電視（當時也是黑白的）的出現而廣泛被接受，其後它更大幅取代其他黑白媒體（新聞片及報紙照片），上述兩者也正是五〇年代美國新聞報導的主要視覺來源。

在錄音方面的進展同時也起源於二次世界大戰期間，而在五〇年代中期更進一步發展出可做同步錄音的磁帶錄音機，到了一九六〇年左右，電晶體錄音機又取代了過去真空管型的機器，不過，莫納可（James Monaco）觀察到的是「電晶體同步錄音技術的出現才為這個系統提供了它最需要的可變性，因為攝影師及錄音師從此可以分開獨立工作，不再被相連於攝影機及錄音機上的同步訊號電線妨礙」（50）。艾倫（Robert C. Allen）也發現了「對新寫實主義的影片及傳統紀錄片而言，外景拍攝與同步收音同時進行確是困難重重」（220），而電晶體的使用將錄音機的重量從數百磅減到只有二十磅，從此，可攜帶式錄音機為真正同步聲音的收錄提供了自由，而多軌錄音帶混音設備則給予成音人員對於控制素材更大的空間。

一部「理想」的電影至此變為可能：它將可在各地拍攝而不再限於環境受控的攝影棚；它將只需要現場既有的光線，因此避免掉攝影棚打光之下產生的劇場感；它可以選擇彩色片或新聞式的黑白片去記錄現實；它也可以在事情真正發生時收錄聲音而不像過去在配音間事後重做聲音❹。

至於根植於「真實電影」的直接電影則反映出兩個主導而互有關聯的影響——對新的電影寫實主義的渴望及為了達成這個願望在技術上的發展。直

❸ James Monaco, "American Documentary Since 1960," *Cinema: A Critical Dictionary*, ed. Richard Roud (New York: Viking, 1980), vol. 1, 50;亦見Robert C. Allen, 220-23.

❹ 直接電影早期的先驅都喜歡一種重量很輕、可以上肩的16釐米攝影機，如Auricon牌子的，他們也愛用Arriflex或法國製的Eclair-NPR攝影機，再配合一台輕便而功能完整的¼吋錄音帶的錄音機（通常是Nagra, Nagra Neo-Pilot或Stellavox三種型式的）。而維繫聲音與畫面同步，他們也運用了包括了小型無線電發報器的裝置或是由羅拔·祖及李考克發展出來以運用Bulova Accutron電子錶為基礎的方式。(Allen 222-23)

接電影是運用一切可能的電影資源記錄現實，其後並加以再現。雖然不同的電影工作者以不同的方法創造直接電影，但他們基本的企圖都是相同的：盡可能地直接掌握一個細心選擇的現實面，在事件發生時加以記錄，而不是事後在攝影棚假造畫面，並提供觀眾一種親臨其事的感覺。為了這個目的，直接電影是沒有腳本的，事前也不經過排練（雖然許多電影內有些證據指出它們經過準備）。直接電影使用輕便、可攜帶式的器材（攝影機可上肩而不是真實電影中將攝影機拿在手上），以一種不正式的意圖試著去打破電影工作者與對象之間的界線，攝影所扮演的角色是親密的，它增加了電影工作者/對象/觀眾三者之間的直接關係，而聲音採直接與同步的方式收錄，雖然常常收到無關的雜音，但反而有助於現實感。至於剪接也傾向於保持其連續性而不是斷斷續續的，它努力之處在於紀事而不為營造戲劇性，並以此來呈現事件。對電影工作者而言，這樣的作業即是要對現實做直接的觀察，對觀眾而言，其結果是對現實有了直接的理解❶。

　　直接電影經常與其他類型混為一談，例如：公正之眼（candid eye）、活著的攝影機（living camera）、具體電影（concrete cinema），甚至更經常有人把上述三者的方法與成就等同於直接電影。其實，直接電影是一個有自己特色的類型，它之所以有別於其他非劇情片存在著幾個基本元素：1.排斥非劇情片的傳統；2.在不介入的狀態下拍攝真實情況下的真實人物；3.排斥傳統紀錄片的「導演」或事先寫好腳本；4.創造一種包含著不同曖昧形態的現實模式；5.給予觀眾一種「身臨其境」的自然之感；6.觀察優於旁白；7.使用輕便而可攜帶式的設備；8.現場收音；9.剪接優於長拍鏡頭；10.形式優於內容。

---

❶ 上述討論將美國直接電影定義為解決電影真實的激進方法，這使得直接電影幾乎從非劇情片的背景中整個分離出來。對電影工作者而言，直接電影的發展有兩個主要事件。第一，藝術家自由創造的電影世界取代了社會責任，而之於傳統非劇情片類型這是截然不同的；第二，在非劇情片的製作過程與產品之間有清楚的界限：電影拍攝前不可控制的本質（對拍攝的事件不做計畫）卻尾隨著受監控的直接電影產品。直接電影是一個虛有其表的自我揭發，在其中電影工作者（不管在銀幕上有出現或沒有出現）同時表現自己而又隱藏自己。另外一種對直接電影不同的解釋與詮釋，請參見Jean-Louis Comolli, "Detour par de direct—Un corps en trop," *Realism and the Cinema*, ed. Christopher Williams (London: Routledge, 1980), 224-58.

眞實電影與直接電影：比較與對照

直接電影不僅與眞實電影不同，其實它的名字已在同步收錄的聲音與畫面上取代了企圖比較含糊的眞實電影。因此去了解它與眞實電影間的相異處，而非相同處是十分重要的。

眞實電影代表新浪潮電影攝影的一項應用，它用來記錄眞實事件而非排練過的場景；在某個意義上而言，法國人在電影改革的重要性在於爲電影增添了一些新的觀念，包括了把攝影機當做一項催化劑、電影工作者應是個在攝影機後、但有時又在攝影機前的積極參與者、排除劇情片的一些設計、拍攝眞實事件而不拍排演過的事件、一種結合著自然非正式視覺風格的外觀、容許一些不正規的「錯誤」，如光線不良及違反視覺習慣的攝影機運動（經常由手持攝影機造成）。總括而言，眞實電影重新定義了電影美學、它也引領了新的自我指涉（self-reflexive）電影的發展❶。

一九五〇年之後，眞實電影在觀眾與批評界造成各種不同的反應，眞實電影一詞在許多電影的革新、實驗或新發展上廣泛被應用，即使這些應用與眞實電影毫不相干。除此之外，它也被貶抑地運用於許多電影的技巧，但就如同直接電影一樣，眞實電影鮮活或說是令人吃驚的品質翻攪了當時的情況。

不過眞實電影與直接電影也有許多相近之處，它們都信守眞實、投身於社會寫實觀察，如詹姆斯·莫納可所稱的「基礎上的民族學誌傾向」（51）；致力於使用輕便設備所帶來的好處；在拍攝與剪接間保持親密的關係；致力於創造可以在一種對象上同時拉近電影工作者與觀眾之間關係的電影。在眞實電影與直接電影之間關係的核心仍是藝術作品「眞實與否」的古老問題，也即對現實忠誠度的問題，不過就如同彼得·葛拉漢（Peter Graham）所寫的，

---

❶ 見Gerald Mast, *Film/Cinema/Movie* (New York: Harper, 1977), 158; James Blue, "Thoughts on *Cinéma-Vérité* and a Discussion with the Maysles Brothers," *Film Comment* 2.4 (Fall 1965): 23; and Jay Ruby, "The Image Mirrored: Reflexivity and the Documentary Film," *Journal of the University Film Association* 29.2 (Fall 1977): 3-12.有兩個負面看法，以一種好萊塢的立場來論斷眞實電影的技巧將會轉移觀眾對電影工作者想說的注意力。包括Mike Waddell, "*Cinéma Vérité* and the Documentary Film," *American Cinematographer*, 49.10 (Oct. 1968): 754＋; and Edmund Bert Gerard, "The Truth About Cinéma Vérité," *American Cinematographer* 50 (May 1969): 474-75.

即便由檔案資料影片中所得來絕對真實的概念「不過是個引開注意的龐大之物」❶。實則，真實電影與直接電影都是一種觀看與理解的方法，它們都是可傳達出電影工作者對世界看法的方式；而每個電影工作者都可根據他自己所相信的、他自己的感觸及經驗、在他自己的文化背景下定義真實，更實際上來說，在電影工作者觀察、拍攝與剪接之際所掌握到的真實其實並非真正的真實而是電影工作者的真實罷了❶。

與電影真實（film truth）有關的問題是電影工作者的方法，而艾瑞克・巴諾界定真實電影與直接電影不同之處時寫下：

> 直接電影的紀錄片作者拿著攝影機進入一個緊張的狀況而充滿希望地等待危機的發生，胡許對真實電影的看法是它會促進危機的發生，直接電影的作者反而對視而不見之處有熱望。胡許認為真實電影的作者經常是個自我聲明的參與者，直接電影的作者扮演的角色是個不涉入的旁觀者，而真實電影則對煽動者抱持擁護的態度。
>
> 直接電影在攝影機拍攝到的事件中找到它的真實，真實電影則專注於一種自相矛盾（paradox）的情況，也即在人營造的環境中發掘出隱藏的真實❶。

真實電影與直接電影的方法都在電影工作者對素材的關係、對攝影機的使用方式及剪接的本質上引發爭議。真實電影派的電影工作者經常在他們所記錄的事件上加以參與及評論；直接電影派的電影工作者則總是拒絕旁白，並不管是偶然的或以某種人物的形貌，他們幾乎不出現在自己的影片中。對於真實電影而言，剪接極為重要，而它對直接電影可能更是最為重要的一項元素。在直接電影中，影片剪接師的重要性高過任何類型電影，因為他製造出一種現實的模式。

在直接電影中，「電影工作者」一詞包含了「導演」、「攝影師」、「成音

❶ "Cinéma Vérité in France," *Film Quarterly* 17.4 (Summer 1964): 36.

❶ 為喚起「嚴酷的現實」（nitty-gritty，六〇年代的新詞），亨利・布萊羅斯（Henry Breitrose）認為直接電影不應對事件或對象假設有一個普遍或絕對真實的存在，它也無法捕捉到「嚴酷現實」的真正本質。"On the Search for the Real Nitty-Gritty: Some Problems and Possibilities in *Cinéma Vérité*," *Film Quarterly* 17.4 (Summer 1964): 36-40.

❶ *Documentary: A History of the Non-Fiction Film* (New York: Oxford, 1974), 254-55.

師」、「剪接師」等詞中的功能，這些功能當然並不過時，在直接電影中也沒有不同的功能，它們只是被包含力較大的「電影工作者」一詞結合了各自的功能。根據李察・李考克所稱的，這乃是此類新風格影片攝製的「整合過程」⓴。根據安德烈・巴贊的講法，隱含於這項過程中的乃是電影工作者的自覺與義務——也就是他們應保留更深度的心理現實與觀眾自由詮釋現實的選擇㉑。直接電影的中心所在是把不同的素材都視為相同而加以呈現，因此產生的曖昧則創造出現實本身的幻覺。直接電影是電影時間（遠超過空間）的宣言，其中記憶與遺忘彼此撞擊，客觀與主觀彼此衝突。

美國的直接電影

真實電影與直接電影雙向的衝擊為許多非劇情片電影工作者重新定義了傳統寫實主義的理論及實務㉒。對於一個六〇年代的電影工作者而言，在這個混亂而激進的年代中，直接電影代表的是出於傳統中的一項變革、直接面對當時社會力量的一個機會以及一個把電影藝術和它與現實的關係兩者更加緊密結合的挑戰。直接電影第一次出現在美國就以方法上的自由靈活與清楚全然改變了非劇情片的寫實主義傳統。

美國重要的直接電影工作者及影片

美國六〇年代直接電影的發展乃是由羅拔・祖、李察・李考克、潘納貝克、亞伯與大衞・梅索兄弟及佛列德利克・懷斯曼等人不同的探索而主導的（有關梅索兄弟與懷斯曼的作品將在十五章中再討論）。經由他們記錄重要事件、議題與人物時採取一種自然而不受約制的信仰，因而建立一種強而有力電影方法，進一步導引了這個形式的發展㉓。而所有這些電影工作者的

⓴ Ian A. Cameron and Mark Shivas, "Interviews," *Movie* 8 (Apr. 1963): 17.

㉑ 「完整」電影的成就仍是不可能的，除了那些嘗試以技巧創造出巴贊稱爲「完整電影」（total cinema）的人。不過，使我們能更接近它的，乃是直接電影藝術家的視野（形而上及物理層次的觀點），它真正操控了影片中現實的再現。參見Bazin, "The Myth of Total Cinema," *What Is Cinema?* (Berkeley: University of California Press, 1967), 17-22.

㉒ 關於這些電影運動的國際交流有個例子，高達與李考克、潘納貝克及一些美國人組成了一個團體，叫Dziga Vertov Group。見Richard Roud, "Jean-Luc Godard," *Cinema: A Critical Dictionary*, ed. Richard Roud (New York: Viking, 1980), vol. 2, 436-46.

開創性作品都結合了兩項大眾傳媒獨特的資源——新聞學及傳統紀錄片，以此，他們發展出第三項，那就是直接電影㉔。

羅拔・祖

　　羅拔・祖堪稱爲美國直接電影之父，他深切了解傳統紀錄片的限制。由於觀察出葛里遜式的紀錄片與一篇有圖片說明的演講在本質上實在相去不遠 (Allen 223)，他因而確信他與其他人將可找到一種對現實不那麼單面而在認知上更豐富的方式。然而達成此目標的方式並不在傳統的非劇情片中，乃是在電視版的眞實電影之中㉕。因爲聯邦傳播委員會 (Federal Communication Commission. FCC) 已經確立傳播機構必須透過公共事務節目向一般大眾陳述與他們利害相關的議題，所以電視在很早期就被認爲是直接電影最適合表現的環境（事實上，羅拔・祖在之後才承認他當初的假設是認知上的錯誤，因爲電視並未如他所想的爲這種新形式提供固定的時段或節目，它也沒有爲了確保觀眾了解與接受此種形式而提供上述的收視環境㉖）。

　　時代公司 (Time, Inc.,) 旗下的電視製作組織的「羅拔・祖合夥公司」 (Robert Drew Associates) 網羅了李察・李考克、格雷格里・修克 (Gregory Shuker)、霍普・萊頓 (Hope Ryden)、詹姆斯・李普斯孔姆 (James Lipscomb)

㉓ Film Quarterly 17.4 (Summer 1964) 上有三篇文章討論早期直接電影的效力及錯誤，見Henry Breitrose, "On the Search for the Real Nitty-Gritty: Problems and Possibilities in Cinéma Vérité," 36-40; Peter Graham, "Cinéma Vérité in France," 30-36;及Colin Young, "Three Views on Cinéma Vérité: Cinema of Common Sense," 26-29＋. In "Cinéma Vérité," *Film Quarterly* 18.2 (Winter 1964): 62-63, 羅拔・祖合夥公司的成員詹姆斯・李普斯孔姆對於羅拔・祖電影某些場景做假的指控的回應是採用直接記錄的方式，並強調團隊工作的合作本質。

㉔ 見Stephen Mamber, *Cinema Verite in America: Studies in Uncontrolled Documentary*, 23-114; and Robert C. Allen and Douglas Gomery, *Film History: Theory and Practice* (New York: Knopf, 1985), 213-41.

㉕ 見Bluem, esp. chaps. 5 and 6.羅拔・祖的風格在一種典型的新聞片放映中描述出來，在一種近於嘉年華會喧鬧者的氣氛中，它喚起維多夫所說的：「沒有脚本、不經排練……第一次攝影機是一個人，它自己可以看、可以聽、像一個人一樣行動自如。」(引自Bluem 194)

㉖ Richard Lacayo, "Why Are Documentaries So Dull?", *The New York Times* 20 Feb. 1983, sec. 2: 29.亦見"Television's School of Storm and Stress," *Broadcasting* 60 (Mar. 1961): 83.

及亞伯‧梅索等才華洋溢的電影工作者。其間，三大電視網中哥倫比亞電視公司（CBS-TV）及國家廣播公司（NBC-TV）都是在自己新聞部門運作之外去製播公共事務節目，但美國廣播公司（ABC-TV）則獨樹一格爲羅拔‧祖所開始的電影實驗提供一個富於創造的氛圍，雖然在三大電視網中美國廣播公司的收視率最低，收看的觀眾也比較少，但它有個廠商（Bell & Howell公司）願意爲有別於傳統紀錄片及一般的電視新聞節目的實驗提供支持。而羅拔‧祖則是以他對不可控制的事件採取同步現場拍攝及收音，並在呈現對象時不靠旁白而倚賴畫面，這幾點使他聲名大噪。

這種客觀性的結果對於電視公司及它的贊助廠商在致函聯邦傳播委員會「公平條款」（Fairness Doctrine）時是重要的，同時它塑造了電視台的中立形象，商業電視台則藉此顯示它對提升公眾良知及順應的政治氣氛所做的珍貴努力。儘管如此，因爲廣大的電視觀眾對公共事務及直接電影興趣缺缺，而美國廣播公司在公共事務節目的播出時段上又有意使它不受到較多人的注意，加之當時電視主要還是倚賴「大頭說話式」（talking head）訪問及主流電視新聞報導也逐漸吸收了許多直接電影的方法，上述這些因素都抵消了羅拔‧祖去發展直接電影的方式❷。

羅拔‧祖與他的助手們總共製作了十九部在題材選擇上驚人而又豐富的影片，在加入美國廣播公司之前，他們製作了《黨內初選》（Primary, 1960）及《在極地上》（On The Pole, 1960）。加入美國廣播公司之後他們製作了「特寫」（Close-Up!）系列，其中包括了《美國人，不！》（Yanqui, No!, 1960）、《X飛行員》（X-Pilot, 1960）、《孩子們正在看》（The Children Were Watching, 1960）及《在新國界的探險》（Adventures on The New Frontier, 1961）。他們的作品也包括了兩個專輯：《非洲，肯亞》（Kenya, Africa, 1961）及《到海底的路上》（On the Road To Button Bay, 1962），前者是爲ABC-TV做的，而後者是爲CBS-TV做的。在「活的攝影機」系列中他們則製作了《艾迪》（Eddie, 1961）、《大衛》（1961）、《貝蒂與強尼》（Petey and Johnny, 1961）、《足球》（Football, 又名"Mooney vs. Fowle", 1961）、《黑仔》（Blackie, 1962）、《蘇姍‧史塔》（Susan Starr, 1962）、《尼赫魯》（Nehru, 1962）、《阿格可漢》（The Aga

❷　見Allen and Gomery, *Film History: Theory and Practice* (New York: Knopf, 1985), 224–37.　「公平條款」訓諭電子媒體「對公眾關切的議題正負意見的討論應提供合理的機會」。

Khan, 1962)、《珍》(Jane, 1962)、《椅子》(1962) 及《危機：在總統承諾的背後》(Crisis: Behind A Presidential Commitment, 1962)。

在這些片子中最具影響力的作品包括《黨內初選》、《危機：在總統承諾的背後》及《椅子》。《黨內初選》由羅拔‧祖‧泰瑞‧費爾吉 (Terry Filgate)、李察‧李考克、亞伯‧梅索及潘納貝克等五個人合作，追蹤一九六〇年民主黨陣營在威斯康辛州的集會，透過兩位候選人韓福瑞 (Hubert H. Humphrey) 及甘迺迪的眼睛來觀察黨內總統候選人提名大會，由肩上的攝影機緊跟著這兩個候選人，隨著他們無止境的握手、演說及代表美國政治競爭本質的街頭選舉活動都提供我們前所未見的景觀。在這對於選舉過程親密而幕後的觀察中，我們看見一般的壯觀場面、可預見的言詞摘要及瘋狂的喧鬧，也第一次目睹了許多值得記憶的時刻，包括韓福瑞導演自己電視節目的排練、賈桂琳‧甘迺迪忐忑不安地背誦一句波蘭文，因爲她必須爲一羣波蘭裔支持者而學習這句話，以及甘迺迪在夜晚等候他將以二比一的比數擊敗韓福瑞的選舉結果。

《黨內初選》是部報導政治活動的平衡客觀之作，影片工作者在此記錄與挖掘但並不詮釋。他們讓觀眾自己去下判斷，因此不去扭曲兩方的話語或行動，也未在剪接時亂貼標籤。片子中各個段落在兩方之間都做到適切地平衡。旁白是公正無私的，而且較之於直接現場收音的使用量來看，旁白的比重實在微不足道，但是，其他「活的攝影機」系列中的影片則對當時重要的議題呈現了一定的觀點。《美國人，不！》追蹤了拉丁美洲共產主義的興起及反美情緒的升高兩件相互平行的事件。《孩子們正在看》報導了一九六〇年紐奧爾良公立學校實施黑白平等待遇政策的嘗試。對當時許多觀眾而言，紐奧爾良白人社區的無知與殘暴包圍著這次衝突，本片也是這類充滿同情的紀錄的首部。《危機：在總統承諾的背後》則部分拍攝自甘迺迪總統的辦公室及司法部長羅勃‧甘迺迪的辦公室，另一部分則攝自危機事件發生的現場：當時兩名黑人學生要進入阿拉巴馬州立大學就讀，而華萊士 (George Wallace) 州長違反法院命令並嘗試阻擋他們進入學校，影片追蹤此一事件，並對黑人學生表達了相當的同情。但《危機》一片所提出的諸多嚴肅問題其後卻成了攻擊直接電影的主要來源，外界批評直接電影畫面上的效力及可信度乃是基於順從被拍攝對象，他們批評攝影機有可能剝削了當事人及事件。此外，採用直接而未經剪接的方式記錄對話，特別是記錄了那些有關國家安全議題的對話，以及以非劇情的影片呈現戲劇性的結構（如《危機》這類影片）都有道德上的問題。

在這些影片中，《椅子》有著最為恆久的價值，它且在早期即呈現直接電影風格中的矛盾，它也證明對於特定新聞追求客觀是不可能的。《椅子》由三部分組成，一部分來自犯罪的報導，一部分來自於法庭中的戲劇性場面，而另一部分則為有趣的人性故事。它的內容是有關一名在伊利諾州被控謀殺並判處電椅死刑的黑人保羅‧克朗普（Paul Crump）也許是生前最後幾天又幾小時的故事。這部片子關注於兩位律師路易‧奈澤（Louis Nizer）及唐納‧摩爾（Donald Moore）成功的努力。他們企圖說服當局克朗普的行為已在獄中獲得矯正，因此死刑應改判為終生監禁，雖然這部影片結構緊湊，但它蘊含的戲劇性卻是千真萬確的。

本片的工作者——李考克、潘納貝克及格雷格里‧修克是明顯比較站在兩位律師一方的，從摩爾擔任主要的辯護律師開始，這部影片便緊緊地追蹤他的各種行動。身為有名的犯罪辯護律師奈澤是在最後一刻才被雇用以他的特長去上訴。摩爾在影片中的表現相當出色，他常常因為感覺到攝影機的存在而擺出戲劇性的姿勢，但其他時候則常常忘了攝影機的存在，就像他聽見芝加哥天主教總主教將發表聲明去協助他的上訴時他馬上崩潰而開始痛哭，之後不久他緩和下來，但幾乎又同時脫口說出「我甚至還不相信上帝呢！」不過影片的偏頗並非來自影片工作者自己的情感，而是來自這個案例本身，因為檢察官似乎並不了解克朗普所處的地位，而將他的立論建立在過時及不相關的法律及道德原則，以不完善的證據及傳喚不足為信的目擊證人來說服陪審團。當假釋裁決委員會建議並經伊利諾州政府確立本案減刑之後，本片工作者並未在片中下評論，他們對克朗普終究被判終生監禁、處死或釋放並未表達出任何喜悅或惋惜之情，因為，事件本身已再次說明一切。這部片子主要關注的是沉冤遭雪而不是去討論有關死刑的價值。

直接電影式的攝影也抓到了克朗普在這個緊張掙扎情況下的許多細微時刻，像是庫克郡監獄由鋼鐵及水泥組起來的迷宮；他最好的朋友——典獄長，一個嚴厲而又孚人望的管教官員；他與出版編輯的對話，他們計畫在他被執行死刑後出版小說，現在做最後的潤色；他的母親安靜聽著有關她兒子是否會被處死的討論，而目擊證人正就罪行與悔悟做出直言無諱的陳述。上述這些都有戲劇的觸感，但有一點可以肯定的是，《椅子》與傳統電視法庭戲劇節目不同在於它裏面所有的事件都是眞實的,當事件正在發生時影片也同時把它們拍下來。本片的攝影謙卑又不失親密,而對於電話中的談話、隨意的評論、鈴聲、鐵門的叮噹作響及聽審會中的直接作證等情況的錄音則效果十足。

最後,李考克、潘納貝克及其他人離開了羅拔・祖合夥公司成爲獨立電影工作者,他們拒絕電視節目規格上的嚴格限制,也不願用「危機」的結構(因爲那並不適用所有的題材),他們甚爲排斥且不喜歡爲了完成戲劇性的架構而用剪接來操縱素材。他們暗示了如果要進一步發展及理解直接電影的潛力,不會是爲電視而做的集體努力的結果,而將只會是個別作者的識別印記及藝術智慧上的操控。

李察・李考克

李察・李考克及潘納貝克在羅拔・祖旗下拍出了《黨內初選》、《艾迪》及《椅子》等著名作品,他們倆之後並以李考克-潘納貝克爲名一起拍出《別向後看》(1966)、《蒙特瑞流行音樂節》(Monterey Pop, 1968)。李察・李考克以直接電影表現的早期作品包括爲電視所執導的劃時代作品「綜合」系列,如《托比與高玉米桿》(Toby and The Tall Corn, 1954),他並且也致力發展輕便的電影製作設備❷。而他早年所拍最著名的影片爲《母親節快樂》(Happy Mother's Day) 與《史特拉汶斯基側寫》(A Stravinsky Portrait)。

《母親節快樂》(1963) 是李考克離開羅拔・祖合夥公司之後的第一部作品,本片他與喬埃斯・蕭普拉 (Joyce Chopra) 一起執導,記錄了南達克塔州費雪太太產下五胞胎在當地小鎭所引起的反應。它是部客觀觀察並結合了諷

---

❷ 卡倫巴哈在"Going Out to the Subject," *Film Quarterly* 14.3 (Spring 1961): 38-40, 承認李考克出去尋找題材的能力促使他效法。詹姆斯・布魯在"One Man's Truth," *Film Comment* 3.2 (Spring 1965): 15-23中有一個很長的訪談,遍論及他直接電影的風格。另一個訪問爲"Richard Leacock," in G. Roy Levin, *Documentary Explorations: 15 Interviews with Film-Makers* (New York: Doubleday, 1971), 195-221.關於李考克在技術上的改革,參見Del Hillgartner兩部分的文章"Super Serious-8: Leacock-MIT Super-8 System," *Filmmakers Newsletter* 6.12 (Oct. 1973): 53-56,及7.1 (Nov. 1973): 51-55; Louis Marcorelles, "Leacock at M.I.T.," *Sight and Sound* 18.2 (Spring 1974): 104-07;及Ed Pincus, "One-Person Sync-Sound: A New Approach to Cinéma Vérité," *Filmmakers Newsletter* 6.2 (Dec. 1972): 24-30.

刺性故事的佳構，兩位導演以親密的作業方式來平衡客觀性的天賦值得肯定。也因為這個原因，他們暗藏的判斷是否比直接拍攝下來的畫面更為重要在片中並未清楚地表達出來。在小鎮居民所展現出來的快樂、偽善、商業剝削及試圖去維繫這個家庭的隱私及尊嚴中，一幕人間喜劇浮現出來，就跟我們一樣，片中的人及事都很可笑。就像是梅索-左威林的《推銷員》(1969)一樣，這部片子的成功之處在於採用一種輕鬆的態度來反映美國的社會與價值。

李考克在攝影上強調了下列許多好笑的細節：諸如鎮上的商人嚴肅地討論如何去滿足觀光客同時保護費雪一家的隱私，還有像遊行的計畫、紀念品及現身說法午餐會的討論。有趣的部分也有像為五胞胎接生的醫生拒絕加入遊行。也許最令人注意的現象是費雪一家全然被忽視了，尤其當「隱私與尊嚴」被討論的同時，鎮上的「父親們」也正爭辯著探訪五胞胎的時間，看望嬰兒的特殊設備及收錢等細節。在這所有的過程中，費雪太太顯得不知所措與平靜，而她的反應似乎與我們在某些地方是一樣的：她不知道得應該哭還是笑。而她之外的整個社會則是荒謬的、偽假的並且是過分的。李考克-蕭普拉看待「昆特市」（本片原名《美國昆特市》Quint City, U.S.A.）的態度雖然是直接電影的方式，但在立場上卻是偏一邊的，他們並沒有讓我們知道有任何鎮民反對這場過度膨脹的亢奮；總而言之，兩位導演的觀點在旁白諷刺性的語調中表露無遺，在這一切不尋常的活動過後，旁白結論道「在南達克塔州亞伯汀郡，這是蠻典型的一天」。事實上，《母親節快樂》真正的價值不在旁白上的諷刺，也不在反諷的片名或攝影及收音的準確，而是它可以做為一面提示美國社會的鏡子。

在李考克的早期影片中，最發人深省的一部作品是《史特拉汶斯基側寫》。本片由李氏及洛夫・李艾伯曼 (Rolf Liebermann) 共同製作❷，他們希望不以訪問及拍攝音樂會的方式來做出一部可同時展現人及音樂的影片。他們倆（洛夫為影片唸旁白並曾出現在影片中）注視著一位音樂天才作曲、討論並指揮自己的創作，因此提供了一個少見的經驗。李考克以智慧、了解及尊敬之情來探究史特拉汶斯基，而史氏似乎完全不在意攝影機的存在，我們

---

❷　另一部關於史特拉汶斯基的優秀影片為湯尼・帕瑪 (Tony Palmer) 的《Once at a Border: Aspects of Stravinsky》（英國, 1981）。

在作曲家與妻子共進午餐以及與朋友討論等私下的時候看到他。有一場，史特拉汶斯基及喬治•白蘭欽（George Balanchine）共同為史氏所做的音樂計畫一場芭蕾舞的場景，他們喝著伏特加酒，史氏慫恿道「多喝點，讓我們都醉了吧」，我們也聽到他解釋自己的作品說「創作的過程是有趣的，同時做這件事也很愉快」。而正因為這位偉大作曲家的溫文與儡人的狂熱之情才使得這部片子得以完成，史氏在解說中魅力十足又有著令人愉快的幽默，在他出現的每一場都充斥著光芒。《史特拉汶斯基側寫》稱得上是部少見的紀錄，因為史氏的率真及李考克不侵犯式的觀察，還有身處攝影機兩頭的藝術家的共同合作才得本片成真。

李考克之後的片子包括《阿波羅皇后》（Queen of Apollo, 1970），這是有關一名紐奧爾良女子在馬蒂•格拉斯舞會中初次登台的獨特報導。還有與南西•雷恩合導有關紐約藝術家摩德•摩根（Maud Morgan）的《光射進來：摩德•摩根側寫》（Light Coming Through: A Portrait of Maud Morgan, 1980）以及與瑪莉莎•錫伍爾（Marisa Silver）合導的《讚美的社區》（Community of Praise, 1982）。

唐•艾倫•潘納貝克

在離開了羅拔•祖的公司之後，潘納貝克決心要挑選題材發掘出人的「精神能量」，而第一件作品便反映出此種決定❸⓿。他早期的影片包括《在莫斯科開幕》（Opening in Moscow, 1959）、《大衛》（1961）、《珍》（1962）、《蘭伯特公司》（Lambert & Co., 1964, 本片與馮•戴克、尼可拉斯•普洛弗斯Nicholas Proferes及尼娜•夏曼Nina Schulman合作）、《除非有人愛你》（You're Nobody Until Somebody Loves You, 1964）──這是部有關印度教靈幻導師提摩太•賴利（Timothy Leary）婚禮的紀錄，還有《別向後看》及《蒙特瑞流行音樂節》。除了《在莫斯科開幕》──一個有關在那裏舉辦的美國展覽會，《除非有人愛你》及《大衛》──記錄一個美國年輕爵士音樂家擺脫吸毒的努力之外，這些影片都提供了六〇年代表演藝術的重要紀事。

由於畫面粒子較粗、光線不良、收音不完善等因素《別向後看》在電影風格上比較接近真實電影而非直接電影。本片片名取自於鮑伯•狄倫歌曲中

---

❸⓿　見"Donn Alan Pennebaker" in G. Roy Levin, 223-70.

的一句歌詞「她得到所需的一切，她是個藝術家，她不向後看」，這部影片記錄了狄倫一九六五年在英國的巡迴演唱。其後，潘納貝克又拍了兩部在技術上更爲有效率的作品《大衛》及《珍》，比諸前一部片子，狄倫在表演上魅力無窮，而後兩部在此元素上卻付之闕如。《別向後看》在狄倫率直回答新聞記者的詢問、他與青少年不正式的寒暄、在演唱會中及瓊·貝茲 (Joan Baez) 正在唱歌時他在另一房間打字等幾個段落中爲我們揭開狄倫。我們看見他與旅館的經理爭吵、與他的經理磋商、在英國小鎮向一個可愛的女士夏瑞芙問好。不過不管這部片子的描寫多麼公正，它卻明白顯示了狄倫正在扮演「狄倫」，它幾乎是部模仿狄倫的拙劣之作。雖然這將可能使本片原本做爲一個可信的人物描寫上的價值盡失，但在狄倫自己、他想在媒體中呈現的形象及歌迷想要的狄倫三者之間的張力卻衍生出興奮的氣氛，而記者在片中嘗試想將他們先入爲主的答案引出來，在訪問狄倫有關流行歌手應有怎麼樣的行爲時，他們顯得強辭奪理。總之《別向後看》乃是研究六〇年代大眾文化傳奇的一個試金石❸。

第一部有關大型搖滾音樂節的影片是潘納貝克拍的《蒙特瑞流行音樂節》(1968)，它沒有之後《胡士托音樂節》中的一廂情願，也沒有《給我庇護》(Gimme Shelter, 見第十五章) 中的混亂，因此本片的娛樂性十足。這部影片保存了許多令人懷念的音樂表演者，如"The Who"、吉米·漢吉克斯 (Jimi Hendrix)、奧蒂斯·雷汀 (Otis Redding)、列維·香可 (Ravi Shankar)、詹尼斯·喬普林 (Janis Joplin)、「媽媽與爸爸」(The Mamas and Papas)、賽門與加芳葛 (Simon and Garfunkel)。除了做爲社會學紀錄的價值之外，本片優異的彩色攝影及錄音也顯示了潘納貝克對音樂及音樂家的景仰。不像李考克以那樣親密的方式去拍攝史特拉汶斯基，潘納貝克絕未在電影上追求一種親密性，他基於自己對音樂家的了解來呈現音樂家。潘納貝克的影片大獲成功一方面是因爲他信仰拍攝對象的「精神能量」，而另一方面觀眾也對此覺得同樣有趣❷。潘氏以直覺探討了絕對是屬於他的題材，爲六〇年代美國非劇情片的發展做出重要的貢獻。

❸ Ed Pincus，在 "New Possibilities in Film and the University," *Quarterly Review of Film Studies* 2.2 (May 1977): 159-78中，分析直接電影歷史及其對大學層次電影製作課程提供什麼時，認爲這部影片對早期直接電影是個啓發，同時也是個限制。見D. A. Pennebaker, *Dont Look Back* (New York: Ballantine, 1968).

潘納貝克晚期的影片也一直反映出他對於表演藝術的興趣,如《原始選角相簿:公司》(Original Cast Album: Company, 1971)、《約翰·唐納休的兒童劇場》(The Children's Theatre of John Donahue, 1971)、《繼續搖滾》(Keep On Rockin', 1972)、《錫格星塵及火星來的蜘蛛》(Ziggy Stardust and the Spiders From the Mars, 1973)、《蘭迪·紐曼不是人類》(Randy Newman Isn't Human, 1980)、《洛克比》(Rockaby, 1982)——這是部山繆·貝克特 (Samuel Beckett) 的演出紀錄,以及《美國黑人舞蹈》(Black Dance America, 1983)。另外一種形態的劇場表演則記錄在《血腥的市政廳》(Town Bloody Hall, 1971)中,本片記錄了有名的「婦女解放對話」,拍攝了格曼·格里爾 (Germaine Greer)、戴安娜·曲玲 (Diana Trilling)、諾曼·梅勒 (Norman Mailer) 及其他一些人。

直接電影運動之外的美國非劇情片

雖然直接電影是六〇年代美國非劇情片最具影響力的發展,美國獨立製作的非劇情片——這項美國傳統仍繼續蓬勃發展。在傳統及非傳統的方式中,這是個采多姿及創造力豐沛的時期。電影工作者不僅受到此一時期重要議題的挑戰,也受到像新的技術及加長的非劇情片及戲院上映等專業性課題的衝擊。在這些挑戰之中又以商業電視出現的衝擊力最大。

在一九四七至五一年之間,是大眾傳播史上的一個重要時期,因為電視已取代電影,成為二十世紀後半的主要傳播力量。一九四九年電視成功地完成了它在這項媒體技術潛力上的實驗,而固定時間的電視播送 (開始是地區性的,之後是全國的) 已在各國全面展開。電視一方面提供大眾在家中多樣選擇的流行娛樂,但也嚴重威脅了電影工業。電視訴求的是大眾品味中的最大公分母 (the lowest common denominator),結果出現的節目編排就引起了

㉜ 另一個看法,見William F. Van Wert, "The 'Hamlet Complex' or Performance in the Personality-Profile Documentary," *Journal of Popular Film* 3.3 (1974): 257-63.在討論《別向後看》及《給我庇護》中,馮·沃特 (Van Wert) 的主要觀點是「當紀錄片是個『人物特寫』或被拍攝的表演者已全然知悉有攝影機在拍他 (現場訪問、現場音樂會),我們可以理性地相信我們在見證一場謊言而不是實情,是與真實相反的詭計,是與真實人物不符的一場表演。」

聯邦傳播委員會主席紐頓・明諾（Newton Minow）的批評，他在一九六一年指責電視為一片「巨大的荒蕪之地」，這樣的比喻也廣泛引發對電視節目材料及品質的關切。

不過諷刺的是，電視對於非劇情片倒有正面的甚至是深刻的影響❸❸。它促進了傳統非劇情片的繼續發展，而傳統非劇情片與早期電視扁平而呆板的畫面相比有項優點，那就是影片的形式看起來較為純淨。除此之外，電視不僅承諾了技術上的改進（如輕便的攝影機及錄影機）之外，也提高報導性節目到達一個前所未有的標準，如一些重要的新聞節目或「專題」：「現在就看」、「CBS報導」、「二十世紀」等系列都是❸❹。正如同早期英國紀錄片運動的發展受到兩項支持性因素的幫助，電視也以此兩項因素促進了非劇情片的成長，也即電視不斷地給予非劇情片金錢贊助，並提供一個充滿創造性的氣氛，而靠著這兩種支持力量，一個小組將可獻身追求一個共同的新聞報導目標。六〇年代的電視史主要是由下列一些重要的電視製作人主導：柏頓・班杰明、羅拔・祖、大衛・沃普，此外一些旁白者（及男主播們）如艾德華・莫洛、華特・克朗凱（Walter Cronkite）、艾瑞克・瑟凡瑞德（Eric Sevareid）及豪爾・史密斯（Howard K. Smith）也主導了這一階段的電視史。之後公共電視或非營利電視成為非劇情片重要的製作機構及播出管道❸❺。除了上述的成

---

❸❸ 論及戰後電視與紀錄片地位兩者關係的文章中，A. William Bluem觀察到「電視給予紀錄片最為巨大的原動力，它等於拯救了一名病危的病人。」Bluem更進一步觀察到在電視與「紀錄片的理念」（最終下定義的是萬里遮，後來又有別的人下了定義）之間的關係幾乎是一種歷史的必然，他說「電視是一個大眾傳媒，就紀錄片的工具而言它深藏力量。」此外，有關紀錄片傳統與早期電視關係的記載，請參見Vance Kepley, "The Origins of NBC's 'Project XX' in Compilation Documentaries," *Journalism Quarterly* 61.1 (Spring 1984): 20-21.亦見Paul Rotha, "Television and the Future of Documentary," *Film Quarterly* 9 (Summer 1955): 366-73;及Burton Benjamin, "The Documentary Heritage" in *Nonfiction Film Theory and Criticism*, ed. Barsam, 203-08.

❸❹ Bluem (278-96) 提出一份值得注意的早期電視紀錄片片單，見Richard C. Bartone, "A History and An Analysis of *The Twentieth Century* (1957-1966) Compilation Series," diss. New York University, 1985; and Jay Leyda, *Films Beget Films: A Study of the Compilation Film* (New York: Hill, 1971), 147-150.

❸❺ 後來關於獨立製作電視紀錄片未來較悲觀的看法，見Patricia R. Zimmerman, "Public Television, Independent Documentary Producer and Public Policy," *Journal of the University Film and Video Association* 34.3 (Summer 1982): 9-23.

就之外，電視又增添了一項電影工作者、獨立製片或工作小組過去從未享受過的條件：大眾傳播新媒體的吸引力，以及實際上僅在開始時投資一架電視機之後就可以免費享受收視的廣大觀眾。

下面的章節我們將繼續以題目的種類來討論獨立製片及電視影片，我們要強調的是那些成就上值得繼續注意的影片。

有關國內政治、選舉及領袖們的影片

做為這個年代代表人物的約翰‧甘迺迪曾是無數影片中的題材，這些影片包括了《黨內初選》，它的內容是一九六〇年甘迺迪與韓福瑞在威斯康辛州黨內總統提名大會上的競爭，而梅爾‧史都華 (Mel Stuart)的《總統產生幕後》(The Making of the President, 1960年為電視而作)則是根據提歐德‧懷特 (Theodore White)的原著，內容有關甘迺迪及尼克森總統選舉的紀錄。還有由李考克、潘納貝克、亞伯‧梅索、肯尼士‧史尼爾森(Kenneth Snelson) 四人合作有關總統的第一年的《在新國界的探險》(1961) ❸。其他還有些關於甘迺迪遇刺的影片，如梅爾‧史都華的《十一月裏的四天》(Four Days in November, 1964)、布魯斯‧赫先遜為美國新聞處拍的《甘迺迪：光耀的年代，鼓聲齊鳴的日子》❸，這部片子因考慮到題材及暗殺的衝擊，所以是部出奇溫和的傳記，此外，還有一部伊麥爾‧德‧安東尼奧 (Emile De Antonio) 拍的有關華倫委員會對暗殺所提報告的《速判速決》(Rush to Judgement, 1967, 見第十五章)。其他有關政治的影片還包括安東尼奧為下一個年代代表人物尼克森(Richard M. Nixon)速寫的《米爾豪斯：白色喜劇》(Milhouse: A White Comedy, 1971) 及李考克、諾耶‧帕門泰爾 (Noel Parmentel) 及尼可拉斯‧普洛弗斯合作、有關高華德 (Barry Goldwater) 一九六四年總統大選幕後助選人員的《選戰經理》(Campaign Manager, 1964)，本片也因是極少數注視保守派政治的影片而聞名。至於有關黑人領袖的影片則有雷勃‧柏特 (Lebert Bethune) 的《麥肯X：為自由而奮戰》(Malcolm X: Struggle for Freedom, 1967)、威廉‧

---

❸ 《甘迺迪本色》(Kennedy in His True Colours, 1962) 中對甘迺迪有不同的看法，本片在中國大陸拍攝，見Jay Leyda, *Films Beget Films: A Study of the Compilation Film* (New York: Hill, 1970), 118.

❸ 因為這部影片在美國國內上映，所以我們將它名列其中。不過對美國新聞處的政策而言，這個放映是個例外，照規定新聞處的影片只供海外放映。

克連 (William Klein) 的《艾爾德里奇‧克萊弗》(Eldridge Cleaver, 1970) 及馬文‧沃茲 (Marvin Worth) 及阿諾‧波爾 (Arnold Perl) 的《麥肯X》(Malcolm X, 1972)。

有關正義及民權的影片

為所有的美國人，特別是為黑人及其他少數族羣爭取民權的奮鬥乃是六○年代美國社會的中心議題❸。在馬丁‧路德‧金恩牧師精神的領導下，及甘迺迪、詹森 (Lyndon B. Johnson) 兩位總統的政治導引下促使了美國在一九六四年通過民權法案，這是部在美國歷史上立法最為詳盡的民權法案。金恩在一九六三年三月組織華盛頓大遊行引來超過二十萬以上羣眾到這個國家的首都去親臨他「我有一個夢」的演講。有兩部片子記錄了這個歷史性的事件：哈斯克‧衛克斯勒 (Haskell Wexler) 的《公共汽車》(The Bus, 1964) 及詹姆斯‧布魯的《遊行》(1964)。

此外還有一些影片幫觀眾了解這些奮鬥的某些背景，它們都是些為保障所有美國公民權利的事件。這些作品包括尼可拉斯‧韋伯斯特 (Nicholas Webster) 的《穿我的鞋走路》(Walk in My Shoes, 1961, 電視影片)、威廉‧傑西的《逍遙法外的囚犯》(Prisoner at Large, 1962, 電視影片)、佛烈‧佛蘭德利的《最高法院風暴》(Storm Over the Supreme Court, 1963, 電視影片)、亞瑟‧貝倫 (Arthur Barron) 的《我的童年：赫伯‧韓福瑞的南達克塔州及詹姆斯‧鮑溫的哈林區》(My Childhood: Hubert Humphrey's South Dakota and James Baldwin's Harlem, 1964, 電視影片)、喬治‧史多尼的《從種族跑出》(The Run from Race, 1964)、哈洛‧貝克 (Harold Becker) 的《訪問布魯斯‧戈登》(An Interview with Bruce Gordon, 1964)、李考克及大衛‧勞的《三K黨：隱形的帝國》(Ku Klux Klan——The Invisible Empire, 1965, 電視影片)、亞當‧吉福 (Adam Gifford) 的《密西西比河之源》(Head Start in Mississippi, 1968) 及威廉‧格里福 (William Greaves) 及威廉‧白蘭奇 (William Branch) 的《還算個兄弟》(Still a Brother, 1969)。

爭取民權的抗爭不僅發生在首都，也有許多地域性的衝突。許多意外事

---

❸ 見William J. Sloan, "The Documentary Film and the Negro" in *The Documentary Tradition: From "Nanook" to "Woodstock,"* ed. Lewis Jacobs (rev. ed. 425-29).

件，特別是有關校園黑白整合上是十分暴力的。有關地區性意外事件的影片包括亞伯‧華瑟曼（Albert Wasserman）的《參加》（Sit-In, 1960, 電視影片）、史都華‧蕭柏格的《魏茲憤怒的聲音》（The Angry Voices of Watts, 1966）、艾德華‧平卡斯（Edward Pincus）及大衞‧紐曼（David Newman）的《Black Natchez》（1967）、《西塞洛遊行》（Cicero March, 1968）及《芝加哥：季節的改變》（Chicago: The Seasons Change, 1969）。此外有兩部出自芝加哥電影團體（Film Group of Chicago）的影片：佩里‧沃夫（Perry Wolff）的《東聖路易之戰》（The Battle of East St. Louis, 1970）及彼得‧比斯金（Peter Biskind）的《在戰場上》（On the Battlefield, 1972），這是部有關伊利諾州開洛（Cairo）的種族衝突影片。而令人記憶最深的作品則是美國新聞處製作、查爾斯‧古根漢導演、並在一九六四年贏得奧斯卡最佳紀錄片獎的《來自小岩鎮的九個人》及威廉‧傑西的《焚燒的時刻》（A Time for Burning, 1966）。

《焚燒的時刻》是路德教會影片協會（Lutheran Film Associates）出資製作的，影片的內容直接把我們捲入在奧瑪哈（Omaha）一位白人路德教派牧師的處境。年輕的牧師威廉‧楊達爾（L. William Youngdahl）鼓勵他的教區居民與他們的黑人鄰居開始交談，因此反而被居民逼迫辭職。種族關係是題目，而楊達爾是焦點。傑西運用了直接電影的方法，報導黑人也報導了白人，記錄並揭露了他們的偏見與憤怒、希望與恐懼。經由他對這些主題卓越的組織結構和發展，還有他對直接電影技巧的嫻熟及對這個題材的熱忱都使這部影片令人矚目。不出人意外地，這部影片卻也因此受到傑西自己的行業──CBS電視台排斥，因而從未在電視上播過。

另外爭取民權的抗爭也在校園內爆發，有三部傑出的影片記錄了校園的抗爭：亞瑟‧貝倫的《柏克萊造反》（Berkeley Rebels, 1965）及《哥倫比亞暴動》（Columbia Revolt, 1968），後者為新聞片小組對學生佔領哥倫比亞大學建築物的深度觀察。此外還有德‧安東尼奧的《地面下》（Underground, 1976）也是這類影片（見第十五章）❸❾。

❸❾ 見亞瑟‧貝倫的訪問，Alan Rosenthal, *The New Documentary in Action: A Casebook in Film Making* (Berkeley: University of California Press, 1971), 131-48.

有關靑年人的影片

　　或許六〇年代社會中最多采多姿的面向是年輕人的運動，或者又稱爲「反文化」(counterculture) 潮流，這些運動在和平運動 (peace movement)、校園抗議 (campus protests)、猖獗的反智主義 (anti-intellectualism)、藥物實驗、奇裝異服 (eccentric clothes)、民歌及搖滾樂中特別明顯。很令人驚訝的是電影工作者對這些行動所拍的影片不多，雖然特定的搖滾樂電影可見到一些反文化的面向，但六〇年代並沒有一部重要的非劇情片涵蓋整件事情，而有關年輕人的影片主要關注於兩個領域：毒品及家庭生活。

　　使用毒品與毒品濫用最早與吸毒者及流浪漢有關，但在六〇年代隨著心理及精神上的啓蒙而首次爲大眾熟悉。之後，它就泛濫於整個社會，並成爲一種令毒品提倡者、搖滾偶像明星、社會中間分子及其他無辜者喪命的天譴。有關毒品的影片包括潘納貝克的《大衛》(1961)、《大麻》(Marijuana, 1969)、《新道德》(The New Morality, 1967, 電視影片)、《上癮者》(The Addicted, 1969, 電視影片)、《拉垮房子》(Pull the House Down, 1970, 電視影片)、《回程》(The Trip Back, 1970)，還有馬沙·庫力奇 (Martha Coolidge) 的《大衛：結束與開始》(David: Off and On, 1973) 及《戒毒》(Drop-Out, 1963)。有關戒毒的影片還包括《從逃跑到嬉皮》(From Runaway to Hippie, 1969) 及艾德華·平卡斯與大衛·紐曼的《一步之遙》(One Step Away, 1968)。

　　在這個激盪不安的年代中，家庭生活價值的改變是一些影片中的焦點，如亞瑟·貝倫就以兩部片子研究小鎮青少年對父母、教育及家庭生活的態度，他拍出了《在韋布斯特·格洛伍的十六歲》(Sixteen In Webster Groves, 1966, 電視影片) 及《重訪韋布斯特·格洛伍》(Webster Groves Revisited, 1967, 電視影片)，此外肯特·麥肯錫也曾製作出對青少年的探查之作《青少年革命》(Teen-Age Revolution , 1965, 電視影片)和《星期六早上》(Saturday Morning, 1971, 電視影片)，還有克雷格·吉伯特 (Craig Gilbert) 的《一個美國家庭》(An American Family, 1973, 電視影片)。《一個美國家庭》乃是直接電影發展的劃時代之作，它提出的許多議題不僅是有關「家庭生活」——一個之前爲電影工作者忽略的美國「機構」，同時也是探討有關直接電影方法正當性的的影片❹。這套備受爭議的十二集一小時系列影片，把我們帶到羅德一家的關係、價值與衝突之前，雖然片中有些家人和睦相處的片段，但其實一家人已經在破碎的邊緣，羅德先生與太太已討論到離婚，羅德太太在攝影機前愁眉不展，五個孩子中最年長的蘭斯·羅德（Lance Loud）被這個家庭的失序及自己的同性戀搞得精神錯亂。一直要到一九七五年梅索兄弟拍出了《灰色花園》（Grey Gardens, 見第十五章）後，對於直接電影在家庭關係中如何並置對立的兩極才有較為妥善的運用❹。此外還有兩部令人懷念的電影對於美國的年輕人及家庭生活抱持比較傳統的看法，其一是李考克拍攝有關女童軍五十週年的《到海底的路上》，本片也以其幽默的手法而聞名，另外也就是剛提過的《母親節快樂》。

有關貧窮的影片

在詹森政府採行的「偉大社會」（Great Society）政策中，社會立法包括了全國性的「對貧窮宣戰」（war on poverty）。雖然詹森運用相當的力量在各大城市中建立反貧窮計畫，但這些成就被他逐漸擴大越戰的政策所抵消。儘管如此，仍有許多非劇情片記錄著整個國家對抗貧窮的努力，它們包括兩部傑出的作品：亞瑟·柴加特（Arthur Zegart）的《紐布福之戰》（The Battle of Newburgh, 1962, 電視影片）及威廉·傑西的《曼哈頓戰場》（1963, 電視影片）。其他相關的影片還包括《對貧窮開戰》（War on Poverty, 1965）、《都市更新的挑戰》（Challenge of Urban Renewal, 1966）、馬汀·卡爾（Martin Carr）及彼得·戴維斯（Peter Davis）的《飢餓在美國》（Hunger in America, 1967, 電視影片）、杰·馬慕倫（Jay McMullen）的《廉價公寓》（The Tenement, 1967, 電視影片）、《無限的城市》（Cities Have No Limits, 1968）、《洛克斯白里的意外事件》（Incident in Roxbury, 1968）、《美國小鎮》（Smalltown U.S.A. 1968）、《市政府的看法》（The View From City Hall, 1968）、摩頓·西維爾斯坦（Morton Silverstein）的《銀行及貧民》（Banks and the Poor, 1970, 電視影片）、《被包圍的大多數》（The Besieged Majority, 1970）及弗雷·威利斯（Fred Willis）、李查·皮爾斯（Richard Pierce）及亞當·吉福德（Adam Giffard）三人合作的《阿帕拉契：豐饒之地，貧困之民》（Appalachia: Rich Land, Poor

❹ Craig Gilbert, "Reflections on *An American Family*, I" and "Reflections on *An American Family*, II," *New Challenges for Documentary*, ed. Rosenthal, 191-209, 288-307.

❹ 見Eric Krueger. "*An American Family: An American Film*." *Film Comment* (Nov. 1973): 16-19.

People, 1969, 電視影片)。

有關越南的影片

在六〇年代到七〇年代美國最嚴重及最受爭議的社會性議題為一場未經宣戰的戰爭——越戰。雖然美國涉入此戰最主要是一九六一至七三年之間的幾年，但實際上越戰早自一九五四年即開始，一直到一九七三年美國與南、北越及國家解放陣線臨時政府四方簽署和平條約才結束。受到媒體詳盡報導的這場戰爭被冠上了「臥房中的戰爭」一詞。不過，不像二次世界大戰的影片明顯地持續支持美國及其盟邦的角色，有關越南的非劇情片（就像電視報導一樣）反映了美國社會支持戰爭與反對戰爭兩派觀點的分歧與對立❷。

有些影片反對這場戰爭的繼續與擴大，提出並討論戰爭背景的議題。這些影片包括貝利爾‧福斯 (Beryl Fox) 的《諸神的磨坊》(The Mills of the Gods, 1965)、《西貢》(Saigon, 1967) 及《一場戰爭的最後感想》(Last Reflection on a War, 1968)，大衛‧荀白蘭 (David Schoenbrun) 的《帝國主義的面貌》(Faces of Imperialism, 1967, 電視影片)、摩利‧舍弗 (Morley Safer) 的《摩利‧舍弗的越南》(Morely Safer's Vietnam, 1967, 電視影片)、大衛‧羅奧伯‧衛茲 (David Loeb Weiss) 的《從沒有越南人叫我黑鬼》(No Vietnamese Ever Called Me Nigger, 1968)、新聞片組織 (Newsreel Groups) 的影片❸、伊文斯的《十七度線》(The Seventh Paralled/17e parallèle, 1967) 及《人民與他們的槍》(The People And Their Guns/Le peuple et ses fusils, 1970)、麥克‧魯布 (Michael Rubbo) 的《黃皮膚哀歌》(Sad Song of Yellow Skin, 1970) 及雄心勃勃的美法製作、由亞倫‧雷奈、高達 (Jean-Luc Godard)、伊文斯、安妮‧華妲 (Agnes Varda)、克勞德‧勒路許 (Claude Lelouch)、克利斯‧馬蓋及威廉‧克連合導的《遠離越南》(Far From Vietnam, 1967)，而德‧安東尼奧勇氣十足的《豬

❷ 見Erik Barnouw, 268-83; Philip Knightley, *The First Casualty* (New York: Harcourt, 1975); 及Michael Herr, *Dispatches* (New York: Knopf, 1977).

❸ Bill Nichols, "Newsreel, 1967-1972: Film and Revolution," 135-53, 及 Dan Georgakas, "*Finally Got the News*" in "*Show Us Life*": *Toward a History of the Committed Documentary*, ed. Thomas Waugh (Metuchen: The Scarecrow Press, 1984), 154-67; 亦見 Michael Renov, "The Imaging of Analysis: Newsreel's Re-Search For a Radical Film Practice," *Wide Angle*.

年》(In The Year of The Pig, 1969) 則對越戰做了廣泛的政治、歷史及文化上的分析（見第十五章）。

也有些影片表達了美國政府的立場，它們包括約翰‧福特的《越南！越南》(Vietnam! Vietnam!)，本片乃是美國新聞處出資製作，由於它強烈的反共立場，使人想起五○年代政府的宣傳片，不過它們雖都有愛國情操，但本片與福特二次世界大戰中拍的《中途島之役》相比，其熟練程度已不能相提並論；至於為美國越南政策申辯最力的，乃是國防部在一九六六年拍的《為什麼越南？》(Why Vietnam?)，它的片名及目的暗示了法蘭克‧凱普拉的「我們為何而戰」系列 (1943-45)，雖然全片富於侵略性並力主戰爭，但它在技巧熟練程度無一處與凱氏的力作相似，正如越戰與二次世界大戰也是全然不同的戰爭。如凱普拉的片子一樣，本片製作的目的在於教導軍人勇於赴戰，向他們介紹這場戰爭的歷史背景，並展示真正的戰鬥場面，再穿插官方的談話（比如詹森總統的講話），不過，這部片子也可說它的意圖是扭曲與欺世的（也有人說是絕望的），因為它乃是為了影響每晚都在電視上看到戰爭實際影響的數百萬美國觀眾，向他們說明增兵越戰的理由。事實上，它雖說服了支持戰爭的人，卻也激怒了反戰的人❹。儘管這部影片對此場戰爭的詮釋是「我們絕不投降，我們也絕不撤退」，但根據泰格‧蓋勒格的說法「片子開始放映時，美國已漸露窘況，而在一些美國海外的新聞處圖書館及文化局處放映之後，它的巡迴放映隨即被撤回」。數年之後，彼得‧戴維斯的《五角大廈的買賣》(The Selling of The Pentagon, 1971) 已開始揭露政府為增兵越戰的種種理由乃是一種欺騙。

越戰實況天天在美國電視上播放，而有關戰鬥影片的製作及放映比諸二次世界大戰時緩慢得多。不過，仍有些戰鬥影片值得一提，它們包括皮耶‧荀道弗 (Pierre Schoendorffer) 的《安德森連隊》(The Anderson Platoon, 1967)、彼得‧蓋斯納 (Peter Gessner) 的《蝗蟲來時》(Time of the Locust, 1967) 及尤金‧瓊斯 (Eugene S. Jones) 的《戰爭面貌》(A Face of War, 1968)：這部作品有著人道主義的關懷，可以列入越戰影片最佳者之林，而透過記錄海軍陸戰隊第七兵團士兵的日常生活，瓊斯製作了一個有力的反戰聲明——敵

❹ 艾瑞克‧巴諾說：「後來的《五角大廈文件》(The Pentagon Papers) 一片揭露這部影片說謊的程度比最早所呈現出來的有過之而無不及。」(272)

人並不是越共而是戰爭本身。此外，兩部有關北越的影片：詹姆斯·卡麥隆（James Cameron）的《親眼所見的北越》（Eyewitness North Vietnam, 1966）及費力克斯·格林的《北越真相》（Inside North Vietnam, 1967）則給予美國百姓交戰另一方人民、事件及社會的深度報導。

此外有關越南其他角度的影片則由其他國家出品，而它們大部分均不能合法地在美國放映，包括從北越來的有《阮主席向美國人民的講話》（Nguyen Hun Tho Speaks to the American People/Chu tich Nguyen Hun Tho noi chuyen voi nhan dan my, 1965）、《上前線之路》（The Way to the Front/Duong ra phia truoc, 1969）、《一些證據》（Some Evidence/Vai toibac cua de quoc my, 1969）；從古巴來的有桑蒂雅哥·阿瓦瑞茲（Santiago Alvarez）的《河內，十三號星期二》（Hanoi, Tuesday the 13th/Hanoi, martes trece, 1967）、《寮國，被遺忘的戰爭》（Laos, The Forgotten War/La guerra olvidada, 1967）、《胡志明的七十九個春天》（The 79 Springtimes of Ho Chi Minh/Las 79 primaveras de Ho Chi Minh, 1969）；從東德來的有華特·黑諾斯基（Walter Heynowski）及傑哈德·休曼（Gerhard Scheumann）的《穿睡衣的飛行員》（Pilots in Pyjamas/Piloten in Pyjama, 1967）。在日本，朝西雪山（Junichi Ushiyama）製作了《越南海軍大隊戰旗》（With a South Vietnamese Marine/Minami betonamu Kai-heidaitai Senki, 1965）；英國則出品了《示威抗議》（The Demonstration, 1968）及《後座將軍》（The Back-seat Generals, 1970）。其他還有來自敍利亞的納比·馬雷（Nabil Maleh）拍了《燃燒彈轟炸》（Napalm, 1970）；波蘭的安德瑞·布洛索斯基（Andrzej Brzozowski）拍的《火》（Fire/Ogien, 1969）及澳洲的《越南藝術》（Arts Vietnam, 1969）[45]。

其後，還有記錄戰爭後果的影片，包括麥可·魯布的《黃皮膚哀歌》及保羅·朗德的《家庭的一部分》（Part of the Family, 1971），這部影片探訪了三個分別在殘酷的越戰及兩所美國大學（傑克森州立大學及肯特州立大學）校園抗爭中失掉他們親人的家庭。此外，約瑟夫·史屈克的《訪問美萊村的老兵》（Interviews with My Lai Veterans, 1971）則進一步證實了美軍在越南美萊村的暴行，它與《胡士托音樂節》共同贏得一九七〇年奧斯卡最佳紀錄片獎，沒有其他影片比這兩部片子更能表現出六〇年代的種族屠殺事件及「花

---

[45] 見Barnouw, 274-9.

的力量」。還有保羅・布列克 (Paul Brekke) 曾拍出《廢片：戰爭風景》 (Outtakes: Paysage de Guerre, 1979)，由大量二次世界大戰的資料片組成，但它轟炸及破壞的影像提醒我們有關美軍在美萊村屠殺平民的暴行。

　　有關越南最好的一部影片首推彼得・戴維斯拍的《心靈與意志》(Hearts and Minds, 1974)。與動員了整個國家、全球性的、無可逃避而又駭人的二次世界大戰相比，越戰像是個剪來填充每日晚間新聞的戰爭，對許多美國人的認知而言，那是場微不足道、有秩序並可以理解的戰爭。在六〇年代去說越戰是「在電視上打的」毫不令人意外，二次世界大戰中美國人很容易認出誰是盟邦或誰是敵人。但在越戰中，政治背景要比過去單單講對抗法西斯主義要複雜得多。隨著五角大廈的文件曝光及美萊村屠殺事件的揭露，反戰運動更加劇烈，它顯示出我們與越共是一樣的，與敵人無異，那也即是彼得・戴維斯在這部片子中要我們一定要相信的。本片在編輯資料片的技巧受到馬歇爾・歐佛斯的《悲哀與憐憫》的影響，它結合了令人驚駭的戰鬥畫面、美國國內與越南境內的畫面，以及軍事將領、一般平民、參戰人員、受傷士兵還有悲痛家人的訪問。靠著在畫面上將好人與壞人並列相連，這部片子迫使觀眾支持其中一方，使他們了解戰爭為美國歷史中的種族主義及反共的結果，而這麼做，乃是國家軍事力量不道德、非法及不顧死活的濫用。於今視之，這個結局似乎無可逃避。就一部分析美國文化的作品而言，《心靈與意志》在分析美國與越南有關戰爭的政治、經濟與文化背景時可能也太過膚淺，和所

・《心靈與意志》(1974, 美國, 彼得・戴維斯)

有宣傳片一樣，它也強烈地倚賴剪接上的技巧。或許在當時製作這部影片並沒有其他方法，但由於戰爭十分複雜，它在處理上應該盡量減少其偏見。不過，雖然有這麼壓迫性的元素，它的成就殊屬不易。這部片子耗費甚鉅，超過其他類似影片，但它也是唯一一部受到好萊塢慷慨資助的影片。這部片子上映時，越戰已結束一年，而好萊塢也就能找回它的良知並給予支持。做為一個軍事工業綜合體的重要支持者，同時也是這部影片強烈批判的文化背後重要的締造者之一，好萊塢頒予《心靈與意志》一九七四年奧斯卡最佳紀錄長片獎。

另外《越南：電視版的歷史》（Vietnam: A Television History, 1983, 電視影片）則不同於《心靈與意志》全然受限於它的報導。這部十二集的電視影片系列是一部研究透徹的傑作，同時也是涵蓋越戰複雜而富爭議性歷史的一部周延而完整的報導。像《悲哀與憐憫》一樣，它的風格相當平實，但並不像《悲》片有意去操控觀眾。由公共電視出資並播出的這套系列包容了各方的觀點，包括了美國人、越南人民、北越人民及其他國家的百姓。除此之外，這個系列的節目編排也使它可以對這場戰爭的一些重要議題做更細心的調查──包括了戰爭的背景、發展及最終的結束❹ 。

有關國防的影片

越戰雖掩蓋了美國六〇年代對外事務的光芒，仍有些針對國家安全及防衛的影片拍攝出來，包括亞伯•華瑟曼的《U-2事件》（The U-2 Affairs, 1960, 電視影片）❹、唐納•海雅特的《在韓國打的那場仗》（That War in Korea, 1963, 電視影片）、連•喬凡尼堤（Len Giovannitti）的《古巴：豬玀灣》（Cuba: Bay of Pigs, 1964, 電視影片）及《古巴：飛彈危機》（Cuba: The Missile Crisis, 1964）、彼得•戴維斯的《五角大廈的買賣》（1971, 電視影片），保羅•朗德有關美國在日本投下原子彈的《廣島-長崎：一九四五年八月》（1970）及有

❹ *Vietnam: Anthology and Guide to A Television History*, ed. Steven Cohen (New York: Knopf, 1983); 亦見 Lawrence W. Lichty, "'Vietnam: A Television History': Media Research and Some Comments," *New Challenges for Documentary*, ed. Rosenthal, 495 -505.

❹ 華瑟曼的訪問，見Alan Rosenthal, *The Documentary Conscience: A Casebook in Film Making* (Berkeley: University of California Press, 1980), 91-101.

關軍備競賽的《虛構的安全》(Fable Safe, 1971)。

有關社會的影片

在六〇年代，非劇情片工作者對於美國社會的諸多面向都做了研究。其中包括了我們已看到的像社會正義及民權的抗爭、越戰、年輕人的革命及對貧窮宣戰等。不過他們也調查有關健康、工業、勞工及運動等議題。

有關健康的優秀影片包括了弗烈·佛蘭德利的《健康之事：藥物、金錢及政策》(Business of Health: Medicine, Money and Politics, 1961, 電視影片)，這部片子警告了正在成長中的健康「工業」已背離了保障人類健康的最佳利益，而喬治·史多尼的《緊急求救》(A Cry for Help, 1962) 則是部訓練警察如何去對付自殺的影片。史多尼後期的影片包括《如何看待一個城市》(How to Look at a City, 1964)、《維拉與法律：邁向一個接近正義更為有效的系統》(Vera and the Law: Toward a More Effective System of Justice, 1975)、《南方的聲音：一個作曲家與多利絲·海斯的探險》(Southern Voices: A Composer's Exploration With Doris Hays, 1984)、《我們必將克服》(We Shall Overcome, 1988) 及《你正站在印地安人的土地上》(You Are On Indian Land)。相關的電影還包括威廉·威斯頓 (William Weston) 描寫礦業危險工作環境的《礦工的悲哀》(The Miner's Lament, 1963, 電視影片) 及馮·戴克及威頓·傑若頓 (Wheaton Galentine) 的《米》(Rice, 1964)，這部片子說明了米乃是抒解世界飢餓的重要角色。

至於剖析美國企業底層的影片有傑·馬慕倫的《一間賭窟的傳記》(Biography of a Bookie Joint, 1961, 電視影片) 及亞瑟·柴加特《賭博行業》(The Business of Gambling, 1963, 電視影片)，而相近的方向則在摩頓·西維爾斯坦的《收割者的收穫是什麼》(What Harvest for the Reaper? 1967, 電視影片) ❹ 得到更進一步的探討：這部作品研究在《恥辱的收穫》傳統中工作的黑人移民。此外，傑克·威利斯 (Jack Willis) 的《鄉下的苦日子》(Hard Times in the Country, 1970) 敍述農人家族在連鎖食品行號支配經濟的情況下掙扎求活的故事，而亞瑟·貝倫的《工廠》(Factory, 1969) 則是有關一位工廠工人

---

❹ 西維爾斯坦的訪問，見 Alan Rosenthal, *The Documentary Conscience: A Casebook in Film Making* (Berkeley: University of California Press, 1980), 102-112.

的家庭與朋友的影片。

　　六〇年代美國非劇情片也首度開始製作有關運動的影片，這些影片包括詹姆斯・李普斯孔姆的《足球》(1961, 電視影片)、布魯斯・布朗(Bruce Brown)有關衝浪運動的《無盡的夏天》(Endless Summer, 1966) 及有關摩托車的《任何一個星期天》(On Any Sunday, 1971) 及羅勃・凱勒 (Robert Kaylor) 有關滑輪溜冰運動的《德比》(Derby, 1971)。李普斯孔姆的《足球》研究了兩所邁阿密高中之間的足球競賽，成功地反映出「危機」的力量，這與早期直接電影的方法甚為相關，而它也是個典型美國式題材的研究。此外，威廉・克連曾拍出有關拳王阿里 (Muhammad Ali) 的影片《像蝴蝶一樣飄忽，像蜜蜂一樣的刺》(Float Like a Butterfly, Sting Like a Bee, 1969)：本片為這位拳擊手做了很好的描寫，也為他工作的環境提供有趣的畫面。在日本，市川崑 (Kon Ichikawa) 拍出了非凡的《東京奧運會》(Tokyo Olympiad, 1964)，它明顯受到蓮妮・瑞芬斯坦《奧林匹克》的影響，並值得與之相提並論。

　　一九六〇年裘爾・維克多・修維林 (Jules Victor Schwerin) 曾拍出《印地安人的夏天》(Indian Summer, 1960)，這部片子的風格令人想起佛萊赫堤的《土地》及派爾・羅倫茲與馮・戴克的作品，而它在題材上也與佛萊赫堤的《路易斯安那州的故事》相近。片子的內容關切的是一些農民被迫遷移的苦境，為了供水給城市，他們的土地更為水淹沒成蓄水池。雖然修維林以非常親近與微妙之情對待可愛的農夫，但他的主題卻不甚明確；他似乎同情農民，並控訴著事件的過程，不過，這部影片終究缺乏了《土地》中的苦楚，也沒有《路易斯安那州的故事》中的魅力。

有關美國原住民的影片

　　美國在六〇年代的社會性覺醒也包括重建美國原住民的歷史及他們應有的地位❹。在一部結合著人類學與非劇情片製作的作品中，索・沃茲 (Sol Worth) 及瓊・阿戴爾 (Jon Adair) 的成就令人印象深刻，他們教導一羣納瓦霍族 (Navajo) 印地安人有關電影製作的基礎，使他們能透過自己的眼睛去拍片、去描寫他們的文化與他們自己的族羣。納瓦霍族與他們兩人共同拍出

❹ 見*Native Americans on Film and Video*, ed. Elizabeth Weatherford (New York: Museum of the American Indian, 1981).

下列七部影片：包括強尼・尼爾森（Johnny Nelson）的《納瓦霍族的銀匠》（The Navajo Silversmith, 1966）及《淺井計畫》（The Shallow Well Project, 1966，蘇喜・班納利（Susie Benally）的《一個納瓦霍族的編織人》（A Navajo Weaver, 1966），班納利太太拍的《第二編織人》（Second Weaver, 1966）、麥克・安德遜（Mike Anderson）的《老麋鹿湖》（Old Antelope Lake, 1966）、克拉（Alfred Clah）的《無畏的影子》（Intrepid Shadows）及麥辛與瑪莉・索喜(Maxine and Mary J. Tsosie)的《納瓦霍族的精神》(The Spirit of the Navajos, 1966)。正如它們的片名所指的，這些影片絕大多數都是與農業及藝術活動直接相關的紀錄。不過這些影片中也有極抽象的作品，如克拉的《無畏的影子》就是，這部片子努力以視覺影像來傳達納瓦霍族的真正精神，不過這部片子混亂的風格所引起的聯想更近於實驗電影而不是非劇情片，克拉傳達的理念是納瓦霍族有他們自己神祇的概念。不過因為影像太過自我而無法引起什麼精神上的情緒。

有關外國題材的影片

在這段時期，不論是獨立製片或電視影片都包含數量龐大的美國非劇情片以新意來關注寬闊的異國題材。有關歐洲的影片包括了柏頓・班杰明的《二十世紀中的巴黎》(Paris in the Twenties, 1960, 電視影片)、《愛爾蘭：淚與笑》(Ireland: The Tear and the Smile, 1961, 電視影片)、馮・戴克的《所以那些男人是自由的》(So That Men Are Free, 1962, 電視影片)、魯文・法蘭克(Reuven Frank)的《隧道》(The Tunnel, 1962, 電視影片)、尼可拉斯・韋伯斯特的《面見學生同志》(Meet Commrade Student, 1962, 電視影片)、海倫・尚・羅傑斯（Helen Jean Rogers）的《不列顛：邊緣上的盟邦》(Britain: Ally on the Verge, 1962, 電視影片)、約翰・史坎德利（John Secondari）的《梵蒂崗》(The Vatican, 1963, 電視影片)、阿諾・依格的《復活島》(1969)、艾比・奧雪歐夫（Abe Osheroff）的《夢與夢魘》(Dreams and Nightmares, 1974)、尼可拉斯・布魯姆費德(Nicholas Broomfield)的《誰在乎》(Who Cares, 1971)及布魯姆費德與瓊・邱吉爾(Joan Churchill)的《紋身之淚》(Tattooed Tears, 1978)，還有蘇珊・宋塔(Susan Sontag)的《希望之地》(Promised Lands, 1974)。其中，最出色的作品為羅勃・楊（Robert M. Young）及麥可・羅伊默（Michael Roemer)的《Cortile Cascino》(1961)：這是部結合劇情與非劇情技巧的作品，

·《沙之河》（1974, 美國,
　羅拔‧格德納）

乃是個有關義大利都市貧窮面的動人佳構。

　　有關非洲的影片包括萊恩奈爾‧羅歌辛的《重返非洲》（1960），這部片子揭露了南非種族隔離政策的暴行，它對於人權重要議題的嚴肅關切值得注意。另外也值得一提的是李考克的《非洲‧肯亞》（1961, 電視影片）：它對一個新興非洲國家提供了一個不平衡的政治性分析；還有羅勃‧楊的《安哥拉：邁向戰爭之路》（Angola: Journey to a War, 1961, 電視影片）及羅拔‧格德納的《沙之河》（1974）。

　　《沙之河》是部有關衣索匹亞哈瑪族人的影片，它也正如同格德納一九六三年的舊作《死鳥》一樣，是一部民族學誌電影❺⓪。本片以部落的生活及活動為背景，講述一名婦女受壓迫的痛苦故事。格德納像佛萊赫堤一樣對事件並不下批評與判斷，尤其是這部影片所呈現的行為對其他來自不同文化的

❺⓪　見Robert Gardner, "Chronicles of the Human Experience: *Dead Birds*," *Nonfiction Film Theory and Criticism*, ed. Barsam (New York: Dutton, 1976), 342-48, 及 Karl G. Heider, *The Dani of West Irian: An Ethnographic Companion to the Film "Dead Birds"*. (Andover, Mass.: Andover Modular Publications, 1972).

觀眾而言是個不快的經驗。甚至那些有關生與死血淋淋的奇風異俗也被解釋得異常分明而不帶一絲情緒性的批判。儘管如此，影片中仍充斥著一種不祥的預兆，它也揭示了哈瑪族人與我們是多麼地不同。在技巧上，這部影片在彩色攝影、現場直接收音及使用停格、伸縮鏡頭、慢動作等效果上都十分傑出。格德納後續的作品還有《深沉的心》(Deep Hearts, 1981)、《柏恩納瑞的牧羊人》(The Shepherds of Berneray, 1981, 此片與艾倫·摩爾Allen Moore及傑克·夏Jack Shea合導)、《夕瓦之子》(Sons of Shiva, 1985, 與阿柯斯·歐斯托Akos Ostor合導)、《蛇母》(Serpent Mother, 1985, 與歐斯托及摩爾合導)、《可敬的克里許納》(Loving Krishna, 1985, 亦與歐斯托及摩爾合導)、《喜悅之林》(Forest of Bliss, 1986) 及《伊卡·漢茲》(Ika Hands, 1988)。

至於拉丁美洲各個層面的生活則由下列作品涵蓋，它們包括由李考克、潘納貝克、亞伯·梅索三人合作的《美國人，不！》(1960, 電視影片)、詹姆斯·布魯的《靈肯山托的學校》(1963)、大衛·布林克里 (David Brinkley) 的《海地報告》(Report on Haiti, 1963, 電視影片) 及索爾·蘭度 (Saul Landau) 及哈斯克·衛克斯勒的《巴西：酷刑報告》(Brazil: A Report on Torture, 1971)，這是一套系列影片，當年巴西獨裁政府曾以酷刑對付數千名政治犯，這個作品訪問曾經歷這些折磨的革命者及犧牲者。《美國人，不！》由羅拔·祖合夥公司與電視台合作，它喚起大眾對拉丁美洲強烈反美情緒的注意，並警告如美國不再注意此一地區，那麼整個地區將會為共黨革命席捲。雖然整部片子仍試著去對事件提供平衡的看法，但它更重要之處是初期即在政治分析之對對卡斯楚治下的古巴提出看法。此外，布魯為美國新聞處所拍的《靈肯山托的學校》則以更為有效的方法呈現了進步同盟 (Alliance for Progress) 在一所哥倫比亞的學校達成的進步。布魯同時也拍過《正義的橄欖樹》(The Olive Trees of Justice, 1962)，這部片子是有關一個捲入阿爾及利亞戰爭中的家庭，此外他還拍了有關哥倫比亞農業改革的《哥倫比亞的來信》(Letter from Columbia, 1964)。

雖然六〇年代絕大多數有關亞洲的非劇情片都不約而同地以越戰為重點，但仍有些例外之作，它們是費力克斯·格林的《中國》(1965)、馮·戴克的《波布，邊區農民》(Pop Buell, Hoosier Farmer) 及《馴服湄公河》(Taming the Mekong River, 1965, 電視影片) 及湯姆·戴文波 (Tom Davenport) 的《T'ai Chi Chu'uan》(1968)。

人物描寫

在六〇年代之前，非劇情片工作者對於世界性事件所投注的興趣高昂，而對參與這些事件中的人似乎興趣缺缺，但此事到了六〇年代開始發生變化，因爲新的人物崇拜誕生，搖滾樂明星取代了電影明星，而政治人物獲選民支持的原因往往爲其個人魅力而非理念。這種崇拜的風氣又因電視更形擴大，觀眾對不論是惡名昭彰或聲名遠播的人，只要是成功而有權勢的人物傳記總有著無窮的胃口，因此其間最風行的人物傳記影片都是些藝術界或流行娛樂界的人物。這樣的一種人物描寫提出了一種想法，也就是想要這些習於對大眾表演的人在攝影機前做點別的。基於這種想法，早期一些努力包括了霍普・萊頓及潘納貝克記錄一名年輕鋼琴家準備比賽的作品《蘇珊・史塔》(1962)、潘納貝克、李考克、萊頓、修克及亞伯特・米爾斯（Abbot Mills）合作描寫年輕時珍・芳達（Jane Fonda）的偏見作品《珍》(1962)、亞伯與大衞・梅索兄弟拍的一部描寫影片製片人約瑟夫・列文（Joseph E. Levine）的有趣人物側寫作品《演藝人員》(Showman, 1962) 及《會見馬龍白蘭度》(Meet Marlon Brando, 1965)、約翰・麥格努森（John Magnuson）揭露喜劇演員自我耽溺的《連尼・布魯斯》(Lenny Bruce, 1967)、李考克的《史特拉汶斯基側寫》、潘納貝克的《別向後看》(1966) 及納利・卡普蘭（Nelly Kaplan）的《亞伯・岡斯：昨日與明日》(Abel Gance: Yesterday and Tomorrow, 1962)，這是一部有關電影史上最偉大改革者之一的傑出影片。其他有關音樂家的傳記影片包括柏特・史坦的《夏日的爵士樂》(1960)、湯瑪士・雷克曼（Thomas Reichman）的《明格斯》(Mingus, 1960)、亞瑟・貝倫的《強尼・卡許！》(Johnny Cash! 1969) 及伯納・雪佛利（Bernard Chevry）的《亞圖・魯賓斯坦：生命之愛》(Artur Rubinstein: The Love of Life, 1969)，有關娛樂圈的人物影片包括了雷・加納（Ray Garner）的《維爾・羅傑斯：一幅自畫像》(Will Rogers: A Self Portrait) 及《梵谷：一幅自畫像》(Vincent Van Gogh: A Self Portrait, 1961, 電視影片) 及尤金・瓊斯的《鮑伯・霍伯的世界》(The World of Bob Hope, 1961, 電視影片)，瓊斯也拍攝過《比利・葛拉漢的世界》(The World of Billy Graham, 1961) 及《賈桂琳・甘迺迪的世界》(The World of Jacqueline Kennedy, 1962, 電視影片) 兩部作品。此外李察・柯斯頓也拍過有關比利・葛拉漢的影片《我正想請你讓座》(1966)。有關文學作家的影片則包括薩提耶吉・雷的

《泰戈爾》(Tagore, 1961)、羅勃‧休斯 (Robert Hughes) 的《羅勃‧佛若斯特：一段情人與世界的爭吵》(Robert Frost: A Lover's Quarrel with the World, 1963)、克爾克‧白朗寧(Kirk Browning)的《卡爾‧桑伯格的世界》(The World of Carl Sandburg, 1966) 及哈洛‧曼帖 (Harold Mantell) 的《我是聶魯達》(I Am Pablo Naruda, 1967)。

此外，在音樂人物描寫類的影片是以搖滾音樂、音樂家及音樂會為主的，它們包括了梅索兄弟的《快報！披頭四在美國》(What's Happening! The Beatles In The U.S.A. 1964)、潘納貝克的《蒙特瑞流行音樂節》(1968) 與《繼續搖滾》(1970)及李察‧黑弗朗(Richard Heffron)一部表面上敍述海特‧阿許伯利 (Haight-Ashbury) 劇院關閉以為搖滾樂表演之用，而其實重點描寫其創辦人比爾‧葛拉漢的《費爾摩爾》(Fillmore, 1972)。在這些影片中最重要而聲名遠播的作品則為麥可‧韋德萊 (Michael Wadleigh) 的《胡士托音樂節》(1970) 及《給我庇護》(1970,見第十五章)。

還有一些人物傳記影片是有關在政治上及文化上有重要性的人物。其中有關希特勒的影片有四部，包括保羅‧羅沙的《希特勒的一生》(Life of Adolf Hitler, 1961)、艾文‧萊瑟的《Mein Kampf》、路易‧克萊德‧史多門的《黑狐》(The Black Fox, 1962) 及柏頓‧班杰明的《反希特勒的陰謀》(The Plots Against Hitler, 1963, 電視影片)。其他有關國際性人物的傳記影片還包括了《尼赫魯》(1962)、《阿格可漢》(1962, 電視影片，兩片均為羅拔‧祖合夥公司製作)、連‧喬凡尼堤的《史達林之死》(The Death of Stalin, 1963, 電視影片)、李察‧卡普蘭 (Richard Kaplan) 的《伊蓮娜‧羅斯福的故事》(The Eleanor Roosevelt Story, 1965)、艾利卡‧安德生的《史懷哲生平》(1965)，還有兩部有關卡斯楚的影片，分別是索爾‧蘭度及艾文‧沙瑞夫 (Irving Saraf) 拍的《卡斯楚》(Fidel, 1970) 及麥可‧魯布的《等待卡斯楚》(Waiting for Fidel)。

其他一些不易分類的傳記影片還包括由泰倫斯‧馬卡特尼-費爾加特 (Terence Macartney-Filgate) 與亞伯‧梅索拍攝有關X-15最後試飛飛行員史考特‧克羅斯費爾德 (Scott Crossfield) 的《X飛行員》(1960, 電視影片)、韋德‧賓漢 (Wade Bingham) 的《緬甸今日的外科醫生》(The Burma Surgeon Today, 1961, 電視影片)、喬治‧福利連 (George Freeland) 的《高空之索：偉大的華倫‧達斯》(High Wire: The Great Wallendas, 1964, 電視影片)，這是部有關馬戲團家族高空鞦韆表演者的影片。還有莎莉‧克拉克拍攝有關黑人同性戀活躍人物研究的《傑生傳》(Portrait of Jason, 1967)、法蘭克‧賽門 (Frank Simon) 有關伴遊女郎的《皇后》(The Queen, 1968)、哈利‧布什 (Harry Booth) 有關溫莎公爵故事的《一個國王的故事》(A King's Story, 1967)、李察‧柯斯頓有關伊莉莎白女王二世的優秀作品《皇室家族》(1969)、李考克及諾耶‧帕門泰爾一部有關一個夏威夷傳統警察局長的有趣短片《局長》(Chiefs, 1969)、赫伯特‧迪‧吉歐亞 (Herbert Di Gioia) 及大衛‧漢考克 (David Hancock) 有關一位過著傳統式生活的佛蒙特州人的影片《契斯特‧葛萊姆》(Chester Grimes, 1972)；此外還有兩部有關報紙的影片，它們是山姆‧羅森伯格 (Sam Rosenburg) 的《消失中的品種：一個鄉下編輯的側寫》(Vanishing Breed: Portrait of a Country Editor, 1963, 電視影片) 及傑利‧布魯克 (Jerry Bruck) 所拍的《史東週報》(I. F. Stone's Weekly, 1973)，這部片子探討一位在華盛頓特區獨立辦報而成為反越戰運動主要勢力的報人故事，是部令人印象深刻的作品。

六〇年代數百部美國非劇情片中，在我們討探的範圍內可讓我們提及的少數作品乃是因為它們對題材的選擇或因它們對電影表現的改革或是對電影形式的影響（極少是三者兼具）──組成了美國非劇情片成就的最重要的部分。但仍有些影片難以歸類，其間三部有關歷史事件的影片引起我們對檔案資料影片運用的注意。第一部為弗瑞德列克‧羅西夫 (Frédéric Rossif) 的《死於馬德里》(To Die in Madrid, 1964)，這是部透過旁白與音樂的戲劇性運用，對西班牙內戰有強烈主張的作品；第二部為《八月之槍》(Guns of August, 1965)，由納森‧克羅 (Nathan Kroll) 改編巴巴拉‧塔奇蒙 (Barbara Tuchman) 一次世界大戰前歐洲研究的作品，它值得一提的原因是它對那段時期相當稀少的舊畫面做了非常出色的運用。還有亞瑟‧貝倫的《新生與死亡》(Birth And Death, 1969)，這部片子將嬰兒出生數週前及一個男人臨死數週前兩個情感豐富的經驗相連並列起來，在這個過程中，人是否意識攝影機的存在再度成為議題。其他不易分類的著名影片還包括唐納‧海雅特的《真正的西部》(The Real West, 1961, 電視影片)、柏頓‧班杰明的《二十世紀的紐約》(New York in the Twenties, 1961, 電視影片)、蓋‧布蘭加 (Guy Blanchard) 的《莎士比亞：一個時代的靈魂》(Shakespeare: Soul of an Age, 1962, 電視影片)、約翰‧富勒 (John G. Fuller) 的《救火》(Fire Rescue, 1962)、雷‧加納的《葛莉絲：

黃金年代》(Greece: The Golden Age, 1963, 電視影片)、雷·哈巴德 (Ray Hubbard) 的《純眞美事》(The Innocent Fair, 1963)、湯瑪士·普利斯里 (Thomas Priestly) 的《東方快車》(Orient Express, 1964, 電視影片)、寇斯托的《沒有太陽的世界》(World Without Sun, 1964)、保羅·巴恩 (Paul Barnes) 的《黑五》(Black Five, 1968)，這是部有關傳奇的英國蒸汽機的美麗彩色影片，還有奈爾·考克斯 (Nell Cox) 的《法國午餐》(French Lunch, 1968)。

加拿大的影片

做爲世界上最大而且是最富裕國家之一的加拿大，一直到一九三九年之前的影片製作一直深受美國影響。一九三九年國家電影局 (National Film Board) 開辦 (見第九章及第十二章)，首任電影局首長約翰·葛里遜爲該局建立了兩項目標：其一，在支配加國市場的美國影片之外，鼓勵國產影片製作以便使國民有另一種選擇，其二，在二次世界大戰期間向加國人民及其他國家的人民介紹加拿大 (也即提供加國的宣傳片) ⑤。而在世界各地中，國家電影局不僅被認爲是葛里遜最重要的成就，也被公認爲世界非劇情片、動畫片的領導機構。

葛里遜在加拿大的成就令人印象深刻，其中最最重要的是他持續堅持電影工作者應將焦點放在普通工人身上。他建立了一個製作非劇情片的風氣，同時也建立一套可廣泛地在加拿大發行這些影片的管道，更召集了一些知名的電影工作者，如史都華·雷格、史丹利·豪爾 (Stanley Hawes)、雷蒙·史波第伍 (Raymond Spottiswode) 及從英國來的史蒂芬斯 (J. D. Stevens)、從荷蘭來的伊文斯及約翰·弗諾、從美國來的艾文·傑柯比等人，來加拿大訓練了新一代的電影工作者，諸如詹姆斯·貝弗里奇、湯姆·德利、西尼·紐曼 (Sidney Newman)、高成·帕克 (Gudrun Parker)、艾弗林·雪利 (Evelyn Cherry)、茱麗安·羅芙曼及諾曼·麥克賴倫 (Norman McLaren)。在大戰期間，他們的創作包括了史都華·雷格的《邱吉爾的島嶼》(1941)，本片爲加

---

⑤ 見Sally Bochner, "National Film Board of Canada: Four Decades of Documentaries and Animation," *Circulating Film Library Catalog* (New York: Museum of Modern Art, 1984), 231-38, 及 C. Rodney James, *Films As a National Art: NFB of Canada and the Film Board Idea* (New York: Arno Press, 1977).

國贏得第一座奧斯卡最佳紀錄片獎；麥克賴倫也拍出一些傑出的動畫片及
「加拿大撐下去」、「運轉中的世界」兩個系列。戰爭結束也帶給加國電影工
作者有關真實電影（或加國人所稱的cinéma direct）方面的改革，他們也繼續
以社會議題上發展葛里遜的傳統，並拍出「加拿大面貌」（Faces of Canada）
及「正直之眼」（Candid Eye）兩個系列。在六〇年代他們製作出「為改變而
挑戰」（Challenge for Change）❷。在七〇年代加拿大廣播公司（Canadian
Broadcasting Corporation）更積極投入非劇情片的製作，而法裔加拿大分離主
義運動也為革命的政治性目的製作出多部小而重要的影片，進一步肯定了非
劇情片的功用。

有關加拿大藝術、文化與人物的影片

在六〇年代及其後的重要加拿大影片還包括有關加拿大藝術、文化與人
物的影片。它們之中有些是走傳統紀錄片路線，有些則是用真實電影的風格。
羅傑·巴拉斯（Roger Blais）就曾拍出《葛里遜》（Grierson, 1973），這部作品
為葛氏一生的事業做了透徹的紀錄及他對戰後加拿大電影製作的貢獻。透過
下列葛里遜的同事（包括伊文斯、泰倫茲爵士、艾文·傑柯比、亞瑟·艾頓、
哈利·維特、艾格·安斯堤、弗西什·哈德Forsyth Hardy、巴索·賴特、羅
斯·麥克林及史都華·雷格等人）的證詞，我們得到旁白所稱的「恐怖的聖
人」這樣一個人物的豐富印象。《葛里遜》既有批評性又充滿同情，它也沒有
忽略一些重要的議題，如在戰後毀掉葛里遜在加拿大及美國事業的主張，它
也述及葛氏後半生為他的創造力尋找一個容身之處益發困難的處境。

羅曼·克羅特及沃夫·柯尼格的影片證實了他倆豐富而多樣的成就，他
們早期的非劇情類作品包括一些有關加國的本土性題材，如《保羅·湯姆寇
維克斯：街頭電車轉轍員》（1954）、《黃金城》（1957）、《顧爾德：無紀錄可
循》及《顧爾德：有紀錄可循》（約翰·麥克格里維John McGreevy的《顧爾
德的多倫多》Glenn Gould's Toronto也值得一提）。克羅特及柯尼格也合拍過
《寂寞男孩》（Lonely Boy, 1961），這是部有關加拿大大眾偶像保羅·安卡
（Paul Anka）創作的影片，這個作品的真實電影技巧也與潘納貝克的《別向

---

❷　另外值得一提的是較早Stanley Clish, Peter Jones及Donald Brittain的"Canada at War"
（1940）系列。

後看》及梅索兄弟的《快報！披頭四在美國》兩片有異曲同工之妙。還有兩部片子是有關加拿大的畫家，它們分別是傑哈·巴德納（Gerald Budner）的《大衛·米涅的世界》（The World of David Milne）及蓋瑞·強生（Gary Johnson）、巴利·葛瑞（Barry Gray）兩人合作的《李奧納·布魯克斯》（Leonard Brooks, 1976）。另外唐納·布里頓（Donald Brittain）的《讓我們歡迎李奧納多·柯漢先生》（Ladies and Gentlemen ... Mr. Leonard Cohen, 1965）則爲這位詩人兼歌者提供生動的描寫，而卡洛琳·列芙（Caroline Leaf）的《凱特與安娜·麥克蓋里果》（Kate and Anna McGarrigle, 1981）則介紹了來自魁北克的傑出歌手。其他有關加拿大不同文化面貌的影片還包括泰倫斯·馬卡特尼-費爾加特的《聖誕節來臨前的日子》（The Days Before Christmas, 1958）：本片使用了眞實電影的風格記錄了瘋狂的假日活動，他也拍了《折斷之葉》（The Back-Breaking Leaf, 1959）：這是部嚴肅記錄多倫多煙草收割的抒情之作；此外，吉爾斯·格勞克斯（Gilles Groulx）及米歇·布勞特（Michel Brault）的《雪鞋商人》（The Snowshoers/Les Raquetteurs, 1958）則是有關一九五八年國際雪鞋會議的迷人作品；亞瑟·李普瑟特（Arthur Lipsett）的《非常好，非常好》（Very Nice, Very Nice, 1961）是有關當代景緻的抽象諷刺之作；唐納·布里頓及約翰·柯曼尼（John Kemeny）的《白求恩》（Bethune: héros de notre temps）爲一位傳奇性的加國醫生白求恩立傳，這位醫生在西班牙內戰期間曾與反法朗哥一派共渡（他也是賀伯特·克林《西班牙之心》的主角，見第七章），他也曾在中日戰爭時於共軍中提供醫療；還有唐·歐文（Don Owen）的《高空鐵架》（High Steel, 1965）是部有關可夫納瓦加（Caughnawaga）地區摩哈克族印地安人的影片，該地的印地安人以搭建摩天大樓及橋樑等危險工作的無畏精神聞名；伯納·高索林（Bernard Gosselin）的《小提琴家尙·卡瑞格南》（Jean Carignan, Violinist, 1975）描寫一位保存法裔加拿大人遺產的小提琴家，以及由保羅·柯文（Paul Cowan）、喬治·多福克斯（Georges Dufaux）、李艾溫·多果伊（Reevan Dolgoy）、比弗利·謝弗（Beverly Schaffer）及湯尼·衛斯特曼（Tony Westman）合作的《走向遠方》（Going the Distance, 1979），這是部有關一九七八年聯邦賽會（Commonwealth Games）的樸實紀錄。

在這些影片中相當著名的有米歇·布勞特、克勞德·裘查（Claude Jutra）、馬歇·凱里艾爾（Marcel Carrière）及克勞德·佛尼爾（Claude Fournier）四人合拍的《摔角》(Wrestling/La lutte, 1961)，這部片子報導一羣普通工人想成為摔角者，它並把上述的畫面與冠軍爭霸賽的報導並列相連。這裏絕無虛假，因為可怖、骯髒的摔角如此真切。不過在技巧上早期真實電影會犯的錯它全都有，包括對摔角比賽差勁的攝影紀錄、反諷的旁白（配以典型俚俗聲音）及缺乏結論。此外，布勞特與皮耶‧佩勞特 (La regne du jour, 1967; Les voitures d'eau, 1968; Un pays sans bon sens, 1970; L'Acadie, l'Acadie, 1971) 及凱里艾爾曾拍出了《捕月》(Moontrap/Pour la suite du monde, 1964)，本片是有關在聖路易河中小島Il aux Coudres三部曲影片中的第一部。它的結構與《法勒比克》相近而題材則類同於《艾阮島的人》，將島上居民年復一年的例行生活（包括他們的農耕、信心及對傳統的尊敬）全放入片中。影片強調的焦點為傳統，我們看到一種要去振興圍捕白鯨的廣泛自治性嘗試。居民討論有關此項傳統究竟從當地印地安人或從法國移民者而來時並無結論，他們狂熱地學習舊的技術，做成精巧的圍欄狀捕網而總算捉到一隻白鯨賣給紐約的水族館。本片為了要呈現島民的精神內裏及神祕主義所下的功夫也非常龐大。在高索林拍攝本片之後的十六年他再度回到此地拍了《倫諾與湯瑪斯的小舟》(The Skiff of Renald and Thomas/Le canot à Rénald et Thomas, 1980) 這部片子也描寫另一種傳統技藝的復興——如何建造美麗的小舟，但它已缺乏《捕月》中的神祕氣息。

有關人類關係的影片

戰爭結束後不久，國家電影局的「心理過程」系列已因其在心理學範圍及情緒問題的嚴肅探討上建立了聲譽。其後在六〇年代，導演亞倫‧金繼續拍攝相關議題的影片，但他卻發展出有別於他的加拿大或美國同儕的電影方式，他對題材強調較多的同情而非觀察而已。金的影片（尤其是《華倫代爾》及《一對已婚夫婦》）反映出他對個別的人與他們之間關係的關心。在他近二十部電影中風格都十分明顯，大部分都是為加拿大廣播公司製作的，其中包括了《陋街》(1956)一片，它與羅歌辛的《在包爾利街上》在時間及題材上如出一轍。

亞倫‧金的影片中引起觀眾強烈反應的首推《華倫代爾》，在這部片子中他頗富爭議性地調查了情緒不穩定年輕人受治療的過程。「華倫代爾」是一所位於多倫多的機構名稱，他們摒除藥物或傳統的治療方法，採用一種稱之為

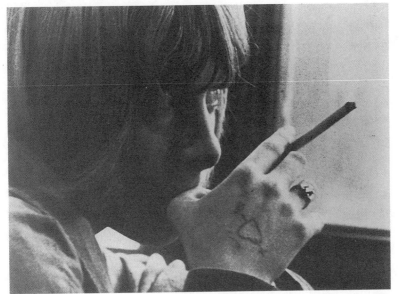

·《華倫代爾》(1966, 加拿大, 亞倫·金)

「不動」(holding) 的新式療法,這種方法雖簡單,但卻鼓勵了年輕孩子的暴力傾向,因此他們才能處在工作人員的保護（或是所謂的「治療」）之中。年輕人對這種治療的效果無法估出,但整體的成就似乎是對信任與愛的強調。亞倫·金的攝影機成功地以極親密的感覺記錄了治療人員及孩子們,特別是他們的暴力行為及他們對這種治療的反應。儘管如此,因為這部片子是屬於一種「個人式的選擇性紀錄」,因此它不是部有關治療的作品,而是亞倫·金以一個電影工作者的身分清楚地溝通與涉入整件事的經驗。也許這也就是為什麼這種治療方式的資訊缺乏,效果不明,而用來觀察此事的電影技巧在效果及正當性上同樣引起很多質疑。亞倫·金另一部頗富爭議的作品為《一對已婚夫婦》,它是個婚姻觸礁的紀錄,成就上可與克雷格·吉伯特的《一個美國家庭》相提並論。

　　其他有關人的加拿大影片值得一提的有丹尼斯·米勒 (Dennis Miller) 的《夏山學校》(Summerhill, 1966),這是部英國寄宿學校的紀錄,在那兒每個學生都有他們自己專屬的老師,此外唐納·溫克勒 (Donald Winkler) 也拍出了《社會中的學者:與諾什卓普·弗萊一席談》(The Scholar in Society: North-

rop Frye in Conversation, 1984) 及簡-瑪俐‧馬他爾 (Jan-Marie Martell) 的
《假裝你正穿了個桶子》(Pretend You're Wearing a Barrel, 1978)，本片是部
有關婦女生存的影片，就像下面我們會提到的《我不能改變的事》(The Things
I Cannot Change) 及《奈兒與弗德》(Nell and Fred) 一樣，馬他爾描寫加拿
大人在尋求他們的尊嚴上乃是個強悍而意志堅定的民族。

有關政治良知的影片

在葛里遜離開加拿大很長一陣子後，加拿大的電影工作者在六〇及七〇
年代又重拾他過去的基本理念，也即：藝術「是我們握在手中用以去看與說
出什麼是對的、好的與美的一個武器；我們也用它做為形塑人類反應的模
具」❸。一方面這些加拿大年輕一代電影人並不屬於任何電影製作組織，因
此他們可以透過對加拿大、美國及世界各地社會議題的調查來倡導社會正
義，並以此團結起來。他們之中有些人拍攝國家電影局的「為改變而挑戰」
系列影片，為加拿大傳統的社會變遷盡力。而其他人則為電視公司拍片或獨
立製片，其中有三個人：道格拉斯‧萊特曼 (Douglas Leiterman)、貝利爾‧
福斯及麥克‧魯布值得再深入一談。

萊特曼兩部最為人熟知的影片都是有關美國黑人的作品：《再多條河》
(One More River, 1964, 與福斯合導) 及《從哈林區到糖山》(From Harlem
to Sugar Hill, 1968)。萊特曼身為加拿大人，在美國被許多人視為外來者，但
他相信他自己那份「非常新聞性的報導再加上與生俱來對中下階層的悲憫之
心」❹ 將可為美國黑人的處境提出一個有用的想法。不過他的製片人並不同
意這麼做，而其他人也認為他扭曲了他正想澄清的主題。《再多條河》是部有
關美國南部種族關係的影片，由國際電視同盟 (International Television Federa-
tion, Intertel) 製作，是個國際合作的電影製作計畫，不過它僅在加拿大的電
視上放映過，美國並未播映。《從哈林區到糖山》則是部有關黑人中產階級的
影片，它由美國的CBS電視公司製作，但也沒有在美國本土播映過。

貝利爾‧福斯除與萊特曼合導《再多條河》外，自己也導過一部有關美

❸ "Art and Action," 引自James, *Film as a National Art*, 81-82.

❹ 道格拉斯‧萊特曼的訪問，見Alan Rosenthal, *The Documentary Conscience: A Casebook
in Film Making* (Berkeley: University of California Press, 1980), 182.

·《等待卡斯楚》(1974, 加拿大, 麥可·魯布)

國種族關係的影片《密西西比的夏天》(Summer in Mississippi, 1965)。做爲一個多產的電影工作者，她的聲譽卓著。除了有關婦女及美國黑人的影片，她也製作了三部有關越南的影片：《諸神的磨坊》(1965)、《西貢》(1967)及《一場戰爭的最後感想》(1968)❺。麥克·魯布拍的影片則包括有關東南亞的《黃皮膚的哀歌》(1970)、有關印尼的《潮濕之土與熱情人民》(Wet Earth and Warm People, 1971)，他另外還在一九七四年完成了《等待卡斯楚》。這部片子是魯布與紐芬蘭社會主義派前總理約瑟夫·史摩伍德 (Joseph Smallwood)及加拿大傳播界顯赫人物吉奧夫·史多林 (Geoff Stirling) 一起訪問古巴時的旅行見聞。魯布相信古巴革命是相當成功的，而史摩伍德對古巴的未來寄予厚望，但史多林則抱持悲觀的想法。他們的意圖是想訪問到卡斯楚，不過正如片名所暗示的，等待卡斯楚也如等待果陀一般無從捉摸。小組的時間被參觀學校、住宅計畫、醫院甚至是豬玀灣，還有爭辯社會主義與資本主義、排練等問題佔去。一方面整部片子充滿聰慧的報導，包括一場有關眞實電影方法的高亢辯論都令人不快，但全片也正如片名所暗示的，被一種等待的氣氛所籠罩。這中間只有史摩伍德穿著一套向攝影師借來的西裝在一場官

❺ 貝利爾·福斯的訪問，見Rosenthal, The Documentary Conscience, 227-31.

方接待東德總理的會議上見到卡斯楚，不過這幕並沒有記錄下來。這部片子很諷刺地結束於卡斯楚對廣大群眾發表演說的官式畫面中，此一結論暗示了古巴總理幾乎對每個人都有空，就是對電影工作者沒空。

「為改變而挑戰」的拍片計畫乃是為了告訴加拿大民眾有關貧窮、家庭計畫等社會性議題。這個計畫中出現了一些傑出的影片，包括添雅・巴倫泰 (Tanya Ballantine) 的《我不能改變的事》(1966)、柯林・羅的《福哥島上的孩子》(The Children of Fogo Island, 1967) 與《福哥島上的風》(The Winds of Fogo, 1969)、威利・唐 (Willie Dunn) 的《烏鴉腳的民謠》(The Ballad of Crowfoot, 1968)、羅傑・哈特 (Roger Hart) 的《福哥島備忘錄》(A Memo from Fogo, 1972)、喬治・史多尼的《你正站在印地安人的土地上》(1969) 及李察・陶德 (Richard Todd) 的《奈兒與弗德》。這些影片最令人吃驚的特點是，他們雖然拿政府的錢，但呈現題材的角度絕不是政府觀點，反而是批評政府的政策及施政居多。他們對於喚起大眾對一些被忽略的或不公平的問題的注意十分成功，如此也使他們在對抗官僚主義的奮鬥中備感有力。巴倫泰的《我不能改變的事》以三週的時間觀察一個貧困家庭的生活，片子本身甚無方向而技巧也很笨拙（例如，我們就聽到工作人員以問題來鼓勵這個家庭），但它描寫了這個家庭為得到政府救濟的掙扎則十分成功，這使得上述弱點顯得微不足道。當然要觀眾同情在社會福利制度下求活的人並不困難，但片中那對正直而固執的夫妻，因為愛而結合了他們與九個小孩去為未來希望而奮鬥的情形則令人難忘。史多尼的《你正站在印地安人的土地上》描寫了一場危機的始末，當時一羣印地安人關閉了一座聯結美國與加拿大的橋樑，因為這座橋以他們在河流中的島（可沃島）做為中繼點，危機因而發生。這部片子由一個印地安人旁白，它也得到阿克瓦山斯印地安國 (Akwasasne Indian Nation) 成員的合作與協助，我們看到印地安人內在的不服，也看到當地警察可預期的反應，最後我們聽見一長串印地安人對加拿大政府印地安事物部的抱怨[56]。陶德的《奈兒與弗德》記錄了同住一屋的兩個老人的苦境，他們倆估量搬到老年公民之家的利弊，在參觀完老人之家的設施後，奈兒決定留在她

---

[56] 根據Rosenthal的說法，另一部加拿大影片Dan Drasin的《週日》(Sunday) 中「描述和《你正站在印地安人的土地上》中同樣的一批警察試圖鎮壓流行音樂的示威活動。」(347)

舒適的家，不過弗德卻遷往現代房舍，僅偶爾回到奈兒身邊相伴。技巧上而言，本片犯了許多其他真實電影作品也會犯的錯誤，例如我們會聽見一名電影工作者（他碰巧是奈兒的孫子）同時在詢問與回答問題，不過本片對奈兒及弗德之間的友誼、獨立與不屈不撓的精神均有敬意並也流露出感動之情。

第十五章

七〇年代的傳統與改變

　　七〇年代非劇情片在全世界的發展都因傳統與改變而聞名，這個年代的電影工作者對前一個十年被過度運用的社會議題或對於前一代人的實驗性手法及因之而建立的直接電影也不甚熱中。因此這代電影工作者的作品陷入傳統之中，似乎顯得平凡無奇。儘管如此，還是有些重要的歷史性發展，如重要的美國及歐洲電影藝術家的出現，另外就是美國與歐洲有關藝術的影片在質與量上的穩定成長。

美國與歐洲新一代非劇情片大師

　　七〇年代的非劇情片曾製造出幾位導演，而他們都堪稱爲這個電影類型的大師，他們包括了美國的亞伯與大衛·梅索兄弟、佛列德利克·懷斯曼和伊麥爾·德·安東尼奧、法國的路易·馬盧及瑞士的馬歇爾·歐佛斯。儘管他們影片的題材均不相同，但全都有高超的技巧，也受到一般大眾的熱愛，而有些作品不管在範圍及長度上都稱得上是史詩之作。總括而言，這一代電影工作者的作品標示了一個新的方向，而非劇情片也前所未有地實現了它的創造性力量。

梅索兄弟

　　亞伯·梅索在一九五九到一九六二年之間曾在羅拔·祖的公司擔任攝影師，也拍過一些影片。但到了一九六二年，他就和自己的兄弟大衛成立了一家獨立的電影製作公司❶。儘管他們令人記憶深刻的作品反映出曾受到羅

❶　這些攝影作品包括《黨內初選》、《在極地上》、《美國人，不！》、《X飛行員》、《在新國界的探險》、《非洲，肯亞》及《艾迪》。有人認爲大衛·梅索於《在新國界的探險》及

拔‧祖的影響，但這些作品也有他們自己特殊的印記。史蒂芬‧曼伯曾探討過羅拔‧祖對他們早期作品影響的程度：

> 　　像羅拔‧祖的影片一樣，梅索兄弟的作品一直保有一種以人物來引導影片的結構。他們並不依賴所謂的危機狀況，但對處於壓力之下的人們如何嘗試去證明他們自己（或至少說是去生存下去）卻是慧心獨具。在梅索兄弟的影片中，壓力從未放鬆，而鬥爭也從未終止❷。

　　梅索兄弟由於對藝術家及他們的創作過程深深著迷，因此將直接電影方法提升至形式及內容都緊密接合的完美境地。而兄弟的組合中亞伯是攝影師，大衛則擔任錄音工作，他們兩人由一條共生的電線連結起來，如這種高度複雜的直接電影方法的眼睛及耳朵，並以此運用了劇情的技巧去塑造出一種真實事件的報導（就如杜魯曼‧卡波特Truman Capote及湯姆‧沃夫Tom Wolfe以非劇情的技巧寫出「非劇情小說」nonfiction novel一樣）。梅索兄弟也是第一個使用**非劇情**（nonfiction）一詞去描述他們作品的人，他們也是首位使用「直接電影」而不是「真實電影」的人❸。

　　梅索兄弟並不像懷斯曼自己剪接影片，他們密切地與一些極具天分的剪接師，如夏洛特‧左威林、伊蓮‧荷伍德（Ellen Hovde）、摩菲‧梅爾（Muffie Meyer）及蘇珊‧弗洛安凱（Susan Froemke）共事，這種合作也強調了剪接對當代非劇情片發展的重要性（事實上，非劇情片的藝術以較大的標準來看一直是種剪接的藝術，如艾森斯坦、維多夫、蓮妮‧瑞芬斯坦、海倫‧范‧

其他羅拔‧祖公司的影片（如《推銷員》）中做的是記者的工作；不過在曼伯更詳盡的電影百科中並不承認這個貢獻。大衛‧梅索於一九八七年去世。

❷ *Cinema Verite in America: Studies in Uncontrolled Documentary*(Cambridge: MIT Press, 1974), 141.

❸ 見Hamid Naficy, "'Truthful Witness': An Interview with Albert Maysles," *Quarterly Review of Film Stuides* 6.2 (Spring 1981): 155-79; Calvin Pryluck, "見king to Take the Longest Journey: A Conversation with Albert Maysles," *Journal of the University Film Association*28.2 (Spring 1976): 9-16; Bob Sitton, "An Interview with Albert and David Maysles," *Film Library Quarterly* 2.3 (Summer 1969): 13-18; James Blue, "Thoughts on Cinéma Vérité and a Discussion with the Maysles Brothers," *Film Comment* 2 (Fall 1964): 22-30; Maxine Haleff, "The Maysles Brothers and 'Direct Cinema'," *Film Comment* 2.2 (Spring 1964): 19-23.

唐琴及威廉・宏恩貝克William Hornbeck莫不是對作品影響深遠的剪接師)。因為梅索兄弟與懷斯曼在拍攝時並沒有正式的腳本,而是在事情發生時追蹤,所以在剪接枱上與電影工作者一起工作的剪接師才是給予毛片結構與韻律的人❹。雖然梅索兄弟承認他們影片結構的完成乃是透過剪接,他們與其他的形式主義者還是有所差異,特別是與艾森斯坦相距甚遠,因為「在生活本身渾然天成的相連並列」中所產生的剪接韻律兩者顯然不同❺。

梅索兄弟的作品包括許多對著名藝術家及名人的描寫,如描寫電影風雲人物約瑟夫・列文的《演藝人物》(1963)、記錄披頭四首度訪問美國的《快報!披頭四在美國》(1964)、《會見馬龍白蘭度》(1965)、《來自杜魯曼的愛:訪問杜魯曼・卡波特》(With Love from Truman: A Visit With Truman Capote, 1966)、有關拳王阿里與拉利・賀姆斯 (Larry Holmes) 賽前準備世界重量級拳王爭霸的《穆罕默德與拉利》(Mohammed and Larry, 1980),《Ozawa》(1985) 以及《赫洛維茨:最後的浪漫主義者》(Vladimir Horowitz: The Last Romantic, 1985)。梅索兄弟也有數部有關觀念藝術家克里斯多 (Christo) 的作品——《克里斯多的山谷布幕》(Christo's Valley Curtain, 1974)、《奔跑的柵欄》(Running Fence, 1978)、《羣島》(Islands, 1986) 及描寫一個家族派閥的《喬治亞的笨蛋》(The Burks of Georgia, 1976) 與報導五個不同學校的《公共教育》(Public Ed, 1985)。

梅索兄弟的影片中最重要且最為人提及的包括《推銷員》(1969)、《給我庇護》(1970)、《克里斯多的山谷布幕》及《灰色花園》(1975)等作品,這些片子均顯露兄弟倆對題材的敏感及他們製造出「身臨其境」的創造力。

❹ 夏洛特・左威林的訪問,見*The New Documentary in Action: A Casebook in Film Making*, ed. Alan Rosenthal (Berkeley: University of California Press, 1971),86-91, 伊蓮・荷伍德的訪問見*The Documentary Conscience: A Casebook in Film Making*, ed. Alan Rosenthal (Berkeley: University of California Press, 1980), 372-87.

❺ 見Robert Phillip Kolker, "Circumstantial Evidence: An Interview with Albert and David Maysles," *Sight and Sound* 40.4 (Autumn 1971): 183-86; Albert and David Maysles, "Direct Cinema," *Public Relations Journal* 38.9 (Sept. 1982): 31-33, "Financing the Independent Non-Fiction Film," *Millimeter* 6.6 (June 1978): 74-75,"Maysles Brothers," *Film Culture* 42 (Fall 1966): 114-15; Charles Reynolds, "Focus on Al Maysles," *Popular Photography* (May 1964): 128-31; "Albert and David Maysles" in G. Roy Levin, *Documentary Explorations: 15 Interviews with Film-Makers* (New York: Doubleday, 1971), 270-93.

·《推銷員》(1969, 美國, 梅索
兄弟及夏洛特·左威林)

　　《推銷員》由梅索兄弟與左威林聯合導演,他們追踪報導四個「美中聖
經公司」(Mid-American Bible Company) 的銷售代表在他們位於波士頓與佛
羅里達銷售區域工作的情形,四位推銷員各有其別名:保羅·布列南 (Paul
Brenna) 是「獾」、查爾士·麥克戴維 (Charles McDevitt) 是「騙子」、詹姆
士·貝可 (James Baker) 是「兔子」而雷蒙·馬托 (Raymond Martos) 是「公
牛」❻。保羅·布列南是整部影片的焦點,不僅因他的人格、強行銷售的手
法、自我檢討,也因他是位天生的演員,對攝影機毫不在意,可以即興演出,
可以回憶,在遭遇逆境時也可以大笑。正像亞瑟·米勒 (Arthur Miller) 所寫
的《推銷員之死》(Death of a Salesman) 一劇中的主角威利·羅門 (Willy
Loman) 一樣,也像是尤金·歐尼爾 (Eugene O'Neill) 的《冰販孔梅什》(The
Iceman Cometh) 一劇中的哈利·希基 (Harry Hickey) 一樣,保羅代表的不

❻ 見 *Salesman* (New York: Signet, 1969) 一書,其中包括脚本、提要及 Harold Clurman 的
序。

僅只是個陷入困境的推銷員❼，他正掙扎於存在的兩難之境，在無意義的工作及內心的使命中進退維谷，如果他在銷售重型機械、鞋子或保險也許興趣會高一些，但他現在是在賣聖經，對保羅而言不過是另一種日用品。他巧妙地避過宗教一類的說詞，結合了強烈的銷售詞句與不容分辯的道德使命，發展出一套強力促銷的辦法，這使他的顧客無從拒絕。至於美國社會這個較大的主題及它的價值則包括了在物質及精神價值中掙扎的典型美國人；在此，聖經推銷員了解到他們的任務並不只是銷售印刷書籍，而是要使顧客去檢視他們自己的信仰，在信仰與懷疑（書賣得很貴）的瞬間，交易通常得以達成。

儘管如此，《推銷員》也是部有關一羣寂寞的人的故事，他們需要藉著購買一部由推銷員強力促銷的昂貴聖經來肯定其信仰，他們即便不願買或沒錢買這本書而感到的罪惡感也是本片探討之處。它並不假意深入社會分析，而是以令人難忘的人物、家庭及旁白，使片子閃閃發光，包括一對住在波士頓在廚房中的愛爾蘭母女。聖經出版公司的副總裁波恩·費曼博士（他被稱為「世界最暢銷書的最偉大推銷者」）、強力推銷的保羅（「我不知我閱讀聖經多少年」），還有一對已婚夫婦坦率地諷刺了美國生活習慣的樣貌——男的穿了件內衣，女的頭上還上著髮捲，旁邊音響放著披頭四名曲「昨日」（Yesterday）的交響樂版。上述所有的片段，還有更多沒談的片段，使得《推銷員》成為一部值得珍視的社會學紀錄。

《推銷員》也是直接電影的典範：它在形式與內容之間的張力控制得宜，而不論在影片中及電影工作者的旁白中都很明顯可以看到兩者對它們的對象都很關心，對影片中的弦外之音也深有所感❽。在梅索兄弟對保羅投下的情感與他們在拍片中執意保持的客觀性之間，左威林的剪接維繫了一種張力，而其結果乃是對此一敏感題材的處理充滿智慧、坦率與巧思，而整部片子也因其對虛構與眞實之間的了解及尊重而顯出不凡的神釆。

《推銷員》之所以聞名於世還不只是因為它是部長達兩小時的非劇情報導，同時也因為它在攝影及錄音上有卓越的表現。不論在技巧上及觀念上，本片的原創性、對題材高明的處理及對眞實性的講究都使它意義非凡。

---

❼ 相同題材的加拿大電影為David Hoffman的《King, Murray》（1969）。

❽ 亞伯·梅索的訪問，見 *The New Documentary in Action: A Casebook in Film Making*, ed. Rosenthal (Berkeley: University of California Press, 1971), 76-85.

在六〇年代晚期及七〇年代早期也出現了幾部相當成功的民歌及搖滾樂的劇情類紀錄影片，它們包括《別向後看》、《蒙特瑞流行音樂節》、《胡士托音樂節》及《給我庇護》。後兩部影片是有關在紐約州的胡士托（Woodstock）及在加州的阿特蒙（Altamont）兩地的搖滾音樂會，不過這兩部片子不僅在音樂會本身及它們對當時年輕人文化上的意義呈現兩極的意義，在影片工作者拍攝兩片的方法上也大異其趣。胡士托音樂節本身被它的發起者稱之爲「心靈的狀態」，它是個綠野草茵遍地的牧歌式活動，而麥可・韋德萊的這部《胡士托音樂節》(1970)則是以慷慨而抒情的心情向它致敬；《給我庇護》不同，對於一九六九年在加州北部乾燥山丘上舉行的這場充滿暴戾之氣的搖滾音樂會，作者梅索兄弟及夏洛特・左威林呈現的則是緊張而晃動不安的紀錄；《胡士托音樂節》的內容有關音樂與愛，也很好玩；但《給我庇護》則記錄了音樂、仇恨與恐怖；《胡士托音樂節》描寫了十多個頂尖搖滾歌手及表演團體；《給我庇護》則描寫了米克・賈格（Mick Jagger）及滾石合唱團，也包括了格雷斯・史立克（Grace Slick）及傑弗遜星船合唱團（The Jefferson Starship）的短暫露面。《胡士托音樂節》標示著一個開始，也就是許多人不理會越戰，仍相信這是個充滿年輕、愛與和平的時期（至少表演者及新生代觀眾看起來像是如此）；而《給我庇護》則標示著這種精神隨著地獄天使(Hell's Angels)的摩托車聲及一場高潮迭起的謀殺而嘎然中止。

兩部片子都基於一場歷史性盛會而拍攝。《胡士托音樂節》是部大格局並受到嚴密掌控的實況影片，它幾乎是個歷史性事件新聞片，也是部對自己記錄下的人與事採取一種愉快而又正面看法的紀錄片。韋德萊實際上是以記者而非評論者的立場來探討這場音樂會。這部影片段落分明，顯然是隨著表演上的順序而排列，各段也都一致地出色。片子裏聲音的處理出類拔萃，但有些畫面品質不佳的程度也令人吃驚。

《給我庇護》(1970)是部有關米克・賈格及滾石合唱團的影片，整部片子可視爲是梅索兄弟的拍片方式與以此衍生出來的批判性辯論的縮影。它像《胡士托音樂節》一樣，是部有關搖滾音樂會的社會學紀錄之作，不過不像《胡士托音樂節》一片和樂，它令我們貼近阿特蒙音樂會中的暴力悲劇：這場衝突起自於「地獄天使」中某些成員與觀眾的對立，而後竟演成一個白人將一名黑人刺死，這種行爲與胡士托音樂會所象徵的精神背道而馳。雖然本片的工作人員似乎相信他們做的乃是部客觀的影片，但這部電影對他們所謂的「對眞實絕對信守」的做法提出了嚴肅的質疑。他們將阿特蒙意外事件放在「滾石合唱團」職業生涯的大架構來談，把「滾石」上台與下台的畫面與賈格在剪接枱前看阿特蒙毛片的畫面交叉剪接，不過梅索兄弟對此事件輕描淡寫並淡化處理暴力意外，以此，在較大層次上重新肯定事件的報導，但他們分離這整個音樂會的做法卻使片子有了瑕疵，因爲兩者是那麼密不可分，而這個暴力事件也可以透視出這場音樂會之所以意義非凡是因爲它是這個年代的一個轉捩點。在本片中，梅索兄弟慣有的觀察與並置的純粹直接電影手法並未達到過去的水準，但觀眾及評論者的要求更多，他們希望這樣一部影片能分析及列舉事情的原因，並能追究責任❾。實則，直接電影已到達一個關鍵性的時刻，因爲有些觀眾認爲它是一種藝術，他們似乎嚮往葛里遜式的詮釋性觀點，這與直接電影發展出來的美學是相反的。

《克里斯多的山谷布幕》(1974) 是由梅索兄弟及剪接師艾倫·吉福德 (Ellen Giffard) 合作完成的。克里斯多是個視覺藝術家，擅於包裝建築物及山峯、懸吊布幕或建造溝渠，並在眞實的環境中發表其他的美學主張，這部影片談的就是這樣一個人物，而因爲如此他的作品乃引起對藝術家本人其他的藝術同等的關注❿。我們看到克里斯多的概念在工作室裏成形，而以一張巨大布幕懸吊在科羅拉多的萊福山谷(Rifle Gap)實現了當初的概念。藝術品本身是個基本上虛幻而稍縱即逝的布幕，它不屬於自然景觀的一部分，不久後即會消失，但它卻能引起羣眾強烈的反應(不論是支持或反對)，包括藝術家本人、他的妻子、建造布幕的工匠、在現場觀望的人羣及影片的觀眾對此都有不同的愛憎。

這部影片關切藝術、藝術家及創造力。它挑戰了藝術是屬於有閒階級這樣的觀念，藉著藝術家與建造工人們以相互尊敬及樂趣分享的心情共事，片子打破了以往的想法。把布幕裝掛起來是個艱鉅的工程作業，而其中一名工

❾ 見Albert and David Maysles, "*Gimme Shelter*: Production Notes," *Filmmakers Newsletter 5. 2* (Dec. 1971): 29-31; Paul Schrader, "Cinema Reviews: *Gimme Shelter*," *Cinema* 7.1 (Fall 1971): 52-54; Joel Haycock, "*Gimme Shelter*," *Film Quarterly* 24.4 (Summer 1971): 56-60; David Pirie, "*Gimme Shelter*," *Sight and Sound* 40.4 (Aug. 1971): 226-7; 及 David Sadkin, "*Gimme Shelter*: A Corkscrew or a Cathedral?", *Filmmakers' Newsletter* 5.2 (Dec. 1971): 20-27.

❿ 見Nancy Scott, "The Christo Films: *Christo's Valley Curtain and Running Fence*," *Quarterly Review of Film Studies* 7.1 (Winter 1982): 61-68.

·《克里斯多的山谷布幕》(1974, 美國, 梅索兄弟與艾倫·吉福德)

人說：「這不是把布幕吊起來而已，這是一種思想、一種視野。」這些工人剛開始即緊張地談論他們之間的合作，實際上則漸漸深入參與，希望把整件事弄好。當布幕終於掛好時，克里斯多驕傲地說「它看起來就像一張畫」。整個從概念乃至於實現的創作過程都緊密相連，除此之外，整部影片既關乎對自然感知也關乎現實，它關切著人們在既熟悉而又陌生的景觀之前將如何理解自己，這塊布幕反映了藝術家、工人、旁觀羣眾及電影工作者的態度，銀幕上出現的他們乃是一種自我指涉 (self-referential)，也等於承認他們自己乃是創作的一部分。由於布幕揭開了人，而影片記錄了這個過程，正如同現實的一面鏡子。

　　《灰色花園》(由梅索兄弟、伊蓮·荷伍德、摩菲·梅爾及蘇珊·弗洛安凱合導) 是有關一段不尋常關係的複雜影片，這也是部最深刻、最令人不安與最好笑的非劇情片中佳構。構成這個關係的艾迪斯·波維兒·貝爾 (Edith Bouvier Beale)、她的女兒艾迪(Edie) (她們都是賈桂琳·甘迺迪·歐納西斯的親戚。她們與有名的歐納西斯夫人的關係在片中僅止於一種對比)，她們出身的社會地位何其顯赫，而現在選擇住在一起的環境又何其髒亂，與賈桂琳

・《灰色花園》(1975, 美國, 梅索兄弟、伊蓮・荷伍德、摩菲・梅爾及蘇珊・弗洛安凱),圖中由左至右分別是貝爾太太、大衛・梅索、亞伯・梅索及艾迪・貝爾小姐。

的關係即是一種對比。在這部結構上異常出類拔萃的影片中,梅索兄弟整個前題是這兩個女人的生命太過複雜也太過水火不容,因此很難把片子簡化成一個標準詞彙或線性式的故事,她們的關係已超過了母親(大艾迪)與女兒(小艾迪)。

這部影片的結構乃是直接電影基本原則的一個範例,也即在面對不熟悉的題材時,電影工作者在新聞性及藝術性上都有責任盡可能地客觀。不過處理特定時間、空間與特殊狀況下的畫面,並在電影形式與內容之間建立一種關係,對電影工作者而言是困難的。而影片的訴求及力量不僅來自梅索兄弟對這兩名女子的觀察,也來自剪接。剪接師之一的摩菲・梅爾說道,因著剪接的緣故,有時老艾迪(母親)表現出來的冷酷與頤指氣使更甚於影片中所表現的。梅耶與伊蓮透過剪接上的合作在兩名女子之間達到一種特有的平衡❶。

《灰色花園》的結構是一個逐步增大的過程,而特定的模式則從概念性

❶ 伊蓮・荷伍德的訪問見<i>The Documentary Conscience: A Casebook in Film Making</i>(Berkeley: University of California Press, 1980), 372-87.

的手法及特定的主題中出現，這些主題包括：年老的母親/年輕的女兒、過去/現在、活力/麻木、獨立/依賴、自由/拘限、愛/恨、眞實/謊言、秩序/失序、責任/不負責任。小艾迪(女兒)說「把過去與現在接上線是相當困難的」，而她聲音中的渴望之情也是影片結構中的基調。剪接者努力達到一種平衡，他使兩個女人之間有視覺及聽覺的對位及矛盾(例如平靜與充沛活力的對立)，並在過去 (老照片、歌曲、故事及其他像是在保養良好別墅間的一戶破敗房舍) 及現在的電影眞實 (我們所看到現在時空下的女人) 之間呈現此種對位。至於過去的照片，小艾迪說「你可不能讓它們流出去」，但現在她渴望被攝影機記錄下來。

這部片子等於是由這兩名女性及把他們電影化的過程構築起來的等邊三角形，它暗示了攝影機及麥克風也是這部影片中的一個角色，而事實上梅索兄弟倆都曾出現在影片中。片子一開始兄弟倆的停格畫面證明他們正是小艾迪所提到的「來訪紳士」⓬，她問「有何貴幹？」「你們現在又要去哪？」貝爾母女與梅索兄弟談話時，有個畫面同時強調了角色與主題，我們看到亞伯、大衛 (在鏡子裏)、牆上大艾迪一幅可愛的炭筆畫，在聲軌上我們也聽見大艾迪的聲音。梅索兄弟就像是貝爾母女生命中所有出現的男人一樣，是影片中的主角，也是敵對角色，這部片子兩個主要爭吵的場面都包括了這些不同的男人。

攝影機與麥克風在片中等於是個不出聲但可以傾吐心事的密友。就如肯尼士・羅布森 (Kenneth J. Robson) 寫道，母女兩人都是表演者，她們的生命等於是經過排演的劇集或是我們不曾看過的整場演出的電影鏡頭⓭。下面這段對話正代表了梅索兄弟涉入這些場面的證據：

小艾迪：親愛的大衛，在我的生命中你在哪？你到哪裏去了嘛？我就只
　　　　要這個男人，大衛、大衛——我希望在這之前有大衛與亞伯與
　　　　我相伴。
大艾迪：你有你媽！

⓬ 田納西・威廉斯的《玻璃動物園》(The Glass Menagerie) 中母親對女兒的期待也有異曲同功之妙。

⓭ 見Kenneth J. Robson,"The Crystal Formation: Narrative Structure in *Grey Gardens*," *Cinema Journal* 22.2 (Winter 1983), 42-53.

小艾迪：噢。

　　在其他的時候，小艾迪面對攝影機陳述她自己的「個案」，看起來她似乎是被監禁在灰色花園中，而梅索兄弟給她一個向外界說出她自己故事的機會。大艾迪說：「你們浪費這個東西(攝影機)在這個(指她女兒)，這個瘋子身上！」而小艾迪反唇道：「你看我的並不像我看我自己那樣，但你對自己想看到的倒很清楚……你以為我是個女人，我認為自己是個小女孩。」在上述過程中，攝影機及麥克風都沒做什麼回應。

　　終究，本片中對象與影片工作者之間的獨特關係仍引起對梅索兄弟觀點上的質疑。事實上，在這部結構嚴密而拘謹的影片中包含了各種不同的觀點。這兩個女人幾乎總在對方的時間與空間裏，在對方的視覺與聽覺範圍中，也在銀幕上及銀幕外彼此重疊，也許最令人難忘的是她們的聲音。《灰色花園》絕不讓它的觀眾忘記這兩個女人乃是交纏地連接在一起，她們不僅是母女或同居者的關係，同時也代表了過去/現在、愛/恨、依賴/獨立等她們選擇生存下去的模式，她們被稱為「大」與「小」艾迪，而她們彼此稱呼「女人」及「小孩」，正是這樣的交互作用（存在於現狀與過去歷史之間、混合著記憶的交互作用）給予這部影片豐富的質感及複雜的結構。梅索兄弟並未以怪誕或畸形來呈現貝爾一家，兄弟倆也未剝削這個題材。這兩個女人富裕而享有一切好處，她們選擇了自己的生活方式，母親的力量與女兒的依賴性息息相關，而反之亦然。

　　《灰色花園》提升了貝爾一家，它把母女倆當做曾一起生活多年而又異質的兩個個體，她們現在吐露了最基本的聲音。大艾迪是個有著不可輕視的力量、精神上的平和及單純智識的女人，相對於她的平庸，小艾迪則是個充滿活力及原創性的女人，她稱自己為「一個堅強的角色、一個堅強的女人」。在片中某個頓悟的時刻中，小艾迪決然問道：「高貴的人他們的標記就是責任，是不是？」而從她苦思的面孔，接到大艾迪的鏡頭，她看似同樣在沉思，在《灰色花園》中，貝爾母女（而不是梅索兄弟）才是視線的焦點。

佛列德利克・懷斯曼

　　在美國直接電影的大師中，懷斯曼是唯一未出身於羅拔・祖合夥公司的人。在他成為電影工作者之前是個執業律師，他獨力為直接電影發展出自己獨特與行之久遠的方式，其影響正如「新新聞學」（new journalism）所給予印刷及廣電媒體一樣[14]。他延伸了報導的面向，對敘事的強力控制超過了題材，他並不出現於影片中，也不為自己的片子配旁白，他不是角色之一，也不求意料之外，僅用小而重複的經驗去代表整體的經驗，他以極謙卑的方式塑造他的影片，把自己的雙手全然藏起來。直接電影中懷斯曼的藝術基礎是它並不透過對真實世界的複製去溝通其意義，而是透過選擇來創作一個典範[15]。

懷斯曼作品中的典型特色——一種有力而深究的智慧，基本上潛藏在他對題材的選擇、拍攝的畫面及剪接之中。他並不在自己的影片中強調某個人，而是專注於某個機構，發掘它運作的方式，關注工人、客戶、他們的家庭及其他受這些運作影響或置身其中的人。他定義一間機構為「是個發生於一個有限地理空間中的系列活動，再加上持續有些人或多或少地參與其間」[16]。

懷斯曼對於一個機構所採取的方法基本上是隱喻（metaphoric）的：他以機構內有限且重複的經驗來代表整個機構，而機構則代表了更大社會中的元素[17]。在懷斯曼選擇題材與整理題材時他發掘一些可使他與傳統還有他自己

---

[14] 見Thomas W. Benson and Carolyn Anderson, *Reality Fictions: The Films of Frederick Wiseman* (Carbondale: Southern Illinois University Press, 1989); Liz Ellsworth, *Frederick Wiseman: A Guide to References and Resources* (Boston: Hall, 1979); Beatrice Berg, "I Was Fed Up With Hollywood Fantasies," *The New York Times* 1 Feb. 1970: 25-26. 文集請見 Thomas R. Atkins, *Frederick Wiseman* (New York: Monarch, 1976), David Denby, "The Real Thing," *New York Review of Books,* 37:17 (November 8, 1990): 24-28.

[15] 懷斯曼多次定義他自己的方式，其訪問見於G. Roy Levin, *Documentary Explorations,*316 -17, 及 in Alan Rosenthal, *The New Documentary in Action,*66-75; 亦見 John Graham, "'There Are No Simple Solutions': Frederick Wiseman on Viewing Film," *The Film Journal* (Spring 1971): 44-47 (also in Atkins); 及Don Armstrong, "Wiseman's Model and the Documentary Project: Toward a Radical Film Practice," *Film Quarterly* 37.2 (Winter 1983 -84): 2-10.

[16] Rosenthal, *The New Documentary in Action*, 69. 見Edgar Z. Friedenberg, "Ship of Fools: The Films of Frederick Wiseman," *The New York Review of Books* 17.6 (Oct. 1971): 19 -22; Tim Curry, "Frederick Wiseman: Sociological Filmmaker?", *Contemporary Sociology* 14.1 (Jan. 1985): 35-39; Patrick Sullivan, "'What's All the Cryin' About?': The Films of Frederick Wiseman," *Massachussetts Review* 13.3 (Summer 1972): 452-68.

[17] 批評界爭論有關機構的意義，特別是它暗示懷斯曼對它們究竟是憎惡或不信任的爭論相當常見。舉例而言，在本書的第一版我寫道：「懷斯曼明顯地不喜歡機構，特別是大型又相當官僚組織的那種，而他也不假意暗示有其他的選擇。」不過在看過他之後十年持續驚人的作品，我不會僅以「研究」一詞來替代「明顯地不喜歡」等字，我會

時代分割開來的張力與凝聚力。如葛里遜一樣，懷斯曼醉心於機構的內在運作，不過在呈現他們「如何」做與「爲什麼」這麼做的同時，也提供充分的材料讓我們決定運作的品質。懷斯曼運用了許多畫面去建立機構的環境與氣氛。雖然這些鏡頭第一次出現時也許不太必要，但它不僅以建築與設計呈現其迷人之處，同時也表現一座建築形式如何控制其功能（例如，錯綜複雜的福利系統與福利部門辦公室迷宮似的隔間規劃是一體的）。懷斯曼承認現實有其曖昧之處，但也拒絕以簡單的電影手法使其複雜結構變得平凡無奇，對於機構，他們似乎並不試圖指控什麼，僅想讓內在意義自己隱然浮現，因此，在觀眾與影片之間並無阻隔，觀眾也有充分的空間去發揮自己的詮釋⓲。

懷斯曼的影片包括《提提卡蠢事》（The Titicut Follies, 1967）、《高中》（High School, 1968）、《法律與秩序》（Law and Order, 1969）、《醫院》（Hospital, 1970）、《基本訓練》（Basic Training, 1971）、《禁慾》（Essene, 1972）、《少年法庭》（Juvenile Court, 1973）、《首席主教》（Primate, 1974）、《肉類》（1976）、《巴拿馬運河地帶》（Canal Zone, 1977）、《西奈半島任務》（Sinai Field Mission, 1978）、《大演習》（Manoeuvre, 1979）、《模特兒》（Model, 1980）、《商店》（The Store, 1983）、《跑道》（Racetrack, 1985）、《盲》（Blind）、《聾》（Deaf）、《調整與工作》（Adjustment and Work）、《多重殘障》（Multi-Handicapped, 以上全爲1983年拍攝）、《飛彈》（Missile, 1987）、《臨死之前》（Near Death, 1989）、《中央公園》（Central Park, 1989），在上述二十三部影片中，有十九部曾在美國公共電視網上播映，並有上百萬觀眾看過（可能是非劇情片史上有較多觀眾的一位作者）。懷斯曼製作公司也曾廣泛地發

比以前多強調他的攝影機是多麼嚴謹地拍攝它的對象，而他又是多麼小心翼翼地剪接。儘管如此，寶琳·凱爾與麥可·艾倫（Michael J. Arlen）均推崇懷斯曼爲一名社會改革者。凱爾寫道：「他所做的是如此簡單，而基本上就像再次發現我們已知的或自以爲知道的⋯⋯懷斯曼擴大對我們日常生活的了解。」參見 "The Current Cinema," The New Yorker 18 Oct. 1969: 199-204。同樣的，艾倫寫道：不管懷斯曼自己曾如何誠實地解釋他對「美國機構」的興趣。他一直在做的是大膽地在不遮掩的情況下讓我們看到自己——也即讓攝影機脫光我們的衣服，因此攝影可以再造我們，簡言之，他一直是以電影眼在工作。（參見 "The Air: Fred Wiseman's 'Kino Pravda', " The New Yorker 21 Apr. 1980: 101.）

⓲ 艾倫發現「在懷斯曼影片中的一些頑固、不合宜而又絕對熱情的特質，也同樣可以在蘇聯寫實主義先驅維多夫的作品中發現」。

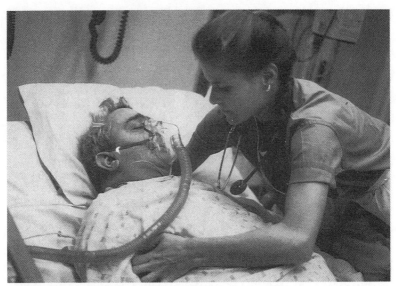

·《臨死之前》(1989, 美國, 佛列德利克·懷斯曼)

行這些片子，它們並在歐洲一些國家播映過，他的作品在世界各個主要影展中上映，也贏得無數的獎項。

《提提卡蠢事》是懷斯曼的處女作，也是最受爭議的一部作品，其內容有關麻州一所收容精神異常罪犯的橋水(Bridgewater)州立醫院[19]。它與彼得·衛茲(Peter Weiss)改編自真人真事的劇本《馬拉/薩德》(Marat/Sade, 1964) 相互呼應，不過影片就是事實本身。在揭發橋水醫院的不公與不人道的過程中，懷斯曼逐步讓我們看到這個機構的醜惡面。片子上映後被該州居民及媒體視為一部令人不快的正直作品，後續引發了相當程度的政治性爭議，造成一場嚴厲的立法公聽會，並使它成為一個不停地受到起訴的案例[20]。

[19] 這部影片的片名來自於醫院精神病犯人與警衛稱呼一場公開義演節目的話，他們稱它為"Titicut Follies" (Titicut是橋水地區的印地安名)，而這場悲傷的「娛樂」是這部影片的開場，而片子也以它來結束。

[20] 見Carolyn Anderson and Thomas W. Benson, *Documentary Dilemmas: Frederick Wiseman's "Titicut Follies"* (Carbondale: Southern Illinois University Press, 1989): Carolyn Anderson, "The Conundrum of Competing Rights in *Titicut Follies*," *University Film Association Journal* 33.1 (1981): 15-22. 亦見 Elliot richardson的信與懷斯曼的回信"Letters: Focusing again on *Titicut*," *Civil Liberties Review* 1.3 (Summer 1974): 148-51.

影片受到爭議的焦點在於令人不安的行為（來自罪犯及守衛雙方）、其畫面的生動及拒絕使用旁白及評論三者的做法是否合適❹。同樣受到爭議也有責任歸屬的問題，其一是州政府允許以一種愚蠢、退步及幾近非人道的方式去對待病人，而懷斯曼竟然獲准記錄它。無疑地，觀眾感到的不快也同樣令麻州立法官員及醫院的監督主管不悅，因此他們以違反合約控告懷斯曼侵犯病人權益，並禁止他的影片在麻州上映。

　　《提提卡蠢事》的內容駭人，這樣一所惡名昭彰的精神病院對許多觀眾而言應早已為法律所不容。安納托・里特維克曾就此題材拍過第一部劇情片《蛇穴》(The Snake Pit, 1948)，但本片與他的作品不同，它並不需戲劇性的結構來增加其恐怖，那些人就一直在那兒，隨時可供拍攝。《提提卡蠢事》揭發我們自己的，其實比揭發橋水醫院的部分還多，它呈現了一個想像中是多麼專業與理性的人會去貶損與賤視生命的品質，他們竟可以虐待及羞辱病患及無能力行動的人，竟然可以違背對於治療與復健的期望。片中的心理學家對於罪犯描述其性行為似乎更有興趣，至於如何幫他們、診斷他們的問題及預防他們不必要的死亡（本片就有此例）似乎興趣不大。透過懷斯曼的鏡頭，犯人是這個非人道機構下的犧牲者，而這個機構愚弄且背叛了它的宗旨。

　　懷斯曼主要依賴視覺影像及他片子人物的話語來呈現橋水醫院的故事，這裏絕無旁白或評論會告訴我們現在看到什麼或應該感覺如何。確實，在本片及懷斯曼其他影片中，看到與聽到就是旁白，但《提提卡蠢事》也如亞倫・金的《華倫代爾》，它所結合的素材也許就影響了觀眾的反應。它煽動性的元素——赤裸的犯人、自慰的男子、犯人所受殘暴待遇、冷漠的犯人評議會——可能使一些人感到震驚和嘔心，懷斯曼向我們揭發了像橋水醫院這樣一個機構所要隱藏的醜陋事實。亞瑟・奈特在看過《提提卡蠢事》之後問道「無可避免的，這將引起道德上的問題：事實究竟止於何處，而普遍的正義又起於哪裏？❷如果我們有更多的影片討論像《提提卡蠢事》片中的真實與普遍的正義，亞瑟・奈特也許就不會問那種問題了。

❹　懷斯曼說他「盡可能複雜地陳述這個現實情況」，而這是一部「非常具爭議性的影片」，見Alan Sutherland, "Wiseman on Polemic," *Sight and Sound* 47.2 (1978): 82; 亦見 Robert Coles, "Documentary: Stripped Bare at the Follies," *The New Republic* Jan. 1968: 18＋; and Ronald Kessler's response, "Correspondence," *The New Republic* Feb. 1968: 35-6.

❷　"Cinéma Vérité and Film Truth," *Saturday Review* 9 Sept. 1967:44.

《提提卡蠢事》是懷斯曼最富爭議性的作品，但卻不是懷氏作品普遍的狀況，其他影片就沒有那麼明顯的爭議性，它們均順應美國社會主流中研討機構意義的一種更為基本的模式。外表上看來《高中》(1968)所強調的似乎是正與橋水州立醫院恰恰相反的社會位階，它的主題是費城東北高中，這是所大部分以白人中產階級學生為主的學校，位於城市卻擁有功能健全的現代校園，在父母及學校經營管理者的眼中是一所「模範」學校，但對懷斯曼而言，從另一面來看，這所學校卻是一種非常不一樣的社會現實典型。就如懷斯曼其他影片所強調的，這部片子中的一項共同主題與片中許多附帶的事件是相連的，也就是在獨立自足社會中，有著嚴格、機械化與孤立的權威本質。

　　《法律與秩序》的焦點是堪薩斯市警察局與市民之間的互動關係，它關切著美國社會的右傾——一方面強調在國內的法律及秩序，但另一方面又在海外擴張軍事侵略㉓。不過，它就像懷斯曼其他六〇年代的影片一樣，太強調客觀性，也太講究以各方觀點的呈現來平衡內容，因此既未引起我們的注意，也沒有在這個大多數人都有定見的題材上提出新鮮的看法。不過在《醫院》中，懷斯曼再度找回他的方法，並再度受到觀眾的肯定。

　　《醫院》為一個大規模的社會弊病提供了令人不快的圖像——都市貧民貧乏的醫療照顧。片子的樣貌在它的呈現、它對寫實的勇往直前及高明的看法中成形。懷斯曼的位置也如醫療或護理人員一樣，在職業態度上公正而冷酷（事實上，許多醫療人員看起來都似乎被捲入）。不論觀眾對市立醫療服務的品質有什麼先入為主的觀念，懷斯曼提供了一個未經設計過的現實的電影化模型，它以深度來平衡報導上的寬度。同樣重要的是，我們看見這個機構內部的運作及它與其他社會性服務組織(像警察機關與福利局)相互依賴的關係㉔。或許可以說《醫院》並非懷斯曼典型的最佳作品，因為它並不像其他影片那麼具批判性。雖然懷氏的目標在於犀利的社會學分析，而不是直接的批評，不過一個脆弱的機構就是它自己最尖銳與最嚴苛的批評。醫院比高中有力量多了，並不是說它比較完美，而是因為它比較有能力去解決大小相當及特殊一點的問題。

㉓　見Frederick Wiseman, "Reminiscences of a Filmmaker: Frederick Wiseman on *Law and Order, Police Chief* 36.9. (Sept. 1969): 32-35.

㉔　這部影片預示了《副利制度》一片，其中社會福利工作者海淘爾小姐 (Miss Hightower) 實際上出面承認我們僅耳聞一部分是不完整的。

《基本訓練》(1971)是部有關訓練新兵的影片，它與懷氏一九七二年的《禁慾》一樣，都以呈現不爲大眾熟知的機構（《禁慾》是有關一所修道院的作品）而聞名。在七〇年代初期，反越戰的情緒方熾，甚至到了現在，自由派的觀眾見了新兵的第一個傾向也就會把他們貶爲個人，並把他們與國家的黷武思想結合起來。儘管如此，這部影片讓觀眾漸漸了解到他們(新兵)在訓練過程下喪失了人性，當訓練產品完成而目的地就是越南（正有如懷斯曼一九七六年的《肉類》，牛羣的終站就是屠宰場）。懷斯曼說這是有關「殺戮」的影片，而它所呈現的狀況「比我所預期的還令人沮喪」❷❺。在《基本訓練》中軍人結合軍事機構的社會化過程與《高中》的教育機構給予學生的社會化過程兩者在象徵上異曲同工，還有《少年法庭》(1973)中的法院系統、《福利制度》中的社會服務系統、《巴拿馬運河地帶》及《西奈半島任務》中的軍事機構、《大演習》(1980)、有關流行模特兒的《模特兒》(1981) ❷❻及有關消費者購買習慣的《商店》(1983)，它們當中的象徵都是一樣的。

　　懷斯曼的傑作《肉類》是部有關牛及羊如何被飼養、屠宰並準備送往市場的影片。《肉類》在幾個層面上發揮、利用了過程與產品之間的關係，所發展的主題也較以往發展的更爲深入也更具煽動性。在這些層面之間則是生與死的主題（影片開場即是牛羣在大片廣闊天幕之前，而結束的畫面是一輛巨大的卡車在天光中，載著肉前往市場）、溝通的主題（對於所有各類聲音均極細心的剪接）、自我決定的主題（牛羣被「猶大之羊」引導被屠殺，但另一方面工人們才在工會失掉他們的身分）以及孤立的主題（牛在電腦化的工廠中被切成碎肉，而工人則在震耳欲聾的聲音環境中戴著耳機聽音樂，他們的工作使其與其他人的自然關係分離了）。本片也在獸檻、捕網、固定裝置及封閉的門上強調了一種詮釋，亦即人爲處理動物所發展出來的技術實際也把他自己圍捕起來，這間製造牛排及漢堡的公司同樣也令這些食品加工的男女工人失掉人性。

　　以一個旁觀者來看，對於這項極有效率的行業，本片乃是部深入細節的

❷❺　懷斯曼引自O'Connor, "'The Film is About Killing', " *The New York Times* 3 Oct. 1971: 17.

❷❻　見Dan Armstrong, "Wiseman's *Model* and the Documentary Project: Toward a Radical Film Practice," *New Challenges for Documentary*, ed. Alan Rosenthal (Berkeley: University of California Press, 1988), 180-90.

·《肉類》(1976, 美國, 佛列
德利克·懷斯曼)

客觀影片，這個作品當然沒有旁白，但剪接及片中的人們已「說明」了這個
過程不同的面向。工人並未談及他們的工作，但他們討論分紅的片段正揭示
他們如何依賴公司，並又如何爲這間他們工作勤奮的公司所輕忽。就如懷氏
一貫的作品，他的觀點反映在片子的結構之中，而他也透過影像的逐漸增大
來發展其意義。片子一開始的蒙太奇鏡頭使我們立刻進入機構的生命之中，
也建立了機構的環境與氣氛。雖然這部影片的結構基本上是線性的，也依著
時間發生的前後次序，但片中的段落則基於累進而非連續性的方法來建構。
懷斯曼使用長拍而隨機的畫面去保留完整的時間與空間現實，也在機構工作
人員與顧客互動中以同樣的手法保留了場景的完整性。正如懷斯曼所有的影
片一樣，現場直接收音非常重要。肉品加工是個辛苦、骯髒的工作，我們看
到與聽到這個過程，但卻未聞到味道與看到顏色 (本片是黑白的)。不過，懷
斯曼的方法也有矛盾之處，因爲他一方面以親密的攝影手法及聲音收錄使他
的片子相當地物質，但另一方面在智性及情感上他又使之分割開來。在《肉
類》中，內容與電影的形式緊密結合的程度過去僅在《福利制度》中達到過，
兩部片子中，你如何看決定了你所看到的。

伊麥爾‧德‧安東尼奧

在美國紀錄片的歷史中，安東尼奧是位在編輯影片類型中獨樹一格的大師，他創造的這個類型也可稱做是他自己的類型。雖然安東尼奧所編輯的影片包含了一些標準的元素，如訪問及檔案資料影片，但他做出來的作品則絕對超乎標準。他在題材及電影風格上都極講究，如馬歇爾‧歐佛斯一樣，他所製作的影片反映出他對電影的真實與正義的忠誠。他的主題永遠是歷史，影評人寶琳‧凱爾（Pauline Kael）就曾寫道，他影片中的材料是「美國底層的腐敗」❷他電影風格的標記是一個知性上的嚴苛批判，是一個馬克思主義者的觀點，也是對非劇情片傳統風格一項耳目一新的破壞行動。雖然安東尼奧在六〇年代才開始製作影片，但卻沒有依循真實電影的方法，他說：

> 「真實電影」首先是個謊言，其次是對於電影本質的幼稚假設。它是個笑話。沒有情感及信念的人才會想到去做「真實電影」，我碰巧有強烈的情感及夢想，而在我所做的每件事均有我的偏見。（引自 Rosenthal 211）

安東尼奧的影片總是帶著偏見，不斷地挑戰，絕無冷場。這些影片絕非「製作精良」之作，但它們之所以成功並受尊敬是因為考慮到它們問世的時期是美國非劇情片史上電影風格最為複雜與偉大的一個時期。而它們仍獨樹一幟，令人益發驚異。

安東尼奧許多影片中的焦點都是美國六〇年代的重要事件，它們包括《次序之點》（Point of Order, 1963）、《速判速決》（1967）：本片向調查甘迺迪遇刺的華倫委員會報告提出了許多令人不能信服的疑點、《豬年》（1969）、《很難看到美國》（America Is Hard to see,1970）：這是有關麥卡錫參議員一九六八年競選總統候選人失敗的影片、《米爾豪斯：白色喜劇》（1972）：這是部對尼克森總統極盡挖苦嘲諷的影片、《畫家的畫作》（Painters Painting, 1972）、《地面下》（1976）：本片描寫某些「氣象地下組織」（Weather Underground）的

---

❷ 凱爾引自 Rosenthal, *The Documentary Conscience*, 216; 亦見 Gary Growdus and Dan Georgakas, "History is the Theme of All My Films: An Interview with Emile de Antonio," *New Challenges for Documentary*, ed Alan Rosenthal (Berkeley: University of California Press, 1988), 165-79.

主要人物，還有《在普魯士國王治下》(In the King of Prussia, 1983)：這是部有關一個天主教行動小組Plowshare Eight的紀錄式劇情片 (docudrama)，描寫政府對他們反戰行動的反應。

《次序之點》乃根據丹尼爾‧塔伯 (Daniel Talbot) 的想法而來，其內容有關一九五四年軍方與麥卡錫參議院聽證會，由安東尼奧剪接當時的新聞報導畫面而成❷。五〇年代初麥卡錫參議員以各種伎倆利用大眾對共產主義的恐懼，再加上他擔任美國參議院長設調查小組委員會 (政府施政委員會轄下) 主席的身分，把他的行動塑造成全國性的焦點。而在這次調查行動中，他粗魯而沒有道德的伎倆導致新聞界及他的參院同僚廣泛的批評。事情起於一九五四年麥卡錫參議員指控陸軍部長試圖藏匿在陸軍各辦公室的間諜活動證據。軍方則反控麥卡錫及他的首席顧問羅伊‧柯恩 (Roy Cohn) 及另一名同事對軍方施以不當的壓力以使一個士兵獲得較優的待遇。這場高潮迭起的聽證會自然有全國性的電視轉播，而麥卡錫及其助理獲得澄清，但參院隨即提出對麥卡錫的苛責，他們投票「譴責」麥卡錫蔑視了另一個參議院小組委員會，並羞辱了參院本身。麥卡錫在這項譴責之後逐漸失去他的影響力，他名字被衍生爲「麥卡錫主義」，此詞指爲煽情性的策略、散播對國家不忠誠的控訴及以不充分證據來顛覆的行爲。

安東尼奧透過訪問及剪接資料畫面來組織這個複雜的歷史性題材。片中並無旁白，他以一篇有關控訴及反控訴的簡潔聲明做爲片子的開始，其後便是一長段麥卡錫「赤色威脅」的演講實況，全片均以字幕使我們對聽證會的每一階段都很清楚，爲了更進一步切入這個事件，片中有軍方官員指控麥卡錫及柯恩所做所爲的證詞，也有來自上述兩人的反駁，但此處眞正的衝突並不在陸軍部長及麥卡錫參議員之間，而在軍方的顧問羅勃‧威爾契 (Robert Welch) 及麥卡錫的顧問柯恩，他們針鋒相對的互控有如正負電流交擊，更像好萊塢法庭戲劇之類的東西。在這部影片完成後很久，我們仍記得威爾契向麥卡錫嚴厲地詢問道：「先生，你知道什麼是分寸嗎？先生，你到底知道什麼是合情合理嗎？」

❷ 見Alan Rosenthal, *The Documentary Conscience: A Casebook in Film Making* (Berkeley: University of California Press, 1980), 205-26; Daniel Talbot, "Historic Hearings: From TV to Screen," *The Documentary Tradition: From "Nanook" to "Woodstock,"* 2nd ed., ed. Lewis Jacobs (New York: Norton, 1979), 392-94.

透過剪接，安東尼奧也批評了麥卡錫及軍方，而有他最後的結論。在片子結尾處當麥卡錫對著參議員錫明頓破口大罵時，聽證會的旁聽者紛紛離席，而安東尼奧也將片子結束於此，讓麥卡錫自己成為被譴責的人。麥卡錫被許多同僚痛罵，唯一留下的觀眾是現場的電視攝影機及記者，他乃是煽動行為的研究對象。安東尼奧並未呈現聽證會的真正結論——儘管麥卡錫在會中澄清對他的指控及參議院對他的譴責，他也令軍方看來不再那麼不可犯冒——儘管會中將軍那般威風。對於活過那個時代及想知道麥卡錫的人，《次序之點》為我們提供了生動的描寫：當權力被誇大妄想的精神病（paranoia）煽動時，其後果將不堪設想。

　　《豬年》至今仍是有關美國捲入越戰的原因及本質的一部最富原創性及煽動性的影片。就像彼得・戴維斯的《心靈與意志》一樣，本片有關戰爭，但也是雄心勃勃的偏見之作。戴維斯的作品完成於戰後，而本片卻完成於戰爭期間，另外一個兩者不同之處是本片並不嘗試去做平衡報導，安東尼奧的目的是要說服美國人民，他們並不了解越南的歷史，特別是越南的人民爭取獨立的奮鬥，因此美國人沒有理由在當地打仗。他大膽地預測美國在一九六九年會輸掉這場戰爭，而他是對的。這部影片運用了極佳的電影手法讓我們目睹及耳聞為什麼戰局的擴大正代表了美國價值的墮落。本片欠缺的是非劇情片慣有的責任，而它所獲得的是累積出反對法國及美國捲入越南一事的力量。

　　不論在形式與內容上，本片都堪稱安東尼奧的經典之作，它激烈、煽動性強，且怒不可抑。安東尼奧的英雄是胡志明，他以「居心叵測的捏造」風格（Rosenthal 205），將訪問、資料影片及照片交相組合來描寫胡志明取得領導地位的歷史❷❾。當越南正為其獨立而長期奮戰時，我們聽見法國及美國的專家、政客及官員暢言越南的文化及政策，片中包括所有的大人物，雖然安東尼奧有時並未指出他們的身分（對今日的年輕觀眾倒造成不便），他把支持戰爭及致力中止戰爭的人銳利地剪在一起——這部片子有時令人生氣，不過在電影技巧背後隱藏的是安東尼奧的力量。

　　片子結尾並不太譴責我們深謀遠慮的政治領導人及軍事領袖（與北越人民相比，安東尼奧將他們拍得有如白癡），卻向北越人民的精神致敬。在片尾，

<hr>

❷❾　海倫・拉維特（《沉默小孩》）是他兩位剪接師的其中一個。

我們看到大量美國大兵被擊敗、死亡及垂死的畫面,同時也很諷刺地聽到「光榮,光榮,哈利路亞」的曲調,在所有美國非劇情片中,本片激進的立場首屈一指。當我們被教育「爲何而戰」時,我們都自我假設爲勝利的一方而戰。對許多美國人而言,安東尼奧的遠見已經歷史證明無誤。而其他一些有關越南的影片如約翰‧福特的《越南!越南!》或國防部所拍的《爲什麼越南?》似乎看起來都像是不痛不癢的歷史文件。儘管在學術上及電影上《豬年》都有許多缺點,但無疑的,它還是非劇情片中最具煽動性及重要性的一部作品。

第一眼看到安東尼奧的《畫家的畫作》似乎在他大部分關切當代政治議題的作品中顯得格格不入。這部片子追溯現代繪畫的改革發展,從立體主義到抽象表現主義、行動派及色域派 (color field) 繪畫一直到普普藝術及歐普藝術,它描寫了在這個變遷中大部分最重要的藝術家,也談論他們之間不同的風格。安東尼奧爲何拍《畫家的畫作》似乎有下列幾個理由,第一,他對時下其他藝術類影片並不滿意,他說:

> 我對自己所熟悉的繪畫被拍成的影片都不甚喜歡。它們不是滔滔不絕地講些相關的資料,一派很藝術的樣子,好像這些畫是經由天使的指點一樣;不然就是,毫無大腦地以伸縮鏡頭朝阿波羅的肚臍亂拍一通,簡直是把攝影機的地位凌駕神明之上,有關爲什麼這樣畫,或是這些作品如何形成它們無一提及,雖然我不喜歡那些影片,但我倒可以開始拍一部這類影片❸。

第二,他與許多藝術家均認識多年,不僅對他們著迷,同時與他們也相當之親密,對於他們的思想及作品也很熟悉,更重要的是,他能在他們的工作室拍攝這些藝術家,令他們談論自己的工作;第三,他了解藝術的無拘無束,而且也想以自己不受限的方式向藝術作品致敬。現代藝術中打破舊習的做法是安東尼奧絕佳的題材。現代藝術總括而言是對具象主義式藝術 (representational art) 及古典美學理論的一種反動。

《畫家的畫作》也許更精確地應該改片名爲「畫家與藝評家對話」(Painters and Critics Talking),這是部典型的安東尼奧作品,片中一些藝術家及藝評家

❸ Emile de Antonio, "Flashback: My Brush with Painting," *American Film* 9.5 (Mar. 1984): 8+. 這段引言在第十頁。

令本片具煽動性，而所編輯的資料影片畫面品質也相當不一，雖然大部分影片是彩色的，安東尼奧實際以直接在片中現身來代表在畫布上簽字，不過他在現代繪畫上的睿智角色並不像他總結麥卡錫參議員及越南那樣清楚❸。也許我可以在片子的結尾處指出安東尼奧的角色，他不僅重複了巴奈特·紐曼 (Barnett Newman) 強調現代繪畫的「內容」這樣的意見，也呈現了六〇年代走過一個現代繪畫展覽會的群眾，他們看來迷惑且不解，而且也不被他們所看到的東西所感動，不管是內容或形式，他們都無動於衷。那樣與傳統全然決裂的藝術似乎並不是屬於老百姓的藝術，但因為有了這部影片（電影終究是大眾藝術），對於現代藝術的題材提供了傑出的介紹，因此在這個似是而非的論調中還有些充滿詩的公正 (poetic justice)。

路易·馬盧

除了《印度印象》(1968) 之外，路易·馬盧並不以非劇情片的導演聞名，雖然他曾與寇斯托合作拍過《沉默的世界》(1956) 及其他如《Vive le tour》(1966) 及《Bons baisers de Bangkok》(1964) 等非劇情片，馬盧仍在新浪潮中完成了他最重要的作品，而他也是以劇情長片聞名於世，這些作品包括《孽戀》(The Lovers/Les amants, 1958)、《地下鐵的莎芝》(Zazie/Zazie dans le métro, 1960)、《好奇心》(Murmur of the Heart/Le souffle au coeur, 1970)、《拉康比，羅西安》(Lacombe, Lucien, 1975) 及《漂亮寶貝》(Pretty Baby, 1978)。但年方三十九處於六〇年代中期的馬盧卻決定完全改變生活，他放棄了家庭與事業，執意在西方的習俗之外找尋自由，因此他遠赴印度，足跡亦橫跨廣大的印度半島。

這次飛行與遠征的結果則是一部非劇情片傑作《印度印象》(50分鐘的影片七集，總長350分鐘)❸。這個系列是為電視拍的，各集片名分別為「不可思議的攝影機」、「馬德拉斯見聞」、「印度人與宗教」、「夢想與現實」、「印度的種姓階級」、「印度的社會邊緣」及「孟買——印度的未來」。這部片子一方面因為政治批評及同情左傾人士的態度冒犯了一些印度人而在印度境內被

---

❸ 雖說現代藝術是自由的藝術 (art of freedom)，它也是個概念的藝術 (art of ideas)，Tom Wolfe苛刻的研究的主題，見*The Painted Word*(1975)。

❸ 見Todd Gitlin, "Phantom India," *New Challenges for Documentary*,ed Rosenthal, 536-41.

禁，但卻在英國及美國的電視上播映，另一方面本片實際上乃是對印度及他的人民有著相當的了解及濃厚的情感。除了對印度的欣賞之外，更重要的是在攝影機記錄下，對印度認知的過程《印度印象》有著一份不尋常的洞悉力。

呼應福樓拜的名言「小說是沿路上的鏡子」，馬盧也說「在我們的路上攝影機變成了一面鏡子」，而馬盧的攝影機在這部史詩電影中扮演了很多角色，包括紀錄者（以某種角度接近現實）、武器（許多印度人認為它是邪惡之眼）、觸媒（它影響了人類的行為）、偷窺者（但看的是誰，被看的又是誰？）及入侵者。馬盧不但親自拍攝這部史詩之作，也親自配旁白。每一集都有一個主題，但也有數個主題持續地出現，如生與死在一個接近且可以接受的親密關係中共同存在，西方人的字彙對於描述及解釋東方文明是無能為力的，個人及群體、殖民主義與剝削，印度有如「沒有煞車及方向盤的加格納神」，還有時間（馬盧說「我是個西方的人──一個時間的奴隸」）等。在以某種角度切入現實時，馬盧意識到他做為一個外來者的角色，因此表達了一個西方人身分的謙卑（安東尼奧自稱為「掠奪者」）。

《印度印象》同時也是部極度個人且有超凡之美的電影。它介紹了一個《李格·維達》（Rig Veda）所稱「真實有上千種名字」的國家。以一個西方人，馬盧說他僅有能力記錄幽靈的影子，也就是巴贊所說的「現實的遺跡」，因此，他創作了一個「幽靈」印度，要經由感知的確認對他才算存在的國度。馬盧也許並無能力去「了解」那個廣大而多元的社會，但他也算嘗試去了解這個國度，而創造出一個睿智的紀錄。印度的現實不但與他先入為主的觀念有所衝突，不僅使他與西方對比時所下結論不甚理想，同時結論中的內在矛盾及複雜度也使結語受挫。對馬盧而言，印度實在有著多重的曖昧難解，而那正是現實。

馬盧以電影的優美及睿智的洞察力掌握了現實，而這個系列影片不僅永遠是最偉大非劇情片中的一部佳構，也是有關電影感知與現實的一個基礎性範本。

馬歇爾·歐佛斯

馬歇爾·歐佛斯不像馬盧，他僅以史詩性的非劇情片名聞於世❸。他像

---

❸ 歐佛斯拍了兩部敘事電影《Peau de banane》(1963) 及《Feu à volonté》(1964)；且也

馬盧一樣都關切著人們的認知與眞實。不過歐佛斯的重點是擺在過去，擺在歷史事件及人們對上述這些東西的認知。另一個與馬盧相近的是，他的作品因試圖要在認知中的複雜及矛盾中尋意義，因此也備受爭議。歐佛斯的作品包括《慕尼黑或百年和平》(Munich, or the Hundred-Year Peace, 1967)，這是部探討二次世界大戰之所以發生的研究，《失落之感》(A Sense of Loss, 1972) 是部有關在北愛爾蘭的「麻煩」的影片❸，《正義的記憶》(1975)審視了納粹的戰爭罪行，把這些罪行與世界其他地方方發生的事相互比較，以及《旅館終點：克勞斯・巴比的生命與她的時代》(Hotel Terminus: The Life and Times of Klaus Barbie, 1988) 是另一部有關戰爭與罪行的史詩之作，它又重新挖開二次世界大戰期間法國與納粹合作的傷口。上述這些影片都呈現出心理上洞察能力的品質，還有對細節細心的觀察及諷刺的張力。

　　另外一部歐佛斯的傑作爲《悲哀與憐憫》(1970)，這部史詩性的編輯影片也建立了他崇隆的聲望。本片竭力調查法國在德軍佔領期間究竟發生何事❸？結構上分爲兩個部分——「崩潰」及「選擇」。在四小時又二十分的片長中，歐佛斯探索爲何法國當時會分裂成支持與納粹合作的維琪政府及加入地下反抗運動的兩派。本片在長度上受到非議，同時它又大膽地以自己的看法在戰爭結束二十五年後重新揭開這個爭議性的題材而飽受攻詰。當本片一九七一年在戴高樂治下的法國放映時，它在電視上卻遭遇到禁演的命令，戴高樂派的人說它不愛國（事實上戴高樂在片中並未受到推崇），不過一九七二年它在法國各戲院上映時，除了長度之外都廣受好評，而在美國及英國的電視上播放也大受觀眾歡迎。與此題材相關的是克勞德・蘭茲曼 (Claude Lanzmann) 有關納粹處決人犯機構的《Shoah》(法國出品. 1985)、維克多・荀菲爾 (Victor Schonfeld) 有關以色列四十年橫逆不斷歷史的《破碎的夢：拾起

　　參與跨國合作的《二十歲之戀》(Love at Twenty/L'Amour à vingt ans, 1962)。

❸　另一部講愛爾蘭歷史的影片爲Robert Kee的《愛爾蘭：電視版歷史》(Ireland: A Television History)，見John Pym, "Ireland——Two Nations," *New Challenges for Documentary*, ed. Rosenthal, 480-87.

❸　另一部談一次大戰後法國及其人民的影片有個共同的片名《French People, If You Only Knew》(Français, si vous saviez, 1973)，由賈克・布里索特 (Jacques Brissot) 及Luc Favory 合導，其三部分分別爲《Passing By the Lorraine》(En passant par la Lorraine)、《General, Here We Are》(General, nous voila) 及《I Understood You》(Je vous ai compris)。由《悲哀與憐憫》的執行製片 André Harris及Alain De Sédouy製片。

碎片》(Shattered Dreams: Picking Up the Pieces, 1987, 英國出品)、喬許‧瓦萊斯基 (Josh Waletzky) 的《我眼前的影像》(Image Before My Eyes, 1980) 及麥里安姆‧亞伯莫維茲(Myriam Abramowicz) 與伊撒‧荷芬柏格 (Esther Hoffenberg) 的《就好像是昨天》(As If It Were Yesterday, 1980)。

　　歐佛斯實際上在《悲哀與憐憫》中發明了一種新的影片編輯風格❸，經由他自己勤奮的研究，在剪接枱上創造出這部作品，他在過去與現在兩個時空中穿梭，在戰時的新聞片及其他舊資料畫面上著墨甚多，再把這些鏡頭與現在拍的相當驚人的訪問並排接在一起，以此，他挑戰了全法國都支持地下反抗運動這樣的神話。在聲音的處理上，歐佛斯將旁白與人聲及翻譯過後的聲音加以混音，使對話上的腔調一直吸引著我們，而在某種程度上來說，它也增加我們的信任感。片中訪問的都是耳熟能詳的人物：皮耶‧蒙戴斯‧法蘭斯 (Pierre Mendès-France)、喬治‧畢達 (Georges Bidault)、安東尼‧亞當 (Anthony Eden) 及亞伯特‧史比爾 (Albert Speer)，比較沒有那麼出名的也有何內‧德‧夏布魯恩 (René de Chambrun)，他是維琪政府總理皮耶‧拉弗 (Pierre Laval) 的女婿，還有曾擔任納粹精衛軍成員的法國人克里斯汀‧德‧拉‧馬茲埃爾 (Christian de la Maziére)，以及一位來自克勒蒙‧弗蘭德 (Clermont-Ferrand) 市的平民，貝當元帥轄下的維琪政府所在地即與此城十分接近。在範圍如此廣大的受訪人物中，我們看到(與聽到)懦夫與英雄、罪人及無辜者、捲入其間的人及旁觀者、參與者、倖存者及他們的子女。他們之中有些人我們相信，有些我們存疑，有些我們知道他在撒謊，其他的人我們則不確定。有些對於法國人及德國人的成見在本片中被加以確定，但另外一些先入為主的觀念則因新的理解而動搖，雖然歐佛斯自己的觀點傾向地下反抗運動那一邊，但他還是盡可能地客觀，並把最後的評判留給觀眾。

　　雖然歐佛斯創造了一個有政治及道德承諾的電影，也運用了很豐富的材料及深刻地諷刺性基調，但在《悲哀與憐憫》的基礎上評斷法國人還是得非常小心。因為片子雖然很長，但仍有大量的歷史被略去，也有許許多多重要

❸　見 *The Sorrow and the Pity: A Film by Marcel Ophuls*, introd, by Stanley Hoffmann (New York: Outerbridge, 1972); André Bazin, *French Cinema of the Occupation and Resistance: The Birth of a Critical Esthetic*, introd. by François Truffaut (New York: Ungar, 1975), James Roy MacBean, "*The Sorrow and the Pity*," *New Challenges for Documentary*, ed. Rosenthal, 471-79.

·《悲哀與憐憫》(1970, 瑞士/法國/德國, 馬歇爾·歐佛斯)

的人物沒有訪問到,我們並不是要批評歐佛斯應承認在選擇素材的過程中扭曲了事實,只是如安東尼·伊頓所說的,沒有在納粹佔領下生存過的人就不應過於激烈地評斷法國人民。

　　就如另一部複雜的非劇情片《灰色花園》一樣,以過去與現在的交互關係及不去強逼觀眾相信哪一方的多元性觀點下,在片中所揭露的曖昧狀況中去做任何選擇都是十分困難的。這部影片的片名暗示的正是亞里士多德所說的「哀憐與恐懼」,亦即所有悲劇的真正結果。片中有種內在力量出自歐佛斯的道德承諾,它使這樣的曖昧變爲不可能。不過仍有許多面向在解釋上殊爲不易,不僅因爲對立兩方的故事不同,在同一陣營中所呈現出來的觀念也幾乎永遠不一樣。在最後一個段落尤其曖昧不明,在這段中,一位具體表現出法國人個性的人物默里斯·柴瓦里爾 (Maurice Chevalier) 唱一首典型漠不關心的輕快歌曲:「讓全世界嘆氣與哭泣,我將會登上彩虹掃開烏雲。」這首歌是否責備了柴瓦里爾,或進一步指責了法國人對現實漠不關心?或它只是戰時畫面的另一個片段,提醒我們歷史是個複雜的馬賽克拼貼?歐佛斯要觀眾自己去思考在面對人類巨大挑戰時將如何自處?而其他人的行爲又會如何?

《悲哀與憐憫》是極少數要求觀眾過濾影片中的資訊、挑戰觀眾的認知、要觀眾去選擇他們的道德立場並令他們自己去尋求結論的影片。因此歐佛斯將全世界的觀眾引到一個對非劇情片力量的新而正面的概念上。

美國獨立電影製作

　　除了梅索兄弟、佛列德瑞克·懷斯曼及安東尼奧的作品之外，美國七〇年代的非劇情片製作的活力是比不上前面那個在政治及社會都發高燒的六〇年代。在一九六八年爭奪總統寶座的選戰中，尼克森向美國的中產階級及「沉默的大眾」提出訴求，他相信老百姓都夢想再回到一個既能保持他們目前的高收入及物質條件的平靜社會。雖然水門案發生而尼克森被迫辭職，但這個沉默大多數的心願使得隆納·雷根（Ronald Reagan）在八〇年代建立起他的新保守主義。

　　在這個保守氣氛崛起時，許多美國的非劇情片工作者傾向於觀察社會而不是正面與它對抗，不過有些人仍拍出具社會正義原則的社會學紀錄片，這些作品包括了彼得·戴維斯的《五角大廈的買賣》及《心靈與意志》，羅勃·馬柯弗（Robert Machover）與諾曼·弗萊契（Norman Fruchter）的《麻煩人物》（Troublemakers, 1965）、麥克·格雷合作社（Mike Gray Associates）的《謀殺弗瑞德·漢普頓》（The Murder of Fred Hampton, 1971）、彼得·比斯金的《在戰場上》、李察·柯漢（Richard Cohen）的《奔向明天》（Hurry Tomorrow, 1974）及海倫·懷特尼（Helen Whitney）的《年少恐懼》（Youth Terror, 1978）。還有一些描寫社會不公的紀錄片也曾廣泛地放映過，這些作品包括辛達·法爾史東（Cinda Firestone）有關一九七一年九月導致四十三人死亡的艾提卡監獄暴動事件的《艾提卡》（Attica, 1973）、芭芭拉·柯普（Barbara Kopple）的《美國哈蘭郡》（Harlan County U.S.A., 1976）及詹姆斯·克連及朱利亞·萊契爾（Julia Reichert）的《工會女子》（Union Maids, 1976）。

　　柯普的《美國哈蘭郡》故事發生在一個位於肯塔基州的礦工社區，礦工們因為與管理階層抗爭而被捕下獄。本片傳達了他們單純而有尊嚴且觀念一致的聲音。因為這個原因，本片也與伊文斯的《西班牙大地》、布紐爾的《被遺忘的人》、荷維茲與史坦納的《祖國》、詹姆斯·布魯的《正義的橄欖樹》等喚起人民聲音的名作齊名。這部影片的倫理基調使柯普的作品接上非劇情片的傳統，但他運用眞實的人聲則與眞實電影的觀念相關（因爲在眞實電影中語言是個重要的元素）。影片的字幕提供了所需的資訊，而音樂則導引了我們的反應，不過是現場直接拍攝與收音使我們親密地靠近訴說苦境的人們**❸❼**。

萊契爾與克連的《工會女子》是部由資料影片與當代的訪問交織而成的編輯作品。它詳述了美國勞工運動中婦女的角色。和柯普一樣，萊契爾及克連（他們已製作過數部重要的女性影片）從勞工的觀點來呈現勞工的歷史，在此，管理階層、警察與非工會成員工人的觀點並未包括在內，其中三位不凡女性的訪問對於抗爭一事給予影片新的探討**❸❽**。

此外，丹尼・萊恩（Danny Lyon）的影片對於我們了解美國西南部、墨西哥及中美洲深有貢獻。他片中的人們是種族隔離政策、貧窮及無知底下的受害者，他們有些與家人住在社區中，有些則是住在城市邊緣的亡命之徒、移民工人、被判刑者及流浪漢。雖然女人也出現在他的一些影片中，但他還是以男人的生活爲主。萊恩的第一部作品是有關德州刺青美容院的《Soc. Sci. 127》（1969）。不過他最爲人所熟知的乃是有關墨裔美國人（Chicano）及印地安文化的系列影片，這些片子包括了有關一個墨西哥小鎮人民的《Llanito》（1971）、有關哥倫比亞被遺棄小孩的感人作品《被遺棄的孩子》（The Abandoned Childern/Los niñon abandonados, 1974）及有關墨西哥移民工人的短片《偷入境的農工》（The Wetback/El majado, 1974），不過在這些影片中最令人印象深刻的仍首推《小男孩》（Little Boy, 1977）及《另外一邊》（The Other Side/El otro lado, 1979）。

《小男孩》關切的是美國西南部印地安文化逐漸消失的情形。他們文化之所以衰亡是因爲白種人及西班牙人成功入侵的結果，本片也有科學家出現，因爲他們在新墨西哥州發展原子彈。萊恩的重點在一個名叫威利的年輕人身上，這部片子名爲「小男孩」與他有關，除此之外片名也與二次世界大戰投於廣島的第一顆原子彈相關，因爲那枚原子彈的名子就叫「小男孩」（投入長崎那顆則名爲「肥仔」Fat Man）。在黑白的畫面中我們看見威利小時候

❸❼ 見Rosenthal, *The Documentary Conscience: A Casebook in Film Making*, 303-16; Gary Crowdus, "Harlan County, U.S.A.," *The Documentary Tradition*, ed. Lewis Jacobs (New York: Norton, 1979), 563-68.

❸❽ 見Rosenthal, *The Documentary Conscience*, 317-29.

的樣子，當他長成年輕人時則是彩色的畫面，威利那時剛剛出獄，他是個複雜的人，有時爛醉如泥、毫不起眼，有時又因為對新生活的希望而迷人又感人。萊恩使用了大家熟知的直接電影特性包括了經常將人與象徵並列呈現，並以畫面外的問題及評論去誘導出銀幕上拍攝對象的反應。

《另外一邊》是部有部分英文字幕、解釋性字幕卡及重新扮演場面的彩色片，它的內容詳述一羣墨西哥人跨過邊境到亞歷桑納州採收橘子的過程。本片並未像佛萊赫堤《土地》中所看到的農工因不事工作而極度貧困，相反的，片中的男人為每日生計而打拼，他們採收水果，煮飯洗衣，而且永遠都在歌唱。他們雖然一方面害怕被雇主欺騙，也害怕被移民局抓到了遣送出境，但看來仍自信滿滿。萊恩敬重這些人的尊嚴、生存、工作勤奮及同袍之愛，他因此帶著感情與深情來拍他們。

這個時期中其他著名的非劇情片則看起來退縮，它們大部分強調的是個人式的主題或回憶，這些影片包括馬丁‧史柯西斯 (Martin Scorsese) 有關他自己生平的《義裔美人》(Italian American, 1975)，艾比‧奧雪歐夫的《夢與夢魘》(1975)：本片是有關電影工作者自己在西班牙內戰中的難得經驗，約拿斯‧梅卡斯 (Jonas Mekas) 的《立陶宛之旅的回憶》(Reminiscences of a Journey to Lithuania, 1974)，孟弗雷‧克柴米爾 (Manfred Kircheimer) 向紐約地下鐵系統致敬的《高架鐵路上的車站》(Stations of the Elevated, 1980)，因為它們令塗鴉看起來有了美感，還有大衛‧羅奧伯‧衛茲的《再見Etaoin Shrdlu》(Farewell Etaoin Shrdlu, 1980)，它的內容是有關報紙印刷從熱式自動排字印刷機到冷式電腦化系統的戲劇性改變的故事。其他影片則強調了當代的議題，包括湯姆‧戴文波有關美國最古老鄉村音樂比賽的《那不是城市的音樂》(It Ain't City Music, 1973)，露西‧賈維斯 (Lucy Jarvics) 的《一個叫美國的射擊場》(A Shooting Gallery Called America, 1975)，本片與《美國的謀殺》(Murder in America, 1973) 一樣都是有關美國比例極高的凶殺事件，莫特‧喬頓 (Mort Jordan) 細膩描寫阿拉巴馬州黑人社區變遷的《時間與夢》(Time and Dreams, 1976)，羅勃‧范奧 (Robert Fiore) 與喬治‧巴特勒 (George Butler) 的《抽動之鐵》(Pumping Iron, 1976) 及巴特勒的《抽動之鐵II：女人》(Pumping Iron II: The Women)，兩片均與健美運動有關，尼可拉斯‧布魯姆費德與瓊‧邱吉爾有關一所少年感化院的《紋身之淚》(1978)，尼可拉斯‧荷姆斯 (Nicholas Holmes) 有關城市內在教育的《我們都知道為什麼在這兒》(We All Know Why We're Here, 1980) 及卡洛・蒙・皮爾 (Carol Mon Pere) 與仙度拉・尼可斯 (Sandra Nichols) 合作有關加州中央山谷土地利用的《西方土地之戰》(The Battle of Westlands, 1980)。

此外，非劇情片的一個重要類型——傳記片——也在票房上大獲成功。深獲大眾喜愛的作品計有豪爾・史密斯 (Howard Smith) 與莎拉・柯諾謙 (Sarah Kernochan) 合作探究一個少年福音傳道者的高明作品《馬可福音》(Marjoe, 1972)、茱蒂・考琳斯 (Judy Collins) 與傑爾・戈密羅 (Jill Godmilow) 有關一位女性指揮家的有趣傳記《安東尼雅：一位女性的傳記》(Antonia: A Portrait of the Woman, 1974) ❸，以及巴貝特・薛洛德 (Barbet Schroeder) 有關烏干達獨裁者的《阿敏將軍》(General Idi Amin Dada, 1975)。其他的傳記影片還包括約連・杜・拉特 (Yolande du Luart) 的《安琪拉・戴維斯：一個革命家的畫像》(Angela Davis: Portrait of a Revolutionary, 1971)、查爾斯・瓊斯 (Charles D. Jones) 的《伊力・懷索的旅程》(The Itinerary of Elie Wiesel, 1972)、拉斯・尤蘭斯坦 (Lars Ullenstam) 與湯瑪斯・迪倫 (Thomas Dillen) 的《哈林區：聲音、面孔》(Harlem: Voices, Faces, 1973)、海爾・沃克 (Hal Walker) 的《四個黑人》(Four Portraits in Balck, 1974)、羅勃・史耐德 (Rboert Snyder) 的《亞內斯・寧觀察》(Anaïs Nin Observed, 1974)、豪爾・奧克 (Howard Alk) 與西頓・芬雷 (Seaton Findlay) 的《詹尼士》(Janis, 1974)、阿諾・依格的《獨木舟製造者》(The Pirogue Maker, 1975)、凱倫與大衛・克羅米 (Karen and David Crommie) 的《法里達・克洛的生與死》(The Life and Death of Frida Kahlo, 1976)、喬治・史多尼與詹姆斯・布朗 (James Brown) 合作的《羊羣夜間的守護者》(The Shepherd of the Night Flock, 1980)：本片是有關紐約爵士樂社區牧師約翰・堅索 (John Garcia Gensel) 的故事，還有傑克・夏與艾倫・摩爾有關蘇格蘭牧師的《伯恩納瑞的牧羊人》(1981, 是部美麗的影片，由羅拔・格德納製作,他拍過《死鳥》及《沙之河》)、馬克與亞倫・列文 (Marc and Alan Levin) 合作有關道德多數運動 (Moral Majority movement) 領袖艾德・馬克艾利爾 (Ed McAleer) 傳記的《一個狂熱美國人的傳記》(Portrait of an American Zealot, 1982) 及豪爾・布魯克納 (Howard Brookner) 描寫作家

❸ 傑爾・卡密羅的訪問見Alan Rosenthal, *The Documentary Conscience: A Casebook in Film Making* (Berkeley: University of California Press, 1980), 359-71.

威廉‧布洛夫（William Burroughs）的《布洛夫》（Burroughs, 1983）。

英國與歐洲的獨立影片製作

在經過前面兩個創造力豐沛的年代之後，七〇年代的英國非劇情片又在方法上變得更爲傳統。透過獨立製片、公共電視及私人擁有的電視台，英國人再次表現了他們對這種類型影片可能性的掌握❹。值得一提的片子包括尼可拉斯‧布魯姆費德的《誰在乎》（1971）、班‧盧辛（Ben Lewsin）記錄有關英國外來移民（尤其是黑人）所面對的種族歧視的《歡迎到英國來》（1975）、羅勃‧維斯（Robert Vas）的《一九二六年的九天》（Nine Days in '26, 1973）及《我的祖國》（My Homeland, 1976）：前一部是有關一九二六年的英國大罷工，後一部則有關匈牙利；此外也有柏威克街集成公司（Berwick Street Collective）拍攝有關北愛爾蘭問題的《愛爾蘭背後》（Ireland Behind the Wire, 1974）及諾耶‧柏曲有關早期電影發展的《請修正，或我們如何進到畫面裏去》（Correction Please, or How We Got Into Pictures, 1979）。

伊文斯則持續做爲一個眞正的國際性電影工作者分別在他的祖國荷蘭及義大利、古巴及中國工作。從一九六〇至八〇年他拍了數量驚人的影片，包括《義大利並不是個窮國》（Italy Is Not a Poor Country/L'Italia no e un paese povero, 1960）：這是部爲義大利改善國際關係的影片，還有兩部有關古巴的影片《旅行許可》（Travel Permit/Carnet de Viaje, 1961）及《古巴，全國皆兵》（Cuba, An Armed Nation/Cuba Puebla Armado, 1961）。另外的作品則爲《天空與土地》（The Sky and the Earth/Le Chiel, la Terre, 1965）、有關越南的《會見胡志明》（Meeting With President Ho Chi Minn, 1968）、有關荷蘭港市的《歐洲之港鹿特丹》（Rotterdam-Europort, 1966）、有關寮國解放陣線戰爭報導的《人民與他們的槍》（1970）。除了上述作品外，有關中國的影片包括《早春》（1958）、《六億人民與你同在》（600 Million People Are With You, 1958）及《愚公如何移山》（How Yukong Moved the Mountains/Comment Yukong Deplaca les Montagnes, 1973-75）。《愚公如何移山》是由十二部影

---

❹ 見Richard Dyer MacCann, "Alternative Television: The British Model," *The American Scholar* 43.4 (Autumn 1974): 65-66.

片（長度從十五分鐘到九〇分鐘不等）組成，內容是中國的每日生活，由每部片子的片名就可看出伊文斯所探討的範圍十分廣闊：「藥店」(The Drugstore)、「油田」(The Oilfield)、「發電廠」(The Generator Factory)、「一個女人」(A Woman)、「一個家庭」(A Faimly)、「漁村」(The Fishing Village)、「一個軍營」(An Army Camp)、「一個城市（上海）的印象」(Impressions of a City [Shanghai])、「齊安教授」(Professor Tchien)、「足球事件：高中」(The Football Incident: The High School)、「京劇排練」(The Rehearsal of Peking Opera)、「北京馬戲團幕後」(Behind the Scenes at the Peking Circus) 及「傳統手工藝」(Traditional Handicrafts)。伊文斯因為長期與中國領導人的友好關係還有他與中國人民異常融洽的情感使他對此一複雜文化拍出了絕佳的紀錄作品《愚公如何移山》，其成就就僅有路易・馬盧的《印度印象》才能相比。

歐洲其他著名的影片包括尚-路易・伯度瑟利 (Jean-Louis Bertucelli) 的《陶土城牆》(Ramparts of Clay, 1969) 及克里斯汀安・吉哈德 (Christiane Gerhards) 與梅爾特・洛奇 (Malte Rauch) 的《葡萄牙萬歲》(Viva Portugal, 1976)。此外義大利出品的有安東尼奧尼的《中國》(1972)，愛爾蘭的《愛爾蘭背後》，德國出品荷索 (Werner Herzog) 拍的《蘇佛里耶火山》(La Soufrière, 1976)、捷克斯拉夫出品亞歷山大・福特與傑西・波沙克的《波蘭之戰》(Fighting Poland/Polska Walczaca, n.d.) 與《Majdanek》(1944)、傑西・波沙克與華克勞・卡錫米爾克札克的《五十萬人的安魂曲》(1963)、珍納斯・馬裘斯基的《富萊雪的相簿》(1962)、傑西・錫阿尼克的《蓋世太保官員施密特每天的生活》(1963)、米卡・米羅賽維克 (Mica Milosevic) 的《健美表演》(Gymnastic Performance/Koncertogimnastiko, 1962) 與《綠桌子》(The Green Table/Za zelenim stolom, 1965) 及弗拉德麥爾・巴沙拉 (Vladimir Basara) 的《手與線索》(Hands and Threads/Ruke i niti, 1964)。

在這些豐富多樣的歐洲非劇情片中，比利時製作的影片一直是最有意義的。弗蘭斯・拜嚴 (Frans Buyen) 的《布林當克，開放式對話》(Breendonk Open Dialogue, 1971) 是比國紀錄片中描寫納粹恐怖最重要的一部，它在一座紀念性質的集中營裏拍攝記錄了兩個世代：倖存者及學生之間多樣的對話與討論，令人回想起馬歇爾・歐佛斯的《悲哀與憐憫》。有些比利時人壓制他們在記憶中的實情，本片正是要挖掘這個揮之不去的傾向。另外還有一部關於納粹的影片：里底亞・夏果 (Lydia Chagoll) 的《以首領之名》(In the Name of the Fuhrer/In naam van de Führer, 1977)。

　　其後有些影片關注於國內的題材，包括艾德蒙‧伯恩哈德 (Edmond Bernhard) 的《星期天》(Sunday/Dimanche, 1961)，這部片子像亨利‧史托克早期的短片 (1929-30) 一樣，爲理想中的星期天提供印象主義式的影像：空蕩蕩的街道、關起來的窗戶、公園、皇宮衛兵換班、體育館中不知名羣眾的面孔、休閒活動，但伯恩哈德作品的憂鬱精神比較接近二○年代晚期歐洲的「城市交響曲」，而不是史托克玩樂式的速寫或亨佛萊‧詹寧斯有關休閒活動的論文式作品《閒暇時光》。

　　比利時的電影工作者一開始是與史托克及伊文斯合作拍攝《波寧奇煤礦區》(1933) 及《悲慘的住宅》(1937)，而後他們開始追求一種社會學紀錄片的潛力，以便發表有關人類基本問題的主張。一九六○年保羅‧梅耶 (Paul Meyers) 在《瘦弱之花已飛逝》(The Poor Flower has Already Flown Away/Déjà s'envole la fleur maigre) 中繼續關注波寧奇礦區煤礦的狀況；而一九六六年默里斯‧德‧懷爾德 (Maurice De Wilde) 也以《礦區警報》(Mine Alarm/Mijnalarm) 再次追踪同一議題；此外弗蘭斯‧拜嚴在一九六一年拍出有關一九六○年冬天大罷工的《爲我們的權益而戰》(Fight for Our Rights/Vechten voor onze rechten)，他也分別在一九六四年及七一年完成《東德》(East Germany/Deutschland, terminus ost) 及《布林當克，開放式對話》。還有伊弗‧柏格 (Ivo Berg) 曾拍出《地獄的節奏》(Infernal Tempo/Tempo infernale, 1969)，他描寫自動化工廠中裝配線上的工作令人想起卓別林《摩登時代》中那種工作的快速步調。另外一位電影工作者是尙‧布里斯梅 (Jean Brismée)，他曾拍出歌頌比利時社會黨成就與歷史的《眾人的愛》(The Love of Men/La passion des hommes)，而且也拍過《普拉圖先生》(Monsieur Plateau)，這部作品是爲了紀念約瑟夫‧普拉圖，普氏曾於一八三二年前後發明了走馬盤 (Phenakistiscope)，該物是在電影及攝影發明之前最受大眾喜愛的一項「視覺暫留」玩具。另外尙‧德萊爾 (Jean Delire) 曾對比利時以非常個人式的觀察拍出了《某種比利時》(A Certain Belgium/Une certaine Belgique)，而克里斯提安‧馬斯尼爾 (Christian Mesnil) 也曾以《皇家問題》(The Royal Question/La question royale) 和《從薩伊到剛果》(From Zaire to the Congo/Du Zaire au Congo) 公開地批評比利時人的過去。至於有關比國城市的影片則有鮑里斯‧雷曼 (Boris Lehman) 的《Magnum begynasium bruxellense》(1978)，本片除了動人地描寫布魯塞爾老舊區域備受威脅外，也公開抨擊比國首都城市化過程中的種種不當。

比利時電視也曾製作過一些卓越的社會學紀錄片，它們包括了默里斯‧德‧懷爾德兩部有關比利時戰時協助敵國的作品《新秩序》(The New Order/De nieuwe orde, 1980) 及《通敵》(The Collaboration/De kollaboratie, 1981)。猶如馬歇爾‧歐佛斯的《悲哀與憐憫》一樣，兩部片子為過去在電影中沒有談到的部分提供了絕佳的資訊。此外，懷爾德也拍過《一個人的食物正是另一個人的毒藥》(One Man's Meat is Another Man's Poison/De een zijn dood is de ander zijn brood, 1973)：這是部有關比國軍事工業的作品。其他有爭議性的作品則出自逃亡者組織 (Fugitive Group)，它們包括羅比‧德‧赫特 (Robbe De Hert) 與吉奧多‧漢德瑞克 (Guido Henderick) 有關政治廣告業的《三明治廣告人之死》(The Death of a Sandwichman/De dood van een sandwichman, 1971)，德‧赫特有關合法申請罷工工人與他們工會官僚作風的煽動性影片《碼頭工人罷工》(Dockstrike/De dokstaking, 1973)，德‧赫特與克里斯‧弗比斯特 (Chris Verbiest) 諷刺比國時政的《美國牛排》(American Steak/Le filet americain, 1978)，德‧赫特描寫亨利‧史托克的《親眼目睹》(Eyewitness/Ooggetvige, 1987)，還有馬克‧席爾 (Mark Schille) 的《布魯塞爾》(Brussels, 1985)。

美國與歐洲有關藝術的影片

美國與歐洲有關藝術的影片在六○及七○年代蓬勃發展，數百部藝術類影片不僅有助於觀眾了解這類題材，同時也對確立藝術類影片典型特質有所貢獻。

美國有關藝術的影片

七○年代美國重要的藝術類影片工作者包括保羅‧佛肯柏格、漢斯‧南慕斯、麥可‧布萊克伍德 (Michael Blackwood) 與派利‧米勒‧阿德托 (Perry Miller Adato)，佛肯柏格及南慕斯關注現代主義藝術，他們的作品包括《路易斯‧漢：建築師》(Louis Kahn: Architect)、《傑克遜‧波拉克》(1951) ❹、《杜拉與文藝復興》(Dürer and the Renaissance, 1961)、《卡拉瓦喬與巴洛克時代》(Caravaggio and the Baroque, 1961)、《畫家威廉・德・庫寧》(Willem de Kooning: The Painter, 1966)、《約瑟夫・阿伯斯：向方塊致敬》(Joseph Albers: Homage to the Square, 1970)、《攝影家亞弗烈德・史泰格立茲》(Alfred Stieglitz: Photographer, 1981) 及《亞歷山大・凱爾德：雕塑家與構造》(1977) **❹** 。

麥可・布萊克伍德的作品中有關現代藝術的影片特別具影響力，他的作品有《克里斯多：包起來的海岸》(Christo: Wrapped Coast, 1970)、《克里斯多：進行中的四個作品》(Christo: Four Works in Progress, 1971)、《長口勇》(Isamu Naguchi, 1971)、《賴利・里弗斯》(Larry Rivers, 1972)、《羅勃・瑪瑟維爾》(Robert Motherwell, 1972)、《六〇年代美國藝術》(American Art in the Sixties, 1973)、《菲立普・高斯頓》(Philip Guston, 1973)、《紐約畫派》(The New York School, 1973)、《克雷斯・奧登柏格》(Claes Oldenburg, 1975)、《山姆・法蘭西斯》(Sam Francis, 1975)、《羅伊・李克登史坦》(Roy Lichtenstein, 1977) 及《喬治・席格》(George Segal, 1979)。

派利・米勒・阿德托較專注於傳記性影片，她拍的許多作品都是有關女性藝術家的，包括有《葛楚・史坦：當你見此，勿忘我》(Gertrude Stein: When This You 見, Remember Me, 1970)、《喬琪亞・奧克夫》(Georgia O'Keefe, 1977)、《畢卡索：一個畫家的日記》(Picasso: A Painter's Diary, 1980) **❸** 、《弗蘭肯哈勒：邁向新趨勢》(Frankenthaler: Toward a New Climate, 1977) 及《瑪莉・卡撒特：來自費城的印象主義者》(Mary Cassatt: Impressionist from Philadelphia, 1977)。

其他有關美國的畫家、雕塑家、建築家及觀念藝術家的影片還包括羅拔・格德納的《藝術家馬克・托比》(Mark Tobey: Artist, 1952) 與《馬克・托比在國外》(Mark Tobey Abroad, 1973)，威頓・傑若頓的《柯比・夏普之屋》(The Corbit-Sharp House, 1965)，羅勃・史耐德的《德・庫寧的一瞥》(A Glimpse of De Kooning, 1961)，李奧・荷維茲的《畫中之旅》(Journey Into a

---

❹ 見Barbara Rose, *Lee Krasner: The Long View* (1978).

❷ 其他有關凱爾德的片子有漢斯・瑞克特的《Alexander Calder: From the Circus to the Moon》(1963)、Herbert Matter的《Works of Calder》(1950)、Carlos Vilardebo的《Calder's Circus》(1961, 法國)及D. G. Hannaford的《The Calder Man》(1967, 英國)。

❸ 見Sir Roland Penrose, *Picasso The Sculptor* (1968, Great Britain).

Painting, 1969)，羅勃・史密生（Robert Smithson）的《史派洛・傑蒂》（Spiral Jetty, 1970)，米歇・雨果（Michel Hugo）的《為一個冰袋而做的某種廣告》（Sort of a Commercial for an Icebag, 1971)，魯迪・柏克哈德（Rudy Burckhardt）的《亞力克斯・凱茲：飛上天的那個》（Alex Katz: One Flight Up, 1971）及《亞力克斯・凱茲的繪畫》（Alex Katz Painting, 1979)，璉納・尤凱（Lana Yokel）的《安迪・華荷》（Andy Warhol, 1973)，沃根（E. J. Vaughn）與約翰・休特（John Schott）的《美國流行音樂收藏家：羅勃・史考爾》（America's Pop Collector: Robert C. Scull, 1974)，蘇珊・芳樹（Susan Fanshel）與傑爾・戈密羅的《創作中的奈維爾森》（Nevelson in Process, 1977)，曼尼爾（Francois de Menil）的《北星：馬克・迪・蘇維洛》（North Star: Mark Di Suvero)，布萊恩・奧多爾蒂（Brian O'Doherty）的《霍波的沉默》（Hopper's Silence, 1981）及柯特尼・塞爾（Courtney Sale）的《尋找羅斯柯》（In Search of Rothko, 1982)。

有關攝影家的影片有大衛・梅耶（David Myers）的《安瑟・亞當斯》（Ansel Adams, 1958）及約翰・胡斯扎爾（John Huszar）的同名之作《安瑟・亞當斯》（Ansel Adams)，哈洛・貝克的《尤金・阿吉特》（Eugene Atget, 1963)，高登・帕克斯（Gordon Parks）的《高登・帕克斯的武器》（The Weapons of Gordon Parks, 1965)，約翰・柯蒂（John Korty）的《伊默傑・康寧漢》（Imogen Cunningham, 1972)，湯姆・安德遜（Thom Anderson）的《艾德華・麥布里奇：動物動作分解攝影家》（Eadward Muybridge: Zoopraxographer, 1974)，艾德格・豪爾（Edgar B. Howard）的《杜恩・麥可斯》（Duane Michals, 1978）及豪爾與塞什・許奈德曼（Howard and Seth Schneidman）的《哈利・卡拉漢：伊蓮諾與芭芭拉》（Harry Callahan: Eleanor and Barbara, 1983)，席奧多・海姆斯（Theodore R. Haimes）的《阿倫・西斯凱恩》（Aaron Siskind, 1981）及保羅・弗肯柏格與漢斯・南慕斯的《攝影家亞弗烈德・史泰格立茲》（1981)。不過在這些影片中令人印象最深刻的仍首推尼納・羅森布朗（Nina Rosenblum）的《美國與路易斯・海恩》（America and Lewis Hine, 1984）❹。

❹ 見*Films and Video on Photography*, comp. by Nadine Covert et al. (New York: Program for Art on Film, Metropolitan Museum/J. Paul Getty Trust, 1990).

歐洲有關藝術的影片

　　歐洲在這個時期拍的藝術類影片包括來自英國大衛‧湯普森（David Thompson）的《前拉斐爾時期的叛亂》（The Pre-Raphaelite Revolt, 1967），艾德華‧班耐特（Edward Bennett）的《Hogarth》（1977），麥可‧戴普（Michael Dibb）及約翰‧柏格（John Berger）的《看的方法》（Ways of 見ing, 四集系列, 1973），約翰‧雷的《八十歲的亨利‧摩爾》（Henry Moore at 80, 1978），布萊恩‧羅勃森（Bryan Robertson）的《葛拉漢‧沙澤蘭》（Graham Sutherland, 1979），皮埃‧帕羅‧羅格里尼（Pier Paolo Ruggerini）的同名之作《葛拉漢‧沙澤蘭》（1970），安‧透納（Ann Turner）的《點的對位法：喬治‧沙列特的生活與工作》（Point Counterpoint: The Life and Work of Georges Seurat, 1979），吉伯特與喬治（Gilbert and George）合作的《吉伯特與喬治的世界》（The World of Gilbert and George, 1981），伊安‧帕特（Ian Potts）的《返鄉之旅》（Return Journey, 1981）及雷斯里‧梅加海（Leslie Megahey）的《英格爾：流行的奴隸》（Ingres: Slave of Fashion, 1985）。來自挪威的作品則有彼得‧華特金的《艾德華‧孟克》（Edvard Munch, 1976）；來自義大利則有喬凡提尼‧卡拉丹的《亞伯托‧伯里在工作室》（1960），格若特西的《伯洛米尼》（1974），還有來自瑞士的作品：皮耶‧柯拉尼克（Pierre Koralnik）的《法蘭西斯‧培根》（Francis Bacon, 1964）。

　　至於法國出品的這類影片則包括法比安‧桑克（Fabienne Tzanck）的《Édouard Pignon》、《Ubac》（1960），尚‧羅茲的《札金》（1960），桑克與皮耶‧紐瑞斯（Pierre Neurisse）的《趙無極》（Zao Wou Ki, 1960），賈克‧布里索特（Jacques Brissot）的《Objets animés, Arman》（1960），卡洛斯‧維拉德波（Carlos Vilardebo）的《小湯匙》（The Little Spoon/La petite cuillère, 1960）、《汽車》（Mobiles/Les mobiles, 1966）、《珊蒂的顏色》（Sandy's Colors/Les gouaches de Sandy, 1973）、《一座雕像》（Une Statuette, 1970），納利‧卡普蘭的《高斯塔弗‧莫羅》（Gustave Moreau, 1961），克勞德‧法雅（Claude Fayard）的《曼‧雷照片》（Man Ray Photographe, 1961），羅傑‧卡漢（Roger Kahane）的《尚‧達布菲》（Jean Dubuffet, 1961），米歇‧米船尼（Michel Mitrani）的《抽象藝術疑慮》（The Abstract Art in Question/L'art abstrait en question, 1961）、《哥雅》（Goya），羅洛‧凡突里（Lauro Venturi）的《夏加爾》（Chagall,

1962)、《波納德》(Bonnard, 1965)，羅傑‧林哈德的《芒佩利爾的大師》
(1960)、《抽煙斗的男人》(1962)、《女人與花》(1963)、《安格爾》(1967)，
賈克‧西蒙涅特 (Jacques Simonnet) 與蓋‧鈴木 (Guy Suzuki) 合作的《Gustave
Singier》、《羅傑‧比西埃爾的生活與工作》(The Life and Work of Roger Bis-
siere) 及《Jean le Moal》(以上均爲一九六三年)，尙‧拉侯的《法國藝術的
起源》(The Origins of French Art/Les origines de l'art en France, 1963)，艾德
蒙‧列維 (Edmond Levy) 的《尼可拉斯‧德‧史塔爾：一個畫家的生與死》
(The Life and Death of a Painter: Nicolas de Staël, 1963)，尙-瑪莉‧德洛特
(Jean-Marie Drot)的《與艾提安‧馬汀同遊死亡國度》(Voyage to the Country
of the Dead with Étienne Martin/Voyage au pays des demeures avec Etienne
Martin, 1962)、《吉亞柯梅蒂》(Giacometti, 1963)、《與杜象玩西洋棋》
(Games of Chess with Marcel Duchamp/Jeux d'échec avec Marcel Duchamp,
1964)、《La bande à Man Ray, 1964)，米歇‧帕瑪特 (Michel Pamart) 的《Jean
Le Gac and The Painter L.》(1983)，尙-米歇‧默里斯 (Jean-Michel Meurice)
的《Jean-Paul Riopelle》(1963)、《Dodeigne》(1963)、《Françoise Sthaly》
(1965)、《蘇尼亞與羅勃特‧德勞內》(Sonia and Robert Delaunay, 1967)，
賈克‧維內特 (Jacques Veinat)、傑內維伍‧波內弗 (Genevieve Bonnefoi)
及克勞德‧列維特 (Claude Levet) 三人合作的《亨利‧米恰克斯或內在空間》
(Henri Michaux or The Space Within/Henri Michaux ou l'espace du dedans,
1964)，菲力普‧巴拉達克 (Philippe Baraduc) 的《瘋狂的Fautrier》(The Mad
Fautrier/Fautrier l'enragé, 1964)，羅傑‧林哈德及蓋‧伯納的《柯赫》(1965)，
賈克‧巴拉提爾 (Jacques Baratier) 的《Le désordre à vingt ans》(1966)，尙‧
戴斯維爾 (Jean Desvilles) 的《快樂的一週，或七個元素》(A Happy Week,
or The Seven Elements/Une semaine de bonté ou les sept éléments, 1966)，艾
德格‧比列的《亞伯托‧麥格奈利》(Alberto Magnelli, 1968)，安德烈‧拉巴
斯 (André S. Labarthes) 的《藍色如同橘子》(Blue as an Orange/Bleue comme
une orange, 1968)，勞勃‧赫森的《多樣》(Multiples/Les multiples, 1968)、
《Vasarely, le pré-cinétisme》(1970)，菲力普‧考琳(Phillippe Collin)的《De
Chirico》(1971)，克勞維斯‧普力弗斯特 (Clovis Prevost) 的《沒有神的世界》
(World Without God/Le monde sans Dieu)、《日夜諸神，不存在的主宰》
(The Gods of the Night and of the Sun, Masters of the Unreal/Les maitre de l'

irréal, 1974)，凱撒琳‧比耐特（Catherine Binet）的《Hans Bellmer》(1973)，
尚-路易‧弗尼爾（Jean Louis Fournier）的《Egon Schiele》(1977)，菲力普‧
格蘭德萊克斯（Philippe Grandrieux）與提埃里‧坎柴爾（Thierry Kuntzel）
的《立體主義繪畫》(Cubist Painting/La peinture cubiste, 1981)。

在比利時的藝術類影片工作者包括亨利‧史托克、尚‧克萊奇、保羅‧
海撒茲及路克‧德‧赫許等人。史托克的作品包括《拉畢斯或被愛的幸福》
(1962)、《戰爭的不幸》(1962)、《保羅‧德瓦克斯，或被保護的女人》
(1970)，此外還有史氏與派屈克‧孔拉德（Patrick Conrad）合作的《Permeke》
(1985)。克萊奇的作品則包括《墨水》(1964)、《馮‧艾克，弗萊米奇族繪畫
之父》(1972)及《梅姆靈》(1973)。海撒茲完成的影片則有《Cri et connaissance
de l'expressionisme dans le monde à l'expressionisme en France》(1964)、《La
clef des chants surréalistes》(1966)、《理克‧華特快樂的愚行》(1966)、
《Brueghel》(1969)以及《亨利‧安凡普，柔情的畫家》(1970)。至於路克‧
德‧赫許的作品有《馬格利特，或對象的課程》(1960) 及《從自然來的阿雷
欽斯基》(1971)。

第十六章

八〇年代的新主張

　　非劇情片的歷史一直被相當少數的大師及個別的電影工作者主導，因爲在塑造非劇情片發展的過程中，上述人物獨具定見的電影視野及風格是相當基本的元素。但自七〇年代開始，這種情形已有改變，發展的成形不再被少數大師所決定，而是由一大羣不同範圍的電影工作者創造的。這些新導演代表的是一個包括不同地域、美學、政治及性傾向上所組成的寬闊光譜，而他們的主張使得社會學紀錄片長久所標榜的觀點發生變化。至於他們之中哪些人會取代知名大師的地位也許仍言之過早，但這些新電影工作者中有許多人——以他們對社會問題的洞察力，急於與他人分享他們的經驗，並駕馭他們手中的電影媒體——都已拓展了非劇情片的潛質及力量。這些主張新觀念的作品包括了著名的女性影片、女同性戀影片、男同性戀影片以及第三世界與非西方國家的電影。

塑造八〇年代非劇情片的議題

　　非劇情片經過在六〇及七〇年代的復興及國際性的成長後，在八〇年代更進一步成熟。回顧前兩個年代，非劇情片美學上的成長來自下面數個因素：直接電影對於電影眞實與紀錄方法在理論上的廣泛影響，對於電影史、電影理論嚴肅研究的興趣，學院影片製作的蓬勃，女性及少數族羣開始進入製作領域，無線電視、有線電視及衛星電視在製作及播映上扮演起重要的角色。而六〇及七〇年代意識型態上的自由主義則是非劇情片繼續發展的另一個原因。侯伯曼（J. Hoberman）曾寫道：

　　　　吸引紀錄片的——特別是社會紀錄片的在某個程度上而言——是一種左傾的品味。其中所牽涉的經常是對於空幻不實的極度嫌惡，並且急於教育（而非「神秘化」）觀眾。它並有一種信心，也即揭露邪惡的環境將有助於改善狀況❶。

當八〇年代的保守主義取代了自由主義之後，雖然非劇情片仍繼續發展，但若深入考慮其未來，則非劇情片已陷於危險之中❷；首先，直接電影儘管衝擊力強悍，但它並未充分發揮其影響力去抵銷大量平庸之作。事實上，直接電影冷靜地客觀性意味著電影工作者不要有自己的立場，因而阻礙了社會學紀錄片的發展；其次，雖然在六〇年代學生推動課程的改革，使得大學校園開始嚴肅地研究電影，但必要的學術認可及取得學位所花費的金額都使學院電影在製作上進退兩難；此外，雖有愈來愈多女性及少數民族開始製作議題與他們生活關係重大的影片，但他們之中能進入主流電影製作的仍屬鳳毛麟角；再者，電視網及有線電視也為非劇情片提供了史無前例的放映管道，不過這個播出的機會對於獨立影片工作者在時機上尚不成熟，因為他們仍需為了發行商、基金會及政府部門所提供的有限資金彼此競爭；另外一項是電影工作者——尤其是年輕人——會面對的困難是電影製作費用的高昂，而最後他們得部分靠著利用電子錄影的技術來抒解這種困境。

由於上兩個年代的活動使得非劇情片真正的成就聞名於世，雖有人憂心這個類型已奄奄一息，但非劇情片仍再次證明它有能力浴火重生，正如文生‧坎比（Vincent Canby）觀察到的，非劇情片是「一個不凡的混血品種」❸，它的創作者所需要的僅是一種重新評估及實作此種無拘無束電影類型的自由。因此非劇情片在八〇年代又打破僵局，開拓了新的領域，繼續地蓬勃發展。

非劇情片在八〇年代也被其他因素左右，其中最重要的一些原因包括非劇情片在質與量上的成長，新一代電影工作者的誕生，電子錄影製作的出現

---

❶ "Ain't Nothing Like the Real Thing," *American Film* 8.4 (Jan.-Feb. 1983):59. 巴諾有不同的看法，他認為獨立製作的非劇情片是「參與民主的重要本質」，這段話引自John J. O' Connor, :"Is the Documentary Making a Comeback?", *The New York Times* 26 June 1988, sec. 2:27.

❷ 見Alan Rosenthal, *New Challenges for Documentary* (Berkeley: University of California Press, 1988), 1-7;這本文集包括許多非劇情片的新趨勢及發展。

❸ "Documentaries: Limitless Eyes, Recording Civilization,"*The New York Times* 3 Nov. 1985, sec. C:20.

·《美國哈蘭郡》(1976, 美國, 芭芭拉‧柯普)

及它的影響力,投資與發行有新的來源、藝術類影片大受觀眾歡迎,還有其他附帶的原因,像是大學院校開始研究電影史、電影理論、批評與製作,各個非劇情片影展的陸續開辦(包括世界上最大的非劇情片影展——洛杉磯安索波斯電影節Anthropos Festival),還有更多有關非劇情片的嚴肅論述被完成。

　　或許在塑造當代非劇情片最顯著的力量是全球的非劇情片製作在質與量上的大幅成長。它的產量相當驚人,每年均有數千部片子製作完成,在品質上它相當傑出。除此之外,許多這類影片都獲得商業上的成功。優秀的非劇情片總是廣獲大眾喜愛,而非劇情片在全國各地商業戲院上的成功也日有增長,紀錄長片如《美國哈蘭郡》、《Shoah》、《核子咖啡座》(The Atomic Cafe)、《哈維‧米克的時代》(The Times of Harvey Milk)、《街頭小混混》(Streetwise)、《正義難伸》(The Thin Blue Line)及《大亨與我》(Roger and Me)都獲得了史無前例的成功。它們受歡迎的原因除了影片本身品質絕佳,評論也有所肯定。在電視上,佛列德利克‧懷斯曼的傑出作品繼續爲廣大觀眾收看,而其他有關大自然的佳作也在電視上繼續播放。

　　非劇情片新一代的創作者也包括女性及少數民族團體的成員,他們之中許多人不僅對電影史相當熟稔，也在電影製作上受過訓練。除此之外，這一代新人在追求他們目標的過程及為製作找尋資金上均有企業化經營的概念，他們也對發行商的集團運用其企業化之精神，使得更廣大的觀眾注意到他們的作品。而另一方面，無數的商業發行公司也開始在非劇情片的市場及觀眾身上獲利。

在美國、英國、法國、比利時、西德、蘇聯及亞洲，新一代的重要電影工作者此時都致力於非劇情片的製作。美國在八〇年代出現的新銳電影工作者包括《夢的負擔》(Burden of Dreams, 1982) 與《J'ai été au bal, 1989) 的雷斯・布朗克 (Les Blank)，《天堂之門》(Gates of Heaven, 1978) 與《正義難伸》的艾洛・默里斯 (Errol Morris)，《原子咖啡座》的凱文・雷夫提 (Kevin Rafferty)，傑恩・洛德 (Jayne Loader) 與皮爾斯・雷夫提 (Pierce Rafferty)，《布朗克斯區：哭喊求助》(The Bronx: Cry for Help, 1988) 的布連特・歐文斯 (Brent Owens)，《誰殺了陳果仁》(Who Killed Vincent Chin？1988) 的雷尼・泰吉瑪 (Rence Tajima) 與崔明慧 (Christine Choy)，《西方土地之戰》的作者仙度拉・尼可斯，《伯恩納瑞的牧羊人》的作者傑克・夏，《一個狂熱美國人的傳記》的馬克與亞倫・列文，《美國與路易・海恩》、《Through the Wire》(1988) 的尼納・羅森布朗，《與中國皇帝在大運河上共渡一天》(A Day on the Grand Canal with the Emperor of China, 1988) 的菲力普・海斯 (Philip Haas)，《莎拉與梅寶》(Sara and Maybelle, 1981)、《音樂的堅守者》(Musical Holdouts, 1976) 與《秘魯山地音樂》(Mountain Music of Peru, 1986) 的約翰・柯漢 (John Cohen)，《Yo soy Chicano》(1972) 與《Yo soy》(1985) 的杰撒斯・薩爾瓦多・屈文諾 (Jesus Salvador Trevino)，《凝視戰利品：美國民權運動的年代，一九五四～一九六五》(Eyes on the Prize: America's Civil Rights Years, 1954-1965) 與《凝視戰利品II：在種族十字路口上的美國，一九六五～一九八五》(Eyes on the Prize II:America at the Racial Crossroads, 1965-1985) 的亨利・漢普頓 (Henry Hampton)，《洛・修爾》(Los Sures, 1983) 的迪亞哥・伊切弗里亞 (Diego Echeverria)，《家》(Home, 1986) 的裘恩・克里斯多伯・可柏 (Juan Christobal Cobo)、彼得・希爾 (Peter K. Hill) 與克里斯多弗・強生 (Christopher C. Johnson)，《布洛夫》的豪爾・布魯克納，《Manjos a la Obra：操作靴帶的故事》(Manjos a la Obra: The Story of Operation Bootstrap, 1983) 的佩卓・里維拉 (Pedro Rivera) 及蘇珊・席格 (Susan Zeig)，《假

設無罪》(Preusumed Innocent, 1980) 的作者克勞德‧貝勒 (Claude Beller) 與史蒂芬‧摩爾 (Stefan Moore)，《親愛的美國：越南家書》(Dear America: Letters Home From Vietnam, 1987) 的麥可‧康圖里 (Michael Couturie)，《被打斷的鼻子》(Broken Noses, 1987) 及《Chet》(1989) 的布魯斯‧韋伯 (Bruce Weber)，《布克‧華盛頓》(Booker T. Washington, 1982) 與《從這些根而來》(From these Roots, 1984) 的威廉‧格里福，還有《小姐……或神話？》(Miss ……or Myth? ,1986) 的喬弗瑞‧唐 (Geoffery Dunn)。

其他國家的新一代電影工作者包括愛爾蘭的瑪莉‧派特‧凱利 (Mary Pat Kelly)，她曾拍過《為愛爾蘭而生》(To Live for Ireland, 1986) 及曾拍《母親愛爾蘭》(Mother Ireland, 1988) 的安‧克里立 (Anne Crilly)；英國有保羅‧赫曼 (Paul Hamman)，他曾拍《處決：五月中的十四天》(Execution: Fourteen Days in May, 1988)，曾拍《28 Up》(1985)的麥可‧艾普提得 (Michael Apted)，曾拍《大衛：經過的秀》(David: The Passing Show, 1985) 的雷斯里‧梅加海，還有安東尼‧湯瑪斯 (Anthony Thomas) 曾拍《公主之死》(Thy Death of a Princess, 1980) 與《帝國來臨，意志完成》(Thy Kingdom Come, Thy Will Be Done, 1988)；法國有法蘭西斯‧羅曼 (Françoise Romand)，他曾拍《叫我夫人》(Call Me Madame, 1988)；比利時有香姐‧阿克曼 (Chantal Akerman)，他曾拍《從家鄉來的消息》(News From Home, 1976) 及《與畢娜‧鮑許同遊》(On Tour With Pina Bausch, 1988)，戴奧瓦曾拍《給伍迪‧艾倫，從歐洲來的愛》(To Woody Allen, From Europe With Love, 1980)，史戴芬‧德考斯托 (Stefan Decostere)曾拍《英國電影協會》(The British Film Institute/Het Britse Filminstitunt, 1984)，尚-克勞德‧里加(Jean-Claude Riga)曾拍《夜班》(1984)，馬拉‧畢吉安 (Mara Pigeon) 曾拍《乾燥的季節》(A Dry Season/Une saison seche, 1984)，馬克‧席爾曾拍《布魯塞爾》(1985)；傑恩‧奈可斯曾拍《你的旗幟曾深植的大世界》(1986)，洛布‧隆波特 (Rob Rombout) 曾拍《兩塔之間》(Between Two Towers/Entre deux tours, 1987)；西德的荷索曾拍《最後的話》(Last Words, 1967)、《防範未然》(Precautions Against Fanatics, 1969)、《沉默與黑暗的世界》(Land of Silence and Darkness, 1971)、《雕刻家史坦拿的狂喜》(The Great Ecstasy of the Sculptor Steiner, 1975)、《蘇佛里耶火山》、《土撥鼠撥木頭》(How Much Wood Would a Woodchuck Chuck, 1977)、《上帝的憤怒使者》(God's Angry Man, 1980)、《土兵的歌謠》(Ballad of the Little Soldier, 1984)、《發光的山》(The Dark Glow of the Mountains, 1984)；還有日本的原一男 (Kazuo Haro)，他曾拍《怒祭戰友魂》(The Emperor's Naked Army Marches On, 1988)，蘇聯方面則有五個導演：赫茲・法蘭克 (Hertz Frank) 曾拍《禁區》(Forbidden Zones, 1975) 及《最後的判決》(Final Verdict, 1988)，亞歷山大・沙可洛夫 (Aleksandr Sokurov) 曾拍《夜晚祭品》(Evening Sacrifice, 1988)，塔提亞娜・朱波卡娃(Tatyana Chubokava) 曾拍《返鄉》(Homecoming, 1987)，納蒂茲達・克弗洛娃(Nadezhda Khvorova) 曾拍《你要去舞會嗎？》(Are You Going to the Ball, 1987)，還有弗拉德麥爾・謝夫謙柯 (Vladmir Shevchenko) 曾拍《車諾比：數週艱困紀事》(Chernobyl: Chronicle of Difficult Weeks, 1986) ❹。

有關藝術的影片仍受到非常的歡迎，尤其法國及美國觀眾更為喜愛。一方面美術館已經歷著前所未有的成長，它們的影響力也幾乎大到以前沒法想像。而有關藝術教育的影片則更把美術館的力量推廣及大眾。最後，紐約大都會美術館及保羅・蓋蒂信託基金 (J. Paul Getty Trust) 甚至開始了「有關藝術的影片及錄影帶計畫」(Program of Art on Video and Film)，他們以此推動有關藝術的影片製作，並為過去拍過的影片廣為宣傳。

另外一些塑造八〇年代非劇情片的因素是：各大學對於電影史、電影理論、電影批評及電影製作的研究日漸增加，更多非劇情片影展開辦，更多有關非劇情片的嚴肅論述出爐（包括學術期刊上的理論文章、批評性文字，還有通俗刊物上的評論）。有許多新的理論已超出開創先驅們像是維多夫、葛里遜及羅倫茲所關注的觀念，它們反映出受到結構主義、後結構主義的影響，而對呈現方式、倫理道德的約制、敘事手法、讀者羣及觀眾也進行解構❺。此外，與上述同等重要，甚至對非劇情片理論及批評有更重大影響的是女性

---

❹ "Toward New Goals in Documentary," *The Documentary Trdition: From "Nanook" to "Woodstock,"* ed. Lewis Jacobs, 494.

❺ 見Dennis Giles, "The Name *Documentary* : A Preface to Genre Study,"*Film Reader* 3 (1978): 18-22; Michael Renov, "Re-thinking Documentary: Toward a Taxonomy of Mediation," *Wide Angle* 8.3-4 (1986): 71-77; Bill Nichols, "The Voice of Documentary", *New Challenges for Documentary,* ed. Rosenthal, 48-63; Richard M. Blumenberg, "Documentary Films and the Problem of 'Truth'," *Journal of the University Film Association* 29. 1 (Fall 1977): 19-22; 及 William Guynn, *A Cinema of Nonfiction* (Rutherford, NJ: Fairleigh Dickinson: University Press, 1990).

主義電影理論（feminist film theory）。終究，有關非劇情片及影片工作者的新書陸續問市，包括有關非劇情片歷史的書、訪問及評論的選集，有關佛萊赫堤、維多夫、葛里遜、詹寧斯、懷斯曼、直接電影、女性主義電影及第三世界電影的研究專著都紛紛出現。

解放電影製作

六〇年代的進步氣氛提供婦女、女同性戀者及男同性戀者一個必要的社會與政治條件，基於此，他們乃可向更廣大觀眾呈現他們自己與他們對外在世界的看法。對某些參與其間的人而言，這些成就似乎是六〇年代初民權運動、反戰及女性主義運動中的直接成果，不過特別是對許多爭取男女同性戀者權利的團體而言，這些成就仍來得太晚。同時，大量在這個意識型態時期冒出來的新電影理論（包含女性主義理論），雖然絕大多數關注於劇情片，但部分理論對於在非劇情片及紀錄片中強勢的寫實主義表現方法乃抱持著反對的立場，而對於所謂的「男性凝視」（male gaze）的意識也決然不妥協❻。整體而言，正如艾倫斯（Patricia Erens）所寫的女性主義電影理論所強調的：

> 能強調女性主義意識的新形式並能令觀眾警覺與負責的形式，它們的目標並非單純地只在影片以女性的聲音來取代男性的聲音，它們更想打破的是過去傳統與被動的觀影方式❼。

在這種流行趨勢下，不滿情緒與迎合新目的的影片需求又結合起來，在解放運動下的個人導演及製片組織除運用影片在彼此間提升意識及「自我概念」（self-concept）外，他們也以此向運動之外的人們傳播他們的理念，影片不僅用以記錄他們的活動及成就，也有助於權力關係的改變，或許更重要的是，他們藉影片來呈現他們對性別、工作平等、經濟不公、種族主義、墮胎、

---

❻ 見Eileen McGarry, "Documentary, Realism and Women's Cinema," *Women and Film* 2.7 (Summer 1975): 50-59.

❼ Patricia Erens, "Women's Documentary Filmmaking: The Personal is Political ," *New Challenges for Documentary*, ed. Alan Rosenthal (Berkeley: University of Califormia Press, 1988), 561;這篇開創性的文章應得到更進一步的關切，見Erens, "Women's Documentaries as Social History," *Film Library Quarterly* 14.1-2 (1981), 4-9。

教育機會及模範角色等議題的看法，以此，他們在媒體中建立了另一種選擇。雖然在這些片子中不論是電影品質或政治分析的複雜程度都相互迥異，但它們仍豐富了觀眾的生活，並影響了非劇情片的美學及政治❽。

有關女性的影片及女性製作的影片

在七〇年代以前，「女性在美國紀錄片參與製作之少令人吃驚」（Erens 554）。不過在七〇年代之後，女性主義非劇情片就開始為女性生命的經驗描繪出一個廣闊而明顯的範圍。但在一開始對於大多數女性觀眾而言，這種想法不僅新穎而且也相當獨特❾，茱莉亞・雷沙格（Julia Lesage）就寫道「（這些影片）向職業婦女喊話，在公開的抗爭中鼓勵她們，在拓展她們的視野之外也使她們在其他的領域做相同的要求。」❿

---

❽ 由女性、女同性戀者及男同性戀者製作的影片的歷史中，一項主要需求是去創立特別的發行公司。雖然這種影片有其市場，但許多公司仍不願發行這些影片。這些電影的工作者有些是自己發行自己的影片，而有些人則憑著下列的一些公司：光圈影片與錄影帶公司（Iris Films and Videos，加州，柏克萊）、紐約市的新天電影公司（New Day Films）、女性製片電影公司（Women Make Movies）及費明納電影公司（Cinema Femina），還有麻州的女性電影公司（Women's Film Coop）。因為某些發行安排上的簡略、目錄及學術出版物的欠缺，所以在討論時提供放映日期及確實版本（影片或錄影帶）的資料是不可能的。終究，因為這些因素，在這裏所強調的都是美國影片。

❾ 卡普蘭（E. Ann Kaplan）提供了一個有歷史觀的看法：

早期女性的獨立製片因為源自六〇年代英國的自由電影運動及加拿大國家電影局的作品，同時與法國新浪潮的影響有關聯，所以基本上是處於寫實主義的基礎上。這些運動依次可回溯至一次世界大戰時紀錄片的成就……但對女性紀錄片特別重要的是美國新聞片組織（American Newsreel Collective），這個機構創辦於一九六二年，並於諾門・弗萊契從英國電影協會離職返國後，受到他很大的啟發（參見 *Women and Film: Both Sides of the Camera* [New York: Methuen, 1983], 126.)

這本書中提到的女性電影工作者有派利・米勒、阿德托、艾力卡・安德生、辛達・法爾史東、貝利爾・福斯、海倫・格雷生、納利・卡普蘭、海倫・拉維特、傑尼斯・羅伊普、瑪格麗特・米德、蓮妮・瑞芬斯坦、艾斯・沙伯、海倫・范・唐琴、尼可・維德瑞斯及海倫・懷特尼。其他女性主義電影工作者有伊娃・芮娜（Yvonne Rainer）、安妮・華妲及香妲・阿克曼的創作皆橫跨劇情片與非劇情片，不易分得清。

❿ "Feminist Documentary: Aesthetics and Politics," *"Show Us Life": Toward a History and Aesthetics of the Committed Documentary,* ed. Thomas Waugh (Metuchen: Scarecrow, 1984),245. Annette Kuhn, *Women's Pictures: Feminism and Cinema* (London: Routledge,

第一批女性主義影片主要是向女性觀眾呈現個別婦女生活的日常細節。這些影片包括朱利亞‧萊契爾與詹姆斯‧克連的《壯大中的女性：六個人團結一心》(Growing Up Female: As Six Becomes One, 1969)，麥德琳‧安德遜 (Madeline Anderson) 的《我就是大人物》(I Am Somebody, 1970)、《做為我自己》(Being Me, 1975) 與《藝術家克萊蒙坦‧杭特》(Clementine Hunter, Artist, 1976)，凱特‧米列 (Kate Millett) 的《三種生命》(Three Lives, 1971)，艾默莉‧羅什柴兒 (Amalie Rothschild) 的《它影響及我們》(It Happens to Us, 1971)、《娜娜、媽媽與我》(Nana, Mom, and Me, 1974) 與《咦？誰是梅‧威爾遜》(Woo Who? May Wilson, 1974)，蓮恩‧布連登 (Liane Brandon) 的《今天已不再幼小》(Not So Young Now as Then, 1974)，路易絲‧阿雷米歐 (Louise Alaimo)、茱蒂‧史密斯 (Judy Smith)、艾倫‧索琳 (Ellen Sorin) 三人合導的《婦女的電影》(The Woman's Film, 1971)，朵娜‧戴奇 (Donna Deitch) 的《女人對女人》(Woman to Woman, 1975)，戴伯拉‧謝弗 (Deborah Schaffer) 與巴妮‧弗萊德曼 (Bonnie Friedman) 的《克里斯與伯尼》(Chris and Bernie, 1974)，海倫娜‧索伯-雷德 (Helena Solberg-Ladd) 的《新興女性》(The Emerging Woman, 1974)：本片為國際性女性影片計畫中的一部，米奇‧麥肯錫 (Midge Mackenzie) 的《女人話題》(Women Talking, 1970) 及《一個女人的地方》(A Woman's Place, 1970)，赫伯特‧萊茲 (Herbert Risz) 的《Mukissi》(1974) 與戴安‧雷托諾 (Diane Létourneau) 的《上帝的女僕》(The Handmaidens of God/Le Servantes du Bon Dieu, 1979)。

有關女性歷史地位的女性主義影片中，艾倫斯寫道「在銀幕上的女性代表了數以百計過同樣生活的女性」❶。因此，這些影片不僅重申女性在歷史

1982), esp. 147-55; E. Ann Kaplan, *Women and Film: Both Sides of the Camera* (New York: Methuen, 1983), esp. 125-41; B. Ruby Rich, "Anti-Porn: Soft Issue, Hard World," *Films for Women,* ed. Charlotte Brunsdon (London: BFI, 1986), 31-43; Ruth McCormick, *Women's Liberation Cinema in the Documentary Tradition: From "Nanook" to "Woodstock,"* ed. Lewis Jacobs, 2nd ed. (New York: Norton, 1971), 523-35.

❶ "Women's Documentaries as Social History," *Film Library Quarterly* 14.1-2 (1981): 4-9; Barbara Halpern Martineu, "Talking About Our Lives and Experiences: Some Thoughts about Feminism, Documentary, and 'Talking Heads', *"Show Us Life": Toward a History and Aesthetics of the Committed Documentary,* ed. Thomas Waugh (Metuchen: Scarecrow, 1984), 252-73.

上應有的地位，也令歷史再次復活於現代觀眾眼中。這類影片較爲著名有赫瑞耶特·荷香（Harriet Hirshorn）與莉蒂雅·皮爾契（Lydia Pilcher）有關非暴力反抗婦女運動史的《比我們的口號更響亮》（Louder Than Our Words），蘇珊·克萊頓（Susan Clayton）與喬拿森·克林（Jonathan Curling）的《襯衫之歌》（The Song of the Shirt, 1979）：這部片子結合了非劇情片、劇情片及圖片等畫面講述十九世紀女車衣工的故事，是部獨特而激動人心的作品，還有康妮·費爾德（Conni Field）的《鉚釘工人羅絲》（Rosie the Riveter, 1980），芭芭拉·柯普的《美國哈蘭郡》（1976），《Wilman 8》（1979）及《帶著旗子與小孩》（With Babies and Banners, 1978），朱利亞·萊契爾與詹姆斯·克連的《工會女子》（1976）；瑪莉·蓋普（Mary Capps）、瑪莉·派特凱利、瑪格麗特·迪更生（Magaret Dickinson）、伊斯特·隆內（Esther Ronay）、布里基得·瑟格雷伍（Brigid Segrave）與亨佛萊·崔伍連（Humphrey Trevelyan）等六人合作描寫一九二六年威爾斯礦區大罷工時，女性參與情形的《隆達的婦女》（Women of Rhondda, 1973），伊莉莎白·白瑞特（Elizabeth Barret）的《女礦工》（Coalmining Women, 1982），蘇珊·波曼（Susan Bauman）及麗塔·海勒（Rita Heller）描寫一所從一九二一至三八年爲女性工人開辦的布萊恩·莫爾（Bryn Maur）暑期學校的《夏日婦女：美國社會史不爲人知的一章》（The Women of Summer: An Unknown Chapter of American Social History, 1985），琳達·夏曼（Linda Chapman）、潘·雷布朗克（Pam LeBlanc）與佛萊迪·史蒂芬·傑柯比（Freddi Stevens Jacobi）合拍的《伺候進餐》（Waiting Tables, 1985）及葳葳安·克萊蒙（Vivian Kleiman）的《淘金婦女》（Gold Rush Women, 1985）。其他探討女性勞動力的作品包括泰米·高（Tami Gold）與連恩·高法普（Lyn Goldfarb）的《從床邊到談判桌》（From Bedside to Bargaining Table, 1984,電視影片），蒙谷媒體公司（Mon Valley Media）的《鋼鐵女性》（Women of Steel, 1984,電視影片），史蒂芬妮·安塔羅西（Stephanie Antalocy）的《交易秘辛：藍領女工透露》（Trade Secrets:Blue Collar Women Speak Out, 1985）及夏隆·康雷（Sharon Conrad）的《女傭！》（The Maids! 1988,電視影片）。

描寫成就傲人的女性人物影片包括了約連·杜·拉特的《安琪拉·戴維斯：一個革命家的畫像》（1971），派利·米勒·阿德托的《葛楚·史坦：當你見此，勿忘我》（1971），傑爾·戈密羅與茱蒂·考琳斯的《安東尼雅：一位女性的傳記》(1973)，巴妮‧弗萊德曼與戴伯拉‧謝弗 (Deborah Shaffer) 的《克里斯與伯尼》(1974)，米拉‧邦克 (Mirra Bank) 的《Yudie》(1974)，安‧赫雪 (Ann Hershey) 的《絕不放棄：伊摩根‧康寧漢》(Never Give Up: Imogen Cunningham, 1975)，愛倫‧佛萊耶 (Ellen Freyer) 的《女子運動：在正確的跑道上》(Girls Sports: On the Right Track, 1976)，琳達‧費雪曼 (Linda Feferman) 的《伊莉莎白‧史瓦多：有著不可思議情感的女孩》(Elizabeth Swados: The Girl with the Incredible Feeling, 1977)，南西‧波特 (Nancy Porter) 與米奇‧列摩 (Mickey Lemle) 的《女人就該足不出戶：伊蓮‧諾伯的傳記》(A Woman's place is in the House: A Portrait of Elaine Noble, 1977)，巴妮‧弗萊德曼有關一個女性徑賽隊故事的《霰彈碎片》(Flashettes, 1977)，蘇珊‧溫格瑞芙 (Susan Wengraf) 有關瑪溫納‧雷諾 (Malvina Reynolds) 的《像個笨蛋一樣愛它》(Love It Like a Fool)，瑪莎‧珊德琳 (Martha Sandlin) 的《名叫貝比的女郎》(Lady Named Baybie, 1979)，瓊安‧格蘭 (Joanne Grant) 的《藝匠：伊拉‧貝可的故事》(Fundi: The Story of Ella Baker, 1981)，羅莉塔‧史密斯 (Loretta Smith) 的《你從哪弄到那個女人》(Where Did You Get That Woman?, 1983)，琳達‧波斯特 (Linda Post) 與尤金‧羅斯考 (Eugene Roscow) 的《Doctora》(1983)，戴伯拉‧勃特 (Deborah Boldt) 與莎拉‧史坦 (Sarah Stein) 有關在一次蠻荒探險中女性的《向前行》(Miles to Go)，蜜雪兒‧塞翠恩 (Michelle Citron) 記錄自己妹妹從一位女性教師學習小提琴的《處女》(Parthenogenesis)。除此之外，有關不同的女強人傳記也是女性電影史中重要的部分，這些片子包括芭芭拉‧尚‧格雷高尼克 (Barbara Jean Gregornik) 的《我的一生》(My Life Story, 1988, 電視影片) 及夏隆‧康雷的《你讓我日夜做不停》(You Got Me Working Day and Night, 1988, 電視影片)。

有關黑人婦女及其他有色人種女性的影片包括麥德琳‧安德遜的《藝術家克萊蒙坦‧杭特》(1976)，Ayoka Chenzira 的《西薇拉：他們隨她的鼓聲起舞》(Syvilla: They Dance to Her Drum, 1979)，卡洛‧布魯 (Carroll Blue) 的《與羅伊‧德卡拉娃對話》(Conversations With Roy DeCarava, 1984) 及芭芭拉‧麥克洛夫 (Barbara McCullough) 的《荷瑞斯‧泰普斯考特》(Horace Tapscott, 1984)。有關其他少數民族婦女的影片則包括西薇雅‧莫雷爾 (Sylvia Morales) 的《墨裔美國人》(Chicana, 1979)，連恩‧布魯克斯‧里茲 (Lan Brooks Ritz) 的《勇敢的女性安妮‧梅》(Annie May: Brave-Hearted Woman, 1980)，

阿里‧賴特（Allie Light）與艾文‧沙瑞夫的《米茱耶與奈莉》(Mitsuye and Nellie, 1981)，安娜‧瑪莉亞‧加西雅（Ana Maria Garcia）的《La óperación》(1982)，隆尼‧丁（Loni Ding）的《第二代日裔美軍：被放逐的民族就是標準的挑夫》(Nisei Soldier: Standard Bearer for the Exiled People, 1984)及崔明慧、沃斯‧隆（Worth Long）及艾倫‧西格（Allan Siegel）三人合拍的《密西西比三角洲》(Mississippi Delta, 1984)。

　　除了上述歷史性的影片外，也有一些廣泛報導女性一生中幾個不同階段的影片，其中有關母親角色的作品包括麗莎‧喬‧羅絲（Lisa Joy Ross）的《在家中生產》(Homebirth)，雷契爾‧費爾德 (Rachel Field) 與傑基‧賴特 (Jackie Reiter) 的《助產士格蘭尼》(Granny Midwives)，喬埃斯‧蕭普拉與克勞蒂亞‧威爾（Claudia Weill）的《三十四歲的喬埃絲》(Joyce at 34, 1972) ❷，馬里歐里‧凱勒（Marjorie Keller）的《誤解》(Misconception)，蓋里‧亞雪（Geri Ashur）的《珍妮的珍妮》(Janie's Janie, 1971)：本片追蹤一名撫養五名子女的白人單親媽媽，講述這個受社會福利照顧的女性工人自覺的故事，還有佩姬‧史坦（Peggy Stern）有關一名善於處理自己青春期的年輕女孩的《史蒂芬妮》(Stephanie, 1986) 及芭芭拉‧哈伯恩‧瑪蒂諾（Barbara Halpern Martineau）與羅娜‧拉斯繆森 (Lorna Rasmussen) 合作的《良好的托嬰：十分之一》(Good Day Care: One Out of Ten, 1978, 加拿大出品)。這些影片中撼人至深的作品首推蜜雪兒‧塞翠恩探討母親與女兒之間和姐妹之間關係的《女兒的儀式》(Daughter Rite, 1978)。塞翠恩在結合不同的電影風格——傳統非劇情形式、劇情片形式、實驗電影形式中做出了罕見而原創性的貢獻，在她檢視家庭中的不當行為、捏造、信任、發怒、競爭與愛等處也有非凡的創意。在所有由女性製作且也有關女性的影片中《女兒的儀式》是最廣受讚譽的一部。

　　有關年輕女孩的影片包括了喬‧戴摩特（Joel DeMott）與傑夫‧克萊恩 (Jeff Kreines) 的《十七歲》(Seventeen)，這部片子非關女性主義分析，而是部有關不同種族青少年相互約會的作品，還有馬丁‧貝爾（Martin Bell）、謝莉兒‧馬可（Cheryl McCall）及瑪莉‧亞倫‧馬克（Mary Ellen Mark）的《街頭小混混》，本片是有關一羣在西雅圖街道討錢、交易毒品、拉皮條與賣

----

❷ 威爾還拍過《女朋友》(Girlfriends, 1977) 及《天空的另一半》(The Other Half of the Sky, 1974,與莎莉‧麥克琳Shirley MacLaine合作)。

淫的少年。其他有關賣淫的影片包括了莎拉莉‧巴瑞特-佩姬 (Sallary Barret-Page) 與艾倫‧格蘭 (Ellen Grant) 的《不關你的事》(Ain't Nobody's Business, 1977) 及侯利‧戴爾 (Holly Dale) 與珍妮斯‧柯 (Janis Cole) 的《扒手》(Hookers on Davie, 1984)。至於有關女性停經與年老的影片則分別是莎畢納‧懷恩 (Sabina Wynn) 的《消失的女人》(Invisible Woman, 澳洲出品) 與芭芭拉‧哈伯恩‧瑪蒂諾的《明日的故事：我們的老年人》(Tales of Tomorrow: Our Elders, 1982, 加拿大出品)。有關軍中婦女的影片有尼可拉斯‧布魯姆費德與瓊‧邱吉爾的《女兵》(Soldier Girls, 1981)。有關獄中婦女的影片有蘇珊‧傑斯普 (Suzanne Jaspur) 的《做為一個犯人》(Being a Prisoner)，莎拉莉‧巴瑞特-佩姬與蕃茄製作公司 (Tomato Productions) 還有艾倫‧格蘭的《像一朵玫瑰》(Like a Rose, 1975)，加州女性錄影協會 (California Institute for Women's Video) 與UCLA女性影片工作坊 (UCLA Women's Film Workshop) 合作的《我們還活著》(We're Alive, 1971)，紐約大學電影系女性社團所拍的《保釋金影片》(Bail Fund Film, 1971) 及珍妮斯‧柯與侯利‧戴爾的《P4W：女性監獄》(P4W: Prison for Women , 1982,加拿大出品)：這是嚴謹探討一所加拿大監獄中五個罪犯的作品，片中有很多撼人之處來自於婦女本身：她們直言自己的生活、罪行、獄中與獄外的關係，而在兩個個案中，她們在獄中找到外界沒有的人性溫暖與愛。雖然影片工作者並未對這些女性下任何評語，但有兩個印象仍令人難以忘懷，其一是女性用以評量自己是否違反社會規範的尺度，其二則是缺乏就業訓練，在獄中的女性似乎只能學學美髮技術。總之，本片為一個婦女的世界提供了不凡且經常令人心折的一瞥，這是在其他影片中極少見到的。

　　有關女性的影片中最重要的作品是關於醫療照顧的。這些影片之中最著名的包括舊金山女性團體的凱撒琳‧艾倫 (Catherine Allan)、茱蒂‧依羅拉 (Judy Erola)、阿里‧賴特及瓊恩‧慕桑 (Joan Musante) 所拍的《自我健康》(Self Health, 1974)。本片呈現婦女在團體檢查身體並彼此分享知識的情形，它以女性的專門用語來界定女性的性別。片中倡言「我們從自己的身體學習，自我教育並彼此教育，我們每個都是獨一無二的……但也有共同之處……我們認為這是把現在歸醫生、丈夫、我們之外的任何人的失土收復回來。」而這種說法也成為其他這類影片的基調。其他的影片還包括蘇珊‧蘭伯特 (Susan Lambert) 與莎拉‧吉布森 (Sarah Gibson) 的《十號大小》(Size 10)，克里斯汀·波特 (Kristin Porter) 的《價值的衡量》(Measure of Worth)：這是部有關食慾減退症的影片，瑪格莉特·拉左魯 (Margaret Lazarus) 的《把我們的身體要回去》(Taking Our Bodies Back)，卡坦昆電影公司 (Kartemquin Films) 的《芝加哥產科中心的故事》。丹尼斯·波斯崇 (Denise Bostrom) 與珍·華倫布蘭 (Jane Warrenbrand) 的《從內視鏡末端保健》(Healthcaring From Our End of the Speculum, 1977) 及法蘭西斯·雷 (Frances Reid) 與伊莉莎白·史蒂文斯 (Elizabeth Stevens) 有關酗酒的《我們都有自己的理由》(We All Have Our Reasons, 1981)。

　　一向令美國處於兩極對立的墮胎問題也是許多片子的主題。在較早的影片中談及此事的有艾默莉·羅什柴兒的《它影響及我們》(1971)，巴妮·弗萊德曼、瑪莉蓮·慕法德 (Marilyn Mulford) 與戴伯拉·謝弗的《你怎麼樣？》(How About You?, 1974)，傑利·布朗曼托 (Jerry Blumenthal) 與珍妮佛·羅爾 (Jennifer Rohrer) 的《芝加哥產科中心的故事》(1976) 及倫敦女性影片組織 (London Women's Film Group) 的《誰的選擇？》(Whose Choice?, 1976)。其他有關墮胎的影片還包括維多利亞·蘇茲 (Victoria Schultz) 的《神聖的恐怖》(Holy Terror , 1986)，蓋爾·辛格 (Gail Singer) 的《墮胎：南方及北方的故事》(Abortion: Stories from North and South, 1984) 及湯瑪士·古溫 (Thomas Goodwin) 及傑拉汀·烏茲伯格 (Gerardine Wurzburg) 的《個人決定》(Personal Decisions, 1986)。有關強暴的影片包括馬沙·庫力奇的《並不是幅美麗的圖畫》(Not a Pretty Picture, 1974)，喬安·伊蘭姆 (JoAnn Elam) 的《強暴》(Rape, 1976)，劍橋紀錄片公司 (Cambridge Documentary Films) 的《強暴文化》(Rape Culture, 1978) 及瑪莉·溫加頓 (Meri Weingarten) 的《正視強暴》(Waking Up to Rape, 1985)。至於與猥褻兒童相關的影片則有波比·柏列菲 (Bobbie Birleffi) 的《騷擾的男人：倖免的兒童》(Men Who Molest: Children Who Survive, 1984)。

　　女性在反戰運動中的角色也是下列幾部片子的主題：由茱蒂·鄂溫 (Judy Irving)、克里斯·比佛 (Chris Beaver) 及羅絲·蘭迪 (Ruth Landy) 合拍有關核戰的《黑暗之圈》(Dark Circle, 1982)，畢班·基準 (Beeban Kidron) 與阿曼達·李察遜 (Amanda Richardson) 的《卡里·格里翰之家》(Carry Greenham Home)，由波士頓女性團體 (Boston Women's Collective) 拍的《比以前更強大》(Stronger Than Before)。與女性及猶太人被屠殺有關的影片有麥里安姆·

亞伯莫維茲及伊撒‧荷芬柏格的《就好像是昨天》(1982, 比利時出品)，這部片子描寫比利時人藏匿猶太兒童以防德軍抓到，還有蘇‧弗萊德里奇 (Sue Friedrich) 的《用以綑綁的帶子》(The Ties That Bind, 1984)。在這些有關大屠殺的影片中較著名的則是劍橋紀錄片公司拍攝的《粉紅色三角形》(Pink Triangles, 1982)

　　有關大男人主義的影片分別是波妮‧雪兒‧克連 (Bonnie Sherr Klein) 的《不是個愛情故事》(Not a Love Story, 1981) 及露西‧溫拿 (Lucy Winer) 與波拉‧德‧柯尼格斯柏格 (Paula de Koenigsberg) 的《將它列為X級》(Rate It X, 1986)。《不是個愛情故事》是有關影片作者波妮與脫衣舞孃琳達‧李‧崔西 (Linda Lee Tracy) 這兩個女性的意圖，它主要想探究色情行業是什麼？如何運作？又如何影響男人及女人之間的關係。隨著這趟探索之旅，我們發現色情行業是個包括偷窺秀、脫衣舞秀場、性商店與色情雜誌的數百萬美元的企業。它也訪問了著名的女性主義者，雖然到目前為止本片仍備受爭議，不過它報導對女性的輕蔑及女性所受的暴力則對婦女的解放提供了重要的資訊。《將它列為X級》則是部美國男性對女人、性別及性慾的剖析之作，片中報導醜陋的喬治 (Ugly George)，他是紐約有線電視的人物，也是個不折不扣的沙豬，有個糕餅師傅創造出一種只有女性軀幹及大胸脯的蛋糕，一個廣告執行，也報導一些上年紀的美軍以及Hustler雜誌的首席漫畫作者——他還辯稱自己那駭人的猥褻兒童漫畫只是為了取悅人們。雖然影片作者在本片中呈現的並無新意——他們所舉的例子都耳熟能詳，不過他們將上述男人的意見並列剪接在一起倒為女性主義創造了一個有力的聲明。可預見的，男人說他們的想法乃建立於傳統的基礎上，而可悲的是他們並不能了解他們的態度已暗示自己是個沙豬。雖然電影工作者似乎採用一個輕鬆的方式——我們看到露西‧溫拿持麥克風訪問這些男人時，手上還戴著白手套，而這些男人在他們的結論中毫不含糊也未稍做保留，證明美國生活中的許多層面因為對女性的色情侵犯實在應列為"X"級。

　　至於歐洲及第三世界國家有關女性的卓越影片，包括智利的維拉麗雅‧薩米安托 (Valeria Sarmiento) 的《一個男人，當他是個男人》(A Man, When He is a Man, 1982)；斯里蘭卡拉蓮‧賈雅曼 (Laleen Jayamann) 的《錫蘭之歌》(A Song of Ceylon)；印度羅瑞特‧戴斯謙普 (Laurette Deschamps) 的《不再沉默：印度婦女對抗不公》(No Longer Silent: Indian Women Struggle

Against Injustice, 1986)，戴安・基琴 (Diane Kitchen) 的《過去我們一無所知》(Before We Knew Nothing, 1988) 及越南的曲明菡 (Trinh T. Minh-ha) 的《姓越名南》(Surname Viet Name Nam, 1989)。

在加拿大，聯邦政府強力支持有關女性的影片或女性製作影片已有長久的歷史。在葛里遜掌管國家電影局時，多名女性已躋身製作方面最高階❸。從一九七四年開始，國家電影局的女性小組「D製片廠」(Studio D) 就提供女性電影工作者一個公開討論會，以便她們製作的影片中可加入女性的角度。另一個相當重要的活動是聯邦女性影片計畫 (Federal Women's Film Program)，它的目的在與聯邦政府各部會協調，以確保在影響女性與社會的時事上，可反應出女性觀點的影片能及時製作完成且發行出去❹。

有關女性及女性議題的傑出加拿大影片，以主題分類包括有關歷史中女性的影片：安・惠勒 (Anne Wheeler) 與羅娜・羅森繆森的《偉大的祖母們：可歌可泣的女性拓荒史》(Great Grand Mothers: A History and Celebration of Prairie Women, 1976)，珍妮絲・布朗 (Janice Brown) 的《從灰郡來的女子》(The Lady from Grey Country, 1977) 及蘇珊・卓 (Susan Trow) 的《只是個女的》(Just a Lady, 1980)；有關婚姻及家庭的影片有比佛立・謝弗 (Beverly Shaffer) 的《這就是方法》(The Way It Is, 1982)；有關工作中母親的有凱撒琳・善儂 (Kathleen Shannon)、伊蓮・安吉里柯 (Irene Angelico) 及安・韓德森 (Anne Henderson) 三人合拍的《……從此他們過著幸福快樂的日子》(……And They Lived Happily Ever After, 1975)，瓊・休頓 (Joan Hutton)

---

❸ 舉例來說，那裏就有兩位女性監製（艾弗林・雪利及高成・帕克）及一些女性攝影師和技術人員。其中帕克給我的信中 (1990.4.18) 就反駁了 Chris Sherbarth 文章中歸咎於葛里遜的一些意見，Chris 的文章是這樣寫的：

約翰・葛里遜——國家電影局深具個人魅力的創辦者——有時會以他在二次世界大戰期間提供了六個女性導演/製片的職位而受到讚譽，不過，不為人所知的一面是，葛里遜公開斷言那些影片的製作是「女人要討好上帝才能蒙主啟蒙的領域」。(6)

帕克則寫道：「這個引述十分可笑，我曾為葛里遜工作，如果他曾這麼說過（我懷疑），那絕對是個的諷刺。」

❹ Chris Sherbarth, "Why Not D? An Historical Look at the NFB's Woman's Studio," *Cinema Canada* (March 1987): 9-13; *Beyond the Image: A Guide to Films about Women and Change,* 2nd ed. (Montreal: National Film Board of Canada, 1984).

與路易絲‧羅伊 (Louis Roy) 的《娜娜‧波蘭斯基的春天與秋天》(The Spring and Fall of Nana Polanski, 1974)，凱撒琳‧善儂的系列影片《家族的延伸》(Extensions of the Family)、《還不夠》(It's Not Enough)、《像樹林一樣》(Like the Trees)、《很幸運地我不太需要睡眠》(Luckily I Need Little Sleep)、《母親也是人》(Mothers Are People)、《他們更欣賞你》(They Appreciate You More)、《拉緊鏈子的老虎》(Tiger on a Tight Leash)、《我永遠樂於工作》(Would I Ever Like to Work, 以上均製作於一九七四年) 及《我們親愛的姐妹們》(Our Dear Sisters, 1975)。有關在就業市場中的女性影片包括了戴安‧鮑德里 (Diane Beaudry) 的《蕾拉》(Laila, 1980)，安‧韓德森的《注意：女人上工了》(Attention: Women at Work!, 1983)，比佛立‧謝弗的《我想做個工程師》(I Want to Be a Engineer, 1983) 及瑪格麗特‧威斯柯特 (Margaret Westcott) 的《獸醫士官：路易士‧卓因》(Louise Drouin, Veterinarian, 1981)；有關女性與藝術的有戴安‧鮑德里的《摩德‧路易士：沒有影子的世界》(Maud Lewis: A World Without Shadows, 1976) 及卡洛琳‧列芙的《凱特與安娜‧麥克蓋里果》(1981)；有關女性與政治的片子有露絲‧吉爾鮑特 (Luce Guilbeault)、尼可‧布羅莎 (Nicole Brossard) 與瑪格麗特‧威斯柯特的《某些美國女性主義者》(Some American Feminists, 1977)，波妮‧雪兒‧克連與安‧韓德森合作的《選羅斯代爾做候選人》(The Right Candidate for Rosedale, 1979)，泰利‧那許 (Terri Nash) 的《如果你愛這片平原》(If You Love This Planet, 1982, 曾贏得一九八三年奧斯卡金像獎) 及《一個自由國家的夢：尼加拉瓜婦女的口信》(Dream of a Free Country : A Message from Nicaraguan Women, 1983)，本片探討尼國人民革命中婦女所扮演的英勇角色，以及他們誓將兩性平等引入國內的努力；有關老年婦女的作品則有瑪格麗特‧威斯柯特的《伊芙‧蓮巴特》(Eve Lambart, 1978)；有關女孩及年輕婦女的則有芭芭拉‧格林 (Barbara Greene) 的《聽，聽，再聽聽》(Listen Listen Listen, 1976)，比佛立‧謝弗的《我名字是蘇珊‧余》(My Name Is Susan Yee, 1975)，此外還有《我會找到方法》(I'll Find a Way, 1977, 曾獲頒奧斯卡金像獎)、《弗隆尼卡》(Veronica, 1977) 及《茱莉‧歐布萊恩》(Julie O'Brien, 1981)；有關健康與性的作品有高成‧帕克的《你的動作》(Your Move, 1973) 及戴安‧鮑德里的《一次平凡無奇的生產》(An Unremarkable Birth, 1978)；有關沙豬的態度則有波妮‧雪兒‧克連的《派翠西亞會動的畫》(Patricia's

Moving Picture, 1978) 及《不是個愛情故事：一部有關色情行業的影片》(Not a Love Story: A Film about Pornography, 1981)；至於與墮胎相關的作品則有保羅‧柯文的《艱苦的民主：摩根瑟勒事件》(Democracy on Trial: The Morgenthaler Affair, 1984)；有關性虐特的有比佛立‧謝弗的《到一個比較安全的地方》(To A Safer Place, 1987)。還有瑪格麗特‧威斯柯特的《面紗之後：修道女子》(Behind the Veil: Nuns, 1984)，這也是國家電影局最富爭議性的影片之一。

同性戀者製作的影片

最早與男同性戀者有關的非劇情片有莎莉‧克拉克的《傑生傳》(1967)，這是部有關一名黑人活躍分子的作品，還有法蘭克‧賽門有關男同性戀者扮女人選美競賽的《皇后》(1968)。雖然兩部片子都對這些從未在非劇情片中出現過的人做嚴謹的探討，但有關同性戀者的非劇情片製作還不等於開始，要等到為(男女)同性戀者人權抗爭及建構事件歷史背景的影片拍出來以後，這類影片才算真正起飛。這些作品包括派特‧洛可 (Pat Rocco) 剪接各種抗爭及鎮壓資料影片的《Mondo Rocco》(1970)，約翰‧善恩 (John Shane) 的《一起來》(Come Together, 1971) 及有關倫敦男同性戀者解放陣線運動的《英國一九七一年》(Britain 1971)，麥可‧羅德 (Michael Rhodes) 的《一個信心的位置》(A Position of Faith, 1974)，這是有關一個男同性戀者最後成功地被任命為基督聯合教堂牧師的故事，本片記錄了他週遭的事件，彼得‧瑞克特 (Peter Recht)、克里斯提安‧許默 (Christiane Schmerl) 與德特列夫‧史多菲 (Detlev Stoffel) 合導的《Rosa Winkel? Das ist doch schon lange vorbei……》(1975, 西德出品) 是有關一羣西德的男同性戀者被刑事起訴的故事。還有李歐奈‧索卡茲 (Lionel Soukaz) 一部有關男同性戀史重要事件紀錄的《Race d'ep!》(1977, 法國出品)；吉姆‧哈巴德 (Jim Hubbard) 的《停止那部片子巡迴放映》(Stop the Movie Cruising!, 1979) 記錄了對一部反同性戀電影的抗議；澳洲雪梨"One in Seven Collective"所製作的《男同性戀者——女同性戀者》(Witches and Faggots——Dykes and Proofters, 1979)；喬治‧克瑞爾 (George Crile) 富爭議性的電視探討作品《同性戀力量，同性戀政治》(Gay Power, Gay Politics, 1980)；戈登‧基斯 (Gordon Keith) 與傑克‧雷蒙 (Jack Lemmon) 的《Truxx》(1978) 與有關多倫多警方掃蕩同性戀酒吧及澡堂的《夠

·《沉默的前輩》(1984, 美國, 露西・溫拿、哈維・馬克、波拉・德・柯尼格斯伯格及派翠西亞・史耐德)。圖左是布魯斯・梅洛，右邊是吉恩・哈伍德。

了就是夠了》(Enough is Enough, 1980)；由格瑞塔・席勒 (Greta Schiller)、約翰・史加格李歐提 (John Scagliotti) 與羅勃・羅森柏格 (Robert Rosenberg) 三人合作的《石牆之前：同性戀者社區完成的過程》(Before Stonewall: The Making of a Gay and Lesbian Community! 1984)；費爾・蘇維克勒 (Phil Zwickler) 與珍・李普曼 (Jane Lippman) 的《權力與反應：審判男女同性戀者的權利》(Rights and Reactions: Lesbian and Gay Rights on Trial, 1987)。這類影片中的上上之選首推由露西・溫拿、哈維・馬克 (Harvey Marks)、波拉・德・柯尼格斯伯格與派翠西亞・史耐德 (Patricia G. Snyder) 合拍的《沉默的前輩》(Silent Pioneers, 1984)，這是部有關男女同性戀老年人得獎之作。還有羅勃・艾普斯坦 (Robert Epstein) 記錄舊金山同性戀者人權領袖哈維・米克被刺故事的《哈維・米克的時代》(1984)，本片也於同年贏得奧斯卡最佳紀錄片獎。

　　「走出來」的過程——也即向自己的家人與朋友承認自己是同性戀者，這樣的主題也是下列一些影片的重點：文生・史克連納 (Vincent J. Sklena) 的《走出衣櫥》(Out of the Closet, 1971)，亞瑟・布列森 (Arthur Bressan) 的《走出來》(Coming Out, 1972)，柏克萊女同性戀暨女性主義者影片組織

(Berkeley Lesbian Feminist Film Collective) 的《走出來》(Coming Out, 1973)，布魯斯•格勞森(Bruce Glawson)的《麥可，一個同性戀兒子》(Michael, A Gay Son, 1980)，本片為加拿大出品有關一名年輕人向家人坦承同性戀的經過。這類影片中的傑出之作為《話已說出》(Word is Out, 1978)，這部片子為一個男同性戀者的組織「馬力波沙影片小組」(Mariposa Film Group) 製作，片子的內容為二十六個不同背景的同性戀男女討論過同性戀生活的意義。

至於同性戀者的生活方式則是下列多部影片的題材，包括莫文•尼爾森(Mervyn Nelson) 的《我最好的朋友有些是》(Some of My Best Friends Are, 1971)，肯尼士•羅賓遜 (Kenneth Robinson) 的《你最好的一些朋友》(Some of Your Best Friends, 1972)，芭芭拉•漢莫 (Barbara Hammer) 的《同性戀者的一天》(A Gay Day, 1973)，萊德•沙頓 (Laird Sutton) 的《一個同性戀者的看法/男性》(A Gay View/Male, 1975)，紀錄檔案協會(Document Associates)的《同性戀者或正常人：有選擇嗎？》(Gay or Straight: Is There a Choice?, 1976)、《三個字母組成的字而又能表達愛的意義》(A Three Letter Word for Love, 1976) 及《男同性戀與女同性戀》(Homosexuality and Lesbianism, 1976)，還有侯利•戴爾與珍妮斯•柯呈現娼妓、同性戀者、人妖及變性者生命的《不含最低消費額》(Minimum Charge No Cover, 1976, 加拿大出品)，杰撒斯•薩爾瓦多•屈文諾的《同性戀，榮耀及清醒》(Gay, Proud and Sober, 1977)，戴爾•貝爾汀 (Dale Beldin) 與馬克•克連錫恩 (Mark Krenzien) 的《他碰巧是個同性戀者》(Who Happen to be Gay, 1979)，阿曼•威斯頓 (Armand Weston) 的《激進的性樣式》(Radical Sex Styles)、《同性戀者的聲音，同性戀者的傳奇》(Gay Voices, Gay Legends) 與《做為一個同性戀者：與布萊恩•馬克諾特一席談》(On Being Gay: A Conversation with Brian McNaught)。

記錄男同性戀者生活方式的有威爾•羅勃茲 (Will Roberts) 與喬許•海尼格 (Josh Hanig) 的《男人的生命》(Men's Lives, 1975)，麥可•契特 (Michael Chaite) 與連•格羅斯曼 (Len Grossman) 的《致我們自己、我們的兒子、我們的父親：一份男人的個人聲明集成》(To Ourselves, Our Sons, Our Fathers: A Collection of Personal Statements by Men, 1978)。還有法國的路克•巴尼爾 (Luc Barnier) 與艾倫•拉法顧 (Alain Lafargus) 的《Les oiseaux de nuit》

(1979)。其他同樣題材的外國影片包括瑞典電影組織 (Swedish Filmgruppen) 的《Bögjävlar》(1977) 及諾伯特‧泰利 (Norbert Terry) 的《Homo-actualités》(1977)，本片坦率地訪問了一些法國的同性戀作家及政治人物。

有關女同性戀者生活方式的影片包括由雙城女性電影組織 (Twin Cities Women's Film Collective) 拍攝的《連續的女人》(The Continuous Woman, 1973)，本片包括了一個女同性戀者在內的五名女子，他們談論有關女性的議題，波特蘭國家婦女組織 (Portland National Organization of Women) 的《女同性戀者》(Lesbians, 1975)，珍‧奧森柏格 (Jan Oxenburg) 的《家庭電影》(Home Movie, 1975)，這部片子把舊的家庭電影及當代的畫面剪接起來，等於是電影作者的自畫像，此外還有瑪莉‧艾許頓 (Marie Ashton) 有關兩個年輕女子談論他們同性戀情感的《漸漸知道》(Coming to Know , 1976)，紐西蘭出品的《在你生命中的女人就是你》(The Woman in Your Life is You , 1978)，安妮塔‧克里費爾德 (Anita Clearfield) 的《奧莉薇雅紀錄：不只是音樂》(Olivia Records: More than Music, 1977)，本片呈現了一個女性主義及女同性戀組織的生活方式；王其彥 (Chi Yan Wong譯音) 描寫一個在法國格蘭諾堡(Grenoble)的(男女)同性戀者團體的《L'aspect rose de la chose》(1980, 法國出品)，蘇珊‧布勞斯坦 (Susan Blaustein) 自傳式的作品《蘇珊娜》(Susana, 1979)，赫拉媒體組織 (Heramedia Collective) 的《就因為我們》(Just Because Who We Are, 1986, 電視影片)；《女同性戀者開講：談論有關她們的生活、愛情與性》(Lesbian Tongues: Lesbians Talk about Life, Love and Sex) 及潘‧華頓(Pam Walton)的《郊區中：十一個同性戀女子的故事》(Out in Suburbia: The Stories of Eleven Lesbians, 1988)，安‧阿爾特 (Ann Alter)《用不著後悔：珍‧格萊辛格牧師的歌謠》(No Need to Repent: The Ballad of Reverend Jan Griesinger) 記錄了美國一位公開的女同性戀新教神職人員的一生，是對象十分罕見的作品，它呈現了一個女性主義組織建設一個就業女性社區的過程，是部相當直接與優秀的作品。有關女同性戀夫婦的影片包括默蕾‧馬考維茲 (Murray Markowitz) 的《八月與七月》(August and July, 1973)，萊德‧沙頓的《在冬光中》(In Winterlight, 1974)，伊蘭‧傑柯布斯 (Elaine Jacobs) 與考琳‧莫納漢 (Colleen Monahan) 的《薰衣草》(Lavender, 1972)，格瑞塔‧席勒與湯瑪士‧錫德 (Thomas Seid) 的《格瑞塔的女孩們》(Greta's Girls, 1978) 及奇奇‧柴德斯 (Kiki Zeldes) 的《一生承諾：卡倫‧湯普森的傳記》(Lifetime

Commitment: A Portrait of Karen Thompson, 1988, 電視影片）。其他與女同性戀相關的作品還包括康斯坦斯·貝森 (Constance Besson) 的《拿著》(Holding, 1971)，安·赫雪的《我們就是我們自己》(We Are Ourselves, 1976) 及萊德·沙頓的《同性戀女子告白》(Gay Women Speak, 1979)。

除此之外，男女同性戀者的社會名人也是下列一些影片的主題，一九七七年加拿大出品的《某些美國女性主義者》曾報導提格瑞斯·阿特金生 (Ti-Grace Atkinson)、李塔·梅·布朗 (Rita Mae Brown) 及凱特·米列三位著名女性，它是由露絲·吉爾鮑特、尼可·布羅莎與瑪格麗特·威斯柯特三人合作的。另外一部由莉迪亞·華札納 (Lydia Wazana) 與凱·阿米塔格 (Kay Armitage) 合作報導美國新聞界人士吉爾·強斯頓 (Jill Johnston) 的《吉爾·強斯頓，七五年十月》(Jill Johnston, October '75)；而瑪莉塔·辛普生 (Marita Simpson) 與凱西·威爾洛克 (Cathy Wheelock) 合作的《光之世界：梅·沙頓傳》(World of Light: A Portrait of May Sarton, 1980) 則是以作家梅·沙頓 (May Sarton)為對象；格瑞塔·席勒與安瑞拉·衛斯 (Andrea Weiss) 則以早期活躍於音樂界的女性為主題拍出了《韻律的國際甜心》(International Sweet Heart of Rhythm, 1986) 及《提尼與露比：海爾·戴文的女人》(Tiny and Ruby: Hell Divin's Women , 1988)；有關同性戀藝術家的影片包括湯姆·喬斯林 (Tom Joslin) 的《黑星：一個好友的自傳》(Blackstar: Autobiography of a Close Friend, 1977)；費婁·柏列格斯坦 (Philo Bregstein) 的《不管誰曾說出真相都得死》(Whoever Says the Truth Shall Die, 1981)，這部片子探究了義大利導演帕索里尼(Pier Paolo Pasolini)的藝術、政治與同性戀傾向；XXX的《Cadmus on Cadmus: Enfant Terrible at 80》(1986)；米歇爾·帕可森 (Michelle Parkerson) 的《史多美：珠寶盒的女郎》(Storme: The Lady of the Jewel Box, 1987)，片子的內容是有關美國第一位女性模仿秀明星史多美·德拉威利(Storme DeLarverie)的故事，還有義大利的電視影片《反叛者：蒙哥馬利·克利夫》(The Rebels: Montgomery Clift, 1985)。

同性戀者為人權抗爭的活動曾分地區性與全國性的遊行示威抗議形式出現，許多影片也都記錄了這些抗爭，包括亞瑟·布列森二世 (Arthur J. Bressan, Jr.) 與大衛·帕斯可 (David Pasko) 記錄一九七七年全美各地同性戀者遊行的《美國同性戀》(Gay U.S.A., 1977)，菲立普·魁茲許克 (Philip Quetschke) 與唐納·史密斯 (Donald Smith) 的《在華盛頓遊行》(March on Washington,

1979)，吉姆‧哈巴德的《向前行》(March On!, 1979)，還有李歐奈‧索卡茲的《同性戀者遊行》(La marche gay , 1980, 法國出品)，露西‧溫拿的《從華盛頓特區來的問候》(Greetings From Washington, D.C. 1981)，費爾‧蘇維克勒與珍‧李普曼的《權利與反應：審判男女同性戀者的權利》(1987)記錄了一九八六年紐約市議會對男女同性戀者權利法案的聽證會，最後這個歷經十六年辯論的法案終於通過，瓊‧拜倫 (Joan E. Biren) 的《為愛與生命：一九八七年(男女)同性戀者華盛頓爭權利大遊行》(For Love and For Life: The 1987 March on Washington for Lesbian and Gay Rights, 1988, 電視影片)；此外還有《絕不能忘記》(Never to be Forgotten, 電視影片)、《一年之後》(One Year After, 電視影片)、《美國的一部分：華盛頓遊行》(Part of the USA: March on Washington, 電視影片) 及芭芭拉‧漢莫記錄國際婦女日大遊行的《姐妹們》(Sisters! 1973)。

有關 (男女) 同性戀者收養小孩並履行父母之責的題材也是下列數部作品的內容：雪莉‧法瑞爾(Sherrie Farrell)、彼得‧布魯斯(Peter Bruce)與約翰‧希爾(John G. Hill)的《仙蒂與瑪德琳的家庭》(Sandy and Madeline's Family, 1973)，本片也包括了一場孩子監護權的爭奪戰，還有伊莉莎白‧史蒂文斯、凱西‧祖特林 (Cathy Zheutlin)、法蘭西斯‧雷合作有關同性戀母親與她們子女的《對孩子們最有利的情況下》(In the Best Interests of Children, 1977)，里茲‧默斯基 (Liz Mersky) 的《不只一次的努力》(Labor More Than Once, 1983)，克莉絲汀娜‧莘莉 (Christina Sinley) 與維琪‧富納里 (Vicki Funari) 的《另一種觀念》(Alternative Conceptions, 1985)，戴伯拉‧加莎諾夫 (Debra Chasanoff) 與金‧克勞斯納 (Kim Klausner) 的《選擇孩子》(Choosing Children, 1985)，凱文‧懷特(Kevin White)的《並不是所有的父母都是異性》(Not All Parents Are Straight, 1986)，琳達‧哈納斯(Linda J. Harness)的《一個家之於我》(A Family to Me, 1986)：凱倫‧史洛 (Karen Sloe) 的《如果她長大變成同性戀者》(If She Grow Up Gay, 1986)，及艾美‧桑茲 (Aimée Sands) 的《我們是一家人》(We Are Family, 1987)。至於同性戀者父親的主題則表現於李察‧詹姆斯 (Richard James) 與傑弗瑞‧隆格 (Jeffrey Lunger) 的《你只愛你的孩子》(You Just Love Your Children, 1978)。

同性戀影片工作者也曾對愛滋病的悲劇大聲疾呼，這類作品包括《愛滋傳染病》(The AIDS Epidemic)、《至死才分離》(Till Death Do Us Part)，溫蒂‧達拉斯（Wendy Dallas）與馬克‧胡埃斯提（Marc Huestis）的《恰克‧索羅門：上年紀了》(Chuck Solomon: Coming of Age, 1986)、《我自己生命的英雄》(Hero of My Life)，芭芭拉‧漢莫的《白雪工作：愛滋病的媒體秘辛》(Snow Job: The Media Mysteria of AIDS, 1986)，提娜‧蒂費里西安東尼奧 (Tina DiFeliciantonio) 的《與愛滋一起生活》(Living With AIDS, 1987)，麥可‧奧（Michael Aue）的《我還活著》(I'm Still Alive, 1987)；約翰‧卡納利 (John Canalli) 的《英雄主義：一個社區的反應》(Heroism: A Community Responds, 1987)、《一九八七年十月十七日：繡上名字的愛滋被單開始展示》(October 17, 1987: The Inaugural Display of the Names Quilt Project, 1988)，亞倫‧卡拉瑞(Alain Klarer)的《貝里之屋：活得跟你一樣長壽》(Bailey House: To Live As Long As You Can, 1988)，尼克‧許漢（Nick Sheehan）的《愛滋：不再是悲歌》(AIDS: No Sad Songs, 1984) 及大衛‧湯普森的《我們帶來一條被單》(We Bring a Quilt)，羅勃‧艾普斯坦與傑弗瑞‧佛萊德曼（Jeffrey Friedman) 的《共同線索：來自被單的故事》(Common Threads: Stories from the Quilt,1989)，米奇‧迪克福（Micki Dickoff）的《太少，太晚》(Too Little, Too Late) 及《沉默等同於死亡》(Silence Equals Death)、《陽性反應》(Positive, 1989)，這是部跨國合作的影片，作者是西德的羅莎‧馮‧普洛漢(Rosa von Praunheim) 及美國的費爾‧蘇維克勒。

第三世界與非西方國家的非劇情片

當一八九五年盧米埃兄弟發明了電影攝影機之後，電影就變成一種國際性的現象。僅僅在一年之間，對日常生活做簡單非劇情紀錄的電影就已在拉丁美洲、亞洲、非洲、北美及歐洲製作出來。不過在西方之外的國家電影最初的魅力並不是用來發揮這個媒體的大眾娛樂潛力，反而是用來娛樂殖民地的官員及當地受過西方教育的菁英❸。在整個電影發展的初期中，在「未開

---

❸ Roy Armes, *Third World Film Making and the West* (Berkeley: University of California Press, 1987), 55; 亦見 *Questions of Third Cinema*, ed. Jim Pines and Paul Willemen (London: BFI Publishing, 1989).

發國家」中（指尚未大幅被資本主義影響的國家）及「開發中國家」（被看做是資本主義經濟金字塔中底層的國家）中，電影製作是由外國的（絕大部分是西方的）發行商支配。除此之外，因爲絕大多數影片均由外國人或剛由歐洲來的移民者攝製，他們「看待西方之外的世界均依附在美國及歐洲長久對這些地方的看法，而不是他們接觸當地文化新發展出來的印象」(Armes 56)。

從一八九五年到第一次世界大戰開始的一九一四年之前，西方國家之外的電影先驅們也開始拍出自己的電影，阿姆斯（Roy Armes）曾寫道：

> 非西方國家的電影工作者開始以他們的電影來説話，但他們的觀衆幾乎仍是「開發中」的一輩；他們已經接受電影做爲一種西方消費者的產品及一種不必苛求的大衆娛樂形式，西洋觀念深入民間，這種情形一直延續到今天。(57)

不過在許多國家中，因爲一次世界大戰導致的地理及經濟上的瓦解反而爲在地的電影工作創造了有利的形勢，這種情形在亞洲、非洲及拉丁美洲尤其顯著。在經濟基礎重新建立之後，因爲殖民帝國的瓦解、新興獨立國家對國家認同的發展、聲音的到來、廣大觀衆的發展及個別導演風格的興起等多樣影響也加強了第三世界國家的電影製作。

第三世界電影顯著的特徵是融合了社會、政治及美學上的考量。在第三世界國家中，電影被當成是一種大衆宣導、團結文化及提升意識的強制性手段。他們的電影傾向於運用不尋常的製作方法，獨立於任何現存的製片廠，且通常是「地下的」，或組織內的。除此之外，爲了幫觀衆發展一種看事情及了解社會政治現實的新方法，這些電影拒絕時下流行的電影美學❶。義大利新寫實主義影片雖因製作方式受限，卻能爲義大利戰後的重要社會議題直言，所以對第三世界電影的發展深有影響。在競爭中，某些國家的政府（像古巴及印度）資助電影學校、控制影片發行且強制非劇情片的上映❶。在第三世界國家中因電影工作者都以相近的目的使用攝影機，因此他們都有一種普遍的傾向，也即，向他們生活周身現實挑戰，並運用電影的力量喚醒他們

---

❶ 見David A. Cook, *A History of Narrative Film*(New York: Norton, 1981), 599-600.

❶ 見*Indian Cinema: 1980-1985,* ed. Rani Burra(New Delhi: The Directorate of Film Festivals, 1985).

的人民，使他們對於這個現實保持高度的意識。而特別在拉丁美洲，這種新電影以「戰鬥的電影」(militant cinema) 或「游擊隊電影」(guerrilla cinema) 聞名於世[18]。

　　在二次世界大戰之後，下列幾個因素助長了第三世界電影，使它的目標得以實現，這些因素包括對第三世界國家的國際性承認的成長；國家支持電影學校並直接補助製片，對抗殖民主義的革命及愈來愈多獨立國家的出現(特別在拉丁美洲及非洲)，廣泛地工業化，並認識到影片在政治、社會與經濟的發展上所扮演的角色。無可避免地，對應於第三世界電影特殊任務的相關美學及政治理論體系將一併出現，其中阿根廷電影工作者費南度‧比利 (Fernando Birri)、費南度‧蘇連納 (Fernando Solanas) 與奧泰維歐‧蓋提諾 (Octavio Getino) 的論述特別有影響力。

　　雖然以一個市場經濟觀點而言，發展中國家在非劇情片上的數量、品質及多樣風格的表現都令人印象深刻，但諸如經濟、實務上與道德上的重大障礙還是經常使這些成就受阻[19]。例如在發展中國家非劇情片的資金就經常短缺，因此外來者比本地人更容易製作出數量更多的影片。此外，相對來說，本地觀眾普遍對於這種電影藝術不適應，他們較喜歡本土製作的劇情片 (他們常以義大利新寫實主義電影的方法來製作) 及有關當代事件及問題的非劇情片。還有，對於題議及問題的電影經常被政治的電檢制度所挫，質言之，電影工作者的批評性觀點若不能爲執政當局所喜，他們就有可能神秘地失

---

[18] 例如，在古巴稱cine liberación，在巴西稱cinema nôvo在阿根廷稱cinema djidid (new cinema) 在伊朗稱cinema motefävet (New Iranian Cinema)。

[19] 見Helen W. Cyr, *A Filmography of the Third World, 1976-1983*(Metuchen: Scarecrow, 1985); Carl J. Mora, *Mexican Cinema: Reflections of a Society, 1896-1988*, rev. ed. (Berkeley: University of California Press, 1989); *Cinema and Social Change in Latin America: Conversations with Filmmakers*, ed. Julianne Burton (Austin: University of Texas Press, 1986); Michael Chanan, *The Cuban Image: Cinema and Cultural Politics in Cuba* (London: BFI Publishing, 1985); *World Cinema Since 1945*, ed. William Luhr (New York: Ungar, 1987); *The Political Companion to Film*, ed. Gary Crowdus (New York: Pantheon, 1987); Randal Johnson, *Cinema Novo X 5* (Austin: University of Texas Press, 1984); *Brazilian Cinema*, ed. Randal Johnson and Robert Stam (East Brunswick, N.J.: Associated Universities Press, 1982); Dennis West, *Curriculum Guide to Contemporary Brazilian Cinema* (Albuquerque: Latin American Institute, University of New Mexico, 1985); *Argentine Cinema*, ed. Tim Barnard (Toronto: Nightwood, 1986).

踪、被捕或驅逐出境。

　　尚未寫下的非西方國家與第三世界非劇情片歷史，實在應有別於西方國家的電影製作發展脈絡。這樣的研究首先應建構出塑造非西方國家電影製作背後複雜的政治、社會、藝術與經濟上的條件；第二，應強調第三世界電影工作者的角色，正因為他們，長久被排斥在外的人民有了發言的管道，還有通常意見不可能被表達出來的少數民族（甚至是多數民族）的聲音，也因這些電影工作者才得以聲張[20]。這點也正是阿姆斯所強調的。在這種視野之下，研究並列出一張對於整個第三世界電影發展有重要貢獻（而西方觀眾也找得到片子）的片單才算可能。

印度

　　戰後印度的非劇情片製作是表達印度獨立那種驕傲的重要工具，而與其他發展中國家相比，印度的非劇情片相當多產，其主要原因是印度的電影工業基礎比較深厚[21]。許多印度年輕電影工作者曾在印度受到德國電影工作者保羅‧西爾斯（曾拍過《瑪拉巴的瑪提拉舞》Martila Dances of Malabar, 1957）的訓練，而有些人也曾在美國的電影學校進修[22]。雖然印度電影早期均偏重於印度的藝術及建築，但近年來印度非劇情片工作者已開始關注更迫切的社會經濟題目，不過政府對於影片的贊助與發行均甚為官僚，這種情形反而阻礙了印度非劇情片更進一步的發展。儘管如此，正如歐洲或美國的電視曾培養了非劇情片的發展，今日印度的電視也似乎為該國非劇情片提供了相同的發展機會。

　　印度重要的非劇情片導演是維沙普里‧吉哈弗里，他曾拍過一部五個小

---

[20] Armes, 311.

[21] 一九四八年，印度政府設立了電影部門製作公共資訊、教育及激勵性影片。一九八〇年它的年產量是120部紀錄片及每週供全國10500家戲院放映的52部新聞片，參見B. D. Garga, "The Long and Short of It," *Film India: The New Generation, 1960-1980*, ed. Uma da Cunha (New Delhi: The Directorate of Film Festivals, 1981), 35-40.

[22] 這些電影工作者為Arun Chowdhary (The Jain Temples), Santi Chowdhury (The Inner Eye, Amrita Shergil), Clement Baptista (Kailash at Ellora), Jean Bhownagary (Radha and Krishna), Mohan Wadhwani, (Khajuraho), P. Dasgupta, (Konarak), Satyajit Ray (Rabindranath Tagore, 1961) Girish Karnad (Bendre, 1972), 講述本世紀印度最偉大的詩人之一D.R. Bendre；還有M. S. Sathyu的《Ghalib》，談十八世紀的詩。

時半的長片《聖雄甘地的一生：一八六九——一九四八》(1968)，這部片子結合了罕見的舊資料影片、照片、繪畫及精采的印度音樂，但很可惜因為甘地聲音的品質太差，片子的力量被削弱了。其他重要的影片包括法利‧比利摩利亞的《查凡可的一個小村》(1957) 及一部有關比哈利 (Bihari) 農民家庭的《阿南達蓋的房子》，蘇克代夫 (S. Sukhdev) 有關印度生活印象主義式紀錄的名作《印度的一天》(An Indian Day, 1972)，曼尼‧柯爾 (Mani Kaul) 探索五光十色孟買生活的優異之作《來臨》(Arrival, 1968) 及有關印度陶匠的《馬蒂‧馬那斯》(Mati Manas, 1985)；還有沙伊德‧莫札 (Saeed Mirza) 的《驅逐貧民窟》(Slum Eviction, 1975)，庫瑪‧夏哈尼 (Kumar Shahani) 有關乾旱與飢荒的《貝里火災》(Fire in the Belly, 1975)，夏安‧班奈格 (Shyam Benegal) 有關流浪兒及貧困兒童的《在街頭的一個小孩》(A Child of the Streets, 1967)，班奈格與尤里‧阿多克欣 (Yuri Aldokhin) 合導的《尼赫魯》(1985) 及向偉大印度導演致敬的《薩提耶吉‧雷》(Satyajit Ray, 1985)，文諾‧夏普拉 (Vinod Chopra) 的《以臉接觸》(Encounter with Faces) 及里特維克‧格哈塔克 (Ritwik Ghatak) 的《帕德瑪河流向哪裏》(Where the Padma Flows, 1971)。

東亞及東南亞

　　遠東、東南亞、澳洲及太平洋島嶼上非劇情片的發展都較印度來得緩慢。在日本，大島渚(Nagisa Oshima) 的《被遺忘的皇軍》(Forgotten Imperial Army/忘れりれち皇軍, 1963) 是極少數質疑日本在二次世界大戰中所扮演角色的作品，此外土木昭典(Noriaki Tsuchimoto) 及小川紳介(S. Ogawa) 也在一九七一年分別拍出了《水俁病》(Minimata) 及《第二堡壘的人們》(Peasants of the Second Fortress)。而越南也曾拍出《邊海河的岸上》(On the Banks of the Ben-Hai River)。除此之外，也有許多以遠東國家不同民族為對象的民族學誌及人類學研究影片製作出來。

拉丁美洲

　　七○及八○年代拉丁美洲動盪不安的革命趨勢正如二○年代的蘇聯一樣，為非劇情片的發展提供了一個肥沃的土地。其結果出現了兩部拉丁美洲從未有過且情感也最豐沛的政治影片《智利之戰》(The Battle of Chile/La

batalla de Chile) 及《酷煉時刻》(Hour of the Furnaces/La hora de los hornos)。
《智利之戰》由派屈西歐‧古茲曼(Patricio Guzman)製作,記錄了智利一九七
三年軍事政變前一年民主政府的運作情形,古茲曼的影片是政治宣傳上的高
明之作。不過《酷煉時刻》(1968,阿根廷出品)則在電影藝術上較爲重要。
這部由費南度‧蘇連納與奧泰維歐‧蓋提諾合作的四個半小時長片生動地將
拉丁美洲從新殖民主義及暴力中爭取自由的情形表達出來,做爲一部政治解
放的編輯影片,它極力宣揚它的訊息,戲劇性地以上流階級的休閒生活與人
民日常生活的艱困現實做對比,它也以此記錄歷史及當代文化,以意識型態
而言,這是部不折不扣的馬克思主義者的作品,在電影藝術及不同的風格中
均生動有力,有些段落以一種速成及海報式感覺的粗率風格製成,另外一些
則運用了字幕、電影畫面、照片、旁白及反諷性的合唱音樂去譴責來自英國
及美國的帝國主義者(詹森總統及美國進步同盟似乎是頭號敵人)。《酷煉時
刻》資訊豐沛,因此對觀眾而言頗爲吃力,不過它的結果卻是個令人難忘的
經驗。

　　其他重要的拉丁美洲影片以國家來區分包括阿根廷的雷曼都‧格雷澤
(Raymudo Gleyzer) 的《發生在侯份與墨西哥:凝固的革命》(It Happened
in Hualfin and Mexico: The Frozen Revolution),費南度‧比利的《丟給我一
角錢》(Throw Me a Dime/Tire-Die, 1960):本片清楚地反映出受到義大利新

·《酷煉時刻》(1968, 阿根廷, 派屈西歐‧古茲曼)

寫實主義電影的影響；波利維亞的喬治・山吉內斯（Jorge Sanjinés）的《人民的勇氣》（The Courage of the People/El coraje del pueblo, 1971）及《黎明之旗》（The Banners of the Dawn/ Las banderas del amanecer, 1984）；哥倫比亞的馬它・羅里庫茲（Marta Rodriguez）與喬治・西瓦（Jorge Silva）的《製磚工人》（The Brickmakers/Chircales, 1968）與《農民》（Peasants/Campesinos, 1976），英格納西歐（G. Ignacio）的《Los Gamines》，卡洛斯・阿瓦瑞茲（Carlos Alvarez）的《什麼是民主？》（What is Democracy? / Qué es la democracia?, 1971）及《落後之子》（The Sons of Underdevelopment /Los hijos del subdesarrollo, 1975）；薩爾瓦多Cero a la Izquierda電影組織的《莫拉茲恩》（Morazan）與《第一次採收的水果》（First Fruits/Los primos frutos，兩部均為1980年出品），狄亞哥・德・拉・泰克澤拉（Diego de la Texera）的《薩爾瓦多——人民將會獲勝》（El Salvador——The People Will Win/El Salvador——El pueblo vencéra, 1980），哥斯達黎加的英果・奈侯斯（Ingo Niehaus）的《哥斯達黎加，香蕉共合國》（Costa Rica, Banana Republic, 1976）；巴西的德・安德拉（J. P. de Andrade）的《巴西里亞：矛盾之城》（Brasilia: City of Contradiction），李昂・赫茲曼（Leon Hirzsman）的《絕對多數》（Absolute Majority/Maioria absoluta, 1964）及阿納多・傑布（Arnaldo Jabor）的《輿論》（Public Opinion/ Opiniao publica）；古巴的桑蒂雅哥・阿瓦瑞茲的《現在》（Now, 1965）、《河內：十三號星期二》（1967）、《總會等到勝利》（Always Until Victory/Hasta la victoria siempre, 1967）、《寮國，被遺忘的戰爭》（1967）、《胡志明的七十九個春天》（1969）、《猛虎跳出並濫殺，但牠會死的⋯⋯它會死的》（The Tiger Leaps and Kills, But It Will Die⋯⋯It Will Die/El tigre salto y mato, per morirá⋯⋯morirá, 1973）及柯塔澤（O. Cortazer）的《Por primera vez》；墨西哥的保羅・雷達克（Paul Leduc）的《蘆葦：發生暴動的墨西哥》（Reed: Insurgent Mexico / Reed: México insurgente, 1973）、《種族文化被滅：梅斯奇托紀事》（Ethnocide : Notes on Mesquital/Etnocido: notas sobre el mesquital, 1976）及《普加里托禁忌的歷史》（Forbidden History of Pulgarito/Historia prohibitas del Pulgarito，1980）；烏拉圭由瑞典導演珍・林庫斯特（Jan Lindquist）拍攝烏拉圭地下活動的《Tupamaros》（1973）。

中東與非洲

　　在伊朗、土耳其、埃及或其他阿拉伯國家中具國際重要性的非劇情片一直很少，不過仍有三部非洲影片值得一提，它們是查歐（M. Traore）的《Reous-takh》（塞內加爾出品）、納納‧馬哈默（Nana Mahomo）的《丁巴札最後的墳墓》（Last Grave at Dimbaza, 1975, 南非出品）及有關種族隔離制度的地下影片《談話的結束》（End of the Dislogue/Phela-ndaba, 1971, 南非出品）。

結語

百年來的非劇情片

到一九九五年，非劇情片就屆滿一個世紀的發展了。這本書也以編年紀事的方式記下這個發展的各個階段與它的豐富樣貌——包括實況影片與紀實電影、紀錄片與宣傳片、真實電影與直接電影。而非劇情片以多樣的可能性及豐沛的想像空間也可肯定它將繼續存活與成長。雖然從未有非劇情片工作者對此一影片類型的定義是相同的，但就像文生·坎比所觀察到的，他們絕大多數「似乎都共有一種使命感，認為改變事物的狀態、記錄正在發生的歷史，或是喚醒我們去注意他們認為我們生命中值得深思的某些層面，當做一種應盡的義務」❶。而可以確定的是這種責無旁貸的動力將會使非劇情片在二十一世紀繼續蓬勃發展。

八〇年代的傳奇

大部分西方非劇情片類型的藝術與功能在八〇年代又再度受到肯定，包括葛里遜式的社會學紀錄片、紀實電影、教學影片、直接電影、新聞式報導，甚至是與佛萊赫堤密切相關的個人式電影都再次振興。特別是社會學紀錄片回復了它做為鼓吹者的角色——也就是葛里遜的遺產——塑造我們對時代的重要議題的思考與討論。在整個八〇年代一直到九〇年代，全世界不論是工業化國家或發展中國家的獨立電影工作者都仍繼續就複雜的議題發表嚴肅的主張，他們也嘗試去解釋社會問題因何而起，並為改善這種狀況提出種種建議。

目前非劇情片的表現方式與它的內容都令人印象深刻。電影作者們運用

❶ "Documentaries: Limitless Eyes, Recording Civilization," *The New York Times* 3 Nov. 1985, sec. C: 19.

了「事物的狀態」(state-of-the-art) 的技巧，製作出技術品質上頂尖的非劇情片，而他們富創意的作品則遠超過許多觀眾記憶中昔日課堂上塞滿事實的資訊影片。經過了較早期真實電影與直接電影的培養，當代影片的特徵是幾乎不做空泛的臆測，而對事物的現狀提出睿智的質疑，因此，這樣的電影所看到的真實，多少可以比人眼所看到的更爲清楚。八〇及九〇年代的新紀錄片雖在虛構與真實之間游移，但它對兩者之間的界線仍有其分寸。

非劇情片表現形式演進的結果是傳統上區分劇情片與非劇情片的生硬界線逐漸淡化，電影工作者經過深思熟慮開始有意識地抗拒兩個類型原先的限制，他們令劇情片與非劇情片彼此重疊，互爲註解並共存不斥。這並不是所謂的「半劇情紀錄片」(semifictional documentary) 或「紀錄片式劇情片」(docudrama)，基本上上述這兩者都是基於真實生活事件的劇情片，而我們所說的（也正如梅索兄弟在《灰色花園》中所做的）是一種透過剪接完成的成就，也是一種可以將現實多樣曖昧性融爲一體的模式。今天的電影工作者受到直接電影及當代電影理論的影響，已關切到「反映自我」(reflexivity)——也即影片反映自己及片中世界的能力。根據紀錄片理論家傑・盧比 (Jay Ruby) 所說的，反映自我的旨趣呈現了「影片——所有的影片，不管它標示的是劇情片、紀錄片或藝術電影——都是由影片工作者創造出來結構井然的有機整體，因此談不上什麼真實而令人信服的客觀紀錄」❷，這個重要而又常爲自我利益服務 (self-serving) 的當代電影理論是複雜的，而其結果使得「電影真實」與觀眾對它的感知不再那麼理所當然。

因爲這種表現方式的演進已發生，電影理論家及批評家就堅持對於類型上的限制應加強了解，對電影史與電影理論有所涉獵的觀眾（尤其是已接受影片學術上介紹的學生）應該對超越這些限制的電影性經驗有所渴望，而電影工作者應創造一系列作品融合這種觀看現實與再現現實的新方法。在理論家、觀眾與影片工作者之間其實有種假想性的協同作用 (synergy)，這種經由共同作用而增大的效應進一步加強了非劇情片富創造性的發展，也即，經由個別的觀念及個人性的表現，使高度個人式影片的變革益形顯著。上述這些影片就像是個人可以完成的論文一樣，在表現形式上十分豐富；也因爲影

❷ "The Image Mirrored: Reflexivity and the Documentary Film." *Journal of the University Film Association* 29.1 (Fall 1977): 10.

片的創作者既未學過什麼法則，或在詳加考慮後才選擇在潛在性受限的環境（如引導三○年代英國紀錄片運動的環境或引導六○年代直接電影的時空）之外工作。今日，非劇情片所探索的不僅是事實，也深究攝影機（及其他拍片過程的元素）記錄的方式及它如何詮釋現實並創造自己的現實的方式。有的時候，八○年代的非劇情片表現出一種不可避免的「自覺」(self-consciousness)——在意義上也是自我反映的；而其他時候，我們自己會發現在劇情片與非劇情片之間的界線與其說是固定的，不如說是任意的。

八○年代在下列一些外在環境的影響下，非劇情片在國際間不論在質與量上都有長足的進步。這些外在形勢雖無關乎影片工作者對自己藝術的認知，但對於他們作品的製作與發行及類型本身的聲望都有絕對的重要性。

日新月異的新技術

新的技術，特別是電子錄影製作 (video production)，使得過去沒有能力拍影片的人，現在都可以製作出非劇情片。在這個意義下，這項新技術賦予新一代電影工作者發表不同意見的能力。而這種輕便錄影設備造成的革命可以與過去造就真實電影與直接電影的原因相提並論，當時也因為拍片設備的發展導致了非劇情片發生巨大的變化。

資金來源與發行

由於出現了新的資金來源及發行管道，非劇情片工作者的工作因此得到更進一步的鼓舞：如國家藝術與人文基金會 (National Endowments for the Arts and the Humanitis) 之類的政府機構及一些私人基金會都會固定提供經費給電影工作者；紐約電影廣場 (New York's Film Forum) 與公共電影院 (Public Theatre) 也會例行性地放映單獨的、系列性的或回顧性質的非劇情片；而公共電視台也不再是唯一製作與播映非劇情片的電視頻道，有些重要的製片公司及頻道業者特別是如家庭票房電影頻道(Home Box Office)、探索頻道 (Discovery Channel)、藝術與娛樂頻道 (Arts & Entertainment)、演藝時間頻道 (Showtime) 及其他有線電視頻道公司都提出他們一部分的預算投資原創的非劇情片製作，這當然也說明有相當數量的觀眾喜愛這種節目，尤其許多家庭深愛非劇情片，他們甚至到附近的租售店去租或購買非劇情片錄影帶回家欣賞。在上述這些電視節目中，最受觀眾喜愛的是有關科學、科技、自然、歷史、人類冒險、世界文化等領域的作品，而自然與世界文化的非劇情片則佔節目量的半數以上。

但不幸的是，電視在非劇情片製作及發行的支配性角色也有其缺點。電視儘管在節目上相當有變化且十分成功，但它在題材的選擇上卻比較不敢大膽嘗試，尤其不願影片在社會性議題上發揮其功能。就如製作人亞瑟‧貝倫曾寫道「就我所知，全國性電視網從未呈現過有關聯邦調查局、軍事-工業複合體、國會倫理或其他禁忌的影片」❸。貝倫同時也觀察到，客觀性的報導是為電視上非劇情節目的標準模式，不過大部分節目仍守著傳統的目標，做著引導或教育觀眾的事。貝倫一方面也承認葛里遜影響下有些優點，但他也感歎竟無任何佛萊赫堤的影響留下蛛絲馬跡。事實上，做為大眾媒體的電視對新聞報導性的客觀要求遠超過個人式的紀錄或揭發人性的影片。除此之外，根據貝倫所說的，電視節目製作人因為不喜歡描寫情感、憤怒或溫情，所以較喜歡事實而不願碰情感。不過可以肯定的是，公共電視及有線電視上節目的豐富與多樣是超過商業電視的，然而整體而言，在電視上的非劇情片絕大部分是由商業因素所決定，不是美學，也不是其他的考慮。

電影理論與批評

最終，在八〇年代，一種共識逐漸形成——也就是這種片型是值得做批評性分析的。最近幾年來，大學層級有關電影史、電影理論、電影批評及製作的課程及科系都逐年增加，而非劇情片影展的數目也愈來愈多，有關非劇情片的嚴肅論述（在學術期刊中的論文、流行出版品及學期刊物中的批評性文字）也比往常容易看到。其中，有許多新的理論已超出早期奠基大師諸如維多夫、葛里遜及羅沙所專注的想法，新的理論更進一步反映了受到結構主義、後結構主義的影響，它們並對再現（representation）、道德、敘事手法、

---

❸ "Toward New Goals in Documentary," *The Documentary Tradition: From "Nanook" to "Woodstock,"* ed. Lewis Jacobs, 494.

讀者階級（readership）及觀眾加以解構（deconstruction）❹。除此之外對於非劇情片的理論及批評有同等重要或更重要影響的是女性主義電影理論。至此，許多有關非劇情片及影片工作者的新書開始問世，它們的範圍包括非劇情片的歷史、訪問與批評文選，對佛萊赫堤、維多夫、葛里遜、詹寧斯、伊文斯、懷斯曼的研究書籍，而英國紀錄片運動、美國左翼電影、編輯影片、新聞片、電視紀錄片、直接電影、女性主義電影及第三世界電影也有專書出版。

　　一百年以前，盧米埃兄弟創造出非劇情片，他們並相信觀眾會對那種既記錄又啓發他們生活的影片感興趣。在巴黎，一開始非劇情片隨即就幾乎是全世界每個國家所擁抱，在非劇情片後來的歷史中，它扮演了許多角色，並發揮了許多功能——包括紀實電影、紀錄片、宣傳片及直接電影，而它也以不同的方式教育、啓發、開導並在有時候激怒它的觀眾。不過，儘管在發展上多采多姿，非劇情片主要的功能仍單純而堅定不移，在本書第一版的序言中，李察‧麥肯寫道「（非劇情片工作者的任務）是去使得錯綜複雜的事物可以被了解，並證明事情之所以錯綜複雜是因為與人類的需要與願望互相違背」。富於創意地詮釋人類的生活是非劇情片的題材，因此，它並不只去記錄一些事件的原樣，應是坦率的爭辯或扭曲事物的宣傳片，或是一個被創造出來的故事；更甚者，就像所有電影一樣，非劇情片乃是一個具創造力的藝術品；以葛里遜的語彙來說，非劇情片是個「現實的創造性詮釋」。
　　像大部分影片一樣，非劇情片也是許多人共同努力的成果，而有些頂尖的非劇情片作品更是以團體形式（如英國的紀錄片運動）來完成的，但要像劇情片那樣以特定的時間與空間像好萊塢、松木製片廠或電影城（Cinecitta）

❹　見Dennis Giles, "The Name *Documentary*: A Preface to Genre Study," *Film Reader* 3 (1978): 18-22; Michael Renov, "Re-thinking Documentary: Toward a Taxonomy of Mediation," *Wide Angle* 8.3-4 (1986): 71-77; Bill Nichols, "The Voice of Documentary," *New Challenges for Documentary*, ed. Rosenthal, 48-63; Richard M. Blumenberg, "Documentary Films and the Problem of 'Truth'," *Journal of the University Film Association* 29. 1 (Fall 1977): 19-22; Carl Plantinga, "Defining Documentary: Fiction, Non-Fiction, and Projected Worlds," *Persistence of Vision* 5 (Spring 1987): 44-54; 及 William Guynn, A *Cinema of Nonfiction* (Rutherford, N.J.: Fairleigh Dickinson University Press, 1990).

去界定它的類型並不容易。不過，爲了製作非劇情片，有天分的藝術家雖曾一起做出整合他們對人生與眞實不同看法的作品，但在這樣的努力之下，一個導演——有著熱切想探求眞相的智慧，願獻身於理性與批判，同時又熱情地審視議題、事件與生命的人，才是非劇情片最重要的因素。

　　非劇情片可以是富於資訊，善於勸服，有利用價值，或以上兼具，但它的眞正價值存於它對人類處境的洞察與它改善這種狀況的視野。就如麥肯所寫的，非劇情片「因爲經常以生活應有的條件來檢視及評量目前生活的方式，所以已成爲民主式溝通的一項理想工具」。它一方面兼具寫實性與理想性，雖呈現出一種矛盾，但這種矛盾已被它人性的宗旨化解了。它雖根植於眞實並再現這個眞實，但也融合了對生活的激進理想主義與關切人類處境的眞誠。因爲上述這些附帶的目標，非劇情片一直是一種最引人矚目且也是對人類最有助益的電影形式。

參考資料

Affron, Charles. "Reading the Fiction of Nonfiction: William Wyler's *Memphis Belle*." *Quarterly Review of Film Studies* 7.1 (1982): 53–59.

Agee, James. *Agee on Film*. Boston: Beacon, 1958.

____."Seeing Terrible Records of War." *The Nation* 24 May 1945: 342.

Aitken, Ian. *Film and Reform: John Grierson and the Documentary Film Movement*. London: Routledge, 1990.

Alexander, William. *Film on the Left: American Documentary Film from 1931 to 1942*. Princeton: Princeton University Press, 1981.

Allen, Robert C. "Motion Picture Exhibition in Manhattan, 1906–1912: Beyond the Nickelodeon." *Film Before Griffith*. Ed. John L. Fell. Berkeley: University of California Press, 1983. 162–75.

____. "Vitascope/Cinématographe: Initial Patterns of American Film Industrial Practice." *Film Before Griffith*. Ed. John L. Fell. Berkeley: University of Califormia Press, 1983. 144–52.

Allen, Robert C., and Douglas Gomery. *Film History: Theory and Practice*. New York: Knopf, 1985.

"Analyse de Tous Des Films Inédits de Long Métrage Projectés A Paris de la Liberation Au 15 Octobre 1945." *Le Cinéma Français 1945*. Vol. 2. Paris: Editions de la Cinématographie Française, 1945.

Anderson, Carolyn. "The Conundrum of Competing Rights in *Titicut Follies*." *University Film Association Journal* 33.1 (1981): 15–22.

Anderson, Carolyn, and Thomas W. Benson. *Documentary Dilemmas: Frederick Wiseman's "Titicut Follies."* Carbondale: Southern Illinois University Press, 1989.

Anderson, Joseph, and Barbara Fisher. "The Myth of Persistence of Vision." *Journal of the University Film Association* 30.4 (Fall 1978): 3-8.

Anderson, Joseph L., and Donald Richie. *The Japanese Film: Art and Industry.* Princetion: Princeton University Press, 1982.

Anderson, Lindsay. "Angles of Approach." *Sequence* 2 (Winter 1947): 5-8.

____ ."Only Connect: Some Aspects of the Work of Humphrey Jennings." *Nonfiction Film Theory and Criticism.* Ed. Richard Meran Barsam. New York: Dutton, 1976. 263-70.

Archaeology on Film. Ed. Peter S. Allen and Carole Lazio. Boston: Archaeological Institute of America, 1983.

Arlen, Michael J. "The Air: Fred Wiseman's 'Kino Pravda.' " *The New Yorker* 21 Apr. 1980: 91-101.

____ ."The Air: On the Trail of a 'fine careless rapture.' " *The New Yorker* 10 Mar. 1980: 73-79.

Armes, Roy. *Third World Film Making and the West.* Berkeley: University of California Press, 1987.

Armstrong, Dan. "Wiseman's *Model* and the Documentary Project: Toward a Radical Film Practice" *New Challenges for Documentary* Ed. Alan Rosenthal Berkeley: University of California Press, 1988. 180-90.

Atkins, Thomas R. *Frederick Wiseman.* New York: Monarch, 1976.

Atwell, Lee. "*Word is Out*" and "*Gay U.S.A.*" *New Challenges for Documentary.* Ed. Alan Rosenthal. Berkeley: University of California Press, 1988. 571 -80.

Auden, W. H. *Plays.* Princeton: Princeton University Press, 1988.

Auerbach, Erich. *Mimesis: The Representation of Reality in Western Literature.* New York: Anchor, 1957.

Bachman, Gideon. "Auto-Portrait Du Fascisme." *Cinéma* 183 (1974): 77-85.

Barkhausen, Hans. "Footnote to the History of Riefenstahl's *Olympia.*" *Film Quarterly* 28.1 (1974): 8-12.

Barnouw, Erik. *Documentary: A History of the Non-fiction Film.* New York: Oxford University Press, 1974.

____ ."*Hiroshima-Nagasaki*" *The Case of the A-Bomb Footage. New Challenges for Documentary.* Ed. Alan Rosenthal. Berkeley: University of California Press, 1988. 581-91.

Barnouw, Erik, and S. Krishnaswamy. *Indian Film.* 2nd ed. New York: Oxford University Press, 1980

Barr, Charles. "CinemaScope: Before and After." *Film Theory and Criticism.* Ed. Gerald Mast and Marshall Cohen. 2nd ed. New York: Oxford University Press, 1979. 140-68.

Barron, Arthur. "Toward New Goals in Documentary." *The Documentary Tradition: From "Nanook" to "Woodstock."* Ed. Lewis Jacobs. 2nd ed. New York: Norton, 1979. 494-99.

Barsam, Richard M. "American Direct Cinema: The Re-presentation of Reality". *Persistence of Vision* 3-4 (Summer 1986) : 131-56

____ .*Filmguide to "Triumph of The Will".* Bloomington: Indiana University Press, 1975.

____ ."John Grierson: His Significance Today." *Image, Reality, Spectator: Essays on Documentary Film and Television.* Ed. Willem De Greef and Willem Hesling. Leuven, Belgium: Acco, 1989. 8-16.

____ .*Nonfiction Film: A Critical History.* New York: Dutton, 1973.

____ ,ed. *Nonfiction Film Theory and Criticism.* New York: Dutton, 1975.

____ ."*This Is America*': Documentaries for Theaters, 1942-1951." *Nonfiction Film Theory and Criticism.* Ed. Richard M. Barsam. New York: Dutton, 1976. 115-35.

____ .*The Vision of Robert Flaherty: The Artist as Myth and Filmmaker.* Bloomington: Indiana University Press, 1988.

Barthes, Roland. *Camera Lucida: Reflections on Photography.* New York: Hill, 1981.

Bartone, Richard C. "A History and an Analysis of *The Twentieth Century* (1957-1966) Compilation Series." Diss. New York University, 1985.

Basinger, Jeanine. *The World War II Combat Film.* New York: Columbia University Press, 1986.

Bazin, André. *French Cinema of the Occupation and Resistance: The Birth of a Critical Esthetic*. Introd. by François Truffaut. New York: Ungar, 1975.

___ ."The Myth of Total Cinema." *What is Cinema?* Berkeley: University of California Press, 1967. 17-22.

___ ."*Los Olvidados*." *The World of Luis Buñuel*. Ed. Joan Mellen. New York: Oxford University Press, 1978.

___ .*What is Cinema?* Berkeley: University of Californa Press, 1967.

Benjamin, Burton. "The Documentary Heritage." *Nonfiction Film Theory and Criticism*. Ed. Ricard Meran Barsam. New York: Dutton, 1976. 203-08.

Benson, Thomas W., and Carolyn Anderson. *Reality Fictions: The Films of Frederick Wiseman*. Carbondale: Southern Illinois University Press, 1989.

Berg, Beatrice. "I Was Fed up with Hollywood Fantasies." *The New York Times* 1 Feb. 1970: 25-26.

Berger, John. "Ways of Remembering." *Camerawork* 10 (1978).

Bergman, Andrew. *We're in the Money: Depression America and Its Films*. New York: New York University Press, 1971.

Bergman, Bruce. "Jean Rouch: A Founder of the Cinéma Vérité Style." *Film Library Quarterly* 11.4 (1978): 21-23.

Bertin-Maghit, Jean-Pierre. "Propagande Sociologique dans le Cinéma Français du 1940 à 1944." *La Revue Du Cinéma* 329 (1978): 71-84.

Bessy, Maurice, and Lo Duca. *Louis Lumière*. Paris: Éditions Prisma, 1948.

Beylie, Claude, et al. "Alberto Cavalcanti." *Ecran* 30 (1974): 49-59.

Beyond the Image: A Guide to Films about Women and Change. Montreal: National Film Board of Canada, 1984.

Bickley, David. "Joris Ivens Filming in China." *Filmmakers Newsletter* 10.4 (1977): 22-26.

Blue, James. "The Films of Jean Rouch (Including Interviews with Blue and Jacqueline Veuve)." *Film Comment* 4.2-3 (1967): 82-91.

___ ."One Man's Truth: Interview with Richard Leacock." *Film Comment* 3.2 (1965): 15-23.

___ ."Thoughts on Cinéma Vérité and a Discussion with the Maysles Brothers."

Film Comment 2.4(Fall 1964): 22–30.

Bluem, A. William. *Documentary in American Televison: Form, Function, Method.* New York: Hastings, 1965.

Blumenberg, Richard M. "Documentary Films and the Problem of 'Truth' " *Journal of the University Film Association* 29.1(1977): 19–22

Bochner, Sally. "National Film Board of Canada: Four Decades of Documentaries and Animation." *Circulating Film Library Catalog.* New York: Museum of Modern Art, 1984. 231–38.

Bohn, Thomas W., and Lawrence W. Lichty. "*The March of Time*: News as Drama." *Journal of Popular Film* 2.4 (1973): 373–87.

Bolen, F. *Histoire Authentique, Anecdotique, Folklorique et Critique du Cinéma Belge Depuis Ses Plus Lointaines Origines.* Brussels: Memo & Codec, 1978.

Bolt, John. "Alexander Rodchenko as Photographer. "*The Avant-garde in Russia* 1910–1930. Ed. Stephanie and Maurice Tuchman Barron. Los Angeles: Los Angeles County Museum of Art, 1980.

Bordwell, David. "Dziga Vertov: An Introduction." *Film Comment* 8.1 (1972): 38–45.

Bowles, Stephen E. "And Time Marched On: The Creation of *The March of Time.*" *Journal of the University Film Association* 29.1 (1977): 7–13.

Brandon, Tom. "Survival List: Films of the Great Depression: The Early Thirties." *Film Quarterly* 12.2–3 (1979): 33–40.

Breitrose, Henry. "On the Search for the Real Nitty-Gritty: Some Problems and Possibilities of Cinéma Vérité." *Film Quarterly* 17.4 (1964): 36–40.

Brownlow, Kevin. *The Parade's Gone By.* Berkeley: University of California Press, 1968.

____ ."Silent Film: What Was the Right Speed?" *Sight and Sound* 49.3 (1980): 164–67.

____ .*The War, the West, and the Wilderness.* New York: Knopf, 1979.

Brunette, Peter. *Roberto Rossellini.* New York: Oxford University Press, 1987.

Burch, Noel. "Four French Documentaries." *The Documentary Tradition: From "Nanook" to "Woodstock."* Ed. Lewis Jacobs. New York: Hopkinson, 1971.

318-26.

Burra, Rani, ed. *Looking Back: 1896-1960*. New Delhi: The Directorate of Film Festivals, 1981.

_____.ed. *Indian Cinema: 1980-1985*. New Delhi: The Directorate of Film Festivals, 1985.

Burton, Julianne, ed. *Cinema and Social Change in Latin America: Conversations with Filmmakers*. Austin: University of Texas Press, 1986.

Calder-Marshall, Arthur. *The Innocent Eye: The Life of Robert J. Flaherty*. New York: Harcourt, 1963.

Caldwell, Genoa, ed. *The Man Who Photographed the World: Burton Holmes, 1886-1938*. New York: Abrams, 1977.

Caldwell, Jill. "*Triumph of The Will* and *Listen To Britain*: Propaganda——Militant/Nonmilitant." *Film Library Quarterly* 9.1 (1976): 52-53.

Callenbach, Ernest. "Going Out to the Subject." *Film Quarterly* 14.3 (1961): 38-40.

_____."*Native Land*." *Film Quarterly* 26.5 (1973): 61.

Cameron, Ian A., and Mark Shivas. "Interviews: Richard Leacock, Albert and David Maysles, William Klein, Jean Rouch, Jacques Rozier." *Movie* 8 (1963): 17-24.

Campbell, Craig W. *Reel America and World War I*. Jefferson, NC: McFarland, 1985.

Campbell, Russell D. "Radical Cinema in the United States, 1930-42: The Work of the Film and Photo League, Nykino and Frontier Films." Diss. Northwestern University, 1978.

Canby, Vincent. "Documentaries: Limitless Eyes, Recording Civilization." *The New York Times* 3 Nov. 1985, sec. C: 19-20.

Capra, Frank. *The Name Above the Title*. New York: Macmillan, 1971.

Carpenter, Edmund. *Eskimo*. Toronto: Toronto University Press, 1959.

Carringer, Robert L. *The Making of "Citizen Kane."* Berkeley: University of California Press, 1965.

Carynnyk, Marco, ed. and trans. *Alexander Dovzhenko: The Poet as Filmmaker*,

Selected Writings. Cambridge: MIT Press, 1973.

Cavalcanti, Alberto. "Alberto Cavalcanti: His Advice to Young Producers of Documentary." Film Quarterly 9 (1955): 354-55.

Cayrol, Jean. "Night and Fog" Film: Book 2, Film of Peace and War Ed. Robert Hughes, Stanley Brown, and Carlos Clarens. New York: Grove, 1962. 234 -55

Ceram, C. W. Archaeology of the Cinema. London: Thames and Hudson, 1965.

Chanan, Michael. The Cuban Image: Cinema and Cultural Politics in Cuba. London: BFI Publishing, 1985.

Chrystal, William G. "National Party Election Films, 1927-1938." Cinema Journal 15.1 (1975): 29-47.

Chu, Bernice, ed. Asian-American Media Reference Guide. New York: Asian Cine Vision, 1986.

Circulating Film Library Catalog: The Museum of Modern Art. New York: The Museum of Modern Art, 1984.

Cocking, Loren. "Francis Thompson: Analysis of an American Film Maker." Master's thes. Ohio State University, 1969.

Cohen, Steven, ed. Vietnam: Anthology and Guide to a Television History. New York: Knopf, 1983.

Coles, Robert. "Documentary: Stripped Bare at the Follies." The New Republic Jan. 1968: 18+.

Colls, Robert, and Philip Dodd. "Representing the Nation: British Documentary Film, 1930-45." Screen 26.1 (1985): 21-33.

Comolli, Jean-Louis. "Detour par de Direct: Un Corps en Trop." Realism and the Cinema. Ed. Christopher Williams. London: Routledge, 1980. 224-58.

Cook, Bruce. "Whatever Happened to Westbrook Van Voorhis." American Film Mar. 1977:25-29.

Cook, David A. A History of the Narrative Film. New York: Norton, 1981.

Cooper, Mericam C. Grass. New York: Putnam's, 1925.

"The Courage of The Men: An Interview with John Huston." Film: Book 2, Films of Peace and War. Ed. Robert Hughes, Stanley Brown, and Carlos

Clarens. New York: Grove, 1962. 22-35.

Cozarinsky, Edgardo. "Foreign Filmmakers in France." *Rediscovering French Film.* Ed. Mary Lea Bandy. New York: Museum of Modern Art, 1983. 136-40.

Craft Films: An Index of International Films on Crafts. Ed. Kay Salz. New York: Neal-Schuman, 1979.

Creel, George. *Complete Report of the Chairman of the Committee on Public Information, 1917-1919.* Washington: Government Printing Office, 1920.

____.*How We Advertised America.* New York: Harper, 1920.

Crowdus, Gary. "*Harlan County, USA.*" *The Documentary Tradition: From "Nanook" to "Woodstock."* Ed. Lewis Jacobs. 2nd ed. New York: Norton, 1979. 563-68.

Cunha, Uma Da. *Film India: The New Generation, 1960-1980.* The Directorate of Film Festivals, 1981.

Curry, Tim. "Frederick Wiseman: Sociological Filmmaker?" *Contemporary Sociology* 14.1 (1985): 35-39.

Cry, Helen W. A *Filmography of the Third World, 1976-1983.* Metuchen, NJ: Scarecrow, 1985.

Davis, Elmer Homes. "Report to the President." Ed. Ronald T. Farrar. *Journalism Monographs* 7 (Aug. 1968): 5-86.

Davis, Peter. "Lindsay Anderson Views His First Feature Film." *Chicago Daily News* 28 July 1963: 21.

De Antonio, Emile. "Flashback: My Brush with Painting." *American Film* 9.5 (1984): 8.

Delmar, Rosalind. *Joris Ivens: 50 Years of Film-Making.* London: British Film Institute, 1979.

Denby, David. "The Real Thing." *New York Review of Books* 37:17 (November 8, 1990): 24-28.

Deslandes, Jacques. *Histoire Comparée Du Cinéma.* 5 vols. Tournai, Belg: Casterman, 1966.

Deutelbaum, Marshall. "Structural Patterning in the Lumière Films." *Wide Angle* 3.1 (1979): 30-31.

Dickinson, Margaret, and Sarah Street. *Cinema and State: The Film Industry and the British Government, 1927-1984*. London: British Film Institute, 1985.

Dickson, W.K.L. *Biograph in Battle: Its Story in the South African War*. London: Fisher Unwin, 1901.

Dickson, W.K. L., and Antonia Dickson. *History of the Kinetograph, Kinetoscope, and Kinetophotograph*. New York: Albert Bunn, 1895. New York: Arno Press, 1970.

Dickstein, Morris. *Gates of Eden: American Culture in the Sixties*. New York: Basic, 1977.

Doublier, Francis. "Reminiscences of an Early Motion Picture Operator." *"Image" on the Art and Evolution of the Film*. Ed. Marshall Deutelbaum. New York: Dover, 1979. 23.

Dunne, Philip. "The Documentary and Hollywood." *Nonfiction Film Theory and Criticism*. Ed. Richard Meran Barsam. New York: Dutton, 1976. 158-66.

Eaton, Mick, ed. *Anthropology-Reality-Cinema: The Films of Jean Rouch*. London: British Film Institute, 1979.

Editors of *Look*, eds. *Movie Lot to Beachhead*. New York: Doubleday, 1945.

Edmonds, Robert. *About Documentary: Anthropology on Film, a Philosophy of People and Art*. Dayton: Pflaum, 1974.

Ehrlich, Evelyn. *Cinema of Paradox: French Filmmaking Under the German Occupation*. New York: Columbia University Press, 1985.

Eisenstein, Sergei. *Film Essays and a Lecture*. Ed. Jay Leyda. New York: Praeger, 1970.

Elder, Robert E. *The Information Machine: The United States Information Agency and American Foreign Policy*. New York: Syracuse, 1968.

Ellis, Jack C. "Changing of the Guard: From the Grierson Documentary to Free Cinema." *Quarterly Review of Film Studies* 7.1 (1982): 23-35.

_____ .*John Grierson: A Guide to References and Resources*. Boston: Hall, 1986.

Ellsworth, Liz. *Frederick Wiseman: A Guide to References and Resources*. Boston: Hall, 1979.

Ellul, Jacques. *Propaganda: The Formation of Men's Attitudes*. Trans. Konrad and

Jean Lerner Kellen. New York: Vintage, 1973.

Elson, Robert T. *Time, Inc., the Intimate Story of a Publishing Enterprise, 1923 -1941*. New York: Atheneum, 1968.

____ ."Time Marches on the Screen." *Nonfiction Film Theory and Criticism*. Ed. Richard Meran Barsam. New York: Dutton, 1976. 95-114.

Engle, Harrison, "Thirty Years of Social Inquiry: An Interview with Willard Van Dyke." *Film Comment* 3.2 (1965): 24-37.

Erens, Patricia. "Women's Documentary Filmmaking: The Personal is Political." *New Challenges for Documentary*. Ed. Alan Rosenthal. Berkeley: University of California Press, 1988. 554-65.

____ ."Women's Documentaries as Social History." *Film Library Quarterly* 14.1 -2 (1981): 4-9.

Evans, Gary. *John Grierson and the National Film Board: The Politics of Wartime Propaganda, 1939-1945*. Toronto: University of Toronto Press, 1984.

Everaerts, Jan-Pieter. *Oog Voor Het Echte: Het Turbulente Verhaal van de Blaamse Film-, Televisie-en Video Documentaire*. Brussels: Brtuitgave, 1987.

Everson, William K. "*Germany Awake*: Propaganda in Nazi Cinema." *Sightlines* 14.1-2 (1980): 12.

The Factual Film: An Arts Enquiry Report. London: Oxford University Press, 1947.

Feldman, Seth. "Cinema Weekly and Cinema Truth: Dziga Vertov and the Leninist Proportion." *Sight and Sound* 43.1 (Winter 1973-74): 34-48.

____ .*Dziga Vertov: A Guide to References and Resources*. Boston: Hall, 1979.

Fell, John L., ed. *Film Before Griffith*. Berkeley: University of California Press, 1983.

Fielding, Raymond. *The American Newsreel: 1911-1967*. Norman: University of Oklahoma Press, 1972.

____ ."Hale's Tours: Ultrarealism in the Pre-1910 Motion Picture." *Film Before Griffith*. Ed. John L. Fell. Berkeley: University of California Press, 1983. 116-30.

____ .*The March of Time: 1935-1951*. New York: Oxford, 1978.

____ ,ed. *A Technological History of Motion Pictures and Television*. Berkeley: University of California Press, 1967.

Fieschi, Jean-André. "Dziga Vertov." *Cinema: A Critical Dictionary*. Ed. Richard Roud. Vol. 2. New York: Viking, 1980. 1022–26.

____ ."Jean Rouch." *Cinema: A Critical Dictionary*. Ed. Richard Roud. Vol. 2. New York: Viking, 1980. 901–09.

Filme Contra Faschismus. Berlin: Staatliches Filmarchiv der Deutschen Demokratischen Republik. 1965.

Films Polonais: Catalogue de Film Diffusés en France. Paris: Régie Gouvernementale du Cinéma en Pologne à Paris, 1954.

Fischer, Lucy. "*Enthusiasm*: From Kino-Eye to Radio-Eye." *Film Quarterly* 31.2 (Winter 1977–78): 25–34.

____ ."Restoring *Enthusiasm*: Excerpts from an Interview with Peter Kubelka." *Film Quarterly* 31.2 (Winter 1977–78): 35–36.

Flaherty, Robert. "Filming Real People." *The Documentary Tradition: From "Nanook" to "Woodstock."* Ed. Lewis Jacobs. 2nd ed. New York: Norton, 1979. 97–99.

____ .*My Eskimo Friends*. Garden City: Doubleday, 1924.

Frederickson, Don. "Jung/Sign/Symbol/Film (part 2)." *Quarterly Review of Film Studies* 5.4 (1980): 459–79.

Friedenberg, Edgar Z. "Ship of Fools: The Films of Frederick Wiseman." *The New York Review of Books* 17.6 (1971): 19–22.

Fuentes, Carlos. "The Discreet Charm of Luis Buñuel." *The New York Times Magazine* 11 Mar. 1973: 87.

Fulton, A. R. "The Machine." *The American Film Industry*. Ed. Tino Balio. Madison: University of Wisconsin Press, 1976. 19–32.

Fyne, Robert. "From Hollywood to Moscow." *Film/Literature Quarterly* 13.3 (1985): 194–99.

Galassi, Peter. *Before Photography: Painting and the Invention of Photography*. New York: Museum of Modern Art, 1981.

Gallagher, Tag. *John Ford: The Man and His Films*. Berkeley: University of

California Press, 1986.

Gardner, Robert. "A Chronicle of the Human Experience: *Dead Birds.*" *The Documentary Tradition: From "Nanook" to "Woodstock."* Ed. Lewis Jacobs. 2nd ed. New York: Norton, 1979. 430-36.

Garga, B. D. "The Long and Short of It." *Film India: The New Generation, 1960 -1980.* Ed. Uma Da Cunha. New Delhi: The Directorate of Film Festivals, 1981.

Gartenberg, Jon, et al., eds. *The Film Catalog: A List of Holdings in The Museum of Modern Art.* Boston: Hall, 1985.

Geller, Evelyn. "Paul Strand as a Documentary Filmmaker." *Film Library Quarterly* 6.2 (1973): 28-30.

Georgakas, Dan. *"Finally Got the News." "Show Us Life": Toward a History of the Committed Documentary.* Ed. Thomas Waugh. Metuchen: The Scarecrow Press, 1984. 154-67.

Gerard, Edmund Bert. "The Truth About Cinéma Vérité." *American Cinematographer* 50 (1969): 474-75.

Gilbert, Craig. "Reflections on *An American Family, I.*" *New Challenges for Documentary.* Ed. Alan Rosenthal. Berkeley: University of California Press, 1988. 191-209.

___."Reflections on *An American Family, II.*" *New Challenges for Documentary.* Ed. Alan Rosenthal. Berkeley: University of California Press, 1988. 288 -307.

Giles, Dennis. "The Name *Documentary*: A Preface to Genre Study." *Film Reader* 3 (1978): 18-22.

Gitlin, Todd. *"Phantom India." New Challenges for Documentary.* Ed. Alan Rosenthal. Berkeley: University of California Press, 1988. 536-41.

Goldman, Eric P. *The Crucial Decade——And After: America, 1945-1960.* New York: Vintage, 1960.

Goodman, Ezra. "Fact Films to the Front." *American Cinematographer* 25.2 (1945): 46-47.

Goodwin, Joseph. "Some Personal Notes on *Native Land.*" *Take One* 4.2 (1972):

11-12.

Goretta, Claude. "Aspects of the French Documentary." *Signt and Sound* 26.3 (Winter 1956-57): 156-58.

Graham, Cooper C. *Leni Riefenstahl and "Olympia"*. Metuchen, NJ: Scarecrow, 1986.

Graham, John. "There Are No Simple Solutions': Frederick Wiseman on Viewing Film." *The Film Journal* (Spring 1971): 44-47.

Graham, Peter. "Cinéma Vérité in France." *Film Quarterly* 17.4 (1964): 30-36.

Gray, Camilla. *The Russian Experiment in Art: 1863-1922*. New York: Abrams, 1962.

Gray, Hugh. "Father of the American Documentary." *The American Cinema*. Ed. Donald E. Staples. Washington, D.C.: U.S. Information Agency, 1973.

Greenberg, Alex, and Marvin Wald. "Report to the Stockholders." *Hollywood Quarterly* 1.4 (1946): 410-15.

Grenier, Cynthia. "Joris Ivens: Social Realist and Lyric Poet." *Sight and Sound* 27. 4 (1958): 204-07.

Grierson, John. "The Course of Realism." *Grierson on Documentary*. Ed. Forsyth Hardy. London: Faber, 1966. 199-211.

_____."E.M.B. Film Unit." *Cinema Quarterly* 1.4 (1933): 203-08.

_____."Production Unit Planned: Mass Media to Be Used for Peace." *UNESCO Courier* Feb. 1948: 3.

_____."Prospect for Documentary: What Is Wrong and Why." *Sight and Sound* 17.66 (1948): 55-59.

_____."Robert Flaherty." Flaherty File, Film Study Center, Museum of Modern Art, New York. [United States]: n.p., n.d. N. pag.

Griffith, Richard. *Films of the World's Fair: 1939*. New York: American Film Center, 1940.

_____."Post-war American Documentaries." *Penguin Film Review* 8 (1949): 92 -102.

Grilli, Peter, ed. *Japan in Film*. New York: Japan Society, 1984.

Guibbert, Pierre. *Les Premiers Ans du Cinéma Français*. Paris: Institut Jean Vigo,

1985.

Guynn, William. *A Cinema of Nonfiction*. Rutherford, NJ: Fairleigh Dickenson University Press, 1990.

Haleff, Maxine. "The Maysles Brothers and 'Direct Cinema.' " *Film Comment* 2. 2 (1964): 19-23.

Hardy, Forsyth. "The Films of Arne Sucksdorff, " *Sight and Sound* 17.66 (Summer 1948): 60-63.

____.*John Grierson: A Documentary Biography*. London: Faber and Faber, 1979.

Harris, Neil. "A Subversive Form." *Before Hollywood: Turn-of-the-Century Film from American Archives*. Jay Leyda and Charles Musser, Guest Curators. New York: American Federation of Arts, 1986. 45-49.

Harvey, Sylvia. "The 'Other Cinema' in Britain: Unfinished Business in Oppositional and Independent Film, 1929-1984." *All Our Yesterdays: 90 Years of British Cinema*. Ed. Charles Barr, London: British Film Institute, 1986. 225-51.

Hass, Robert Bartlett. *Muybridge: Man in Motion*. Berkeley: University of California Press, 1976.

Hay,James. *Popular Film Culture in Fascist Italy: The Passing of the Rex*. Bloomington: Indiana University Press, 1987.

Heider, Karl G. *The Dani of West Irian: An Ethnographic Companion to the Film "Dead Birds"*. Andover, MA: Andover Modular Publications, 1972.

____.*Ethnographic Film*. Austin: University of Texas Press, 1976.

Hemingway, Ernest. *The Spanish Earth*. Cleveland: Savage, 1938.

Henderson, John W. *The United States Information Agency*. New York: Praeger, 1969.

Hendricks, Gordon. *The Edison Motion Picture Myth*. Berkeley: University of California Press, 1961.

____."The History of the Kinetoscope." *The American Film Industry*. Ed. Tino Balio. Madison: University of Wisconsin Press, 1976. 33-45.

____."The Kinetoscope: Fall Motion Picture Production." *Film Before Griffith*. Ed. John L. Fell. Berkeley: University of California Press, 1983. 13-21.

Herr, Michael. *Dispatches*. New York: Knopf, 1977.

Hess, John, and Michael Klein. "*Native Land* Reconsidered." *Jump Cut* 10-11 (1976): 63.

High, Peter B. "The War Cinema of Imperial Japan and Its Aftermath." *Wide Angle* 1.4 (1977): 19-21.

Higson, Andrew. "Britain's Outstanding Contribution to the Film': The Documentary Realist Tradition." *All Our Yesterdays: 90 Years of British Cinema*. Ed. Charles Barr. London: British Film Institute, 1986. 72-97.

Hill, John. *Sex, Class and Realism: British Cinema 1956-1963*. London: British Film Institute, 1986.

Hillgartner, Del. "Super Serious-8: Leacock-MIT Super-8 System." *Filmmakers News-letter* 6.12 (1973): 53-56.

____."Super Serious-8: Leacock-MIT Super-8 System (part 2)." *Filmmakers News-letter* 7.1 (1973): 51-55.

Hinton, David B. "*Triumph Of The Will*: Document or Artifice." *Cinema Journal* 15.1 (1975): 48-57.

Hitchens, Gordon. "Joris Ivens Interviewed by Gordon Hitchens." *Film Culture* 53.55 (1972): 190-228.

Hoberman, J. "Ain't Nothing Like the Real Thing." *American Film* 8.4 (1983): 59.

Hodgkinson, Anthony W., and Rodney E. Sheratsky. *Humphrey Jennings: More Than a Maker of Films*. Hanover, NH: University Press of New England, 1982.

Hodgson, Godfrey. *American in Our Time*. New York: Vintage, 1978.

Hogenkamp, Bert. "Joris Ivens and the Problems of the Documentary Film." Trans. M. Cleaver. *Framework* 11 (Autumn 1979): 22-25.

Holmes, Winifred. "What's Wrong with Documentarty?" *Sight and Sound* 16.65 (1948): 44-45.

Houston, Penelope. *The Contemporary Cinema*. Baltimore: Penguin, 1963.

____."Interview with Flaherty" *Sight and Sound* Jan. 1950: 16.

Howe, James Wong. "The Documentary Technique and Hollywood." *American*

Cinematographer Jan. 1944: 10.

Hughes, Robert, Stanley Brown, and Carlos Clarens, eds. *Film: Book 2, Films of Peace and War*. New York: Grove, 1962.

Hull, David Stewart. *Film in the Third Reich: Art and Propaganda in Nazi Germany*. New York: Simon, 1973.

＿＿ .*Film in the Third Reich: A Study of the German Cinema*. Berkeley: University of California Press, 1969.

Huston, John. *An Open Book*. New York: Knopf, 1980.

＿＿ .*"Let There Be Light."* Film: Book 2, Films of Peace and War. Ed. Robert Hughes, Stanley Brown, and Carlos Clarens. New York: Grove, 1962. 205 –33.

Isenberg, Michael T. *War on Film: The American Cinema and World War I, 1914 –1941*. London: Associated University Presses, 1981.

Ivens, Joris. *The Camera and I*. New York: International Publishers, 1969.

＿＿ .*"Notes on Hollywood."* New Theatre and Film 1934 to 1937. Ed. Herbert Kline. New York: Harcourt, 1985. 294–99.

Jacobs, Lewis. "The Turn Toward Conservatism." *The Documentary Tradition: From "Nanook" to "Woodstock."* Ed. Lewis Jacobs. 2nd ed. New York: Norton, 276–82.

James, David E. *Allegories of Cinema: American Film in the Sixties*. Princeton: Princeton University Press, 1989.

James, Rodney. *Film as National Art: NFB of Canada and the Film Board Idea*. New York: Arno, 1977.

Jarratt, Vernon. *The Italian Cinema*. London: Falcon, 1951.

Jenkins, Reese V. *Images and Enterprise*. Baltimore: Johns Hopkins, 1975.

Jennings, Mary-Lou. *Humphrey Jennings: Film-maker, Painter, Poet*. London: British Film Institute, 1982.

Jensen, Jytte. *Carl Th. Dreyer*. New York: Museum of Modern Art, 1988.

Johnson, Randal. *Cinema Novo X 5*. Austin: University of Texas Press, 1984.

Johnson, Randal, and Robert Stam. *Brazilian Cinema*. East Brunswick, NJ: Associated Universities Press, 1982.

Johnston, Claire. " 'Independence' and the Thirties." *British Cinema: Traditions of Independence*. Ed. Don Macpherson and Paul Willmen. London: British Film Institute, 1980. 9-23.

Jones, D. B. "The Canadian Film Board Unit B." *New Challenges for Documentary*. Ed. Alan Rosenthal. Berkeley: University of California Press, 1988. 133-47.

Joseph, Robert. "Film Program for Germany." *Arts and Architecture* 62 (1945): 16.

____."Films for Nazi Prisoners of War." *Arts and Architecture* 62 (1945): 16.

____."Germans See Their Concentration Camps." *Arts and Architecture* 62 (1946): 14.

____."The War of Russian Films." *American Cinematographer* 25.2 (1945): 48 -49.

Jowett, Garth S. "The First Film Audiences." *Film Before Griffith*. Ed. John L. Fell. Berkeley: University of California Press, 1983. 196-206.

Kael, Pauline. "The Current Cinema." *The New Yorker* 45.35 (1969): 199-204.

Kaplan, E. Ann. *Women and Film: Both Sides of the Camera*. New York: Methuen, 1983.

Kaufman, Mikhail. "An Interview with Mikhail Kaufman." *October* 11 (1979): 54-76.

Kepley, Vance.Jr."The Evolution of Eisenstein's *Old and New*." *Cinema Journal* 14.1 (1974): 34-50.

____."The Origins of NBC's 'Project XX' in Compilation Documentaries." *Journalism Quarterly* 61.1 (1984): 20-21.

Kessler, Ronald. "Correspondence." *The New Republic* Feb. 1968: 35-36.

Klaue, Wolfgang. *Alberto Cavalcanti*. Berlin: Staatlichen Filmarchiv der DDR, 1962.

Klein, Michael. "*Native Land*: Praised Then Forgotten." *Velvet Light Trap* 14 (1975): 15-16.

Klein, Michael, and Jill Klein. "*Native Land*: An Interview with Leo Hurwitz." *Cinéaste* 6.3 (1974): 2-7.

Kline, Herbert, ed. *New Theatre and Film 1934 to 1937: An Anthology*. New York: Harcourt, 1985.

Knight, Arthur. "Cinéma Vérité and Film Truth." *Saturday Review* 9 Sept. 1967: 44.

____ ."A Short History of Art Films." *Films On Art*. Ed. William McK. Chapman. New York: American Federation of Arts, 1952.

Knightley, Phillip. *The First Casualty*. New York: Harcourt, 1975.

Kolaja, J., and A. W. Foster. "*Berlin: The Symphony of A Great City* as a Theme of Visual Rhythm." *Journal of Aesthetics and Art Criticism* 23.3 (1965): 353-58.

Kolker, Robert Phillip. "Circumstantial Evidence: An Interview with Albert and David Maysles." *Sight and Sound* 40.4 (1971): 183-86.

Kracauer, Siegfried. *The Conquest of Europe on the Screen: The Nazi Newsreel, 1939-1940*. Washington: Library of Congress, 1943.

____ .*From Caligari to Hitler*. Princeton: Princeton University Press, 1947.

____ .*Theory of Film: The Redemption of Physical Reality*. New York: Oxford University Press, 1960.

Krueger, Eric. "An American Family: An American Film." *Film Comment* Nov. 1973: 16-19.

Kuehl, Jerry. "Arts and Entertainment——a Little Closer: The Films of Joris Ivens." *New Statesman* 98 (1978): 688-89.

Kuhn, Annette. "British Documentaries in the 1930s and 'Independence': Recontextualising a Film Movement." *British Cinema: Traditions of Independence*. Ed. Don Macpherson and Paul Willmen. London: British Film Institute, 1980. 24-33.

____ .*Women's Pictures: Feminism and Cinema*. London: Routledge, 1982.

Lacayo, Richard, "Why Are Documentaries So Dull?" *The New York Times* 20 Feb. 1983, sec. 2: 29.

Lafferty, William. "A Reappraisal of the Semi-Documentary in Hollywood, 1945 -1948." *The Velvet Light Trap* 20: 22-26.

Lambert, Gavin. "Free Cinema." *Sight and Sound* 25.4 (1956): 173-77.

Landy, Marcia. *Fascism in Film: The Italian Commercial Cinema, 1931-1943*. Princeton: Princeton University Press, 1986.

Langlois, Henri. "French Cinema: Origins." *Cinema: A Critical Dictionary*. Ed. Richard Roud. Vol. 1. New York: Viking, 1980. 394-401.

Langman, Larry, and Edgar Borg. *Encyclopedia of American War Films*. New York: Garland, 1989.

Leenhardt, Roger. "L'evolution Du Film D'art." *Gazette Des Beaux Arts* 6.102 (1983) : 43-46

Lefèvre, Pascal, and Geert van Wonterghem, eds. *Beeld & Realiteit: International Festival Van de Documentaire Film en Televisie*. Leuven, Belg: Catholic University of Leuven and St. Hoger Institute of St. Lukas High School, Brussels, 1987.

Leglise, Paul. "Histoire de la Politique Du Cinéma Français." *Le Cinéma Entre Deux Républiques (1940-1946)*. Ed. Pierre L'Herminier. Paris: Film Éditions, 1977.

Leiser, Erwin. *Nazi Cinema*. New York: Macmillan, 1975.

Leprohon, Pierre. *The Italian Cinema*. Trans. Roger Greave and Oliver Stallybran. London: Secker, 1972.

Lesage, Julia. "Feminist Documentary: Aesthetics and Politics." *"Show Us Life."*: *Toward a History and Aesetics of the Committed Documentary*. Ed. Thomas Waugh. Metuchen, NJ: Scarecrow, 1984. 223-51.

"Letters: Focusing Again on *Titicut*." *Civil Liberties Review* 1.3 (1974): 148-51.

Lévi-Strauss, Claude. *Tristes Tropiques*. Trans. John Russell. New York: Criterion, 1961.

Levin, G. Roy. *Documentary Explorations: 15 Interviews with Film-makers*. New York: Doubleday, 1971.

Leyda, Jay. *Dianying/Electric Shadows: An Account of Films and the Film Audience in China*. Cambridge: MIT Press, 1972.

____.*Films Beget Films: A Study of the Compilation Film*. New York: Hill, 1971.

____.*Kino: A History of the Russian and Soviet Film*. 3rd. ed. Princeton: Princeton University Press, 1983.

Lichty, Lawrence W. "Vietnam: A Television History': Media Research and Some Comments." *New Challenges for Documentary*. Ed. Alan Rosenthal. Berkeley: University of California Press, 1988. 495-505.

Liehm, Mira. *Passion and Defiance: Film in Italy from 1942 to the Present*. Berkeley: University of California Press, 1984.

Lightman, Herb A. "Shooting Production Under Fire." *American Cinematographer* 26.9 (1945): 296-97.

Lipscomb, James. "Cinéma Vérité." *Film Quarterly* 18.2 (1964): 62-63.

Lorentz, Pare. *Lorentz on Film: Movies 1927 to 1941*, New York: Hopkinson, 1975.

____. *The River*. New York: Stackpole, 1938.

Lovell, Alan, and Jim Hillier. *Studies in Documentary*. London: Secker, 1972.

Low, Rachel. *The History of the British Film, 1906-1914*. London: British Film Institute and British Film Academy, 1948.

____. *The History of the British Film, 1914-1918*. London: British Film Institute and British Film Academy, 1948.

____. *The History of the British Film, 1918-1929*. London: British Film Institute and British Film Academy, 1971.

____. *National Film Archive Catalog. Part I, Silent News Films 1895-1933. Part II, Silent Non-fiction Films 1895-1934*. London: British Film Institute, 1965.

Lowenstein, Sharon R. *Token Refuge: The Story of the Jewish Refugee Shelter at Oswego, 1944-46*. Bloomington: Indiana University Press, 1986.

Lowry, Edward. "Edwin J. Hadley: Traveling Film Exhibitor." *Film Before Griffith*. Ed. John L. Fell. Berkeley: University of California Press, 1983. 131-43.

Luhr, William, ed. *World Cinema Since 1945*. New York: Ungar, 1987.

MacBean, James Roy. "*The Sorrow and the Pity*: France and Her Political Myths." *New Challenges for Documentary*. Ed. Alan Rosenthal. Berkeley: University of California Press, 1988. 471-79.

MacCann, Richard Dyer. "Alternative Television: The British Model," *The American Scholar* 43.4 (Autumn 1974): 65-66.

____ ."The City." *The International Dictionary of Films and Filmmakers*. Vol. 1 Chicago: St. James Press, 1984. 97.

____ ."Documentary Film and Democratic Government: An Administrative History from Pare Lorentz to John Huston." Diss. Harvard University, 1951.

____ .*The First Film Makers*. Metuchen, NJ: Scarecrow, 1989.

____ .*Nonfiction Film: A Critical History*. Fwd. by Richard Meran Barsam. New York: Dutton, 1973. xiii-xv.

____ .*The People's Films: A Political History of U.S. Government Motion Pictures*. New York: Hastings, 1973.

MacDonnell, K. *Eadweard Muybridge: The Man Who Invented the Moving Picture*. Boston: Little, 1972.

McCormick, Ruth. "Women's Liberation Cinema." *The Documentary Tradition: From "Nanook" to "Woodstock."* Ed. Lewis Jacobs. 2nd ed. New York: Norton, 1979. 523-35.

McGarry, Eileen. "Documentary, Realism and Women's Cinema." *Women's Film* 2.7 (1975): 50-59.

Mamber, Stephen. *Cinema Verite in America: Studies in Uncontrolled Documentary*. Cambridge: MIT Press, 1974.

Manvell, Roger, and Heinrich Fraenkel. *The German Cinema*. New York: Praeger, 1971.

Marcorelles, Louis. "Leacock at M.I.T." *Sight and Sound* 18.2 (1974): 104-107.

____ .*Living Cinema: New Directions in Contemporary Film-Making*. New York: Praeger, 1973.

Martineau, Barbara Halpern. "Talking About Our Lives and Experiences: Some Thoughts About Feminism, Documentary, and 'Talking Heads' " *"Show Us Life": Toward a History and Aesthetics of the Committed Documentary*. Ed. Thomas Waugh. Metuchen, NJ: Scarecrow, 1984. 252-73.

Mast, Gerald. *Film/Cinema/Movie: A Theory of Experience*. New York: Harper, 1977.

____ .*A Short History of the Movies*. 4th ed. New York: Macmillan, 1986.

Maysles, Albert, and David Maysles. "Direct Cinema." *Public Relations Joural* 38. 9 (1982): 31-33.

____ ."Financing the Independent Non-fiction Film." *Millimeter* 6.6 (1978): 74 -75.

____ ."*Gimme Shelter*: Production Notes." *Filmmakers Newsletter* 5.2 (1971): 29 -31.

____ ."Maysles Brothers." *Film Culture* 42 (1966): 114-15.

Michelson, Annette. "*The Man With The Movie Camera*: From Magician to Epistemologist." *Artforum* 7 (1972): 60-72.

____ .ed. *Kino-Eye: The Writings of Dziga Vertov*. Trans. Kevin O'Brien. Berkeley: University of California Press, 1984.

Miller, Warren. "Progress in Documentary." *The Documentary Tradition*: From "*Nanook*" to "*Woodstock*". Ed. Lewis Jacobs. 2nd ed. New York: Norton, 1979. 247-50.

Mock, James R., and Cedric Larson. *Words That Won the War: The Story of the Committee on Public Information, 1917-1919*. Princeton: Princeton University Press, 1939.

Monaco, James. "American Documentary Since 1960." *Cinema: A Critical Dictionary*. Ed. Richard Roud. Vol. 1. New York: Viking, 1980. 50-56.

Monegal, Rodriguez. "Alberto Cavalcanti: His Career." *Nonfiction Film Theory and Criticism*. Ed. Richard Meran Barsam. New York: Dutton, 1976. 239 -49.

Mora, Carl J. *Mexican Cinema: Reflections of a Society, 1896-1988*. Rev. ed. Berkeley: University of California Press, 1989.

Morris, Peter. "Images of Canada." *Film Before Griffith*. Ed. John L. Fell. Berkeley: University of California Press, 1983. 67-74.

____ .*The National Film Board of Canada: The War Years*. Ottawa: Canadian Film Institute, 1965.

Movies at War. Washington: War Activities Committee of the Motion Picture Industry, 1945.

Mozley, A. V., et al. *Eadweard Muybridge: The Stanford Years, 1872-1882*. Stanford: Stanford University Art Department, 1972.

Mullen, Pat. *Man of Aran*. Cambridge: MIT Press, 1970.

Murphy, William T. "The Method of *Why We Fight*." *Journal of Popular Film* 1. 3 (1972): 185.

_____. *Robert Flaherty: A Guide to References and Resources*. Boston: Hall, 1978.

Murray, Williams. "Films." *Nation* 178 (1954): 314.

Murray-Brown, Jeremy. "False Cinema: Vertov and Early Soviet Film." *The New Criterion* 8.3 (Nov. 1989): 21–33.

Musser, Charles. "The American Vitagraph, 1897–1901: Survival and Success in a Competitive Industry." *Film Before Griffith*. Ed. John L. Fell. Berkeley: University of California Press, 1983. 22–66.

Naficy, Hamid. " 'Truthful Witness': An Interview with Albert Maysles." *Quarterly Review of Film Studies* 6.2 (1981): 155–79.

Native Americans on Film and Video. Ed. Elizabeth Weatherford. New York: Museum of the American Indian, 1981.

Neale, Steve. "*Triumph Of The Will*: Notes on Documentary and Spectacle." *Screen* 20.1 (1979): 63–86.

_____. *Cinema and Technology: Image, Sound, Colour*. Bloomington: Indiana University Press, 1985.

Nemeskürty, István. "In the Beginning: 1896–1911." *Film Before Griffith*. Ed. John L. Fell. Berkeley: University of California Press, 1983. 75–80.

Newhall, Beaumont. *The History of Photography*. Rev. ed. New York: Museum of Modern Art, 1982.

Nichols, Bill. *Ideology and the Image: Social Representation in the Cinema and Other Media*. Bloomington: Indiana University Press, 1981.

_____. "Newsreel, 1967–1972: Film and Revolution." *"Show Us Life." Toward a History of the Committed Documentary*. Ed. Thomas Waugh. Metuchen: The Scarecrow Press, 1984. 135–53.

_____. "The Voice of Documentary." *New Challenges for Documentary*. Ed. Alan Rosenthal. Berkeley: University of California Press, 1988. 48–63.

Nieuwenhof, Franz. "Japanese Film Propaganda in World War II: Indonesia and

Australia." *Historical Journal of Film, Radio, and Television* 4.2 (1984): 161 -77.

Novotny, Fritz. *Painting and Sculpture in Europe: 1780 to 1880*. Baltimore: Penguin, 1960.

O'Connor, John E., ed. *American History/American Television: Interpreting the Video Past*. New York: Ungar, 1983.

O'Connor, John J. " 'The Film is About Killing'." *The New York Times* 3 Oct. 1971: 17.

___ ."Is the Documentary Making a Comeback?," *The New York Times* 26 June 1988, sec. 2: 17.

O'Neill, William L. *Coming Apart: An Informal History of America in the 1960s*. Chicago: Quadrangle, 1971.

Orbanz, Eva. *Journey to a Legend and Back: The British Realistic Film*. Berlin: Volker Spiess, 1977.

Panofsky, Erwin. "Style and Medium in the Motion Pictures." *Film Theory and Criticism*. Ed. Gerald Mast and Marshall Cohen. 2nd ed. New York: Oxford University Press, 1979. 243-63.

Pennebaker, Donn Alan. *Dont Look Back*. New York: Ballantine, 1968.

Perry, Ted. "The Road to Neo-realism." *Film Comment* 14.6 (1978): 7-13.

Petric, Vlada. *Constructivism in Film: "The Man With The Movie Camera,"* A *Cinematic Analysis*. Cambridge: Cambridge University Press, 1987.

___ ."Dziga Vertov as Theorist." *Cinema Journal* 1 (Fall 1978): 29-44.

___ ."Esther Shub: Cinema is My Life." *Quarterly Review of Film Studies*. 3.4 (1978): 429-56.

Phillips, Marcus. "Riefenstahl's 'Harrassment.' " *Film Quarterly* 29.3 (1976): 62.

Pincus, Ed. "New Possibilities in Film and the University." *Quarterly Review of Film Studies* 2.2 (1977): 159-78.

___ ."One Person Sync-sound: A New Approach to Cinéma Vérité." *Filmmakers Newsletter* 6.2 (1972): 24-30.

Pines, Jim, and Paul Willemen, eds. *Questions of Third Cinema*. London: BFI Publishing, 1989.

Plantinga, Carl. "Defining Documentary: Fiction, Non-Fiction, and Projected Worlds," *Persistence of Vision* 5 (Spring 1987): 44-54.

"*The Plow That Broke The Plains*". Washington:U.S. Film Service, 1938.

Pratt, George. "Osa and Martin Johnson: World Travellers in Africa." *Image* 22. 2 (1979): 21-30.

Pratt, George C. "Firsting the Firsts." "*Image*" *on the Art and Evolution of the Film*. Ed. Marshall Deutelbaum. New York: Dover, 1979.

Presenting NFB of Canada. Ottawa: National Film Board, 1949.

Propaganda und Gegenpropaganda Im Film, 1933-1945. Vienna: Österreichisches Film-museum, 1972.

Pryluck, Calvin. "Seeking to Take the Longest Journey: A Conversation with Albert Maysles." *Journal of the University Film Association* 28.2 (1976): 9 -16.

Pryor, Thomas M. "Films in the 'Truth Campaign.' " *The Documentary Tradition: From.* "Nanook" to "Woodstock". Ed. Lewis Jacobs. 2nd ed. New York: Norton, 1979. 292-95.

Pym, John. "Ireland——Two Nations." *New Challenges for Documentary*. Ed. Alan Rosenthal. Berkeley: University of California Press, 1988. 480-87.

Quart, Leonard and Albert Auster. *American Film and Society Since 1945*. New York: Macmillan, 1984.

Rawlence, Christopher. *The Missing Reel: The Untold Story of the Lost Inventor of Moving Pictures*. London: Collins, 1990.

Rayleigh, Jane. "Joris Ivens in China." *Sightlines* 12.1 (1978): 21-23.

Reade, Eric. "Australian Silent Films, 1904-1907: The Features Begin." *Film Before Griffith*. Ed. John L. Fell. Berkeley: University of California Press, 1983. 81-91.

Régent, Roger. *Cinéma de France Sous L'Occupation: De "La Fille Du Puisatier" Aux "Enfants Du Paradis"*. Paris: Editions D'Aujourdhui, 1975.

"Remarquable Développement Du Cinéma Documentaire Français." *Le Cinéma Française, 1945*. Paris: Editions de la Cinématographie Française, 1945. 15+.

Renan, Sheldon. *An Introduction to the American Underground Film.* New York: Dutton, 1967.

Renov, Michael. "The Imaging of Analysis: Newsreel's Re-Search For a Radical Film Practice." *Wide Angle* 6.3 (1984): 76-82.

____."Re-thinking Documentary: Toward a Taxonomy of Mediation." *Wide Angle* 8.3-4 (1986): 71-77.

Reynolds, Charles. "Focus on Al Maysles." *Popular Photography* (May 1964): 128-31.

Rhode, Eric. "Why Neo-Realism Failed." *Sight and Sound* 30.1 (Winter 1960-61): 26-32.

Rich, Ruby. "Anti-Porn: Soft Issue, Hard World." *Films for Women.* Ed. Charlotte Brunsdon. London: British Film Institute, 1986. 31-43.

Richie, Donald. *Japanese Cinema.* New York: Anchor, 1971.

____." 'Mono No Aware.' " *Film: Book 2, Films of Peace and War.* Ed. Robert Hughes, Stanley Brown, and Carlos Clarens. New York: Grove, 1962. 67-86.

Riefenstahl, Leni: *The Last of the Nuba.* New York: Harper, 1973.

____.*People of Kau.* New York: Harper, 1976.

Rittaud-Hutinet, Jacques. *Le Cinéma des Origines.* Paris: Champ Vallon, 1985.

Robinson, David. *The History of World Cinema.* New York: Stein, 1973.

Robson, Kenneth J. "The Crystal Formation: Narrative Structure in *Grey Gardens.*" *Cinema Journal* 22.2 (1983): 42-53.

____."Humphrey Jennings: The Legacy of Feeling." *Quarterly Review of Film Studies* 7.1 (1982): 37-52.

____."Tying Knots in History: The Films of Humphrey Jennings." Master's thes. The College of Staten Island/CUNY, 1979.

Roche, Catherine de la. "Arne Sucksdorff's Adventure." *Sight and Sound* 23.2 (Oct.-Dec. 1953): 83-86.

Rohmer, Eric, and Louis Marcorelles. "Entretien avec Jean Rouch." *Cahiers Du Cinéma* 24.144 (1963): 1-22.

Rollins, Peter. "Ideology and Film Rhetoric: Three Documentaries of the New

Deal Era." *Journal of Popular Film* 5.2 (1976): 126-45.

Rosen, Miriam. "Louis Lumière." *World Film Directors*. Ed. John Wakeman. Vol. 1. New York: Wilson, 1987. 700-10.

Rosenblum, Robert, and H. W. Janson. *19th-Century Art*. New York: Abrams, 1984.

Rosenthal, Alan. *The Documentary Conscience: A Casebook in Film Making*. Berkeley: University of California Press, 1980.

___ .ed. *New Challenges for Documentary*. Berkeley: University of California Press, 1988.

___ .*The New Documentary in Action: A Casebook in Film Making*. Berkeley: University of California Press, 1971. 66-75.

Rosenzweig, Roy. "Working Class Struggles in the Great Depression: The Film Record." *Film Library Quarterly* 13.1 (1980): 5-14.

Rotha, Paul. *Documentary Diary: An Informal History of the British Documentary Film*, 1928-1939. New York: Hill, 1973.

___ .*Documentary Film*. New York: Hastings, 1968.

___ .*Robert J. Flaherty: A Biography*. Ed. Jay Ruby. Philadelphia: University of Pennsylvania Press, 1983.

___ ."Television and the Future of Documentary." *Film Quarterly* 9 (1955): 366 -73.

Rouch, Jean. "Table Ronde: Festival de Tours en Collaboration avec L'U.N.E.S. C.O." *Image et Son* 160 (1963): 6.

Roud, Richard. "Introduction." *Rediscovering French Film*. Ed. Mary Lea Bandy. New York: Museum of Modern Art, 1983. 13-36.

___ ."Jean-Luc Godard." *Cinema: A Critical Dictionary. I.* Ed. Ricahrd Roud. Vol. 1. New York: Viking, 1980, 436-46.

Rubinstein, E. "Visit to a Familiar Planet: Buñuel Among the Hurdanos." *Cinema Journal* 22.4 (1983): 3-17.

Ruby, Jay. "The Image Mirrored: Reflexivity and the Documentary Film." *Journal of the University Film Association* 29.4 (1977): 3-12.

Sadoul, Georges. "Dziga Vertov." *Artsept* 2 (Apr.-June 1963): 18.

_____ .Histoire générale du Cinéma. 6 vols. Paris: Denoël. 1948-75.

_____ ."Louis Lumière: The Last Interview." _Rediscovering French Film_. Ed. Mary Lea Bandy. New York: Museum of Modern Art, 1983. 39-41.

_____ .Louis Lumière. Paris: Seghers, 1964.

"_Salesman_." Introd. by Harold Clurman. Notes by Howard Junker. New York: Signet, 1969.

Sanders, M. L., and Philip M. Taylor. _British Propaganda During the First World War, 1914-1918_. London: Macmillan, 1982.

Sarris, Andrew. "Notes on the Fascination of Fascism." _The Village Voice_ 30 Jan. 1978: 1+.

Sato, Tadao." War as a Spiritual Exercise: Japan's National Policy Films" _Wide Angle_ 1.4 (1977) : 22-24.

Sauzier, Bertrand. "An Interpretation of _The Man With The Movie Camera_." _Studies in Visual Communication_ 11.4 (1985): 34-53.

Schnitzer, Luda, Jean Martin, and Marcel Martin, eds. _Cinema in Revolution: The Heroic Era of the Soviet Film_. New York: Da Capo, 1973.

Schrader, Paul. "Cinema Reviews: _Gimme Shelter_." _Cinema_ 7.1 (1971): 52-54.

Scott, Nancy. "The Christo Films: _Christo's Valley Curtain and Running Fence_." _Quarterly Review of Film Studies_ 7.1 (1982): 61-68.

Seltzer, Leo. "Documenting the Depression of the 1930s." _Film Library Quarterly_ 13.1 (1980): 15-21.

_____ ."Document of a Documentary: _Fate Of A Child_." _Studies in Visual Communication_ 8.3 (1982): 41-54.

Shaffer, Deborah. "Fifty Years of Political Filmmaking: An Interview with Joris Ivens." _Cinéaste_ 14.1 (1985): 12-16+.

Sherbarth, Chris. "Why Not D? An Historical Look at the NFB's Woman's Studio." _Cinema Canada_ (Mar. 1987): 9-13.

Shirley, Graham, and Brian Adams. _Australian Cinema: The First Eighty Years_. New York: St. Martin's, 1985.

Short, K.R.M., and Stephan Dolezel, eds. _Hitler's Fall: The Newsreel Witness_, London: Routledge, 1988.

Siclier, Jacques. *La France de Pétain et Son Cinéma*. Paris: Veyrier, 1981.

____ ."The Psychology of the Spectator, or the 'Cinema of Vichy' Did not Exist." *Rediscovering French Film*. Ed. Mary Lea Bandy. New York: Museum of Modern Art, 1983. 141-46.

Sitton, Bob. "An Interview with Albert and David Maysles." *Film Library Quarterly* 2.3 (1969): 13-18.

Sklar, Robert. "Joris Ivens: The China Close-up." *American Film* June 1978, 59 -65.

Sloan, William J. "The Documentary Film and the Negro." *The Documentary Tradition: From "Nanook" to "Woodstock"*. Ed. Lewis Jacobs. 2nd. ed. New York: Norton, 1979. 425-29.

Smith, Janet Adam. "Filming Everest." *Sight and Sound* 23.3 (Jan.-Mar. 1954): 138-40.

Snyder, Robert L. *Pare Lorentz and the Documentary Film*. Norman, OK: Oklahoma University Press, 1968.

Sontag, Susan. "Fascinating Fascism." *New York Review of Books* 6 Feb. 1975.

____ .*On Photography*. New York: Farrar, 1977.

"*The Sorrow And The Pity*." *A Film by Marcel Ophuls*. Introd. by Stanley Hoffman. New York: Outerbridge, 1972.

Spears, Jack. "World War I on the Screen." *Films in Review* May 1966: 274-92; June-July 1966: 347-65.

Starr, Cecile. "Basil Wright and *Song Of Ceylon*: An Interview." *Filmmakers Newsletter* 9.1 (1975): 17-21.

Stebbins, Robert, and Jay Leyda. "Joris Ivens: Artist in Documentary." *Magazine of Art* 31 (1938): 392-99.

Stoil, Michael J. *Balkan Cinema: Evolution after the Revolution*. Ann Arbor, MI: UMI Research Press, 1979.

Stott, William. *Documentary Expression and Thirties America*. New York: Oxford University Press, 1973.

Strand, Paul. "Realism: A Personal View." *Sight and Sound* 19 (1950): 23-26.

Strebel, Elizabeth Grottle. "Imperialist Iconography of Anglo-Boer War Film

Footage." *Film Before Griffith*. Ed. John L. Fell. Berkeley: University of California Press, 1983. 264-71.

____ ."Primitive Propaganda: The Boer War Films." *Sight and Sound* 46.1 (1976-77): 45-47.

Sufrin, Mark. "Filming Skid Row." *The Documentary Tradition:* From "Nanook" to "Woodstock". Ed. Lewis Jacobs. 2nd ed. New York: Norton, 1979. 307-15.

Sullivan, Patrick. "What's All the Cryin' About?: The Films of Frederick Wiseman." *Massachusetts Review* 13.3 (1972): 452-68.

Sussex, Elizabeth. *Lindsay Anderson*. London: Studio, 1969.

____ .*The Rise and Fall of British Documentary: The Story of the Film Movement Founded by John Grierson*. Berkeley: University of California Press, 1975.

Sutherland, Alan. "Wiseman on Polemic." *Sight and Sound* 47.2 (1978): 82.

Swann, Paul. "The British Documentary Film Movement, 1926-1946." Diss. University of Leeds, 1979.

Sweet, Fred, Eugene Rosow, and Allan Francovich, "Pioneers: An Interview with Tom Brandon." *Film Quarterly* 26.5 (1973): 12-24.

Szarkowski, John. *Photography Until Now* New York: Museum of Modern Art, 1989.

Talbot, Daniel. "Historic Hearings: From TV to Screen." *The Documentary Tradition: From "Nanook" to "Woodstock"*. Ed. Lewis Jacobs. New York: Norton, 1979. 392-94.

Tallents, Stephen. *The Projection of England*. London: Faber, 1932.

____ ."The Documentary Film," *Journal of the Royal Society of Arts* (20 Dec. 1946): 68-85.

"Television's School of Storm and Stress." *Broadcasting* 60 (1961): 83.

The Theodore Roosevelt Association Film Collection. Washington: Library of Congress, 1986.

Thomas, Sari. "Basil Wright on Art, Anthropology, and the Documentary." *Quarterly Review of Film Studies* 4.4 (1979): 465-81.

Thomas Eakins: His Photographic Works. Philadelphia: Pennsylvania Academy of the Fine Arts, 1969.

Trachtenberg, Alan. "Photography/Cinematography." *Before Hollywood: Turn-of-the-Century Film from American Archives*. Jay Leyda and Charles Musser, Guest Curators. New York: American Federation of Arts, 1985. 73-79.

U.S. Information Agency Fact Sheet. Washington: United States Information Agency, Oct. 1989.

Van Dyke, Willard. "The Interpretive Camera in Documentary Films." *Hollywood Quarterly* 1.4 (1946): 405-09.

____ ."Letters from *The River*." *Film Comment* 3.2 (1965): 38-60.

Van Wert, William F. "The 'Hamlet Complex' or Performance in the Personality-Profile Documentary." *Journal of Popular Film* 3.3 (1974): 257-63.

Vaughan, Dai. "Let There Be Lumière." *Sight and Sound* 50.2 (1981): 126-27.

____ .*Portrait of an Invisible Man: The Working Life of Stewart McAllister*. London: British Film Institute, 1983.

Waddell, Mike. "Cinéma Vérité and the Documentary Film." *American Cinematographer* 49.10 (1968): 754+.

Ward, Larry Wayne. "The Motion Picture Goes to War: A Political History of the U.S. Government's Film Effort in the World War, 1914-1918." Diss. University of Iowa, 1981.

Watt, Harry. *Don't Look at the Camera*. New York: St. Martin's, 1974.

Waugh, Thomas. " 'Men Cannot Act in Front of the Camera in the Presence of Death': Joris Ivens' *The Spanish Earth*." *Cinéaste* 12.2 (1982): 30-33.

____ , ed. *"Show Us Life.": Toward a History and Aesthetics of the Committed Documentary*. Metuchen, NJ: Scarecrow: 1984.

Weatherford, Elizabeth, ed. *Native Americans on Film and Video*. New York: Museum of the American Indian, 1981.

Weaver, Mike. *Robert Flaherty's "The Land."* Exeter, Eng: American Arts Documentation Centre, University of Exeter, 1979.

Wegg-Prosser, Victoria. "The Archive of the Film and Photo League." *Sight and Sound* 46.4 (1977). 245-47.

Weiss, John. "An Innocent Eye?: The Career and Documentary Vision of Georges Rouquier up to 1945." *Cinema Journal* 20.2 (1981): 39-63.

Welch, David. *Propaganda and the German Cinema 1933-1945.* New York: Oxford University Press, 1987.

West, Dennis. *Curriculum Guide to Contemporary Brazilian Cinema.* Albuquerque: University of New Mexico, 1985.

White, William L. "Pare Lorentz." *Scribner's* Jan. 1939: 10.

Williams, Alan. "The Camera-eye and the Film: Notes on Vertov's 'Formalism.' " *Wide Angle* 3.3 (1980): 12-17.

___ ."The Lumière Organization and 'Documentary Realism' " *Film Before Griffith.* Ed. John L. Fell. Berkeley: University of California Press, 1983. 153-61.

Winkler, Allan M. *The Politics of Propaganda: The Office of War Information.* New Haven: Yale University Press, 1978.

Wiseman, Frederick. "Reminiscences of a Filmmaker: Frederick Wiseman on *Law And Order.*" *Police Chief* 36.9 (1969): 32-35.

Wood, Robin. *Antonioni.* New York: Praeger, 1968.

Wright, Basil. "Documentary: Flesh, Fowl, or...?" *Sight and Sound* 19.1 (1950): 43-48.

___ .*The Long View.* New York: Knopf, 1974.

Young, Colin. "Three Views on Cinéma Vérité: Cinema of Common Sense." *Film Quarterly* 17.4 (1964): 26-29.

Zavattini, Cesare. "Some Ideas on the Cinema." *Sight and Sound* 23.2 (1953): 64 -70.

Zimmerman, Patricia R. "Public Television, Independent Documentary Producer and Public Policy." *Journal of the University Film and Video Association* 34.3 (1982): 9-23.

Zuker, Joel. *Ralph Steiner: Filmmaker and Still Photographer.* New York: Arno, 1978.

片名索引

165

名詞索引

529

de Sica, Vittorio, 狄西嘉／309,363,365

Deslaw, Eugene, 尤金・戴士勞／99,100

Desvilles, Jean, 佾・戴斯維爾／513

Deutelbaum, Marshall, 馬歇爾・戴添波／33,
41,47,52,561,577

DiFeliciantonio, Tina, 提娜・蒂費里西安東
尼奧／538

Dibb, Michael, 麥可・戴普／512

Dick, Sheldon, 夏爾頓・迪克／226

Dickens, Charles, 狄更斯／23,132

Dickinson, Magaret／524

Dickinson, Thorold, 迪金生／266,276,346,
354

Dickoff, Micki, 米奇・迪克福／538

Dickson, Paul, 保羅・迪克生／347,351

Dickson, W. K. L., 迪克生／33,34,35,39,41,
42,59,347,351

Dillen, Thomas, 湯瑪斯・迪倫／505

Ding, Loni, 隆尼・丁／526

direct cinema, 直接電影／15,16,17,89,94,96,
101,113,118,178,289,356,357,358,359,
361,364,376,391,418,428,429,432,433,
434,435,436,437,438,439,440,441,442,
443,444,445,449,450,451,458,475,476,
479,481,483,485,486,504,515,516,521,
547,548,549,551

Disney, Walt, 華特・迪士尼／83,233,324,
332,384,421

Document Associates, 紀錄檔案協會／534

Documentary Film Studio, 紀錄片製片廠／
301,302,304

Dogen, Helen Van, 海倫・范・唐琴／92,156,
174,179,214,222,239,404,405,522

Dolgoy, Reevan, 李艾溫・多果伊／467

Dolin, Boris, 多林／304,471

Donskoy, Mark, 馬克・唐斯可伊／301

Doublier, Francis, 法蘭西斯・塔布利爾／40,
52

Dovzhenko, Alexander, 亞歷山大・杜甫仁
科／95,96,110,303,304,558

Drew, Robert, 羅拔・祖／402,432,436,437,
438,439,441,443,446,461,463,475,476,
485

Dreyer, Carl Theodor., 德萊葉／308,309,
385,568

Drot, Jean-Marie, 佾-瑪莉・德洛特／380,
513

Duca, Robert Del, 羅拔・戴奧・杜卡／219

Duchamp, Marcel, 杜象／99,172,381,513

Dufaux, Georges, 喬治・多福克斯／467

du Luart, Yolande, 連・杜・拉特／505,524

Dunham, Harry, 哈利・唐漢姆／222

Dunn, Geoffery, 喬弗瑞・唐／519

Dunn, Willie, 威利・唐／472

Dunne, Philip, 菲立普・唐恩／318,431

Duran, Frédéric, 弗瑞德列克・杜蘭／379

Duvivier, Julien, 朱里安・杜維耶／306

Frank, Hertz, 赫茲・法蘭克／520

Frank, Reuven, 魯文・法蘭克／459

Franken, Mannus, 曼那斯・佛蘭肯／107

Free Cinema Group, 自由電影組織／355, 356,358

Freeland, George, 喬治・福利連／463

French New Wave, 法國新浪潮運動／356

Freund, Karl, 卡爾・佛洛德／104

Freyer, Ellen, 愛倫・佛萊耶／525

Friedman, Bonnie, 巴妮・弗萊德曼／523, 525,528

Friedman, Jeffrey, 傑弗瑞・佛萊德曼／538

Friedrich, Sue, 蘇・弗萊德里奇／529

Friendly, Fred W., 佛烈・佛蘭德利／402,448

Friese-Green, William, 威廉・福萊-格林／ 33

Frissell, Varick, 維力克・佛萊索／95

Froemke, Susan, 蘇珊・弗洛安凱／476,482

Frontier Film Group, 戰線電影組織／133, 207,216,218,221,222,223,226,233,246, 412

Fruchter, Norman, 諾曼・弗萊契／502

Fry, Christopher, 克里斯多福・佛萊／352, 353

Fu, Ya, 傅亞／389

Fulchignoni, Enrico, 安里可・富吉格諾尼／ 380

Fuller, John G., 約翰・富勒／464

Funari, Vicki, 維琪・富納里／537

Galentine, Wheaton, 威頓・傑若頓／457, 510

Gallagher, Tag, 泰格・蓋勒格／332,453

Gammon, Frank, 法蘭克・高蒙／52

Gance, Abel, 亞伯・岡斯／104,462

Gandhi, Indira, 甘地夫人／388

Gandhi, Mahatma, 甘地／203,388,542

Garcia, Ana Maria, 安娜・瑪莉亞・加西雅／ 526

Gardner, Robert, 羅拔・格德納／370,377, 421,460,505,510

Garner, Ray, 雷・加納／462,464

Gauguin, Paul, 高更／36,373

Geisel, Theodor, 蓋索／324

Gelabert, Fructuoso, 吉拉伯／55

General Post Office, 大英郵政總局／127, 138,142,148,150,151,153,154,161,234, 255,258,264,270,273,278,287,288,351

George, David Lloyd, 大衛・洛依德・喬治／ 64

Gerhards, Christiane, 克里斯汀安・吉哈德／ 507

Gessner, Peter, 彼得・蓋斯納／453

Getino, Octavio, 奧泰維歐・蓋提諾／540, 543

Géricault, Théodore, 傑利柯／36,64

Ghatak, Ritwik, 里特維克・格哈塔克／542

Johnson, Lyndon B., 詹森／448,451,453,543

Johnson, Martin and Osa, 馬丁與歐撒・強生／78,79

Johnston, Jill, 吉爾・強斯頓／536

Joint Film Committee, 聯合影片委員會／167

Jones, Charles D., 查爾斯・瓊斯／505

Jones, Eugene S., 尤金・瓊斯／453,462

Jordan, Mort, 莫特・喬頓／504

Joslin, Tom, 湯姆・喬斯林／536

Joyce, James, 喬艾思／47,98,232

Jutra, Claude, 克勞德・裘查／467

Kael, Pauline, 寶琳・凱爾／487,493

Kahane, Roger, 羅傑・卡漢／380,512

Kalatozov, Mikhail, 麥可・卡拉托左夫／125,185

Kamei, Fumio, 龜井文夫／202,298

Kamp, Louis, 路易・坎普／221

Kanin, Garson, 蓋森・坎寧／331,338

Kant, Immanuel, 曼紐・康德／128

Kaplan, Richard, 李察・卡普蘭／463

Karabasz, Kazimierz, 卡西米爾茲・卡拉巴茲／386

Karmen, Roman, 羅曼・卡曼／185,303,382,384

Kartemquin Films, 卡坦昆電影公司／528

Kast, Pierre, 皮耶・凱斯特／379

Kasvrin, Gustave, 卡斯塔夫・卡斯弗林／383

Katz, Elias, 伊力亞斯・卡茲／208

Kaufman, Boris, 鮑里斯・考夫曼／103,113

Kaufman, Denis Arkadyevich, 丹尼斯・考夫曼／113,114

Kaufman, Mikhail, 麥可・考夫曼／101,113,116,125,569

Kaul, Mani, 曼尼・柯爾／542

Kawaura, Kenichi, 河原健一／201

Kaylor, Robert, 羅勃・凱勒／458

Kazan, Elia, 伊力・卡山／113,221,222,396

Kazimierczak, Waclaw, 華克勞・卡錫米爾克札克／383,507

Kearton, Cherry, 雪利・克頓／78

Keaton, Buster, 巴斯特・基頓／120,309

Keene, Ralph, 雷夫・金／258,349

Keith, Gordon, 戈登・基斯／532

Keller, Marjorie, 馬里歐里・凱勒／526

Kelly, Mary Pat, 瑪莉・派特・凱利／519

Kemeny, John, 約翰・柯曼尼／467

Kempeneer, Hippolyte De, 希波萊特・德・坎本尼爾／180

Kennedy, John F., 甘迺迪／399,400,427,428,439,447,448,462,482,493

Kernochan, Sarah, 莎拉・柯諾謙／505

Khvorova, Nadezhda, 納蒂茲達・克弗洛娃／520

Kidron, Beeban, 畢班・基準／528

King, Allan, 亞倫・金／358,391,418,468,469,

489

kino-provada, 真理電影／60,113

Kipling, Rudyard, 吉普林／132

Kircheimer, Manfred, 孟弗雷‧克柴米爾／504

Kirsanoff, Dmitri, 柯山諾夫／99

Kitchen, Diane, 戴安‧基琴／530

Klarer, Alain, 亞倫‧卡拉瑞／538

Klausner, Kim, 金‧克勞斯納／537

Kleiman, Vivian, 葳葳安‧克萊蒙／524

Klein, Bonnie Sherr, 波妮‧雪兒‧克連／529,531

Klein, Michael, 麥可‧克蘭／225,226,567

Klein, William, 威廉‧克連／447,448,452,458,558

Kline, Dr. Nathan, 納生‧克林博士／423

Kline, Herbert, 賀柏特‧克林／218,221,222,568

Knight, Arthur, 亞瑟‧奈特／99,172,174,182.208,489

Knight, Castleton, 克斯雷頓‧奈特／352

Koenig, Wolf, 沃夫‧柯尼格／392,466

Koenigsberg, Paula de, 波拉‧德‧柯尼格斯柏格／529

Kokoschka, Oskar, 寇柯許卡／372

Kol'tsov, Mikhail, 麥可‧柯索夫／114

Kolb, Emery and Ellsworth, 艾茉莉和艾思沃斯‧柯布／78

Kopalin, Ilya, 伊拉雅‧柯帕林／101,125,384

Kopple, Barbara, 芭芭拉‧柯普／502,524

Koralnik, Pierre, 皮耶‧柯拉尼克／352,512

Korty, John, 約翰‧柯蒂／511

Kracauer, Siegfried, 克拉考爾／88,112,189,291

Kreines, Jeff, 傑夫‧克萊恩／526

Krenzien, Mark, 馬克‧克連錫恩／534

Krishnaswamy, S., 卡瑞許納斯瓦米／203,387,388,555

Kroitor, Roman, 羅曼‧克羅特／391,393,466

Kroll, Nathan, 納森‧克羅／464

Krupskaya, Nadezhda, 克魯布絲卡雅／110

Kuleshov, Lev, 庫勒雪夫／111,124

Kuntzel, Thierry, 提埃里‧坎柴爾／514

Labisse, Félix, 費力克斯‧賴比斯／182,371

Lafargus, Alain, 艾倫‧拉法顧／534

Lambert, Susan, 蘇珊‧蘭伯特／527

Landau, Saul, 索爾‧蘭度／461,463

Landy, Ruth, 羅絲‧蘭迪／528

Lang, Fritz, 佛利茲‧朗／105,292

Lange, Dorothea, 朵諾西亞‧連奇／228

Langlois, Henri, 亨利‧朗瓦／42

Lanzmann, Claude, 克勞德‧蘭茲曼／499

Lartigue, Jacques-Henri, 拉堤古／54

Latham, Grey & Leroy, 列森兄弟／33,39

Lattuada, Alberto, 拉圖亞達／365

Launder, Bill, 比爾‧蘭德／351

Murrow, Edward R., 艾德華‧莫洛／399,
413,446

Musante, Joan, 瓊恩‧慕桑／527

Musser, Charles, 查爾斯‧慕舍爾／58,566,
583

Mussolini, Benito, 墨索里尼／133,166,185,
192,279,299,300,322

Muybridge, Eadweard, 麥布里奇／30,31,33,
34,42,511,573,574

Myers, David, 大衛‧梅耶／511

Nadar, 納達爾／36

Namuth, Hans, 漢斯‧南慕斯／423,509,511

Nash, Terri, 泰利‧那許／531

National Film Board of Canada, 加拿大國家
電影局／152,169,218,256,286,287,391,
465,522,530,556,557,574

National Film Finance Corperation, 國家電
影財務組織／346

National Film Production Council, 國家電影
製作協會／346

Neale, Steven, 史蒂芬‧尼爾／24,25,33

Neckers, Jan, 傑恩‧奈可斯／370,519

Nehru, Jawaharlal, 尼赫魯／203,438,463,
542

Nelson, Johnny, 強尼‧尼爾森／459

Nelson, Mervyn, 莫文‧尼爾森／534

Neurisse, Pierre, 皮耶‧紐瑞斯／380,512

Newhall, Beaumont, 比芒‧紐侯／30

Newman, David, 大衛‧紐曼／449,450

Newman, Sidney, 西尼‧紐曼／465

Newsreel Groups, 新聞片組織／452,522

Nichols, Sandra, 仙度拉‧尼可斯／505,518

Niehaus, Ingo, 英果‧奈侯斯／544

Nièpce, Joseph Nicéphore, 尼葉普斯／29

Nixon, Richard M., 尼克森／447,493,502

Noel, J. B. L., 諾爾／78,79

North, Alex, 亞力士‧諾斯／222

Novik, William, 威廉‧諾維克／378

Novotny, Fritz, 富列茲‧諾瓦特尼／35

Nykino, 奈奇諾組織／133,218,220,221,241,
244,412,558

O'Brien, Alice, 艾利思‧歐布萊恩／78

O'Dohcrty, Brian, 布萊恩‧奧多爾蒂／511

O'Sullivan, Timothy H., 歐蘇利文／81

Obra, Manjos a la, 豪爾‧布魯克納／505,518

Odets, Clifford, 卡里福德‧奧德斯／214,222

Oertel, Curt, 柯特‧歐泰爾／173,174,182

Office of Strategic Services, 戰略服務局／
318

Office of War Information, OWI, 國防新聞
局／314,315,316,317,318,319,320,321,
322,323,330,397,399

Ogawa, S., 小川紳介／542

Olivier, Laurence, 勞倫斯‧奧立佛／353

Tzanck, Fabienne, 法比安・桑克／380,512

U.S. Film Service, 美國影片供應社／207, 216,221,227,228,234,577

U.S. Office of War Information, 美國戰時新聞處／250

UCLA Women's Film Workshop, UCLA女性影片工作坊／527

UFA, Universum FilmAktiengesellschaft, 烏發／68,69,104,381

UNESCO, 聯合國教科文組織／169,353, 565

Uccello, Paolo, 帕歐羅・烏切洛／174,367

Uchatius, Baron Franz von, 尤契提斯／27

Ullenstam, Lars, 拉斯・尤蘭斯坦／505

Ullman, Jr., Frederic, 佛烈德瑞克・烏曼二世／245

Unione Cinematografica Educativa, L', 電影教育聯盟／299

Unit, Crown Film, 皇冠影片組／258,346, 350

United States Film Service, USFS, 美國影片供應社／207,216,221,227,234

United States Information Agency, 美國新聞處／397,398,399,447,449,453,461, 561,566,583

Universal, 環球電影公司／74

Updike, John, 約翰・阿布代克／427

Urban, Charles, 查爾斯・奧本／63,93,204

Ushiyama, Junichi, 朝西雪山／454

Van Dyke, Willard, 馮・戴克／101,153,199, 221,222,223,226,232,233,245,246,247, 249,250,284,317,321,323,398,407,414, 422,443,457,458,459,461,562

Van Gogh, Vincent, 梵谷／36,373,374,462

Vanderbilt, William K., 凡德比爾／64

Varda, Agnes, 安妮・華妲／452

Varges, A. L., 瓦格斯／67

Varmalov, Leonid, 瓦莫洛夫／302,303

Vas, Robert, 羅勃・維斯／506

Vaughan, Dai, 戴・沃梵／23,47,54,265,269

Veiller, Anthony, 維勒／324

Veinat, Jacques, 賈克・維內特／513

Verbiest, Chris, 克里斯・弗比斯特／509

Veriety, 維利堤電影組／258

Verlaine, Paul, 魏爾侖／25

Verta, Nikolai, 伍塔／303

Vertov, Dziga, 維多夫／60,96,101,103,104, 109,110,111,112,113,114,115,116,118, 119,120,121,122,123,124,125,133,178, 302,356,364,382,414,429,430,431,436, 437,476,487,520,521,550,551,557,562, 563,574,576,579

Védrès, Nicole, 尼可・維德瑞斯／378,379, 522

國立中央圖書館出版品預行編目資料

紀錄與眞實:世界非劇情片批評史/Richard M.
Barsam著;王亞維譯.--初版.--臺北市:遠流,
1996[民85]
    面 ;   公分. (電影館;63)
    譯自:Nonfiction film: a critical
history
    參考書目: 面
    含索引
    ISBN 957-32-2861-0(平裝)

    1. 紀錄影片 - 歷史與批評 - 2.新聞影片 -
歷史與批評

    987.81   85006470

· 思索電影的多方面貌 ·

電影館

· 郵撥／0189456-1　遠流出版公司
· 地址／臺北市汀州路3段184號7F之5
· 電話／365-3707　電傳／365-8989

＊本書目所列定價如與書內版權頁不符以版權頁定價為準